HELMUT DOMKE

Aquitanien

Wege nach Santiago

HELMUT DOMKE

Aquitanien

Wege nach Santiago

Südwestfrankreich
zwischen Loire, Atlantik
und Pyrenäen

Prestel-Verlag München

© Prestel-Verlag München 1978
Vierte Auflage 1993
Passavia Druckerei GmbH Passau
ISBN 3 7913 0444 5

Inhalt

VORWORT

DIE VAGABUNDEN GOTTES

Nächtlicher Aufbruch 13 – Apostel-Ikone: Herru Sanctiagu, got Sanctiagu 20 – Die Legenda aurea und ihre Quellen 22 – Im Zeichen der Jakobsmuschel 28 – Aquitaniens geschichtlicher Auftrag 30 – Endlos die Wege der Wanderschaft! 34

Erstes Buch

DIE GRANDE ROUTE DURCHS POITOU

oder

AUF DER VIA TURONENSIS

KRUMMSTAB UND GINSTERBLÜTE

Von Paris zur Loire 39 – Die Stammväter der Plantagenet: Fulconen und Anjous 43 – Im Anblick der Martinopolis 47 – Die Tageszeiten von Tours 50 – Sankt Martin versteckt sich im Gänsestall 54 – Die Lehrmeister des Abendlandes 59 – An den Trümmern der ersten Pilgerbasilika 61 – Schwalbenmorgen in Chinon 64 – Vor der Schwelle des Poitou: Fontevrault 81

VOM WESEN ROMANISCHER KUNST

Unter dem hohen Himmel der Vendée 86 – Einsichten über das Bauen 90 – Die Parusie von Saint-Jouin-de-Marnes 94 – Die Zeit steht still in Parthenay 101 – Der tanzende Gott von Saint-Savin 106 – Chor der Dämonen in Chauvigny 114 – Châtellerault, Gedanken am Straßenrand 117

ALIÉNOR, ROMAN EINER KÖNIGIN

Karl Martell schlägt die Sarazenen bei Poitiers 120 – Ursprünge einer Dynastie 123 – Ahnengalerie der Guillaumes 126 – Der erste Troubadour und die Frauen 134 – Pilger ohne Wiederkehr 139 – Aliénors französische Ehe 141 – Zwischenfall in Antiochia und Scheidung 147 – Wiederheirat mit einem künftigen König 150 – Fin'amor oder das Hohelied des höfischen Lebens 153 – Gefangennahme bei Dämmerung 164 – Tod im Wetterleuchten 168

POITIERS, EINE ZITADELLE

Einzug im großen Regen 173 – Mit den Augen des Coligny 177 – ›Das Lächeln der Minerva‹, Vorschlag zu einem Festzug 180 – Saint-Hilaire oder die Flamme 183 – Das Mysterienspiel von Notre-Dame-la-Grande 187

MELUSINE UND IHRE GESCHWISTER

Die Fee von Lusignan und die Rue de Galice 194 – Brombeerwege zwischen Charroux und Melle 203 – In Aulnay-de-Saintonge blüht der Stein 209 – Totenlaterne zu Fenioux 214 – Das Gänsespiel von Saintes 219 – Geist und Geister der Saintonge 224 – Pilgerhospital in Pons 228 – Ausblick von Blaye: Das eine und das andere Jahrhundert 232

UNTER DEM HIMMEL DES OZEANS

Stürmische Tage südlich Noirmoutier 238 – Die schweren Stunden von La Rochelle 242 – Herbstliche Inselwelt 249 – Kirchenfassaden im Lande: Menagerien in Stein 253 – Ferne Segel in der Gironde 257

Zweites Buch

KUPPELN, HÖHLEN UND PORTALE

VIA LEMOVICENSIS ODER DIE ZWEITE ROUTE

Vézelay, Absturz nach innen 262 – Wege der Wandlung über Nevers 265 – Der Heilige von Pauvain: Sankt Leonhard und seine Stadt 278 – Limoges, auf den Spuren Saint Martials 284 – Richard Löwenherz stirbt vor Châlus 293

NEBENWEG DURCHS ANGOUMOIS

Helle Tage in alter Stadt 300 – Bischof Girard und seine Kathedrale 305 – Saint-Michel-d'Entraygues: Totenkirchlein zur guten Herberge 312 – Die zwiefache Hochzeit von Plassac 314 – Rückblick auf
den Jüngsten Tag: Höhlenkirche Saint-Jean von Aubeterre 318

DER HEROISCHE ODER DRITTE WEG: VIA PODIENSIS

Palast der schwarzen Jungfrau von Le Puy 324 – Saint-Michel-d'Aiguilhe: Höhle im Licht 342 – Anstieg ins Gebirge 347 – Zuflucht vorm
Äußersten: Herberge von Aubrac 351 – Conques oder die Armut und
die Herrlichkeit 357

BILDER DER VORZEIT

Der Traum von Figeac 365 – Im Gouffre von Padirac 367 – Die großen Epochen der Steinzeit 391 – Heimkehr nach Les Éyzies 376 –
Erstes Menschenantlitz: Das Köpfchen von Brassempuy 378 – Höhlenbilder, Höhlenfunde 387 – Lascaux: Das Heiligtum der Stiere 392
– Der Weg zurück nach Périgueux 398

DIE GROSSEN STUNDEN DER ROMANISCHEN BILDHAUEREI

Beaulieu oder die Macht des Opfers 404 – Prophetenbild: Jesaias von
Souillac 408 – Durch die Wälder des Südens 412 – Agen oder Ver-
wandlungen einer Stadt 416 – In den Tälern des Lot 420 – Die
schwarze Sonne von Moissac 425 – In der Gascogne: Eine Palme am
Weg 432

DER GROSSE ABGESANG

»... Ihr, endlose Dünen, goldfarbene Kämme des Meerwinds!« 438 –
Bordeaux oder die Suche nach der verlorenen Zeit 445 – Im Bannkreis
der Ströme 464 – Pilgerstation La Sauve-Majeure 468 – Der Papst des
Schismas 471 – Der Beatus-Kommentar von Saint-Sever 475 – Auf
der grünen Himmelsleiter 480

REGISTER

485

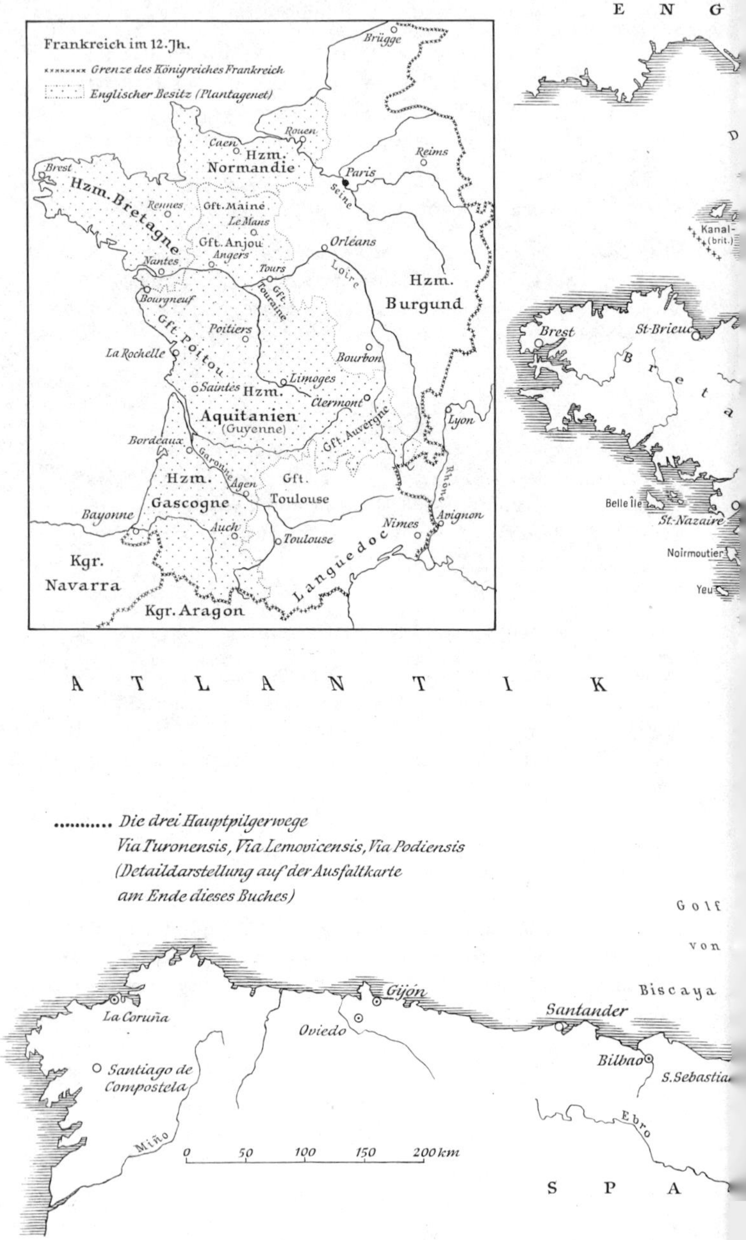

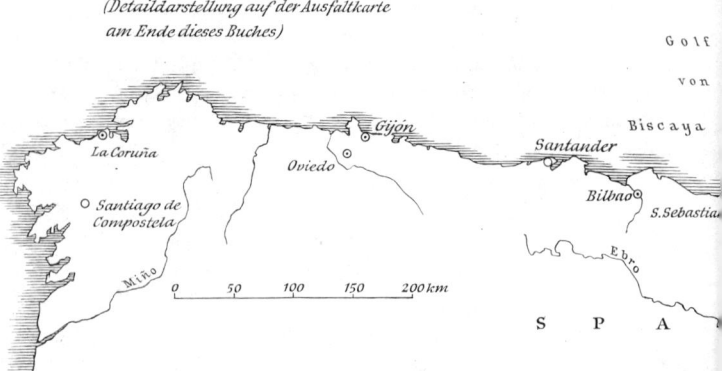

Frankreich im 12. Jh.

········· Grenze des Königreiches Frankreich

░░░░░ Englischer Besitz (Plantagenet)

E N G

Brügge

Caen · Rouen

Hzm. Normandie

Reims

Brest

Paris

Seine

Hzm. Bretagne

Rennes

Gft. Maine

Le Mans

Gft. Anjou

Angers

Orléans

Nantes

Tours

Gft. Touraine

Loire

Hzm. Burgund

Bourgneuf

Gft. Poitou

Poitiers

La Rochelle

Bourbon

Saintes

Limoges

Hzm.

Aquitanien

(Guyenne)

Clermont

Gft. Auvergne

Lyon

Bordeaux

Garonne

Agen

Gft.

Toulouse

Rhône

Bayonne

Hzm. Gascogne

Auch

Toulouse

Nîmes

Avignon

Languedoc

Kgr. Navarra

Kgr. Aragon

A T L A N T I K

D

Kanal- (brit.)

Brest

St-Brieuc

B r e t a

Belle Île

St-Nazaire

Noirmoutier

Yeu

·········· Die drei Hauptpilgerwege
Via Turonensis, Via Lemovicensis, Via Podiensis
(Detaildarstellung auf der Ausfaltkarte
am Ende dieses Buches)

Golf

von

Biscaya

La Coruña

Gijón

Santander

Oviedo

Bilbao

S. Sebastian

Santiago de Compostela

Miño

Ebro

0   50   100   150   200 km

S P A

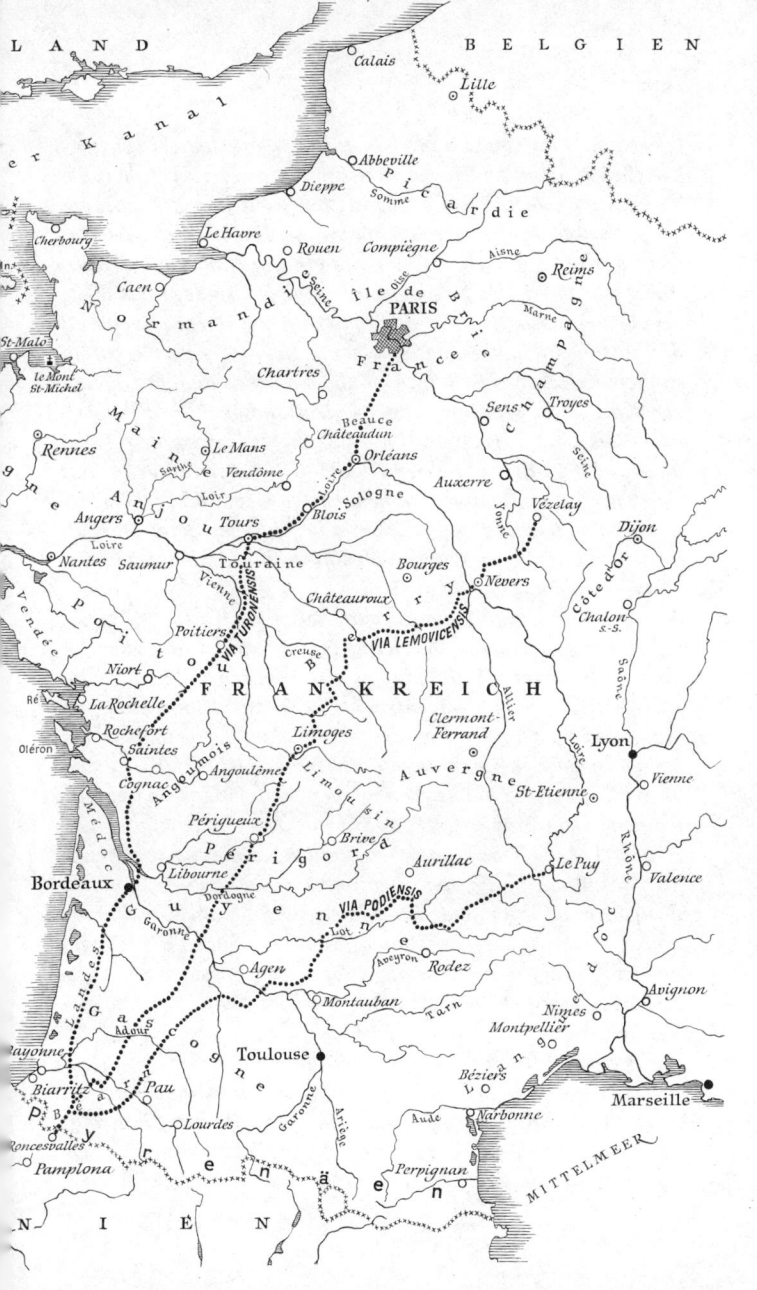

Vorwort

Der Name Aquitanien ist, rein historisch betrachtet, ein gleitender Begriff. Um der Faszinationskraft gerecht zu werden, die von ihm vor allem als Kunstlandschaft und Inbegriff hochgestimmter Lebensformen ausgeht, wird in diesem Buch darunter nicht nur die Keimzelle des Landes um Bordeaux und die zeitweilig navarresische Gascogne verstanden, sondern das weiträumige Herrschaftsgebiet der aquitanischen Herzöge während des hohen Mittelalters, das eine ganze Reihe von Landschaften südlich der Loire einschloß. Vor allem das Poitou, über das die Herzöge, unter Wahrung seiner Eigenständigkeit, in Personalunion als Grafen geboten. Ihr Machtbereich entsprach damit ungefähr dem des römischen Aquitaniens unter Augustus, das Berry um Bourges ausgenommen. Einige kleinere Vasallenstaaten im Pyrenäenvorland wurden allerdings in dieser Darstellung nur flüchtig skizziert. Von ihnen soll in einem anderen Zusammenhang genauer die Rede sein.

Mithin beschreibt dieses Buch jenes südwestliche Frankreich, das 1152 durch die Heirat von Aliénor d'Aquitaine für lange Zeit unter Machtbefugnis der englischen Plantagenet-Könige geriet und dem entspricht, was die Kunstgeschichte ›aquitanisch‹ nennt – von der Troubadour-Lyrik bis zu den einzigartigen Zeugnissen romanischer Architektur, Plastik und Malerei. Es ist ein Gebiet von reicher Vielfalt der Landschaftsformen. Der Anmut des Périgord mit den Höhlenbildwerken stehen karge Gebirgslande gegenüber, während blinkende Ströme an hochberühmten Weinregionen im Umkreis von Bordeaux vorbeifließen und sich, schier endlos, makellose Strände von der Nordspitze des Médoc bis in den Süden der Landes dehnen. Dazu gesellen sich die Kuppen der Pyrenäen und weiträumige Archipele vor den Buchten der Saintonge und der Vendée.

In enger Wechselbeziehung mit der Kunst jener Tage steht eine der eigentümlichsten ›Bewegungen‹ des Mittelalters, die ungezählte Millionen von Menschen ergriff, die Pilgerfahrt nach Santiago de Compostela. Ich erblicke darin eine geschichtsbildende Kraft. Sie half entscheidend mit, Spanien von der maurischen Überfremdung zu befreien. Drei der vier Hauptrouten ins ferne Galicia sind, sich einander mehr und mehr nähernd, durch aquitanisches Gebiet verlaufen und haben es auf ihre Weise mitgeprägt. Ihrer gelegentlich wechselnden Streckenführung ist eine Pilgerkarte von 1648 zugrunde gelegt.

Warum freilich nicht besser den historischen Begriff Aquitanien durch das Wort Südwestfrankreich ersetzen? Abgesehen davon, daß nach einer Übereinkunft von 1964 erneut eine allerdings nur auf das Kerngebiet um Bordeaux und die Gascogne bezogene ›Aquitaine‹ existiert – der Name verkörpert zugleich eine Art Idee, zumindest eine Mentalität des Denkens und Bildens, der sich auch der deutsche Leser beim Gedanken an ihren Einfluß auf seine eigene Vergangenheit in Architektur, Plastik und ›Minnesang‹ erinnert. Jene eben, die sich am deutlichsten in den unvergleichlichen Monumenten der Pilgerstraße niederschlug. Sie greifbar zu machen, ist mein besonderes Anliegen. Insgesamt Umstände, die mich bewogen, das Bild Aquitaniens, in Form eines Landschaftsbuches, als den ersten von drei Bänden über den Jakobsweg darzustellen. Ein zweiter über die Via Tolosana durch das Gebiet des Languedoc und der Pyrenäenstaaten wird vorbereitet. Der das Thema abschließende dritte Teil ist, aus besonderen Gründen vorgezogen, bereits vor längerer Zeit unter dem Titel ›Spaniens Norden – Der Weg nach Santiago‹ erschienen.

Ein Landschaftsbuch nennt sich der Band nicht von ungefähr. Sein Handlungsraum wurde von Punkt zu Punkt erfahren oder erwandert, um der Vielfalt romanischer Kunst an den Wegen der Jacquaires nachzuspüren. Allerdings sah ich meine Aufgabe nicht in einer Bestandsaufnahme; berufenere Geister haben sie durchgeführt. Vielmehr ging es darum, in ein Gebiet vorzustoßen, das sich dem Wissenschaftler verschließt, und, wenigstens bei etlichen Höhepunkten, Deutungen zu wagen, um sie nacherlebbar zu machen. Es galt mit anderen Worten, die Steine zum Reden zu bringen.

Noch etwas. Um Akribie bei der Nachforschung bemüht, versuchte ich Dimensionen freizulegen, die auch den Menschen von heute angehen. Manche Darstellung wurde mit Absicht breit ausgesponnen, eine Lebensschilderung hier, eine architektonische Nachzeichnung dort, weil unter dem Ansturm neuzeit-

licher Eindrücke manches verloren ging, das dem Pilger des Mittelalters geläufig war.

Daß ich zwei der Hauptrouten von weit jenseits aquitanischer Grenzen – von Paris und Vézelay – heranführte, wird manchem Leser willkommen sein, vielleicht sogar, daß ich diesem Band als dem ersten einer Trilogie eine ausführliche Darstellung des Jakobuskultes vorangeschickt habe.

Nächtlicher Aufbruch

Ein Mann in der Verlorenheit seiner Zeit. Einer jener Ungezählten vor sechs-, siebenhundert Jahren, deren Schicksal nur noch der Himmel kennt. In irgendeiner erbarmungslosen Nacht fährt er neben seiner Frau empor und starrt in die Dunkelheit. Draußen tobt der Wind in den bellenden Stößen der Äquinoktien um das Haus. Er aber, von einer ganz anderen Unruhe getrieben, fühlt plötzlich, daß der Gedanke, den er seit Wochen mit sich herumträgt, unausweichlich wird – jetzt und in dieser Stunde. Längst ist die Abschiedsumarmung verklungen, die letzte, seit der Priester am Altar die ›Benedictio perarum et baculorum‹, die religiöse Aussegnungsformel über ihn sprach, und schon fühlt er, daß der Aufschub, zu dem er sich noch einmal verführen ließ, seine Entschlußkraft zu lähmen beginnt. Mit den Bewegungen eines Nachtwandlers steht er auf, um sein Talglicht an der Herdasche zu entzünden. Im Kasten liegt, was er braucht, das Wanderkleid, der Mantel mit dem Schulterkragen, der breitgeränderte Hut. Einen Augenblick zögert er noch, dann berührt er seine Frau, die sich in den Träumen der zweiten Morgenstunde herumwirft, mit sanfter Hand an der Schulter. »Ich gehe nun«, sagt er in ihr erschrecktes Gesicht. Sie aber wendet den Kopf zur Wand, um die ausbrechenden Tränen zu verbergen: »Mag Gott uns weiterhelfen!« Sie weiß, ihr gemeinsames Leben ist zu Ende; auch er fühlt es. Aber während er die Wanderflasche füllt und zum langen Stabe greift, beginnen seine Augen zu glänzen ...

»Ich gehe nun« – das Müssen saß in ihnen. Ihr Ziel hieß Santiago de Compostela, das irgendwo hinter den Sternen lag. Was sie dorthin trieb, wo der, nach der Auffassung ihrer Zeit, älteste Gefolgsmann und Jünger des Herrn, der Apostel Jakobus, begraben lag, würden sie erst am Ziel völlig begreifen. Niemand hätte eine Begründung gesucht für das, was er tat. Törichtes

Unterfangen, das Unbegreifliche, von dem man lebte, in Worte zu fassen! Für den Pilger des Mittelalters blieben Entschluß und Tat noch ungeschieden. Daher brach er bedenkenlos gegenüber allem Wagnis zu einer Wanderschaft auf, die oft genug in den Tod führte. Mühsal, Krankheit, Entbehrung schreckten ihn so wenig wie unbekannte Gefahren, die seiner warteten. Gewiß gab es in allen christlichen Landen ein verbrieftes Gesetz, nach dem ein Wallfahrer oder Kreuzfahrer für unverletzbar galt. Aber hielten sich der Schnapphahn, der Räuber, oder – geriet man unversehens in Schwierigkeit – eine fremdländische Justiz daran, deren Sprache man nicht einmal verstand? Die berühmteste Legende der Pilgerstraße, das ›Hühnermirakel von Santo Domingo de la Calzada‹ erfreute sich doch gerade deshalb so großer Beliebtheit, weil sie das Eintreten himmlischer Mächte für einen vorschnell verurteilten Pilger schilderte.

So zogen sie also nach der Aussegnung hinaus auf den unsäglich mühevollen Weg. Von allen Seiten des europäischen Westens, Nordens und Ostens kamen sie heran, auf Straßen, Routen, Pfaden, die einem zusammenströmenden Delta glichen. Immer den Pyrenäen zu, die man, je nach der Herkunft des Weges, auf zwei Pässen, dem von Roncesvalles oder dem von Somport überstieg. Generation um Generation, Jahrhundert um Jahrhundert, und je länger diese Wanderschaft anhielt, desto häufiger entstanden an diesen Straßen Kirchen zu frommer Einkehr oder zur Verehrung örtlicher Heiliger, Kathedralen zur Bestärkung im Glauben, Abteien und Ordensniederlassungen zu Schutz und Herberge, und an diesen Stätten begann der Stein als Bildwerk oder Ornament zu erblühen, höchster Ausdruck dessen, was ihr Zeitalter zu sagen vermochte. Bis ein dicht gesponnenes Netz von Bauwerken entstanden war, nach Anlage und Form geboren aus der umgebenden Landschaft und doch durchweht von einem Geist der Gemeinsamkeit, in dem sich zahllose Anregungen und Erinnerungen niederschlugen – selbst solche der muselmanischen Welt. Die Kunst jener Epoche, die wir die romanische nennen, ist in ihrer Gesamtheit kaum mit jener der Pilgerstraßen gleichzusetzen, allein ohne sie undenkbar. Die Wallfahrer waren es, die jener zu ihrer Größe verhalfen und die Phantasie von Baumeistern wie Steinmetzen beflügelten. Daher steht, wo wir heute ergriffen innehalten, hin-

ter dem großen Werk allemal die schweigsame Gestalt des Pilgers auf seinem unerbittlichen Wege.

Denn das andere, das jene Bildwerke nur ahnen lassen, blieb
die Wanderschaft selbst. Dieses Erschöpftsein, dieses endlose
Fuß-um-Fuß; Flüsse, die man durchwatete, Berge, die überschritten wurden, Städte, vor deren Toren man hungernd und
frierend stand, um oft genug abgewiesen zu werden, vor allem
aber die derzeit noch wenig besiedelten, endlosen Landschaftsräume, die der Pilger durchmaß, sah, erlebte, in denen er ra-
stete, schlief oder sogar starb. Es gibt Punkte der Pilgerstraßen,
an denen sich der Mensch von heute erschauernd die Frage
stellt, wer waren sie, jene Heroen des Unbedingten, von denen
die meisten nicht einmal lesen und schreiben konnten und die
doch so gewaltig zu denken vermochten, daß ihnen die apokalyptischen Visionen von Moissac als Brot der Seele dienten, die
ungeheuren Pyrenäenpässe als Himmelsleitern, die endlose
Strecke, die sie, von Almosen schlecht ernährt, abgerissen und
auf den Stand des Bettlers hinabgedrückt, mit der Kraft der
Füße durchmaßen, als Höhepunkt und Erfüllung ihres Erden-
wallens erschienen. Wer waren jene Menschen, die diesen Weg
im Lauf der Jahrhunderte zu Abermillionen bestanden, bis sie
in Santiago de Compostela einzogen, den Gesang des ›Dum
pater familias‹, auch ›Ultreya‹ genannt, des ältesten bekannten,
einer aquitanischen Tonart folgenden Pilgerliedes auf den Lippen, das in den Refrain ausklang:

Herru Sanctiagu, got Sanctiagu   *Herr Santiago, guter Santiago –*
e ultreya e sus eia   *vorwärts, wohlan und aufwärts,*
Deus aia nos   *helfe uns Gott*

– ein Poem aus Worten mittellateinischer Herkunft und ›Palá-
bras germánicas‹, wie man spanisch sagte, womit das Flämisch-
Niederländische gemeint war.

Sie kamen aus allen christlichen Gebieten der damals bekannten Welt, von Oliva bei Danzig so gut wie aus den Randzonen
des heutigen Jugoslawiens und natürlich aus allen Regionen des
Heiligen Römischen Reiches. Die Vielzahl von Jakobskirchen,
Jakobsbrücken, Jakobsspitälern oder -herbergen, Jakobspfor-
ten und -straßen belegt das ebenso wie ganze Landstriche und

selbst Berge, die man nach dem Apostel benannt hat. Sehr stark war der Zustrom aus dem europäischen Norden, Skandinavien also, wo man Rechtsbrecher gern auf eine Sühnewallfahrt schickte. Indessen ebenso aus Schottland, England, Irland, noch mehr aus den Niederlanden und ganz besonders aus Frankreich, das dem Wege, so weit er über spanischen Boden verlief, einen seiner gebräuchlichsten Namen gab, den des ›Camino francés‹. Daß es sich bei den Wallfahrern, angesichts der bevorstehenden Strapazen, vornehmlich um gesunde, kräftige Menschen handelte, versteht sich von selber.

Welches waren die Gründe für dieses keineswegs ungefährliche Unternehmen? Die Anlässe blieben ebenso persönlich wie die Absichten, die damit verbunden waren – überstandene Krankheit, das Überleben einer Epidemie, Rettung aus Schiffbruch oder dem Kriege, kurz, abgelegte Gelübde boten hinreichend Gründe, um sich im ›Désert‹, der Einsamkeit des Wanderns, der Zwiesprache mit Gott zu überlassen. Aber es mag ebenso der Wunsch mitgespielt haben, durch Berührung des Apostelgrabes geläutert und auf den Weg des Heiles gebracht zu werden. Nicht nur aus Furcht vor dem Letzten Gericht, sondern auch einer inneren Unruhe halber oder Einkehr willen, etwas, das keineswegs ausschließlich religiös zu verstehen ist, sondern zweifellos auch eine Suche nach der Wesensmitte oder einem Sinn des Daseins blieb, bis man ›ad sanctorum limina‹ gelangte. In welchem Grade die Anlässe spirituellen Charakter besaßen, wie etwa beim heiligen Franz von Assisi, hing natürlich von der inneren Verfassung des Wallfahrers ab. Im ganzen aber haben die seelischen Beweggründe zweifellos die äußerlichen Motive überwogen. Das geht schon daraus hervor, daß man die Fahrt unter Anrufungen und Betrachtungen hinbrachte und sich gewissen Geboten wie dem der Keuschheit unterwarf. Daß es jedoch auch zu Übertretungen kam, besonders in der Verfallszeit, als man gelegentlich sogar Dirnen in den Trossen antraf, ist nur menschlich und sagt nichts gegen das ursprüngliche Anliegen.

Auf seinem Weg ins ferne Galicia streifte der Pilger des Mittelalters mancherlei Orte lokaler oder auch in der ganzen Christenheit berühmter Heiligenverehrung, sei es zu Vézelay, Tours, Limoges, Conques oder anderwärts, von denen er so viele wie möglich besuchte. Ja, oft genügte dem mittelalterlichen Menschen nicht einmal die Santiago-Wallfahrt allein. So reiste Guillaume v, mit dem Beinamen der Große, Herzog von Aquitanien, nach Rom wie Santiago de Compostela, das seine größte Epoche unter den bedeutsamen Pilgerfahrten der abendländischen Welt erst als letztes erlebte. Im allgemeinen läßt sich feststellen, daß Rom im 10., Jerusalem im 11., Santiago im 12. Jahrhundert die Hauptanziehungspunkte der Pilger waren. Daß indessen das Beispiel des aquitanischen Herzogs kein Einzelfall blieb, darf man aus der Inschrift auf einem dänischen Grabstein folgern, der wahrscheinlich aus dem 12. Jahrhundert stammt. »Jerusalem repetit bis, ter Romamque revisit et semel transiit Jacobum« – »Jerusalem besuchte er zweimal, dreimal sah er Rom wieder, und einmal zog er zum Jakobus«, heißt es dort von dem Toten.

Dementsprechend unterschied das Mittelalter, je nach ihren Zielen, drei verschiedene Arten von Wallfahrern. ›Palmaei‹ oder ›Palmeros‹ waren jene, die ins Heilige Land wanderten und, nach alter Gewohnheit, von Jericho einen Palmenzweig mitbrachten. Die zweite Gruppe der ›Romaei‹ erklärt sich durch ihren Namen von selber. Unter den ›Peregrinos‹, ›Pèlerins‹ oder ›Pilgern‹ schlechthin schließlich verstand man die Santiago-Wallfahrer. Gewiß ist dieser Begriff ursprünglich auch in anderen Zusammenhängen gebraucht worden – er war sehr viel älter als der Santiago-Kult. Hatte er noch gegen Ende des 11. Jahrhunderts nichts anderes als ›Fremder‹ oder ›Reisender‹ bedeutet, bekam er mehr und mehr einen spezifischen Inhalt, den kein Geringerer als Dante in der ›Vita Nova‹ auf den Galicien-Wallfahrer einschränkte. »Pilger«, sagt er im Kommentar zum 41. Sonett, »kann man in zweierlei Sinne verstehn: in einem weiteren und engeren ... Im engeren versteht man unter Pilger nur den, der zum Hause des heiligen Jakob zieht oder heimkehrt ... Sie heißen Pilger, sofern sie nach dem Haus in Galicia wallfahren.« »A la casa di Galicia«, das will sagen, nach Santiago de Compostela. Dantes Definition ist um so ahnungsvoller und überzeugender, als er bald selbst ein umgetriebener Fremder oder Peregrino sein sollte, der das Wort mit der ganzen Schicksalsfracht seines eigenen Daseins belud.

Ehe der Pilger seine Wallfahrt antrat, hatte er seine zeitlichen Angelegenheiten geordnet, mit anderen Worten ein Testament gemacht. Als äußerlich sichtbares Zeichen des Ausgesetztseins und der Wanderschaft umgürtete er sich mit einer Schärpe; Bart und Kopfhaar ließ er von nun an ungeschoren. Zum letzten Mal trat er vor den Altar der Heimatkirche, wo der Priester den vierten Bußpsalm über ihn sprach. Allerdings gab es auch gewisse Zentren, wo man dergleichen zelebrierte, wie beispielsweise Aachen für einen Teil des Rheinlands. Wenn es anging, holte der Wallfahrer sich obendrein den Segen des zuständigen Bischofs ein, worauf er sich nach einem Gebet um Beistand im Heiligtum des örtlichen Schutzpatrons endgültig auf den Weg machte, an der Seite in einem Behälter die ›Compostelana‹, ein Schriftstück, in dem alle angelaufenen Stationen verbrieft werden mußten. Dazu Eßnapf, Löffel, Feldflasche und Wanderbeutel; in der Hand hielt er den ›Bordon‹ oder Wanderstab, mit dem er, gleich dem Ritter, der mit dem Degen in den Kampf zog, eine Waffe, freilich besonderer Art, besaß, nicht zwar gegen leibliche Gefahr, sondern um Dämonen abzuwehren, die ihn von seinem Weg abbringen wollten.

Einmal auf der großen Route, hatte der Wallfahrer stetig, doch ohne Hast auszuschreiten, ohne sich durch Bilder der Landschaft ablenken zu lassen; auch sollte er keine Umwege machen, es sei denn zu einem Heiligtum in der Nähe der Straße. Er hatte also in einer Art geistlichen Exerzitiums dahinzumarschieren. Anfangs und noch im 11. und 12. Jahrhundert galt es beinahe als Vorbedingung, zu Fuß zu wandern. Später kam das Wallfahren zu Pferd in Gebrauch, sofern jemand über die Mittel verfügte. Doch gab es um diese Zeit bereits Abteien am Weg, die, vornehmlich für schwierige Bergstrecken, unentgeltlich Maultiere für jedermann bereithielten. Übrigens zog man meist in Trupps oder großen Gruppen einher. Vollends Frauen – denn bezeichnend genug für ihre meist unterschätzte Stellung nahmen auch sie an der Wallfahrt teil – hätten eine Einzelwanderung kaum wagen dürfen. Alte Berichte verzeichnen es sogar mit Nachdruck, sofern sich ein Wallfahrer allein oder lediglich mit einem einzigen Gefährten auf die Reise machte. Um sich jedoch dem Ideal des Eremiticums, das der Pilgerfahrt gedanklich zugrunde lag, wenigstens innerlich zu nähern, beachtete man unterwegs zu gewissen Zeiten nach Klosterbrauch Stillschweigen, und zwar jeden Tag zur Stunde nach der Komplet. In der Tat bedeutete die Pilgerschaft eine unablässige geistig-seelische Übung. Damit deutet sich eine Tiefendimension an, die dem Mittelalter zum Unterschied von der Gegenwart einen Rang unbestreitbarer Größe verleiht.

Mit Max Picard bin ich der Meinung, daß sich der Mensch damals wie gegenwärtig in einer Ursituation aller Existenz, auf der Flucht, befand, nur daß sie derzeit nicht von der Wesensmitte hinwegführte wie heute, sondern auf sie zu. Man könnte sogar von einer ›Flucht zu Gott‹ reden, verstünde man in unseren Tagen nicht eine spezifisch religiöse Haltung darunter. Das Mittelalter indessen begriff unter dem Namen des höchsten Wesens das Ziel und den Kern allen Daseins oder, anders gesagt, sah ihn noch als Zielpunkt des Universums. Trotz solchen hohen und ernsten Anliegens hat es auf der Pilgerfahrt gewiß nicht an heiteren Momenten gefehlt, sei es unterwegs oder in Stunden der Rast. Daß sogar regelrechte Fröhlichkeit aufkam, bekunden die Pilgerlieder sehr deutlich. Wenn die Wallfahrer von Valenciennes anstimmten

> *Par les monts et les prairies*
> *Nous chantions la litanie*
> *Ou quelque bonne chanson*
> *Et racontions a l'envie*
> *Ce que nous savions le bon*

so gehörte dieses ›Bonne chanson‹ fraglos dem ›Registre popularisant‹ an, war also lyrisch-erzählerischen oder balladesken Charakters und behandelte Begebenheiten der Gegend, die man grade durchzog – Abenteuer oder wunderbarliche Geschehnisse, wie sie dem Geschmack der Zeit entsprachen. Es wird sogar von leichtfertigen Tönen, die sich einmischten, berichtet. Nur zu verständlich, denn die Pilger waren keine Duckmäuser, sondern kräftige und meist jüngere Männer, die über der Gemeinsamkeit des Wanderns bald zur Kameraderie fanden, und diese wiederum löste ihnen die Zunge. Manche ihrer Lieder, was wunder bei der Tausendzahl durchwandernder Pilger, verbreiteten sich übrigens weit im Lande und haben sich bis heute erhalten mit ihren von leichter Sentimentalität durchwehten Versen wie der Soldatensingsang späterer Epochen:

Avons laissé tous nos parents
Nos épouses et tous nos gens

Wir haben unsere Eltern verlassen,
Unsere Frauen und alle in den Gassen...

oder   *Quand nous fûmes en Saintonge...*

Und als wir in die Saintonge zogen...

Doch das sind eher Nebenerscheinungen der Pilgerschaft. Im
großen und ganzen dürften die Wallfahrer die ungeheuren
Landstriche, die es zu queren galt, eher wie einen Hohlweg
durchschritten haben, nämlich ohne viel rechts oder links zu
schauen, bis sie erneut an einen Ort gelangten, der besondere
Aufmerksamkeit verdiente. Ihre Erlebniswelt stellt in der Tat
eine Art Innenraum dar, skandiert durch die Stätten der Andacht, die wiederum gleichbedeutend sind mit den Kunstwerken am Wege. Von ihnen hat sich eine erstaunliche Anzahl
erhalten.

Apostel-Ikone: Herru Sanctiagu, got Sanctiagu

Natürlich bleibt es eine Kardinalfrage, was die Gestalt des Apostels Jakobus oder Santiago, dessen Grab man in Galicia besuchte, für die Pilgerschaft eigentlich bedeutet hat. Wer war er,
was zeichnete ihn so sehr aus, daß man seinetwillen so viele
Mühsale auf sich nahm? Die Heilige Schrift verzeichnet den
Namen an verschiedenen Stellen. Die Evangelisten Matthäus
und Markus unterscheiden einen Jakobus den Älteren oder
Major, Sohn des Zebedäus und der Maria Salome, und einen
Jakobus Minor oder Jüngeren, Sohn des Alphäus und der Maria Kleophas. Eine weitere Erwähnung des Namens findet sich
im Galaterbrief. Nach dem Kirchenlehrer Hieronymus, der 405
die Bibelübersetzung der Vulgata schuf, ist er identisch mit dem
des jüngeren Jakobus; diese Auffassung wird von der katholischen Kirche, wenigstens in der Liturgie geteilt. Nach anderen
Deutungen ist damit jedoch ein dritter Jakobus gemeint, auch
der Presbyter zubenannt. Einerlei indessen, ob hier nur eine
Namensgleichheit oder eine Identität der Person vorliegt, nach
Flavius Josephus und Hegesippos war dieser dritte, im Galaterbrief erwähnte ›Herrenbruder‹ und Presbyter Jakobus das

Haupt, oder wenn man so will, der Bischof der Urgemeinde von Jerusalem, und zwar seit dem Tode des Älteren Jakobus, des Zebedäussohnes, und der Flucht des Petrus; 62 nach Chr. ist er durch fanatische Juden umgebracht worden.

Die Pilger freilich interessierte nur der ›wahre Jakob‹, das ist Jakobus Major, der Bruder des Johannes und enge Freund des Petrus und Andreas, der als Fischer am See Tiberias gearbeitet hatte, bis ihn der Ruf des Herrn zum Apostolat bestimmte. Bei der Verkündung der Lehre Christi hatte er eine bedeutende Rolle gespielt und gehörte zum Kreise der Lieblingsjünger des Herrn. Er war bei der Auferweckung des Jairus-Töchterleins ebenso zugegen wie bei der Verklärung auf dem Berge, und er hatte an der schweren Stunde des Erlösers im Garten Gethsemane teilgenommen. Es heißt von ihm, er habe die Lehren des Meisters besonders streng befolgt. Doch besaß er auch menschliche Schwächen; gleich seinem Bruder Johannes zeigte er sich heftig von Charakter, als er voll Zorn darum betete, himmlisches Feuer möge das ungastliche Dorf in Samaria verzehren, in dem Jesus Herberge verwehrt worden war, und ebenso wie der Bruder schien er noch weit vom eigentlichen Verständnis des Evangeliums entfernt, als beide den Herrn darum baten, im verheißenen Königreich Christi zur Seite des Meisters zu sitzen ...

Die Passion, der Tod, die Auferstehung Christi lehrten die Brüder, ihn tiefer zu begreifen. Die letzten Mißverständnisse wurden sogar erst beim Pfingstgeschehen ausgeräumt. Nunmehr kam das, was er meinte, wie eine Erleuchtung über sie, und von Stund an wurde Jakobus Major nebst seinem Bruder der ergriffene Prediger der neuen Lehre, auf dessen Redemacht sich das Wort Christi von den ›Boanerges‹ oder Donnersöhnen bezog, und dies war für die Pilger der entscheidende Punkt: Das Grab des wortgewaltigen Verkünders der Heilslehre in einem Spanien, das von den Ungläubigen überrannt war, mußte auf sie eine faszinierende Wirkung ausüben. Mehr als ein Jahrzehnt nach dem Kreuzestod des Herrn, nämlich im Jahr 44 ist Jakobus auf Anweisung des Herodes Agrippa I. als erster Blutzeuge Christi unter den Aposteln enthauptet worden, und auch dies hat ihn zum Vorbild gemacht. Nach einer bis ins 7. Jahrhundert zurückreichenden Legende soll er in der Zwischenzeit in Spa-

nien missioniert haben, will sagen im Zeitraum zwischen dem
Pfingstgeschehen und seiner Hinrichtung. Es scheint durchaus
möglich, wenn nicht sogar wahrscheinlich, daß er sich gemäß
der Weisung des Herrn auf Bekehrungsreise begab. Warum
nicht nach Spanien? Das Mittelmeer zwischen Haifa und der
Iberischen Küste bot eine relativ leichte Überfahrt. Dabei soll
der Apostel die ersten Christengemeinden auf iberischem Boden
gegründet haben, die von sieben seiner Schüler, den ›Siete Varo-
nes‹ geleitet wurden. Sodann kehrte er nach Palästina zurück,
um das Martyrium zu erleiden.

Nach seiner Hinrichtung, so berichtet uns die Legende weiter, seien Rumpf und Haupt des Apostels von zweien seiner
Gefolgsleute, Theodorus und Athanasius, bei Nacht heimlich in
ein Boot gebracht worden, worauf die beiden sich selbst, ihr
Gefährt und seine kostbare Fracht den Winden anvertrauten,
die den Nachen übers Meer nach Spanien trieben. – Allein, an
dieser Stelle ist es unerläßlich, ein wenig auszuholen, um die
weiteren Gespinste der frommen Fabel ins rechte Licht zu rük-
ken; sie gehören bereits aufs engste mit dem Santiago-Kult zusammen, dem eine so ungeheure Auswirkung auf das Abendland beschieden war, weil er nicht nur die Pilgerfahrt nach
Compostela in Bewegung setzte und eine Fülle von Kunstwerken entstehen ließ, sondern auch an der Wiedereroberung Spaniens von den Mauren, der Reconquista, Anteil besaß, kurz:
sich als geschichtsbildende Macht hohen Ranges erwies.

Die Legenda aurea und ihre Quellen

Um Antwort auf die vielfältigen Fragen zu geben, welche die
Heiligenverehrung des hohen Mittelalters aufwarf, insbesondere nach Einzelheiten aus dem Leben des heiligen Jakobus,
machte sich ein Predigermönch, derzeit achter Erzbischof von
Genua, Jakobus de Voragine, 1293 ans Werk und schrieb seine
›Legenda aurea‹, in der er den seit einem Jahrtausend gewaltig
angeschwollenen Stoff christlicher Legenden zusammenfaßte.
Er zählte damals dreiundsechzig Jahre, konnte auf ein Leben
bitterer Erfahrungen im Kampf gegen die Katharer-Häresie zu-
rückblicken und verfügte über die gründliche Kenntnis einer
Quellenliteratur, in der sich die Entfaltung des frühen Christen-

tums auf faszinierende Weise spiegelte. Mit der ganzen Buchstabengläubigkeit seiner Epoche griff er auf diese Vorlagen zurück, angefangen mit der ›Historia Scholastica‹ des Petrus Comestor bis zu einer Reihe von ›Summen‹ wie jener des Rupertus, des Sicardus, der Richard und Hugo von Saint Victor und anderer. Vor allem zog er das ›Rationale Divinorum Officiorum‹ des Jean Beleth heran, Doktors zu Paris, eine der besten Quellen für den Legendenstoff, der sich um den heiligen Jakobus rankte. Doch gab es noch andere Schriften, auf die er sich ausdrücklich beruft. So die des heiligen Hugo von Semur, fünften Abtes von Cluny, der Anfang des 12. Jahrhunderts gestorben war; oder den 1139 vollendeten, sogenannten ›Codex Calixtinus‹, benannt nach Papst Kalixtus II., in dem der ›Liber Sancti Jacobi‹ das Kernstück bildet. Selbstverständlich benützte er auch die Anfang des 12. Jahrhunderts auf Geheiß des Compostelaner Bischofs Diego Gelmirez verfaßte ›Historia Compostelana‹. Dazu kamen weitere Werke unterschiedlicher Bedeutung für die Jakobslegende – die ins Dunkel der Frühzeit zurückreichende ›Kleine Passion‹, die sich mit dem Leben der römischen und jüdischen Herrscher der Epoche Christi beschäftigt. Sodann die ›Große Passion‹ als Vorlage für einige Randfiguren der Jakobserzählung, die ihre Nachrichten der Schrift eines Augenzeugen des Leidens und Sterbens Jesu, des Bischofs Abdias von Babylon entlehnte, Verfassers der ›Historia certaminis apostolici‹, eines erst ins Hebräische, dann ins Lateinische übertragenen Buches, das seine Bedeutung bis zur Gegenreformation behielt. Schließlich gehört auch die ›Translatio‹ aus der Mitte des 9. Jahrhunderts zum Kreis der wichtigen Quellenschriften; darin wird der Weg geschildert, den die Schüler des Apostels mit seinen Gebeinen durch Spanien nahmen, und zum guten Ende ein ›Livre des miracles‹ des Kanonikus Pierre David, dessen letzte Überarbeitung von 1135 stammt. Wie der Name andeutet, behandelte es die wunderbaren Geschehnisse, die der tote Jakobus bewirkte.

Schon die Fülle der Titel verrät, wieviel legendäres Wissen über die Apostelgestalt sich im Lauf der Jahrhunderte angesammelt hatte; man darf daraus folgern, daß eine Kompilation der verstreuten Inhalte auf vorbereiteten Boden fiel, vollends, da diese Zusammenfassung in der ›Legenda aurea‹ durch einen hochgestimmten Geist von bezwingender Sprachkraft geschah, der naive Gläubigkeit mit sprudelnder Erzählfreudigkeit verband. In der Tat ist sein immer wieder aufgelegtes Buch eines der schönsten und bedeutsamsten Werke des Mittelalters geworden, auch wenn seine Namensinterpretationen meist falsch sind. Unschwer sich vorzustellen, welch tiefen Eindruck seine ebenso lebendigen wie poetischen Erzählungen in einem Zeitalter machten, dessen geistiger Hunger noch nicht durch eine Überfülle von Druckwerken erstickt war, das vielmehr voller Begier nach den großen Leitgestalten des Glaubens, Denkens und Daseins griff.

Daneben kam manchem dieser Berichte, insbesondere der Legende des heiligen Jakobus, eine höchst aktuelle Bedeutung zu. 711 waren die ersten arabisch-berberischen Kontingente über die Meerenge zwischen Nordafrika und Gibraltar gesetzt und hatten in schnellem Vorstoß das derzeit westgotische Spanien überrannt. Zwar war es schon 718 einem ersten, halb legendären ›Caudillo‹ namens Pelayo gelungen, in den asturischen Bergen Widerstandsnester zu organisieren, aber wirkliche militärische Erfolge stellten sich erst lange nach dem 844 bei Logroño errungenen ›Sieg‹ von Clavijo ein, wo Ramiro I. von Asturien angeblich ein Maurenheer zurückschlagen konnte – der Legende nach durch das persönliche Eingreifen des heiligen Jakobus, der im entscheidenden Augenblick auf einem Schimmel in den christlichen Reihen erschien, um das schon ermattende Heer zum Siege zu führen. Das Ereignis ist in der Kunst oft dargestellt worden, und dies aus einem bestimmten Grunde. Der seit seiner Auffindung von 812 als Blutzeuge Christi mit wachsendem Maß verehrte Apostel erhielt nun eine weitere Bedeutung – sein Apostolat verschmolz jetzt mit einer eigentlich unchristlichen Bestimmung, denn er wurde zum ›Matamoros‹, dem Maurentöter und Vorkämpfer der Reconquista, der Wiedereroberung Spaniens von den Ungläubigen. Dies um so mehr, als die christliche Bevölkerung des Landes noch während langer Jahrhunderte unsäglich unter den Mauren litt. Zu allem Überfluß war ja 997 Almansur vor Santiago de Compostela erschienen, um die Kathedrale zu zerstören und die Glocken des Apostelheiligtums auf dem Rücken von Gefangenen nach Sevilla schleppen zu lassen, wo sie heute noch in der Giralda hängen...

Erst allmählich gelang es also den christlichen Heeren der
nordspanischen Königreiche, in schweren Kämpfen von den
kantabrischen Bergen hinabzusteigen, den Feind bis zum Duero
zurückzudrängen und ihm endlich, endlich 1212 bei Navas de
Tolosa eine vernichtende Niederlage beizubringen. Doch hat es
noch bis zum Auftreten Isabellas der Katholischen gedauert, bis
1492 die letzten Mauren aus Granada vertrieben und die
Iberische Halbinsel endgültig befreit war.

Diese heroische Aufgabe ist von den Spaniern vornehmlich
aus eigener Kraft und mit Hingabe ihres Blutes geleistet worden. Die Pilgerstraße besaß indessen Anteil daran. Viele Angehörige der Ritterschaft, die nach Spanien hinauszogen, traten in
die kastilischen, navarresischen oder aragonesischen Heere ein,
und zahllose der einfachen Pilger sind im entvölkerten Land
geblieben und haben ganze Städte gegründet, wie der häufig
auftretende Ortsname Villafranca erkennen läßt. Die Franzosen
stellten dabei den Löwenanteil, aber es waren auch viele Engländer darunter, so in Burgos, oder Deutsche, die in Salamanca
ein eigenes Viertel bewohnten. Die intensivste Befruchtung des
wiedererwachenden Lebens ging jedoch von den Mönchsorden
aus, allen voran den Cluniazensern, die das Land mit Pilgerstationen, Kirchen und Klöstern überzogen, aus denen sich bald
Stätten neuer Gesittung entwickelten.

Das winzige Samenkorn dieses Erwachens und Aufsteigens
Spaniens im Siglo de Oro bis zur Weltmacht war unzweifelhaft
die Legende vom heiligen Jakobus, nach der er als Toter nach
Galicia heimgekehrt war, um in seiner Erde zu ruhen, und zu
dessen Grab daraufhin die mittelalterliche Menschheit wall-
fahrte, weil jedermann in dieser Epoche nach mystischer und
religiöser Hingabe dürstete. Kehren wir daher zur Legende des
Jakobus de Voragine zurück, die alles, was man zuvor über den
Apostel fabuliert und ausgesponnen hatte, zusammenfaßte.

Als der Apostel Jakobus, von seiner Missionsreise nach Spanien
ins Heilige Land heimgekehrt, in Judäa erneut das Evangelium
predigte, schickte ihm ein Magier namens Hermogenes seinen
Adepten, Philetus geheißen, um ihn »vor allen Juden« der Lüge
zu überführen. Doch geschah etwas Unerwartetes. Jakobus widerlegte Philetus mit so eindrucksvollen Vernunftgründen, daß

dieser sich spontan zur neuen Lehre bekannte. Er versuchte sogar, Hermogenes zu bekehren. Der aber bannte ihn kraft seiner magischen Zauberkünste und machte ihn unbeweglich. Kaum hörte Jakobus davon, als er Philetus sein Schweißtuch mit der Nachricht überreichen ließ, der Herr richte die Geschlagenen auf und löse die Gebundenen, was sich auch unverzüglich begab. Nunmehr beschwor Hermogenes seine höllischen Helfershelfer und befahl ihnen, Jakobus samt Philetus gebunden vor ihn zu bringen. Aber die vor dem Apostel erschienenen Geister stimmten alsbald ein Klagelied an: »Jacobe, heiliger Apostel, erbarme dich unser, denn siehe, wir brennen vor unserer Zeit.« Engel Gottes waren erschienen und hatten sie mit feurigen Ketten gebunden. Jakobus »löste« auch sie, allerdings mit dem Auftrag, Hermogenes vor ihn zu bringen. – Die Szene ist in alten Malereien gern dargestellt worden. Als der Magier gefesselt vor ihm stand, zeigte Jakobus seine wahrhafte Größe, denn er sprach zu Philetus: »Laß uns Böses mit Gutem vergelten.« Habe Hermogenes ihn gebunden, möge er umgekehrt ihn jetzt befreien. Als Jakobus Hermogenes daraufhin aufforderte, hinzugehn, wo er wollte, weil eine Zwangsbekehrung nicht seine Art sei, wußte dieser, von Scham übermannt, nichts anderes zu tun, als seine Zauberbücher herbeizuholen und zu vernichten.

Den Juden gefiel die Entwicklung der Dinge keineswegs. Daher ließ ihr Hoherpriester Abiathar Jakobus ein Seil um den Hals werfen und vor König Herodes Agrippa schleppen, der den Gottesmann kurzerhand zu enthaupten befahl. Schon führt man den Apostel zum Richtplatz, als sich neue Wunder begeben: Ein Lahmer liegt am Weg, und Jakobus ruft ihm zu: »Im Namen Jesu Christi, für den ich zu Tode geführt werde, steh auf und lobe den Schöpfer.« Worauf sich der Lahme erhebt. Kaum sieht Josias, ein Schriftgelehrter, der Jakobus am Seil hält, das Mirakel, als er sich dem Apostel zu Füßen wirft und Christ zu werden begehrt, worauf Abiathar auch ihn ergreifen läßt, um ihn zu richten. Noch kann sich Jakobus eine Flasche mit Wasser ausbitten und den Leidensgefährten taufen, dann fallen die Köpfe…

Erst im Dunkel der Nacht wagen die Schüler des Apostels, den Leichnam ihres Meisters auf ein Boot zu bringen, dann steigen sie hastig zu, und Engel führen sie ohne ihr Zutun bis Galicia im Reich der Königin Lupa. Die Anlandung vollzieht sich an der Ulla-Mündung bei Padron, wo die Gefolgsmänner den Körper auf einen Felsbrocken legen, der sich sofort den Konturen des Körpers gleich einem Bett anschmiegt. Es ist jener dort einst liegende, berühmte Stein, von dem sich die Wallfahrer des Mittelalters – dies ist historisch belegt – so lange kleine Stücke als Souvenir abschlugen, bis er verschwunden war. Königin Lupa, zu deutsch Wölfin, sendet darauf die Gefährten des Toten zum König von Duyo, den sie offenbar für besonders grausam hält. Er setzt die beiden in der Tat unverzüglich gefangen. Aber während er sich eben zu Tisch begibt, kommen Engel und befreien die Eingekerkerten. Kriegsknechte hasten hinter ihnen her, doch eine Brücke, die sie queren müssen, bricht unter den Verfolgern zusammen, und sie ertrinken. Schrecken erfaßt den König; er will mit der Sache nichts mehr zu tun haben und schickt die beiden wieder zu Lupa. Diese freilich läßt nicht ab und versucht es mit neuer Tücke. In einem Gehege am Berg Ilianus besitzt sie ein paar bösartige Stiere; mögen die beiden sie vor einen Karren spannen, um den Leichnam des Apostels damit zu holen. Die ungezähmten Tiere jedoch lassen sich wie folgsame Öchslein anschirren, weswegen man die Überführung des toten Jakobus von Padron nach Compostela gern auf einem galicischen Ochsenkarren dargestellt hat. Da geht auch Lupa in sich und läßt sich bekehren...

Seither lag der tote Jakobus, bewacht von seinen getreuen Schülern, im ewigen Frieden der ›Arca marmorica‹ beim Berge Libredon in einem Eichenhain, bis auch seine Gefolgsleute starben, neben ihm beigesetzt wurden und alles in tiefe Vergessenheit sank. Bis eines Tages zu Beginn des 9. Jahrhunderts einem Einsiedler-Priester namens Pelagio von San Fiz de Solobio zu Compostela eine Erscheinung zuteil wurde und diese zur Wiederentdeckung des Apostelgrabes führte. Doch das gehört bereits der örtlichen Geschichte von Santiago de Compostela an und ist dort dargestellt.

Nimmt man die Legende des Jakobus de Voragine unter die Lupe, lassen sich deutlich jene Wesenszüge erkennen, die das Mittelalter so faszinierten. Da ist sein tugendhaftes Leben, seine Wißbegierde, das Drängen nach Verheißung, der Eifer, mit dem er sich samt seinem Bruder Johannes für Christus einsetzt, und freilich auch der seltsame Umstand, daß Christus ihm samt Johannes den Beinamen Bnehargem oder Boanerges, Donnersohn, beilegt, ein Attribut, das der fromme Erzbischof auf die Macht seiner Worte bezieht: »Jakobus ist auch der Sohn des Donners, genannt von der Gewalt seiner tönenden Predigt, damit er die Bösen erschreckt, die Trägen aufweckt und alle zur Bewunderung zwang durch ihre große Tiefe.«

Amerigo Castro hat in seinem Werk ›Spanien, Vision und Wirklichkeit‹ auf die merkwürdige Ähnlichkeit dieses Attributes mit der römischen Castor-und-Pollux-Sage aufmerksam gemacht, die sich auch in Jakobi Auftreten zu Clavijo nachweisen läßt. Für den Menschen des Mittelalters waren indessen die geschilderten Züge des Apostels wichtiger als historische Parallelen. Für sie blieb Jakobus, wie dargetan, der erste Blutzeuge unter den Aposteln und die großmächtige Missionarsgestalt voll feuriger Beredsamkeit und Beharrlichkeit bis zum Tode. Petrus hatte sich schwach erwiesen, als der Hahn krähte, Jakobus aber den Henker nicht gefürchtet. Das machte ihn zum Pater familias, zum Vater der großen Pilgerfamilie, die sich, gleich ihm, auf den Weg ins ferne Galicia zum Kap Finisterre begab, wo nach der Vorstellung der damaligen Zeit die Welt zu Ende war, wie das Wort besagt. Nichts hätte dem Spanien der Reconquista willkommener sein können als die geistige Teilnahme ganz Europas an seinem Befreiungskampf gegen die Ungläubigen...

Im Zeichen der Jakobsmuschel

Zu diesem Apostel, besser seinem Grabe, und in dieses Spanien, zogen sie also, um einer den Menschen unserer Tage nur schwer verständlichen, mystischen Teilhabe an Christus willen. Wenn sie zurückkehrten, trugen sie vor dem Hut und auf dem Revers des Pilgerrockes die ›Coquille de Saint Jacques‹ als Zeichen der Wallfahrt – die Sankt-Jakobs-Muschel, die man derzeit an der Mündung der Ulla noch reichlich fand, als die Ria de Arosa noch nicht verlandet war. Es handelt sich bei diesem Schalentier um jene schon im Altertum als Venusmuschel bekannte Molluske, deren Haus aus zwei gerieften, handtellergroßen Kalkschalen mit waagerechtem Ansatz besteht, geeignet zum Durchbohren und Anheften. Aus der antiken Venusmuschel war im Spanischen die Concha venerea, aus dieser wiederum im galicischen Sprachgebrauch die Kurzform Vieira geworden. Natürlich hat das Mittelalter auch sie mit einer Legende umwoben: Ein Ritter ist in den Ulla-Fluß gefallen und droht zu ertrinken. Er ruft den heiligen Jakobus an und fühlt sich alsbald von einem Schild aus Jakobsmuscheln getragen, auf dem er sicher ans Ufer gelangt.

Die Muschel, übrigens schon vor dem Santiago-Kult als Pilgerzeichen bekannt und hernach auf ihn eingeschränkt, bekam später gewisse Nebenbedeutungen. So diente sie im 18. Jahrhundert als Abzeichen der ›Liebespilger‹, die sich nach Kythera einschifften. Ihr Name mußte sogar dazu herhalten, eine fragwürdige Menschengruppe zu bezeichnen. Abgeleitet von dem französischen ›Coquille‹ bildete man daraus den Namen der ›Coquillards‹, womit man eine heruntergekommene Sorte von Herumtreibern bezeichnete; die Pilger waren in jener Epoche, wie es kaum ausbleiben konnte, längst zu Haufen wüster, abgerissener Bettler abgesunken, wie uns viele Darstellungen zeigen, und längst zogen Diebe, Huren, Schnapphähne aller Art auf einem Wege mit, der ihrem Gewerbe willkommene Tarnung bot. Ein Vers über die ›Jakobsbrüder‹ aus jener Zeit belegt das:

> Wir Jacobsbrüder mit grossem hauffen
> Im Land sind hin und her gelauffen /
> Von Sanct Jacob / ach und gen Rom
> Singen und betteln one schom /
> gleich andern presthaften armen
> Offt thut uns der Bettel stab erwarmen
> in Händen / als denn wir es treibn
> Unser lebtag faul Bettler bleibn.

In der Großen Revolution, als man daranging, die letzten der ›Confrèries‹ oder Bruderschaften, die man zur Unterstützung durchreisender Wallfahrer gegründet hatte, zu verbieten, war die Pilgerschaft im Sinne eines Eremiticums längst zu Ende. Allein, alles Menschliche hat seinen Aufstieg und Untergang. An der historisch-künstlerischen Bedeutung und Größe der Santiago-Fahrt änderte das nichts.

Die Pilger folgten auf ihrem Weg quer durch Europa nach Santiago de Compostela im fernen Galicia verschiedenen Routen, deren Richtung, eingeschlossen gelegentliche Umwege, von mannigfachen Heiligtümern bestimmt wurden, die man zu besuchen dachte. Drei der vier Hauptrouten kamen aus dem nördlichen Europa und vereinigten sich bei einem kleinen Weiler südlich Saint-Palais im Baskenlande, Gibraltar genannt, um von hier gemeinsam nach Saint-Jean-Pied-de-Port und über den Pyrenäenpaß von Roncesvalles nach Pamplona und weiter nach Puente la Reina zu führen, wo sich der vierte, von Italien über Arles kommende Weg hinzugesellte, die ›Via Tolosana‹.

Die nördlichen Hauptrouten waren die von Paris und Chartres nach Tours und Poitiers verlaufende ›Via Turonensis‹, auch ›Grande Route‹ genannt, sodann die von Vézelay über Nevers und Limoges verlaufende ›Via Lemovicensis‹, und endlich die Le Puy zum Ausgang nehmende, das Velay querende und das Périgord berührende ›Via Podiensis‹, die über Moissac und Cahors nach Süden bog. Natürlich gab es abseits dieser Hauptstrecken auch Nebenrouten, alles in allem ein vielverästeltes Gespinst von Wegen und Zwischenverbindungen, die das gesamte Südwestfrankreich von heute, derzeit noch Aquitanien genannt, so dicht überspannen, daß dieses Gebiet und die von der Pilgerschaft geprägte Landschaft identisch sind.

Gleichgültig aber, ob sie von Nordwesten, Norden oder Nordosten heranführten, sie erreichten dieses Aquitanien jenseits, will sagen südlich der Loire, und damit einen Raum, dessen politische Rolle heutzutage längst ausgespielt ist, dessen künstlerische Zeugnisse indessen gleich gewaltigen Relikten erhalten blieben. Denn wenn auch der von Legende und Sage verklärte Name – zumindest in unserem Sprachgebrauch – verlorenging, es ändert nichts daran, daß dieses geographisch überaus vielgestaltige Aquitanien in einem ideellen Sinne erhalten blieb. Um es mit knappen Worten zu umreißen – war dieses Land seit Mitte des 12. Jahrhunderts politisch genommen ein Bestandteil des englisch-normannisch-aquitanischen Plantagenet-Reiches, so künstlerisch betrachtet eines der Ursprungsländer romanischer Kunst und literarisch gesehen die Wiege der

Troubadour-Dichtung. Und doch bedeutet es noch unsäglich mehr. Wandert man in der Geschichte weiter zurück bis zum ersten Auftreten des Homo sapiens, so gehören ihm auch die Fundstätten jener erregenden Höhlenmalereien seit dem Aurignacien an, deren Entdeckung unsere Weltaspekte verändert haben, und zwar im Périgord, den Pyrenäentälern und an den Hängen der Garonne-Ufer. Aus dem Dunkel frühester Vergangenheit leuchtet uns sogar ein erstes geformtes Menschenantlitz entgegen, das Köpfchen von Brassempuy.

Gewiß könnte man sich historisch kurzerhand mit der Feststellung zufriedengeben, daß dieses alte ›Seeland‹, wie es die Römer nannten – nichts anderes besagt das Wort Aquitanien – von der Auvergne im Osten bis zum Atlantik im Westen und von dem Loire-Bogen im Norden bis zu den Pyrenäen im Süden gereicht hat. Allein, dieser ungeheure Raum, von den Regen des Meeres ebenso befruchtet wie von der Sonne des Südens gewärmt, erlebte im Lauf der Zeitalter so unerhörte politische Umwandlungen oder Katastrophen und offenbarte in ihrer Abfolge so viel Genie, Gestaltungskraft und Menschengröße, daß er innerhalb Europas, ja der Entwicklung der Menschheit, eine exemplarische Rolle spielt.

Während der augusteischen Zeit in eine Aquitania prima, das Gebiet um Bourges, eine Aquitania secunda mit dem Zentrum Bordeaux und schließlich eine Aquitania tertia, meist Aquitania novem populana genannt, das Neunvölkergebiet des Pyrenäenrandes, gegliedert, wird es in westgotischen Zeiten vorübergehend um den Raum von Toulouse vergrößert, der bald wieder selbständig wird. Die karolingische Epoche machte ein neues Königreich aus den ›Seelanden‹. Mit dem Aufstieg lokaler Dynastengeschlechter aus dem Feudaladel hebt eine Aufsplitterung an; doch kann eine dieser Familien, die aus der Auvergne stammt, mit der Folge ihrer zehn Grafen-Herzöge namens Guillaume erst in Bordeaux, dann Poitiers Fuß fassen und ein neues Aquitanien von der Gascogne bis zur Loire bilden, das in Regentengestalten hoher geschichtlicher Bedeutung gipfelt, wie Aliénor von Aquitanien, die Heinrich II. von Anjou-Plantagenet, bald König von England, heiratet, oder ihrem Sohn Richard mit dem Beinamen Löwenherz. Als sein Leben einem banalen Zufall, einem Bolzenschuß vor Châlus, zum Opfer fällt, erlischt, geht mit ihm eine einzigartige Konstellation der Geschichte zu Ende. Denn während der Osten des derzeitigen Europas von dem nach Italien orientierten Wahlkaisertum des Heiligen Römischen Reiches beherrscht wird, die Mitte von dem schwachen, um seine Existenz ringenden Königtum der Kapetinger im Bereich der Ile de France, regiert im Westen von den Pyrenäen bis zu den Hebriden die jäh aufgestiegene Dynastie der Plantagenet fast unbeschränkt. Sie gebietet über ein Reich, das aus der Normandie, den Britannischen Inseln, kurz dem normannischen Erbe, und den aquitanischen Räumen des heutigen Südwestfrankreichs besteht, bis es bald nach dem Tode von Richard Cœur du Lion wieder in seine ursprünglichen Teile auseinanderfällt.

Was dabei Aquitanien betrifft, so hat die Epoche der zehn Guillaume und Aliénors samt ihrem Sohn genügt, um eine Sprache, Gesittung und Literatur aufblühen zu lassen, die ganz Europa befruchtete, oder um Individuen aufsteigen zu lassen, die gleich Gestalten der Sage fortleben. Vor allem aber, um an den Stationen der Pilgerstraße Kirchen, Klöster, Hospize und Herbergen zu erbauen, deren künstlerische Leistungen von Moissac bis Poitiers noch heute das Auge überwältigen, sei es durch die innere Größe ihrer Aussage, ihre Fülle oder sei es durch den Reichtum einer in der Volksseele verwurzelten Phantasie. Dies alles genügt, um das seit mehr als siebenhundert Jahren politisch erloschene Staatsgebilde oder besser den Namen Aquitanien unsterblich zu machen.

Es bedarf daher keiner weiteren Rechtfertigung, dieses Zauberwort, in dessen Bereich die Santiago-Wanderer erste Erfüllungen ihrer Wallfahrt fanden, erneut zu beschwören. Denn Aquitanien, das war der Raum, der die Pilger auf ihrer Suche nach der Wesensmitte des Daseins mit seinen Bildern umstellte, die Hohlform eines verschollenen Menschheitszuges, der die Kunst zu den einzigartigen Leistungen der romanischen Epoche inspirierte. Aquitanien, das ist gleichzeitig ein Inbegriff wechselvoller Vielfalt der Landschaft und, solcher Fülle ungeachtet, das Tor zu einer inneren Welt, die noch dem Menschen von heute Entscheidungen abfordert, mit anderen Worten, ihn aus der matt gewordenen Gegenwart zu sich selber und seinem Auftrag zurückruft.

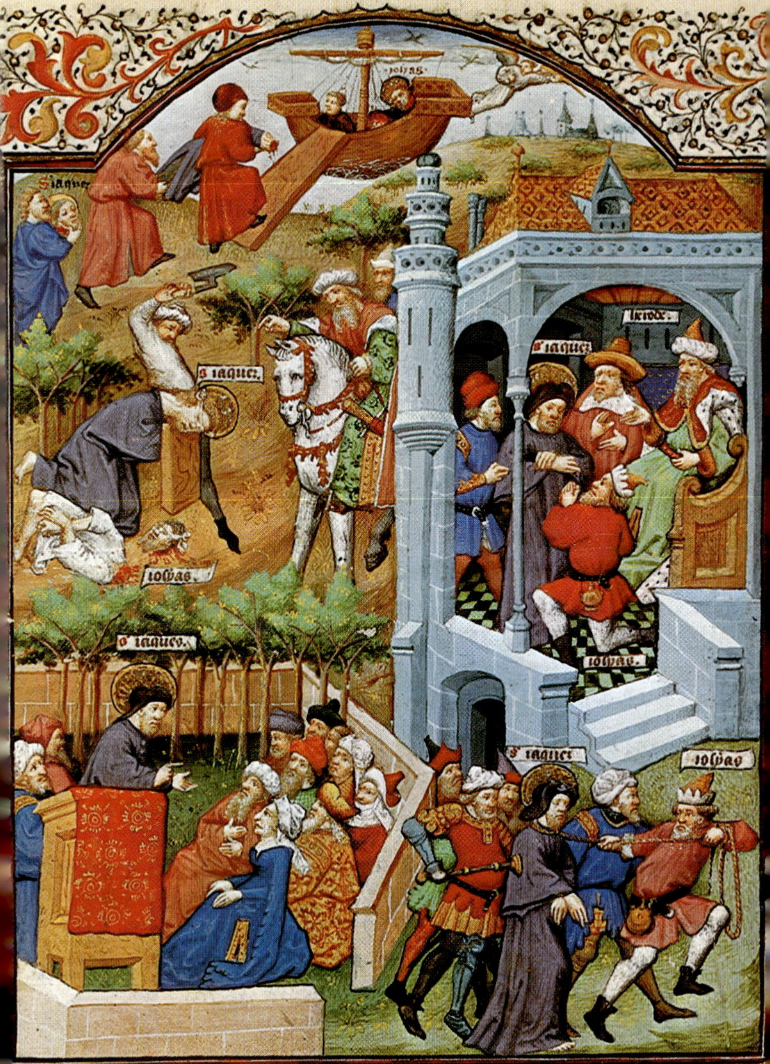

genes autem quidam magus
...mfit philetum discipulum suu
...um aliquot phariseis ad iaco
...um: conans asserere quod no
...lius dei esset ihesus xpistus.
...mus se aplm memorabat. Ja
ob; vero in spiritu sancto con

fidenter agens: omnes asser
ones eius euacuauit: ostende
de scripturis sanctis hunc esse
rex filium dei.

euersus autem ad
hermogenem phile
tus dixit ei. Jacob

I FÜNF SZENEN AUS DER LEGENDE
DES HEILIGEN JAKOBUS,

Miniatur (Ausschnitt) aus dem vor 1435 entstandenen
›Brevier des Herzogs von Bedford‹.

Paris, Bibliothèque Nationale

(Siehe auch Seiten 25 ff.)

Endlos die Wege der Wanderschaft!

Dies aber waren die Straßen, auf denen die Pilger nach und durch Aquitanien zogen.

Die am meisten benutzte ›Grande Route‹ oder ›Via Turonensis‹ kam aus dem Raum von Paris, wo sich die Santiago-Fahrer aus England, Flandern, Nordfrankreich, aber auch jene des deutschen Westens in Pontoise oder Saint-Denis sammelten. Von hier zog sie in leicht südwestlich geneigter Richtung über Étampes und Orléans zur Loire und folgte dem Lauf des Flusses bis Tours, der Stadt des heiligen Martin, von der man ihren Namen ableitete. Südlich davon gelangten die Wallfahrer bereits auf aquitanisches Gebiet, das Poitou, und wanderten nunmehr weiter zum Heiligtum des großen Kirchenlehrers Saint Hilaire nach Poitiers. Über Aulnay-de-Saintonge, Saintes und Pons ging es nach Blaye an der Gironde-Mündung und Bordeaux; durch die Landes, derzeit noch eine unwirtliche Gegend, erreichte man Dax und die Vorberge der Pyrenäen, wo sich bei einem kleinen Weiler namens Gibraltar, südlich von Saint-Palais, die Turonensis mit den beiden anderen, großen Routen vereinigte und als gemeinsamer Jakobsweg ins Gebirge zum Paß von Roncesvalles vorstieß.

Unterwegs hatte die Grande Route eine Reihe von Nebenstraßen in sich aufgenommen. Zwar nördlich der Loire mündeten nur deren zwei, die von Rouen und Caen ein, aber südlich des Stromes eine ganze Anzahl, so daß die Turonensis dem Halteseil eines Spinnennetzes glich. Sie kamen über Loudun oder Parthenay, eine recht bedeutsame Pilgerstation, oder aber aus der Bretagne über Nantes an der Loire-Mündung. Von hier führten allein vier Wege durch die Einsamkeit der Vendée heran, während ein weiterer entlang der Küste verlief, La Rochelle im Aunis streifte und erst in Saintes, der Hauptstadt der alten Saintonge, auf die große Route traf. Andererseits entließ sie auch verschiedene Wege aus sich. So verlief eine Verbindung von Poitiers nach Angoulême und fand erst in den Landes wieder Anschluß an die Turonensis. Eine weitere führte von Saintes nach Talmont an der Gironde-Mündung. Dort konnte man mit dem Segelboot nach Soulac-sur-Mer, damals ein bedeutender Hafen an der Nordspitze des Médoc, übersetzen und entlang der Atlantikküste bis Bayonne und endlich Irun nach Spanien weitermarschieren. Freilich kam diese Route ob der schwierigen Wegeverhältnisse an der Flußmündung der Bidassoa bei Hendaye erst spät in Brauch. Im allgemeinen boten diese Nord-Süd-Wege, eingeschlossen die Grande Route selbst, wenig Schwierigkeiten. Berge gab es kaum zu überwinden, und die Flüsse ließen sich wenigstens abseits der Küste leicht passieren. Was Wunder, wenn auf ihr eine große Menge Pilger einherzog und an ihr bedeutende Bauten entstanden.

Anders die zweite der Hauptrouten, die über Limoges verlaufende und daher ›Via Lemovicensis‹ genannte Straße. Sie kam von Vézelay, und man könnte sie schon allein ob dieses Ausgangspunktes einen Weg der Meditationen nennen. Bereits im Bazais, dem burgundischen Südwesten, passierte sie endlose Waldgebiete, mußte jenseits der Loire von Nevers durch die einsamen Gefilde des Bourbonnais und der Marche bis zu den Hügeln zwischen Benevent-l'Abbaye und Saint-Léonard, und mochte auch der Weitermarsch nach Limoges, der Stadt des heiligen Martial leichtfallen – südlich davon begann bis Périgueux eine trockene, heiße Strecke. Sie hielt an bis La Réole am Garonne-Ufer, wo die fruchtbaren Niederungen am Ostrande der Landes begannen. Über Sauveterre-de-Béarn gelangte die Route schließlich zum Knotenpunkt Gibraltar.

Auch diese zweite große Straße der Pilger besaß Seitenwege, und zwar in Gestalt fast parallel verlaufender Nebenstrecken, die sogar einige Bedeutung besaßen. Die nördlich verlaufende hatte die Lemovicensis bereits in Vézelay verlassen, war über La Charité und Bourges unaufhaltsam auf Angoulême vorgestoßen und über Saint-Émilion in die Landes gezogen, wo sie Anschluß an die Turonensis fand. Die südliche trennte sich in Nevers von der Lemovicensis und führte nach Clermont in der Auvergne, wo sie sich gabelte. Ein Ast zweigte von hier durch die Berge nach den Heiligtümern des Landes wie Issoire, Saint-Nectaire oder Brioude ab, um endlich nach Souillac weiterzuziehen, während der andere die alte Abtei an der Dordogne auf direktem Wege erreichte. Auf einem erneuten, viel begangenen Seitenweg konnte man von hier aus das Marienheiligtum von

Rocamadour besuchen und endlich nach Moissac an der Via
Podiensis traversieren.

Die größten Schwierigkeiten bereitete fraglos die dritte der großen Pilgerstraßen, die nach Le Puy benannte ›Via Podiensis‹.
Man könnte sie die heroische Route nennen. Auf ihr zogen jene
Wallfahrer entlang, die von Norden auf Lyon gewandert kamen und nach Westen ins Gebirge abbogen. Von Le Puy ging es
auf beschwerlichen, oft gefährlichen Pfaden durch die Vulkan-
landschaft ins Hochland der Margeride, wo man bei oft jählings wechselnden Wettern Höhen von 1200 Metern zu überwinden fand, um am Ende der einsamen, von Wegelagerern
bedrohten Strecke nach Aubrac, einer Art ›Kleinen Sankt Bernhards‹ der Podiensis, zu gelangen. Nunmehr ging es ins Lot-Tal
hinab und durch die Schluchten des Flusses weiter bis Entraygues. Wer Conques, das Sanktuarium der Sainte Foy oder heiligen Fides, besuchen wollte, mußte hier auf eine beschwerliche
Bergroute abbiegen, deren von zahllosen Füßen in den Fels ge-
tretenen Spuren noch heute zu sehen sind. Oder man folgte der
Talstraße nach Figeac und zog über Marcilhac weiter nach Cahors und Moissac. Hier freilich ließ alle Beschwer sich vergessen. Man befand sich in einer üppigen Tallandschaft, und dabei
blieb es, auch im fruchtbaren Armagnac, bis man über Nogaro
Sauveterre erreichte. Mochten dort auch erneut die Berge beginnen, der Treffpunkt mit den anderen Straßen nördlich Ostabat, also Gibraltar, lag bereits nahe.

Es gab noch mehr, noch andere Routen. Indessen waren dies
jene bedeutendsten, wie eine Pilgerkarte von 1648 sie empfahl,
die sich im großen und ganzen mit den Angaben des Codex
Calixtinus aus dem 12. Jahrhundert deckt. Betrachtet man dieses Gespinst der Wege einmal in der Überschau, entdeckt man
recht deutlich, daß sie Aquitanien, das sind die alten Landschaften des Poitou, der Marche, des Limousin, Angoumois, Périgord, Quercy und schließlich der Guyenne und Gascogne in
einem immer dichter werdenden Netz überspannen. Ja, am Py-
renäenfuße näherte sich diesem Delta sogar die vierte Hauptroute der Jakobswege durch Frankreich, die genau von Osten
heranführende ›Via Tolosana‹ – sie überquert die Pyrenäen im

Paß von Somport – so dicht, daß es Verbindungen gab. Es wird übrigens von ihr, die durch das Languedoc führt, in einem eigenen Buche die Rede sein.

Alles in allem, ein für die Vorstellungskraft des mittelalterlichen Pilgers, der meist auf mündliche Auskünfte angewiesen war, kaum entwirrbares Geflecht von Haupt- und Nebenwegen! Sie überzogen Aquitanien, besonders im Süden mit einer solchen einander ähnelnden Vielzahl von Rastplätzen, Spitälern und Andachtsstätten, daß hier nur eine Buchhalternatur den Einzelstrecken vor der Fülle ihrer Erscheinung den Vorzug gäbe. Wallfahrerschicksal und bewältigte Mühen hat jede von ihnen bedeutet, und, was für die Nachtwelt mehr wiegt, der Geist, der hier wehte, war sich überall gleich, selbst wenn er mit verschiedenen Zungen sprach.

ERSTES BUCH

DIE GRANDE ROUTE
DURCHS POITOU
oder

AUF DER VIA TURONENSIS

»... *mille et mille et mille étoiles*
font de Saint Jacques le chemin ...«
Französisches Theaterstück
des 16. Jahrhunderts

Von Paris zur Loire

Verschüttet die Brunnen, aus denen sie tranken, verweht die Spur ihrer Schritte, und keine noch so genaue Wissenschaft, wieviel Erinnerungsstücke sie ausgräbt, vermag ihre Gegenwart wieder zu beschwören. Einzig du, treue Gefährtin des schreibenden Menschen, Phantasie, erweckst sie aus dem Schlaf ihrer Gräber und läßt ihren Schicksalszug wieder hinauswandern ins Unbedingte. Von dorther, wo ihre Welt schwer von der Traurigkeit über die Leere des Daseins war, nach dorthin, wo sie Erfüllung suchten ...

Anfang Juni 1162. Auf der von Orléans kommenden Straße vor Tours. Seit gut einer Woche sind sie jetzt unterwegs von *Paris,* das sie von Flandern, von England oder der Rheinebene aus erreicht hatten, um sich in Pontoise oder Saint-Denis am Schreine des ersten Bischofs von Paris, des heiligen Dionysius eben, zu sammeln und über den Weg, auf dem man den Märtyrer von 272 zur Hinrichtung geführt hatte, weiterzuziehn. Es war wie ein Wachtraum vorübergegangen – der Marsch durch die Porte Saint-Denis zur Ile de la Cité, sodann durch die Rue Saint-Jacques zur Pilgerkapelle, der Vorgängerin jenes Jakobiner-Klosters, in dem Albertus Magnus und Thomas von Aquin lehren sollten. Bis hin zur uralten Herberge, in der seit dem 14. Jahrhundert die Mönche vom Alto Passo bei Lucca, dem Haut-Pas auf französisch, die Wallfahrer betreuten. Schon empfing sie erneut das freie Land, diesmal südlich der Seine, während sie auf der Straße nach Étampes hinauszogen. Einen Tagesmarsch dauerte das immerhin, indessen abseits *Longjumeau* und *Montlhéry* mit dem mächtigen Turm der Burg liegenblieben und *Arpajon* im ruhigen Gleichmaß der Schritte vorüberglitt, das ihre Wanderschaft zur Legende machte. Endlich

war es in eine fruchtbare Ebene hinausgegangen, hinter der sich
das Jouine-Tal mit der königlichen Stadt *Étampes* öffnete, ein
langgedehnter Ort, darin eine Reihe Gotteshäuser, Saint-Basile,
Sainte-Croix, Saint-Gilles und weiter hinter dem Louette-
Brücklein am Ende der Rue Saint-Jacques die Kirche Saint-
Martin, in deren Nähe sie unterkamen. Der das Stadtbild beherrschende Turm Guinette, in dem König Philipp August ein
Menschenalter hernach seine verstoßene Gemahlin Ingeborg
von Dänemark einsperrte – ein Skandal, der damals Europa
erregte – lag hinter ihnen ...

Am nächsten Morgen war man beim ersten Licht durch das
Tal der Chalouette und dann noch einmal in eine Ebene, die
Beauce, hinausgezogen auf *Angerville, Toury* und *Artenay* zu.
Aber nach solchen Namen fragten sie kaum: die Luft flimmerte
vor Wärme, und Schatten gab es hier wenig. In *Cercettes* hatte
man bleiben können, um folgenden Tages in der Vorfrühe den
Weg nach Orléans anzutreten. Das war nicht mehr weit, doch
sie gedachten nachmittags noch in der heutigen Kirche Saint-
Paul die Schwarze Madonna aufzusuchen, vor der mehr als
zweihundert Jahre später die Jungfrau von Domrémy allmor-
gendlich auf den Knien lag, ehe sie erneut hinauseilte zur Bastion der Tourelles und den Sturmangriff gegen die Engländer
anführte. Daß sie auch die Kapelle Saint-Jacques besuchten,
versteht sich; ihre Herberge lag nahebei am Loire-Strom, wo
selbst noch im Abend die Uferkiesel so glühend waren, daß sie
erschrocken darüber hin bis zum Wasser sprangen; dort wusch
man sich. Über die alte Brücke war es am nächsten Morgen am
linken Stromufer nach *Cléry-Saint-André* weitergegangen,
während man Beaugency und Blois auf der anderen Flußseite
liegen sah, bis endlich hinter *Chaumont-sur-Loire* die Boll-
werke von *Amboise* auftragten. Hier kehrte man zum letzten
Mal ein, ehe am kommenden Nachmittag ihr großes Zwischenziel, die Stadt des heiligen Martin, *Tours* erreicht wurde.

Es bleibt von jenen Tagen, die sie später fast völlig vergaßen,
nichts zu berichten, als daß sie in ungestörter Sammlung und
fast unwirklicher Lautlosigkeit durch das Stromtal zogen, wie
nur der Mensch von damals es konnte. Kein Lufthauch regte
sich zwar, doch einerlei, ob sie diesen Weg aus Glaubensgrün-
den, eines Ablasses willen oder um eine Schuld zu sühnen

machten, einerlei also, ob sie mit vollem Herzen oder in schweren Gedanken wanderten oder ritten, sie kamen durch eine Landschaft, die aufatmen ließ. Auch wenn die Touraine damals noch anders aussah als heute, die Loire ungebändigt durchs weite Tal vagierte, hier Schwemmgebiete schuf, dort Altwässer hinterließ, aus denen Schwärme von Wasservögeln stiegen – es lag ein unvergleichlicher Zauber über dem Lande, wie sie es niemals erlebt hatten. Der Himmel war anders als sonst, mild, aber nicht heiß und getränkt mit einem dunstigen Leuchten; die Tage gingen trotz der von den Uferhöhen herandrängenden Wälder oder dräuenden Befestigungen in Heiterkeit hin. Wofür nicht zuletzt der Schluck Landwein in einer Schenke am Wege sorgte, sooft man kurze Pausen einlegte.

Nachmittags, am Ende der Route, oder am kommenden Morgen würden sie in der ›Martinopolis‹ von Tours auf jene Wandergefährten stoßen, die in Paris nach Südwesten aufgebrochen waren, und hatten sie nach der heißen Beauce auf der ›klassischen‹ Route das schwarze Gnadenbild von Orléans besucht, das später den Protestanten zum Opfer fiel, so jene anderen den Schleier der Gottesmutter in Chartres, das schon damals zu den Weltwundern zählte …

Chartres! Trotz aller Hingabe an die selbstgewählte oder auferlegte Pilgerschaft, es lag der Wallfahrt ja auch ein Stück Fernweh und Neugier zugrunde. Das betraf nicht zuletzt die große Kathedrale über dem Tal der Eure, von der selbst damals, lange vor dem gotischen Neubau nach dem Brande der neunziger Jahre, in halb Europa die Rede war. Wer sie besuchen wollte, zog von Paris an *Orsay* und *Limours* vorüber, bis er nach zwei Tagen trotz aller Erwartung überrascht innehielt. Denn hoch auf der anderen Seite des Eure-Grundes lag das berühmte Gotteshaus mit seiner unerhört neuen Botschaft unvermittelt wie eine Erscheinung. Wenig später, als man vorm Königsportal, das beim Brande von 1194 erhalten blieb, anlangte, hielt man in fast beklommenem Erstaunen an. Da hob sich der ›Porche du Dieu vivant‹, das ›Portal des lebendigen Gottes‹ mit der dreifachen Erscheinung Christi als Zeugnis einer ganz neuen Glaubensauffassung und zeigte den Herrn als Zentralfigur des Weltengeschehens, nämlich als Gottkönig im Viergetier, an den

beiden Seiten Geburt und Himmelfahrt des Heilands. Dementsprechend hielten seine Vorfahren im Gewände regelrecht Hof.
Freilich war ihr eigentliches Ziel etwas anderes, nämlich jener
hochverehrte Schleier der Gottesmutter gewesen, den König
Karl der Kahle 876 der Kathedrale geschenkt hatte, und das
Portal sozusagen eine Dreingabe. Doppelt bestärkt und zweifellos auch sehr nachdenklich zogen sie nach Süden davon. Wurde
ihnen nicht jetzt erst die wahre Größe ihrer Wallfahrt offenbar?
Noch nach dreieinhalb Wegestunden sahen sie die Kirche hinter
sich wie ein fernes Gebirge ragen.

Dann war *Châteaudun* gekommen, ein winziges Nest, damals noch Chateauneuf geheißen, über sich die Burg der Du-
nois, nun *Vendôme* nebst seinem Schloß. Nach etlichen Brük-
ken im Ort erreichten sie die Jakobus-Kapelle am Südrand der
heutigen Altstadt und kehrten nebenan in der Herberge ein, aus
der später ein Schulgebäude wurde. Honoré de Balzac sollte
hier einmal die Bänke drücken. Vendôme gehörte zur Pilgerzeit,
genauer seit 1032, den Nachfahren des Foulques Nera, von
dem gleich berichtet wird, zuerst jenem Geoffroy Martel, der
eines Abends mit seiner Frau von der Burg ins Tal hinaussah
und plötzlich ein niederstürzendes Gestirn, wohl einen Meteor,
»in Gestalt einer Ritterlanze« in den Quellgrund östlich der
Stadt hatte fallen sehn. Zweimal wiederholte sich das Schauspiel, worauf der Ritter ein Gelübde ablegte, ob dieses Him-
melszeichens an den Quellen eine Abtei zu gründen, die er mit
Mönchen von Marmoutier bei Tours besiedelte…

Es ist hier eines Umweges zu gedenken, den etliche Pilger von
Vendôme aus in Kauf nahmen, um über *Montoire-sur-le-Loir*
mit den Malereien der Saint-Gilles-Kapelle, vor allem einem
Johannes-Adler von hoher, ekstatischer Kraft, noch ein weiteres Wallfahrerziel, *Saint-Jacques-de-Guéret* in den ›Jachères‹
des Flusses, dem ›Brachland‹, aufzusuchen. Augustinermönche
betreuten den Ort. Dort fanden sie unweit einer Mühle ein
winziges Kirchlein, soeben mit Wandbildern ausgemalt, die ihre
Farbe und Zeichnung bis heute bewahrten. Da erblickten sie
Christus am schwarzgrünen Marterholz, neben ihm Maria und
Johannes; darüber hoben Sonne und Mond in Menschengestalt
als Klagezeichen die Kleider vor ihre Augen. Auch gab es einen

Herrn in der Majestät, das Abendmahl, die Auferstehung der
Toten zu sehen, dazu Bilder von Sankt Augustin, Sankt Georg
und etwas, das sie besonders anging, das Martyrium des heiligen Jakobus. Auch aus dem Legendenschatz, der ihnen geläufig
war, fand sich mancherlei dargestellt. So das Wunder des heiligen Nikolaus, der drei von ihrem wüsten Vater zur Prostitution
überredeten Jungfrauen Goldstücke schenkte, um sie zu Hause
vorweisen und so die Reinheit bewahren zu können.

Wandmalereien waren übrigens in diesem von der Pilger-
straße wahrhaft inspirierten Landstrich überall zu finden – in
Lutz bei Châteaudun so gut wie in der Kapelle von *Yron* oder in
Sudry, Sargé, Areines mit seinen Heiligen und schildbewehrten
Kriegern. Oder auch in *Lavardin* mit der Wurzel Jesse oder
Pontigné nahe Baugé in Richtung Angers, und selbst südlich der
Loire in der Kirche von *Saint-Aignan,* in *Tavant* und *Chinon*…

Unterdessen waren die Pilger längst nach Tours weitergezogen. Man schrieb, wie gesagt, Juni 1162, und über ihnen stand
hell ein Tag, der selbst die niedersten Gemäuer mit jenem
Leuchten erfüllte, wie es nur in der Loire-Landschaft zu erleben
ist. Auch ihnen war darüber das Wandern leicht geworden.

Die Stammväter der Plantagenet: Fulconen und Anjous

Man konnte übrigens von Chartres aus noch einem anderen
Wege folgen. Er führte in beinahe westlicher Richtung auf *Le
Mans* zu, bis man hoch über dem Sarthe-Grund die Kathedrale
Saint-Julien erblickte. Unter den gallo-römischen Mauern zog
man entlang und wanderte von Südwesten in die Stadt, vorbei
an dem späteren Haus der Königin Bérengère – sie, die Witwe
von Richard Löwenherz, sollte bald hier leben – bis man das
Gotteshaus durch das Seitenportal mit den schönen Gewändefi-
guren betrat, die jenen von Chartres so ähnlich sind. Auf drei
verschiedenen Routen ging es von hier nach Süden, um über
Tours, Saumur oder *Angers* Anschluß an die Grande Route zu
finden.

Aber es gab auch abseits dieser von Paris kommenden
Straße noch eine Reihe von Wegen, die auf die Turonensis zu-
strebten. Sie führten vom Mont-Saint-Michel oder aus der Bre-

tagne heran und trafen sich in Nantes, das sie, erneut aufgefächert in fünf verschiedene Nebenrouten, in Richtung der Vendée verließen. Es wird noch davon zu sprechen sein. Folgen wir indessen vorerst den Pilgern, die nach Angers an der Maine wanderten, anfangs durch das wunderschöne Dur-Tal, dann durch den schier endlosen Wald von Chambières mit seiner Schattenkühle der Eichen. *Angers* spielte damals eine besondere Rolle. Hier hauste in einer Burg auf gewaltigem Mauersockel das uralte Geschlecht der damaligen Herren des Anjou, der Fulconen, so genannt nach dem bei ihnen häufigen Vornamen Foulques oder Fulco. Aus ihnen hatte sich der Mannesstamm einer Dynastie entwickelt, die bald England so gut wie Aquitanien regierte und ihr Zeitalter geprägt hat. Mochte dies auch für die Pilger nur nebensächliches Interesse besitzen, der Mensch von heute vermag ohne Kenntnis dieser Zusammenhänge kaum zu begreifen, was sich hier oder im benachbarten Aquitanien abgespielt hatte und noch begeben sollte.

Als Gründer dieses lebensmächtigen Fulconenhauses gilt ein halb legendärer Vorfahr des 9. Jahrhunderts, ›Tortulf, der Waldmensch‹, und war er auch eher ein Räuberhauptmann, die kaum weniger bedenkenlosen Nachfolger konnten ihre winzige Herrschaft bald durch glückliche Eheschlüsse vergrößern. Als berühmtester Vertreter seines Geschlechtes ging Fulco III, wegen seiner dunklen Haut- und Haarfarbe auch Nera, der Schwarze genannt, in die Geschichte ein, Zeitgenosse von Hugo Capet, also dem 10. Jahrhundert entstammend, ein Mensch, dessen Dasein in Kriegen, Übergriffen, ja Freveltaten hinging. Seine Frauengeschichten waren berüchtigt; noch mit siebzig Jahren legte er die Strecke nach Saumur, immerhin fast fünfzig Kilometer, im Galopp zurück, um dort in ein Scharmützel einzugreifen und am Ende, ohne abzusitzen, nach Angers heimzujagen. Trotz solcher Lebensfülle quälten ihn gelegentlich jähe Skrupel; dann unterzog er sich maßlosen Bußübungen. Während einer Pilgerfahrt ins Heilige Land ließ er sich gleich einem Verbrecher mit einem Strick um den Hals auf einer Schleife aus Weidengeflecht dahinschleppen, neben sich zwei Geißelknechte, die auf ihn eindroschen. In solchen Stimmungen warf er Geld für Kirchen und Klöster mit vollen Händen heraus; allein in Angers entstanden zwei Gotteshäuser auf diese Weise.

Schien es ihm endlich genug, kehrte er heim, und das wüste Leben begann von neuem.

Gewiß gab es auch andere Fulconen, solche, die in frommer Einkehr lebten und dennoch Rebellen blieben, und auch solche, die treue Vasallen der französischen Krone waren wie Fulco Neras Sohn Geoffroy Martel, der von König Henri 1er von Franzien als Dank für den Beistand im Kampf gegen die Normannen die Touraine als Lehen erhielt, wozu auch Maine, das Gebiet um Le Mans, gehörte. Allerdings gelang es erst Geoffroys Urenkel, Fulco v, Maine, durch Heirat natürlich, fest an sich zu binden. Zwar gedachte Henri 1er von England, gleichzeitig Herzog der angrenzenden Normandie, diesen Erwerb nicht anzuerkennen. Doch Fulco v löste das Problem auf angevinische Weise; er verheiratete seine Tochter Mathilde mit König Henris Sohn Guillaume Etheling. Das Schiff indessen, die Blanche Nef, das den jungen Ehemann nach der Hochzeit heimbringen sollte, scheiterte auf der Überfahrt und riß den Prinzen mit in den Abgrund. Schmerzbewegt trat die junge Witwe in das Kloster Fontevrault ein, während Fulco v ins Heilige Land zog, wo er die Nachfolge König Balduins von Jerusalem antrat.

Das angevinische Erbe übernahm sein blutjunger Sohn Geoffroy, und es gelang ihm sogar, Maine zu halten, indem er 1128 vierzehnjährig die Ehe mit der einzig überlebenden Erbin Henris 1er von England schloß, der neunundzwanzigjährigen Mathilde oder Maud aus normannischem Stamm, Witwe Kaiser Heinrichs v. von Deutschland, des letzten Saliers. Sie war drei Jahre zuvor nach England zurückgekehrt. Dem Paar wurde 1133 ein Sohn geboren, in Le Mans übrigens. Man gab ihm den Namen Henri, was die Zahl der ›Heinriche‹ zwar noch verwirrender macht, aber doch ein Programm bedeutete.

Denn nun waren die Knoten geschürzt. Als Urenkel von Guillaume le Conquéreur, Wilhelm dem Eroberer, der sich 1066 in der Schlacht von Hastings Englands bemächtigt hatte, besaß er Anrecht auf das englisch-normannische Erbe. Henri konnte es freilich erst 1154 nach langen Auseinandersetzungen mit seinem Rivalen Stephan von Blois antreten. Mit ihm sollte eine neue Dynastie beginnen, die bald über den gesamten europäischen Westen gebot. Sie besaß auch bereits einen Namen. Da Henris Vater Geoffroy die Gepflogenheit besaß, bei sommerlichen Ausritten eine Ginsterblüte an seinen Hut zu stecken, nannte man ihn nach dem lateinischen Wort ›Planta genista‹ Plantagenet, eine Bezeichnung, die auf das ganze, bis 1485 in England regierende Geschlecht übergegangen ist.

Eines der entscheidenden Ereignisse im Aufstieg dieser Dynastie, deren späte Nachfahren Shakespeare den Stoff zu seinen Königsdramen lieferten, war, ganz in der Art der Fulconen, eine Heirat. 1152 ging Henri Plantagenet, als englischer König Henri II geheißen, die Ehe mit der aquitanischen Erbin Aliénor ein, die eben auf dem Konzil von Beaugency von Louis VII, König von Frankreich, geschieden worden war. Damit schlossen sich die gewaltigen Südwestgebiete Frankreichs oder Aquitaniens, dazu Anjou, Maine, die Normandie und schließlich ganz England zu einer der größten Machtkonzentrationen europäischer Geschichte zusammen.

Angers weist noch heute Spuren aus jener Zeit der zu Plantagenets gewordenen Fulconen auf. Gewiß, die Hinterlassenschaft eines zweiten, kapetingischen Hauses Anjou, das mit Karl von Anjou, dem Bruder des heiligen Ludwig anhob, ist sehr viel größer. Dies ungeachtet der Tatsache, daß die machtpolitischen Träume dieses Hauses, die selbst um den Orient kreisten, schon 1282 in der Sizilianischen Vesper zerrannen, als auf der Insel rund sechstausend Franzosen, zur Hälfte Angeviner, hingeschlachtet wurden.

Von den späteren Schicksalen der Häuser Anjou konnten die Pilger von 1162 natürlich nichts ahnen, ebensowenig vom Guten König René, der als letzter der kapetingischen Anjous auf der gewaltigen Burg von Angers residiert hatte, wenn er nicht in der Provence weilte, deren Herzog er war. Nichts auch von dem wundervollen Teppichzyklus der ›Apokalypse‹, der von Nicolas Bataille um 1350 in Paris für Herzog Louis d'Anjou angefertigt und von König René der Kathedrale vermacht worden war – man zeigt ihn heute auf der ehemaligen Burg – und erst recht nicht von der zauberhaften Marmorfigur der heiligen Cäcilia, die der große David d'Angers im 18. Jahrhundert nach dem Vorbild der jungen Römerin Cecilia Odescalchi für die Kathedrale schuf. Selbst die Glasbildfenster der Kathedrale oder ihre eigenwilligen Gewölbe der angevinischen Gotik dürften sie nicht erblickt haben. Dafür aber zogen sie schon

damals an dem wuchtigen Belfried von Saint-Aubin mit seinen
königlichen Turmarkaden vorbei, der ehedem zu der gleichnamigen Abtei südostwärts des alten Stadtkernes gehörte. Ebenfalls unübersehbar bot sich derzeit den Augen die gewaltige
Burg der Fulconen dar, ehe die Santiago-Fahrer nach Süden in
ein Gebiet hinauszogen, das für sie den Nimbus eines Landes
der Sage besaß, nach Aquitanien eben. Denn an seinen Grenzen
befand man sich jetzt, am Abschluß der ersten Etappe so vieler
Nebenwege.

Im Anblick der Martinopolis

Was den Menschen von heute ob der Vielzahl der Einzelwege
verwirrt, sah sich für den Wallfahrer von früher anders an. Für
ihn gab es nur eine, nämlich seine erwählte Route, und sie
bedeutete für ihn die Verkörperung der gesamten Pilgerstraße.
Zwischenstationen und Abstecher wurden von seinem inneren
Anliegen, die Wegeführung im großen von seiner Herkunft bestimmt. Daß dabei die bedeutsamsten Heiligtümer am Weg als
Leitziele dienten, vollends wenn sie Knotenpunkte bildeten,
versteht sich von selbst.

   Tours, auf das die Mehrzahl der aus dem Norden kommenden Straßen zulief, war ein solcher Brennpunkt. Hier nämlich
gab es das Grab des heiligen Martin zu besuchen, des großen
Frankenheiligen, der längst hohe Verehrung genoß und Scharen
von Wallfahrern anzog, ehe die Santiago-Fahrt überhaupt begann. Auch übte die Stadt als solche besondere Anziehung aus.
Von hier waren bedeutsame Lehrer der mittelalterlichen Zeit in
die Welt gegangen, hier erhoben sich berühmte Bauwerke, hier
hatte Kaiser Carolus geweilt und seine Gattin Liutgard am Eingang der damaligen Martinsbasilika beerdigt. Und fand sich
nicht auch zu guter Letzt, wer über Tours wanderte oder reiste,
in den zahlreichen Herbergen und Spitälern aufs beste betreut?

Wer heute in die Kapitale der Touraine kommt, wird das beim
ersten Anblick kaum noch spüren, aber eine besondere Ausstrahlung besitzt sie noch immer. Was mich betrifft, gestehe ich
gern, daß es mir ähnlich ging wie Honoré de Balzac, der 1799
in Tours zur Welt kam. In seinem Roman ›Die Frau von dreißig
Jahren‹ ließ er die Postkutsche, in der seine Helden reisten,

unweit Frillière nahe Vouvray an der Brücke über den Cisse-Bach Station machen, um einen Rundblick in die Landschaft von Tours zu gewähren. Es ist ein Panorama voller Zauber, und wenn die Loire auch heute nicht mehr als Kette blinkender Teiche erscheint – noch immer heben sich die Hügel im Süden, weit jenseits des Cher, azurblau gegen den Himmel, noch immer ragen über die zarten Grünschleier der Flußaue die festlichen Türme der Kathedrale Saint-Gatien empor, Zeichen einer Stadt, die in Frankreichs frühester Geschichte als Wirkensstätte des großen Sankt Martin eine erlauchte Rolle spielte und später die Brunnenstube klösterlicher Kultur sowie ihrer Buchmalereien war, die Einfluß auf das gesamte Abendland gewinnen sollten.

Ein paar Kilometer weiter der Stadt entgegen, prägen sich diesem Bild noch bestimmtere Züge ein. Denn schon folgt hinter befestigtem Tor aus dem 13. Jahrhundert, dem ›Portail de la Crosse‹, eine hochberühmte Ruinenstätte, der Rest der einst vom heiligen Martin gegründeten Abtei *Marmoutier,* in die er sich oft zurückzog. Man sieht noch die in den Fels geschlagene Grotte, in der er gehaust hat, den Glockenturm, die Siebenschläfer-Kapelle oder die Fundamente der alten Kirche; und so ist es allenthalben in der Umgebung von Tours. Denn auch jüngere, kaum minder erlauchte Erinnerungen stellen sich ein. Da wäre – immer noch auf dem rechten Ufer – in der Tours gegenüber liegenden Vorstadt *Saint-Cyr* die Béchellerie zu nennen, wo Anatole France bis 1924 lebte, oder die Gaudinière, das Haus des Philosophen Henri Bergson, und ganz nahe die Grenadière, darin Honoré de Balzac zu Hause war. Aber auch drüben, auf dem linken Loire-Ufer, setzen sich in der nahen Umgebung der Stadt die bekannten Erinnerungsstätten fort.

Gleich jenseits des Stromes stößt man, auf dem Wege nach Westen, auf ein bauliches Kleinod, die Priorei *Saint-Cosme,* in der 1585 Pierre de Ronsard, Verfasser unsterblicher Verse, starb, und wiederum nahe liegt, heute von den Gemüsegärten der Vorstadt eingekreist, mehr ein strenges, düsteres Haus denn ein Schloß, *Plessis-lès-Tours,* durch dessen Räume der verschlagenste aller französischen Könige, Louis XI, schritt, die unvermeidliche Mütze auf seinem Hinterkopf und sich fröstelnd die Hände reibend. Beschließen wir diesen Zirkel im Süden von

Tours. Dort nämlich, in *Saint-Avertin* an den Ufern des Cher kam 1520 Christoph Plantin zur Welt, einer der großen Drukker seiner Epoche, der vor den Wirren der Zeit nach Antwerpen ausweichen sollte, um am Frijdagsmarkt die berühmte Offizin Plantin-Moretus ins Leben zu rufen. In der Tat, die meisten Erinnerungen von Tours sind auf irgendeine Weise mit der Literatur verbunden. Was Wunder! Hier spricht man das beste Französisch, und jemand, der es wissen mußte, hat gesagt, eigentlich könne man in der Umgebung der Stadt die gesamte französische Dichtung ansiedeln. Sind nicht auch Rabelais und Descartes in der Nähe geboren und aufgewachsen? – Natürlich konnte man das in den Pilgerzeiten nicht einmal ahnen, dafür gab es aber andere und keineswegs geringere Reminiszenzen.

Kehren wir daher noch einmal auf das rechte Flußufer zur Vorstadt *Sainte-Radegonde* bei Marmoutier zurück. Von hier nämlich führte die alte, längst verschwundene Strombrücke über die Insel Aucard direkt ins mittelalterliche Weichbild von Tours um Saint-Gatien; sie mündete nahe der Burg, die Henri II Plantagenet, König von England, im 12. Jahrhundert anlegen ließ, um den Loire-Übergang zu sichern. Unter ihren Mauern waren die Pilger einst eingezogen. Heute steht davon nur noch ein alter Turm in einem öden Kasernengelände, und dennoch behängt mit den Träumen der Geschichte, von Jeanne d'Arc, die Charles VII. nach dem Siege von Orléans an dieser Stelle empfing, aber auch dem jungen Herzog von Guise, von dem er übrigens seinen Namen ›Tour de Guise‹ empfing, denn er wurde hier 1588 eingesperrt, nachdem man seinen Vater in Blois umgebracht hatte. Auch historische Reminiszenzen gibt es also die schwere Menge, und da Henri IV von Navarra einst von hier auszog, um sich sein französisches Königreich zu erobern, scheint es angebracht, auch die eher kaustischen Züge im Leben der Stadt ins Bild zu fügen. Angefangen mit den derben Szenen der ›Contes drôlatiques‹ Balzacs über die recht anzüglichen Reliefs, welche die Bürgerhäuser an der Place Plumereau und der Rue Briçonnet zeigen, bis zu den kleinen Erlebnissen, die dem Besucher unserer Tage gelegentlich widerfahren. Auch wenn sie, eingestandenermaßen, gegen die Löwenbisse der Vergangenheit, ganz im Stil unserer gering gewordenen Zeit, eher wie Mückenstiche anmuten.

Was mich betrifft, hauste ich in Tours meist in Nähe des Bahnhofs, allnächtlich gestört vom Motorradgeknatter einer Rotte von Jugendlichen aus der Umgebung der Rue des Docs jenseits der Bahngleise. Morgens suchte ich erschöpft auf einer Bank an der Loire etwas Frieden, als einmal aus einer Schar spielender Kinder eine Siebenjährige auf mich zulief und unschuldsvoll fragte: »Können Sie mir sagen, mein Herr, wo hier die Loire fließt?«

Schnell gefaßt, habe ich geantwortet: »Ich bin nicht von hier, mußt du wissen. Warum nimmst du nicht einfach den Bus zur Place du Palais und fragst dort den Flic?«

Worauf alsbald die ganze Bande in fröhlichem Singsang umhertobte, von dem mir nur der Refrain im Ohre blieb:

O, er ist dumm, doch er kann nichts dafür,
– ein Kapitalist, und nicht mal von hier!

Kapitalist, dachte ich noch verblüfft? Doch sie stoben bereits unter Gelächter zur Vorstadt Saint-Symphorien hinüber. Aber natürlich lassen sich auch andere Szenen berichten. Von den alten, zierlichen Damen beispielsweise, die bestimmt noch aus dem Ancien Régime stammten und denen alle Welt, selbst im dichtesten Verkehrsgewühl, ritterlich über die Straße half. Oder dem Clochard, der sich nur einen Roten, aber nicht zwei spendieren ließ, weil im zweiten der Teufel der Versuchung stecke und er ein honetter Mann sei. Kein Wunder jedoch, wenn ich meine Erkundungszüge mit Vorliebe auf jene Tageszeiten verlegte, an denen die Motorradfahrer von der Place de la Gare, die Kleinen von Saint-Symphorien, aber auch die Touristen noch in den Betten lagen. Auf den frühen Morgen.

Die Tageszeiten von Tours

Tours besteht eigentlich aus zwei Stadtteilen, wenigstens seinen Ursprüngen nach: Dem alten Römerquartier um Saint-Gatien hüben und der Martinopolis drüben der Rue Nationale, die Tours von Norden nach Süden, also von der Loire-Brücke bis zur Cher-Brücke durchfurcht und früher einmal, viel schöner als heute, Rue Royale hieß. Sie besitzt wirklich etwas Königliches. Um dieses Tours genauer kennenzulernen, begann ich an

meinem Lieblingsplatz, dem Loire-Ufer nahe der Place Anatole
France, und machte mich entlang dem Quai d'Orléans nach
Westen auf, vorüber an dem neuerbauten Musée du Gemmail
und der Bibliothek, die in der Frühdämmerung noch als kubi-
sche Blöcke am Wege lagen, während der Morgenwind in den
Uferbäumen rauschte. Endlich bog ich an der Place Foire-le-Roi
in die Altstadt ein, einer Idylle mit schmalbrüstigen Häusern und
ehrwürdigen Laternen. Voraus an der rechten Ecke gähnte das
dunkle Loch der ›Passage du Cœur Navré‹, des ›Durchgangs
vom blutenden Herzen‹, bekannt als mittelalterliche ›Mörder-
grube‹. Wer wollte, konnte sich einbilden, daß aus dem Tür-
dunkel hier oder dort ein Arm mit gezücktem Dolch vorstieß,
um dem lautlos zusammensackenden Opfer die Geldbörse zu
rauben.

Dann kamen die Fachwerkhäuser der Rue Colbert, als die
Katzen eben heimwärts zogen und erste Helligkeit die Fassaden
hinabrann. Nun noch in die Rue Bernard-Palissy eingebogen,
sodann eine erneute Passage gequert – da lag sie bereits, die
eigenwillige Beauté von Tours, die *Kathedrale Saint-Gatien,* an
der man dreihundert Jahre lang gebaut hat. Ein im Geist gotischer Frühe aufstrebendes Gemäuer, flankiert von gewaltigen
Turmsockeln, deren Widerlager das 15. Jahrhundert mit Stein-
gespinsten umhüllt hatte, und mochte dieser Widerspruch noch
hingehn – daß auf diesen Türmen schlanke Renaissance-Kup-
peln gleich koketten Krönchen saßen, gotischer Geist also in
baren Schmuck verwandelt war, wollte mir doch nicht behagen. Freilich, der schmale Mittelbau ist edel und schön, kein
Zweifel, durchbrochen zudem von einem riesigen Fenster aus
zwei Partien, der herrlichen Westrose zuoberst, die ob ihrer
rankenartig gekrümmten Rippen samt eingeschlossenen Medaillons einer Blüte aus den Touraine-Gärten gleicht, darunter
von schmalen Lanzettöffnungen. Das Ganze getragen von drei
mächtigen Portalen, die zur Stunde noch in nächtliche Träume
versunken schienen. Dennoch war es bereits hohe Zeit, in die
Kirche einzutreten, und zum Glück fand sich eine Pforte für die
ersten Besucher geöffnet. Das Erwachen des Lichtes muß man
im Chor einer Kathedrale erleben; dafür ist er gebaut.

So frühmorgens durch ein dämmerdunkles Kathedralen-
schiff zu wandern, das noch ganz allein mit sich ist, nur von

einem ewigen Lichtlein erhellt, hat für mich immer zu den großen Erlebnissen gehört. Droben begleitete das wundervolle,
sechsteilige Gewölbe des 13. Jahrhunderts, vom dritten Joch an
nach englischer Art durch eine tragende Kielleiste gestützt, meinen Weg zum Chor. Gewiß bestanden die Zwickel nicht aus
dem schimmernden Kalkstein der Ile de France, sondern schienen bräunlich getönt. Oder fingen sie bereits einen ersten Widerschein des jungen Tages auf, der durch die Chorfenster andrang? Denn inzwischen befand ich mich dort, wo ich Tours im
Wesenskern zu erkennen hoffte, an den Umgangsfenstern mit
der Wurzel Jesse, die streng und in der ersten, großen, klassischen Formulierung des Themas gestaltet ist. Beim Zurücktre-
ten konnte man im Obergaden bereits das Genesis-Fenster aus
der Zeit zwischen 1257 und 1270 erkennen, den Sündenfall,
darüber die überschlanken, gotischen Figuren des aus dem Paradies vertriebenen ersten Menschenpaares, den grabenden
Adam, die spinnende Eva. Es ist dies vielleicht der größte, zumindest der schönste Augen- und Anblick, den man in dieser
gewiß außen zu reich geschmückten, doch im Innern sehr no-
blen Kirche erleben kann. Allein, da gab es noch mehr, das
entzückte – ein Überbleibsel aus der vergangenen Martinsbasilika, das hierhin verbrachte Grabmal der Kinder Charles VIII
und der Anne de Bretagne. Den von Putten und mythologi-
schen Szenen überzogenen Sockel hatte einer jener italienischen
Renaissance-Bildhauer geschaffen, die damals in Scharen durch
die Touraine zogen. Aber die Engel zu Füßen und Häupten der
toten Knaben stammten, wie die Liegefiguren selbst, unver-
kennbar von der Hand eines französischen Meisters; man sah
es an der innigeren mehr in sich beschlossenen Form.

Zum Glück fand sich sogar Gelegenheit, einen Blick in die
Psallette, den Kreuzgang der Kathedrale, zu werfen, den soeben
der Frühmesner aufschloß. Psallette geheißen, weil hier einst die
Kantoren der tourangischen Singschule für das Psalmodieren
wohnten und übten. Immerhin ein Ereignis besonderer Art:
Man blickt aus dem Kreuzgang, vorüber an einem runden
Treppenturm der Renaissance auf den Spitzgiebel des Querschiffs mit der überfeinerten Nordrose, der man aus Gründen
der Stabilität einen kannelierten Pfeiler einziehen mußte. Doch
nicht das ist es, das hier berührt, sondern das Textile, Spitzenar-

tige daran, der Geist jener erlesenen Feinheit von Tours, den ungeachtet des kleinen Lausemädels von Saint-Symphorien die Weiblichkeit von Tours, an der Spitze die alten, silberlockigen Damen der Stadt verkörpern.

Es war Sonntag, Museumsmorgen. Wenig später stand ich vorm *Erzbischofspalast* des 17. Jahrhunderts gleich nebenan; den früheren hatten, wie soviel Unersetzliches dieser Stadt, die Hugenotten zerstört. Darin ist heute das Bildermuseum untergebracht; allein schon der Garten mit der uralten Zeder und dem noch sehr viel älteren Rundturm der gallo-römischen Epoche von Tours – gleich hinter der Kathedrale verläuft die antike Ostmauer der Stadt – schien des Besuches wert. Aber dann wurde man in den Galerien vor dem ›Christus am Ölberg‹ des Mantegna, einem Bilde voll hoher Intelligenz, aber auch Rembrandts ›Flucht nach Ägypten‹, vor Boulangers prachtvollem Balzac-Porträt und dem Boucher aus Chanteloup belehrt, daß es Steigerungen über Natur und Geschichte hinaus gab. Und wenn es denn doch Historie sein mußte, so fanden sich bald im Hôtel de la Bourdaisière am Platz ›Foire-le-Roi‹ prä- und frühgeschichtliche Zeugnisse der Touraine in Menge. So überreich unterwiesen bin ich am hellen Mittag an die nahe Place du Palais zurückgekehrt. Tours' Mittelpunkt, der eigentlich ›Place Jean-Jaurès‹ heißt, aber kein Einheimischer nennt ihn so. Der Platz liegt am Schnittpunkt der Rue Nationale und der breiten Boulevards, die an die Stelle der Südmauern der alten Stadt getreten sind. An den Alltagen kommt hier alle Welt zusammen, die Beamten, die Angestellten des nahen Rathauses, der Post, des Justizpalastes, die hübschen Mädchen aus den Geschäften der Hauptstraße, um im Anblick der 1796 gepflanzten Ulmen ihren Apéritif zu nehmen und einen Schwatz zu tun. Ich dagegen zog den Vouvray vor, gesonnen mich an den Wein der Region zu halten, bummelte darauf durch die ›Nationale‹ in der Richtung der Loire zurück, kehrte genießerisch in *Saint-Julien* aus dem 13. Jahrhundert ein, dessen Bodengeschoß bei den Aufräumungsarbeiten nach den Kriegsereignissen freigelegt worden ist, sah den Kapitelsaal vom Ende des 12. Jahrhunderts, das alte Dormitorium der Mönche und den Weinkeller darunter nebst seinen Kapitellen, und schlenderte endlich, nun doch ermüdet, nur noch zur nahen Fontaine de Beaune aus der Zeit, als Tours vor dem großen Niedergang eine reiche Stadt gewesen war . . .

Eigentlich hatte Louis XI versucht, Lyon für die Seiden- und Goldbrokatindustrie zu erwärmen. Aber dort hielt man wenig davon, Tours jedoch erkannte die Gunst der Stunde. Alsbald hob ein emsiges Spinnen und Weben in den Vorstädten an; es kam freilich noch etwas Weiteres hinzu, um Tours vermögend zu machen, das Bücherdrucken. Man betrieb dies und anderes hierzulande so fleißig, daß die Stadt schließlich 80000 Einwohner zählte. Die Reformation in Gestalt des Calvinismus hatte dem mit Unruhe und Aufruhr ein Ende bereitet, darauf nahmen die Katholiken ihrerseits blutige Rache, und Tours erlebte zehn Jahre vor Paris eine Bartholomäusnacht. Unaufhaltsam ging es nunmehr bergab. 1801 wohnte nur noch ein Viertel der alten Bewohnerschaft in den Mauern. Erst das Aufkommen der Eisenbahn hatte neues Leben gebracht, wovon nicht zuletzt der großspurige Justizpalast mit dem riesigen Säulenvestibül am Boulevard Béranger zeugt und neuerdings das Ameisengewimmel der Autos in den Straßenzügen. Weswegen man in Tours seinen Nachmittag lieber am Loire-Ufer oder jenseits des Cher unter den Bäumen im Grammont-Park im Süden der Stadt verbringt.

Auch ich zog, gleich der halben Stadt, nach draußen, bis es mich auf einmal, mitten im baren Müßiggang wie heißes Erschrecken überfiel. Wie konnte ich über dem Suchen und Sammeln von Bildern meine Santiago-Pilger samt Sankt Martin so rundheraus vergessen! Zum Glück fand sich Zeit, das Versäumte kommenden Tages nachzuholen. Denn natürlich ist Sankt Martin, seine Kirche, seine Legende hierzulande aller Dinge Anfang. Selbst wenn es davon nur wenige Spuren gibt.

Sankt Martin versteckt sich im Gänsestall

Wer war er eigentlich, dieser große Martin von Tours, und warum pilgerten die Menschen in Scharen zu seinem Grab? Töricht anzunehmen, die Heilsbringer jener Epoche hätten sich in Devotion erschöpft. In Wahrheit handelte es sich bei ihnen doch um die Baumeister des Abendlandes. Nur in einem äußerlichen Sinne wurde das Mittelalter ja von Praktikern der Macht regiert, von Gekrönten, Feudalherren und ihren Gehilfen. Neben ihnen aber gab es moralische Autoritäten, welche die Maßstäbe setzten und die Wege wiesen. Oft genügte dazu ihr bloßes Dasein, ihre ganz bestimmte Art verantwortlichen Menschseins ›im Angesicht Gottes‹. Nach allem, was man heute noch erkennen kann, funktionierte diese mittelalterliche Hierarchie gewiß nicht schlechter als unser Regierungssystem, in dem es keine solche Instanz mehr gibt.

Eine der bedeutendsten der Leitgestalten war Martin von Tours, der ›Apostel Galliens‹. Oft scheint es, die Legende, die seine Gestalt so reich mit Einzelzügen umspann, habe uns den Blick für seine Tiefendimension verstellt, weil alles, was er nach ihren Berichten tat und dachte, von sinnfälliger Einfachheit ist. Aber darin rührt man bereits an das tiefste Geheimnis seiner Person! Bezeichnend für die Internationalität damaligen Lebens – er stammte nicht aus dem Lande, sondern aus Sabaria in Pannonien, das heißt in der Sprache unserer Geographie aus dem ungarischen Steinamanger, ohne wohl Ungar gewesen zu sein. Sein Vater war dort als Militärtribun stationiert. Martins Geburtsjahr steht nicht genau fest; er mag 316 oder 317 nach Chr. zur Welt gekommen sein. Über die Jugendzeit wissen wir wenig. Gewiß ist nur, daß er ebenfalls eine militärische Karriere einschlagen sollte. Mit zwölf Jahren ging er angeblich mit christlich gesonnenen Menschen um. Als er achtzehn ist, finden wir ihn als jungen Soldaten in Amiens wieder. Dort endlich reißt der Vorhang, der seine Gestalt verhüllt, denn nun ereignet sich die erste große und zugleich berühmteste Episode seines Lebens. Er kehrt mit seinen Kameraden von einem winterlichen Ausritt heim; vor den Toren der Stadt begegnet man einem halbnackten Bettler, der flehend die Hände hebt. Worauf der junge Soldat, ohne sich zu besinnen, den kurzen Reitermantel von seinen Schultern nimmt, mit dem Schwerte teilt und die Hälfte dem Bettler reicht. Die Kameraden, so dürfen wir annehmen, sind verblüfft, lachen, man reitet weiter.

Martins karitativer Tat eignet die Anmut der Jugend: Auch er braucht in der Kälte auf seinem Pferd ein Stück wärmender Kleidung. Aber er überlegt keine Sekunde, vielmehr kommt der Geist, der sich lange Zeit in ihm vorbereitet hat, über ihn, und er tut, was zu tun ist, in entschlossener Gebärde. Dies war es in

seiner Unbedenklichkeit denn auch, was die Künstler der Nach-
welt zur Nachbildung reizte. Am schönsten hat wohl der Meister von Naumburg im ›Bassenheimer Reiter‹ die Szene dargestellt. Der Bettler hebt die Arme empor, mehr sehnsüchtig als
fordernd. Was kann er von einem Angehörigen des Militärs
schon erwarten? Aber während Martins Roß wacker vorwärts
marschiert, wendet sich der künftige Heilige in einer Drehung
des Oberkörpers zurück und säbelt das Kleidungsstück durch.
Herrlich! Der Meister von Naumburg hat den Vorgang völlig
begriffen. Ein Augenblick von weltweiter Bedeutung! Da hat
einer etwas zum ersten Mal und für immer getan und den Gedanken der Menschenbruderschaft, zu der das Evangelium auf-
fordert, auf den Stand der Verachteten und Erbärmlichen ausgedehnt. Es kümmert ihn nicht, ob man ihn von der Seite ansieht oder darüber witzelt.

Sulpicius Severus, der Martin noch persönlich gekannt hat
und seine Vita aufschrieb, berichtet, in der kommenden Nacht,
während der Reitersmann im festen Schlaf der Jugend liegt, sei
ihm Christus mit himmlischem Gefolge im Traum erschienen,
eingehüllt in die Mantelhälfte des Bettlers. Trotz seiner frühen
Begegnung mit Anhängern des Nazareners ist Martin zur
Stunde noch keineswegs Christ. Daher sagt der Herr zu den
begleitenden Engeln: »Martinus, der noch nicht getauft ist, hat
mich mit diesem Mantel gekleidet.«Was man den Armen tut,
leistet man für ihn. Hier leuchtet etwas auf, das die Wirkung
des noch jungen Glaubens sehr viel besser erklärt als theologi-
sche Spekulationen. Martin seinerseits erkennt in der nächtlichen Erscheinung ein Zeichen für Gottes Güte. Auch das ist
charakteristisch: Er wurde ausersehen, diese Tat zu leisten; das
erfüllt ihn keineswegs mit heimlichem Dünkel, sondern mit einem demütigen Gefühl der Verpflichtung, und nunmehr läßt er
sich taufen.

Natürlich wird es ihm klar, daß er künftig nicht mehr Soldat
sein kann. Doch auf Bitten seines ›Meisters‹ oder Vorgesetzten
hält er noch zwei Jahre aus, bis sich ein politischer Zwischenfall
ereignet. Barbaren fallen in Gallien ein, und Kaiser Julian, der
damals regiert, schickt seine Truppen ins Feld. Von diesem Augenblick an will Martin endgültig nicht mehr. »Ich bin ein Ritter Christi, darum ziemt mir nicht zu kämpfen.« Also ein Wehr-

dienstverweigerer, der seine Überzeugung im Augenblick der Not entdeckt? Bedeutet das nicht Feigheit vor dem Feinde? Man sieht, die Martinslegende ist und war aktuell, und folgerichtig läßt ihm der Kaiser ausrichten, er, Martin habe lediglich Furcht. Da erbietet sich der Beschuldigte, kommenden Tages allein und waffenlos, nur bewehrt mit dem Kreuz in der Hand dem Feind entgegenzugehn, um ihn aufzuhalten. Worauf plötzlich, wie vom Himmel gelenkt, Unterhändler der Barbaren erscheinen, um ihre Unterwerfung anzubieten. »Und ist nicht zu zweifeln, daß dieser unblutige Sieg um der Verdienste des Heiligen verliehen ward«, sagt die Legende. Genauso hat es das Mittelalter verstanden.

Martin begibt sich nunmehr, tieferer Unterweisung willen, zu einem Glaubensmann, von dem er Gutes gehört hat. Um eine Christenlehre kann es sich kaum gehandelt haben; darin hätte ihn jeder Diakon unterrichten können. Der ausgewählte Lehrer dagegen ist der angesehenste Kirchenmann seiner Epoche, Bischof Hilarius von Poitiers; es wird später von ihm erzählt. Als er Martin nach einiger Zeit zum Akolyten oder Altardiener geweiht hat, folgt eine erneute Traumeserscheinung Christi. Diesmal fordert er Martin auf, seine Eltern in Sabaria zu bekehren. Zweifellos verbirgt sich dahinter der Missionsauftrag schlechthin. Martin ahnt die Widerwärtigkeiten seines Weges, und wirklich fällt er beim Marsch über die Alpen unter die Räuber. Einer davon hebt bereits das Beil, um den Gefangenen umzubringen, aber ein zweiter hält seinen Arm auf. Gefesselt wird Martin indessen doch und, während die übrigen wieder in Lauerstellung gehn, der Obhut eines Kumpanen überlassen. Man spricht miteinander. Empfand Martin denn keine Furcht, wundert der Wegelagerer sich, als er das Beil blitzen sah? Nie hat er so sicher gewußt, daß Gottes Erbarmen in der Not am nächsten ist, lautet die Antwort. Worauf Martin den Briganten bekehrt und freigelassen wird. »Da führte der Räuber Martinum wieder auf die rechte Straße und endete danach sein Leben in guten Werken.«

Es ist der eigentliche Sinn der Geschichte: Martins charismatische Ausstrahlung und Überzeugungskraft leuchten auf. Bei den Eltern angelangt, kann Martin die Mutter überzeugen, den Vater dagegen nicht. Nach etlichen Episoden besucht er Mailand, wird von Arianern vertrieben und weicht auf die Insel Gallinaria aus, bis es ihn endlich heimwärts nach Poitiers zieht, um dort vor allem ein Kloster zu bauen, Ligugé, die älteste Mönchssiedlung Galliens. Bald ereignen sich erste Wunder. Eines Tages fällt ein Katechumene vom Baugerüst und liegt leblos am Boden. Es ist dort später eine Kapelle errichtet worden, die man heute noch sehen kann. Martin ruft ihn ins Leben zurück. Aber das Wunder besitzt einen Hintersinn – der Abgestürzte muß ›erweckt‹ werden, weil er sonst der Verdammnis anheimfiele, denn er ist noch ungetauft.

Wie ein Lauffeuer eilt die Nachricht durchs Land. Als in Tours der Bischofsthron verwaist ist, fragt man daher sofort bei dem Wundertäter an. Der aber erschrickt zutiefst, will nicht erhöht sein, nicht ins Weltgetriebe zurück, sondern tut etwas rührend Lächerliches und versteckt sich vor der Gesandtschaft in einem Gänsestall. Als ihn die Tiere durch ihr Geschnatter verraten, kann er nicht mehr zurück. Weswegen zu den Attributen des künftigen Heiligen neben dem Mantel, der Cappa, seither die Gans gehört. Seine Glaubenskraft, seine unerschütterliche Gerechtigkeitsliebe, seine Mannhaftigkeit machen ihn bald zum Idol der christlichen Welt ... Allein, solche und ähnliche Berichte sind Legion. Immerhin gibt es einige darunter, die aufmerken lassen.

Einmal macht er sich in missionarischem Eifer daran, einen Heidentempel zu zerstören und eine von Ungläubigen verehrte Tanne zu fällen – die Heiden fordern aufgebracht, er möge sich an den Stamm binden lassen, um den Sturz aufzuhalten, wenn sein Gott so viel Macht besitzt. Martin willigt ein. Schon neigt sich der Baum gegen ihn, da macht er das Kreuzzeichen, worauf die Tanne gegen die Ungläubigen fällt. Das will sagen, das Wort, die Gebärde des Heiligen sind mächtiger als die Gesetze der Schwerkraft. Aber auch die Kreatur ist ihm gehorsam. Hunde, die einen Hasen hetzen, lassen ihr Opfer auf sein Geheiß entkommen, eine schwimmende Schlange kehrt bei der Verfolgung der Beute um. Seine charismatische Macht ist so groß, sein Bewußtsein davon so sicher, daß er in Paris ohne Furcht vor Ansteckung einen schwärenbedeckten Aussätzigen küssen und segnen kann, um den jeder Vorbeigehende einen Bogen schlägt, worauf der Kranke gesundet. Nichts widersteht ihm. Gleichzeitig lebt er so bescheiden und demütig wie der Pfarrer von Ars; niemals benützt er in der Kirche den Bischofsthron, sondern bedient sich eines bescheidenen Dreibeins. Insgesamt Züge, die seine Gestalt in einem Jahrhundert der Willkür und Verarmung der einfachen Bevölkerung mit einer Aura der Lauterkeit und Unerschütterlichkeit umgeben.

Wie nachhaltig dieses Echo ist, läßt die lyrische Verklärung seiner letzten irdischen Reise erkennen. Als Martin am 8. November 397 in Candes stirbt, setzt man den Toten in seinem Stammkloster bei, in Ligugé also. Den Mönchen von Marmoutier läßt es freilich keine Ruhe, daß ihr Abt fern von ihnen begraben sein soll. Bei Nacht und Nebel stehlen sie den Leichnam und holen ihn auf einer Barke heim an die Loire. – Es gibt davon eine entzückende Miniaturdarstellung des 12. Jahrhunderts in einem Missale zu Tours. Wo sie vorüberkommen, ergrünen trotz des Novembers die Bäume, erblühen die Blumen und singen die Vögel – es ist der ›Été de Saint Martin‹. 470 entsteht über seinem Grabe eine erste Kirche, und bald wird Tours zum Lourdes des Mittelalters. – Übrigens leitet sich von dem jeweiligen Ort, an dem die merowingischen Könige die als Siegeszeichen mitgeführte Cappa, den Mantel des Heiligen, aufbewahrten, das Wort ›Capella‹ – ›Kapelle‹ ab. Doch dies am Rande.

Die Lehrmeister des Abendlandes

Tours war zur Zeit des heiligen Martin längst eine bedeutende Stadt, und zwar seit alters. Die ursprünglichen Bewohner, gallische Turonen, hatten im 1. Jahrhundert vor Chr. bereits ein eigenes Kontingent für den Befreiungskampf des Vercingetorix gegen Cäsar gestellt. In der Epoche einer Pax Romana, welcher der Rundturm im erzbischöflichen Garten entstammt, konnte es seine Vorstädte nach Osten in den Raum zwischen Loire und Cher vorschieben. Einen ungleich größeren Aufschwung sollte die Stadt nach dem Tod ihres Heiligen, also im 5. und 6. Jahrhundert nehmen. Damals entstand die riesenhafte Abtei der Martinopolis, die so reich wurde, daß sie allenthalben Liegenschaften besaß und über zwanzigtausend ›Serfs‹ oder Hörige, das heißt abhängige Bauern und Handwerker, gebot.

Es sind zwei bedeutende Männer, denen die Stadt diese Entwicklung verdankt. Der erste war Gregor von Tours, der sie zum Wallfahrtsort machte und die Abteigebäude aufführen ließ. Gregor entstammte dem Senatorenadel der Auvergne und trat 573 die Nachfolge Martins als Abt wie als Bischof an. Wie alle großen Menschen jener Epoche war er gleichzeitig Lehrer und Literat, schrieb Heiligenlegenden und sogar eine Frankengeschichte, die für die Anfänge der Merowinger-Epoche Bedeutung besitzt.

Die zweite Gestalt gehört dem karolingischen Zeitalter an. Es war der um 735 in York geborene Mönch Alcuin. 781 hatte er auf einer Romfahrt in Parma Karl den Großen getroffen. 793 folgte er einem Ruf des Herrschers nach Tours, um die ›adoptionianischen‹ Streitigkeiten zu schlichten. Bedeutsamer wurde er indessen als großer Lehrer seiner Epoche. Die von ihm gegründete Schule – seit 796 leitete Alcuin die Geschicke der Abtei – stieg zu einer Art Universität auf, die für lange Jahrhunderte als Zentrum abendländischer Bildung galt. Er hat sich nicht damit begnügt, sondern tat sich als moralischer Schiedsrichter von hoher Lauterkeit hervor, wenn er Karl dem Großen unverblümt vorwarf, die Sachsen gewaltsam bekehrt zu haben. Am 19. Mai 804 ist er gestorben, ein Mann, der sich rühmen konnte, das geistige Erbe des Altertums mit germanischen und romanischen Überlieferungen verschmolzen und an die fränkische Welt weitergegeben zu haben. Von seinem Briefwechsel mit Karl blieben mehr als zweihundertdreißig Schreiben erhalten. Sein höchster Ruhm gründet sich jedoch auf eine Schreibschule, die er ins Leben rief. Aus ihr ging eine neue Schönschrift von eleganten und klaren Zügen hervor, und zu den bedeutendsten Werken zählt die berühmte Bibel Karls des Kahlen …

Hinter den schweren Mauern des längst vergangenen Martinsklosters hockten sie also an ihren Pulten, die Mönche und Alumnen des Klosters, während draußen die gleiche schimmernde Luft wie heute über der Touraine-Landschaft stand. Bis 853 die Normannen auf ihren flinken Booten erschienen, um nach Nantes, Angers auch Tours zu verwüsten. Von der Martinopolis samt ihrer Basilika und weiteren achtundzwanzig Kirchen, die sich darum lagerten, blieben nur die Fundamente, von denen ein Teil in den Bombentrichtern des letzten Krieges wieder zum Vorschein kam.

Doch dann hat Tours abermals einen Aufstieg erlebt, der allerdings hängt so eng mit der Pilgerstraße zusammen, die vom Martinsgrab weiter ins ferne Santiago führte, daß von ihm gesondert zu sprechen ist. Denn in Tours entstand ein Bauwerk, das Maßstäbe setzte, eine neue Pilgerbasilika des heiligen Martin. Nicht die um 903 aufgeführte, sondern jene des Schatzmeisters Hervé de Buzançais, die 1014 geweiht worden ist und bis zu den Verwüstungen durch die Hugenotten das Stadtbild beherrschte. Sie wurde das Vorbild der großen Wallfahrerkathedralen an der Pilgerstraße schlechthin. Mögen davon nur noch Rudimente stehn, wer in Tours einkehrt und ihr verlorenes Bild nicht zu beschwören versucht, wird von der geistig-künstlerischen Rolle, die diese Stadt als Tor Aquitaniens spielte, wenig begreifen.

An den Trümmern der ersten Pilgerbasilika

Tours heute. Inmitten der ehemaligen Martinopolis, dem Bereich der Altstadt westlich der Rue Nationale, deren Gassengewirr der letzte Krieg so fürchterlich traf, zwei hoch aufstrebende, trotz ihrer räumlichen Trennung zusammengehörende Gemäuer. Ruinen natürlich. Das erste ist der gut hergerichtete und mit einem Schieferdach aus dem 19. Jahrhundert versehene *Uhrturm,* auch Tour du Trésor genannt, ein Überbleibsel von der Fassade der 1014 geweihten Martinsbasilika. Sein Pendant, der *Turm Karls des Großen* hat ehedem als machtvoller Abschluß des nördlichen Querschiffs gedient, war jahrhundertelang dem Verfall preisgegeben und stürzte 1928 zusammen. Worauf man ihn in seiner rudimentären Form wieder aufführte. An den vorgelegten Pfeilern der ehemaligen Innenwand dieses gewaltigen Mauerscherbens – sie setzen um etliche Meter tiefer als der heutige Stadtboden an – befinden sich noch die ursprünglichen Kapitelle.

Nahebei in der Rue Descartes 3 befindet sich im heutigen Klosterbezirk der Nonnen von der Ewigen Anbetung ein Rest der zugehörigen *Abtei von Saint-Martin,* allerdings aus späterer Zeit, dem 16. Jahrhundert. Er ist das Überbleibsel einer breit um einen Innenhof gelagerten Galerie, also ein Flügel des ehemaligen Kreuzgangs. Doch gibt es auch etwas Modernes, fast Zeitgenössisches, das sich mit dem Namen des Heiligen verbindet, die auf der gegenüberliegenden Seite der gleichen Straße errichtete *Neue Martinsbasilika,* die der Architekt Laloux im ›romano-byzantinischen Stil‹ des 19. Jahrhunderts gebaut hat. Über ihre Schönheit läßt sich streiten. Sie ist im Schnittpunkt der nach dem Untergang von Alt-Sankt-Martin 1802 mitten durch das ehemalige Kirchenschiff gefurchten Rue des Halles und der rechtwinklig dazu heranführenden Rue Descartes in ungefährer Nordsüdrichtung angelegt worden, und zwar dergestalt, daß sich das Martinsgrab genau an der gleichen Stelle wie ursprünglich befindet: In einer offenen Krypta. Am ersten Juli-Sonntag sowie am 11. November steigen die Wallfahrer der noch immer nach hier kommenden Pilgerzüge die Stufen hinab, um dem Heiligen ihre Reverenz zu erweisen. In der alten Basilika war diese Tumba, bei einer freilich von Osten nach Westen verlaufenden Achse, das Herz des Chorraumes gewesen, und sie ist es auch in der neuen.

Ringsum brandet das Getriebe der Altstadt, in der noch immer schmerzliche Lücken klaffen. Hier klagt eine Brandmauer um das herabgebrochene Nachbarhaus an der Seite, dort fehlt ein Straßenzug gänzlich, während sich an dritter Stelle eine schweigsame Gasse völlig unversehrt durch graue Fronten windet. Nahe dem Loire-Ufer, wo die Verwüstung am schlimmsten war, hat man um das wunderschöne Hôtel Gouïn oder besser um das, was seit 1940 davon noch steht, eine große Fläche eingeebnet und mit neuen Wohnblocks bebaut. Das also ist Alt-Tours mit seinen Fachwerk- und Patrizierbauten, dem sogenannten Tristan-Haus der Rue Briçonnet, der Rue Paul-Louis-Courier südlich von Saint-Saturnin und schließlich der Place des Carmes, die einem veritablen Stück nach hier verpflanzter Kleinstadtidylle gleicht. Sind im Osten von Tours, um die Kathedrale Saint-Gatien, die Straßen allesamt grade und rechtwinklig angelegt, im Vieux Tours kurven die Gassen, soweit noch vorhanden, keinem erkennbaren Baugesetz mehr untertan, scheinbar nach Lust und Laune dahin.

Das Wichtigste an diesem Westteil von Tours bleibt die erwähnte Straßenkreuzung, von der man sowohl zu Höhe der Tour Charlemagne empor- wie zum Uhrturm hinüberblicken kann, leider arg bedrängt von Fußgängern auf dem Trottoir oder den Autos auf ihrer Fahrt zu den Hallen. Es ist die Stelle, über der sich einst der Chor von Alt-Sankt-Martin wölbte. Mit einiger Phantasie vermag man sich auszumalen, daß die Martinswallfahrer und später die Santiago-Pilger hier den Chorumgang verließen, um wieder hinauszuziehn. Aber es ist nicht nur ein Ort der Imagination, sondern auch Inspiration, denn die Kirche, die sich darüber erhob, hat Kunstgeschichte gemacht. Auf sie geht eine Reihe großer Pilgerbasiliken und -kathedralen des Jakobsweges bis Santiago de Compostela zurück. Als sie von den Hugenotten verwüstet worden war, ließ man sie gleichgültig stehn und liegen, bis die Gewölbe einstürzten und schließlich auch die Mauern zusammenbrachen. Aber das ändert an ihrer ursprünglichen Bedeutung nichts. Es handelte sich bei diesem Bau um eine den Dimensionen nach grandiose Anlage mit offenen Emporen an den Querschiffsenden und einem mächtigen Chorraum nebst Umgang, aus dem sich fünf Radialkapellen vorschoben. Die Höhe der Seitenschiffe neben dem Langhaus maß zehn Meter; der Dachstuhl über dem Mittelschiff war ursprünglich offen. Gewölbe sollte die alte Martinsbasilika erst Anfang des 12. Jahrhunderts erhalten. Ein hoher Lichtgaden erhellte das Innere, allerdings keineswegs mystisch, sondern eher nüchtern und klar; erst die vorwallenden Arkaden des Mittelschiffs verliehen diesem Bild die Note der Feierlichkeit. Für das Zeitalter um 1000, in dem die Basilika entstand, muß das Zusammenspiel von heller Weite, schlanker Höhe und gleichmäßig rhythmischer Gliederung überwältigend gewesen sein. Wohlgemerkt, sieht es so aus, als sei Alt-Sankt-Martin vor allem praktischen Erwägungen zu verdanken. Daß die Emporen, mit denen man Mittel- und Querschiff umzog, für die Unterbringung der Pilger dienten, bleibt anzunehmen. Vor allem aber sollte die Kirche große Menschenscharen aufnehmen können, damit sie das Heiligengrab andächtig zu umwandern vermochten. Auf diese Weise war ein von großem Atem erfülltes, gleichsam zielgerichtetes Gotteshaus entstanden, und der Geist, der hier wehte, muß jener der großen Wanderschaft, des Aufbruchs ins Unbedingte und der überstandenen Mühe gewesen sein. Zieht man die nach seinem Vorbild errichteten und erhalten gebliebenen Bauten wie Saint-Sernin von Toulouse oder die Kathedrale von Santiago de Compostela zum Vergleich heran, verkörperte Saint-Martin zu Tours eine weltumspannende

Gläubigkeit. Alles, was der Wallfahrer bis hierher, bis zur Schwelle Aquitaniens in Kirchen und Kapellen erlebt hatte, mochten Anmahnungen an den Sinn der Pilgerschaft und Illustrationen ihrer Bedeutung gewesen sein; hier aber wurde er ihrer im baulich-architektonischen Symbol gleichsam selber inne.

Nicht zuletzt dieser untergegangenen Basilika willen mutet uns Aquitanien als Inbegriff eines Pilgerlandes an. Gewiß, zur vollkommenen Ausprägung des Typus von Kirchen hat noch etwas anderes gehört, und man sagt nicht zu Unrecht, er sei eigentlich nur in Toulouse oder Compostela völlig Gestalt geworden, weil hier das Licht durch eine in Tours fehlende Vierungskuppel in den Raum strömt. Indessen gab Saint-Martin ob seines Lichtgadens bereits den entscheidenden Anstoß. Es war ein Raum der Erfüllung in der einfachen und daher doppelt wirksamen Sprache jener Epoche eines nach vielen Stürmen wieder auflebenden Europas, dessen erhabene Monumentalität, angesichts der Bescheidenheit anderer Bauten, triumphal wirkte. Wie gut dies von den Menschen des 11. Jahrhunderts verstanden wurde, zeigt die bedeutende Anzahl solcher Pilgerkirchen, die dem Vorbild Alt-Sankt-Martins folgten und nur am Jakobsweg entstanden. Denn nicht nur in Toulouse oder Santiago de Compostela, sondern auch in Conques, Limoges, Marcilhac oder anderwärts hat man ähnlich gebaut. Das große Tor zur Pilgerstraße, ins Land der Romanik – in Saint-Martin zu Tours war es aufgetan.

Freilich müssen wir dieser Rolle, die Tours nebst der Touraine in künstlerischer wie historischer Hinsicht für das Pilgerland Aquitanien spielte, noch an anderen Orten im Umkreis der Martinsstadt nachspüren, in Chinon, Candes und Fontevrault.

Schwalbenmorgen in Chinon

Ein Tag erwachte, wie ihn nur die Touraine-Landschaft kennt, frischgewaschen und in Seide gesponnen. Das Gestrige war vergessen, was kam, noch nicht wahr, und während ich, nach Art der Leute schlechten Gewissens, früh umherstrich, trieb die Vienne gründunkel vorüber und nahm alles Gewesene mit, auf das man in den Prospekten so stolz ist. *Chinon* aber schlief. Die

1 CHINON, *Kapelle Sainte-Radegonde:* Königin Aliénor (Eleonore),
Herzogin von Aquitanien, und ihre Schwiegertochter Isabella d'Angoulême,
Ausschnitt aus einem vor 1204 entstandenen Fresko

3 SAINT-JOUIN-DE-MARNES (1095-1130): Fassade
mit Darstellung der ›Parusie‹ im Giebel

← 2 FONTEVRAULT: Romanische Klosterküche,
sogenannter ›Turm von Evrault‹

5 POITIERS, *Saint-Hilaire (1049 geweiht):*
Blick in die Gewölbezone

4 SAINTES, *Saint-Eutrope (1096 geweiht):* Krypta

← 6 FENIOUX: Totenlaterne aus dem
    12. Jahrhundert

7 AULNAY-DE-SAINTONGE, *Saint-Pierre-de-la-Tour (um 1150 bis um 1170):*
Stufenportal (Ausschnitt) des südlichen Querschiffes

8 POITIERS, *Saint-Hilaire (1049 geweiht):* Kapitell mit dem
›Tod des heiligen Hilarius‹

9 CHAUVIGNY, *Saint-Pierre:* Kapitell mit den Darstellungen der
›Versuchung Christi‹ und der ›Darbringung im Tempel‹ 12. Jahrhundert

10 POITIERS, *Notre-Dame-la-Grande:* Fassade

11 ECHILLAIS: *Dorfkirche:*
Kapitell mit dem Motiv der ›Grand' goule‹
von einer Halbsäule links des Hauptportals

13 TALMONT, *Sainte-Radegonde* nahe dem Felsen von ›Le Castillet‹ über dem Atlantik

14 PONS, *Hôpital neuf:* Torbau des ehemaligen, 1191 gegründeten Pilgerhospitals

langgestreckte Burg auf der Höhe, wie ein Hahnenkamm über den steilen Hügelrücken hinter der Stadt gespannt – sie besteht aus drei Festungsanlagen, dem *Château du Coudray,* dem *Château du Milieu* und dem *Fort Saint-Georges* – genauso wie die alte Stadt darunter. Es schlief auch der Faubourg Saint-Jacques auf der anderen Flußseite, wo früher einmal die Pilgerherberge lag. Chinon war alt, Chinon war müde, dies trotz eines Namens, in dem es wie der Seidenrock einer Siebzehnjährigen von Unternehmungslust knistert. Die Seidenzeiten waren vorbei, die Gebeine unter der Seide morsch geworden, aber die Seide immer noch da, und ich schlich umher und hatte ein schlechtes Gewissen, weil ich nur an die Seide, nicht aber an die morschen Gebeine dachte. Alte Geschichten erzählt man sich besser abends beim Wein. Dennoch die Seide blieb in meinen Gedanken, während ich am Vienne-Ufer entlangstrich und die Schwalben wie toll unherschwärmten. Sie jagten in einer breiten Phalanx vom Burgberg zum Flußspiegel hinab, warfen sich unter Gezwitscher hoch und eilten zu den Trümmern zurück, worauf das Spiel von neuem begann. Auch in den Schwalbenflügeln war Seide; alles war hier in Seide gesponnen, sogar die Geschichte. Sie gilt doch nur darum für altersgrau, weil man stets um den Ausgang weiß. Aber alle Geschichte ist einmal so jung wie ein siebzehnjähriges Mädchen gewesen und voll Unternehmungslust. Es kommt lediglich darauf an, wie man sie betrachtet.

Auch Jeanne d'Arc war jung gewesen, die einmal hier weilte, ganze siebzehn Jahre alt, überlegte ich, und ich dachte an die kleine, alte Gravüre daheim, auf dem sie ihr Schwert wie ein Blümchen hält. Man hatte sich früher wohl besser auf das, was Geschichte ist, verstanden. Drüben auf der unter Napoleon Ier verfallenen Burg ist sie nach einer durchwachten Nacht des Gebetes in die Logis Royaux, von denen es nur noch ein paar Mauerreste gibt, vor den achtundzwanzigjährigen Charles VII, damals noch nicht gesalbt, geführt worden, um ihn zum Marsch auf Reims zu bewegen. Das ist eine Szene, an der man in Chinon nicht vorbeikommt: Im Empfangssaal spielt man regelrecht Maskerade. Der Dauphin hat sich ein Höflingshabit angezogen und steht unter den wartenden Trabanten. Das Königskleid aber trägt der Graf von Clermont. Dies, um das Mädchen von Domrémy auf die Probe zu stellen, ob es mit ihrer Hellsichtigkeit etwas auf sich hat. Sie aber läßt den verkleideten Grafen Comte sein und beugt ihr Knie vor dem richtigen Prinzen, den sie niemals zuvor gesehen hat. »Ich bin nicht der König«, sagt er. »Ihr und kein anderer«, antwortet die Jungfrau mit höflicher Korrektur des ihm noch nicht zukommenden Titels, »werdet es sein, und ich bin von Gott gesandt, Euch, dem Königssohne zu sagen, daß Euch die Krone rechtmäßig zusteht ...« Der Dauphin aber bleibt mißtrauisch und schickt sie nach Poitiers vor ein Gericht von Doktoren und Matronen, die vom 27. März bis 18. April 1429 herauszufinden suchten, ob sie nicht eine Hexe war.

Im Schloßturm von Coudray hat sie angeblich im ersten Stock gewohnt, bis Charles VII sie vorließ. Der Raum, ein enges Gelaß mit einer Steinbank, nimmt sich fast so aus, als habe er ihr, sofern sie die Probe nicht bestand, gleich als Gefängnis dienen sollen. Wozu er übrigens schon einmal benutzt worden war, als man gut ein Jahrhundert zuvor in dem Turm die Templer eingesperrt hatte, die bald darauf, 1313, in Paris verbrannt wurden ...

Allein, das war es nicht, das mich hier fesselte, sondern unten am Berg die *Kapelle Sainte-Radegonde*. Ich wußte, es hätte anders, hätte viel mehr sein sollen. Vielleicht, daß oben in den ehemaligen Logis Royaux König Henri II Plantagenet von England mit Aliénor von Aquitanien glücklich gewesen und endlich 1189 gestorben war. Oder daß Chinon einmal ›Caino‹ geheißen hatte. Daß hier später Cesare Borgia König Louis XII die päpstliche Scheidungsbulle von der ungeliebten Jeanne de France überreichte. Mich dagegen berührte nur dieses eine, wenngleich ebenfalls Geschichte, und zwar abermals die einer Frau oder besser gleich die von zweien oder dreien, auch wenn ich dafür tief in die Gräber der Vergangenheit hinabsteigen mußte.

Es begann damit, daß Radegonde, die merowingische Königin aus dem 6. Jahrhundert, deren Namen man in Aquitanien so oft begegnet, einmal hier gewesen war. Jene Tochter des Thüringerfürsten Berthachar, die man als dreizehnjähriges Kind 531 nach der Ermordung der Eltern zwang, dem Frankenkönig Clothar I. nach Poitiers zu folgen. Er hatte sie später als zweite in einer Reihe einander folgender Ehefrauen geheiratet, bis sie, seiner Mordtaten überdrüssig, den Schleier nahm und in Poitiers das Kloster Sainte-Croix gründete.

Offenbar besaß ich eine Schwäche für diese Sainte Radegonde, vielleicht weil sie ein Nachtmensch war, wie ich selber ... jedenfalls schien mir das der Grund meiner Zuneigung, während ich unten am Vienne-Ufer nach Osten marschierte – bis zum Zigeunerlager im kleinen Baumgarten am Ende des Quai Jeanne-d'Arc, wo ebenfalls alles schlief, selbst die an die Wagen gebundenen Hunde, sodann durch die Gassen der alten Stadt zurück, bis ich erneut an die Kapelle Sainte-Radegonde kam, und mir eingestand, daß es weniger der Name der Königin, sondern die Kapelle selber war, die mich anzog. Königin Radegonde also hatte hier einst einen Eremiten namens Jean aufgesucht, einen Mann sächsischer Herkunft und Schüler Sankt Martins, der in einem Felsloch am Fuß des Burgberges lebte. Es war später dort eine der inzwischen heiliggesprochenen Königin geweihte Kapelle errichtet worden. Schon am Vortag hatte ich sie besucht, und doch drängte es mich, noch einmal wiederzukehren. Hier nämlich sind 1964 romanische Fresken entdeckt worden, an denen ich herumrätselte. Sie stellten zwei königliche Frauen dar, die mit Sainte Radegonde nur den Rang und sonst wenig, indessen mit Aquitanien um so mehr zu tun hatten. Die eine gekrönt und mit einem Wappengewande angetan, die andere jünger; und wie die Gelehrten sagten, handelte es sich dabei um Königin Aliénor, die große Herzogin Aquitaniens, Gräfin des Poitou, an die man von nun in diesem Lande ebenfalls Schritt auf Schritt erinnert wird, und ihre Schwiegertochter Isabella von Angoulême, die dritte Frau von Johann Ohneland oder Jean sans Terre, Aliénors jüngstem Sohn. Traf dies zu, und es gibt keinen vernünftigen Zweifel daran, so war Aliénor zu Zeiten der Entstehung dieser Malerei wahrscheinlich noch am Leben, denn sie und nicht Isabella trug die Krone. Daher mußte das Fresko vor ihrem Todesjahr 1204 entstanden sein. Es handelte sich also um ein authentisches Bild, ohne daß es ein wirklichkeitsgetreues Porträt war. Doch ließ es sich noch genauer datieren. 1205 war Chinon in französische Hand gefallen, und nach diesem Datum dürften die Wandbilder kaum entstanden sein. – Welch eine Entdeckung! Da tat man einen unmittelbaren Blick ins große Zeitalter dieses Landes und stand Auge in Auge mit seiner bedeutendsten Gestalt, jugendschön wie der heutige Morgen, und auch ihre Erscheinung schien mir durchknistert von der Seide des Namens Chinon.

Es war, wie gesagt, ein Sommermorgen, als ich aus dem alten Nest, das sich stolz die ›Stadt des Rabelais‹ nennt – der Dichter ist ganz in der Nähe, in der sogenannten Devinière, geboren –, vom Grand Carroi die Stufen der Treppenstiege zum Burghügel emporklomm und am Tour de l'Horloge auf der Höhe ankam. Um diese Zeit waren die Fremden noch immer nicht unterwegs, sondern nur die liebe Kreatur, die Hunde und vor allem die Schwalben. Tatsächlich, von hier sah man es noch viel deutlicher, unzählige von ihnen durchschwärmten ekstatisch die Luft, während unten, halb von Dunstschleiern verborgen, die Touraine-Landschaft des Vienne-Tals mit dem dunkel hintreibenden Fluß, dem alten Städtchen, der Vorstadt Saint-Jacques jenseits der Brücke, den Uferwäldern in der ganzen Lieblichkeit des gesegneten Landstriches noch schlief …

Gottgesegnet hätte ich auch die Mittagsstunde jenes Tages bezeichnen mögen, als ich nur sechzehn Kilometer von hier auf der Höhe hinter *Candes-Saint-Martin* stand und auf die Einmündung der Vienne in die Loire hinabsah. Das ist ein Platz, von dem man die ganze Landschaft mit einem einzigen Blick umfaßt. Um dorthin zu gelangen, muß man neben der alten Wehrkirche des Ortes mit ihren Zinnen emporsteigen auf den Berg dahinter. Das Flußtal ist hier so weit geworden und so von Wasser durchzogen – aufgefächert in blühende Inseln, Auen und blinkende Wasserarme, in welche sich die schimmernd herandrängende Vienne mischt – daß der Blick ins Weinland bis nach Bourgueil eher ein amphibisches Wesen aus Zeiten der ersten Schöpfungstage als ein Stück fester Erde zu umgreifen scheint. Dort unten, wo die abermals von zahllosen Schwalben umschwärmte Kirche lag, war der heilige Martin gestorben, und über seiner einstigen Zelle hatte man das Gotteshaus mit dem gleichsam hüpfenden angevinischen Gewölbe erbaut, von dem man sagt, es sei ein gotischer Nachklang der Kuppelkirchen Aquitaniens. Eine Kirche mit Malereien und Bildwerken im Innern, die farbenfroh vor den weißen Wänden stehen, eingestimmt von der höfischen Poesie eines Figurenportals.

In diesem Augenblick auf der Höhe erkannte ich, was mich in der Touraine-Landschaft eigentlich bewegte. Vergangenheit und Gegenwart waren miteinander verschmolzen und hatten sich zu etwas Neuem verwandelt – zu einem Bewußtsein der Dauer. Aber das ist nun so. Wer sich mit der Geschichte einläßt und sie mit seiner Gegenwart identifiziert, dem wird ein Wunder zuteil, das nur dem menschlichen Geist widerfährt. Er lebt im Bewußtsein einer Dauer, in der nicht nur die Grenzen der Zeit aufgehoben sind. Sie läßt ihn zugleich trostvoller in die Zukunft blicken und Werte wie Maße des eigenen Daseins erkennen.

Vor der Schwelle des Poitou: Fontevrault

Man kann Ähnliches in der Nähe noch einmal erleben. Eine Wegstunde nach Süden, tief in den Wäldern von Fontevrault, liegt die alte, längst aufgelassene Abtei gleichen Namens. Ich kannte sie noch aus den Tagen, in denen sie als Zuchthaus diente, wozu sie seit 1804 degradiert war. Noch immer hallt mir der schwere Schritt des Wärters mit dem klirrenden Schlüsselbund im Ohr, der dem Besucher voranschritt und eine der Gittertüren nach der anderen auf- und sodann wieder sorgfältig zuschloß, bis im weiten Binnenhof das breitgelagerte Konventsgebäude erreicht war, das am besten erhaltene Kernstück der riesigen Anlage von einst. Zwar, von den Häftlingen sah man nichts, doch die düstere Bestimmung lastete wie ein Fluch auf den Bauten.

Jetzt aber schienen sie aus einem schweren Alptraum erwacht und so weiß und königlich wie ehedem, als Louis xv in ihren Mauern seine Töchter erziehen ließ. 1099 hatte Robert d'Arbrissel, einer der bedeutenden Prediger des Landes und lange Zeit Eremit in den Wäldern der Mayenne, die Klostergemeinschaft ins Leben gerufen, und es war aus ihren Gebäuden eine der großartigsten Anlagen des hohen Mittelalters geworden, gebildet aus vier oder fünf Baugruppen, in denen Mönche, Nonnen, Stiftsdamen und Kranke nebeneinander hausten. Geleitet wurde die geistliche Stadt – welch eine Demonstration des Ansehens, das die Frau damals genoß – von einer Äbtissin. Natürlich von hoher Herkunft – sieben unter den fast vierzig Vorsteherinnen, die hier bis 1792, dem Revolutionsjahr, regierten, entstammten allein dem Hause Bourbon. Vielleicht gehörten indessen die anderen, minder hohen Geblütes, wenngleich von Familie, zu den viel bedeutenderen Gestalten ihrer Epoche. Befand sich darunter nicht jene Gabrielle de Rochechouart-Martemort, die man die ›Königin der Äbtissinnen‹ genannt hat, eine Schwester der Marquise Françoise Athénais de Montespan, der Geliebten Ludwigs XIV? Sie hat Fontevrault, das 1542 furchtbar unter den Hugenotten litt und herabgekommen war, zu einem Schwerpunkt des geistigen Lebens im Lande gemacht. Daher findet man ihr Bildnis noch heute im ehemaligen Kloster. Wer das Antlitz genau betrachtet, begreift bald, daß es ihr gelang, mit allen Schwierigkeiten fertigzuwerden, sogar mit den oft genug gegen die weibliche Bevormundung aufbegehrenden Mönchen. Dieser kühlen, durchdringenden Intelligenz konnte nur wenig widerstehn.

Heute ist von der gewaltigen Anlage, deren zusammengesunkene Kreuzgänge, Höfe und Wohngebäude wiederhergerichtet werden, im Grunde nur noch der Mitteltrakt übrig. Ihm zugehörig, an seiner Südecke, ein wunderschöner Zweckbau romanischer Architektur, hinter dem man zumindest eine Kapelle besonders hoher Bestimmung vermutet – der *Turm von Evrault,* wie man das Kleinod während des 19. Jahrhunderts nannte. Aber es handelt sich lediglich um die Klosterküche von einst, in der für die Vielzahl von Insassen das Essen bereitet wurde; schon 1106 zählte man ihrer dreitausend – mit anderen Worten: für die Nonnen von Grandmoutier, die Mönche von Saint-Jean, welche gleichzeitig den Kaplansdienst versahen, die Leprosen und unheilbar Kranken von Saint-Lazare und die Büßerinnen von La Madeleine, wie man die einzelnen Klosterquartiere nannte. Diese Küche besteht aus einem Baukern in Form eines Oktogons mit einem herrlichen Dach in Gestalt eines umgestülpten Pinienzapfens, umlagert von ursprünglich acht, heute fünf Apsidiolen – drei sind im 16. Jahrhundert zerstört worden, als man das angrenzende Refektorium des Mittelbaus erweiterte. Strebepfeiler unterteilen den Innenraum, und in den so entstandenen Nischen brannten einst die Herdfeuer. Ihr Rauch ging durch ein System von Abzügen ins Freie, das schon für sich genommen ein Kunstwerk ist. Auf dem Dach draußen erkennt man, wie geschickt die Kamine eingebaut wurden. Aber im Grunde stellt ja die gesamte Dachpyramide einen hohen Rauchfang dar! Welche Gestaltungskraft, die diesem profanen Bau eine so feierlich-schöne Vollkommenheit verlieh, daß man entzückt davorsteht, um langsam zu erkennen, es war keine Schmuckfreude, keine Dekorationslust, aus der dieses Werk entstand. Es war der Wunsch nach der gleichen Vollkommenheit wie in der Abteikirche von einst, die sich in der nämlichen Baugruppe, und zwar an ihrem Nordende befindet ...

Auch sie stand bereits, als die Santiago-Pilger vorüberzogen und mit der Bitte um Wegzehr an die Klosterpforte klopften. Wenn man so will, geht von ihr die erste der Botschaften aus, die uns Aquitaniens Kuppelkirchen vermitteln, denn sie ist die nördlichste jener Gruppe von Gotteshäusern, die sich, rund sechzig an der Zahl, in Aquitanien finden und statt von einer flachen oder gewölbten Decke von einer Reihe Kuppeln überfangen werden. Man hat lange an dem Grund ihrer Entstehung herumgerätselt. Sei es nun, daß tatsächlich ein gewisser Mangel an geeignetem Bauholz, wie eine Theorie vermutet, die frühesten Anlagen inspirierte – Saint-Étienne zu Périgueux soll die erste sein, gelegen in einer Landschaft, in der es angeblich wenig brauchbare Stämme gab. Sei es, daß die Idee von Kreuzfahrern aus dem Orient mitgebracht wurde, oder sei es am Ende gar, daß der Wunsch, auf architektonische Weise im Rund dieser Kuppeln ein Abbild himmlischer Vollkommenheit zu schaffen, den Ausschlag gab – jedenfalls hatte man bei der Erbauung von Fontevrault bereits eine Vorstellung von der Großartigkeit dieser Architektur, denn Holz gab es hier in Fülle. Es bleibt also beim Geheimnis der kreisrunden Form: Gott oder die Vollkommenheit. Sobald der Besucher das Auge nach oben hebt, gewahrt er ein Gleichnis des Universums.

In Fontevrault sind es vier sogenannte Pendentif-Kuppeln, die das Langschiff überwölben. Eine fünfte, kleinere, anders geartete erhebt sich über der Vierung. Das Wort Pendentif besagt, daß es sich dabei um Hängekuppeln handelt, eine Fachbezeichnung, die den unbefangenen Besucher eher verwirrt. Denn gebaut wurde auch hier von unten nach oben, und zwar von einer quadratischen Basis in Form von vier tragenden Pfeilern aus. In Höhe der Kapitelle setzte der Baumeister angeknickte Bögen darauf und spannte Zwickelfelder dazwischen. Damit

entstand ein nach oben offenes Rund, das er mit einer gleichsam aufgestülpten Schale überfing. Die ›Hängezwickel‹ auf und
zwischen den Bögen sind somit zu eigentlichen Trägern des
kühnen Werkes geworden. Es handelt sich, geometrisch gesprochen, um schräggelagerte, sphärische Dreiecke, die sich, gleich
den Flügeln der Erzengel in der Vision des Ezechiel, zu einer das
Himmelsgewölbe – sprich Kuppel – allseitig hebenden und haltenden Rundung verbinden.

Jedesmal, wenn ich hier oder anderwärts stand und in eine
der Kuppeln hinaufsah, überkam es mich unausweichlicher –
getreu mittelalterlicher Vorstellung, nach der jedem sakralen
Bauwerk zugleich eine metaphysische Bedeutung innewohnt –
es war mit dem Kuppelrund tatsächlich ein Gleichnis der Vollkommenheit gemeint. Erblickt man das in der Abteikirche von
Fontevrault zum ersten Mal, hält man angesichts des Fortwal-
lens dieser Kuppeln betroffen inne, so viel ungewohnte Kraft
und Größe, ja Fremdartigkeit ist darin: meditative Anschauung
und ihre, so widersinnig das klingt, dynamische Steigerung
durch die Wiederholung. Da jede der Kuppeln das Schiff mit
zehn Metern Durchmesser überfängt, die Seitenwände aber
breiter auseinanderstehn, nämlich volle fünfzehn Meter, sind
tief eingekerbte Schattenzonen zwischen ihnen und den Trag-
pfeilern der Kuppeln entstanden, die von den eleganten Blendarkaden der Seitenmauern überspielt werden. Dazu schmücken
feine Figurenfriese im Stil der Saintonge die Pfeilerkapitelle.
Welch ein anderes Raumerlebnis als in den tonnengewölbten
Kirchen – im machtvollen Rhythmus der Kuppelbaldachine
fühlt sich das Auge sowohl nach oben wie nach vorne gezwungen, wo der verengte Ansatz der Vierung einen Chor voll hellen
Lichtes freigibt. Feierliche Rundpfeiler umstehen ihn, als hielten
die Apostel persönlich hier Wache. – Stünde Saint-Martin in
Tours noch, man hätte dort zum ersten Male empfunden, daß
Aquitanien den Wallfahrer als ein Pilgerland empfing. In Fontevrault wird man seiner königlichen Hoheit und seiner Weltoffenheit inne. Denn warum wollte man eigentlich zweifeln, daß
neben der Vision der Weltenharmonie auch die Erinnerung
heimkehrender Kreuzfahrer eine Rolle spielte, welche die Hagia
Sophia im damaligen Byzanz gesehen hatten?

Daß Fontevrault so großartig gebaut wurde, hatte freilich

einen besonderen Grund. Seine Abteikirche war als Grablege
für die Angehörigen des Hauses Plantagenet ausersehen. Die
Ruhestätten befanden sich früher am linken Ende des Schiffes
vor der Vierung; in der Großen Revolution sind sie aufgebrochen und die Gebeine verstreut worden. Die Grabbilder der hier
beigesetzten Toten, Liegefiguren allesamt, hat man zum Glück
wiedergefunden und erneut, wenn auch an anderer Stelle, nämlich im rechten Querschiff, aufgebaut. Da sieht man also die
großen Akteure des Weltendramas von einst, als sich im Westen
Europas ein mächtiges Reich zusammenballte: Henri II von
Anjou-Plantagenet, König von England, der in Chinon starb;
seine Frau Aliénor von Aquitanien, die ihre letzten Tage hier im
Kloster verbrachte. Richard Löwenherz, ihren großen Sohn,
und schließlich Isabella von Angoulême, die letzte Frau von
Richards Bruder Johann Ohneland, unter dem das Reich schon
wieder zusammenbrach ...

Auch in Fontevrault, nebenbei gesagt, schwärmen die
Schwalben über die Dächer. Doch mir scheint, irgendwie anders. Natürlich ist das nur Einbildung, weil es mir immer so
vorkam, als verkörperten sie die unstet umherirrenden Seelen
der Toten, die einst hier lebten, als dem englisch-normannisch-
aquitanischen Reich noch die Zukunft gehörte.

Unter dem hohen Himmel der Vendée

Ein Sommertag des Jahres 1162. Diesmal westlich von Fonte-vrault und etliche Kilometer weiter im Süden. Um ganz genau zu sein, in den Mauges bei Cholet, wo später, 1793, die erbitterten Kämpfe der Vendée-Kriege tobten. Jetzt indessen wabert das Schweigen des Julimittags über dem Land. Die Sonne brennt gnadenlos, die Blätter hängen schlaff an den Sträuchern. Vor den Pilgern tanzt, angefacht vom Gluthauch der Luft, eine Windhose über den Weg und wirbelt den Staub in einem saugenden Trichter nach oben. Vorbei die milde Anmut der Loire-Landschaft, seit die Santiago-Wanderer die Grenze des Poitou überschritten haben.

Alles ist anders geworden in diesem welligen Teil der sogenannten Bocage mit ihren Heiden und dem Buschwerk, aus deren Boden gelegentlich die Buckel graudunkler Granitblöcke brechen. Härter, durstiger. Schon liegt die Hügelkette der Collines Vendéennes mit dem Lerchenberg hinter ihnen, samt den Wolfspfaden durch eine dazumal noch wenig besiedelte Region, die heute längst unter den Pflug genommen ist. Hinter dem nächsten Hügel, wo der Weg ins Tal hinabbiegt, taucht eine mächtige Burg mit zehn Mauertürmen auf, *Pouzauges*. Der nahe Ort bedeutet für die Pilger eine Überraschung. Eine Jakobsstadt hier in der Einsamkeit? Fast könnte man es so bezeichnen. Ein ganzes Wohnquartier nennt sich nach dem Heiligen der Straße, und südlich der Granitkirche, die ihm gleichfalls gewidmet ist, biegt der Weg zur Aumônerie ab, noch heute Rue de l'Aumônerie geheißen, der Herberge für die Pilger. Solche Häuser liegen stets an Wasserstellen außerhalb der Ortschaften und verfügen neben einer Kapelle über Schlafräume und einen Gottesacker mit meist namenlosen Grabhügeln. Der Engel des Jüngsten Gerichtes wird es einst wissen, wer dort ruht.

Mit ähnlichen Stützpunkten ist das ganze Land überzogen. Auch wer im Osten von Pouzauges, in *Bressuire,* von Angers kommend, unterhalb der gewaltigen Burg am Dolo anlangt, kann in einer Aumônerie einkehren. Sie gehört zur Benediktiner-Priorei Saint-Jacques-dehors-les-murs, Jakobus vor den Mauern, und wer krank ist, findet dort sogar eine richtige Maladrerie oder Krankenstation. Andere Prioreien, an deren Tür man klopfen darf, gibt es in Bressuire gleich eine ganze Reihe…

Die Vendée-Pilger wanderten auf keiner jener berühmten Straßen, die im Codex Calixtinus oder dem Pilgerführer des Aimery Picaud aus Parthenay verzeichnet stehen. Aber auch ihr einsamer Weg erwies sich als wohlbetreut. Das Mittelalter habe kein Organisationstalent besessen? Auch wer die unerbittliche Landschaft südostwärts von Nantes durchwanderte, durfte am Ende des ersten Tagesmarsches in Montaigu mit einer Strohschütte rechnen. Nach 1174 ging es hier sogar vergleichsweise üppig zu; eine Stiftung sorgte dafür, daß der Tisch mit dem Fleisch von Weidevieh, Wild oder dem Zehnten der Herden gedeckt war. Allein, die Aumônerien blieben nicht das einzige, das die Obrigkeiten aller Art für die Pilger taten.

Sobald die Wallfahrer nach *Champdeniers* gelangten, stießen sie auf eine zweite Gattung von Stützpunkten. An der Stelle des heutigen ›Café Français‹ befand sich eine ›Commanderie‹, ein Hilfs- oder gar Polizeiposten, dessen Mannschaft einschritt, wenn sich ein Schnapphahn an einem Wallfahrer vergriff, was trotz aller Interdikte oft genug vorgekommen sein muß, vor allem, wenn jemand alleine des Weges zog. Meist waren darin Tempelherren oder Hospitaliter-Ritter stationiert, jüngere Söhne des Adels, die sich zur Verteidigung des Glaubens, der Straßensicherung, des Schutzes der Priesterschaft, der Witwen, Waisen und Armen verpflichtet hatten, eigene Geistliche für Gottesdienst und seelischen Beistand besaßen und selbstverständlich auch dienende Brüder, die, während jene hoch zu Roß auf Patrouillenritt zogen, die Wirtschaftsdienste besorgten. Solche Ordensherren standen bei den Menschen jener Tage hoch in Ansehen und waren ob der Legate und Stiftungen reicher Bürger oder gar Landesherren vermögend. Etwas, das ebenso für die demütigen Mönche von Grandmont in den Aumônerien, die man ›Bonshommes‹ nannte, galt.

Dabei zog die Masse der Vendée-Wanderer nicht einmal über Champdeniers, sondern nahm Richtung auf *Fontenay-le-Comte,* vor allem, wenn sie vom Unterlauf der Loire kamen, und sie taten gut daran. In Fontenay bestand nicht nur ein Hospiz, wie man die Aumônerien auch nannte, sondern ein richtiges Hospital; es war ihm also eine Krankenstation angeschlossen, und es trug den Namen Saint-Jacques, wodurch seine Bestimmung eindeutig festgelegt war. Gestiftet hatte das Haus 1130 Guillaume x, Graf und Herzog von Aquitanien-Poitiers, weil es hier, am Übergang der Vendée ins Marais dringend gebraucht wurde. Wer nach Niort weiter wollte oder von dort heimwärts, mußte den Rand eines Gebietes schwanker, den Stürmen und Wassern des Ozeans preisgegebener Böden mit zahllosen Rinnsalen queren. Mochten am Weg auch inzwischen längst aufgelassene Klöster liegen gleich *Nieul-sur-l'Autise* mit dem gewaltigen Schiff seiner Kirche und dem schweren Kreuzgang – 1130 war hier Aënor von Châtellerault, die Mutter Aliénors von Aquitanien, gestorben und beigesetzt worden – oder meerwärts auf einer Insel das berühmte *Maillezais,* die alte Grablege der aquitanischen Herzöge; andere Aufgaben, wie die Entwässerung des Landes, füllten den Alltag ihrer Mönche randvoll aus. Erst in *Niort* konnten die Santiago-Fahrer wieder auf Hilfe rechnen.

Es muß für sie nach der Einsamkeit des Weges ein Erlebnis gewesen sein, auf eine richtige Stadt zu stoßen. Schon am Nordtor wartete ihrer eine Aumônerie, mit Sicherheit jedenfalls seit 1198, Saint-Georges-de-Beauchamp geheißen. Die heiligen Georg und Christophorus gehörten gleich Sankt Jakobus zu den Patronen der Wallfahrer. Sie war begütert, denn sie nannte einen gar nicht kleinen Häuserbezirk im Umkreis ihr eigen. Ein Pilgerarzt, dazu Krankenpfleger sorgten für die Gesundung der Bresthaften, und innerhalb von Niort bestand am Vieux Pont, der noch heute über die Sèvre führt, eine regelrechte Maladrerie, offenbar für schwerere Fälle. Die Stadt erlebte derzeit sichtbarlich einen Aufschwung, und eben befand sich die mächtige Wehranlage, das sogenannte Schloß Königs Henri ii Plantagenet im Bau; nahebei hielt eine weitere Einrichtung für Jacquaires, die berühmte Priorei der Benediktiner, eines der bedeutendsten Pilgerzentren im ganzen Lande, ihre Tore offen. Diese Vielzahl karitativer Anlagen scheint angemessen gewesen, denn in der Tat querten große Mengen von Jakobsbrüdern diesen Kreuzweg der Routen. Weshalb sich am Südtor von Niort, der Porte Saint-Jean abermals eine Herberge fand, die von Saint-Jacques, nebst einem Friedhof. Möglich, daß ihr ›Prévôt‹ oder Vorsteher geringeres Ansehen als sein reicher Amtsbruder in Saint-Georges genoß; dafür stand er unter dem besonderen Schutz der nahen Commanderie des Ordens vom Karmel... Doch endlich genug der Aufzählungen, die Einblick in das Betreuungssystem des Santiago-Weges gewähren sollten! Ziehen auch wir in Niort ein, so wie die Wallfahrer einst die müden Beine unter die Tische steckten, um später in Saint-Jean-d'Angély Anschluß an die Grande Route zu suchen.

Auch ich habe den Weg gemacht. Zu Fuß, um nachzuempfinden, wie einst den Pilgern zumute war. Manchmal schien die Hitze unerträglich, besonders wenn der Wasservorrat zur Neige ging, und einmal wurde mir auch die Nacht zum Problem. Vor lauter Erschöpfung versäumte ich, beizeit ein Quartier in einem der Nester am Weg zu suchen. Da es ohnehin warm war, schien mir eine kleine Mulde als Raststätte geeignet, und trotz schmerzender Beine schlief ich bald. Später in der Dunkelheit bin ich dann hochgeschreckt, verwirrt, wo ich eigentlich war. Doch als ich über mir den gewaltigen Reigen der Sterne erblickte, ging mir das »Mille et mille et mille étoiles font de Saint Jacques le chemin« durch den Kopf, und auf unerklärliche Weise fühlte ich mich unter dem Vendée-Himmel friedvoll geborgen und heimisch. Hatte mich schon die Wallfahrerkrankheit, die Lust am Vagabundieren beim Schopf? Wie es sich auch verhielt, hernach in Niort erschien mir die ungebundene Wanderzeit trotz der flimmernden Hitze bereits wie ein verklärter Traum, und in solchem Hochgefühl bestandener Leistung genoß ich die Tage. Sei es in einer Kneipe an den berühmten Hallen, sei es an der Place Brèche, wo man nach der Mahlzeit einen der köstlichen, kleinen Kuchen aus Ziegenkäse aß...

Im übrigen bin ich dann keineswegs weiter nach Süden gezogen, sondern fuhr von Niort mit der Bahn an die Loire zurück, um mich, diesmal bequemer, auf einer Parallel-Route von Thouars aus abermals auf den Weg in das Poitou zu machen. Diese erneute Reise, so schien es mir, war dringend geboten.

Einsichten über das Bauen

Das Poitou ist von Kirchen des 12. Jahrhunderts geradezu übersät und also ein Land der Romanik. Wer sie, die gleichzeitig die Kunst der Pilgerstraße bedeutet, verstehen will, muß von Thouars nach Süden ziehn. An diesem Wege erlebt er ihren Auftakt und ihre Entfaltung.

Romanik, was heißt das denn? Natürlich geht es hier nicht um Rundbogen, Pfeiler und Tonnengewölbe oder, woher dies und jenes kommt, um nichts Akademisches also. Vielmehr, sie schlägt uns unmittelbar in den Bann. Kaum der Glaubenskraft willen, welche sie ausstrahlt. Zu jener inneren Größe vermögen wir uns nur noch selten aufzuschwingen. Eher schon, weil ihre steinernen Träume etwas Verschüttetes aus Jugendtagen wieder erwecken – mit manchen ihrer Vorstellungen haben wir, wenigstens unterschwellig, unser Leben begonnen. Man denke sich aus ihr alles Antike und jeden Ballast an Bildung fort, von ein paar beiläufigen Reminiszenzen abgesehen, und deute sie richtig: sie psychologisiert nicht, jede Gebärde steht für alle. Sie erschüttert, droht, verdammt in höllische Abgründe und erhebt im nämlichen Augenblick. Sie kann ekstatisch, aber auch so hilflos sein wie ein Vogeljunges und bleibt gleichzeitig eine zutiefst humane Kunst, denn sie weiß um alles im Menschen, besonders um seine Abgründe. Was sie auszeichnet – sie hegt nicht den geringsten Zweifel an der Wahrheit, die sie verkündet. Das Dasein ist für sie keineswegs heil, aber heilbar. Sie kennt den Weg, und aus diesem Grunde geht sie uns an.

Ihre Schulen lassen sich nach Landschaften unterscheiden. Zweifellos spielt das Chthonische darin keine geringere Rolle als das Tektonische. Das erhöht ihren Reiz, denn es finden sich darunter Regionen, an denen sie trotz aller Eigenwilligkeit eine Höhe der Aussage von klassischen Maßen besitzt. Das Poitou ist ein solches Gebiet. Auch war diese Kunst breiter gefächert, als wir heute noch ahnen, und hat das gesamte Dasein umfaßt. Sie gab sich keineswegs allein mit Gotteshäusern ab, sondern mit allem, was die Menschen ihrer Epoche erschufen, mit Malerei, Burgenbau, Türmen, Totenlaternen, Hosianna-Kreuzen und Friedhöfen; sie hat sogar die Selbstdarstellung des Geistes, die Dichtung durchwaltet. Gewiß ist das meiste davon verloren-

gegangen oder abgesunken. Daher geht an dieser Stelle nur von
jenen erhaltenen Zeugnissen, den Kirchen die Rede, in denen sie
ihre größten Leistungen vollbrachte. Von den Kirchen des
Poitou.

Schon die erste Begegnung mit ihnen, der Anblick ihrer Fassade wird zum Ereignis. Die romanische Architektur und Plastik widmet ihr eine Aufmerksamkeit, die verblüfft. Ihr Reichtum, ihre Ausgestaltung überwältigen. Eine Lehrmeinung führt
dies auf die leichte Bildsamkeit des verwendeten Materials, einen weichen Sandstein, zurück. Aber das scheint eine zu dürftige Erklärung. Was wäre sie ohne die Phantasie der Erbauer
und Steinmetzen? Die aquitanischen Länder, vor allem Saintonge und Aunis, sind Regionen der Sage, in denen sich viele
Erlebnisse einer bewegten Geschichte niedergeschlagen haben;
ich komme später darauf zurück. Tatsächlich geistern über die
Kirchenfassaden, aber auch die Chorhauben zahllose Erinnerungen an Mär und Legende in Gestalt von Masken, Kapitellen
und Zierat. Was innerhalb der Skulptur dagegen einen pro-
grammatischen Auftrag besitzt, die Darstellungen der Heilslehre beispielsweise, folgt, wie überall, auch hier dem Kanon
von Bibel und Kirchenerzählung. Ich meine die Themen von
Tugend und Laster, den klugen und törichten Jungfrauen, des
Jüngsten Gerichtes oder der Vision des Herrn im Kreis der
Apostel oder Ältesten der Apokalypse. Eines besitzt sie freilich
allein und auch nur gelegentlich – ein monumental gegen die
Fassade gestelltes Reiterstandbild, mag es nun Christus oder
Kaiser Konstantin darstellen, der das Heidentum niederreitet.

Worauf es im Poitou ankommt, ist dies: Wie haben Steinmetz und Architekt die Plastik von beiderlei Inhalt ausgeführt
oder angeordnet? Der Überschwang, mit dem sie aus dem Stein
hervorbricht, ist spontan, der Erfindungsreichtum sinnverwir-
rend. Gelegentlich hört man puritanische Geister mäkeln, hier
sei des Guten zuviel getan und manche Fassade schlechthin
überladen. Doch das geht am Impuls der Erbauer vorbei. Das
Ästhetische hat keine Rolle gespielt. Der Steinmetz, der Architekt standen sichtbar unter einem inneren Zwang der Aussage
und der Erzählung, Willkür war jedoch nicht dabei. Die Fülle
ist einem planmäßigen Aufbau unterworfen. Jeder Baumeister
landauf, landab folgt diesem Gesetz so strikt, daß mir scheint,

ihnen allen habe bei der Fassade die Vision eines himmlischen Zion vorgeschwebt.

Folgendermaßen gehen sie vor. Die Schauseite der Kirche wird zwischen zwei schlanken, meist aus Pfeilerbündeln bestehenden Tourelles oder Flankentürmchen mit einem geschuppten Helm aufgeführt. Die Mitte nimmt natürlich das Zugangsportal ein. Auf ein Tympanon über dem Türsturz verzichtet man, als dürfe der Gläubige nicht mehr abgelenkt werden, der sie bereits im Heranschreiten in sich aufnimmt. An die Stelle der innersten Portalarchivolte tritt dafür manchmal ein Lappenbogen aus drei, fünf oder gar sieben Pässen, eine Erinnerung an maurische Lande, die dem Santiago-Fahrer geläufig war. So der beherrschende Eindruck. Der plastische Schmuck, das Figurenwerk auf den höheren Archivolten oder den Kapitellen der Gewändepfeiler bleibt hingegen zart, klein, verletzlich und sieht manchmal aus wie gewirkt. Nichts wird grob, nichts laut, jedoch alles sehr dicht wiedergegeben. Links und rechts dieses etwas überhöhten Mitteltores finden zwei ebenfalls reich skulptierte Scheinportale Platz.

Darf man in dieser unteren Zone noch ein Symbol der Dreieinigkeit vermuten, verwandeln die über die gesamte Fassadenbreite wallenden Blendgalerien der ersten und zweiten Etage darüber das Bild in die Darstellung eines himmlischen Palastes oder Zions eben. Die Kapitelle der vorgelegten Rundpfeiler, die überfangenden Arkaden sind abermals mit Zierat und Figuren geschmückt und nicht minder die Kragsteine, welche die Simse der einzelnen Geschosse weniger tragen als andeuten. Kurz, es ist so viel Festlichkeit in diesem Anblick, daß kaum noch eine Steigerung möglich scheint. Aber sind da nicht Mauerfelder oder Zwickel frei geblieben? Selbst sie werden manchmal benützt, um die Erzählung von der Größe Gottes, der Gefährdung der irdischen Welt oder der Herrlichkeit des Paradieses fortzuspinnen. Notre-Dame-la-Grande in Poitiers, wo zwischen Portalen und erster Galerie der gesamte Stammbaum Christi vorgeführt wird, bietet dafür ein beredtes Beispiel. Wirklich, man staunt dieses Wechselspiel von hinwallenden Blendarkaden, Plastik und Steingerank überwältigt an und bewundert zugleich die kluge Ökonomie, die den Dreiecksgiebel darüber ungeschmückt als nackte Steinfläche wirken läßt; höchstens, daß eine Mandorla mit Christus, dem Herrn der Welt, eingemuldet ist. Die Schmuckzonen bedürfen des Gegensatzes durch eine kahle Mauer, um voll zu erblühen.

Zweifellos, der Wirkung solcher Fassaden ist etwas Exotisches beigemischt, und ich weiß nicht, ob dies bei der Weltoffenheit Aquitaniens nicht beabsichtigt war. Allerdings darf eine scheinbare Beiläufigkeit nicht unerwähnt bleiben. Die Dimensionen halten sich an überschaubare Maße; ihr Gradmesser ist der Mensch. Wer sich einmal mit der Troubadour-Dichtung jener Epoche und ihrem formal so stark gebundenen ›Grand chant courtois‹, dem höfischen Gesang, der ›Canso‹ beschäftigt hat, wird weitere Entsprechungen finden. Es galt in Architektur wie Dichtung ein Äußerstes an Aussage mit einem höchsten Grade an Form zu verbinden. »Diu mâze«, wie es Walther von der Vogelweide genannt hat – hier, an ihrem Ursprungsort, spürt man, was sie bedeuten kann…

»Diu mâze«, das gilt auch für die übrige Kirche, besonders den Außenchor. Natürlich ist er völlig anders organisiert und bildet eine aus Kranzkapellen, Chorumgang, Chorhaube und Dachansätzen emporgestaffelte Hierarchie vorgebuchteter Rundungen. Aber auch hier wird für eine harmonische Ausgewogenheit gesorgt, und zwar durch die schlanken, dem Mauerwerk vorgelegten Pfeiler, damit keine der Formen ausufern kann. Selbst der charakteristische Vierungsturm wirkt, ungeachtet seiner Kompaktheit, niemals grob oder schwer, sondern ist durchbrochen, im Obergeschoß gerundet oder umgibt sich mit gliedernden Rundpfeilern, ehe der stumpfe, konische Helm in Gestalt eines umgestülpten Pinienzapfens das Werk mit entschiedener Gebärde krönt.

Das Innere solcher Kirchen steckt dagegen voller Geheimnis! Man will etwas anderes als im nahen Anjou und Berry mit ihren lebenskräftigen Räumen. Das Mittelschiff öffnet sich schmaler, dunkel zudem, hoch und von einem Tonnengewölbe überfangen, das von keinem Fenster direkt erhellt wird. Licht dringt nur durch die Seitenschiffe und natürlich den Chorumgang heran. Hohe Rundpfeiler mit skulptierten Kapitellen geleiten den Andächtigen zum dämmernden Altarraum, in dem das Ewige Licht und die Kerzen leuchten, damit alles feierlich vertieft werde, was draußen vor Erzählfreude barst. Die Seele ist eingestimmt; hier endlich darf sie sich ganz ins Mysterium des Glaubens versenken.

Es gibt Spielformen dieses Kirchentyps, der weit ins Gebiet der Gascogne hineingewirkt hat. Auch finden sich Beispiele darunter, an denen die Durchgestaltung der Fassade sparsamer und strenger ist, die steinernen Erzählungen abstraktere Formen bevorzugen und weniger der Mauer entsprossen als aufgesetzt wirken. Bei anderen wiederum, vornehmlich solchen mit dem Konstantinsbild, mußte man große Nischen in die Außenfront höhlen und hat dadurch die Schauwand in ein plastisches Raumgebilde verwandelt. Um solche Vielfalt kennenzulernen, beginnt, wer die Pilgerstraße ob ihrer Kunst besucht, in Thou-ars am besten. Auf seinem Weg nach Süden wird er drei Gotteshäusern begegnen, von denen sich eines ›erst auf dem Marsch ins 12. Jahrhundert‹ befindet, eines den raumplastischen, eines endlich den ›abstrakteren‹ Typus vertritt. Ich meine die Kirchen von Saint-Généroux, Airvault und Saint-Jouin-de-Marnes. Architektonische Erlebnisse bedeuten sie alle drei.

Die Parusie von Saint-Jouin-de-Marnes

Wer allein reist, unterliegt Bedrängungen eigener Art. Da stand ich nun, eben angekommen, am Bahnhofsplatz in *Thouars* und zweifelte an der Welt und vor allem mir selber. Von einem plötzlichen Argwohn befallen, hatte ich in der Reisetasche gekramt und entdeckt, daß der Waschbeutel fehlte. Wo nur konnte er liegengeblieben sein? Sehr resigniert beschloß ich, durch die Straßen zu bummeln, bis der Wagen mich holte. Nein, für den Augenblick mochte ich von Pilgerspitälern nichts, gar nichts hören, obwohl Thouars einmal damit wahrhaft gesegnet war; sogar eine Brücke Saint-James hatte es hier gegeben. Es war Trotz im Spiele, kein Zweifel. Meine Unachtsamkeit wurmte mich eben. Schon stand ich vor der Kirche Saint-Médard; sie hätte mich zu anderer Stunde entzückt, heute aber sah ich selbst das von Flachpässen maurischen Ursprungs überfangene Seitenportal kaum an.

Dann allerdings kam alles anders; ich entdeckte ein kleines Kapitell, das ich früher nie wahrgenommen hatte, stutzte, und plötzlich überkam mich das Lachen. Ein krummbeiniger Spiel-

mann mit gottergebenem Gesichtlein fiedelte darauf, was das
Zeug hielt, während ihm grimme Teufel zu Leibe rückten. Er
schien bedrückt oder gar ratlos, aber er spielte doch. Ging es
mir am Ende nicht ähnlich? Dank dir, heiliger Medardus, für
deinen Fingerzeig! Der Tag schien gerettet, die Verklemmung
gelöst; ich bedurfte des inneren Aufschwungs sehr. Die Baukunst ist die ausdrucksvollste, aber auch am meisten verschlüs-
selte Sprache einer Epoche. Ohne innere Bereitschaft begreift
man nichts.

Saint-Généroux, knapp fünfzehn Kilometer südlich Thouars und abseits der Hauptstraße, besteht nur aus einer Handvoll
Häuser. In Grün gebettet fließt der Thouet hindurch. Eine
schmale Steinbrücke aus dem 13. Jahrhundert schwingt sich auf
fünf Bögen hinüber, altersschwach zwar, doch so betagt wie
das nahe Kirchlein nicht. Das ist bereits in präromanischer Zeit,
im 9. oder 10. Jahrhundert entstanden. Man denke sich ein
einfaches, kastenförmiges Schiff, aus dem sich als Chor drei
parallele Apsiden nach Osten vorschieben. Das Innere wird von
drei Arkaden unterteilt, deren Pfeiler so kahl sind wie Bambus-
stengel. Jede Andeutung eines Kapitelles fehlt. Gewiß, das
Mauerwerk müht sich um Ausdruck: etliche Steinlagen sind
netzförmig oder im Fischgrätmuster gesetzt. Das ist schon alles.
Die Minderung der Formensprache geht bis zum Äußersten.
Lag da geheimer Wille oder nicht vielmehr innerer Zwang vor?
Wie arm sie damals geworden waren, wieviel Unheil über das
Land hereingebrochen, als die Normannen regelmäßig Höfe
und Äcker verheerten. In den Schrecken ihres Zeitalters ver-
kümmerte Phantasie, das ist die Lehre von Saint-Généroux!
Leergebluteter Stein. Was Antike und karolingische Zeit einmal
zu plastischer Form oder gar Figurenwerk auskristallisiert hatten, war im Höllensturm der Epoche geschmolzen, ausgeronnen und nur als Bodensatz übriggeblieben – Schraffur und Geometrie. Pflasterung. Dennoch, oder grade darum, ergriff mich
diese Kirche mit ihrem schüchternen Kinderlächeln im quellen-
den Grün so unmittelbar. Die Not, aus der sie entstand, glauben wir aus dem letzten Krieg doch zu kennen. Saint-Généroux
besitzt sogar eine gewisse Schönheit, heilige Nüchternheit verbunden mit zarter Vorahnung dessen, was später einmal zu
gewaltigen Pilgerkathedralen emporwachsen sollte. Tausend

Jahre oder auch mehr scheinen an ihr vorbeigeglitten wie ein
einziger Tag, als sei das ungeheure Ausdauern nichts ...

Airvault liegt nur wenig weiter. Ein, zwei Jahrhunderte mögen hingegangen sein: Alles hat sich gefestigt. Aus vegetieren-
den Hungerleidern sind wieder Individuen geworden, deren
Schicksal nicht mehr am nächsten Baumast, im nächsten Dik-
kicht endet. Heute wohnen in dem Ort viertausend Menschen,
Handwerker, Arbeiter, Bauern und was von den Bauern lebt.
Allesamt Leute mit breiten Schultern, dunkelhaarige, zähe Bur-
schen, die bedächtig reden und das R im Munde rollen. Chabi-
chous nennt man sie. Inmitten dieses Städtchens der manchmal
als händelsüchtig verschrieenen Dickschädel liegt der Rest einer
Abtei, ehedem Augustinerkloster. Die Hauptstraße der Gegenwart läuft mitten durch ihr Terrain. Jenseits davon gräbt man
soeben riesige Kelleranlagen aus; ein gähnender Schacht führt
in die Tiefe. Ein Flügel der alten Konventbauten steht noch
herum; hier und dort liegen Mauerfetzen. Hüben aber ragt sie,
auf die alles ankommt, empor, die Kanonikerkirche, alt,
schwer, mit hohen zylindrischen Säulenpfeilern im mächtigen
Schiff. Leider hat man ihm nachträglich angevinische Rippengewölbe eingezogen und das Geheimnisvolle poitevinischen
Bauens preisgegeben; nacktes Licht strömt durch die neuen
Obergadenfenster ins Schiff und rückt die auf Distanz berech-
neten, grobgeschlagenen Kapitelle in eine Beleuchtung, die ihnen wenig bekommt. Paarweise auf den Arkadenzwickeln an-
gebrachte Figuren wirken sogar wie naive Volkskunst von den
Calvaires der Bretagne. Gewiß, der Chor besitzt einige Dinge
von Reiz. In einer Rundbogennische steht das Grabmal dessen,
der die Kirche erbaute, des Petrus a Fonte Salubri oder Pierre de
Sainte-Fontaine, Reformators der Abtei, der hier seit 1096 gewirkt hat. Auch ein romanischer Altar mit Christus nebst vier
ausgedarbten Heiligendarstellungen findet sich an.

Aber das Wesentliche dieser Kirche bedeutet es nicht. Das
bleibt die harte und dinglich emporfahrende Fassade vor einem
Narthex, den im Poitou sonst nur Maillezais und Charroux
besaßen. Manche Kunsthistoriker nennen sie ob ihres Mangels
an Symmetrie rundweg chaotisch. In der Tat, sie ist unregelmä-
ßig, auf Quergalerien wird völlig verzichtet, und die Bögen der
tief eingemuldeten Nischen schmückt nur eine Borte von Blatt-

werk. Außerdem ist das Mittelportal mehr als gewöhnlich ge-
wölbt, daher stößt das darüber liegende große Fenster hoch in
den Giebel vor. Immerhin geht von den Nischen links und
rechts der Durchbrüche etwas eigentümlich Zwingendes aus,
und weil der Fassade zusätzlich stützende Widerlager vorgelegt
sind, besitzt sie eine ungewöhnlich raumgreifende Kraft, die aus
der Mauerfläche ein plastisches Gebilde macht. Einmal, als in
den Nischen noch Reiterbildwerke standen, von denen man nur
noch Reste erkennt, dürfte der Eindruck völlig anders gewesen
sein. Fragt man sich gar nach dem inneren Auftrag dieser Fassade – sie offenbart noch heute einen Wesenszug der Chabi-
chous. Sie ist knochig, eckig, gelegentlich ungereimt, aber voll
Erdenstärke. Dies also das zweite Erlebnis des Tages. Das dritte
war Saint-Jouin-de-Marnes, wo alles, was eben noch derb vor
den Augen stand, von einer inneren Erhebung durchwaltet
wird, die selbst im Jahrhundert einer ins Visionäre gesteigerten
Architektur nur Auserwählten erreichbar war.

Das Poitou ist, was die Natur angeht, nicht eben ein Reiseland.
Endlos folgen die Erdbuckel, die Wiesen und Ackerhügel einander, von Hecken und kleinen Baumschlägen durchzogen. Zwar,
die Heidestücke bedeuten den Kaninchen ein Paradies, in Rü-
ben und Raps wohnen Hase, Fasan und Wachtel, kurz alles,
was die Weite der singenden Winde liebt. Doch damit erschöp-
fen sich die Reize der Landschaft. Dazu war es zur Stunde
immer noch heiß, das Vieh stand mürrisch auf kahl gefressenen
Koppeln und brüllte klagend gegen die Horizonte. Allein, grade
die sengende Glut verlieh dem Bauernland eine epische Größe,
die von Härte, Not und Schicksal. In dieser Nutzregion ragt die
Kirche von *Saint-Jouin-de-Marnes* plötzlich auf wie eine gewaltige Himmelsarche. Nicht gleich jener, die Noah gerettet hat,
sondern wie eine, die hier anlandete, um den Menschen eine
Botschaft zu bringen.

Der Historie nach war Jovinus, ihr Namenspatron, ein
Mann des 4. Jahrhunderts und stammte aus der ›Gens Ma-
xima‹, vielleicht einer Familie hohen Ansehens. Die Abtei, die er
im Wunsch nach einem gemeinsamen Leben mit Glaubensbrü-
dern an dieser, Ension geheißenen Stelle gründete, gilt nach
Ligugé als die älteste Frankreichs. Kurz vor der Entstehung von

Airvault, nämlich 1095, begann ein Mönch Raoul, nachmals
Abt, mit dem Neubau der heutigen Klosterkirche, um die später
ein riesiger Komplex von Konventsbauten, Höfen, Kellern und
Ställen wuchs, eingeschlossen eine uralte Scheune, die es noch
immer gibt. Bei genauerem Zusehen erweist sie sich als das
ursprüngliche Kirchlein von Ension. Außer diesem Gemäuer
und etlichen Wohntrakten blieb von der Klosteranlage nur das
mächtige Gotteshaus übrig, dem man, ähnlich Airvault, nachträglich ›Plantagenet‹-Gewölbe eingezogen hat. Zum Glück un-
terließ man es, die neu entstandenen Hochwände mit Oberga-
denfenstern zu durchbrechen; daher bietet der Innenraum von
Saint-Jouin-de-Marnes heute noch immer das Bild erhabener
Feierlichkeit. Nichts stört.

Äußerlich läßt sich die Kirche am besten aus drei Blickwin-
keln betrachten. Zuerst von Norden, vom Platz des alten Ension aus. Da gleitet das Auge entzückt über den herrlichen Aufbau der Choranlage mit dem mächtigen Vierungsturm. Den
anderen Blick sollte man vom Garten hinter dem Chor auf die
schmalen, reich dekorierten Blendarkaden der Apsiden nehmen, welche die Reste des Kirchenheiligen bergen. Sie verleihen
dieser Partie das Gepräge eines kostbaren Reliquienschreins.
Um den dritten Blick, den auf die Fassade zu tun, stellt man sich
einfach an die Kurve der vorüberführenden Straße. Er gewährt
dem Betrachter, der zur Versenkung gewillt ist, ein Erlebnis
besonderer Art. Denn er umfaßt die Schauwand mit dem Dreiecksgiebel und den Tourelles sowie ihren durchbrochenen Hel-
men – sie haben einmal als Fanal oder Leuchtfeuer gedient –
mit einem einzigen Blick wie eine Ikone.

Bewunderung ist am Platz. Ob des Adels der Formen, des
plakettenhaft, oft in geometrischen Bändern aufgesetzten Figu-
renschmucks und wegen einer vollkommenen Harmonie. Was
überrascht, die Gliederung ähnelt der von Airvault, nur daß
hier alles, was dort einen derben Zugriff verrät, von benedikti-
nischer Geistigkeit durchtränkt wird. Nicht zuletzt, weil die
Plastik auf den Mauerflächen ein wahres Glaubenstheater zelebriert. Zuoberst auf dem Giebel thront der Herr vor dem
Kreuz; gleichsam zur Legitimation weist er seine durchbohrten
Hände vor. Schon setzen die Engel des Gerichtes an seiner Seite
die Tuba an ihre Lippen. Zwei gleichseitige Triangel links und

rechts bekunden, daß Christus hier als Inbegriff der Dreieinigkeit auftritt. Noch etwas anderes wirkt erstaunlich. Unter seinen Füßen steht die Gottesmutter, höfisch gewandet. Das will
sagen, sie ist Mittlerin und Siegerin zugleich. Von beiden Seiten
wandern ihr die Menschen auf ihrem Marsch in die Ewigkeit
entgegen. Warum aber sind sie als Wallfahrer mit Wanderstä-
ben wiedergegeben? Nebenbei gesagt, es ist eine der schönsten
Pilgerdarstellungen, die ich kenne. – Eine frühere Zeit hat in
diesem Szenarium ein Abbild des Weltgerichtes erkennen wollen. Aber handelt es sich wirklich darum? Wo sind die Höllen-
symbole, die Verdammten, wo befindet sich der Seelenwäger
Sankt Michael? In Wirklichkeit ist hier ein Vorgang von äußerster Subtilität Gestalt geworden. Die ›Parusie‹ oder die schon
vom Urchristentum erwartete Wiederkehr des erhöhten Herrn,
der eben im Begriff steht, das Endzeitgeschehen zu eröffnen.
Zweifellos, eine Themenstellung von mystischer Tiefe. Das
Wunderbare bleibt, der Bildhauer hat es getreu, Nuance um
Nuance nachvollzogen.

Dann freilich darf er seiner Phantasie freie Zügel geben. Auf
den Reliefbildern über den Kapitellen der Stützpfeiler läßt er
seinen Kaiser Konstantin im vollen Galopp einhersprengen,
Samsons Kampf mit dem Löwen wird zur dramatischen Auseinandersetzung. Beides Symbole Christi, der ›die Kirche befreit‹. Um das Mittelfenster gruppiert er feierlich Heilige und
Apostel; darunter findet freilich auch eine Verkündigungsgruppe Platz, und hier ist ihm etwas gelungen, das sein Werk
zum Rang hoher Kunst erhebt. Gabriel, der Engel des Auf-
gangs, erscheint der spinnenden Jungfrau, wobei sie erschreckt
ihren Rocken fallen läßt. Eine Szene voll tänzerischen Schwun-
ges, wie er der romanischen Skulptur um 1120 eigen war: Begegnung, Abwehr, keimende Bereitschaft, alles drängt sich in
eine Gebärde zusammen, ist ein für alle Male gesagt. Daß hoch
auf der rechten Seite auch eine Luxuria zu sehen ist? Eine Warnung vor wollüstigem Leben durfte auf der Fassade einer
Mönchskirche nicht fehlen. Darunter aber in den Bauerngestal-
ten erkennt man noch einmal, wie dem Künstler ums Herz ist;
gebückt keuchen sie unter der Last auf ihrem Rücken einher.
Das irdische Leben auf den Äckern der Mühsal ist schwer; in
Himmelshöhen, hat man zu folgern, wird es einst anders sein.

Abermals tiefer, die Kapitelle, Archivolten und Schmuck-
borten. Jetzt schöpft der Bildhauer aus dem vollen; man merkt
ihm deutlich seine Freude der Erfindung an. Da gibt es Löwen
mit doppelten Körpern, hocken Affen, recken Drachen drohend
die Flügel empor, wandern Steinböcke, Vögel mit Menschen-
köpfen, äsende Hirsche über die Szene. Es ist alles da, was den
unterschwellig-symbolischen Bereich der Vorstellung durchgei-
stert. Aber weil unser Meister ein wirklicher Künstler ist, läßt er
Ökonomie walten; alles wird sorgsam verteilt. Nie tut er zuviel.
Vor allem muß freie Mauerfläche übrigbleiben, um die Bildwerke, eingeschlossen die Monatsarbeiten auf den Archivolten
des Mittelportals, zur Geltung zu bringen. Sie sind unendlich
wichtig, denn auch, was die Menschen in dieser Landschaft
beschäftigt, muß seinen Platz haben. – Man wird es sich eingestehen, diese Fassade ist nicht dekoriert, sondern inspiriert.

Früher, als man noch durch einen schmalen Gang um den
Chor der Kirche wandern konnte, besuchte ich, so oft ich wiederkehrte, dort hinten eine alte Bekannte, eine Kröte, die ein
kleines Mauerloch am Fuß der Mittelapsis behauste. Ringsum
machte einiges, dem Sockel entsprossenes Grün ihren Aufenthaltsort behaglich. Manchmal habe ich mich gefragt, ob es eigentlich immer dieselbe war. Ich blickte sie an, sie blinzelte
zurück und schien völlig furchtlos. Meine Schwäche für diese
rätselvollen Geschöpfe sei eingestanden und auch, daß mich
etwas bei ihrem Anblick bewegte. Bestand nicht ihr ganzes Dasein darin, zu warten, daß ein Regen die Schnecken aus den
Mauerritzen lockte und ihr den Tisch deckte, damit sie das
Gesetz ihres Lebens erfüllen konnte? Sie hockte da wie ihre
Vorfahren vor tausend oder auch hunderttausend Jahren, während der Mensch über die Erde stürmte, zum Mond flog oder
seine Mitbrüder umbrachte. Sie wartete. Sie war die Natur, das
andere, der Gegensatz zu dieser von hoher Geistigkeit erfüllten
Kirche. Aber der gleichen Erde, daran bestand keinerlei Zweifel, gehörten sie beide an.

Übrigens fand ich meine Kröte bei meinem letzten Besuch
nicht wieder. War sie bei der Hitze im Gemäuer wie in einem
Backofen verschmachtet? Etwas betrübt kehrte ich zur Fassade
zurück, um einen Abschiedsblick auf meine Lieblingsbilder
zu werfen. Noch einmal glitten meine Augen empor zur Ver-

kündigungsgruppe, zur Jungfrau-Mittlerin unter dem Herrn, schweiften endlich über die von beiden Seiten heranziehenden Pilger, und diesmal offenbarte es sich mir selbst so deutlich wie nie, weshalb ich der Santiago-Straße folgte. Pilger sind wir von Unruhe erfüllten Menschen alle, bis ... ja, bis zur Stunde der Parusie. Ein französischer Mediävist hat das so ausgedrückt: Im Anfang war der Weg. Saint-Jouin ist einer der großen Meilensteine. Ein weiterer, freilich ganz anders geartet, lag vor uns, Parthenay.

Die Zeit steht still in Parthenay

Die Hindernisse, die das Kalkplateau von Mirebeau und der Granit der Gâtine dem Thouet in den Weg legen, zwingen ihn zu vielen Mäandern, die naturgemäß das Bodengestein hier und dort als Éperons oder Vorgebirge stehen lassen. Auf ihnen haben sich erst die Burgen, dann die Städte des nördlichen Poitou angesiedelt. Thouars ist auf diese Weise entstanden, aber auch *Parthenay*. Um die Jahrtausendwende setzte sich dort eine mit den Lusignan verwandte Familie fest, die der Larchevêque; ihr Château wird 1012 zum ersten Male genannt. Auch hier fand auf dem geräumigen Felsrücken eine kleine Oberstadt Raum, nebst gewundenen Gassen und Gotteshäusern, versteht sich. Es sind Sainte-Croix und Notre-Dame-de-la-Couldre. Die erste diente den Burgherren gleichzeitig als Grablege; man kann die bunt bemalte Liegefigur Guillaumes VII Larchevêque im gotischen Chor noch heute sehen, eines hochgemuten, streitbaren Herrn, der seit 1358 über die Seigneurie von Parthenay gebot und die Spätblüte der Troubadour-Dichtung liebte. Er war es, der den Sänger-Poeten Gouldrette bewog, sich auch episch zu versuchen und die Geschichte seiner Urahne Melusine in Verse zu setzen. Die ›Couldre‹, von der nur noch die Fassade mit ein paar recht verwitterten Figuren steht, gelangte auf andere Weise zu Ruhm. Vor ihr spielte sich eine zwielichtige Episode ab, die dem drohenden Schisma der Kirche ein Ende machte: Man schreibt das Jahr 1135. Vor dem Kirchenportal wartet Guillaume X, Herzog von Aquitanien, Graf des Poitou, mit gesenktem Haupt. Er ist wegen seines Einstehens für den keineswegs unrechtmäßig gewählten Gegenpapst Anaklet II. exkommuniziert und darf das Gotteshaus nicht betreten. Plötzlich er-

scheint, die Monstranz in Händen, der bedeutendste Prälat seiner Epoche, Bernhard von Clairvaux, unter der Kirchentür. Der
Anblick der Hostie trifft den schuldigen Herzog offenbar im
Innersten; er bricht zusammen, liegt erstarrt am Boden. Worauf
der Abt von Clairvaux die Absolution über ihn spricht und der
Aquitanier, durch die Rücknahme des Verdiktes wunderbarlich
zu neuem Leben erweckt, sich erheben kann. Die Neigung zu
symbolischen Gebärden treibt in jenem Zeitalter manchmal
seltsame Blüten. Immerhin, eine tragische, die Christenheit
ganz Europas spaltende Auseinandersetzung ist zu Ende.

Heute ist das genauso vergessen wie die Feudalherrlichkeit
der Seigneurie, und an der Stelle der Befestigungsanlagen auf
der Nordspitze und am Südtor, dem Übergang zur unteren
Stadt, dehnen sich wunderschöne Aussichtsplätze. 1472 wurde
Parthenays Oberstadt gründlich zerstört; die Hugenotten haben die Liquidation vollendet. Der interessanteste Point de vue
ist der zwischen Sainte-Croix und dem Südtor. Nach Westen
blickt man tief ins Tal des Thouet, nach Osten auf die Unterstadt und eine Straße, die Rue de la Vaux-Saint-Jacques, auf der
Jahrhundert um Jahrhundert die Santiago-Pilger von Thouars
herangezogen sind. Parthenay war eine berühmte Etappe des
Weges. Monsieur Poignard, ein Chronist der Stadt, hat in be-
redten Worten davon berichtet. Voraus die Berittenen, hinter
ihnen die Marschkolonne der Fußwanderer mit entrollten, flatternden Fahnen, so kamen sie bei Glockenklang und dem Gesang frommer Hymnen heran. Aber ich nehme ihm diese Lour-
des-Prozession nicht ganz ab. Die Vaux-Saint-Jacques ist mehr
Sträßchen als Straße; zuvor mußte man über eine schmale
Brücke sowie durch ein enges Tor und überhaupt ... erzählen
wir die Geschichte daher auf unsere Weise, wobei mir erlaubt
sei, aus gegebenem Anlaß, diesmal von Pilgern einer späteren
Zeit zu berichten.

Doch eine Bemerkung zuvor! Parthenays Name war für
sämtliche Santiago-Fahrer ein Begriff, gleichgültig auf welcher
Route sie durch den Kontinent zogen. Denn von hier stammte
der Verfasser eines weit bekannten Pilgerführers. Er schilderte
die Hauptwege durch Aquitanien und Spanien, nannte die zu
querenden Flüsse, beschrieb die Landesbewohner und zählte
Wasserstellen so gut auf wie Heiligtümer, die der Pilger zu

besuchen hatte. Der Autor war Aimery Picaud de Parthenay,
und wenn wir auch nicht ganz genau wissen, wer sich hinter
diesem Namen eigentlich verbarg, ein Vorfahr der Familie Picaud, die noch im 17. Jahrhundert in der Gâtine nachgewiesen
ist, der Kanzler des Papstes Kalixtus II. oder schließlich der
Mönch Olivier d'Asquin, gewiß bleibt, daß er der alten Stadt
am Thouet entstammte. Er hat sein Werk, das eine ungeheure
Bedeutung für die Pilgerfahrt besaß, gegen 1150 verfaßt.

Doch zu den Pilgern zurück! Wenn sie von Norden, staub-
umwabert und mit dursttrockenen Kehlen, in der heutigen Vorstadt Saint-Paul anlangten, machten sie am Tor der Maison-
Dieu, einer Rast- und Krankenstation am jenseitigen Thouet-
Ufer, halt. Die zugehörige alte Kapelle, ein ganz einfacher Bau
mit einem Rippengewölbe im Chor, steht noch heute. Hier lieferten die Jacquaires ihre Kranken ab. Darauf aber wanderten
sie fraglos zuerst an den nahen Fluß, um sich zu waschen. Was
sie sahen, war eindrucksvoll. Rechts im Hintergrund ragten die
Burg, einige Kirchturmspitzen und endlich der Belfried des Süd-
tores auf, der Uhrturm unserer Tage. Im Vordergrund aber hob
sich eine viele Meter hohe, turmbewehrte Stadtmauer mit einem mächtigen Tor direkt vor ihrer Nase, der Porte Saint-Jacques jenseits der Thouet-Brücke. König Jean sans Terre Plantagenet hat die Befestigungen, welche die gesamte Stadt und den
Burgberg umrankten, seit 1202 anlegen lassen. Von der Mauer
und ihren Türmen sind nur noch Reste erhalten und zumeist in
den Wänden der Kleinbürgerhäuser verbaut, die sich samt ihren
Gärtchen an den Fluß drängen. Die Porte Saint-Jacques ist indessen restauriert und sieht aus wie zu Zeiten der Pilger. Walter
Scott hätte seine Freude gehabt; wirklich, ihr Anblick gehört zu
den großen Erlebnissen einer Aquitanien-Fahrt. Zwei fast rund
wirkende Türme mit einer Courtine oder Mauerschärpe dazwischen und einem Durchlaß fahren in überaus eleganter Schlank-
heit empor. Macht nichts, daß ihre Zinnenkrone erst im
14. Jahrhundert entstand. Die gotische Baugesinnung merkt
man dem Bollwerk ohnehin an. Der Durchlaß, das eigentliche
Stadttor unter seinem unmerklich angeknickten Bogen, ließ sich
natürlich einst durch ein Fallgatter sperren. Ob die Anlage
wirklich ein Meisterstück der Militärtechnik war? Kann sein.
Vor allem ist sie, wenngleich Stadtarchitektur, ein Inbegriff des

Mittelalters. Doch es kommt noch etwas hinzu. Man denke sich eine schwere Bogenbrücke aus Steinquadern über den Fluß mit seinen Seerosen, der zwischen den bunten Gärtchen hinträumt – nein, es bedarf keiner Phantasie, um sich vorzustellen, wie das einst aussah, als die Jacquaires auf diesem Weg gemessenen Schrittes in die Stadt einzogen.

Auf diese Weise also gelangten die Wallfahrer in die Rue de la Vaux-Saint-Jacques, die Hauptader der Unterstadt. Wer heute über die Brücke geht, glaubt ihre Schritte nachhallen zu hören. Daß sie sich zuerst um Quartier in einer der umliegenden Herbergen kümmerten, scheint mir sicher. Schon um der Schulterlast ledig zu werden; mochte es auch nicht viel sein, immerhin schleppten sie einen Wanderbeutel mit. Erst dann dürften sie den Weg zu einer der Andachtsstätten genommen haben, sei es zur nahen Nikolaus-Kapelle der Weber, sei es, um die Kirchen auf der Burghöhe zu besuchen, wo sie, dem Vernehmen nach, der ›Couldre‹ den Vorzug gaben.

Um dorthin zu gelangen, marschierten sie rund dreihundert Meter gradaus und bogen dann zur Oberstadt hinauf. Dieser uralte Pilgerweg, der ziemlich genau so erhalten blieb, wie er seit dem 14. Jahrhundert aussah, ist es, der den Besuch von Parthenay zum andern Male zu einem Erlebnis, ja ergreifend macht. Man vermag alles noch nachzuvollziehen. Die Kulissen sind die gleichen, über diesen Boden sind die Füße der Pilger geschritten, diese Fachwerkhäuser mit den manchmal leicht vorkragenden Obergeschossen haben ihre Augen gesehen. Gelegentlich entdeckt man noch die vermauerte Spur eines Bogens in den Hauswänden; das war die Auslage eines Ladens. Oder ein alter Fensterstein findet sich an. Man darf getrost ein wenig ins Schwärmen geraten: Vielleicht hat sich einmal jenes junge Mädchen daraus geneigt, von dem das Pilgerlied sang, »A Parthenay y avait une tant belle fille«, um nachzuschaun, wer diesmal herangewandert kam.

Umgekehrt erkannten die Pilger sofort, wer in den Häusern wohnte und was man hier feilbot. Überall waren Gewerbezeichen angebracht, die man freilich heute nicht mehr findet, der Äskulapstab eines Apothekers, das Beil des Metzgers oder eine Maurerkelle. Am häufigsten sahen sie auf Türen oder Fensterstürzen Weberschiffchen eingemeißelt. Denn hier unten hausten

vornehmlich Weber, Tuchhändler und Färber. Parthenay besaß
wegen seiner Stoffe großen Ruf. Die Werkstätten befanden sich
nach Monsieur Poignard im Obergeschoß der Häuser, aber für
Färbarbeiten, zu denen man doch Bottiche brauchte, kann die
Angabe des Raumes kaum zutreffen. Was hier gefertigt wurde,
ist noch genau bekannt. Die einfachen Tuchballen nannte man
›Pinchinat‹, aber es wurden auch feinere Stoffe gewebt wie der
aus Wolle, Baumwolle und Seide gemischte ›Droguet‹ oder gar
der ›Kalmouk‹ oder die ›Espagnolettes‹. So nach dem kalmücki-
schen oder spanischen Ursprung der Tuchart geheißen. Selbstverständlich lieferte man auch Barchent und Serge und schließlich Beiderwand, kurz viele jener Textilien, die man zur Zeit der
letzten Plantagenet trug. Man übte das Gewerbe in Parthenay
übrigens schon seit dem letzten Viertel des 11. Jahrhunderts.
Auch die Pilger früherer Zeiten hatten hier also schon Weber
vorgefunden.

Warum hier davon so ausführlich berichtet wird? Die Textilien spielten für die Pilgerfahrt eine gewisse Rolle. Die Tuchhändler gaben ihre Ballen gern den Santiago-Wanderern auf die
Märkte von Niort oder Fontenay mit; die Ärmeren konnten
sich auf diese Weise einen Zehrgroschen verdienen. Unbekannt
allerdings bleibt, unter welchen Kautelen dies geschah. Manche
der Jacquaires zogen daher ziemlich bepackt über die Höhe
nach Süden, wenn sie Parthenay wieder verließen. Freilich hielten sie anderthalb Kilometer weiter an der Abtei Saint-Pierre
von Parthenay-le-Vieux schon wieder an. Die Klosteranlagen
sind bis auf wenige Spuren verschwunden, aber die Kirche blieb
völlig erhalten. Samt dem Oktogon-Turm und der hergebrachten Fassade. Einige Darstellungen darauf dürften den Pilgern zu
denken gegeben haben. In zwei der üblichen Nischen sieht man
Samson mit dem Löwen kämpfen und eine Reiterfigur. Diesmal
handelt es sich nicht um Symbole der befreiten Kirche. Vielmehr stellt das zweite Bildwerk einen der Herren de Larchevêque mit seinem Jagdfalken dar, und das erste war als Siegel
seines geistlichen Bruders zu verstehen. Es sollte besagen, daß
beide Herren sich hier symbolisch zu der Aufgabe bekannten,
für die Verteidigung des Christentums einzustehn. Auch auf
den Archivolten des Mittelportals findet sich Merkwürdiges.
Dort reihen sich lauter Frauenfigürchen in Badeküpen oder

Brunnenmündern nebeneinander. Nicht nur die Tradition will
es so, sondern auch Monsieur le Curé von Saint-Pierre behauptet, es handle sich bei dem Rätselbild um die Fee Melusine,
deren wir freilich erst viel später, nämlich in Lusignan zu gedenken haben ...

Es besaß für mich manches Rätsel, dieses Parthenay. Nachmittags, wenn die Tagesarbeit des Umherwanderns, Aufspürens
und Betrachtens getan war, grübelte ich meist im ›Café‹ neben
der Porte Saint-Jacques darüber nach, einem uralten, reich mit
Blumen behängten Fachwerkhaus. Mir zu Füßen spielte ein al-
lerliebstes Wollknäuel, das Hündchen Noisette, und es machte
mir bald nichts mehr aus, daß diese Kneipe armseliger als jede
andere war, die ich kannte. Mancherlei befand sich in befremd-
lichem Zustand. Aber Madame, die das Haus besorgte, konnte
so herzlich lachen, und der Bric-à-brac kümmerte sie genausowenig wie die Spinnweben. Abends jedoch, wenn ich zu meinem Quartier in der Neustadt wollte, lief ich zuerst bis zur
Pilgerkapelle in der Vorstadt Saint-Paul zurück, um sodann
über die Brücke und durch das Tor in die Rue de la Vaux-Saint-
Jacques einzuziehn. Nichts rührte sich, höchstens eine Katze
schlich über die Straße. Die Zeit stand still in Parthenay, und da
war es mir jedesmal, als wanderten im Schein der wenigen alten
Laternen an den Hauswänden die Schatten der Jacquaires mit.

Der tanzende Gott von Saint-Savin

Nicht nur Parthenay, das gesamte Poitou ist vom Geist der
Pilgerstraßen geprägt. Manchmal bricht eine unterschwellige
Glut so elementar wie Lava hervor, in seltenen Augenblicken
jedoch kristallisiert sie zu Bildern von ergreifender Schönheit
aus. Da ist *Saint-Savin* im Tal der Gartempe ostwärts von Poitiers. Das Leben der Menschen scheint in ewigem Frieden hin-
zudämmern; gäbe es nicht die Märkte und schwänge sich nicht
die Straße von Châteauroux nach Westen durch den Ort, man
könnte denken, ihm sei die Nachtmütze auf den Ohren festge-
wachsen. Aber das täuscht. Hinter der uralten Bogenbrücke
über den Fluß ragt mit nadelspitz emporstechendem Fassaden-
turm aus gotischer Zeit eine mächtige Kirche des 11. Jahrhunderts auf, Rest eines befestigten Klosters, das sich der Reform

Benedikts von Anian verschrieben hatte. Schreitet man in diesem Bauwerk sieben Stufen in den Porche, die Vorhalle, hinab und sodann fünf weitere Stufen ins Schiff, steht man einem der großen Ereignisse des Landes gegenüber. Hier hat die romanische Malerei Frankreichs ihre Sternstunde erlebt.

Bereits der Porche, zugleich Bodengeschoß des Turmes wie Eingangshalle, wird von Wandbildern überfangen; auch das Gewölbe des Mittelschiffs ist damit bedeckt, ein Bildersaal von mehr als sechzig Metern Länge. Sie überziehen ebenso die obere Krypta, und schließlich gibt es noch, einmal als Krönung der Zyklen gedacht, die leider erloschenen, kaum identifizierbaren Malereien der sogenannten Tribüne oder Empore mit den Themen der Heilsgeschichte, insbesondere der Kreuzabnahme. Es bleibt, nebenbei gesagt, ein Wunder, daß die übrigen Kunstwerke vom Ende des 11. Jahrhunderts einigermaßen heil auf uns gekommen sind. Ihre Entdeckung und Restaurierung ist zum guten Teil einem Literaten des vorigen Jahrhunderts zu verdanken, Prosper Mérimée, dem Dichter der ›Carmen‹, der soviel für die romanische Kunst Frankreichs getan hat.

Am 31. Juli 1834 machte er sich als Generalinspekteur der historischen Monumente auf die erste seiner jahrelang wiederholten Studienfahrten, deren Resultate er, in Gestalt seiner Berichte an den Innenminister Thiers, 1845 in einem dickleibigen Band ›Notes de Voyages‹, Reisenotizen, der Öffentlichkeit vorlegte. Durch das ganze Land lief damals eine Welle von Begeisterung für die mittelalterliche Vergangenheit. Mérimée brachte als Sohn eines Malers geschärfte Sinne für seine Aufgabe mit, aber ein Experte war er nicht, was ihm manche Anfeindung eintrug. Victor Hugo sollte ihn sogar spöttisch-verächtlich »notre maître de tout« nennen, was man am besten mit ›Tausendsassa‹ übersetzt. Heute sieht sich das anders an. Wer die Notizen Mérimées nachliest, wird seine Gutachten, durch die der Zauber erster Begegnungen weht, bewundern. Sie haben die wissenschaftliche Arbeit ganzer Generationen inspiriert, und Saint-Savin verdankt ihm sogar die Rettung.

Gegründet, wie man den vielschichtigen Vorgang sehr summarisch umschreibt, hatte die Abtei Saint-Savin an der Gartempe Karl der Große. Um die Mitte des 11. Jahrhunderts begannen die Mönche mit einem Neubau der Kirche, die von

II DER TURMBAU ZU BABEL,

Detail aus den romanischen Gewölbemalereien
des 12. Jahrhunderts
von Saint-Savin-sur-Gartempe,
den frühesten Frankreichs.
(Siehe auch Seiten 106 ff.)

Anfang an für eine Ausmalung bestimmt war. Das will sagen, die Bildwerke wurden vom Architekten mitgedacht und der uns heute so elegant anmutende Innenraum mit dem herrlichen Durchblick zum Chor entsprechend angelegt. Der Baumeister folgte zwar genau dem Kanon poitevinischer Architektur, in der das Mittelschiff keine Fenster besitzt, aber er zog ihm sehr hohe, sehr schlanke Pfeiler ein und bemaß die Scheidewand zu den Nebenschiffen äußerst knapp. Sie besteht eigentlich nur aus den Arkaden, die von einem Kapitell zum andern springen. Dadurch vermochte von den Seiten hinreichend Licht einzuströmen. Vermutlich war ursprünglich der ganze Innenraum, eingeschlossen Wände und Querschiff, ausgemalt. Was nach den Zerstörungen der Jahrhunderte übrig ist, bleibt immer noch überwältigend.

Es ging den Mönchen des 11. Jahrhunderts um nichts Geringeres als die Darstellung des Alten und Neuen Bundes oder die Konkordanz zwischen Gott und den Menschen, und sie haben ihr anspruchsvolles Thema im Sinne einer Epoche wiedergegeben, welche die Bibel und ihre Glaubenswahrheiten buchstabengetreu interpretierte. Wenn es von Henoch, dem geheimnisvollen Alten der Genesis in der Heiligen Schrift, heißt: »Und weil er ein gottgefälliges Leben führte, nahm ihn Gott hinweg«, sah man darin die Andeutung einer Himmelfahrt. Daher reichen auf der Darstellung des Vorgangs die zum Gebet aufgehobenen Hände des Patriarchen in einen Himmelskreis hinein, während der Sturm des Auffahrens die Kleider kräuselt und die Gestalt sich deutlich streckt, als schwebe sie. Man muß mit dieser Anschauungsweise vertraut sein, um die Bildwerke zu verstehn.

Der Fanfarenstoß, mit dem die Bilderzählungen im Porche beginnen, die turbulenten Geschehnisse der Apokalypse hatten mich fasziniert. Die Schilderung der Heuschreckenplage über mir war von ungewöhnlicher Dramatik, der Ton der sechsten Trompete zur Ausrottung der Ruchlosen dröhnte mir gradezu in den Ohren, und während drüben Sankt Michael den Kampf gegen Satanas aufnahm, erschien der Herr in der Glorie über dem Eingangstor als Verkörperung der feierlichen Einsetzungsworte des Neuen Bundes: »Gott aber wird bei den Menschen wohnen, und weder Tod noch Leid sollen künftig Gewalt über sie haben.« Die Maße waren gesetzt, die Betrachtung des Mittelschiffs konnte beginnen.

Dabei allerdings gab es eine unvermutete Schwierigkeit; es ist nicht jedermanns Sache, mit dem Kopf im Nacken, die Augen emporgerichtet, umherzuwandern. Also tat ich es einem jungen Mädchen, einer Kunststudentin, wie sich später herausstellte, nach und legte mich von Fall zu Fall rücklings auf eine der Bänke. Über das Gewölbe wallen breite Bilderstreifen der Vierung entgegen; eine Trennleiste scheidet sie in eine nördliche und eine südliche Hälfte, von denen jede wiederum aus zwei Bändern besteht, einem oberen und einem unteren. Anfänglich ist dieses Gewölbe obendrein durch drei Jochbögen quergeteilt, bildet hier also einen Sonderbereich, in dessen Nordteil auf zwei parallelen Bahnen die Schöpfungsgeschichte erzählt wird mit einer köstlichen Szene darunter: Gott erschafft die Gestirne, wobei Sonne und Mond seiner Hand so leicht wie gasgefüllte Ballons entschweben.

Hinter dem dritten Joch freilich überkam mich Ratlosigkeit. Wo anfangen, wohin sich wenden? Die junge Französin mochte meine Nöte gemerkt haben, jedenfalls bot sie Hilfe an. Oh, sie wußte Bescheid, wie man es machte! Daher sind wir von hier an gemeinsam weitergezogen. Es entwickelte sich eine jener reizenden Zufallsbekanntschaften daraus, wie man sie oft in Frankreich erlebt. »Zuerst kommt das obere Band an die Reihe«, entschied sie. Tatsächlich, da war das Opfer Kains und Abels zu sehen, wie es sich gehörte, nun Kains Verfluchung, dann die Geschichte Noahs. Aber die Maler waren mit dem Platz bis zur Vierung nicht ausgekommen; dort angelangt, wandte ich mich also, im Bannkreis geheimer Sympathie, gehorsam um und folgte nun, rückwärts sozusagen, mit den Augen dem oberen Band der Südhälfte in Richtung des Porche, um das Ende des Noah-Berichtes zu betrachten, bis – »voyez-donc!« – der Turmbau von Babel erschien. Meiner Mentorin tat es das rhythmisch bewegte Menschengewühl an, mir hingegen, ein wenig weiter, die Begegnung des Erzvaters Abraham mit Melchisedek, dem Priester des lebendigen Gottes. Schon befanden wir uns erneut am Porche, wo zum zweiten Mal der Vormarsch zur Vierung anhob. Die Augen diesmal auf das südliche untere Band mit der Schilderung von Abrahams Tod und der Josefslegende gerichtet, sind wir am Ende gemeinsam durch die Vierung zum nördlichen Seitenschiff hinüber- und bis zum dritten Joch zurückgewandert, um nunmehr, nach einer Kehrtwende in Altarrichtung, das untere Band, die Geschichte des Moses bis zur Übergabe der Gesetzestafeln am Berge Sinai nachzuvollziehn. Damit war der Kreis vom Sündenfall bis zum Alten Bunde geschlossen und der innere Auftrag der Schrift erfüllt, besser gesagt, der von Genesis und Exodus.

Aus der Führung war längst ein Gespräch geworden, das zwei weitere Stunden dauerte, und einmal sagte meine – wieso denn meine? – Studentin ein Wort, das mich aufhorchen ließ: »Wenn man im Beton-Elend der Städte aufgewachsen ist, Monsieur, wo soll man die nötige Lebenszuversicht hernehmen, wenn nicht aus den Bildern der romanischen Zeit? Da ist doch der große Einklang von Erde und Himmel zu spüren, oder warum hat man das hier gemalt?« Das waren schwerwiegende Gedanken für ein so anmutiges Köpfchen, aber weiß Gott, daß sie recht hatte! Ja, es wurden Existenzfragen entschieden. »Ich glaube«, fuhr sie dann leichthin fort, »ich werde Sie etwas belohnen. Sie haben die Lektion brav absolviert, jetzt sollen Sie meine Lieblinge sehn.« Und ich sah, ich erkannte sie, zwar mit eigenen Augen, aber doch durch ihre Worte: wie köstlich diese Schilderung von Noahs Arche – die Vierfüßler in der Untergalerie, die Familie im Obergeschoß des Hausbootes! Oder mit welcher Kühnheit ›Noahs Trunkenheit‹ dargestellt war, auf der der berauscht eingeschlafene Patriarch entblößt vor den Augen der Söhne liegt. Cham, Urahne der Kanaaniter, betrachtete ihn mit frivoler Gebärde; Sem und Japhet aber bedeckten den Vater in besorgter Dezenz. Es ist eines der am besten erhaltenen Bildwerke, aber ... verstohlen blickte ich meine Führerin an, sie jedoch betrachtete es mit vergnügter Unbefangenheit und genoß, wie ich selber, jene geheime Schalkhaftigkeit, die beim Maler mitgespielt haben mochte. Es gab andere, von ihr hochgeschätzte Szenen, so den ›Zug durch das Rote Meer‹, die ›Befreiung Lots‹, und ich mußte ihr zustimmen, das war mit prachtvoller Wucht gemalt und doch von solcher Einheitlichkeit, als seien die Bilder allesamt von ein und demselben Künstler entworfen. Bewies manche Darstellung wie ›Isaaks Opferung‹ nicht zudem, daß sich Fäden durch das Gesamtwerk spannen und es in diesem Zyklus Steigerungen, ja Höhepunkte gab? Denn was anders bedeuteten sie als einen Hinweis auf den Neuen Bund der Empore? »Préfiguration«, meinte meine Studentin ganz nebenbei, als sei die sublime Erkenntnis gar nichts Besonderes.

Hatte sie unsern Weg unmerklich dahin gelenkt? Wir standen plötzlich wieder unter dem ersten Bande; über uns war Noah eben der Arche entstiegen und näherte sich voll Demut dem Herrn; der aber forderte den Erzvater mit entschieden-schwungvoller Armbewegung auf, sich wieder auf Erden heimisch zu machen. Es war der berühmte ›Beau Dieu von Saint-Savin‹. »Er ist groß wie ein Riese«, warf ich ein. »Er ist die Schlüsselfigur des Ganzen. Daher schweben seine Füße über dem Boden, sie tanzen. Tanzen nicht auch die Engel, die den Zug der Hebräer durchs Rote Meer geleiten, über die Erde? Das Himmlische besitzt keine Schwere. Um das wieder einmal zu sehen, komme ich manchmal nach Saint-Savin«, fuhr sie leise, beinahe im Selbstgespräch fort. »Die Menschen von damals wollten über sich selbst hinaus, das ist doch deutlich. Sie hatten kein gutes Leben, genausowenig wie wir, und dennoch wollten sie es.« »Wollen Sie es nicht auch?« fragte ich zurück. Einen Augenblick stutzte sie. »Jetzt möchten Sie etwas über meine Person erfahren und mich zu einem Geständnis verleiten. Da gehe ich lieber«, sie lachte, »à bientôt! Vielleicht habe ich zuviel geredet, aber hier gerate ich immer ins Schwätzen. Wenn man sich zufällig wiederbegegnet, dürfen Sie mich zum Essen einladen.« Sie nickte noch einmal, und meine seltsame Beatrice, die mich durch dieses Empyreum geleitet hatte, verschwand. Leider, ich habe sie nie einladen können. Immerhin, es war eine verblüffende, aber auch die liebenswürdigste meiner Reisebekanntschaften, und ich habe die leuchtenden Augen der Studentin unter dem Beau Dieu nie vergessen. »Er ist die Schlüsselfigur von allem.« Das traf es.

Für mich war der Orbis Pictus von Saint-Savin freilich noch nicht zu Ende. Die große Antwort auf den Alten Bund im Schiff durch die Stiftung des Neuen Bundes auf der Empore, will sagen durch Christi Tod, sie, leider, war nur noch gedanklich nachzuerleben. Aber die Fresken der Krypta mit den Martyrien des Savinius und Cyprianus, von denen der erste der Kirche den

Namen gab, konnte man sehn, prall und höchst dinglich sogar.
Die Legende, so oft voller Hinweis, besitzt bei den beiden einige
Ungereimtheit. Nach ihr sind die Brüder des 5. Jahrhunderts als
Glaubensverfolgte aus Mazedonien geflohen. An der Gartempe
holten ihre Henker sie ein und brachten sie um. Der Tradition
zufolge wurden die Gräber im 10. Jahrhundert entdeckt, und da
man von ihrem Leben so gar nichts wußte, unterstellte man
ihnen die Passion anderer Heiliger, des Saint Germain von Au-
xerre und Saint Savinien von Troyes. Es sind die in der Krypta
dargestellten Martyrien. Den Vergleich mit den Malereien des
Schiffes bestehen sie nicht. Mit Ausnahme etlicher Heiligenbilder, die Verwandtschaft mit den Fresken der Felsenkrypta im
nahen Montmorillon bekunden.

Dann nahm auch ich Abschied von Saint-Savin, der lichten
Schönheit seiner Malereien in Ockergelb, Ockerrot oder Grün
und der tänzerischen Pose des Beau Dieu. Noch einmal grüßte
ich zur hieratisch-feierlichen Jungfrau-Pförtnerin des 12. Jahrhunderts auf dem Fresko über dem Ausgang zum Porche hinauf, mit dem Gelöbnis, wiederzukehren. Denn in Saint-Savin
habe ich das Poitou und Aquitanien von einer ganz neuen Seite
kennengelernt, seiner luziden.

Chor der Dämonen in Chauvigny

Wenig weiter nur, vier knappe Wanderstunden auf Poitiers,
nach Westen zu, bricht das, was ich die Lava nannte, das Unterschwellige, aus dem Nachtbereich der mittelalterlichen Seele
mit Höllenkräften hervor. *Chauvigny* ist ein sehr französischer
Ort mit einer Hauptstraße, die Tag und Nacht von Lärm und
Verkehr erzittert, und ausgestorbenen Nebensträßchen. Ich
hatte dort schöne Tage der Sammlung und des Schreibens in
einem abseits gelegenen Hotel, meist in einem von Rosen über-
schütteten Garten zugebracht. Von der nahen Vienne wehte
Kühlung. Doch es sei eingestanden, was mich wirklich festhielt,
war Saint-Pierre mit der Schwarzen Messe seiner Dämonen,
oder wie soll man es nennen? Täglich stieg ich vom Tal zur
alten Oberstadt zwischen ihren zerfallenden Burggemäuern,
dem Donjon, dem Schloß d'Harcourt, dem Château Baronnial.
Ein Platz für romantische Seelen, hoch über dem Lande. Auch

die Kirche Saint-Pierre besitzt überaus romantische Teile, nämlich einen herrlichen Außenchor mit stark vorgebuchteten Kapellen, auf ihnen statt der Dächer richtige Brustwehren oder
Parapets mit eingelassenen, grimassierenden Reliefsteinen aus
uralter Zeit. Dazu sehr festliche Blendarkaden um den Sockel
des Chores und das Chorhaupt – wirklich, es ist eine Freude.
Dennoch besucht niemand deswegen die Kirche. Die Anziehungskraft von Chauvigny geht von der Satanie seiner Kapitelle
an den Pfeilern des Chores aus. Niemals zuvor sah ich solche
Freude an Vernichtung, Quälerei und Untergang. So eben, als
feiere das Böse hier eine eigene Messe. Dargestellt in einer
Kraft, die mit Keulen um sich schlägt.

Hier versucht ein Mensch, sich den Löwenklauen eines Dämonen zu entwinden, dort tritt Satanas persönlich auf mit ge-
bleckten Zähnen und geschupptem Leib, in der Hand einen
Altarstein, ein x darauf. Was bedeutet es? Ein häretisches Kreuz
der Katharer, wie man gemeint hat? Drüben kämpft ein Mann
aus zwei am Kopf zusammengewachsenen Leibern mit löwen-
artigen Bestien. Sphingen mit hochgereckten, stilisierten Häl-
sen, aus denen menschengesichtige Köpfe spähen, Adler, die
mit dem Schnabel sündige Menschlein packen, ein Löwenra-
chen, zwischen dessen Gebiß ein Schädel zerkracht, Drachen,
den Hinterleib geringelt, wiederum Löwentiere, diesmal die
Schwänze verschlungen. Alles ist da. Kurz, eine Welt phantastischer Monstren, deren Vorbilder die einen im Orient, dem Iran,
Ägypten oder Chaldäa suchen, während andere vermuten, die
Anregung gehe auf koptische, arabische und byzantinische
Stoffe zurück, und die bildhungrige Phantasie der romanischen
Welt habe sich ihrer auf diese makabre Weise bemächtigt.
Immerhin, hat Jesaias in seiner Prophezeiung vom Untergang
Babylons nicht auch von der furchtbaren Sirene im Palast der
Lüste gesprochen? Galt nicht der Drache Leviathan als Inbe-
griff der Grausamkeit? Kommt der von Löwen angefallene
Mensch nicht schon auf Bronzen aus Luristan vor? Allenthal-
ben Symbole des Bösen! Uralte Motive haben sich in den Ab-
gründen der Phantasie angesiedelt und sind als unholde Dämonen des Grauens und der Vernichtung durch höllische Ungeheuer aus den Tiefen der Volksseele emporgestiegen.

Freilich, es fehlt auch in Chauvigny nicht an Bildern der

Glaubenswelt. Mit erhobenem Kreuz tritt der Engel vor die künftige Gottesmutter, die den Namen Maria im Nimbus eingeschrieben trägt. Auffällig diese Bezeichnungen, wenn jedes Kind, das die Christenlehre besucht hatte, begriff, was hier dargestellt war. ›Pastores‹ sind die Hirten auf dem Felde apostrophiert, ›Michael‹ liest man im Nimbus des Seelenwägers, ›Magna meretrix Babilonia‹ schließlich steht auf dem eigenartigsten der Kapitelle mit einer hieratisch thronenden Figur zu lesen. Das will sagen, die große Hure Babylon, die Stadt des Teufels, wird untergehn, denn schon verkündet der Engel Gabriel durch sein ›Gloria in excelsis Deo‹ den Schäfern auf der Weide die Christgeburt. Es gibt ein Kapitell darunter, das der Menschwerdung Christi mit Verkündigung, Epiphanie und Versuchung, das trotz der Umgebung oder grade durch sie, zuinnerst anrührt. Als ich ihm zum ersten Mal gegenüberstand, fühlte ich mich von seiner simplen Ausdruckssprache nicht nur betroffen, sondern mußte mir sogar eingestehn, diese bäuerliche Gottesmutter war auf ihre Weise anmutig, zumindest sehr romanisch, ja, sie verkörperte ob ihrer tumb-verklärten Einfalt gradezu eine bestimmte Seite dieser vielschichtigen Epoche. – Es gibt eine Frage, die jedem, der dieses gegensätzliche Gesamtwerk, Teufel, Dämonen neben frommer Innerlichkeit, sieht, bald auf den Lippen brennt. Wer war er, der diese Alpträume hier, diese naive Gläubigkeit dort in Stein bannte? Die Kämpferplatte über der Anbetungsszene der Könige gibt eine Antwort. »Gofridus me fecit« – »Gottfried hat mich geschaffen«, steht dort geschrieben.

Der Meister. Welch ein Mensch, in dessen Phantasie sich die abgefeimte Verruchtheit mit soviel naiver Glaubenskraft verband! Man erschrickt vor der Brutalität und Direktheit seiner Sprache und nicht minder vor der Abgründigkeit seiner Dämonen-Kapitelle. Wie vermochte ein Hinterwäldler diese ungeheuren Gegensätze in sich unterzubringen? Es steht doch zu lesen, Chauvigny habe einst im Schoß endloser Forste gelegen. Mir scheint die einzige Antwort, hier war jemand am Werke, der sich einem der Expressionisten unseres Jahrhunderts vergleichen läßt. Was ihn durchbebte, was er dachte und fühlte, gab er bewußt gesteigert und in so elementarer Einfachheit wieder, wie jemand eine drastische Fabel erzählt. Er packt den Beschauer gradezu bei den Ohren und schüttelt ihn: Hast du endlich begriffen? Ändere dich, sonst wird es dir ergehen wie den Unglücklichen in den Klauen Satans. Dennoch bleibt auch dann noch ein Zweifel offen. Wurde diese Kirche nicht von Stiftskanonikern betreut, und muß man daher nicht folgern, solcher Deutlichkeit hätte es kaum bedurft? Wie ich's auch drehte und wandte, das Rätsel blieb.

Die Kapitelle von Chauvigny verkörpern keine hohe Kunst im Sinn des Erlesenen oder gar Schönen. Sie muten an wie aus Lehm oder Brotteig geknetet und sind doch ein Aufschrei. Leider hat irgendein Anstreicher die Konturen mit kräftigen Rotstrichen nachgezogen. Der gesamte Innenraum leidet unter dieser Behandlung. Was der Bildhauer zur Heilsgeschichte aussagt, schwebt daher mehr wie Ahnung über den Kapitellen. Ohne Zweifel jedoch, es ist da. Der Meister war voll der Gewißheit einer Erlösung. Aber das Enigmatische, Unterschwellige, Abseitige, diese beharrlich wiederkehrende Ausschweifung der romanischen Epoche, aus welchen Abgründen stammte das? Die Herkunft von Motiven erklärt doch nichts. Ich nahm es in meinen Gedanken mit, als ich endlich davonzog, und schien meine Frage anfangs unlösbar, bald fand ich doch eine Antwort.

Châtellerault, Gedanken am Straßenrand

Die Rätsel von Chauvigny ließen mir keine Ruhe. Ich war inzwischen nach Châtellerault gelangt, keineswegs allerdings auf direktem Weg, sondern hatte mich zuvor nach Montbazon südlich Tours aufgemacht, um ein letztes Mal den Santiago-Wegen in Richtung Poitiers, diesmal der eigentlichen Grande Route zu folgen. Aber an ihr hatte sich, ungeachtet der in alten Pilgerführern genannten Stationen, keine Wallfahrerspur erhalten, ausgenommen die Aumônerie von *Sainte-Cathérine-de-Fierbois.* Jeanne d'Arc logierte später darin. In *Châtellerault* war das anders. Mochte die Kirche Saint-Jacques auch neuromanisch nachgebaut sein, es gab in ihr eine herrliche, wenn auch nicht sonderlich alte Jakobus-Figur. Mit anderen Worten waren auch hier Jacquaires gewandert, und zwar über die sanfte Vienne und am Schloß vorüber, von dem noch einiges steht. Sodann folgten sie ihrem Weg durch die Altstadt, durch krumme, verschwiegene Gassen, die es immer noch gibt, bis dorthin, wo heute die breiten Boulevards verlaufen. Der schönste davon ist der ›Blossac‹ mit seiner Baumallee auf dem Mittelstreifen, an dem ich nun vor einem der Cafés saß und schrieb. Châtellerault ist trotz des Verkehrs eine behagliche Stadt; wo ich wollte, konnte ich ungestört den Gedanken nachhängen, die mich seit Chauvigny unablässig bewegten.

Von welchem geistigen Zuschnitt waren die Menschen des Mittelalters? Wie hatten sie ihre Tage hingebracht, was empfunden? War ihre Epoche wirklich so finster, wie uns die Anbeter des Fortschritts glauben machen? Zugegeben, die körperlichen Mühsale sind größer gewesen, die Hilfsmittel bescheidener; abwechslungsreich dürfte ihr Dasein ohnehin kaum verlaufen sein. Ihre Umgebung bot wenig Erhebendes. Die Straßen der Städte, so heißt es, lagen voll Schmutz, lichtlos waren die Häuser. Was schließlich die Außenwelt jenseits der Mauern angeht, die wir hochtrabend Natur nennen? Unerschlossen, wie sie noch war, hausten darin gefährliche Tiere, und sie diente recht oft als Versteck von Briganten oder wurde gar zum Schauplatz der Fehden arroganter Herren und Krieger, von denen man sich am besten fernhielt, wollte man nicht am nächsten Baumast enden.

Allein, auch das innere Leben besaß andere Dimensionen. Der Bürger empfand und dachte in Formen der Hergebrachten. Zweifellos wog bei ihm ein Gefühl des Bedrohtseins vor. Sein Verhältnis zu überweltlichen Mächten, wurde es nicht genauso wie sein äußeres Dasein von Autoritäten gesteuert, die mit Verdikt und Kirchenstrafe schnell bei der Hand waren? Dennoch schien es mir falsch anzunehmen, der Mensch hätte damals unglücklicher als heute gelebt. Erlebnis- und Spielräume des Geistes schneidert sich jedes Zeitalter nach eigenen Maßen, und was man nicht weiß, macht nicht heiß, was man nicht kennt, entbehrt man auch nicht. Umgekehrt kultivierte jene Epoche Aufschwünge und Erhebungen seelischer Art, die der Heutige kaum mehr ahnt oder mit Kopfschütteln betrachtet. Nötigt uns nicht die Art und Weise, wie der mittelalterliche Mensch Elend, Siechtum und selbst das Sterben ertrug, Bewunderung ab? Betrachtet man die Kunst sowohl als Lebensspur wie als Steigerung der Daseinsempfindung, rechnet seine Ausdrucksfähigkeit sogar zu einer höheren Ordnung als unsere, und darin lag es! Wollte ich, wie geplant, ein Buch über dieses Aquitanien und seine große Epoche schreiben, mußte ich auch über einen der Nährböden dieser Ausdruckskraft – die dritte Dimension der Menschen von damals gleichsam, sein unterschwelliges Leben – Bescheid wissen.

Zwei Tage später, als ich nach Poitiers unterwegs war und mich bereits eine Stunde südlich von Châtellerault befand – nicht auf der graden Chaussee, sondern auf dem alten Römer- und Pilgerweg des rechten Clain-Ufers – überkam es mich dann wie eine Erkenntnis. Es konnte doch kaum ein Zweifel bestehn, daß es für die erstarrten Fieberschauer, die den Stein romanischer Kirchenfassaden, Kapitelle und Portale durchbeben oder sie zu Tummelplätzen der Chimäre verwandeln, recht greifbare Ursachen gab; sie waren der Widerhall ferner, längst vergessener Stürme.

Um dies zu verstehen, muß man allerdings sehr tief zurücktauchen in längst vergessene Zeiten, jene, mit denen hier alles begonnen hat. Die Stelle, an der ich mich grade befand, bot dazu Anlaß. Irgendwo in der beinahe gesichtslosen Landschaft vor mir, die der Morgendunst halb verhüllte, vermutlich in den Hängen hüben, der Talsenke drüben, wo der Clain in die Vienne strömt, bei *Moussais-la-Bataille* also, trug sich vor mehr als zwölfhundert Jahren ein Ereignis von weltgeschichtlichen Ausmaßen zu. Die berühmte Chronik von Moissac hat darüber berichtet und Gräber aus dem 8. Jahrhundert, die man entdeckte, erhärten die These, daß es sich auf dem rechten Clain-Ufer, unweit der alten Römerstraße, auf der ich entlangzog, zwischen Poitiers und Châtellerault abgespielt hat.

Übrigens, es sei eingestanden, ich schrieb meine Notizen nicht bei meinem ersten Besuch in den heißen Tagen des Juli nieder, sondern als ich wiedergekommen war, im Monat der sterbenden Blätter.

Karl Martell schlägt die Sarazenen bei Poitiers

Ein Samstag am Ende des Oktobers 732. Der aquitanische Herzog Eudes, Regent eines nur dem Namen nach definierbaren Gebietes, das mehr den Vorstellungen einer großen Vergangenheit entspricht als politische Wirklichkeit ist, hat sich vor dem Ansturm einer sarazenischen Armee zurückziehen müssen und den fränkisch-merowingischen Hausmeier Karl Martell zu Hilfe gerufen. Der Feind, der seit 711 Spanien überflutet, ist unter der Führung von Abd-al-Rahman über den Paß von Roncesvalles vorgedrungen, hat Saintes in Asche gelegt, nicht anders Bordeaux, Blaye sowie die Orte an der Gironde-Mündung, und richtet nun seinen Vormarsch nach Norden. Ihn lockt der Reichtum der Martinsabtei in Tours. Der fränkische Hausmeier und Heerführer, Oberbefehlsbaber der vereinigten christlichen Macht, ein Mann um die Mitte der Fünfzig, zögert lange, wo er die Schlacht annehmen soll, und zieht hin und her. Auch der Gegner wartet auf seine Stunde. Beide Seiten wissen, dieses Treffen wird alles entscheiden.

Unterdessen ist eine Woche verstrichen, während es zu kleinen Scharmützeln kam, jedoch beim Abtasten blieb. An diesem Morgen aber entbrennt plötzlich die Schlacht; die arabische Kavallerie setzt zur Attacke gegen die fränkische an. Herzog Eudes, der auf einem der Flügel steht, erkennt den Augenblick der Gefahr, greift zum Horn, um seine Leute zusammenzurufen und bemerkt darüber einen Fehler des Feindes. Die Sarazenen werfen jeden verfügbaren Mann in den Kampf, um die fränkische Hauptmacht niederzureiten, und haben ihr Lager weithin entblößt. Der Aquitanier läßt sich diese Gelegenheit nicht entgehn und gibt seinerseits das Zeichen zum Angriff. Die Überraschung gelingt vollkommen, und während nebenan die Kavalle-

rie erbarmungslos aufeinander eindrischt, stieben die völlig
überraschten arabischen Bedeckungsmannschaften des Lagers
Hals über Kopf davon. Ihre Flucht ist so panisch, daß sie
schließlich das gesamte sarazenische Heer mit sich reißen. Abd-
al-Rahman, der Anführer, fällt. Was von seinen Truppen ent-
kommt, rettet sich nach Narbonne, wo sich eine Garnison der
Muselmanen noch zehn Jahre halten kann, aber die Gefahr ist
gebannt.

– Es war wiederum ein Oktobermorgen, als ich an jener
Stelle bei Moussais-la-Bataille stand, wo sich die Schlacht abgespielt haben dürfte, von der man sagt, durch sie sei das frän-
kisch-merowingische Reich, das aquitanische Herzogtum, ja
Europa gerettet worden. Natürlich war es verlockend, sich das
Dröhnen des Hufschlages, Geschrei und Getümmel vorzustellen, während die herbstlichen Nebelschwaden über dem Grund
lagen. Aber damit konnte es kaum sein Bewenden haben; der
gnadenlose Kampf und Sieg besaß auch für die Gewinner Kehr-
seiten. Karl Martell ist bei der Verfolgung des Gegners weit
nach Süden vorgestoßen in ein blühendes Land; er sollte an der
Dordogne sogar einen festen Platz begründen, heutzutage eine
wunderschöne, alte Stadt, die nach ihm Martel heißt. Warum
richtete er diesen Stützpunkt auf dem Gebiet des Verbündeten
ein?

Der aquitanische Herzog Eudes zog unterdessen gleichfalls
nach Süden, jedoch näher der Küste; er mußte Ordnung in den
verwüsteten Landstrichen schaffen, die unter ihm nicht viel
glückliche Tage gesehen hatten. Überhaupt war er ein glücklo-
ser Mann. Drei Jahre später ist er, einigen Historikern zufolge,
im Martinskloster der Insel Ré gestorben. Nach andern erst
747, nachdem er zugunsten seines Sohnes Hunaud abgedankt
hatte. Seine Aufgabe mag ihm zu schwer geworden sein, denn
statt der Sarazenen hatte er nun die Franken im Land. Mehr als
dreißig Jahre lang sollten seine Nachfolger einen erbitterten
Kampf um ihre Unabhängigkeit führen, während die merowingischen Hausmeier Franziens unaufhaltsam an Macht gewan-
nen und Pipin der Jüngere, fälschlich der Kurze genannt, Karl
Martells Sohn, 751 den fränkischen Königstitel annahm.

Auch in Aquitanien regierte derzeit ein neuer Mann, ein
Mensch von ungewöhnlicher Charakterstärke und Wider-

standskraft, Herzog Waïfre, der wie eine Gestalt der Sage durch die Geschichte geht. Die lange schwelende Auseinandersetzung um den Südwesten Frankreichs war längst zu einem schweren Existenzkampf Aquitaniens geworden. Selbst ein Soldat vom Zuschnitt Waïfres oder Gaiffiers, wie das Quercy ihn nennt, konnte der fränkischen Übermacht nicht mehr Truppen entgegenführen, als er besaß. Aber wiewohl König Pipins Horden in Aquitanien kaum anders hausten, als einst die Sarazenen, und Waïfre immer wieder geschlagen wurde – immer von neuem stieg der Aquitanier in den Sattel, um hier ein paar Freischärler, dort einige Widerstandsgruppen zusammenzuraffen. Er suchte Verbündete, wo er sie fand, und schloß sogar mit dem Bayernherzog Tassilo, einem Neffen Pipins, einen Beistandsvertrag, nachdem er dem König vergeblich Tributzahlungen angeboten hatte, um sein unglückliches Land zu schonen. Alles umsonst!

Doch warum die Treffen, Schach- und Winkelzüge einer wilden Zeit aufzählen, deren Schrecken noch in spätesten Tagen durch die Bildwerke der Kirchen geistern sollten! Waïfre mußte sich im Frühjahr 768 zur Kapitulation von Saintes entschließen. Aber selbst dann resignierte dieses Urbild der auf ihre Selbständigkeit pochenden Herren Aquitaniens nicht. Noch einmal stieg er von seiner Burg von Cénevrières nahe Saint-Cirq-Lapopie über dem Lot-Tal hinab – man kann das Gemäuer noch sehen – und warf sich auf die fränkische Nachhut. Diesmal war es das Ende. Im Walde von Vergt südlich Périgueux hat ihn ein Diener oder Gefährte namens Warathon im Schlaf überfallen und umgebracht. Angeblich setzte man den Leichnam des Herzogs zu Saint-Martial von Limoges in der Tève-le-Duc genannten Tumba der Krypta bei. Aber das trifft nicht zu. Wahrscheinlich ließ man den Toten den wilden Tieren liegen.

König Pipin münzte das Ende des heroischen Gegners auf seine Weise um. Er ließ an der Fassade von Sainte-Croix in Bordeaux ein Bas-Relief anbringen, auf dem man sehen konnte, wie er Waïfre vom Pferde riß. Das Monument dieser frühen Propaganda-Lüge hat sich dort, wie es heißt, bis 1789 befunden. ... War es vielleicht das ursprüngliche Motiv und Vorbild jenes immer wieder an aquitanischen Kirchenfassaden auftretenden Reiterstandbildes mit der kleinen, niedergetretenen Gestalt vor den Pferdehufen? Man deutet solche Bildwerke gern als Konstantins- oder Christusdarstellung mit dem überwundenen Heidentum. Stimmt das indessen? – Dies sozusagen das Vorspiel dessen, was mich angesichts des Schlachtfeldes von Moussais-la-Bataille überkam. Aber natürlich forderte diese Stelle vor den Toren von Poitiers nachdrücklich dazu auf, sich der anderen großen Ereignisse und Gestalten aquitanisch-poitevinischer Geschichte zu erinnern, vor allem der Grafen und Herzöge namens Guillaume, die in diesem Land mit allem, was in der romanischen Zeit gebaut, gedacht und gedichtet wurde, und sogar mit der Pilgerstraße so eng verbunden sind, daß man ohne sie von der Eigenart Aquitaniens nur wenig versteht. Bis hin zu jener großen Frau, deren Abbildern ich schon in Chinon und Fontevrault begegnet war, Königin Aliénor ...

Aquitanien war also karolingisch geworden und hatte seither kaum noch das, was man eine selbständige Geschichte nennt, wenn es auch eigene Könige besaß. Karl der Große, Pipins Sohn, war der erste in dieser Reihe. Doch auf ihn warteten bedeutendere Aufgaben. Daher ließ er seinen erst dreijährigen Sohn Ludwig, später Kaiser Ludwig der Fromme, von Papst Hadrian I. in Rom zum König von Aquitanien krönen. Worauf der Kleine hoch zu Roß, mit Helm und Küraß angetan, durch sein Königreich reiten mußte, um sichtbar davon Besitz zu ergreifen, und dieses Bild, der dreijährige Knirps auf dem hohen Roß in Herrscherpose, scheint mir ein Sinnbild für die Rolle, die Aquitanien während der Folgezeit zufiel.

Ursprünge einer Dynastie

Die karolingische Macht, anfangs ohne ebenbürtige Gegner, geriet nach 875 in schwere Bedrängnis. Skandinavische Räuberhorden zogen in ganzen Truppenverbänden wie dem ›Großen Heer‹ plündernd und mordend durchs Land oder setzten sich auf den Inseln vor der französischen Küste fest. Aber längst vorher, nämlich schon 843, waren diese Normannen oder auch Wikinger von See aus über Nantes hergefallen und hatten die Bevölkerung umgebracht. Ein Jahr später erschienen sie vor Bordeaux und bemächtigten sich im Folgejahr der Insel Noirmoutier vor der Vendée-Küste. Dort brachte man eilig die kostbaren Reliquien des heiligen Philibert in Sicherheit; erst nach jahrzehntelanger Irrfahrt fanden sie im burgundischen Tournus eine neue Heimstatt. Das ging so fort. 845 verwüstete eine Bande die Region der Charente und plünderte Saintes. Damals ist der Graf von Bordeaux, Séguin, umgekommen, als er sich den Piraten entgegenstellte. Kommenden Jahres erschienen sie abermals. Vergeblich eilte König Karl der Kahle zu Hilfe herbei. Wieder nach Jahresfrist sank Bordeaux in Asche. 849 stießen die Normannen gar bis Périgueux vor. Allzu kurz die Zeit der Ruhe! 855 landeten die gefürchteten Boote erneut in der Gironde-Mündung. In den sechziger Jahren kamen Angoulême, Toulouse und Limoges an die Reihe, und 864 mußte man gar von Agen, am Oberlauf der Garonne, die Reliquien der heiligen Fides nach Conques bringen ...

Dies als winziger Einblick in eine Unzahl grauenvoller Ereignisse. Unermeßlich das Leid, unabsehbar die Ruinen, unheilbar der Schaden, den die Piraten hinterließen. Für ihre infernalischen Unternehmen benutzten sie schmale, schnelle Rudersegler, ob des schreckenverbreitenden Drachenkopfes an ihrem Vordersteven Drakkars genannt. Die bösen Erfahrungen, welche die überfallene Bevölkerung mit den Besatzungen dieser Schiffe machte, ließen den Drachen als Inbegriff unholder Mächte in die romanische Kunst eingehen.

An eine Abwehr dieser blitzartigen Überfälle vom fernen Sitz der Krone aus konnte man natürlich nicht denken. Daher gingen die Regionalgebieter, seien es Herzöge, Grafen oder Vizegrafen, daran, das Schicksal ihrer Ländereien selbst in die Hand zu nehmen. Sie legten Schutzstätten und befestigte Plätze an, sogenannte Castra wie zu Niort und Melle oder in dem einst Mégon benannten Château-Larcher. Sie bauten Festungen wie Matha und Marcillac im Périgord. Größere Kommunen halfen sich auf eigene Weise, indem sie die einzelnen Stadtbezirke in befestigte ›Bourgs‹ unterteilten, eine Maßnahme, deren Spuren man in Poitiers noch heute entdecken kann. In ihrer Lebensverzweiflung suchte die Bevölkerung unterdessen seelischen Halt in religiösen Gemeinschaften zu finden. Viele Klöster sind so entstanden. Es seien nur Saint-Cybard in Angoulême, Saint-Martial zu Limoges, Saint-Maixent bei Niort oder Saint-Cyprien in Poitiers genannt.

Die Verlagerung der militärischen Macht von der Krone auf regionale Gebiete besaß freilich Konsequenzen, die König Charles le Chauve durch einen die Befugnisse der Vasallen noch vergrößernden Erlaß auch rechtlich sanktionierte. Tatsächlich bedeutete er die ›Geburtsstunde der Feudalherrschaft‹. Hatte er wirklich gehofft, sie, die nicht nur gegen einen äußeren Feind, sondern auch gegen die Tatenlosigkeit der Krone aufbegehrten, dadurch zu treuen Gefolgsleuten zu machen? Das Gegenteil trat ein. Eine Anzahl von Regionalherren wie Eudes, Graf von Paris, oder Boson von der Provence schlossen sich zu einer Allianz gegen den ohnmächtigen König zusammen, worauf sich Charles' Nachfolger Louis le Bègue, Ludwig der Stammler, gezwungen sah, ihre Machtfülle einzuschränken: Er unterstellte sämtliche Landesgebiete, Graf- und Vizegrafschaften direkt der Krone und hob vor allem den alten Namen eines Königreichs Aquitanien auf. Aber der Knüppel lag gleich beim Hund. Politisch und juristisch zwar eingeengt, aber kraftvoll genug, sollten sich gerade die mächtigsten seiner Vasallen bald in den Besitz neu entstandener Kleinterritorien setzen.

Im französischen Süden war dies vor allem Bernard Plantevelue, Graf der Auvergne, der sich Herzog von Aquitanien nannte, und dies mit Recht. Als er 886 in einem Zweikampf fiel, erstreckte sich seine Macht fast auf den gesamten Landbereich des ehemaligen Königtums. Allerdings mit Ausnahme der Herzlande um Bordeaux, die in der Hand des baskischen Herzogs Sanchez García blieben. Bernard Plantevelues Nachfolger wurde Guillaume Ier mit dem Beinamen der Fromme, trotz seines Attributes vor allem ein Kriegsmann. Mochte es nun Legitimitätsdenken oder Diplomatie sein, er hat sich bald als fanatischer Parteigänger von Charles III, dem Einfältigen, derzeit französischer Thronfolger, erwiesen, als sich Eudes, Graf von Paris, zum Gegenkönig aufschwang. Im Kampf der Königlichen gegen Eudes an der Loire stieß er während des Handgemenges auf einen Waffenbruder des Renegaten, den Grafen von Bourges, und bohrte ihm, trotz flehentlicher Bitten um Schonung, die Lanze ins Herz. Das galt selbst in der damaligen Zeit als ungeheuerlich. Ob es Reue war, die ihn später packte, oder die Trauer über seinen frühverstorbenen Sohn? 910 gründete er, wie so viele Herren dieser Epoche, ein Kloster, und zwar auf

seinen burgundischen Besitzungen; es war Cluny. Zum Abt bestimmte er den Benediktinermönch Bernon, welcher der ein
Jahrhundert zuvor gegründeten strengen Erneuerungsbewe-
gung Benedikts von Anian anhing. Um weltliche Einflüsse noch
stärker auszuschalten, verfügte Guillaume ferner, die neue Abtei solle allein dem Heiligen Stuhl in Rom unterstehen. Die
Bedeutung dieser Neugründung läßt sich kaum hoch genug ein-
schätzen. 1109 hatten sich der von hier ausgehenden Reform
des Mönchstums allein in Frankreich achthundertdreiundacht-
zig Klostergemeinschaften angeschlossen. Durch ganz Europa
fegte bald der cluniazensische Geist wie ein Sturmwind; das
Aufblühen der romanischen Kunst zur Anmahnung der Gläubigen und zum Ruhme Gottes, aber letzten Endes auch die Organisation der Pilgerstraße, die Erhebung des Santiago-Weges zu
einer Idee – dies alles wurzelt zu seinem Teil hier. Denn die
Cluniazenser-Mönche traf man am Camino francés als die ersten Betreuer, Herbergsväter und Seelsorger der Wallfahrer an,
aber auch als Agitatoren der spanischen Reconquista.

Wilhelm der Fromme starb am 26. Juli 918 und wurde in
Saint-Julien-de-Brioude in der Auvergne beigesetzt. Sein Testament brachte eine Überraschung. Das Erbe sollte nicht, wie
erwartet, sein langjähriger Kampfgefährte und gleichsam
Adoptivsohn Eble-Manzer antreten, ein Bastardsohn des ermordeten poitevinischen Grafen Ramnoul II, der an den Hof
Guillaumes geflüchtet war. Vielmehr hatte der Herzog einen
Neffen als Nachfolger eingesetzt, der sich hinfort Guillaume II
nannte.

Ahnengalerie der Guillaumes

Zu groß die Aufsplitterung der Kleinterritorien jener Epoche,
die in Vasallität zum aquitanischen Herzog standen, zu verwirrend die Namen wechselnder Kleindynastien dieses Zeitalters,
als daß wir im einzelnen die Schicksale der Herren des Limousin, Angoumois, Périgord oder des Aunis, der Gascogne und
vollends der winzigen Gebiete am Fuße der Pyrenäen nachzu-
zeichnen vermöchten. Auch besitzen sie um jene Zeit wenig
Gewicht. Vor allem, weil es jenseits ihrer kleinen Streitigkeiten
äußere Mächte gab, die alle anderen Geschehnisse verdunkel-
ten. Waren zwar die Normannen seit dem 911 zwischen der

französischen Krone und ihrem Anführer Rollo geschlossenen Vertrag von Saint-Clair-sur-Epte befriedet, ihre dänischen Stammesbrüder, die Wikinger, kehrten wieder. Vor allem zeigte sich während des 10. Jahrhunderts ein neuer Feind, der von Osten ins Land brach, die Ungarn oder Magyaren. Guillaume II, dem ohnehin nur eine kurze Regentenzeit beschieden war, verbrachte sein Leben mit ihrer Bekämpfung. Zwar, die Saintonge und das Bordelais, die Gascogne, aber auch das Périgord und Quercy dürften von ihnen verschont geblieben sein, aber im Languedoc und der Grafschaft Toulouse hausten sie schlimm und noch ärger, was Guillaume besonders anging, in Burgund, wo der Herzog Besitz zu verteidigen hatte, sowie in seinem Stammland, der Auvergne. Erst 955 konnten sie über den Rhein nach Mitteleuropa zurückgedrängt werden. Das freilich erlebte Guillaume II nicht mehr.

Sein Nachfolger war Eble-Manzer, Graf des Poitou, der sich schon neun Jahre früher Hoffnungen auf den Herzogstitel gemacht hatte. Er war immerhin ans Ziel gelangt. Wie allerdings? Es gab da Intrigen die Menge, unerklärliche Todesfälle … Einerlei! Mit ihm betrat der eigentliche Stammvater des aquitanischen Herzogshauses den Plan, und zwar als aquitanischer Herzog wie als Graf des Poitou zugleich. Kurz, die Personalunion der Regentschaft über Aquitanien und Poitou hob an, für die Nachlebenden ein ewiger Quell der Verwirrung. Denn die Herzöge rechneten von Guillaume dem Frommen ab, die poitevinischen Grafen hingegen erst von Eble-Manzers Sohn, der die Namenstradition fortsetzte. Was dazu führte, daß man vom Herzogsnamen stets eine Zwei abziehen muß, will man denselben Regenten als poitevinischen Grafen bezeichnen. Mochte Eble-Manzer übrigens tatsächlich an die Macht gekommen sein, indem er seine Rivalen aus dem Felde räumte – gleichwohl hat er sich als getreuer Vollstrecker von Guillaume des Frommen Willen erwiesen und Cluny, seit er 927 Herzog geworden war, mit reicher Dotierung überhäuft. Er setzte sich auch für die geplagten Menschen seiner Lande ein. Aquitanien verdankt ihm die ›Sauvetés‹. Das waren Ortsgründungen im Schutz einer als Freistatt dienenden Kirche, deren Straßenführung rechtwinklig war und an deren Grenzen sich charakteristische, von einem Kreuz überragte ›Bornes‹ oder Grenzsteine befanden, um

die Bestimmung der Anlage kenntlich zu machen. Hier sollte
die den Ungarneinfällen und Wikingerinvasionen entronnene
Bevölkerung Zuflucht finden.

Eble-Manzer starb 937. Ihm folgte sein Sohn Guillaume III,
›Tête d'Étoupe‹ – ›Perückenkopf‹ zubenannt. Dies nicht ob einer Ersatzchevelure, sondern weil sich sein fast weißes, wallen-
des Blondhaar so ausnahm, als trüge er einen künstlichen
Schopf. Auch an ihm hätten die Denkmalpfleger unserer Tage
ihre Freude gehabt. Er stellte die Abtei von Saint-Jean-d'Angély
wieder her, begann mit der Restaurierung des Klosters von
Saint-Maixent, desgleichen von Saint-Hilaire zu Poitiers und
gründete hier sogar eine neue Abtei, Saint-Cyprien, in der er
nach einem randvoll erfüllten Leben Ruhe suchte. Die Zukunft
gehörte seinem Sohn Wilhelm Stolzarm-Guillaume IV Fier-à-
brace, dem wiederum seine Frau Emma, Tochter des Grafen
von Blois, einen Sohn gebar, den künftigen Guillaume V, später
le Grand beigenannt, und da dies nicht ohne Grund geschah,
besonderer Aufmerksamkeit wert.

Bereits seine Mutter, Herzogin Emma, war eine gescheite,
belesene Frau gewesen, die sich in der Philosophie, Theologie,
Astronomie, Mathematik und Musik ihres Zeitalters erstaunlich bewandert zeigte, wenn auch ihres Mannes Wilhelm Stolz-
arm Neigungen auf sinnlichere Lebensgenüsse abgestellt blieben. Seine Frau ließ ihn lange gewähren, bis sie eines Tages, des
Treibens müde, sich einer seiner Mätressen bemächtigte und
Dienern wie Stallknechten preisgab. Am Übermaß der Not-
züchtigungen sollte die Unglückliche sterben. Eine recht un-
schöne Rache für gedemütigten Frauenstolz, ohne Zweifel,
doch genauso rückhaltlos widmete sich die Herzogin der Erzie-
hung ihres Sohnes. Man lebte in einem Zeitalter wichtiger Entscheidungen und noch größerer Menschen. Unter ihnen ragt als
bedeutendste Gestalt Gerbert von Aurillac hervor, aquitanischer Herkunft und von Kaiser Otto dem Großen als Lehrer
seines Sohnes, des künftigen Otto III., nach Rom berufen, wo er
zu guter Letzt als Silvester II. zum Pontifex Maximus aufstieg.
Freilich sollte ihm als dem höchsten geistlichen Würdenträger
eines erneuerten römischen Kaiserreiches, wie es sich Otto III.
erträumte, kein Erfolg beschieden sein. Doch bereits als Kathe-
dralscholaster von Reims, als Gelehrter von schier universalem

Wissen, Schöngeist und Kenner der klassischen Antike, erschien dieser in seiner Art grandiose Mann den Zeitgenossen so unheimlich, daß sie Gerbert, in dem manche das geschichtliche Urbild des Doktor Faust erblicken, für einen Hexenmeister hielten und entsprechend verteufelten. Daran mag mitgewirkt haben, daß ihn König Robert der Fromme von Frankreich, Sohn Hugo Capets und der Adele von Aquitanien, trotz einstiger Schülerschaft, später bitter anfeindete. Allein, dies am Rande, um in einem freilich viel zu kurzen Umriß das geistige Klima um die Jahrtausendwende zu skizzieren, bei deren Morgendämmerung, makaberen Voraussagen zufolge, die Welt eigentlich hatte untergehen sollen. Nun, es war anders gekommen, und Guillaume v von Aquitanien einer der Repräsentanten der neuen Epoche.

Micheline Dupuy schreibt in ihrem schönen Buch ›Les grandes heures de l'Aquitaine‹ davon, noch heute glaube man beim nächtlichen Vorüberwandern am herzoglichen Palais zu Poitiers manchmal Kerzenschein hinter einem der Fenster aufschimmern zu sehen. Sie meint das Licht, das Guillaume v bei seinen nächtlichen Studien leuchtete. Denn nicht nur ein Mann von großen Geistesgaben, sondern unermüdlichem Fleiß, das war er, und man wußte es weit über Aquitanien hinaus. Man wußte zudem, dort in Poitiers lebte ein hochgestimmter Mensch, vielen Herrschern und Fürsten seiner Epoche in Freundschaft verbunden. Man bat ihn um Rat, suchte Verbindungen und Bündnisse mit ihm und machte ihm zum Dank Präsente von unschätzbarem Wert. Schenkten ihm nicht König Knut der Große von England und seine Frau Emma von der Normandie jenes wundervolle, illuminierte Manuskript, das man heute in der Kathedrale von Winchester sehen kann? Führte ihm darüber hinaus nicht die gleiche Königin den großen Architekten Gautier Coorland zu, der in Poitiers den mächtigen Turm von Saint-Hilaire schuf? Gründete nicht seine Tante, Adele von der Normandie, Sainte-Trinité dortselbst? Daß dergleichen geschah, hatte allerdings besondere Gründe, und auch sie scheinen mir für die Epoche wichtig. Die Nachfahren der einst plündernd durchs Land ziehenden Normannen, seßhaft geworden und von hoher Begeisterung für alle Kultur ergriffen, sahen dies als Wiedergutmachung einstiger Greuel der Ahnen an. Doch ohne Zweifel wirkte dabei auch die hochgemute Persönlichkeit Guillaumes V mit, der durchaus um seinen inneren Rang und sein äußeres Ansehen wußte. Nicht umsonst nannte er sich ›Monarch aller aquitanischen Gebiete‹. Der Ruf Aquitaniens als eines Landes von legendärem Glanz dürfte also, von natürlichen Reichtümern abgesehen, nicht zuletzt auf die Gestalt dieses Herzogs zurückgehen. Tatsächlich wirkt sein Leben und Auftreten wie eine Vorahnung künftiger enger Verbindung mit dem angelsächsischen Inselreich.

Allein, damit erschöpft sich die Ausstrahlung der Gestalt Guillaumes V keineswegs. Er war ein aktiver Mann, der unaufhörlich an Fäden wob, die sein diplomatischer Geist ihm eingab. Alljährlich reiste er nach Rom, wo er Kontakt mit Kaiser Otto III. und Papst Silvester, eben Gerbert von Aurillac, der auch ihn einst erzogen hatte, unterhielt. Ebenso regelmäßig zog er nach Santiago de Compostela, und man kann sich unschwer vorstellen, welchen Zuwachs an Reputation diese Wallfahrt für die Pilgerstraße bedeutete. Er tat auch für die Zukunft seines Landes etwas sehr Wichtiges. Er querte auf diesen Reisen regelmäßig das Königreich Sanchos des Großen von Navarra, mit dem er bald Freundschaft schloß, und er knüpfte ähnliche Bande zu Sancho-Guillaume, Herzog der Gascogne, dessen Schwester Brisque er schließlich heiratete, als ihm seine erste Frau Aumode de Gévaudan 1011 gestorben war. Drei Kinder hat ihm Brisque geboren, und eines davon war jener Eudes, welcher der Erbe seines Onkels Sancho-Guillaume werden sollte. Guillaume V konnte also mit der Möglichkeit rechnen, daß Gascogne und Aquitanien eines Tages wieder vereint sein würden, wie es denn auch gekommen ist. Sogar mit König Robert dem Frommen von Frankreich verband ihn ein Freundschaftsverhältnis. 1010 traf man sich in Saint-Jean-d'Angély. Auch der Graf der Gascogne und König Sancho von Navarra erschienen zu dieser Begegnung. Man hatte hier, wunderbarlich genug, unlängst in einem alten Reliquienschrein das Haupt Johannes des Täufers aufgefunden, und nunmehr taten sich die befreundeten Regenten zu feierlicher Verehrung zusammen. Welch ein erbaulicher Anlaß für eine Konferenz von internationalem Zuschnitt! Allein, das Hauptthema ihrer Gespräche dürfte denn doch etwas anderes gewesen sein.

Schon 989 war auf der Synode von Charroux ein ›Gottesfriede‹ beschlossen worden, jene ›Treuga Dei‹, die in Deutschland erst unter Heinrich IV. 1085 Nachahmung fand. Es war der Versuch, den Fehdegelüsten der Ritter, unter denen am meisten die Bauern und Bürger litten, Zaum und Zügel anzulegen, indem man gewisse Wochentage bestimmte, an denen niemand die Waffen erheben durfte. Ursprünglich war dies der Samstag, später galt die Verpflichtung von Mittwochabend bis Montagfrüh, wodurch sich, ob der Anmarschwege zu den Kampfplätzen, viele Auseinandersetzungen von selbst erledigten. Gewiß, der Gedanke hat sich niemals vollkommen durchsetzen können. Allein, schon als Idee bleibt er hoher Achtung wert. Guillaume V setzte sich übrigens zeitlebens für seine strikte Durchführung ein und galoppierte noch in den letzten Regierungsjahren von einer Ecke seines Landes zur andern, um blutige Händel zu unterbinden. Er hatte Grund, die Kampfkraft seiner Barone für andere Aufgaben zu erhalten.

1018 erfuhr er bei der Rückkehr von Rom, daß erneut eine Horde von Wikingern über sein Land hergefallen war. Bei Saint-Michel-en-l'Herm in der Vendée begegneten sich die nordischen Piraten und die herzoglichen Truppen, worauf sich alsbald eine gnadenlose Schlacht entspann, bei der die Räuber Herren der Walstatt blieben und die Abtei Maillezais niederbrannten. Guillaume und etliche seiner Kampfgefährten gerieten in Gefangenschaft. Man brachte sie nach Dänemark, wo man den Fürsten nach etlichen Monaten gegen entsprechendes Lösegeld freiließ. Es paßt ganz ins Bild des zweifellos selbstbewußten, doch höchst vernünftig denkenden Mannes, daß er sechs Jahre später die ihm vom Heiligen Stuhl angebotene Krone über Italien ausschlug. Sein Land brauchte ihn, denn erneut gab es Grund zur Besorgnis. Die häretische Bewegung der Manichäer breitete sich in ganz Südfrankreich aus, und man wurde ihrer trotz aller Beschlüsse auf einem neuen Konzil zu Charroux nicht Herr. Guillaume V wußte nur allzu gut, was eine Gefährdung der wichtigsten Ordnungsmacht des Mittelalters, der Kirche, bedeutete. Erst als die nicht abreißenden Herrscherpflichten seine Kräfte erschöpft hatten, zog er sich in das wiederaufgebaute Kloster von Maillezais zurück. Dort konnte man, wie einst in Poitiers, allnächtlich das Lichtlein seines Studienplatzes hinter einem der Klosterfenster schimmern sehen. Bis es eines Abends nicht mehr brannte. Am 31. Januar 1030 ist er gestorben.

Als Erben hinterließ er seinen Sohn Guillaume VI, den man den Dicken nennt, einen Mann des Unglücks. Der Glanz Aquitaniens, der unter seinem Vater so hell aufgestrahlt war, schien mit einem Schlage erloschen. Schon der Beginn seiner Regierung stand unter schlechten Vorzeichen. Eine Reihe verheerender Unwetter setzte die tiefer gelegenen Äcker unter Wasser und vernichtete die Ernten, bis eine vor Hunger an den Rand des Wahnsinns getriebene Bevölkerung sich, wie es heißt, sogar am Fleisch der Toten vergriff. Der Klerus sah in der Not eine Strafe Gottes, und die Menschen sagten es nach. Manche abgründigen, düsteren Züge, die wir gelegentlich in der romanischen Kunst des Landes entdecken, dürften aus diesen Erlebnissen stammen. Doch kam eine wahrhafte Gefährdung Aquitaniens aus einem ganz anderen Bereich. Die dritte Ehegefährtin des Verstorbenen, Agnes von Burgund, eine ebenso schillernde wie auf ihre Weise begabte Frau, gleichzeitig allerdings höchst intrigant und bedenkenlos, die nach dem Tode Guillaumes V den Grafen von Anjou heiratete, bemächtigte sich der Saintonge, auf die sie Anspruch erhob, und konspirierte zugunsten der Kinder, welche sie dem alten Herzog geboren hatte. Ein Krieg zwischen Anjou und Guillaume dem Dicken endete mit einer verheerenden Niederlage des Aquitaniers, den man darauf im Kapitol von Saintes in ein Gefängnis steckte. Drei Jahre saß er hier in Haft, um, kaum freigelassen, in Poitiers zu sterben, wahrscheinlich an einer Vergiftung. Herzogin-Witwe Agnes setzte ihre Pläne unbeirrbar fort. Zum neuen Herzog avancierte tatsächlich einer ihrer Söhne, ein jüngerer Stiefbruder des mutmaßlich Vergifteten also, unter dem Namen Pierre-Guillaume getauft, der fortan als Guillaume VII signierte. Auch er kein Mann von Fortune! 1058 ist er nach einer unglücklichen Belagerung vor Saumur gestorben. Schließlich zahlte das Schicksal seiner ehrgeizigen Mutter ihre Kabalen heim. Von ihrem zweiten Mann, dem Grafen von Anjou, um einer jüngeren Frau willen verstoßen, ging sie in sich und suchte ihr Seelenheil in der Obsorge für Klöster. Zuerst gründete sie die nachmals so berühmte Abbaye-aux-Dames in Saintes, darauf sollte sie Saint-

Nicolas in Poitiers stiften, und schließlich kümmerte sie sich voll Hingabe um den weiteren Wiederaufbau und die Ausstattung von Saint-Hilaire dortselbst.

Erst mit einem zweiten ihrer Söhne betrat abermals ein bedeutender Staats- und Kriegsmann die Szene, eigentlich Gui-Geoffroi geheißen, Guillaume VIII. Es gelang ihm tatsächlich, wie sein Vater vorausgesehen, die Gascogne an sich zu bringen, indem er seinen Stiefbruder Eudes beerbte, sodann die Saintonge und das Gebiet von Bordeaux. Seither residierte er im Palais de l'Ombrière, dem gewaltigen Stadtschloß von Bordeaux, das im 18. Jahrhundert zerstört worden ist, sooft er wiederkam. Allein, dies am Rande, denn die großen Stunden in Gui-Geoffrois oder Guillaumes VIII Leben haben sich in Spanien abgespielt. Wieder einmal waren die Mauren vorgestoßen und Gefahr im Verzug. Papst Alexander II. entbot die abendländische Ritterschaft zu den Waffen, und Saint Austinde, Erzbischof von Auch und Gründer von Nogaro, fachte die Sache der Christenheit in Aquitanien durch die Glut seiner Rede an. 1064 zogen Poiteviner und Gascogner gemeinsam unter dem Banner Guillaumes VIII über die Pyrenäen. Der Fürst konnte bis nach Barbastro vorstoßen und die Stadt nach schwerer Belagerung nehmen. Damit war der entscheidende Sieg errungen. Es gelang Guillaume VIII auch, heimgekehrt, mit dem revoltierenden Grafen von Armagnac, Bernard Tumapaler bei Saint-Jean-sur-Adour, sogar im Handumdrehn, fertig zu werden. An dem Eroberungszug nach England, zu dessen Begleitung ihn Guillaume le Conquéreur, Wilhelm der Eroberer von der Normandie, als berühmten Heerführer seiner Zeit einlud, nahm er jedoch nicht mehr teil; wohl aber sandte er einige seiner poitevinischen Barone mit auf das Schlachtfeld von Hastings.

Denn vor ihm lagen große Aufgaben, insbesondere die Verwandlung der Sümpfe und Wälder im Bordelais, Médoc, Entre-deux-Mers, um Fronsac und Bazas in sogenannte ›Artigues‹, eine während langer Zeit übliche Bezeichnung für kultivierte und neubesiedelte Ackergebiete. Auch die durch Kriege verwüsteten Weingärten im Raum von Bordeaux sind damals erneut angelegt worden, eine Tat, die große Bedeutung für Aquitanien bekam. Ähnliches gilt für die Gebiete von Saint-Jean-d'Angély. Während dieser Regierungsepoche entstand schließlich noch eine der wichtigsten Abteien des Landes. Benediktiner unter der Leitung von Gérard von Corbie rodeten in Rekordzeit die endlosen Forste des ›Großen Waldes‹ oder der Sylva Major, wovon sich der Name des Klosters, das nun entstand, herleitete – Sauve-Majeure. Man sieht heute noch die erlauchten Ruinen, Säulen, Kapitelle der gewaltigen Anlage im Weinlande nordostwärts der Gironde. Der Herzog ließ um dieses Kloster eine ›Sauveté‹ anlegen, die er mit Marktrechten versah. Eine der bedeutendsten Pilgerstationen des Santiago-Weges ist so entstanden, auf dem nach Guillaumes Sieg von Barbastro und durch das Zusammenwirken der Häuser Aquitanien, Aragon und Kastilien ohnehin ganze Züge von Wallfahrern ins ferne Galicia zogen. Was wiederum zum Bau der schweren Karreetürme der Kirchen, der befestigten Gotteshäuser, der großen Basiliken, mit Fresken geschmückten Vorhallen und endlich zur Entstehung zahlloser Bauskulpturen, kurz zum großartigen Aufblühen der romanischen Kunst in Aquitanien geführt hat.

Am 24. September 1086 ist dieser Herzog gestorben, der soviel wie kein anderer für die ›Jaquets‹ oder ›Jaquaires‹, wie man die Compostela-Fahrer nannte, getan hat. In Montierneuf zu Poitiers, nahe der herzoglichen Burg – nicht zu verwechseln mit dem Palais – hat man ihn beigesetzt, angetan mit der schwarzen Kutte der Benediktiner und den bekannten Halbschuhen der Mönche mit rotem Absatz. Sein Tod bedeutete zweifellos eine Zäsur; die Aquitanier, die ihm folgten, waren anderer Art, besser gesagt, von eigener Faszination, und ihr Leben sollte sehr viel anders verlaufen als das ihrer Vorfahren, wiewohl der Ruhm ihres Hauses jetzt erst in seinen Zenit stieg.

Der erste Troubadour und die Frauen

Die Zeit der beiden letzten Grafen-Herzöge hob an, eine Epoche äußerlichen Glanzes, aber auch einer geheimen Bedrohung, die von innen kam. Charakterliche Spannungen, die bislang nur von Generation zu Generation aufgetreten waren, verkörperten sich nun in ein und derselben Gestalt. Das Leben Guillaumes IX, zubenannt Le Jeune, dem man später das Attribut ›Der Troubadour‹ beilegte, geboren am 22. Oktober 1071, zeugt davon. Galt er als wortgewandt, geistig und körperlich rege, ja von überströmender Vitalität, immer bester Laune und zudem schön und groß gewachsen, hat es ihm offenbar doch an jener inneren Übereinstimmung mit sich selbst gefehlt, die das Wesen bedeutender Menschen erst ausmacht. Er zeigte den besten Willen, sich nach dem Vermächtnis des Vaters der Abteien und Kirchen des Landes anzunehmen; so überließ er Robert d'Arbrissel großzügig den Grund und Boden, um Fontevrault darauf zu errichten. Innere Beziehungen aber bekam er zu dem großen Ordensgründer nie. Lag dies daran, daß das Kloster seiner zweiten Frau Philippa oder Mahaut, der Erbin von Toulouse, Zuflucht gewährte, die seine Weibergeschichten nicht mehr ertragen konnte? Seine Ruhmbegierde, seine persönliche Tapferkeit schienen ihn als guten Heerführer zu prädestinieren, doch hier versagte er völlig. Mit dreißig Jahren rüstete er unmittelbar nach der Eroberung Jerusalems durch die ersten Kreuzfahrer zu einem Zug ins Heilige Land. Unerfahren, wie er war, führte er sein Kontingent von dreißigtausend Rittern, vielfach aus seiner Vasallenschaft, in einen Hinterhalt bei Salamis. Das hätte als militärisches Debakel ausgelegt werden können, wie es dem tüchtigsten Soldaten widerfuhr. Doch gab es dabei einen kleinen Umstand, der sehr vernehmlich gegen Guillaume IX spricht. Als einer der ganz wenigen Überlebenden entkam er ungeschoren. Der Kapitän blieb nicht auf der Brücke, als das Schiff unterging ...

Im August 1102 kehrte er heim nach Poitiers. Es war kein glückliches Wiedersehen. Die Finanzen befanden sich in so desolatem Zustand, daß der Herzog und Graf sogar »den Bettelsack seiner Untertanen auskratzte«. Und wenn er weiterhin Klöster gründete, ging das keineswegs immer gut aus, wie die Affäre von Niort beweist, in dessen Ordenshaus merkwürdige Praktiken herrschten, denn die ›Pensionnaires‹ oder Klosterschüler mußten den ›Messieurs‹ recht eindeutig zu Willen sein. Allein, selbst vor aller Augen scheute er Skandale nicht. Logierte er nicht seine Mätresse, eine Vicomtesse von Châtellerault mit dem ominösen Vornamen Dangerosa, im Schloß von Poitiers ein, was der Dame beim Volk den Spitznamen ›Maubergeonne‹ eintrug – sie wohnte in dem von Guillaume IX neuerbauten Turm Maubergeon des Palastes. Und während der Herzog noch leidenschaftliche Worte über sie niederschrieb, kam es zum öffentlichen Eklat; der Bischof von Poitiers drohte ihm die Exkommunikation an, sofern er seine Liaison nicht beendete. Er dachte nicht daran. Darauf ereignete sich in der Kathedrale Saint-Pierre ein dramatischer Auftritt: Schon steht der Oberhirte auf den Stufen des Altares bereit, die Ausstoßungsformel aus der Kirchengemeinschaft zu verkünden, als Guillaume mit gezücktem Degen in das Gotteshaus dringt, um den Kirchenfürsten daran zu hindern. Dieser bleibt von eisiger Kühle: »Töte mich, wenn du willst, aber erst laß mich zu Ende lesen.« In diesem Augenblick zuckt Guillaume vor dem Äußersten zurück. »Danke«, ruft er also, und es hört sich an wie Gekränktheit, »den Gefallen tue ich dir nicht, dich ins Paradies zu schicken.« Nein, das ist keine große Antwort, und Ähnliches begibt sich auch, als Bischof Girard von Angoulême, ein kahlköpfiger alter Herr, ihn noch einmal beschwört, seine Dangerosa nach Hause zu schicken. Er widerspricht mit einem Sarkasmus, der hochmütig klingen soll und sich doch wie ein billiges Witzchen ausnimmt: »Ich werde es tun, sobald du dir mit dem Kamm durch die Haare fährst.«

Bediente er sich vielleicht solcher törichten Worte, um seine Unsicherheit und innere Verletzlichkeit zu verbergen? Denn dies eine müssen wir ihm doch ohne Einschränkung zubilligen – er war der erste Troubadour und Schöpfer eines literarischen Genres, das bald einen Siegeszug durch alle Residenzen des Südens und Südwestens antreten sollte, und was noch mehr war, er besaß Genie. Aber grade dies muß es gewesen sein. Seine Begabung, die ihn über alle Mitglieder seines Hauses hinaushob, wuchs auf einem Grunde inneren Zwiespalts.

Von seinen Dichtungen sind elf erhalten geblieben. Manches mutet darin seltsam modern an. Nicht zuletzt, weil sich auch hier die innere Zerrissenheit seiner Natur offenbarte, in der sich Skepsis mit leidenschaftlicher Liebe zur Schönheit an sich und zur Anmut der Frauen im besonderen mischten, indessen gepaart mit einem fragwürdigen Bekenntnis zur Frivolität, »pour tromper les dames«. Hier, in der Reihenfolge, in der Martin de Riquér die Dichtungen der Troubadours jüngst veröffentlicht hat, sein erstes Gedicht:

Farai un vers de dreit nien:
non er de mi ni d'autra gen,

non er d'amor ni de joven,
ni de ren au,
qu'enans fo trobatz en durmen
sus en chivau.

Wie man sieht, bediente er sich des Okzitanischen, genauer des Provenzalischen. Übersetzt ins Deutsche lautet es ungefähr so:

Werd einen Vers verfassen über nichts und nichts,
nicht über mich, auch über andere Leute nicht,
nicht über Liebe, auch nicht über Jugend,
nichts über nichts,
es sei denn, daß ich schlafend mich befunden
auf einem Roß.

– Ein Artist der Worte? Ganz gewiß. Aber er konnte auch stimmungsvolle Frühlingslieder verfassen, voll einer Gefühlswärme, die damals etwas Unbekanntes war.

Ab la dolchor del temps novel
foillo li bosc, e li aucel
chanton …

Mit voller Süße dieses Frühlings
die Büsche sich begrünen und die kleinen Vögel
singen …

Daneben finden sich Reime, die im Feldlager erdacht waren und abendlicher Unterhaltung dienten:

Companho, farai un vers qu'er covinen …

Kumpane, einen Vers hab ich gemacht, der euch gefällt …

Kurz, er spielte bereits auf allen Registern einer Kunst, die wir recht altmodisch ›Minnesang‹ nennen, was sie doch nur zum Teil war. So beklagt er sich nachdrücklich über die ›Gardadors‹, die Tugendwächter der angehimmelten Damen, und er bediente sich bereits jener Art von Dialogdichtung, die von der Poetik ›Lai-descort‹ genannt wird.

In vorgerückten Jahren konnte er sich mit der Kirche versöhnen, und auch der Kriegsruhm schien ihm endlich zu winken. 1118, als Philippa von Toulouse eben in Fontevrault das Zeitliche gesegnet hatte, folgte er einem Hilferuf des aragonesischen Königs Alfonso el Batallador, um an der Spitze von sechshundert Rittern bei der Abwehr der erneut anbrandenden Mu-

selmanen zu helfen. Diesmal steckte ihm die Siegesgöttin ein
Lorbeerblättchen an seinen Helm. Er nahm 1120 ebenso an der
siegreichen Schlacht von Cutanda wie an der Entsetzung von
Calatayud und Daroca teil. Heimgekehrt freilich führte er sein
gewohntes Leben weiter, tafelte, huldigte den Frauen und
schrieb. Am 10. Februar 1126 ist dieser begabteste, aber exi-
stenziell, um es modern zu sagen, auch am meisten ›gebrochene‹
unter den aquitanischen Grafen-Herzögen vor Blaye gestorben
und hernach in Montierneuf beigesetzt worden.

Es bleibt eine offene Frage, wo die Kunst dieses erstaunlichen ›Dichtersängers‹ ihre entscheidenden Anstöße erfuhr. E. R.
Labande weist darauf hin, Guillaume IX könnte, und dies
würde eine gewisse Verwandtschaft seiner Dichtungen mit Formen der arabischen Poesie erklären, in seiner Kindheit dem
Gesang von Sklavinnen zugehört haben, die sein Vater von der
berühmten Eroberung von Barbastro mitgebracht hatte. Andererseits bezeugen einige seiner lyrischen Wendungen Ähnlichkeiten mit der Liturgie jener Tage, deren großartige Entwicklung bereits vor 950 von Saint-Martial in Limoges ausgegangen
war, wie ein Marienlied belegt, das wir aus der um 1096 ange-
fertigten Kopie einer alten Handschrift kennen.

> *O Maria, Deu maire,*
> *Deu t'es fils e paire;*
> *Domna, preia per nos*
> *To Fil, lo glorios.*

Einerlei, die Existenz von Vorbildern schmälert die Leistung des
Troubadours nicht. Denn wie echte und tiefe Töne dieser nach
Ruhm und dem Außerordentlichen so sehnsüchtige Mann in
einem Jahrhundert fand, das sich noch scheu vor der Preisgabe
des letzten Seelenwinkels hütete, mag man in den folgenden,
hier nur in Prosa wiederzugebenden Versen seines Bußliedes
erkennen, das er 1117 schrieb, als seine Exkommunikation soeben durch den Papst aufgehoben worden war und er eine Pilgerfahrt, vielleicht nach Santiago, plante.

> *Ich lasse alles hinter mir, das mich entzückte,*
> *das Ritterleben wie den stolzen Pomp.*
> *Doch wenn es Gott gefällt,*
> *will ich darein mich schicken und beten,*
> *daß er mich aufwärts zu den Seinen holt.*

Ich bete für die Freunde,
die nach meinem Tode kommen,
um mich zu rühmen mit gewandtem Wort,
denn ich hab alles wohlgekannt,
die kleinen wie die großen Freuden,
so fern wie nah,
in meines Lebens Tagen.

Pilger ohne Wiederkehr

Auch das Leben des letzten Grafen-Herzogs, der 1099 zur Welt
gekommen war, Guillaume x offenbart einen Bruch, wenn auch
ganz anderer Art. Dabei schien für ihn alles dazu angetan, ein
erfülltes Regentenleben zu führen. Vom Palais in Poitiers ging
der nämliche Glanz aus, wie zu seines Vaters und später zu
seiner Tochter Aliénor Zeiten, und auch er war ein Liebhaber
höfischer Poesie. Der Troubadour Cercamon rühmte seine für
die Poeten stets offene Hand. Er lebte gern und gut, ein rüstiger
Esser, Kriegsmann und unermüdlicher Jäger, dem sein Land
viel verdankt. Kurz, er war ein solider, tüchtiger, verläßlicher
Mann. Die ›Franchisen‹, die er, weit vorausschauend, La Rochelle verlieh, lassen erkennen, daß er auch in die Zukunft sah,
denn sie machten aus dem Fischernest eine der bedeutendsten
Hafenstädte Aquitaniens. Doch kamen auf Guillaume x Pro-
bleme ganz ungewöhnlicher Art zu. Zuerst starb ihm der Sohn
und Erbe im Kindesalter. Seine Töchter, Aliénor und Aelith,
boten kaum eine Garantie dafür, daß seinem Land nach seinem
Tode blutige Nachfolgewirren erspart blieben. Während er sich
so mit schweren Gedanken trug, drohte ihm plötzlich eine Gefahr, die niemand hatte voraussehen können – er geriet in den
Mahlstrom der großen Politik. Sie war nicht die seine, und daß
er mit ihr zu tun bekam, rührte eigentlich von seiner aufrechten
Haltung her. Er schlug sich auf Anraten seines zwar nicht de
jure, aber de facto höchsten kirchlichen Würdenträgers, des
Bischofs Girard von Angoulême, in den Streitigkeiten um
die Besetzung des Heiligen Stuhles in Rom auf die verkehrte
Seite ...
   Es geht hier von jenen Wirren die Rede, die nach dem Tode
von Papst Honorius ii. anhoben, der 1130 starb. Gestützt auf
die Familie der Frangipani hatte eine kleine Gruppe von Kardi-

nälen des Wahlkollegiums noch in der Todesnacht hastig einen neuen Pontifex Maximus gewählt und ausgerufen, den als gefügig geltenden Kardinaldiakon Gregor Paparoni oder Papareschi. Er nannte sich Innozenz II. Sein großer Gegenspieler, ein überlegener Geist, durch Klugheit, Bildung und starken Rückhalt bei der Bevölkerung und dem Wahlkollegium ausgezeichnet, hieß Petrus Pierleone. Er stammte aus einer den Frangipani verfeindeten Familie. Am Morgen nach der Papstproklamation schritt die nicht beteiligte Mehrheit der Kardinäle unverzüglich zur Gegenwahl und rief den Mann ihres Vertrauens, Petrus Pierleone eben, zum neuen Statthalter Christi aus. Er nahm den Namen Anaklet II. an, worauf Innozenz etwas Überraschendes tat und nach Frankreich ging. Dort ist er vornehmlich ob der Redegewalt Bernhards von Clairvaux, der als rivalisierender Zisterzienser keinen ehemaligen Cluniazenser-Mönch auf dem Stuhl Petri sehen wollte, durch das Konzil von Étampes anerkannt worden.

– Der große Zisterzienser-Abt spielt in der ganzen Affäre keine rühmliche Rolle. Er sollte Pierleone sogar als ›Puer judaicus‹, Judenlümmel, beschimpfen, weil sich unter dessen Vorfahren ein Hebräer befand. Dies nebenbei. Immerhin, sogar König Henri I von England fügte sich dem Entscheid von Étampes, obwohl er seine Bedenken öffentlich kundgab. Schließlich konnte Innozenz auch König Lothar von Supplinburg für sich gewinnen, gegen das nützliche Versprechen freilich, ihn nach der eigenen Inthronisierung in Sankt Peter zum Kaiser zu krönen ...

Nur einer machte, außer Teilen Italiens, den Handel nicht mit, der Herzog von Aquitanien, worauf ihn die Exkommunikation traf. Denn Innozenz sollte sich durchsetzen. Als Guillaume X sich auf Betreiben Girards von Angoulême obendrein verleiten ließ, die zu Innozenz haltenden Bischöfe seines Landes durch Parteigänger Anaklets zu ersetzen, und der Bischof von Agen offen rebellierte, entstand für Guillaume eine verzweifelte Lage. Er sah ein Chaos auf sich zukommen; daher trat er eine entschlossene Flucht nach vorn an und handelte mit König Louis VI von Frankreich eine Ehe zwischen Aliénor, seiner ältesten Tochter, und dem französischen Thronfolger Louis aus. Er bemühte sich auch um die Aufhebung der Exkommunikation, was einem Abschwören der Sache Anaklets gleichkam. Doch wie konnte ein Landesfürst dergleichen tun, ohne vor seinen Vasallen sein Gesicht zu verlieren? Daher mußte jenes Mirakel am Kirchenportal in Parthenay-le-Vieux herhalten, das bereits erzählt worden ist.

Für Guillaume x blieb es allerdings eine entscheidende Frage, ob Gott sich durch sein Gauklerstückchen betrügen ließ? Gleichsam zur Sühne gründete er ein Kloster im Aunis, bezeichnenderweise Grâce-Dieu genannt. Dann ordnete er seine zeitlichen Angelegenheiten und trat eine Wallfahrt nach Santiago de Compostela an. Als er zu Pferde stieg – wir können sicher sein, daß ein regierender Herzog nicht zu Fuß ohne Gefolge zog – war ihm wahrscheinlich leichter ums Herz. Er durfte hoffen, am Grab des Apostels sein inneres Gleichgewicht wiederzufinden. Aber daß, während er aufsaß, auch der Tod hinter ihm in den Sattel sprang, ahnte er nicht. Wenige Meilen vor dem Ziel seiner Sehnsucht ist er an einer unterwegs auf ihn lauernden Krankheit gestorben. Zwar ging ein Gerücht um, er habe sich lediglich ins Gebirge zurückgezogen, um seine Tage hinfort dem Gebet und dem Krebsfang, seiner Lieblingsbeschäftigung, zu weihen, aber das dürfte nichts als Erfindung gewesen sein.

Zwei Jahre wartete man daheim auf die Wiederkehr, dann geschah das, was zuvor schon beschlossen war. Guillaumes älteste Tochter Aliénor heiratete den französischen Kronprinzen, und wiewohl es den Anschein haben mochte, Aquitaniens Selbständigkeit sei besiegelt – in einem unerhört wechselvollen und dramatischen Spiel der Geschichte stieg es jetzt erst zu seiner vollen Größe auf.

Aliénors französische Ehe

Da haben wir nun eine herzogliche Vergangenheit auf die andere gestapelt und so getan, als ließe sich Größe durch Daten und Fakten beschwören. Denn die besaßen die Aquitanier doch. Bei der Blüte und Quintessenz ihrer aller, Aliénor, wirkt dieses Verfahren doppelt fragwürdig. Sie hat die Schreibstifte der Historiker so oft in Bewegung gesetzt, daß man gar nicht mehr alles durchstöbern kann. Wo man die Seiten indessen aufschlägt, begegnet man zwei Verfahren. Einer libidinösen Art der Betrachtung, die aus ihr eine Messalina macht, oder jener, deren Blätter die Wasserzeichen der Ressentiments tragen. Meistens werden übrigens beide Methoden vermischt. Auf diese Weise kann man sich am besten entrüsten, und dazu besteht doch Anlaß, oder …? Hat sie nicht Frankreich verraten, als sie in zweiter Ehe Henri Plantagenet, kurz darauf König von England, heiratete? Versuchen wir, sowohl das geheime Ergötzen der Voyeurs wie die hochgezogenen Brauen der Besserwisser aus dem Spiel zu lassen und die große Tochter Aquitaniens aus sich selbst heraus zu verstehen. Jeder Mensch ist, seinem innersten Wesen nach, ein Hieronymus im Gehäuse, und diese Klause besitzt kein Fenster. Man muß hineingehn, wenn man Antwort will.

In dem Augenblick, von dem ich berichte, ist sie fünfzehn Jahre alt und vor drei Monaten, am 25. Juli 1137, »unter großer Anteilnahme des Volkes und Adels von Bordeaux« in der Kathedrale Saint-André mit dem um ein Jahr älteren französischen Kronprinzen verheiratet worden; man wird ihn bald König Louis VII nennen. Die Hochzeitsnacht hat das junge Paar, Michel Suffrin und seiner recht farbig gemalten ›Aquitanischen Geschichte‹ zufolge, in Taillebourg verbracht, einem Schloß in der Saintonge, dessen Mauern sich in der Charente spiegeln. Diese Behauptung klingt allerdings etwas unwahrscheinlich. Von Bordeaux bis dahin beträgt die Entfernung mehr als einhundertdreißig Kilometer. Mag er daher auf die ersten Tage der Flitterwochen angespielt haben, als er uns von ihrer verliebten Balgerei im Bett berichtete. Das Schloß im Besitz des Erzbischofs von Parthenay sollte, nebenbei gesagt, später Berühmtheit erlangen. Mehr als einhundert Jahre hernach, im Juli 1242, hat der heilige Ludwig an der nahen Brücke die Truppen Henris III Plantagenet von England in wilde Flucht geschlagen, in der Schlacht von Taillebourg eben, und wiederum viel, viel später sollte Eugène Delacroix den erbitterten Kampf auf sehr romantische Weise malen.

Inzwischen befindet sich das junge Paar im herzoglichen Palais zu Poitiers, nachdem es zuvor in der romanischen Kathedrale Saint-Pierre, der Vorläuferin der gotischen von heute, zu Herzögen von Aquitanien gekrönt worden ist. Im weitläufigen Festsaal hat sich eine große Menschenmenge eingefunden, um einen wichtigen Brauch zu vollziehen, die Huldigung der Vasallen; sie bedeutet staatspolitisch die Anerkennung der neuen Regenten durch ihre Untertanen. Natürlich wird das Ereignis gebührend gefeiert. Vor der festlich gestimmten Versammlung an ihren Eßtischen, so wird übereinstimmend berichtet, produzieren sich Spielleute auf ihren Instrumenten. Die Phantasie des Lesers mag sich ausmalen, welche er dabei haben will – es gab damals das Psalterium, eine trapezförmige Kastenzither, Lauten, Oboen, Trompeten und Rebecs, dreisaitige, aus dem arabischen Rebac entwickelte Fideln. Zwischendurch lassen Troubadours ihre Stimme hören, eilen die Pagen mit gefüllten Weinkannen hin und her, um nachzuschenken, während man mit den Fingern – die Gabel ist noch nicht eingeführt – kräftig zulangt. Sofern hierin Monsieur Suffrin und seiner ›Histoire de l'Aquitaine‹ mehr zu glauben ist, stopft man sich mit aller Unmanierlichkeit der Epoche voll, mit Wildschweinskopf oder eingemachtem Schwanenfleisch, wischt die Finger am Tischtuch ab, knabbert, befeuert vom blauroten Wein, am Ohrläppchen der Nachbarin und wirft gelegentlich den längst überfütterten Windspielen einige Überreste der Mahlzeit zu. ›Das große Fressen‹. Mag sein. Was hier aus den Burgen auf den Hügeln und Bergen des Limousin, des Quercy oder den einsamen Herrensitzen der Küstenstriche an hochadeligen Junkern und Haudegen zusammenkam, wird kaum einen Knigge gelesen haben, ehe es sich an den herzoglichen Tischen niederließ.

Im Mittelpunkt tafelt das junge Paar. Der sechzehnjährige Ehemann hat seit der Hochzeitsnacht sein schüchternes Gehabe eines Klosterschülers von Saint-Denis abgelegt und dürfte die Szene vor sich kaum verwundert betrachtet haben. Am Pariser Hof auf der Ile de la Cité ging es dem Vernehmen nach sehr viel derber zu. Die noch jüngere Ehefrau allerdings ...? Vielleicht hat sie das Treiben mit jener »certaine verve irrévérencieuse«, gewissen Respektlosigkeit, zur Kenntnis genommen, von der uns Régine Pernoud in ihrem ausgezeichneten Buch über Aliénor berichtet. Vielleicht etwas verwirrt. Immerhin ist sie beim Lautenklang der Kemenaten aufgewachsen. Sicher scheint mir nur, daß man ihr nichts anmerken konnte. Denn natürlich weiß sie, daß alle Augen auf sie gerichtet sind. Sie ist schön; alle Aquitanier waren es, und sie, in dem Alter der ersten Blüte, muß es auf jene Weise gewesen sein, welche die Männer rührt und ihnen gleichzeitig den Kopf verdreht. Der unergründliche Blick ihrer Augen dürfte daran mitgewirkt haben. Dazu kam eine schlanke, hohe Figur mit einem zart vorgewölbten Bäuchlein, wie es später die Schönen Madonnen der Gotik zeigen – Süßigkeit, Lockung, Eleganz in einem. Und dann ist da noch etwas: Daß so viel weltläufige Vorfahren, mögen wir sie beurteilen, wie wir wollen, so viel geschliffene Attitüde des Hoflebens, so viel Geist und gelegentlich auch unterdrückter Schmerz ihrem Gebahren eine unbewußte Hoheit verliehen, scheint sicher. Aber während sie die Augen der Gäste noch anstarren und der junge Ehemann an ihrer Seite immer wieder verstohlene Blicke über sie gleiten läßt, verstummen plötzlich die Stimmen im Saal.

Abt Suger von Saint-Denis, Ratgeber und Vertrauter der französischen Krone, der an dieser Verbindung mitgesponnen und den Prinzen zur Hochzeit geleitet hat, erhebt sich nach einer ihm hastig zugeflüsterten Botschaft und schreitet mit gesenktem Asketengesicht auf den Kronprinzen-Herzog zu; dann beugt er das Knie – es ist abermals eine Huldigung, die für den neuen König. Denn nichts anderes hat der bestaubte, atemlose Bote aus Paris hingestammelt: Louis VI von Frankreich, der Dicke zubenannt, seit langer Zeit kränklich, ist neunundfünfzigjährig in der französischen Hauptstadt gestorben und der eben erst zum Herzog gekrönte Thronfolger am nämlichen Tag zugleich König geworden. Die junge Herzogin an seiner Seite nimmt es ohne eine Regung zur Kenntnis. Auch im Saal ist es für einen Augenblick totenstill. Die Fenster stehen ob des warmen Oktobertages offen. Wer am Saalende sitzt, kann drunten auf der heutigen Rue du Marché die gleichmäßigen Schritte der Santiago-Pilger vernehmen, die müde und gemessen von Montierneuf kommen und Saint-Hilaire entgegenwandern ...

Verrät nicht, wer Aliénor aus der Freizügigkeit ihres Redens und Denkens einen Vorwurf macht, im Grunde Borniertheit? Ihre Mutter war schon 1130 gestorben, ihr Bruder Guilhem, wie man ihn okzitanisch nannte, im Kindesalter. Die Rolle einer Thronerbin und ersten Dame an einem Hof mit Staatsaffären, polternden Baronen und gewiß selbstbewußten Troubadours,

eingeschlossen ebenso geistvolle Gespräche wie galantes Ge-
plänkel – diese Rolle zwang ihr im bildungsfähigsten Alter des
Lebens eine Haltung auf, die sich wohl mit der Tugendelle,
denn sie vergab sich nichts, aber nicht mit jener des Schneiders
messen läßt. Sie mußte sich in dieser Welt nicht nur behaupten,
sondern hatte ihren Mittelpunkt zu bilden, ein Erfordernis, das
sie in einer bestimmten Weise weit über ihre Jahre hinaus reifen
ließ. Sie hat ihr Wendigkeit und schnelles Erfassen einer Situation abgefordert. Daraus zu folgern, sie sei eine ›Femme légère‹
gewesen, wie schon ein Guillaume de Tyr es im Mittelalter tat,
bedeutet ein hoffnungsloses Mißverständnis. Sie war ein ungewöhnlicher junger Mensch, und ungewöhnlich blieb alles, was
sie tun sollte.

Unterdessen zog die junge Herzogin, bald französische Königin, mit ihrem verliebten jungen Ehemann einem Paris entgegen, das keinen Vergleich mit den aquitanischen Städten aushielt. Mochte sich die Hauptstadt auch anmutig um die Seine
gruppieren, die Hofhaltung auf der Ile de la Cité wirkte kaum
ermutigend. Vor allem war die Atmosphäre bedrückend. Mit
ihrer Schwiegermutter Adelaide von Savoyen, die unter Louis VI
keinerlei Rolle gespielt hatte und sich jetzt schadlos halten
wollte, kam sie von Anfang an nicht zurecht. Man beneidete sie
außerdem ob ihrer Eleganz und nannte daher ihre Kleidung
schamlos.

Sie machte sich wenig daraus, und es scheint, daß sie anfangs ihr Eheleben genoß. Auch imponierte es ihr, mit wieviel
neuerwachtem Selbstvertrauen Louis die Geschicke seines Landes ebenso wie die Aquitaniens in die Hand nahm, wo Poitiers
alsbald Schwierigkeiten bereitete und eine Gemeindeverfassung
verlangte. Nach dem Brauch der Zeit beantwortete der König
das Aufbegehren mit einem Kriegszug und harter Bestrafung;
den angesehensten Bürgern der Stadt wurde auferlegt, ihre
Söhne und Töchter als Geiseln für künftiges Wohlverhalten zu
stellen. Das Eingreifen Abt Sugers konnte diese äußerste Maßnahme zwar abwenden, aber Aliénor war nicht besänftigt; sie
empfand die Revolte als Affront gegen ihre Person. Als nächste
begehrte Schwester Aelith auf, die man Petronella oder Pero-
nille nannte, ein sehr leidenschaftliches Mädchen: sie besteht
darauf, den Sénéchal Raoul de Vermandois zu heiraten, einen

Mann mit grauen Schläfen, vor allem aber verehelicht und ausgerechnet mit der Nichte des Grafen von Champagne. Das allzu
forsche Eintreten des Königs für eine Annullierung dieser Ehe
wegen zu engen Verwandtschaftsgrades hat nach anfänglichem
Erfolg böse Konsequenzen. Das Konzil von Lagny unter Vorsitz
eines päpstlichen Legaten exkommuniziert das königliche Paar.
Krieg zwischen der Krone und dem Grafen von Champagne ist
die Folge, worauf das Unheil von Vitry-en-Perthois geschieht:
Louis' Truppen greifen unter seiner eigenen Führung die Stadt
an; schon zieht die Soldateska mordend durch die Straßen. Die
Bewohner fliehen verzweifelt in die Kirche, die plötzlich von
dem überspringenden Brand der Häuser ergriffen wird und in
Flammen aufgeht. Dreizehnhundert Menschen sind dabei ums
Leben gekommen.

Louis erlebt seine ureigenste Tragödie; es ist zuviel für die
Nerven des einstigen Klosterschülers. Als jetzt noch ein Brief
Bernhards von Clairvaux eintrifft, in dem es heißt: »Von jetzt
an werde ich laut verkünden ... daß Ihr Mord auf Mord häuft,
Brände anlegt und Kirchen zerstört, die Armen aus ihren Be-
hausungen treibt ...«, wandelt sich der König von einem Tag
auf den anderen und schlüpft in die Mönchslarve seiner Jugend
zurück. Erst am Jubeltage von 1141 wagt er sich wieder hervor.
Als am 11. Juni des Jahres eine feierliche Prozession von Paris
nach Saint-Denis zur Einweihung der neuen Abtei Abt Sugers
zieht – ein Ereignis, das man als offizielle Geburtsstunde der
Gotik bezeichnen darf – wandert er im härenen Büßergewand
mit. Aliénor bewegen unterdessen andere Sorgen. Ihre Ehe ist
bis zur Stunde kinderlos geblieben, und man hat ihr diese Un-
fruchtbarkeit offenbar zum Vorwurf gemacht. Am Festabend
von Saint-Denis läßt sie Bernhard von Clairvaux um eine Un-
terredung ersuchen; sie hofft auf die Fürbitte des heiligmäßigen
Mannes im Gebet. Das sieht nicht nach Frivolität und Leicht-
fertigkeit aus. Tatsächlich bringt sie ein Jahr später ein Kind,
eine Tochter, zur Welt. Man kann ihr kaum absprechen, daß sie
guten Willens ist, ihre Frauenpflicht zu erfüllen. Auch daß sie
das Leben am Hof durch Troubadours aus Aquitanien aufzu-
heitern versucht, darf man der Tochter eines helleren Himmels
nicht verargen. Hier tauchen allerdings ernsthafte Gegensätze
zwischen ihr und dem so grüblerisch gewordenen König auf.

Louis VII befördert einen ihrer Schützlinge, Marcabru, sehr bald an die frische Luft, und Aliénor wird ihre Eindrücke über die lastende Langeweile der Tage in den Stoßseufzer zusammenfassen: »Ich habe manchmal den Eindruck, einen Mönch geheiratet zu haben.« Aber in Wirklichkeit scheint etwas anderes zwischen die beiden getreten zu sein; ihre Ehe erleidet das Schicksal so vieler allzufrüh geschlossener Verbindungen. Die Ehepartner müssen erkennen, sie passen nicht zueinander.

Zwischenfall in Antiochia und Scheidung

Bei diesem Stand der Dinge taucht ein Plan auf, der alles ändern könnte. Schon anläßlich der Geburt seines ersten Kindes ist Louis auf den Gedanken verfallen, ein altes Gelübde seines verunglückten älteren Bruders Philippe einzulösen. Er will auf einen Kreuzzug nach Jerusalem ziehen. Auch die Damen sollen das Unternehmen begleiten. Am 12. Mai 1147 holt der König feierlich das in Saint-Denis bewahrte Kriegsbanner Frankreichs, die Oriflamme, ab. Fünf Monate später, am 4. Oktober des Jahres, landet man in Konstantinopel und logiert im Palast des byzantinischen Kaisers Manuel Komnenos. Alle Hoffnungen, die Aliénor auf diese Reise setzt, scheinen sich zu erfüllen. Der Luxus des Hofes, die Erscheinung des Kaisers, die betörende Schönheit der Umgebung verzaubern sie. Drei Wochen bleibt man. Dann geht es zu Schiff weiter nach Antiochia. Endlich!, dürfte Louis aufgeseufzt haben. Das glänzende Milieu, das die Augen seiner Frau leuchten macht, ist nichts mehr für seine Ungeduld, sich im Kampf gegen die Ungläubigen zu bewähren. Es wird ihm auch in Antiochia nicht gefallen. In der Stadt samt dem zugehörigen Fürstentum regiert Aliénors Onkel Raymond von Poitiers, ein Spätling des aquitanischen Hauses, grade acht Jahre älter als sie und einst ihr Spielgefährte im Ombrière-Palast. Nach harten Kämpfen am Berge Cadmos, wo die Truppe nur durch Louis' ebenso heroische wie überraschend geschickte Führung gerettet wird – es ist seine große Stunde – gelangt man endlich nach Adalia, wo sich der Heereszug samt seinen riesigen Trossen einschifft.

Antiochia! Die Stadt wird für Aliénor immer einen verklärten Glanz behalten. Die sanfte, grüne Umgebung, die bunten

Obstberge auf den Märkten, das gleicht einer Rückkehr in die aquitanische Heimat. Vor allem begegnet sie dem vergötterten Idol ihrer Kindertage wieder, dem ritterlichen Fürsten Raymond, ebenso gut anzusehen wie der byzantinische Kaiser. Niemand kann darum wissen, daß er nach wenigen Monaten gegen die Sarazenen fallen wird. In der Tat, eine Fürstengestalt wie aus einem Roman des Chrestien de Troyes: »Groß, besser gewachsen und edler als alle seine Zeitgenossen.« Die heitere Atmosphäre, so völlig anders als die von Paris, tut ein Übriges. Man bleibt nur kurze zehn Tage, doch sie genügen, um den unrastigen Louis mit tiefem Mißtrauen gegen das häufige Zusammensein von Onkel und Nichte zu erfüllen.

Manche Chronisten haben daraus ein blutschänderisches Verhältnis zwischen Raymond und Aliénor gefolgert, aber sie sind uns Beweise schuldig geblieben. Das Hauptargument, daß nichts zwischen den beiden stattfand, liefert uns die Königin später selber: Hätte eine ehebrecherische Frau mit einem Aufstand ihrer Söhne gegen den Vater, ihren zweiten Mann, Henri II von England, der zweifellos von ihr angezettelt wurde, geantwortet, als sie von seiner Rosemonde-Affäre vernahm? Es gibt eine innere Folgerichtigkeit im Wesen der Menschen, die das unmöglich macht. Noch sind wir freilich in Antiochia. Als die Königin Louis' Absicht erfährt, den Kreuzzug fortzusetzen, ohne das Eintreffen Kaiser Konrads von Deutschland abzuwarten, der ebenfalls unterwegs ist, stimmt sie Raymonds Warnungen zu. Wie kann Louis mit der Hauptmacht der gefährlichen, des Landes kundigen Sarazenen fertig werden? Er mag grade wegen der Übereinstimmung seiner Frau mit dem Onkel störrisch geblieben sein, wahrscheinlich wollte er aber vor dem erfahrenen Raymond nicht zurückstecken. Es kommt zu einer letzten Aussprache; als Aliénor erneut die Ansicht des Onkels verficht, verschärft sich plötzlich der Ton. Louis droht unverhohlen, seine Frau kraft seiner Eherechte zur Abreise zu zwingen. Ihr Selbstbewußtsein nimmt diese rüde Drohung nicht hin, und sie antwortet gekränkt mit einer Gegendrohung. Mag er ihre Beziehung erst einmal klären! Sie sind nahe Verwandte, ist daher die Ehe nach kanonischem Recht im Grunde nicht null und nichtig? Das bedeutet den inneren Bruch. Louis beendet das Gespräch abrupt. In der gleichen Nacht verläßt man Antiochia; Aliénor muß wohl oder übel mit. Nur allzubald zeigt sich, daß Raymonds Warnung und damit auch die Aliénors begründet war. Der Kreuzzug endet in einem Fiasko. Man muß zurück. Die Heimkehr verläuft abenteuerlich. Äußerlich scheint sich das Ehepaar versöhnt zu haben. Wieder in Paris, bringt Aliénor ein Kind, abermals eine Tochter zur Welt. Aber die einmal ausgebrochene Zwietracht schwelt fort. Als Abt Suger von Saint-Denis, der ihre Ehe gestiftet und immer wieder zur Versöhnung gemahnt hat, stirbt, lassen sich Louis VII und Aliénor 1152 auf dem Konzil von Beaugency nach fünfzehnjähriger Ehe scheiden ...

Fünfzehn Jahre! Diese Zahl besaß eine magische Wirkung in Aliénors Leben. Nur einmal, vom Ende ihrer französischen Ehe bis zur Inhaftierung in England, mit anderen Worten durch die Zeit von 1152 bis 1174 wird dieser Rhythmus unterbrochen. Mit fünfzehn hat sie geheiratet, mit dreißig wird sie geschieden. Seit 1174 begann der nämliche Turnus. 1189 befreite sie Henris Tod von ihrer strengen Isolierung, und wiederum nach fünfzehn Jahren, 1204, starb sie zweiundachtzigjährig. Währenddessen erfüllte sich ihr wahrlich romanhaftes Schicksal. Hatte sie die beiden ersten Intervalle ihres Daseins, eingesponnen in die Bestimmung eines mittelalterlichen Frauenlebens, eher passiv verbracht, die folgende Zeit offenbart einen Menschen, der über solche Grenzen weit hinauswuchs. Gleichzeitig sollte diese Lebenszeit identisch mit dem Selbstvollzug ihres Jahrhunderts werden, das wir als eines der bemerkenswertesten der europäischen Geschichte betrachten müssen. Es besaß kühne Größe, war erfüllt von künstlerischen Leistungen ohnegleichen wie hochfliegenden Plänen und durchbebt endlich von einem Zusammenbruch tragischer Art, wie letztlich alle historischen Entwürfe. Nach meiner Ansicht stellt Königin Aliénor in figura ein Gleichnis der Mächte dar, die sich während dieser Epoche entfalteten. Nicht zuletzt um einer Besonderheit ihrer Gestalt willen. Es lebte trotz aller Bitternisse des Schicksals etwas so Heiles und Unversehrbares in ihr, daß meine weitschweifige Betrachtung denn doch gerechtfertigt erscheint.

Wiederheirat mit einem künftigen König

Kam der Impuls zur Trennung von Louis oder von Aliénor? Sie wich zeitlebens keiner Entscheidung aus. Daß sie freilich bereits zwei Monate später erneut heiratete, was für die französische Krone eine Katastrophe bedeutete, hatte Gründe. Der Ruf ihrer Schönheit verlockte einige Herren von Stand zu Anschlägen, denen sie nur mit Mühe entging. Möglich, daß die Empfindung, Freiwild für eine gierige Männerwelt zu sein, die Idee einer Fin' amor in ihr reifen ließ, die sie später kultivierte. Vorderhand trieb es sie zu einer neuen Ehe. Der Erwählte war Henri von Anjou-Plantagenet, ein Urenkel Wilhelms des Eroberers. Er sollte sich in kühnem Zugriff bald in den Besitz der britischen Krone bringen, was, im Verein mit ihrer beider Länder, ein riesiges Reich des Westens entstehen ließ. Dies, und daß Henri zehn Jahre jünger war als seine Frau, scheint aus dem Eheschluß eine politische Frage zu machen. Aber das trifft nicht zu. Beide sind ehrlich ineinander verliebt gewesen. Was bei dem einundzwanzigjährigen Henri ob der strahlenden Schönheit seiner Frau kaum verwundert. Aber auch Aliénor fand in ihm einen Mann ihres Herzens. Nicht zuletzt durch sein Äußeres. Er war kräftig, gut gewachsen, trug rotblondes Haar, ein Erbteil der normannischen Blutbeimischung, und besaß graue Augen. Mochte er wie alle Fulconen zu ›schwarzer Galle‹, Jähzornsanfällen, neigen, seine Leidenschaftlichkeit, seine Bildung und kühne Tatkraft machten es vielfach wett. Kurz, für Aliénor hob eine glückliche Zeit an, in der sie acht Kinder zur Welt brachte, womit der Fortbestand einer Dynastie gesichert schien, die, wenigstens in England, bis zum ersten Wetterleuchten des 16. Jahrhunderts, bis zum Tode Richards III., 1485 also, regierte, wenn schließlich auch in der Selbstauflösung.

Ihr Erstling war Guillaume oder Guilhem, der allerdings schon im Kindesalter starb. Auch der nächste Sohn, Henri le Jeune, wiewohl bereits zum König gekrönt, schied immerhin noch zu früh aus dem Leben, als daß er die Nachfolge des Vaters hätte antreten können. Die 1156 geborene Mathilde jedoch erfüllte alle Hoffnungen für die Zukunft; sie heiratete später Heinrich den Löwen und ist die Mutter Kaiser Ottos IV. geworden. Richard, der erst nach seinem Tod das Attribut Lö wenherz erhielt, war Aliénors Lieblingskind; er sollte das strahlende Idol abendländischer Ritterschaft werden. Schließlich waren noch Geoffroy, künftiger Herzog von Bretagne, Aliénor, später Königin von Kastilien, Jeanne, die Guillaume II. von Sizilien heiratete, und endlich Jean gefolgt, den man ›sans Terre‹ – ›Ohneland‹ zubenannte. Mit ihm hatte man offenbar nicht mehr gerechnet; als er zur Welt kam, war das künftige Erbe bereits verteilt.

Gewiß galt Nachkommenschaft derzeit als höchste Aufgabe gekrönter Frauen, aber Aliénors Leben erschöpfte sich nicht darin. Henri II war ohne Zweifel ein rastloser Mann, der die Verhältnisse in England entscheidend änderte, die Macht der Grundherren zurückdrängte, gerechtere Steuern einführte, die Justiz reformierte, Schottland in seinen Griff bekam und überall auf dem Festland auftauchte, wo es brannte – die Königin besaß großen Anteil daran. Aquitanien blieb sogar völlig ihrer Fürsorge überlassen. Sie hatte einst am Bug des Schiffes gestanden, das Henri nach dem plötzlichen Tod seines Vorgängers Étienne de Blois von Barfleur aus in schwerem Sturm auf die Insel brachte. Jetzt hielt sie Cercle, sowohl in London wie auf Schloß Bermondsey, und machte es zum Musenhof. Und sie war unterwegs. Sie bekam ihre Kinder sozusagen im Sattel. Es ist faszinierend nachzulesen, welch riesige Strecken der mittelalterliche Mensch auf Reisen bewältigte, sei es als Pilger, Kriegsmann oder wie sie als Regentin. Doch selbst diese äußersten Anstrengungen blieben für die Königin nur Begleitumstände des Daseins. Ihre Größe offenbarte sich erst, als ihr Mann sich unter dem Druck oder der Lockung seiner Epoche von Grund auf verwandelte; wie übrigens manche andere Menschen auch.

Aus Louis VII von Frankreich, dem eher tumben Klosterschüler von Saint-Denis, war nacheinander der blutige Sieger von Vitry, der Büßer im härenen Gewand, der nach Bewährung dürstende Kreuzfahrer und schließlich ein klug abwägender Politiker, die Zuflucht aller Verfolgten geworden. Bei Henri verlief die Lebenskurve umgekehrt. Der unermüdliche Reformer im kurzen Reitermantel, hinter dem die Höflinge erschöpft einherstolperten, dieser emphatische Verehrer von Frauenschönheit, deren Inbegriff für ihn Aliénor blieb, zeigte plötzlich unerwartete Schwächen. Vor Toulouse, gegen das er ein Ritterheer aufbot, um den ewigen Ränken des Grafen Raymond ein Ende zu machen, zauderte er aus Gründen, die niemand einsah, bis er schließlich ohne Schwertstreich zurückmarschierte. Angeblich aus Rücksicht auf Louis von Frankreich. Beim aquitanischen Adel und zweifellos auch bei Aliénor hat ihm dies sehr geschadet. Aus dem einst so entscheidungsfreudigen Heerführer, der alle mitriß, wurde ein mißtrauischer Despot. Das straffe Aussehen seiner Jugend wich einer dicklichen Aufgeschwemmtheit. Seine geistigen Interessen versiegten völlig, und der englische Hof, dem die Königin soviel aquitanischen Geist eingeblasen hatte, besaß, seit Aliénor in Poitiers lebte, den Ruf einer Mischung von Jahrmarkt und Bordell. Eines schien freilich nicht gebrochen, Henris Ungestüm, wenn es galt zuzuschlagen. Nur wurde, was früher kühn schien, jetzt fürchterlich.

Da war die Affäre mit Thomas Becket, jahrelang Henris vertrautester Freund und Kanzler, den er, um die ›Constitutions of Clarendon‹, eine Beschränkung kirchlich-römischer Macht in England, durchzusetzen, kurzerhand in die Priestersoutane steckte und sodann zum Erzbischof von Canterbury erhob. Allein, einmal geistlichen Standes, ging auch mit Becket eine entscheidende Wandlung vor; der elegante Weltmann und Gelehrte wurde zum glühenden Verfechter des Glaubens, der bald in Konflikt mit seinem König geriet und November 1164 bei Nacht und Nebel über den Kanal zu Louis VII entwich. Als man sich sechs Jahre später offiziell versöhnte und Becket zurückkehrte, ist er auf den Stufen des Altars seiner Kathedrale ermordet worden. Unmittelbar, so wissen wir heute, trug Henri keine Schuld an dem fanatischen Eifer einiger Parteigänger. Mittelbar indessen? Wiewohl Aliénor Becket nicht mochte, sie muß mit tiefem Erschrecken von der Untat erfahren haben ...

Doch gab es längst Gründe, die sie zur Vorsicht bewegten, und wir müssen hier einer zweiten Affäre gedenken, über die es zu einem inneren Bruch kam, wenn die Tiefe der Kluft sich auch erst nach einiger Zeit offenbarte. Das Ereignis lag bei Beckets Tod bereits um Jahre zurück. Aliénor befand sich eben in Umständen, als sie erfuhr, daß ihr Mann eine Mätresse aushielt, Rosemonde de Clifford, die ›Fair Rosamund‹ jener englischen Balladen, in denen die vorgebliche Tochter des Volkes von einer ränkesüchtigen Königin umgebracht wurde – die ›Rose im-

monde‹, unreine Rose, wie sie ein Satiriker nannte, ist später
friedlich in einem Kloster gestorben, nachdem sich Aliénor ihrer sogar angenommen hatte. Der Königin wäre fraglos jeder
Gedanke an den Seitensprung ihres Mannes als überflüssig erschienen. Aber er brüskierte sie; er zeigte sich mit seiner Favori-
tin in aller Öffentlichkeit, und es heißt, daß er sogar die Scheidung betrieb, aber den päpstlichen Dispens nicht erhielt. Das
war ein Affront, den das Selbstbewußtsein der angeblichen
Adultera von Antiochia nicht ertrug. Zu Ende die großen, gemeinsamen Pläne, vorüber der Traum einer auf gegenseitiges
Vertrauen gegründeten angevinisch-aquitanischen Dynastie,
die in England und Westeuropa regierte und eines Tages vielleicht auch in Frankreich oder gar Deutschland herrschen
würde? Jedenfalls betrieb sie seither ihre eigene Politik, um das
Erbe ihrer Söhne zu sichern. »Aliénor rächte sich nicht, indem
sie Rosemonde ermordete; sie unternahm etwas Besseres«,
schrieb ein Historiker, »sie hat das Poitou aufgewiegelt.«

Man mag Hochverrat darin sehen, aber es schien ihr im
Augenblick drohender Gefahr die einzige Möglichkeit, Aquitanien für ihre Nachkommenschaft zu erhalten. Denn daran, daß
sie ihre Söhne tatsächlich zum Aufstand gegen den Vater anstif-
tete, kann kein Zweifel bestehen, bis sie endlich selber in den
Strudel der Ereignisse geriet. Doch davon später! Vorerst hielt
sie in Poitiers wie einst in Bermondsey Hof und, ungeachtet
aller unerquicklichen Nachrichten aus England, erfüllte sie hier
einen Auftrag, den sie von den Vorfahren übernommen hatte.
Er sollte ihren Namen unsterblich machen.

Fin'amor oder das Hohelied des höfischen Lebens

Beaulieu ist ein kleines, verzaubertes Städtchen an der Dordogne. Seine Kirche, Rest eines Cluniazenser-Klosters und einmal Pilgerstation, zeigt über dem romanischen Südportal ein
Tympanon mit einer der berühmten ›Weltgerichtsdarstellun-
gen‹ dieser Region. Über den unteren Rand des Szenariums
wandern etliche kleine Figuren mit sogenannten Juden- oder
Heidenhüten. Die Kunstwissenschaft deutet sie als Vertreter der
Menschheit auf ihrem Weg zu Gott. Einige davon tun etwas
Erstaunliches; sie raffen in fast obszöner Gebärde das knöchel-

lange Gewand und heben die Beine, als wollten sie tanzen. Aber
handelt es sich nicht wirklich um Tänzer, die Jouglars oder
Spielleute der damaligen Zeit? Das würde eine neue Frage auf-
werfen; was haben sie mit dem Weltgericht zu schaffen? Doch
gibt es auch anderwärts in diesem Lande erstaunliche Dinge.
Was bedeutet der am weitesten links sitzende König auf dem
Offenbarungstympanon von Moissac, der mit zurückge-
schwungenem Rebec ekstatisch aufspringt? Handelt es sich da
noch um einen Repräsentanten des Gottesreiches, oder greift er
nicht vielmehr aktiv in das Endzeitgeschehen ein? Was soll die
tänzerische Pose des Jesaias von Souillac, was, um ein noch
berühmteres, wenn auch entlegeneres Beispiel zu nennen, will
der König David an der Puerta de las Platerias in Santiago de
Compostela ausdrücken, der, sein Instrument in der Hand, im
Begriff scheint, ein Lied anzustimmen? Lauter Fragen, die den
einmal hellsichtig gewordenen Betrachter nicht mehr zur Ruhe
kommen lassen. In der Tat ist das Thema erregend.

Vielleicht gibt uns die Literatur jener Zeit eine Antwort, die
unser Verständnis der romanischen Welt ohnehin glücklich er-
gänzt. Ich meine die Kunst der Spielleute, vor allem der Troubadours, deren Wiege am Hof der aquitanischen Herzöge stand.
Von Guillaume IX, dem ersten der uns bekannten Dichtersänger, ging schon die Rede. Seine Enkelin, Königin Aliénor, war
nicht nur eine große Liebhaberin dieser Literatur, sie hat ihr
auch entscheidende Impulse gegeben. Ihr einschlägiges Interesse
mutet ja überhaupt erstaunlich an. Chrestien de Troyes, einer
der bedeutenden Romanciers des Mittelalters, auch wenn er in
Versen schrieb, war mutmaßlich bei ihr zu Gast. Daß sie mit
der ›Matière de Bretagne‹, dem bretonischen Sagenkreis, vertraut war, ist bezeugt, vor allem mit der Legende von König
Artus, der auf Schloß Tintagel an der sturmgepeitschten Küste
Cornwalls residiert haben sollte, aber auch mit einer Fülle anderer Stoffe wie Parzival, Tristan und Isolde oder der Erzählung
vom Zauberer Merlin. England war reich an meist aus Frankreich stammenden Autoren von hoher Begabung, durch deren
Werke bis zum ›Bestiarium‹ des Philippe de Thaon vieles gei-
stert, was auf romanischen Kapitellen, Tympana und Fresken
sein Wesen treibt. Nebenbei gesagt besaß auch König Henri,
wenigstens anfangs, verwandte Interessen. Bei Gladstonbury,

wo König Artus mit seinem Schwert Escalibor an der Seite begraben sein sollte, ließ er Grabungen vornehmen ...

Immerhin, bei Königin Aliénor war es noch etwas anderes. Wieder zurück in Poitiers, versammelte sie Dichtersänger um sich, deren Werke von den bretonischen Stoffen gleichsam osmotisch befruchtet waren. Aber sie tat noch mehr. Für mich steht es außer Frage, daß die Ideale der so entstehenden aquitanischen Dichtung ihr entscheidende Anstöße verdanken. Diese Art von Literatur war etwas anderes als die englische oder französische Epik, nämlich Lyrik, und zwar von einem ganz bestimmten Charakter. Sie drückte keineswegs persönliche Empfindungen ihres Urhebers aus, sondern spiegelte allgemeinverbindliche Wertvorstellungen. Wir haben sie uns gleichzeitig anders vorzustellen als beispielsweise ein gedrucktes Gedicht der Goethe-Zeit. Zu den Schöpfungen der Troubadours gehörte nicht nur das ›Motz‹, das Wort, sondern auch der ›Son‹, der Ton. Sie wurden nicht gelesen, sondern aufgeführt. Erst die ›Oralité‹, die Hörbarkeit und der Vortrag des Sängers erweckten sie zu geistigem Leben. Daß der Troubadour sich dabei instrumentaler Begleitung bediente, steht außer Frage. Leuchtet hier nicht ein wenig von dem auf, was die Könige mit den Rebecs in der Hand auf den Archivolten der Kirchenportale eigentlich sagen wollen, auch wenn es nur schwer durch Begriffe zu fassen ist?

Immerhin: Es sind Könige. Haben denn Könige im Mittelalter gespielt und gesungen? Eine vorgefaßte Meinung will ja, der Troubadour sei ein unstet schweifender Mensch gewesen. Gewiß, vom wirtschaftlichen Standpunkt aus mag seine Lage oft genug nicht sicher gewesen sein. Dafür hatte er sich indessen für mehr oder minder lange Zeit mit einem bestimmten Hof und der bestimmten Person eines Schirmherrn, mit Vorliebe jedoch einer Dame verbunden, der sein Dienst gewidmet war. Seine Dichtung blieb, im Gegensatz zu den Darbietungen der Spielleute, daher zwangsläufig aristokratischer Art. Ohnehin besaß das Hofleben in Aquitanien recht früh große Bedeutung im Gesellschaftsgefüge. Neue Geschmacksrichtungen, zweifellos von den Kreuzfahrern aus dem Orient mitgebracht, prägten die Interessen einer Elite, welche die Mußezeit zwischen Feldzügen und anderen Aufgaben der Feudalritterschaft durch angemes-

sene Unterhaltung zu beleben suchte. Natürlich bediente man
sich dafür nicht nur der Troubadours oder Sängerdichter, sondern kaum minder beliebt dürften die derberen Darbietungen
der Histrions, Schauspieler also, Tänzer, Musikanten und Jouglars gewesen sein. Das gleichsam klassische, gehobene Repertoire bestritt indessen der Troubadour. Wie der Name besagt,
›erfand‹ er, war er ›schaffend‹ im musikalischen wie poetischen
Sinne tätig; auch führte er seine Werke meist selber vor. Sein
herausgehobener Rang gründete sich auf solche schöpferischen
Qualitäten. Dem Jouglar oder Spielmann blieben andere Aufgaben überlassen; ursprünglich stellte er sogar nur Kraftakte
und Geschicklichkeitsübungen zur Schau, und wenn er später
begann, gleichgültig ob eigentlich Akrobat oder Seiltänzer,
ebenfalls im Vers zu singen, so, um sein Publikum der meist
einfachen Leute durch einen Abklatsch der höfischen Welt zu
unterhalten, wobei er in der Regel Werke anderer vortrug.

Es kann bei der Ausnahmestellung der Troubadours kaum
verwundern, wenn sich unter ihnen Menschen hohen Ranges
befanden, selbst große Herren, Fürsten und Könige wie Guy
von Ussel, Jaufré Rudel, Guillaume IX von Poitiers, Alfonso II.
von Kastilien, Peire II. von Aragon. Entscheidend blieb jedoch
das Talent, so daß auch Prälaten wie ein Bertrand de la Barthe
unter ihnen waren und ebenfalls Angehörige niederer Schichten, einfache Ritter, Mönche, Theologiestudenten, Kaufleute
gleich Folquet de Marseille, ja selbst arme Teufel vom Schlage
eines Cercamon oder Marcabru. Ihre Schöpfungen machten aus
ihnen eine gewisse geistige Aristokratie, und die Poesie diente
durchaus als Mittel sozialen Aufstiegs.

Man kann sich unschwer ausmalen, welche Bedeutung daher Hofhaltungen wie Poitiers zukam, die während mehr als
sechzig Jahren der Regierung von Königin-Herzogin Aliénor
eine der berühmtesten in Europa war. Aber auch die Höfe von
Limoges, die kleineren des Limousin mit ihren Familien der
Ventadorn, Comborn und Turenne, besonders auch Toulouse
während der Regierungszeit der Grafen Raymond V und VI
gehörten zu den literarischen Zentren des Abendlandes. Übrigens konnte ein Troubadour sein Glück auch an ›Cours d'a-
mours‹ niederen Ranges wie Narbonne, Montpellier, Provence
und selbst jenseits der Grenzen Okzitaniens machen, sei es in

Norditalien oder Spanien, sofern die Menschen nur seine Sprache verstanden. Zweifellos ist er im Laufe der Zeit eine Modeerscheinung geworden, aber ihn zeichnete doch etwas Besonderes aus. Er vertrat gewisse Lebensideale, die seine Gestalt zum Inbegriff höfischer Kultur erhoben. Königin Aliénor, wie wir sehen werden, besaß ihren eigenen Anteil daran.

Sie dachten und schrieben in Versen, die, seit die Welt bestand, etwas völlig Neues verkündeten, das Lob der Frau. Nicht der olympischen Göttinnen und, wohlverstanden, auch kein Marienlob, das der Liturgie vorbehalten blieb, aber erst recht nicht das der Hetären oder gar jener, die nach Art merowingischer Königinnen als Rivalinnen wie Gefährtinnen ihrer Männer übermenschliche Kräfte entfaltet hatten. Vielmehr hoben sie eine Weiblichkeit auf den Schild, die als Ziel oder Sehnsucht der harten Männerwelt gleichbedeutend mit der Gesittung und Erhöhung des Lebens war, der Verzauberung des Mannes durch Anmut und einen spezifisch weiblichen Geist. Dies hatte die Sage von König Artus Aliénor und ihre Dichter gelehrt. Sie schrieben es obendrein in Versen von hoher Vollendung, durch die es wie der Klang von Glocken weht. Man denke sich, eine Sprache, bisher einzig geübt, einander ›Guten Tag‹ und ›Guten Weg‹ zu sagen oder Dinge mit Namen zu belegen, wurde plötzlich fähig, Wortgebilde zu formen, die zuvor Unsagbares ausdrückten und dem Dasein neue Erlebnisräume öffneten. Wenn heute Worte längst wieder zu Signalen abgesunken sind, damals verwandelten sie sich zu funkelnden Kleinodien, Gral und Wegemarke zugleich.

Die erlesenste Versform dieses ›Grand chant courtois‹ ihrer Dichtungen war die ›Canso‹ aus fünf oder sechs Strophen gleicher Struktur. So starr diese Grundform auf den ersten Blick anmutet, sie erlaubte dem, der sie beherrschte und gleichsam als Instrument benutzte, eine große Vielfalt der Komposition, verbunden mit feinsten Nuancierungen der Reimverteilung, und gewährte der Phantasie freies Spiel in der Wahl der Bilder und Alliterationen; sie muten manchmal wie Botschaften aus einer fremden Welt an. Die Schulen des ›Trobar clus‹ und des ›Trobar ric‹, der hermetischen und der reichen Dichtungsart also, entwickelten dies zu wahrem Raffinement. Den Höhepunkt stellte die ›Canso redonda‹ dar, in der sich freilich nur wenige Troubadours versuchten. Sie endete für gewöhnlich mit einer kurzen Strophe, ›Tornada‹ genannt, welche eine Widmung an den Schutzherrn oder die erwählte Dame des Dichters enthielt.

Begleitet wurde diese Dichtung von einer eigens dafür geschriebenen Melodie. Daneben gab es einen ›Planh‹ oder Trauergesang, wenn es den Tod einer verehrten Person zu beklagen galt. In der Form glich sie völlig der Canso. Auch der ›Sirventés‹ unterschied sich dem Gefüge nach nicht davon, inhaltlich aber um so mehr. Denn was dort verehrend oder erhebend gemeint war, sprudelte hier in der mutwilligen Laune einer Gelegenheitsdichtung hervor und konnte sich, das unantastbare Thema der Liebe ausgenommen, mit moralischen, politischen, literaturkritischen Fragen beschäftigen, und dies in einer manchmal harten und heftigen Aussage, die bis zur Schmähung reichte. Die ›Tenso‹ war dagegen eigentlich gar kein lyrisches Gedicht, vielmehr eine Art Diskussion zwischen verschiedenen Troubadours, die gegensätzliche Ansichten über einen Streitfall vertraten, sogar über die Liebe, und folgte auch diese Tenso der Form nach der Canso, so besaßen die Strophen im ›Lai-descort‹ völlige Selbständigkeit, sowohl dem Wort wie der Melodie nach; sie hatte ein amouröses oder auch religiöses Thema zum Gegenstand.

Der Leser von heute sieht sich also einer erstaunlichen Vielfalt von Aussagemöglichkeiten gegenüber, fähig alles, was den Menschen von damals bewegte, nicht nur textlich, sondern auch der Wortfügung nach wiederzugeben. Mögen ihn solche Formen als Kind einer Zeit schrankenloser Freiheit des Wortes auch als Erstarrung anmuten, so spiegelten sich in dieser Bindung doch die Ordnungen des ganzen Zeitalters wider; jedes Ding besaß seinen Platz. Wohlgemerkt, dies gilt nur für den okzitanischen Raum. Im nordfranzösischen Gebiet der Oïl-Sprache, das dieser Entwicklung erst sehr viel später folgte, lagen die Verhältnisse anders. Auch die Melodie, überdies erstaunlich oft überliefert, war hier anders – weniger ›melismatisch‹, dafür aber eingängiger und unkomplizierter. Daß es neben solchen Formen einer gleichsam Hohen Schule der Dichtung auch populäre gab, versteht sich. Auf sie griffen die Spielleute oder Jouglars zurück, die sich an die einfachen Leute wandten.

Das Generalthema der aristokratischen Lyrik Okzitaniens bildete der ›Fin'amor‹, also die höfische Liebe. Ihrem Grundzug nach war sie ein getreues Abbild der Feudalgesellschaft, ihrer Gedanken und ihres Verhaltens. Der Troubadour trat darin als ›Omme-lige‹ oder lehenspflichtiger Mann auf, der seiner angebeteten Dame ›Omenatge‹ oder ›Liganza‹, Verehrung, schuldete und ihr vorbehaltlos hörig war; es gibt skurrile Beispiele dafür, daß sie tatsächlich mit ihm machen konnte, was ihr beliebte. Sie war die ›Domna‹ oder Herrin. Mit andern Worten, die Ordnung des Dienstes bei Hof zeigte sich wortgetreu auf den Bereich des Fin'amor übertragen. Natürlich entstand durch die freiwillige Unterordnung des Troubadours unter seine Domna eine kaum überschreitbare Schranke zwischen ihm und ihr, ja, man kann sagen, daß sich der Fin'amor erst an solchen Hindernissen wahrhaft entzündete. Die Unmöglichkeit, die angebetete Dame je zu besitzen, gehörte dazu! Man darf nicht vergessen, daß es sich bei ihr meist um die Gattin des Lehnsherrn handelte. Daher leuchtet es auch ein, wenn der Troubadour so oft ihren ›Ricor‹, ihre hohe Stellung, beschreibt und sich nicht genug darüber wundern kann, daß sich seine Sehnsucht überhaupt an sie heranwagt.

Kritisch bleibt allerdings anzumerken, daß solcher Auffassung von der Liebe, mochte sie sich gar ins Mystische verlieren, etwas ungemein Theoretisches anhaftet. Setzte die Bindung des Troubadours an eine Herrin doch voraus, daß die angebetete Dame verheiratet war. Allein schon aus dem Grunde, weil ein junges Mädchen im Mittelalter keine Rechtsperson darstellte, also keine Lehen vergeben und keine Vasallen besitzen konnte. Natürlich brachte dies den Dichtersänger manchmal in Schwierigkeiten. Sein Hauptwidersacher blieb der Gatte der Angebeteten, in den meisten Fällen gleichzeitig der Schutzherr des Poeten. Ein vielschichtiges Spiel, in dem Verschwiegenheit als oberstes Gebot galt! Aus diesen Gründen legte der Troubadour seiner Dame gern einen Decknamen poetischen Charakters, den ›Senhal‹ bei. Selbstverständlich paßte der Gatte auch seinerseits auf und ließ seine Frau durch ›Gardadors‹ bewachen, die der Dichter wiederum als ›Gilos‹, Eifersüchtige, bezeichnete. Rivalen bei seiner Dame, sei es nun, daß sie ihm Konkurrenz machten oder ihn wegen seiner Stellung beneideten, nannte er ›Lauzenjaires‹. Daß dieses gegenseitige Verbergen und Bespitzeln Brauch war, besaß einigen Grund. Der Dichtersänger war gelegentlich ein leidenschaftlicher, immer aber ein engagierter Mann und dürfte sich manchmal am Gegenstand seiner Verehrung oder gar seinen eigenen Versen nicht nur geistig entzündet haben. Beispiele dafür gibt es. Auch leisteten die Zustände an den Höfen solchen Entgleisungen mancherlei Vorschub. Ehen wurden häufig aus wirtschaftlichen oder anderen materiellen Interessen geschlossen; meist war der Schutzherr des Dichters zudem vorgerückten Alters, die Dame hingegen jung, denn zu ihren Vorzügen mußte die Schönheit gehören. Die Langeweile auf den Burgen, die körperliche Anziehungskraft der Troubadours mochten ein übriges tun, wenn sich die Angebetete ebenfalls nicht unempfindlich zeigte und es zu regelrechten Skandalen kam, wie ich gleich im Falle Bernart de Ventadorns noch zu schildern habe.

Dennoch blieb dem Fin'amor ein ethischer, wenn nicht gar metaphysischer Grundzug eigen. Die Unerreichbarkeit seiner Dame erzeugte beim Troubadour ein brennendes Begehren, sich aufzuschwingen, um ihrer würdig zu sein. Sie war daher vor allem eine Schule ethischer Vervollkommnung, die sich gerade an der Tugend der Frau entzündete. Der hochadelige Jaufré Rudel, von dem später erzählt wird, richtete sein ideales Begehren sogar auf ein Nonplusultra der Unerreichbarkeit, nämlich auf eine Gräfin von Tripolis, das im Orient liegt, und machte damit aus dem Fin'amor einen ›Amor de lon'h‹, eine Liebe in die Ferne räumlicher Trennung. Das ist ein irrationaler Grundzug, und ich meine, daß er auf seine Weise letztlich auch anderen Erscheinungen jenes Zeitalters, vor allem der Pilgerschaft nach Santiago de Compostela, zugrunde lag. Es ging hier wie dort, das Fremdwort sei mir nachgesehen, um die Transzendierung der inneren Erlebnisfähigkeit und Empfindung. Man hat im Zusammenhang mit dem Fin'amor nicht zu Unrecht von einer ›humanen Ethik‹ gesprochen. Gegründet auf die Liebe zu einer Frau und die Idealisierung ihrer Person, erzeugte er eine Art ›erotischen Naturzustandes‹, der zu innerer Vervollkommnung führte.

Natürlich sind solche Gedanken und Vorstellungen keineswegs allein im Bannkreis Königin Aliénors ersonnen worden. Vielmehr bedeuten sie das Fazit aus dem Leben und ›Erfinden‹ ganzer Generationen von Troubadours; einhundertzweiundzwanzig namentlich bekannte Dichtersänger führt Martín de Riquers neue Ausgabe ihrer Werke auf. Aber wie schon ihr Großvater, trotz einer eher fragwürdigen Haltung in seinen persönlichen Liebeshändeln, der Herold des Fin'amor war, so stellten sich bei Aliénor einige ihrer Hauptvertreter ein, Marcabru und Bernart de Ventadorn, der als bedeutendster Lyriker des Mittelalters schlechthin gilt. Mögen ein paar kurze Skizzen ihrer Persönlichkeit für die große Zahl von Meistersingern stehn, die landauf, landab ihre Verse vortrugen.

Marcabru, dessen Leben für den Zeitraum zwischen 1130 und 1149 bezeugt ist, der ›Sohn der braunen Marca‹, war nach allem, was wir wissen, ein Findelkind, das man einem reichen Mann vor die Tür gelegt hatte. Ein gewisser Aldrics del Vilar ließ ihn aufziehen; als junger Mensch geriet er mit dem gascognischen ›Joglar‹ Cercamon in Verbindung, der gern in Pastourellenform schrieb, einer populären Dichtungsgattung dialogisierter Art, in der ein Galan der Oberschicht ein Hirtenmädchen zu verführen suchte. Die Diskussion darüber, ob dieses Genre nicht doch zur ›höheren‹ Dichtung zu rechnen ist, dauert bis heute an. Auch Marcabru sollte ähnliche Stücke verfassen: »L'autrier jost' una sebissa / troboy pastora mestissa«, »anderntags an einer Hecke traf ich mich mit einer Hirtin« – das nicht mitübertragene ›mestissa‹ heißt demütig, niederen Standes. Den Annäherungsversuchen wußte sie gleichwohl zu begegnen.

Es blieb unbekannt, wer von den beiden Gefährten den andern beeinflußt hat. Marcabru jedenfalls wurde rasch seiner Sprache willen berühmt, und es ist ein Beweis für Aliénors Urteilsfähigkeit, daß sie ihn, jung wie sie war, nach Paris holte. Als König Louis ihn vor die Tür setzte, wußte er sich delikat zu rächen: »Desnaturad son li franceses« – »Entartet sind die Franzosen!« Was sich freilich nicht auf den Hinauswurf bezog, sondern auf den verlorenen Kreuzzug und den Tod von Aliénors Onkel Raymond. Ein wenig hinterhältige Politik war also auch im Spiel, denn wen konnte dieses Lied mehr treffen als den französischen König?

Aber Marcabru schrieb auch die schöne Tenso über die Liebe: »Amics Marchabrun, ca digam«. Er beklagte den Verfall, ein unerschöpfliches Thema aller Dichtung, seines Zeitalters und stimmte schließlich, als er nach vielen vergeblichen Versuchen unterzukommen, am kastilischen Hof Aufnahme fand, emphatisch das Lob Kaiser Alfonsos VII. an. Natürlich in einer echten Canso, die als sein Meisterwerk gilt. Er, der sich selbst ›Panperdut‹ – ›Allesverloren‹ nannte, wurde schließlich von aquitanischen Burgleuten umgebracht, über die er sich schlecht geäußert hatte. Auch damals war es durchaus nicht gefahrlos, seiner wenn auch noch so berechtigten Kritik allzu öffentlich Ausdruck zu geben.

Anders Bernart de Ventadorn, ebenfalls einfachen Schichten entstammend. Das vermeintliche Adelsprädikat in seinem Namen führt irre; er war lediglich auf der Burg der Familie Ventadorn aufgewachsen. Sie hatte in Eble de Ventadorn selbst einen berühmten Troubadour, Zeitgenossen von Guillaume IX hervorgebracht, dessen Werke jedoch verloren sind. Es handelt sich bei ihrem Wohnsitz um das heute Ventadour-Moustier genannte Schloß im Département Corrèze, wo Bernarts Vater Bediensteter war und das Brot für die Schloßbelegschaft zu backen hatte. Der Bäckerssohn also begann, vielleicht durch das, was er in den herrschaftlichen Gemächern anhören durfte, inspiriert, frühzeitig Reime und Cansos zu erfinden, worauf der Graf und Schloßherr sich seiner annahm, noch mehr aber seine junge Frau. Denn »avia moiller, joven e gentil e gaia«, er besaß eine Ehefrau, jung, edel und schön, die ihn singen hörte und Feuer fing. »E si s'abelli d'En Bernart e di soas chansons e s'enamora de lui e el de dompna ...«, und sie »gewann Bernart und seine Lieder für sich« und verliebte sich in den Jungen, wie umgekehrt er in sie. Worauf, als der Vizegraf Lunte roch, der Dichter hinausflog und seine Dame eingesperrt wurde. Bernart ging in die Normandie und endlich nach England an den Hof von Bermondsey, kurz, er geriet in den Bannkreis von Aliénor, der er einen ganzen Liederkreis widmete. Erschien er, als diese nach Poitiers zurückgekehrt war, auch am dortigen Hof? Aliénor hatte damals die Zahl ihrer Hausdichter vergrößert; darunter befand sich ein Rigaud de Barbecieux, ein Gaucelm Faidit, der die Königin unter dem Senhal ›Plus que dame‹ feierte, sogar

Aliénors Töchter aus erster Ehe, die Prinzessinnen Marie und Alix, waren derzeit von Paris nach Poitiers übergesiedelt.

Bernart hätte einer Sonderstellung sicher sein können. Aliénor veranstaltete damals sogenannte ›Cours d'amour‹, Liebeshöfe. Dabei ging es durchaus nicht auf so akademische Weise zu, wie noch unsere Großväter meinten. Keineswegs also saß man über Liebesfragen zu Gericht, vielmehr hielt man geistvolle Séancen mit Diskussionen und Troubadour-Gesang ab, kurz Feste, wie sie König Artus gefeiert haben mochte. André le Chapelain hat dieses Treiben, das sich unter dem Vorsitz einander abwechselnder Damen des Hofes abspielte, in seinem ›Traité de l'Amour‹ geschildert. Ventadorn, der Aliénor einst als »Mos aziman«, seinen Leitstern, bezeichnet hatte, wäre hier völlig am Platz gewesen! Später ging er zum Grafen Raymond V von Toulouse; als dieser starb, zog er sich, von tiefem Lebensschmerz befallen, »a l'ordre de Dalon« zurück, er trat in Dalon im Département Dordogne ins Kloster ein, wo er auch starb. Das letzte Datum, das wir indirekt von ihm kennen, ist das Jahr 1194.

Ihm recht eigentlich blieb es vorbehalten, das hohe Ideal der Weiblichkeit am eindrucksvollsten zu preisen. Es waren Gefühlsüberschwänge, was er mit so außerordentlicher dichterischer Kraft gestaltete, kein Zweifel, und unwillkürlich fallen dem Leser seiner Gedichte immer wieder die ekstatisch aufschauenden Könige vom Tympanon zu Moissac ein, einem der Hauptwerke romanischer Bildhauerei. Denn auch Bernart war ein Hingerissener, wie uns schon seine Lebensgeschichte bewies

> *En cossirer et en desmayo*
> *sui d'un amor qu.em lass' e.m te ...*
>
> *In Sorg und Ohmmacht leb ich hin*
> *um einer Liebe willen, die mich bindet ...*

und er dichtete im ›Chantar no pot gaire valer‹ eine Schöne an, nach der er sich verzehrte, ihrem graziösen Gebaren und anmutigen Leib. Bei jenen, die überall Fehltritte Aliénors witterten, ließ dergleichen natürlich sofort die Köpfe rauchen. Hatte also doch etwas zwischen Mos Aziman und ihrem Poeten stattgefunden? Töricht! Sie haben nie begriffen, daß es hier um etwas anderes ging: »Lo vers es fis e naturaus«, schrieb Bernart am

Ende seines Gedichtes: »Der Vers ist fertig und vollendet!« Ja, darauf kam es diesem größten Dichter unter den Poeten mittelalterlicher Lyrik, trotz aller Abenteuer des Herzens, am Ende denn doch genauso an wie den übrigen, auf die Vollendung.

Gefangennahme bei Dämmerung

Ein Winterabend nördlich Poitiers auf der Straße nach Chartres, nahe dem Hoheitsgebiet des französischen Königs. Eine Abteilung der Truppen Henris II von England, die seit einiger Zeit das Poitou, Gebiet ihrer eigenen Regentin, verwüsten, hält eine kleine Gruppe von Reitern an, die man als Poiteviner erkannt hat. Zur Verblüffung der Soldaten befindet sich eine Frau in Männerkleidung darunter. Es ist Königin Aliénor; offenbar will sie nach Paris, um bei ihrem ersten Mann Schutz vor dem zweiten zu suchen. Man arretiert und bringt sie unverzüglich nach Chinon, wo sie sechs Monate festgehalten wird. Im Juli 1174 muß sie an der Küste ein Schiff nach Southampton besteigen. Von dort transportiert eine Eskorte sie weiter nach Winchester und der Burg Old Sarum. Eine Gefangenschaft beginnt, die fünfzehn Jahre andauern wird.

Folgendes war voraufgegangen. Papst Alexander III. hatte wegen des Mordes an Becket über ganz England den Kirchenbann verhängt. Henri II, den man nunmehr den Alten nennt, weil sein ältester noch lebender Sohn, Henri ›der Junge‹, inzwischen zum König gekrönt ist, lebt, vegetiert mehr, als daß er regiert, völlig isoliert. Erst als er am 21. Mai 1172 auf den Stufen des Kirchenportals von Avranches öffentlich Buße tut, wird er losgesprochen. Seine erste Handlung, undurchsichtig wie jetzt so oft, ist es, eine Versammlung nach Limoges einzuberufen, um den ominösen Beinamen seines jüngsten Sohnes Jean sans Terre zu tilgen, indem er ihn verheiratet und mit reichen Dotierungen versieht. Dabei geschieht etwas Unerwartetes. Henri le Jeune erhebt plötzlich Einspruch gegen die Abtretung wichtiger Machtpositionen an seinen Bruder und verlangt, daß sein Königstitel nicht nur Attribut bleibt, sondern ihm wirkliche Regierungsgewalt übertragen wird. Anfangs scheint das Henri dem Alten nur ein unangenehmer Zwischenfall zu sein. Doch teilt ihm Graf Raymond von Toulouse, mit

dem er im Augenblick in guten Beziehungen steht, unter der
Hand mit, die wahre Urheberin dieser Schwierigkeiten sei seine
eigene Frau, Aliénor. Henri II ahnt durchaus zutreffend, was
sich da anbahnt, und befiehlt seinem Sohn und Thronerben,
nicht mehr von seiner Seite zu weichen. Selbst das Zimmer muß
er mit seinem Vater teilen. Als man am 8. März 1173 von
Chinon aus nach England aufbrechen will, ist Henri der Junge
jedoch geflohen; wie Berichte alsbald ergeben, nach Paris, um
sich in den Schutz von Louis VII zu stellen. Die Zeichen stehen
auf Sturm. Tatsächlich bricht der Aufstand der Söhne kurze
Zeit später los, denn auch Richard, inzwischen Herzog von
Aquitanien, wird sich an der Revolte gegen den Vater beteili-
gen. Henri der Alte antwortet mit wieder erwachter Tatkraft,
vor allem versucht er, der Seele des Aufstands, Aliénors, hab-
haft zu werden.

Es kann nicht der Sinn dieser Erzählung sein, die politischen
Wirren zu schildern, die nunmehr anheben. Vielmehr geht es im
großen Jahrhundert der Pilgerschaft um die exemplarischen
Gestalten und um die beherrschenden Mächte eines Raumes, in
dem die Santiago-Straßen zusammenliefen. Spürten die Wallfahrer, deren Füße währenddessen unablässig nach Süden oder
von dort zurück wanderten, etwas von dem, was sich hier zutrug? Die Zusammenhänge dürften sie kaum verstanden haben;
aber daß einige aufgeschnappte Bemerkungen oder wohlmei-
nende Warnungen an ihre Ohren drangen, daß sie Truppen
vorüberziehen und ferne Rauchsäulen von brennenden Dörfern
sahen, ist sicher. Was es sie anging? Als Pilger waren sie rechtlich vor jedem Zugriff gefeit, wenn es auch möglich erscheint,
daß irgendeiner von ihnen in die politischen Händel geriet. Immerhin wird nirgends davon berichtet, der Wallfahrerstrom sei
damals versiegt. Aber von den Pilgern ist in der Geschichte
ohnehin wenig zu hören. Diese vielleicht größte Bewegung, welche die Menschen des Abendlandes jemals erfaßte, vollzog sich
im Schweigen anonymer Schicksale, und was wir einzig sichtbar zu machen vermögen, ist nur die Model, die geistige Prägeform ihrer Wanderschaft, von der uns die Kirchen, die Kunst,
die Sagen jener Epoche einen Abglanz vermitteln. Keineswegs
aber wissen wir um das Gedachte und Empfundene, das sie

bewegte. Sie schrieben, heimgekehrt, keine Memoiren, und es scheint sicher, daß sie, wieder zu Hause, längst vergessen oder niemals begriffen hatten, was sich auf und an ihrem Wege zutrug. Dennoch bleibt es dem Erzähler aufgegeben, wenigstens in kurzen Zügen von den weiteren Schicksalen Aliénors zu berichten. Denn was ich die geistige Prägeform des Jahrhunderts genannt habe, das letzten Endes Unwägbare, Heile und noch im Tod Unverletzliche des Menschen jener Zeit, kurz alles, was das Mittelalter für uns so groß macht, in ihr hat es Gestalt angenommen, wie eingangs gesagt.

Äußerlich betrachtet dürften die Umstände von Königin Aliénors Haft nicht besonders drückend gewesen sein. Sie konnte sich mit einiger Freiheit bewegen und wechselte mehrmals den Aufenthaltsort, stand also unter einer Art Hausarrest. Aber zwei ergebene Höflinge des Königs folgten ihr auf Schritt und Tritt. Jede Verbindung nach außen blieb abgebrochen. Was für sie indessen das Ärgste gewesen sein muß, sie sah sich zur Untätigkeit verdammt. Währenddessen zeigte sich Henri II, der Alte, provozierender denn je mit seiner Rosemonde. Es offenbart sich geheime Absicht, ja ein Rachegedanke darin. Doch wofür?

Unwiederbringliche, verlorene Zeit eines einmaligen Daseins! Die Jahre verrannen; das Netz, das sie gefangenhielt, besaß keine Maschen. Möglich immerhin, daß sie etliches unter der Hand erfuhr. Henris Mätresse starb 1176 im Kloster Godstow. Seither schien die Lebensführung des Königs völlig verwahrlost; bald lief die Nachricht durchs Land, die geplante Heirat zwischen Richard und Adelaide, der Tochter Louis VII, die nach der Gepflogenheit ihrer Epoche am Hof des Verlobten aufwuchs, könne nicht mehr vollzogen werden, weil der alte König das ihm anvertraute Mündel verführt habe. Gleichwohl standen seine Angelegenheiten im Felde nicht schlecht. Bald ließ sogar eine Versöhnung Henris mit der französischen Krone das Schlimmste für seine Erben befürchten. Doch dann starb Louis VII, starb sehr plötzlich, und Philipp August, an dessen Krönung Henri der Junge teilnahm, bestieg den Thron. Die Streitigkeiten, die Auseinandersetzungen dauerten an...

Doch warum länger davon berichten? Mal schlug, mal vertrug man sich, und eigentlich ließ sich absehen, daß wiederum nur ein Einziger abhelfen konnte, der große Versöhner in der Geschichte, der Tod. Der, den er diesmal holte, war Henri der Junge. Er starb in Martel, jenem kleinen Nest an der Dordogne, dem der Sieger von 732 den Namen gegeben hatte. Noch auf dem Sterbelager suchte er um die Verzeihung des Vaters nach und legte gleichzeitig ein Wort für die gefangene Mutter ein. Den Pardon bekam er wohl, die Freilassung der Königin erwirkte er nicht. Gewiß, ihre Lage besserte sich; sie durfte an einem Familientreffen der Plantagenet teilnehmen, das am 30. November 1184 in Westminster stattfand. Aber steckten nicht politische Absichten dahinter? König Henri der Alte plante neuerdings, sein Reich nicht Richard, sondern dem unsteten Jean sans Terre zu hinterlassen, ein Racheakt und nichts weiter. Er versuchte Aliénor sogar zu zwingen, die dem Lieblingssohn abgetretene Regierungsgewalt in Aquitanien zurückzunehmen. Sie verweigerte standhaft jegliches Zugeständnis, und wiederum sanken seither die Schatten unbekannten Ergehens über ihr Dasein.

Als schließlich bei nächster Begegnung in Angoulême Philipp August von Frankreich als Vorbedingung eines Friedens die Übertragung der Herrschaftsgewalt über sämtliche Plantagenet-Besitzungen auf festländischem Boden, soweit sie unter französischer Lehenshoheit standen, an Richard verlangte, weigerte sich Henri ii entschieden. Worauf der anwesende Richard sein Wehrgehenk losschnallte, sich vor Philipp August zu Boden warf und den Lehnseid schwor. Ein neuer Krieg war da. – Wieviel Aliénor davon erfuhr?

Doch dann lösten sich die Verwirrungen, weil abermals der große Regisseur allen Menschenschicksals den Plan betrat: Henri ii kehrte eben von Verhandlungen nach Chinon zurück. Dort legte er sich zu Bett und starb am 6. Juli 1189. Nach dynastischem Recht hieß der Thronerbe Richard. Jean sans Terre, der jüngste Bruder, war nicht der Mann, ihm die Krone streitig zu machen. Die erste Handlung Richards war es, einen Boten nach England zu jagen, um seine Mutter Aliénor in Freiheit zu setzen. Aber sie wußte inzwischen Bescheid und hatte alles Nötige selbst besorgt. Sie zählte jetzt siebenundsechzig Jahre.

Tod im Wetterleuchten

Es stand zu erwarten, daß die Königin ein gebrochener Mensch war, aber sie schien noch immer von jenem Zauber der Erwähltheit umwoben, der ihr Antlitz, ihre Gestalt vor der Geschichte alterslos macht. Das Wandbild in der Kapelle Sainte-Radegonde zu Chinon läßt es erkennen. Noch einmal kam das Leben jetzt auf sie zu. An der Seite des bisher unverheiratet gebliebenen Lieblingssohnes erlebte sie leuchtenden Auges die Tage der Krönung von London, den überströmenden Jubel eines Landes, das sich von dem Alptraum der letzten Regierungszeit Henris II befreit sah, freilich am Ende auch voll geheimer Sorge Richards Aufbruch zum Kreuzzug ins Heilige Land. Von ihrem Sohn, ob seiner legendären Tapferkeit schon damals der Inbegriff abendländischen Rittergeistes, stand kaum etwas anderes zu erwarten; Jerusalem befand sich seit 1187 wieder in muselmanischer Hand. Dem ränkevollen Johann Ohneland wurde der Aufenthalt in England für drei Jahre untersagt. Die Geschäfte führte zwar mit strenger Hand der Kanzler William Longchamps; die Regierungsgewalt über das mächtige Reich von Schottland bis zu den Pyrenäen, der irischen Westspitze bis Frankreich lag indessen für die Zeit von Richards Abwesenheit bei Aliénor.

Als Richard im Verein mit Philipp August von Frankreich ausfuhr, tat sie trotz ihrer Jahre ein übriges. Sie ritt nach Navarra, um Berengaria, Tochter König Sanchos, einzuholen und durch die Lombardei nach Sizilien zu bringen. Ihr von vielen Leidenschaften bewegter Sohn mußte heiraten und Nachkommen haben. Dann beeilte sie sich heimzukehren, getrieben von der Besorgnis über die Zustände in England. Schon in Rouen erfuhr sie, daß sich Johann Ohneland trotz aller Schwüre an die Spitze einer Bewegung gegen den Kanzler gesetzt hatte. Sie handelte umsichtig wie stets, ließ unverzüglich alle Burgen der Normandie in Verteidigungszustand bringen, dann erst bestieg sie das Schiff nach England, um die Versorgungslinien des rebellierenden Sohnes abzuschneiden. Doch die Lage erwies sich als so bedrohlich, daß sie dringende Botschaften ins Heilige Land schicken mußte, die Richards Heimkehr forderten.

Um den Kreuzzug stand es ebenfalls schlimm. Schon zu Beginn war der Führer eines gleichzeitigen deutschen Unternehmens, Kaiser Barbarossa, im Saleph ertrunken, dann hatte Philipp August von Frankreich Richard im Stich gelassen und war heimgekehrt. Fast unter den Mauern Jerusalems mußte Aliénors hochgemuter Sohn resignieren; Saladins Übermacht war zu groß, die europäische Ritterschaft heillos zerstritten. Er hatte Wunderwerke an Tapferkeit vollbracht, aber nun blieb ihm nichts als die Umkehr übrig. Am 9. Oktober 1192 ging er zu Schiff. Aber wo blieb er? Qualvolles Warten in England! Endlich kam Nachricht: Er hatte sich vor Akkon in einer der üblichen Rivalitäten einen unversöhnlichen Feind gemacht, den inzwischen nach Hause zurückgekehrten Leopold von Österreich. Ein Schiffbruch verschlug Richard ausgerechnet an die venezianische Küste, die dem Grafen von Görz, einem Vasallen des Österreichers gehörte. Das bedeutete Gefahr. Auf Schleichwegen und in Verkleidung querte der englische König die Alpen. Trotzdem wurde Richard erkannt und fiel bei Wien in die Hände seines Widersachers. So geschehen am 20. Dezember 1192. Seither saß er in Dürnstein gefangen, später nach seiner Auslieferung an Kaiser Heinrich VI. auf der Burg Trifels in der Pfalz sowie in Worms, und während König Philipp August von Frankreich die Gelegenheit nützte, sich von Jean sans Terre für die englischen Festlandsbesitzungen huldigen zu lassen, handelte der Staufer wie ein Pirat. Nur gegen eine für die damalige Zeit ungeheuerliche Summe von einhundertfünfzigtausend kölnischen Mark war er bereit, seine kostbare Beute freizugeben, wiewohl Kreuzfahrer nach Kirchenrecht unverletzlich waren. Aber er wußte wohl, daß sich Papst Zölestin III. an ihn nicht heranwagte.

Nie haben sich Aliénors englische Untertanen so glanzvoll bewährt wie in jener Stunde! Bereits den ›Saladinszehnten‹ zur Finanzierung des Kreuzzugs hatte man ohne Murren hingenommen. Jetzt schmolz man die letzte Monstranz der Kirchen ein, um das Lösegeld aufzubringen. Königin Aliénor begleitete den Transport, immerhin an Gewicht vierunddreißigtausend Kilo Feinsilber, durch die Rheinmündung über Köln bis Mainz, wo sie den Lieblingssohn in die Arme schloß. Daß er, der sich zeitlebens so wenig um England kümmerte, so beliebt auf der Insel war, mag sie über die ausgestandene Angst getröstet ha-

ben. Am 12. März 1194 betrat Richard in Sandwich englischen
Boden, aber schon im Mai zog er voll Rachegedanken auf das
Festland zurück und begann einen Siegeszug ohnegleichen gegen Frankreich. Am Ende schien das Plantagenet-Reich mehr
gefestigt denn je. Doch der Tod ist ein geduldiger Fischer. Abermals betrat der Schicksalslenker die Szene, diesmal in der Rolle
des Zufalls. Vor Châlus wurde Richard durch einen Pfeil in den
Nackenwirbel getroffen und starb unter Qualen. Doch später
davon. Was auf den ersten Blick wie das Soldatenlos eines einzelnen anmutet, bedeutete in seinen Auswirkungen freilich eine
ungeheure Katastrophe. Eigentlich war es schon in diesem Augenblick mit dem Festlandsreich der Plantagenet vorbei. Denn
das Erbe übernahm Johann Ohneland, der, wie heute sicher,
unter einer Geisteskrankheit litt, bei der Zeiten völliger Apathie
mit hektischer Ruhmsucht wechselten.

Warum von den Winkelzügen der Politik, dem hinhaltenden
Taktieren, den ohnmächtigen Auflehnungsversuchen dieses
Mannes gegen Philipp August von Frankreich berichten, wenn
jedes Geschichtsbuch davon erzählen kann? Aliénor fügte sich
ins Unabänderliche und zog sich aus der Regierung zurück.
Oder doch nicht? In selbstüberwindender Einsicht versuchte
sie, zu retten, was noch zu retten war. Sie demütigte sich und
schwor König Philipp August den Lehnseid für ihre Länder.
Oder schwang dabei ein Gefühl tieferer Verpflichtung gegenüber dem Sohn ihres einstigen Mannes mit, wollte sie also gut-
machen, was sie doch nicht verschuldet hatte? Sie übernahm in
Paris sogar einen Gefälligkeitsauftrag. Wiewohl fast achtzigjäh-
rig, machte sie sich auf den Weg nach Kastilien. Dort war ihr
sechstes Kind aus der Ehe mit Henri, ihre nun achtunddrei-
ßigjährige Tochter, Aliénor gleich ihr geheißen, mit König Alfonso VIII. verheiratet und hatte ihrerseits elf Kinder geboren.
Eine Reihe von ihnen waren Mädchen. Unter ihren Enkelinnen
wird Aliénor die Ältere, wie man sie nun bezeichnen muß, eine
Braut für den französischen Thronfolger wählen.

Es muß ein letztes, großes Aufleben für sie gewesen sein:
noch einmal begegnet sie in Spanien der Welt ihrer Jugend. Wie
einst in Poitiers liegt die heitere Anmut der Frauen über dem
Leben bei Hof. Auch hier lassen sich Troubadours, ein Ramon
Vidal de Bezalú, ein Peire Vidal, ein Folquet de Marseille hören;

man veranstaltet ›Cours d'amours‹ und huldigt den Damen.
Drei Töchter Aliénors der Jüngeren stehen bereits in heiratsfä-
higem Alter. Die Großmutter entscheidet sich für Blanca von
Kastilien, die für die französische Gotik so große Bedeutung
bekommen und die Nordrose der Kathedrale von Chartres stiften wird. Nach zwei Monaten zog man gemeinsam nordwärts.
In Bordeaux nahm Aliénor zum letzten Male im Ombrière-
Palast Quartier. In Fontevrault allerdings hielt sie an, ließ die
künftige Königin Frankreichs durch Bischof Elie von Bordeaux
nach Paris geleiten und blieb im Kloster.

Aber Frieden wurde ihr selbst jetzt nicht zuteil. Im Jahre
1200 loderte der Streit zwischen Johann Ohneland und Philipp
August in hellen Flammen auf. Während sich der französische
König auf die Normandie warf, witterte Arthur de Bretagne,
ein leibhaftiger Enkel Aliénors, eine Chance an Frankreichs
Seite und unternahm einen Feldzug gegen das Poitou. Aliénor
war in Fontevrault nicht mehr sicher; nur mit Mühe konnte sie
Mirebeau, heute ein winziges Landstädtchen, erreichen, das Arthur unverzüglich berannte. Dem Anschein nach saß sie in einer
Falle, aus der es kein Entrinnen gab. Die alte Königin indessen
handelte so entschlossen wie je und verteidigte die Burg des
Nestes mit Bravour, bis der eilig heranrückende Johann Ohneland die Falle von außen zuschlug. Er nahm furchtbare Rache
an seinem Neffen; in Rouen ließ er ihn festsetzen und hat ihn
dort am Gründonnerstag 1203 auf einem Seine-Boot, wie später bekannt wurde, eigenhändig erdrosselt.

Davon erfuhr Aliénor wenigstens nichts mehr. Aber wieder
in Fontevrault, mußte sie schweigend ansehen, wie Stück nach
Stück ihres Reiches herausbrach. Seit Johann Ohneland wieder
in seine Apathie verfiel, nahm Philipp August in der Normandie
eine Burg nach der andern und schließlich die Schlüsselstellung
von Château-Gaillard. Er sollte bald auch im Poitou erscheinen. Zu dieser Zeit aber war die große Tochter Aquitaniens
bereits tot. Man setzte sie, die gewiß ein Ausnahmemensch und
doch in jedem Wesenszug eine Verkörperung ihres Landes und
ihrer Zeit war, neben ihrem Mann Henri II und ihrem Sohn
Richard Löwenherz in Fontevrault bei.

Johann Ohneland hielt noch bis 1214 aus, bis zur Schlacht
von Bouvines also, ehe seine Macht völlig zusammenbrach und

mit ihr das englisch-angevinisch-aquitanische Festlandsreich. Zwar sollten die Plantagenet später noch einmal nach Aquitanien zurückkehren, der Schwarze Prinz sein Unwesen treiben und der Hundertjährige Krieg das Land verheeren. Aber die Engländer, die nun auf den Burgen des Périgord, des Quercy und der Gascogne hausten, waren Fremdlinge im Lande geworden, und zudem hat unsere Erzählung mit jener späteren Epoche nur noch am Rande zu tun.

POITIERS, EINE ZITADELLE

Einzug im großen Regen

Mein lang ersehnter Einzug in *Poitiers* spielte sich völlig anders ab als erwartet; übrigens schon im Juli des Jahres. Seit gut einem halben Tag befand ich mich nun von Châtellerault aus unterwegs, anfangs im Wagen mitgenommen, später zu Fuß. Eine ungeheure Apathie lag über der ausgebrannten Erde. Der bleierne Himmel hatte sich weißlichgrau übersponnen; etwas Drohendes schien dareingemischt. Unterdessen marschierten meine Füße fühllos im Takt, bis endlich, endlich die Vorstadt von Poitiers in Sichtweite kam. Aber war, was sich dahinter im Dunst verlor, die Stadt meiner Sehnsucht? Nach alten Stichen mußte gleich an der Porte de Rochereuil das Château mit seinen machtvollen Rundtürmen liegen. Die Stelle, jetzt Place de Berry, schien jedoch auf gradezu bestürzende Weise in eine Wüstenei von Asphalt und Pflaster verwandelt und spie Ströme von Fahrzeugen nach allen Himmelsrichtungen aus. Zwischen zwei Lichtsignalen habe ich sie passiert und bin eilig in eine überraschend menschenleere Straße, die langsam ansteigende Rue Jean-Bouchet eingebogen, auf der einst auch die Pilger zogen, und glaubte mich sicher.

Doch grade hier sollte etwas geschehen, das meine kommenden Tage völlig veränderte. Hatte ich nun in meiner Benommenheit nicht mehr zum Himmel geschaut oder zu sehr mit meinem Empfang gehadert? Jedenfalls klatschte neben mir etwas zu Boden, ein dicker Tropfen. Dann wieder und wieder, bis sich die Luft mit jähem Brausen erfüllte und die nächste Häuserecke – es war in der Nähe des Hôtels Fumée, eines rühmlich bekannten Baus aus dem 16. Jahrhundert – hinter einer wahren Wand von Wasser verschwand. Seit ein oder zwei Monaten, mir schien es eine Ewigkeit her, war kein Regen gefallen, jetzt aber barst der Himmel. Überall rann, floß, strömten Rinnsale zusammen, wohin meine Augen blickten, und schwemmten als wahrer Fluß an mir vorbei nach unten. Das mußte einmal so kommen! Was sich freilich nach eiligem Flüchten stadteinwärts als böseste Überraschung erwies, die menschenleer geglaubte Oberstadt war überfüllt von Touristen. Das Hauptkontingent bestand aus silberlockigen Damen im beigefarbenen Reisehabit, deren Gesichter sich maliziös gegen die Scheiben von Cafés oder Bistros preßten, während ich pudelnaß von Tür zu Türe sprang, um immer wieder zu hören: Nichts zu machen, alles besetzt!

Erst nach zwei Stunden fand ich am Bahnhof unten, am Boulevard du Grand-Cerf, wo der Verkehrslärm am größten war, in einem Betonkasten Unterschlupf. Mit einem lichtlosen Blick auf Betonmauern und Asphaltdächer, versteht sich, über denen der Fels der Oberstadt anstieg. Auch nach hinten heraus gab es eine Fahrbahn, die Auffahrtsrampe, Boncenne geheißen, die jeden Motor zu monströsen Kraftakten ermunterte, denn es mußte an dieser Steige geschaltet werden. Kurz, ich war einer Lärmspinne ins Netz gegangen und habe darin länger als eine Woche gezappelt, während Hornissengesumm und Mammutröcheln meinen Schlaf zermarterten.

Der Regen fiel unterdessen fort, nicht mehr in ganzen Wänden, aber in begabtem Stakkato, jeder Tropfen ein Peitschenhieb, der sehr gekonnte Spritzer aus der wasserpelzigen Straße zupfte. Das ließ sich freilich nur von der sogenannten Hotelhalle her betrachten, einem Winkel von raffinierter Künstlichkeit, der sonderbare Empfindungen von Verlorenheit aufkommen ließ. Hinter der Réception werkelte zwar ein zerzaustes Wesen an Wäscheballen herum, das aber nur portugiesisch brabbelte. Das einzig fühlende Geschöpf schien der Hund Oscar, von dem niemand recht wußte, wohin er gehörte. Vielleicht zum Portier vom ›Paris‹ zur Rechten? Leider mochte er keine Deutschen und bleckte mich misanthropisch an; er besaß auch sonst recht menschliche Züge. Sooft er durch die Glastür zum Grand-Cerf hinaus auf die vorbeiströmenden Fahrzeuge sah, schüttelte er mißbilligend seinen dicken Kopf, und dies bewies seine höhere Intelligenz. Die Leute von hier nahmen es gar nicht mehr wahr.

Der zweite Tag wurde mir lang. Anfangs griff ich zum einzigen Exemplar der Hotelbibliothek, einem trübseligen Bande Sartre. Aber das hieß denn doch Eulen nach Athen zu tragen, und so beschloß ich, gleich Oscar, den Alltagsbetrieb am Bahnhofsplatz zu studieren. Gegen halb neun Uhr bauten sich zwei Weißmützen der Fremdenlegion an der Arrivée-Tür der Empfangshalle auf. Irgendwann kamen dann einige junge Leute mit Koffern aus Pappkarton und stellten sich wartend daneben. Etwas ratlos offensichtlich. Das alte Leben war abgetan, das neue hatte noch nicht begonnen. Gegen halb zehn kroch die Besitzerin des ›Terminus‹ an der Ecke aus den Federn; dann kam ihr grauer Pudel zum Vorschein und schaute, wie Oscar, mißvergnügt aus der Tür. Mit dem vollen Glockenschlag aber wurde es lebhaft. Jetzt erschienen die Liebespaare aus den Absteigen ringsum. Ein frequentierter Zug mußte um diese Zeit fahren. Die Mädchen lehnten den Kopf verträumt an die Schultern ihrer Galane, diese hingegen hatten es in der Unstetigkeit des Männergeschlechts sonderbar eilig. Meine Liste ähnlich erhebender Vorkommnisse hätte sich bis zur abendlichen Apéritif-Orgie fortsetzen lassen, die sich Monsieur, der Oscar-Vater und Tagesportier vom Hôtel rechts nebenan, nach Dienstschluß leistete. Währenddessen strömte der Regen, rollten unablässig die Wagen vorüber, und ich fühlte mich so allein wie nie.

Am dritten Tag hielt ich es nicht mehr aus, warf mir den Mantel über und stieg entschlossen zur Oberstadt auf. Nicht über die Boncenne, sondern die hunderteinundvierzig Stufen der Abkürzungstreppe empor. Welch ein Bild da unten! Die riesigen Gleisgespinste des Güterbahnhofs im Boivre-Grund, die Hänge von La Roche gegenüber ersoffen in Schwaden und Regen, und auch auf dem Boulevard Verdun oben war es nicht tröstlicher. Endlose, graue Häuserfronten bis zur Präfektur hin beweinten längst vergessene Onkel- und Tantenschicksale, während ich, nun schon tief in den Klauen der Regenverzweiflung, resümierte, daß Poitiers unrettbar öde und kleinbürgerlich war. Wollte ich eine Bestätigung? Da kam sie bereits gegangen. Es waren die sattsam bekannten ›Moyennes‹, die mittleren Bürger der französischen Provinz, ein betagtes Paar, das nur noch vom gemeinsamen Regenschirm zusammengehalten wurde. Sie mit hochgezogenen Brauen über emphatischen

blauen Nasenlöchern und einer vom unablässigen Reden bib-
bernden Lippe, er, indem er an ihrem Arm hinterher kroch. Ihr
ganzes Leben drückte sich in dem Regengang aus. Dieses besorgte »Was werden die Leute sagen«, die Angst um die soziale
Geltung, sogar die erbärmliche Wohnung, in der man niemand
empfangen konnte, sah man ihnen irgendwie an. Nein, genaugenommen stimmte das nicht, von alledem war in Wahrheit nur
noch das Skelett ihres Daseins übrig.

Ich lief und lief und entdeckte keinen Hauch von dem, was
es hier doch geben mußte, einige schwärzliche Schatten ausgenommen. Es war längst dunkel geworden, als ich nach einge-
hender Betrachtung von Zuckerbäckereien, Uhren- und Wä-
schegeschäften in der Rue Gambetta, Weltuntergangsstimmung
im Herzen, im großen Café an der Place Leclerc verschwand.
Dort war es nun wieder so voll, daß man kaum einen Stuhl
erwischte; immerhin, es bedeutete Lebenswärme, Brutwärme
sogar. Auch meine Silberlöckchen in Beige hatten eine Abord-
nung entsandt, die mit Erfolg hinter einem halbvollen Glas Tee
den ganzen Abend die besten Tische besetzt hielt; aber die Franzosen sind höfliche Leute.

Bis man urplötzlich auch hier die Fahnen reffte! Abends um
zehn sind in französischen Provinzstädten die letzten Auftritte
unerbittlich zu Ende, und so trottete ich erneut hinaus in den
Regen, zog durch endlose, verödete Straßen die große Treppe
hinab zum Bahnhof. Auch hier war bis auf die Fahrzeuge nichts
mehr los. Nur nebenan links in der Kneipe wusch der Barkeeper
noch ab; ihm gegenüber stand, nein, lag mit dem Kopf halb auf
dem Schanktisch, Monsieur, der Portier vom Hôtel nebenan
rechts, vor sich einen allerletzten Ricard, und in der Tür stand
Oscar bereit, seinen Herrn ins Bett zu bringen. Diesmal wedelte
er mich mit seinem Stummelschwanz ganz kurz an. Die Einsamkeit macht alle Wesen zu Brüdern, und dann war ich in meinem
Zimmer, während der Regen wieder mit harten Fingerknöcheln
gegen die Fensterscheiben pochte, der Regen, der seine Buß-
schleier über Poitiers hängte und die Stadt zu einer Zitadelle der
Einsamkeit machte, in deren verlorenstem Kerker ich verstört
auf dem Bettrand hockte.

Mit den Augen des Coligny

Eines Morgens aber erwachte die Welt mit den blanken Augen einer Dreizehnjährigen am ersten Ferientag; sie hatte die Lust an tragischen Untergängen verloren. An diesem gottgesegneten Morgen habe ich Poitiers Abbitte geleistet und daneben entdeckt, daß es wirklich einer Zitadelle glich, aber von ganz anderer Art, als ich's empfunden hatte. Die Oberstadt hauchte ihre Siebenuhrsgerüche über die Straßen, als ich meine Treppe, immer zwei Stufen auf einmal, emporsprang und, eingehüllt in Brot-, Lauch- und Melonendünste durch frischgebadete Gassen zur Clain-Brücke an der Ostseite der Stadt hinüberwanderte.

Poitiers liegt einzigartig. Im Westen spannt die fadendünne Boivre eine grade Sehne durch ihren Grund, im Osten aber umläuft der Clain die Stadt in einem stark angezogenen Bogen. Im inneren Bogenfeld hat sich die Stadt angesiedelt oder, besser, auf eine zwiefach schräge, nämlich von Norden nach Süden ansteigende und gleichzeitig gegen den Clain geneigte Kalkplatte gelagert. Das läßt an Andromeda auf dem Felsen denken oder klingt gar heroisch, ohne es doch zu sein. Die herzoglich-gräfliche Residenz von einst trägt nicht einmal Livree, wohl aber sind ihr allenthalben Glockentürme ausgesprossen, wie sie grade die Weihwassertropfen ihres halben Dutzends von Heiligen trafen. Auf der Stirne meist. Das darf jedoch keineswegs zu der Annahme führen, Poitiers sei eine frömmelnde Stadt, viel eher will es etwas Profitliches sagen, etwa »Lieber Gott, hier sind wir«, für den Fall, daß es mal ernst wird. Etwas Selbstgefälligkeit mag auch mitgespielt haben; jedenfalls waren die Poiteviner zu einer gewissen Zeit ihres Daseins von einer wahren Bauwut besessen.

Das erkannte ich unten von der Clain-Brücke des Pont-Neuf noch nicht, wo soeben ein Angler einen endlos langen Faden samt seinen Grüblerblicken ins grüne Wasser versenkte. Ach, diese unverbesserlichen Optimisten Frankreichs, fünf Stunden Wartezeit für ein silbernes Fischlein von fünf Zentimetern! Aber man kann es schon während des Ansteigens wahrnehmen, wenn man den steilen Abfall des rechten Flußufers auf dem Boulevard Coligny nebst den Aussichtsterrassen seiner Vorstadthäuschen empormarschiert. Am besten oben vom Sockel der riesigen, vergoldeten Jungfrauenstatue, die man dorthin postiert hat, wo 1569 der Admiral und Hugenottenführer Gaspard de Coligny hinaussah, der auf dem Bild des Clouet einen so hübschen Mund und so argwöhnische Augen hat, als wüßte er schon, was seiner in der Bartholomäusnacht wartete.

Ich sage, man kann. Wer sich auskennt, wandert zuvor einen Kilometer weiter über die Höhe nach Südosten, um mit seinem Studium Poitiers' ganz von vorn zu beginnen. Bis zur *Pierre Levée.* Das ist die schräg auf ein paar Steinen liegende Platte einer vorgeschichtlichen Grabstätte, eines Dolmens, den man im 18. Jahrhundert ramponiert hat. Bis dahin diente sie erst als Grabdeckel, dann als Speisetisch für die Poiteviner, die mit Kind und Kegel eine Landpartie unternahmen. Auch Rabelais hat mit seinen Kommilitonen hier oben getafelt. Der Dolmen mit der hübschen Steineiche, die heute unter seiner ohnmächtig aufragenden Schräge hervorwächst, ist der Rest eines großen prähistorischen Friedhofs. Etliche hundert Meter weiter nach Westen findet sich in einem wundervollen Zedernhain ein frühchristlich-merowingischer, und tut man an der ersten Stelle einen Blick in die grauen Schwaden der Vorgeschichte, so an der zweiten einen datierbaren in den Abgrund der Zeit. Denn hier liegt das *Hypogäum Martyrium,* dessen Beiname besser ›Mellebaudis‹ hieße, eine unterirdische Totenkapelle in jener Form, wie man sich damals das Heilige Grab vorstellte. Sieben oder acht Menschen tun hier den ewigen Schlaf, behütet von den rührend archaischen Heilszeichen der Evangelisten, Symbolbildern, die mit dem Meißel mehr in den Stein geschrieben, als gehauen sind, unter gleichzeitiger Anmahnung durch die gekreuzigten Schächer. Auch das merowingische Kreuz ist da, und eine Inschrift besagt, daß hier im 7. Jahrhundert der unwürdige Diener Gottes, Mellebaud, beigesetzt wurde. Darunter steht das syrische Wort ›Maranatha‹ zu lesen; es besagt ›Gott wird kommen‹, aber soll hier, nach Auskunft der Experten, in Verbindung mit einem lateinischen Kontext eine Verfluchung für jeden Grabschänder bedeuten.

Die Hypogée Mellebaudis in den Dunes, besser Dubes, gewährt wirklich Einblick in früheste Vergangenheiten der Stadt jenseits des Clain-Tales. Als ich sie besuchte, begann ich über meine Regenbeschimpfung nachzudenken und kehrte, mit ge-

senkter Stirn sozusagen, zum Aussichtsplatz zurück, von dem
Coligny 1569 seinen Hugenottensturm auf Poitiers leitete. Ge-
nauer genommen stieg ich etwas tiefer hinab, um die von der
Stadt aufsteigenden Küchen- und Häuserdünste in die Nase zu
kriegen. Es gibt eine Karte in der Stadtbücherei, die dreißig
Jahre nach Colignys Angriff entstand, aufgezeichnet an der
Stelle, von der ich hinaussah. Sie verrät, daß die Kanonen des
Admirals nicht allzuviel Schaden anrichteten.

Es ist ein wundervolles Blatt, auf dem noch die alte Stadtmauer am Clain, die Wehrtürme, längst vergangene Brücken,
die Bischofswiese auf der Clain-Insel, Straßenzüge, die untereinander in ›Bourgs‹ abgegrenzten Häusertrakte, das Herzogspalais mit dem Turm Maubergeon und sogar der Platz zu erkennen sind, wo einmal bei Saint-Hilaire die römische Arena
lag. Vor allem aber sieht man darauf eine Unzahl von Kirchen,
mithin was noch und was nicht mehr da ist. Von Montierneuf
im Norden bis zu den Resten des römischen Aquäduktes im
Süden, Namen, die immer wieder in der Geschichte auftauchen
– Saint-Savin, Saint-Cybard, aber auch das alte Château, die
Porte Saint-Ladre an der Route nach Paris mit den drei Durch-
lässen, die es noch im 18. Jahrhundert gab. Ferner die Karmeli-
ter-, die Michaelskirche, Notre-Dame-la-Grande, die Große genannt, weil nahebei Notre-Dame-la-Petite lag; sodann den Uhrturm, Saint-Didier, die Jakobiner- und Franziskanerkirche als
Kulisse am Horizont. Im Vordergrund aber Sainte-Croix, die
Kathedrale, Sainte-Radegonde; alles in allem ein Wald von
Türmen, in den sich auch die Glockenstuben, Kirchturmhähne
oder Dachkegel von Maria Lichtmeß, der Trinité, Saint-Gré-
goire und Saint-Antoine mischten, die es alle nicht mehr gibt.

Sechsundvierzig Konvente führt Gaston Dez in seiner ›Histoire de Poitiers‹ an, wozu bei einer Bevölkerung von zwölftau-
send Seelen im 11. Jahrhundert noch zwanzig Pfarrkirchen kamen. Wahrhaftig, Poitiers war eine Zitadelle, aber eine der Kirchen. Verglich ich diese Vedute von 1599 mit dem Anblick vor
mir, war die Stadt das noch immer, und mit meinem Traum
vom romanischen Poitiers hatte es seine Richtigkeit. Worauf
ich mich unverzüglich auf die Suche nach einer Vergangenheit
machte, die immer noch Gegenwart ist.

›Das Lächeln der Minerva‹
Vorschlag zu einem Festzug

Die Franzosen, so scheint es, machen sich aus historischen Auf-
zügen wenig. Dabei könnte man sich in Poitiers so gut einen
Trionfo seiner Vergangenheit nach Art des Petrarca vorstellen.
Schon höre ich Madame Jeannotin, Mathematikerin und einge-
schworen auf die exakten Wissenschaften, spöttisch einwerfen:
»Monsieur, c'est passé! – Und außerdem, unter welchen Leitge-
danken wollen Sie den Wildbach stellen, den Sie Geschichte
nennen?« Ich aber, vom langen Büffeln der Geschichtsbücher
inspiriert, würde sie auf folgende Weise zu überzeugen versuchen: »Probieren wir es doch mit dem Lächeln der Minerva,
daß alles so gut überstanden wurde.« Hier ist er, mein Vorschlag eines Cortège!

Minerva? Damit meine ich die römische Figur im schönen,
neuen Museum, die man 1902 an der Rue du Moulin-à-vent
ausgegraben hat, eine behelmte Göttin mit einem warmen
Frauenlächeln und dem ausgeruhten Elfenbeinton, den ihr der
lange Schlaf in der Erde verliehen hat. Als Sinnbild eines sanft-
mütigen Verstandes würde sie meinem Festzug als Patrona Pic-
taviae voranziehn, dargestellt von einer der hübschen, jungen
Poitevinerinnen. Weil ihr heutiger Aufenthaltsort ohnehin eine
Ecke der guten Geister ist, käme hinter ihr gleich eine allegori-
sche Gruppe, die Katechumenen mit den wallenden Gewändern
des 6. Jahrhunderts als Repräsentanten des Baptisteriums Saint-
Jean; in Händen, gleich den Stifterfiguren alter Altarbilder,
kleine Sperrholzmodelle des uralten Kirchleins. So, wie es ganz
früh, später und dann aussah, ehe die Autofahrer auf der ›Jean-
Jaurès‹ Karussell darum fuhren. Die romanischen Malereien
der Decke ließe ich natürlich als lebendige Personen auftreten,
Reiter auf kraftvollen Rössern, darunter ein stolzer Konstantin;
das gewöhnliche Himmelsvolk ginge zu Fuß, die Auferste-
hungsszene bekäme einen eigenen Wagen.

Da ich besorge, keine geeigneten Darsteller zu finden, blieben die bärbeißigen Frankenkrieger Chlodwigs der ersten
Schlacht von Poitiers aus dem Spiel, und genauso die Sarazenen
der zweiten. Vielmehr müßte jetzt eine gekrönte Nonne, Sainte
Radegonde, erscheinen, die Sainte-Croix gegründet hat, aber

keineswegs kopfhängerisch, sondern so kühnen Blicks aus den
grauen Augen, daß die Zuschauer beifällig mit dem Kopfe nik-
ken würden. Hinter ihr wandert, ein wenig eitel nach Literaten-
art, Bischof Venantius Fortunatus, ein Buch unter dem Arm,
weil er ihr Leben beschrieben hat; gleichzeitig mit ihm übrigens
die anderen Heiligen der Stadt, damit es eine beschauliche
Gruppe mit Fahnen und Meßbuben gäbe: Saint Porchaire, Saint
Fridolin, Saint Emmeram, der von Poitiers aus nach Bayern
ging. Nur Saint Hilaire müßte fehlen; an ihn hätte sich auch
Petrarca nicht herangetraut.

Das wäre meine Avantgarde und, wie ich glaube, kein
schlechter Auftakt. Doch jetzt bereitet mir die Geschichte einige
Schwierigkeiten, denn sie macht einen gewaltigen Sprung. Wer
mag von den nordischen Schlagetots, den Wikingern, Dänen,
Normannen noch etwas hören oder gar sehen? Wagen wir es, in
dem weiten Zwischenraum auf die Wirkung des heranpolternden
Hufegeklappers eines herrlichen Reitertrupps zu vertrauen,
das die Leute neugierig macht. In langen Gewändern, richtigen
Dalmatiken, die breiten Borten der Scharlachmäntel mit Edelsteinen besetzt, kommen die poitevinisch-aquitanischen Guill-
laumes heran. Im Herrensitz ist Königin Aliénor dabei und
selbstverständlich auch Henri II Plantagenet, diesmal kein Kir-
chenmodell vor sich, sondern die Schlüssel Sankt Petri. Damit
spielt er auf die zu seinen Lebzeiten errichtete Kathedrale Saint-
Pierre an, diese großmächtige Hallenkirche, die bis nach Pader-
born hin Schule machte. Selbstverständlich müßten jetzt auch
die einfachen Leute her, die Fuhrmänner, Steineschlepper,
Maurer, Steinmetzen, Zimmerer. Schließlich war Poitiers zwischen 1020 und 1150 eine einzige Baugrube, und ihr Gehäm-
mer, Lachen und Pfeifen taten den geweihten Orten, an denen
man fleißig am Werke war, keinerlei Abbruch. Das Bauen hat
die Poiteviner sogar über manches hinweggetröstet, wie das
tragische Jahr 1204, als eine französische Besatzung unter dem
schlauen Philippe Auguste einmarschierte.

Denn das ging anfangs gar nicht zum Heile der Stadt aus.
Vielmehr hatte Madame Jeannotin mit ihrem Wildbach von
Geschehnissen recht. Doch zu meinem Cortège zurück! Hinter
den Leuten der Ile de France würden daher sofort die ›God-
dons‹, die Engländer des Hundertjährigen Krieges, mit dem

Schwarzen Prinzen über die Szene reiten, dann wieder Bertrand Duguesclin, Connetable von Frankreich, und wie es damals der einzige Lichtblick war, so auch bei mir, an seiner Seite zöge Herzog Jean de Berry mit, ein Freund der Künste, der das Palais seiner Vorgänger so herrlich ausschmücken ließ. Mit ihm kämen die Architekten Dammartin, der Bildhauer Jean de Huy und der Maler Jean de Hollande. Dann allerdings müßte endlich die Lichtgestalt, die alles zum Guten wendete, ein Höhepunkt meines Festzugs, erscheinen, Jeanne d'Arc. Ihretwegen würde der Trionfo ja auch die Rue de la Cathédrale mit dem Haus Nummer 59 passieren, wo man sie examiniert hat, ehe sie in ihr Schicksal hinausritt. Die Zuschauer brächen bei ihrem Auftritt in ergriffenen Beifall aus, auch wenn sie noch nicht ihre glänzende Rüstung trüge. Aber dieses Mädchengesicht mit den gläubigen Augen – wem preßte das nicht das Herz zusammen? Doch ich sehe schon, aus meinem Triumphzug ist unversehens ein ernsthaftes Schauspiel geworden, und meine einzige Hoffnung, noch einmal eine heitere Note ins Spiel zu bringen, liegt bei den Studiosi der berühmten Universität von 1431, besonders, wenn sie an ihren alten Collèges bei der Kathedrale und der Rue des Hautes-Écoles vorüber kämen. Es befanden sich einmal erstaunlich viele Deutsche darunter; als ihr Vertreter müßte der ernste Johannes Reuchlin, der Humanist, mitwandern. Ein Franzose aber brächte mit seinem ›Ésprit gaulois‹ unfehlbar alles zum Schmunzeln, François Rabelais, der spätere Pfarrer von Meudon.

Eigentlich wäre mein Cortège des Mittelalters damit zu Ende. Doch eine Überraschung habe ich mir bis zum Schluß aufbewahrt. Als letzter soll Kaiser Karl v. von Habsburg auftreten; er ist 1539 durch Poitiers gereist, um mit König Franz i. eine Entente cordiale abzuschließen. ›Alla fine del trionfo‹ der Friede! Das wäre im Sinn meiner Minerva. Man hat damals an der Porte de la Tranchée einen Triumphbogen für den Kaiser gebaut, darauf sich Herkules mit seinem Sohn Agathyrsis sehen ließ, von dem die gelehrten Poiteviner abzustammen behaupteten, und auch dies würde nicht übel zu meinem Götterbild passen ...

»C'est passé, Monsieur!« wiederholte Madame Jeannotin, der ich, bei einem Glas Tischwein, dies sei gestanden, meine

Idee eines poitevinischen Trionfo vortrug, »außerdem ist Ihr
Thema zu ernst, als daß mich das Lachen der Minerva über-
zeugte.«

»Sie lacht nicht, Madame, sie lächelt«, habe ich erwidert.
»Es ist ein Hauch Resignation dabei. Kein Baum wächst in den
Himmel!« Aber dann kamen auch mir Bedenken, wenn auch
ganz anderer Art. Wo hatte ich nur bei diesem Marsch durch
die Geschichte meine Freunde, die Santiago-Fahrer, gelassen?

Saint-Hilaire oder die Flamme

Die Pilger der Grande Route durchzogen Poitiers der Länge
nach. Sie betraten die Stadt an der Porte de Rochereuil, ließen
zur Rechten die Cluniazenser-Abtei Montierneuf mit der 1096
durch Papst Urban II. geweihten Grabeskirche der poitevinischen Grafen liegen und wanderten auf dem gleichen Weg in
die Stadt, auf dem ich gekommen war. Das will sagen, durch
die Rue Jean-Bouchet, benannt nach einem Geschichtsschreiber
des Poitou, auf die Place Charles VII zu. Wie anzunehmen ist,
machten sie dort einen Abstecher nach Notre-Dame-la-Grande
hinüber. Doch gleich von ihr. Am Sockel des Herzogspalais
vorbei dürften sie der heutigen Rue Carnot gefolgt sein, um
Saint-Hilaire zu erreichen, eines der großen Zwischenziele der
Pilgerfahrt.

Es gibt Zeugnisse, die ihre Route bestätigen. Bis zum
14. Jahrhundert befand sich an der Ecke der Rue des Basses und
Rue des Hautes-Treilles ein nach Saint-Hilaire weisender Stein,
und im Hof des Hauses Nummer 7 der Rue Gambetta, die an
Saint-Porchaire vorbeiführt, sieht man, eingelassen in eine
Mauer, die Figur eines Mönchspilgers. Die Herbergen der Wallfahrer lagen nahe an diesem Weg; in der Rue de la Regratterie
gab es jene ›mit dem großen Jakobsbild‹, eine andere mit dem
›kleinen Sankt Jakob‹ in der Windmühlenstraße; weitere Unterkünfte befanden sich im Gebiet der Rue Jules-Ferry. Eine Jakobus-Kapelle an der Ecke der Rue de la Torchaise haben sie
vielleicht erst bei ihrem Ausmarsch durch die Porte de la Tranchée besucht; sie gehörte der Jakobsbruderschaft, die auch über
eine Aumônerie und einen Pilgerfriedhof verfügte.

Es gab triftige Gründe für die Bürger von Poitiers, sich der

Pilger anzunehmen. Ihre Zehrpfennige, so bescheiden sie sein mochten, verhalfen der Stadt zu Wohlstand. Andererseits besaß der Besuch Poitiers' auch für die Wallfahrer hohe Bedeutung. Der Pilgerführer des Aimery Picaud machte es ihnen zur Pflicht, Saint-Hilaire-le-Grand aufzusuchen und in dieser Kirche das Grab des Apostels des Poitou, der vermutlich der geistige Ziehvater des heiligen Martins gewesen ist, bis dieser von hier hinauszog nach Ligugé, um Frankreichs älteste Abtei zu gründen.

Wer Sankt Hilarius war, von dem wir eher verwundert zur Kenntnis nehmen, daß ihn Pius IX. 1851 unter die Kirchenlehrer einreihte? Die Legende berichtet wenig Greifbares über ihn. Er hat um 340 als verheirateter Bürger in Poitiers gelebt und besaß eine Tochter namens Abre, deren Sarg im Museum erhalten blieb. Einmal zum christlichen Glauben erweckt, verwandelt sich sein Dasein in eine lodernde Flamme. Mit seiner Frau, die ihn liebt, verabredet er die leibliche Trennung und beginnt ein Eremitendasein in einer Zelle, später Saint-Hilaire-la-Celle geheißen. Sie liegt etwas südostwärts der Place Leclerc. Als seine Tochter Abre heiraten will, kann er sie zur Entsagung überreden; darauf tut er etwas, das uns ungeheuerlich anmutet. Der greifbaren Macht seines Gebetes bewußt, bittet er den Himmel um ihren Tod, damit sie vor Anfechtung bewahrt bleibt. Worauf ihn seine Frau ebenfalls um diesen Liebesdienst bittet. Welche inneren Dramen sich hinter der knappen Nachricht verstecken? Man kann diese ›Todesbereitschaft für einen anderen‹ im heutigen Rechtssinne interpretieren, und dann wäre sie fürchterlich; daher muß man sie wohl unter den Aspekten einer äußersten Unbedingtheit betrachten, zu der sich die geistigen Vorkämpfer jener Epoche verpflichtet fühlten. Es scheint, daß sich der Klerus von Poitiers bald um Hilarius zu einem Gemeinschaftsleben geschart hat, über das freilich wenig Genaues bekannt ist. Sicher bleibt, daß er als Wortführer der Christen galt. Die Kraft seiner Predigt wird gerühmt, und das Jahrhundert der Pilger mag ihn deshalb besonders hoch geschätzt haben. Auch Jakobus war ein gewaltiger Redner. Gott sprach durch ihn.

In der Mitte des Jahrhunderts hat man Hilarius in Poitiers zum Bischof gewählt. Seither greift er machtvoll und unerbittlich in das geistliche Leben Galliens, aber auch der damaligen Christenheit ein und wird zum Vorstreiter gegen die Arianer,

die den Gottessohn nur als einen auserwählten Menschen be-
trachten. In diesem erbitterten Glaubenskampf um Herkunft
und Stellung Christi, der das ganze Jahrhundert erfüllt, wird
Hilarius von Kaiser Konstans, dem Sohn Konstantins, nach
Phrygien in Kleinasien verbannt, wo er vier Jahre bleibt und
seine Hauptwerke ›De Trinitate‹ und ›Ad Constantiam‹
schreibt. Papst Liberius, der in der gleichen Frage eine laue, auf
Kompromisse bedachte Haltung einnimmt, schleudert er sein
›Anathema!‹ – ›Fluch über Dich!‹ entgegen. Er weicht keinen
Schritt von seiner Haltung ab und hat an der Weiterentwicklung entscheidender Grundgedanken der Synode von Nikäa auf
die Trinitätslehre hin bedeutenden Anteil. Als er 368 stirbt,
steht er schon im Geruch der Heiligkeit. Nicht zuletzt haben
dazu seine lateinischen Hymnendichtungen beigetragen, die ersten ihrer Art. Es ist die Zeit der Bekenner. In der Kirche Saint-
Hilaire oder besser, dem damaligen Sankt Johannes und Paulus, das er noch selbst erbaut hat, will er neben Frau und Tochter begraben sein.

Später ist daraus *Saint-Hilaire-le-Grand,* Mittelpunkt einer
Abtei, die inzwischen längst vergangen ist, geworden. Nur die
Kirche, freilich im Gewande des 11. Jahrhunderts, steht heute
noch und gehört zu den großen Ereignissen im Bilde von Poitiers. Als einer ihrer ›Erbauer‹ wird Bischof Fulbert von Chartres genannt, der im Auftrag der Grafen von Poitiers als Schatz-
verwalter der Abtei Saint-Hilaire tätig war. Im vorigen Jahrhundert hat man seinen Namen noch im Erdgeschoß des berühmten Turmes lesen können, der ursprünglich allein stand
und erst später mit seinen unteren Etagen dem nördlichen
Querschiff eingegliedert wurde. Er dürfte um 1025 entstanden
sein. Die Chronik von Saint-Maixent nennt als weitere Stifterin
die englische Königin Emma, die nicht nur einen Teil der Mittel
beisteuerte, sondern auch einen Baumeister schickte, Gautier
Coorland. Den zweiten Bauabschnitt finanzierte die Witwe des
Grafen-Herzogs Guillaume le Grand, Agnes von Burgund,
wahrscheinlich ab 1039. Zehn Jahre später ist der Gesamtbau
geweiht worden. Leider, der obere Teil des herrlichen Coor-
land-Turmes brach 1590 zusammen. Um 1870 hat man die
Kirche sogar regelrecht rekonstruieren müssen und ihr eine
neue Fassade vorgelegt. Dabei ging das vordere Doppeljoch

verloren. Es sind also nur noch der untere Turmteil, eine Partie des Schiffes, das Querschiff und die Chorhaube ursprünglich erhalten.

– Am Morgen war ich, zum wievielten Male, in Saint-Hilaire eingekehrt und mußte mir abermals eingestehen, der Bau wirkte, ungeachtet der anmutigen Apsiden, von außen etwas gedrückt, wenn man von der Doyonné, der Dechanei, herankommt. Sobald ich aber eintrat, ergriff mich der alte Zauber. Man denke sich, in fünf Schiffen wallt das Innere dem erhöhten Chor entgegen; ein ganzer Wald von Pfeilern, Bogenstellungen und Gewölben umfängt den Besucher. Das hat seinen Grund in den um 1100 nachträglich eingezogenen Achteckkuppeln, die von Bündelpfeilern, Trompen oder konischen Nischen getragen werden.

Diese Konstruktion forderte Tribute. Während die Joche ursprünglich rechteckig waren, bedürfen Kuppeln eines quadratischen Grundrisses. Man hat sie daher als gewaltige Baldachine in das Längsschiff gestellt, wodurch Abstände zu den Seitenschiffen, die Zwischenschiffe entstanden, eine Notlösung, allein eine geniale. Durch sie ist das herrliche Spiel romanischer Bögen, Pfeiler, und Gewölbe erst zu sich selbst gekommen; es wirkt so, als öffneten sich überall Tore und Aufblicke. Man sieht das am schönsten von der Seite des erhöhten Chores aus, unter dem in der Confessio der Heilige ruht. Es war früher keineswegs der einzige Zauber, der von Saint-Hilaire ausging. Überall, wo sich Raum bot, waren die Wände und Pfeiler mit Malereien überzogen; heute lugen sie nur noch gelegentlich, übrigens recht verblaßt, aus dem später eingebrachten Putz. Aber noch immer durchwaltet diese Kirche die majestätische Würde des 11. Jahrhunderts bis zum herrlichen Chor, den schlanke Rundpfeiler umstellen; es ist eine Großartigkeit, die zugleich Innerlichkeit bedeutet. Eine ihrer kostbarsten Eigenheiten konnte die Zeit nicht zerstören, das Licht, das den gesamten Raum durchwebt.

Ein glücklicher Tag war mir beschieden. Die Sonne stand im Süden und bewirkte, daß in diesem von hoher Geometrie erfüllten Raum plötzlich etwas wie eine Gefühlsstimmung aufkam. Ihr Schein fiel gleichzeitig durch die Seitenschiffsfenster wie die hohen Obergaden-Öffnungen des Langhauses, aber auch durch die Oculi und Fenster des südlichen Zwischenschiffes ein. Dreimal insgesamt. Der ganze Innenbau schien in Bewegung geraten. Das unterschwellige Leuchten der Seiten spiegelte seinen Widerschein in die Gewölbe; über die Pfeiler, Stützen und Verbindungsbögen rann Helligkeit; das von den Obergaden einflutende Sonnenlicht bewirkte schließlich ein übriges, um den gesamten Raum bis in die Kuppeln hinein mit wanderndem Schein zu erfüllen. Alles war Sammlung und Formenspiel, ein Abbild höchster Harmonie in einer wundervollen Vielfalt der Formen, und dies muß es gewesen sein, was die Baumeister, im Sinne des heiligen Hilarius, hatten ausdrücken wollen: jede Ordnung wird von einer größeren, machtvolleren überfangen, bis sich die Vielfalt, in Gestalt der Kuppeln, zur Einheit des Weltgebäudes zusammenschließt, unter dessen erhöhtem Opfertisch der Heilige ruht.

Allein, es bleibt von den Kapitellen im Bannkreis des Chores zu berichten, einbegriffen jenen der einbezogenen Turmgeschosse – einem Vogel mit Laubwerk hier, einem Löwen mit grimassierenden Masken dort, vor allem aber den erzählenden Bildwerken der Vierung. Eines ist da, das besonders anrührt. Es stellt den Tod des heiligen Hilarius dar, dessen aufschwebende Seele beim Gesang von assistierenden Klerikern von Engeln empfangen wird. Oder da ist die berühmte Flucht nach Ägypten, da sind ... Meisterwerke allesamt aus einer Epoche der Frühe, schon entstanden gegen Ende des 11. Jahrhunderts, ehe die große plastische Wende anhob.

Es ist alles besonders in diesem Gotteshaus. Als ich aus dem Chorumgang wieder in den Schiffsraum mit seinen Durchblikken trat, erreichte das Licht einen solchen Grad an Leuchtkraft, daß ich armseliges, von tausend Entweihungen der Geschichte gezeichnetes Menschenwesen des 20. Jahrhunderts mich aus der Zeit herausgehoben und in ein ewiges Dauern entrückt fühlte.

Das Mysterienspiel von Notre-Dame-la-Grande

Die große Liebe der Poiteviner gehört freilich *Notre-Dame-la-Grande*. Sie ist wortlos gleich der Zuneigung zu einer Mutter und so schwärmerisch wie die ersten verliebten Verse eines Halbwüchsigen. Was die Frauen angeht, so hat wahrscheinlich jede von ihnen schon einmal darin vor dem Gnadenbild der Schlüsselmadonna gekniet, um sich irgendeinen geheimen Kummer, vom verlorenen Portemonnaie bis zur Untreue des Mannes, von der Seele zu reden. Ich habe mir sagen lassen, daß sie sogar in verzweifelten Fällen hilft, auch jenen, die im Gefolge der ersten Frühlingsnächte auftreten, wenn ein dunkellokkiger Übeltäter die Konsequenzen nicht zieht. Ob nun die Schlüsselmadonna, die eigentlich etwas mit einer uralten Stadtlegende zu tun hat, die nötige Sinneswandlung des Heißsporns bewirkt oder ein paar naßgeweinte Taschentücher der Betroffenen – fest steht, für die nachfolgenden Feierlichkeiten wählt der poitevinische Brautvater mit Vorliebe Notre-Dame-la-Grande aus. Sie ist dafür wie geschaffen, stimmungsvoll, zu Herzen gehend, mystisch-erhaben.

Diese wohltuende Rolle spielt das Kleinod im Herzen der Stadt natürlich nur an Samstagen, wenn geheiratet wird. An gewöhnlichen Werktagen muß sie manches hinnehmen. Etwa die schändlichen Gedanken eines Clochard, der die Nacht unter einer der Steinbänke nebenan verbracht hat und ob seines leeren Beutels meditiert: »Wenn man sie nur an irgendeinen Kapitalisten verkaufen könnte!« An Markttagen zudem das Gedränge der Verkaufsbuden und Zeltdächer und sogar das unheilige Gelächter in den Kneipen rings um den Platz. Sie schweigt, ist schön und tut ihre Pflicht völlig unberührt, denn sie ist es seit rund neunhundert oder etwas weniger Jahren gewöhnt; man kennt ihr Alter zwar nicht genau, jedenfalls stammt sie aus romanischer Zeit. Die Fassade ist darüber etwas nachgedunkelt, aber auch das macht ihr im Grunde nichts aus, und der Zuneigung der Poiteviner genausowenig.

Aber treten wir doch in das Innere ein, bis sich das Menschenknäuel draußen entwirrt hat! Lassen wir uns von der feierlichen Stille den Arm um die Schultern legen; alles wirkt hoch, schweigsam, aber gewiß auch bunt, was auf das Konto des 19. Jahrhunderts geht, und dazu etwas düster. Eigentlich paßt das wenig zu einer poitevinischen Kirche. Wie freilich hätte sich Notre-Dame dagegen sträuben können, daß man vor dem lichtspendenden, großen Fassadenfenster eine Orgeltribüne einzog? Um so besser kommen dafür im Altarraum die Kerzen bei der Schlüsselmadonna zur Geltung; ringsum glim-

men im Widerschein festlich bekrönte Säulen auf, und am Sok-
kel der Chorestrade kann man sogar die Marmortäfelchen der
›Reconnaissance‹ oder ›Dankeschönschilder‹ erkennen, die zumeist der Jungfrau, aber auch dem heiligen Joseph oder Sankt
Hilaire gewidmet sind. In der Mitte aber thront, als Ziel der
Verehrung, durch kein Querschiff um seine Wirkung betrogen,
das Gnadenbild, das einmal auf mystische Weise den Stadt-
schlüssel an sich brachte, als ein bestechlicher Beamter ihn den
Engländern ausliefern wollte.

Die Madonna trägt ein zartgesponnenes Brautgewand. Wie
anders soll man es nennen? Darum sind auch die Augen der
kleinen Sünderin, die mit zerknülltem Batisttüchlein in einer der
vordersten Bänke kniet, so brennend auf sie gerichtet. Nein, sie
hat keineswegs acht, die Kleine, auf die Malereien im flachen,
langgezogenen Gewölbe über diesem Altarraum, wiewohl da
ebenfalls eine Jungfrau thront und dazu noch der glorreiche
Christus des 12. Jahrhunderts, der die Toten erweckt, ohne daß
dabei ein seelenwägender Michael aufträte. Verdammnis und
Höllengestalten findet man in der gesamten Kirche nicht, dafür
um so graziösere Engel, welche die Schar der Erwählten mit
ausgespannten Flügeln zur ewigen Seligkeit führen, was denn
doch einen Rückschluß zuläßt. In der Tat, Notre-Dame-la-
Grande ist eine Kirche des Trostes; sie bedeutet darüber hinaus
noch etwas mehr, aber das erkennt man erst draußen.

Mittag, gottlob! Der weite Platz um Notre-Dame hat sich
geleert. Zwar türmen sich dort Berge von Abfall, aber man
rückt ihnen bereits mit großen Besen zu Leibe. Einzig vor der
Fassade ist der Abbau der Zeltdächer noch nicht beendet.
Raum immerhin, um die Kirche herum zu wandern und ihre
Harmonie zu bestaunen. Vor allem die strenge Einfachheit der
alten Apsiden. Ach, begehrt man auf, wären dort die gotischen
Anbauten nicht! Allein, davon unbeschwert steigt über mächtig
emporgeschwungenen Blendarkaden der Vierungsturm mit
dem durchbrochenen Glockengeschoß, einem herrlichen
Rundtempel auf, zuoberst von einem Pinienzapfen bekrönt. Es
ist einer der schönsten im Poitou. Wieviel Erdenkraft vereint
sich hier mit der Bereitschaft, den Gesang der Glocken durch
die offenen Arkaden in den blauen Himmel hinauszujubeln!

Endlich ist auch vor der Kirche Platz und daher Gelegenheit,

vor die Schauseite von Notre-Dame-la-Grande zu treten, und
da verschlägt es uns doch den Atem. Alles, was sich das Poitou
an kunstvoller Ausgewogenheit des Aufbaus und die Saintonge
an Schmuckformen ausgedacht haben, verbindet und durch-
dringt hier einander. Natürlich ist die Fassade nach Landes-
brauch zwischen zwei prachtvolle Tourelles aus kräftigen Bündelpfeilern mit Laternengeschossen und Kegeldächern gespannt. Der Giebel aber tut etwas mehr als gewöhnlich und
zeigt sich graziös abgestuft. Es sollte soviel Wirkung wie möglich erreicht werden. Man hat ihm, und das ist abermals eine
festliche Zutat, eine tiefe Mandorla eingemuldet, in der Christus, umgeben vom Viergetier steht. Darunter öffnet sich, durch
einen Karnies getrennt, das mächtige Mittelfenster der Fassade,
die Lichtquelle des Innern, und neben ihm zieht sich links und
rechts eine obere Arkadenreihe oder ein Register, wie die Franzosen sagen, ins Quere. In den sechs Feldern ihrer herrlichen
Bögen stehen die vier Evangelisten und zwei Heilige an den
Außenrändern. Vielleicht Sankt Hilaire, Sankt Martin oder
auch Sankt Martial? Ähnliches wiederholt sich eine Etage tiefer, nur daß es hier acht Felder sind, in denen man die übrigen
Apostel als eine Art Beisitzer des großen Schauspieles untergebracht findet. Dann folgt der untere Karnies, und jetzt ereignet
sich etwas. Denn zwischen ihn und die oberen Ränder der Archivolten vom Portal und den Blendarkaden der Seiten – in
einer davon soll ursprünglich eine Reiterfigur gestanden haben
– schiebt sich, ungeachtet der schwierigen Platzverhältnisse, jener Fries, der das ganz Besondere an Notre-Dame-la-Grande
ausmacht. Auf ihm nämlich ist ein wahrhaftes Theaterszena-
rium, die Menschwerdung Christi dargestellt.

Natürlich beginnt es mit dem Sündenfall, aber dann kommt
etwas sehr Ungewöhnliches, der thronende Nebukadnezar als
Sinnbild des Heidentums. Kein Wunder, wenn sich nun die
Propheten der Verheißung einstellen, Daniel, Jeremias, Jesaias
und Moses mit ihren Spruchbändern, um in einer Art stummer
Monologe den weiteren Verlauf der Heilsgeschichte vorzube-
reiten. Soeben ist auch der Verkündigungsengel angelandet; er
hat den linken Flügel noch vorgeschlagen und geht auf die
Jungfrau zu. Was er sagen will? Aus der Tiefe tauchend hebt
Jesse den Stammbaum Christi empor, und damit weiß man,

worauf hier angespielt wird. Schon begegnen auch die beiden werdenden Mütter einander, Elisabeth und Maria; und nun darf sich die Erzählung völlig der Darstellung der Christgeburt widmen. Sie wird als Intimszene der Heiligen Familie so eingehend geschildert, daß jeder Poiteviner sogleich an ureigenste Erlebnisse daheim erinnert ist. Maria liegt lang auf ein Bett gestreckt, etwas erhöht erkennt man die winzige Wiege; rechts wird das Neugeborene bereits in die Küpe gesteckt, um sein erstes Bad, fast schon eine Taufanspielung, zu empfangen, und abermals weiter hockt Joseph, ein wenig überflüssig, so wie es Männern in jenen Augenblicken ergeht, wenn die Frauen das Regiment übernehmen.

Es ist heiliges Leben und zugleich Volksleben dargestellt, aber keineswegs nur geschildert. Sondern um darzutun, daß sich in diesem Rahmen das gesamte Menschsein abspielt, wird alles umrankt, überwuchert, durchwirkt von zahllosen Schmuckformen und Pflanzenschlingen, in denen sich Lemuren oder Tiergesichter verstecken. Dazu kommen noch unendlich viele Details auf Archivolten, Arkaden und Kapitellen. Begreift man jetzt, warum die Poiteviner an dieser Fassade so hängen? Ihr Leben ist mitgemeint, wenn von Christus erzählt wird. Man sagt zwar, diese Schauwand gleiche einer Elfenbeinschnitzerei. Vergleiche müssen wohl sein. Aber die Wahrheit ist, sie will überwältigen. Woran auch die manchmal naive, aber immer ausdrucksstarke Plastik ausnehmenden Anteil besitzt, denn sie ordnet sich völlig unter. Das Einzelbildwerk will, für sich genommen, nicht das geringste bedeuten; vielmehr ist die Verschmelzung von Architektur, Skulptur und Ornament an dieser Fassade alles.

Emile Mâle hat auf die Verwandtschaft des Frieses wie der gesamten Schauwand mit liturgischen Aufführungen, wie sie im Limousin üblich waren, verwiesen. Um seine Erkenntnis richtig einzuschätzen, muß man um etwas Weiteres wissen: Die heute so schwärzliche Fassade war ursprünglich farbig gefaßt, und zwar in jener heftigen, durchaus bunten Weise, wie die romanische Zeit das liebte. Sie hat lebendiges Leben abgebildet. Wer die Augen ein wenig schließt, kann es sich beim Betrachten mit einiger Phantasie noch imaginieren. Ein steinernes Mysterienspiel ist hier Gestalt geworden, und wie deutlich man das während langer Jahrhunderte nachempfand, berichtet uns Gaston Dez. Nach dem Vorbild von Notre-Dame sind früher Mysterienspiele mit lebendigem Personal auf Plätzen oder in geschlossenen Räumen veranstaltet worden. Damit ist offenbar, warum die Poiteviner dieser Kirche so leidenschaftlich ergeben sind, sie stellt eine Umsetzung und Erhöhung ihres eigenen Daseins sub specie aeternitatis dar, ein Schmuckstück und Glaubenstheater zugleich, weiß Gott nicht groß, aber sie steckt gleichzeitig voll jener Harmonie, die im gesamten aquitanischen Raum eine so bedeutsame Rolle spielt. Das Äußerste im ausgewogenen Maß, lautet ihr wahres Geheimnis.

Noch sehr viel später, als ich im Parc de Blossac auf dem nach Süden gerichteten Felssporn der Stadt saß und meine poitevinischen Tage überdachte, stand mir das unerhört festliche Bild von Notre-Dame-la-Grande vor Augen, während exotische Vögel lautlos durch die Gebüsche huschten und das von den hohen Bäumen gefilterte Licht Regenbögen in die Fontänen zauberte. Nein, Geistesmacht war es nicht, die mich dort ergriffen hatte wie zuvor in Saint-Hilaire, sondern die Darstellung von Dasein, Lebenserhöhung und Zuversicht, und das besaß eigene Maßstäbe aus der innersten Herzkammer der Menschen. Mochten die Religionskriege Poitiers ruiniert haben, bis sich auf dem vergangenen Glanz das Grau und die Gleichgültigkeit der Jahrhunderte niedergeschlagen hatten – man kann Größe vernichten und ungeschehen machen, aber die Spuren der Herzwärme nicht. Sie bricht unwiderstehlich hervor, wenn nur ein Samenkorn übrig bleibt, und mischt sich in unsere Träume, bis sich der Betrachter unseres gewiß bequemeren Jahrhunderts betroffen eingesteht: Leicht haben sie's damals nicht grade gehabt, aber wie groß sie dachten, wie erfüllt ihr Dasein gewesen sein muß!

– Wenig später befand ich mich bereits in Ligugé, Frankreichs ältester Abtei, im Schoß der Wälder südlich von Poitiers. Dort erlebte ich abermals wie an der Hypogée Mellebaudis einen Absturz in die Schächte der Zeit. Eine Fundamentspur neben der heutigen Mönchskirche, das ist der Rest des uralten Gotteshauses, an dessen Altar der heilige Martin gestanden und die Messe zelebriert hatte, eine leere Grube, die Confessio oder

Gruft, in der man seinen Leichnam ursprünglich beisetzte. Dahinter führt ein mit Linden bestandener Weg zu einem kleinen, neugotischen Kapellchen. An dieser Stelle hatte er den von einem Baugerüst gestürzten Katechumenen zum Leben erweckt, damit er durch die Mönchsweihe vor Satan behütet in die Ewigkeit einginge. Seltsames Poitou! – nur Nutzerde, Ackerland, Talgründe, gar nichts Besonderes, und doch entbrannten hier die Menschen ergriffener als anderwärts, so daß man sich zwischen uralter Pflasterung und leeren Sarkophagen noch heute von einer unsichtbaren Hand angerührt fühlt: Halte ein, steh still! Hier sind jene über die Erde gegangen, die das Abendland groß gemacht haben.

Die Fee von Lusignan und die Rue de Galice

Auf dem Weg durch ein ganzes Buch schleppt man viele Gesichter mit sich. Einige verblassen, andere nehmen an Deutlichkeit zu. Monsieur Robertin, mittleren Alters, aus der Auvergne gebürtig und dem Santiago-Kult so ergeben, daß er schon einmal zu Fuß in Compostela war, gehört zu einer zweiten Gruppe. Wie es schien, war sein Interesse allerdings mehr registrierender Art. Wir hatten uns irgendwann auf einer Exkursion von Paris aus kennengelernt, und nun hockte er, dünn und hoch aufgeschossen, plötzlich auf meiner Parkbank in Poitiers neben mir. Das schien ein Fingerzeig, und weil er obendrein über Zeit und ein kleines Auto verfügte, beschlossen wir, gemeinsam weiterzuziehn. Ohne die ihm eigene, bohrende Form des Examinierens ging es auch diesmal nicht ab, als er mich nach meinen poitevinischen Erlebnissen ausfragte.

»Sie wissen natürlich, daß früher ein riesiger, langgestreckter Teich den gesamten Boivre-Grund einnahm«, konnte er etwa mit kaum überhörbarem Vorwurf sagen, »wollen Sie es Ihren Lesern verschweigen?« Freunde eines Schriftstellers wissen immer, was und wie er zu schreiben hat. Oder: »Sie lassen Ihre Pilger durch die Porte de Rochereuil nach Poitiers einziehn. War es nicht die Porte Saint-Lazare oder Saint-Ladre?« Das wog bereits schwerer; tatsächlich führte die Pariser Route durch dieses Tor.

»Sie wollen mir also ans Leder«, versuchte ich durch Heiterkeit abzulenken. Doch er schüttelte nur den Kopf. Gut, dachte ich, setzen wir uns also zur Wehr! »Was aber, wenn ich antworten muß, Monsieur Robertin, daß die Jacquaires auf dem rechten Clain-Ufer nach Poitiers marschiert sind und in Buxerolles die Jakobuskirche aufgesucht haben? Sie kamen zwangsläufig über Rochereuil.« Eine nur scheinbar nebensächliche Frage, auf die ich bei keinem Historiker Antwort gefunden hatte, und auch er konnte offenbar kein Licht in die Sache bringen. Was aber im Augenblick mehr wog, er schien seiner Gewissensfracht ledig, zu der ihn sein Hang zur Genauigkeit zwang; wir hätten also gut fahren können.

Doch hatte ich wohl die Höflichkeit seines Herzens falsch eingeschätzt. »Entschuldigen Sie, daß ich Ihren Bericht unterbrach«, fuhr er nachdenklich fort, »ein Mensch meiner Art spinnt sich gern sein eigenes Gedankengarn.« Weiß Gott, daß er nachdachte! Was er eigentlich trieb, habe ich nie erfahren; er schien irgendwelchen Studien nachzujagen, jedenfalls hakte er sich an den unscheinbarsten Stellen plötzlich wie eine Klette fest. Erst langsam kam ich dahinter, daß solchen Grübeleien eine geheime Organisation seines Gehirnes zugrunde lag. Dennoch, ich mochte ihn; er war selbstlos und unermüdlich, ein Urbild auvergnatischer Zähigkeit, allerdings verbunden mit einer Neigung zum Mystizismus. So sprach er mit Wärme von tellurischen oder kosmischen Kräften oder auch von Woïvres, verborgenen Wasserströmen unter der Erde, deren Hervorbrechen den Menschen der Vorzeit zur Anlage von Heiligtümern veranlaßt habe; eine von gewissen Autoren genährte Vorstellung übrigens, die damals in Mode war. Schrieb er am Ende gar selbst? Einerlei, die entgötterte Zeit stillte den Hunger nach übersinnlichen Zusammenhängen aus den Krautgärten der Spekulation, wobei Zahlen und Symbole eine ausnehmende Rolle spielten. Das galt auch für Monsieur Robertin. »Im Grunde sind Sie ein Kabbalist«, rieb ich ihm daher unter die Nase.

Er lachte gutmütig auf. »Daß mehr hinter den Dingen steckt als nur ein Fragezeichen, werden auch Sie nicht ableugnen können.« Gepaart mit dieser erstaunlichen Mentalität schien ein nagender Hunger, den er vergeblich zu unterdrücken suchte. Sein dürres Knochengerüst mochte schuld sein. Schwangen wir uns zu Mahlzeiten im Gasthof auf, glitt sein Blick selbstverloren über die auf der Servierplatte verbliebenen Reste, bis wir ein Abkommen trafen. Er bekam drei, ich ein Viertel, und hinfort hatte er bei mir seinen Spitznamen weg, Monsieur Troisquarts. Aber er amüsierte nicht nur durch sein seltsam hüpfendes Lachen, er war mir sehr nützlich und hatte unendlich vieles gelesen, wenn es auch in seinem Gehirn auf vertrackte Weise geordnet herumlag.

Wir rollten eben auf *Lusignan* zu und würden bald in die Saintonge und das Aunis, Frankreichs Spukkammern für allerlei Sagengeister, gelangen. Monsieur Troisquarts saß wie ein zusammengeklapptes Taschenmesser, die Knie fast unter dem Kinn, am Steuer. »Das müßte Coulombiers sein«, murmelte er mit einem Seitenblick aus dem Fenster, »einst Pilgeretappe, wie Sie natürlich wissen. Leider, es ist nichts mehr da. Gleich bekommen wir den zugehörigen Wald ins Visier, wenn man der Karte trauen darf.« Doch auch davon zeigte sich wenig. »Die Fontaine de Cé lassen wir aus«, beugte ich daher vor; »wir können nicht alles machen.« – »De Cé?« – »Wo Raymondin Melusine tanzen sah.« – »Raymondin?« – Diesmal wußte er nicht Bescheid. Was immerhin recht erstaunlich war.

Um was es bei der ›unvermeidlichen‹ Melusine geht? Ihre Geschichte soll nicht berichtet werden, weil es sich um irgendeine in der Region von Lusignan angesiedelte Fabel handelt. Aber es spiegeln sich in dieser Doppelgestalt von Fee und Sirene nun einmal gewisse Wesenszüge des Landes. Auch wenn Robert Colle, Herausgeber eines Legendenbandes über die Saintonge, in Melusine gern einen poitevinischen Sondergeist erkennen möchte, mir schien das Sirenenhafte darin, das ihr einen Platz in der romanischen Gedankenwelt anweist, unübersehbar. Außerdem spielt sie auch sonst eine erhebliche Rolle. Die Herren von Lusignan, immerhin zu Königen aufgestiegen, behaupteten, von ihr abzustammen, und schließlich hat die Geschichte einigen Tiefgang.

Hier die Fabel. Melusine kommt als Tochter des Königs Elinas von Schottland zur Welt; die Mutter ist eine jener Feen, von denen es in der keltischen Sage so viele gibt namens Préssine. Der schottische Herrscher hat sie kennengelernt, als er schon Witwer geworden, sie aber noch blütenjung und ebenso schön war. Wie es so geht, verliebt er sich auf den ersten Blick, und sie, was wunder, ist gleich zur Heirat bereit. Allerdings unter einem einzigen Vorbehalt. Er muß versprechen, daß er künftige Kinder in den ersten Lebensmonaten nicht zu sehen verlangt. Solche Mausefallen gibt es in vielen Märchen. Préssine bringt drei Mädchen zur Welt, Melusine, Mélior, Palatine. Hat

der Vater nun sein Versprechen willentlich oder zufällig vergessen? Jedenfalls betritt er eines Tages das Kinderzimmer, als
seine Frau eben dabei ist, die Kleinen unter magischen Be-
schwörungsformeln zu baden. Worauf sie aufgebracht ob des
Wortbruchs samt den Mädchen zu der ›Verlorenen Insel‹ flieht,
unter mancherlei Klagen begreiflicherweise, daß sie nun vater-
los sind. Tiefe Ressentiments gegen Elinas wurzeln sich bei den
Töchtern ein. Herangewachsen macht sich das Kleeblatt heimlich nach Schottland auf, um ihm einen Denkzettel zu erteilen,
und sperrt ihn mittels Zauberkraft auf einem unzugänglichen
Schloßberg ein. Doch als die drei heimgekehrt sind, begibt sich
etwas ganz Unerwartetes. Préssine begehrt auf, ja verwünscht
sie, belegt sie mit einem jener Flüche, die in Fabelgeschichten so
etwas wie die Scharniere der Türen bedeuten, weil sie Hand an
den Vater gelegt haben. Was Melusine betrifft, so wird sie hinfort alle Samstagabende vom Gürtel an in eine Schlange, nach
einer zweiten Version in einen Fischleib verwandelt. Niemals
darf sie ein künftiger Gatte in diesem Zustand erblicken, sonst
kann seine junge Frau nicht länger am Leben der Sterblichen
und ihrem Schicksal teilnehmen, sondern wird, nach Art aller
Naturgeister, zwar alterslos, doch einsam hindämmern. Traurig zieht sich Melusine, die so gern eine normale Frau gewesen
wäre, in den Wald von Coulombiers zurück, wo sie manchmal
mit anderen Feen in der Quelle von Cé ein Bad nimmt.

Eines Tages begegnet sie dort Raymondin, dem Neffen des
Grafen von Poitiers. Er hat seinen Onkel auf der Jagd durch
einen Unglücksschuß umgebracht und irrt ratlos umher. Erst
tut er Melusine nur leid, dann wird eine Liebe daraus. Sie heiratet ihn, nachdem er das obligate Versprechen abgelegt hat, ihr
niemals an Samstagabenden nachzuspüren. Alles scheint gut;
die Ehe wird mehr als glücklich. Nachts, wenn Raymondin im
gesunden Schlaf junger Ehemänner liegt, tut sie ein übriges,
schleicht sich heimlich von seiner Seite und fliegt einem Stein-
bruch zu, um in der Schürze große Quader zu holen, die sie aus
der Luft zuerst in Lusignan, dann hier oder dort herabpoltern
läßt. Mächtige Burgen und Städte entstehen auf diese Weise, die
allesamt Raymondin gehören – Pouzauges, Tiffauges, Mervent,
Châteaumur und Vouvant nennt eine der Fassungen. Nach anderen baut sie das von den Normannen zerstörte Saintes wieder

auf, errichtet Pons, sodann den Turm Saint-Nicolas von La Rochelle und die Tour Aigle in den Befestigungsanlagen von Châtelaillon. Nach dritten hat es sich um eine ganze Reihe von Kirchen, Festungen und Städten gehandelt, darunter La Rochelle, Melle, Talmont und endlich auch die Jakobsbrücke von Parthenay, auf der die Santiago-Pilger stadteinwärts ziehn.

Längst ist Raymondin berühmt und mächtig geworden, aber Gedanken macht er sich nicht. Er fragt selbst dann nicht, als sich Kinder mit seltsamen Mißbildungen einstellen. Guy, nachmals ›Sultan von Damaskus und Jerusalem‹, besitzt ein rotes, ein grünes Auge und hat riesige Ohren. Odon, später Graf von Marche, dagegen ein großes, ein winziges. Der kleine Horrible, der gottlob im Kindesalter stirbt – nach Robert Colle bringt ihn die eigene Mutter um –, besitzt gar drei Augen, Regnaut, hernach König von Böhmen, nur eines. Geoffroy, der künftige Nachfolger in Lusignan, wächst mit einem gewaltigen Hauer im Munde heran. Froidmont, der als Mönch in Maillezais endet, trägt eine dichtbehaarte Nase, und eine der Hände von Antoine, dem künftigen Grafen von Luxemburg, ist eine mächtige Löwentatze.

Erst nach langen Jahren wird Raymondin plötzlich hellwach. Sein älterer Bruder, der Graf von Forez, hat ihm eingeflüstert, hier sei Hexerei im Spiel. Warum schließt sich Raymondins Frau samstags beim Bade ein? Damit ist die Kausalkette geschlossen, und ein erneuter Ablauf des Unheils hebt an, wie es schon Melusines Mutter widerfuhr. Um seiner Frau auf die Spur zu kommen, bohrt ihr Gatte ein Loch in die Tür der Badestube und beobachtet, wie Melusine eben in ihren Zuber steigt. Was er gewahrt, krampft sein Herz zusammen. Grade sah er noch eine wunderschöne, nackte Frau vor sich, deren Haut und Duft ihn noch immer verwirren, als sich die schlanken Beine plötzlich in einen greulichen Fischschwanz mit großen Schuppen verwandeln. Entsetzt stößt er einen Schrei aus. Die Katastrophe ist da! Melusine weiß sich entdeckt und wird von nun an für immer zu einem Geisterdasein verdammt sein. Aus ihren Schultern wachsen mächtige Flügel, und in einen Drachen verwandelt fliegt sie davon. Um hinfort Unheil anzurichten? Nach einer der Versionen hat sie das Schloß von Châtelaillon zerstört und freilich aus dem Gestein die Abtei Maille-

zais erbaut. In der bekanntesten Fassung des Märchens kehrt
sie jedoch nächstens zu ihren Kleinen zurück, um sie zu nähren;
später wird sie aus der Ferne über ihre Geschicke wachen und,
sobald ein Unglück das Haus Lusignan bedroht, ein Wimmern
oder Stöhnen von sich geben, das durch das gesamte Schloß bis
zu den Dächern dringt.

Die Märchensage von Lusignan ist ein Stück Weltliteratur
geworden. Auch in Deutschland, seit Ludwig Tieck 1800 eine
›Geschichte der Melusine‹ veröffentlichte. Aber darum ging es
mir nicht. Sie hat auch in der romanischen Kunst eine Rolle
gespielt und stellt so etwas wie einen Paradefall dar. Was wir
auf Kapitellen und Archivolten landauf, landab in Stein geschlagen finden, hat tief in der Volksseele verankerte Hinter-
gründe. Die Melusinenerzählung besitzt also eine psychologi-
sche Kehrseite.

»Was halten Sie, sozusagen vom Menschlichen her, von dieser Geschichte, Monsieur Robertin?« fragte ich Troisquarts.

»Natürlich erinnerte ich mich Melusines, als Sie erzählten«,
antwortete er und überlegte. »Kann sein, es verbirgt sich hinter
ihrer Gestalt ein Erschauern der Männer jener Epoche, daß sich
ein Haudegen, und jeder von ihnen war das, so leicht oder gar
ausweglos in eine Schönheit verrannte. Man darf nicht vergessen, wie gern man damals außerordentlichen Frauen angehängt
hat, eine Hexe, ein Dämon oder eine Besessene zu sein. Ist nicht
auch Königin Aliénor, nur weil sie schön war, als Messalina
verteufelt worden, und hat nicht König Charles VII Jeanne
d'Arc auf Herz und Nieren prüfen lassen, weil er fürchtete,
hinter ihrer prophetischen Gabe verstecke sich Hexerei?«

Das ließ sich hören, aber war es genug? Offenbarte sich in
der Sage nicht der Niederschlag einer Unmenge von Einzelzügen aus dem Poitou, war sie also nicht gleichzeitig ein Bodensatz brauender Meeres- oder Quellen- und Flußnebel sowie
dämmeriger Spinnstubengedanken, in denen die Phantasie Flügel bekam und die Mirakel blühten? Ist sie mit anderen Worten
nicht der Versuch, etwas Empfundenem, kaum Wäg- und Faß-
barem, das die Einbildungskraft nicht in Ruhe ließ, gestalthafte
Züge zu verleihen und es in die Formen des Greifbaren zu
gießen? Hatte die Melusinengestalt trotz Monsieur Colle am
Ende nicht doch etwas mit den Sirenen, wie jener des Antio-

chia-Felsens vor Oléron, zu tun, bedeutet sie also in ihrer Mischung aus Lockung und Gefahr nicht eine gegenseitige Durch-
dringung holder oder unholder Vorstellungen des Altertums
und der sassanidischen Welt mit Motiven keltischen Empfin-
dens? Hatten wir am Ende beide recht?

Es gibt andere Fabeln aus der Saintonge und dem Aunis, in
denen die Erzählung viel weniger als in der Melusinenge-
schichte bedeutet, aber die Substanz tritt noch greifbarer hervor. Meist liegt der Ursprung solcher Phantasieschöpfungen im
Orient, aber bereits in grauer Frühzeit haben sie Gestalt- oder
Wesenszüge der Saintonge und des Aunis in sich aufgenommen.
Da wäre der Basilisk oder Cocatrix, den man in der entscheidenden szenischen Form am besten in La Sauve-Majeure dargestellt findet. Er wird bereits von Plinius und Lukrez beschrieben, doch hat die Saintonge daraus etwas Eigenes gemacht. Da
auch diese kleine Geschichte Fingerzeige für das Verständnis
der Kunst im aquitanischen Teil der Pilgerstraße liefert, sei sie
kurz dargestellt, selbst wenn sie nicht den menschlichen Zuschnitt der Melusinensage verrät.

Gelegentlich fand man, berichtet uns Robert Colle, auf den
Bauernhöfen des Landes einen besonders kraftvollen Hahn, der
plötzlich »chantait la poule«, wie ein Huhn gackerte und dann
ein großes Ei legte, das in der Nacht von einer Kröte ausgebrü-
tet wurde. Heraus kam ein Untier, der Basilisk mit einem
Schlangenkörper und einem Hahnenkamm. Er besaß nur ein
Auge mitten auf seiner Stirn, das jedoch war von Diamant; das
Monstrum legte ihn ab, wenn es badete, und war für kurze Zeit
blind. Manchmal hatte es Fledermausflügel; seinen Unterschlupf suchte es in alten Gemäuern, einer Höhle, einem Spei-
cher, aber stets in der Nähe von Wasser. – Auffällig, die Rolle
des Wassers in Legenden, Märchen und Sagen! Der Blick dieses
Basilisken, der im übrigen den Hahn, seinen Erzeuger, nach
seinem Ausschlüpfen auffraß, wobei es zu jenem in Sauve-Majeure dargestellten Kampf kam, konnte tödlich sein, hielt man
dem Monster nicht einen Spiegel entgegen; der eigene Anblick
lähmte und tötete es. Gelegentlich nistete sich der Basilisk in
einem Brunnen ein; Leute, die zur Reinigung in den Schacht
stiegen, brachte er um – eine Schilderung, die vollkommen
deutlich macht, daß sich im Basilisk eine den Menschen zwar

bekannte, aber, da sie von Brunnengasen nichts wußten, unerklärbare Gefahr verkörperte!

Ein weiteres Wort sei mir über den Drachen erlaubt, dessen Gestalt offenbart, daß solche Phantasiegeschöpfe auch zur Darstellung einer höheren Sinngebung dienten. Der Ursprung dieses Monsterwesens ist unbekannt. Aber warum sollten die seebefahrenen Aquitanier nicht Kenntnis von drachenähnlichen Tieren wie den afrikanischen oder indischen Waranen besessen haben? Der Drache hat in ihrer Welt zwiefachen Charakter. Einmal verkörpert er nach Art des chinesischen den Schutzgeist der Familie; in dieser Form wird er als ›Grand' goule‹ zu Echillais dargestellt. Andererseits aber kann er Bedrohung bedeuten. So zu Fenioux, wo er einen Menschen angreift, und während er in Biron mit der Schlange kämpft, bläst er in Nuaillé einem attackierenden Ritter im Panzerhemd seinen Feueratem ins Antlitz. Letztlich ist in solchen Kampfszenen der Sieg Sankt Georgs über den Drachen des Bösen und der Triumph Christi gemeint. Auch hierzu haben Saintonge und Aunis literarische Parallelen in der Sage vom Drachen Nuaâ beigesteuert.

Allein, die Reihe guter oder unholder Mächte von den Greifen, Zentauren, Löwen, Sirenen aus der orientalischen Vorstellungswelt, bis hin zur Kreatur der heimatlichen Umgebung, nämlich Schlange, Fuchs, Kröte, Katze, Hund, Kuh samt dem Vogelgetier, ist endlos. Die Fülle ihrer Darstellungen macht aus Archivolten und Kapitellen der Kirchen im Lande wahre Bilderbücher einer Welt, deren Nöte, Ängste und Freuden unsere ausgetrocknete Phantasie wieder mit dem Zauber der Frühe beleben. – Dergleichen, wohlgemerkt, stellten wir nicht in einem Monolog, den einer von uns beiden hielt, fest, sondern in einem Wechselgespräch, zu dem jeder das Seine beitrug...

Aber noch einmal zu Melusine zurück, von der sowohl die Larchevêque von Parthenay, die Grafen von Luxemburg, vor allem ihrer beider Ursprung, die Herren von Lusignan ihre Herkunft ableiteten. Leider, Ort und Burg Lusignan über dem grünen Vonne-Tal, das vor uns lag, besitzt kaum noch eine Spur der einstigen Herrlichkeit und ihrer Regenten. Den Felssockel des Schlosses ausgenommen. Von den ehemaligen Turm-, Wohn- und Wehrbauten sind nur zwei kleine Gemäuer übriggeblieben, die heute als Schule und Bürgermeisterei dienen. Auf

dem kahlen Burgsockel von einst, in dem sich noch unterirdische Gewölbe befinden sollen, hat man im 18. Jahrhundert eine
Lindenallee gepflanzt; von ihr läßt sich ein hübscher Ausblick
ins Flußtal tun. Doch das ist alles. Es mutet an, als hätten die
Nachfahren Melusines und Raymondins bis zu Guy de Lusignan, seit 1186 König von Jerusalem, dann Herrscher von Zypern, nie existiert. Selbst an einen letzten des Stammes, der fast
noch in die Epoche der Neuzeit hineinragt, Jacques II. von Zypern, der 1472 die nachmals so berühmte Caterina Cornaro
heiratete, erinnert nichts. Freilich, die Familie hatte bereits
1305 ihren poitevinischen Stammbesitz an die Krone abge-
treten.

Nur im zugehörigen Städtchen blieben einige Spuren erhalten. Dort läßt sich wenigstens ahnen, wo einst die Schloßbrücke
lag und wie der Burggraben verlief. Hinter der Kirche vermag
man noch einen engen Rundpfad zwischen Brandmauern entlang zu wandern, wohl einst der Bereich des Wehrgangs.
Machtvoll indessen liegt in der Mitte des Ortes, viel zu weit für
die wenigen Bewohner des Nestes geschneidert, die romanische
Kirche von wahrhaft poitevinischem Schrot und Korn – von
einer Trompenkuppel überwölbt die Vierung, von einer Krypta
unterfangen der Chor, das Schiff durch zwei Pfeilerbündel mit
einer Leiste von spiraligen Steinknospen verschönt. Doch halt!
Es ist noch ein gotisches Grabmal, ein liegender Ritter mit Gurt
und Schwert zu sehen. Aber ob das ein Lusignan war? Allein,
da fand sich doch noch mehr, eine Kleinigkeit nur, immerhin
eine Erinnerung an die Pilgerstraße, ein Kapitell mit einem
Korbgeflecht nach maurischem Vorbild.

Es machte uns hellsichtig, worauf wir draußen weiterforsch-
ten und fündig wurden. Nahe dem alten Übergang vom Städtchen zur Burg zweigt eine winzige Gasse ab, die ›Rue de Galice‹
– ›Galicia-Straße‹; Troisquarts winkte mir aufgeregt zu. Er
stand vor einem sehr alten, schmalbrüstigen Häuschen mit einfacher Einfahrt und einem Bogen. Wir kannten beide ähnliche
Bauwerke. Eine Pilgerherberge? Vielleicht. Die Lage am Ortsrand stimmte, der Zuschnitt auch, und der Straßenname bedeutete jedenfalls Hinweis. Hier also wären die Jacquaires eingekehrt? Leider, niemand wußte Bescheid.

»Einerlei«, sagte jetzt Troisquarts, als wir eben zum Wagen

hinabgingen, und ich war ihm dafür, ob einer gewissen Enttäuschung, sehr dankbar. »Als die Pilger vorüberzogen, stand die Burg noch, und die Bilder von Melusine und dem Cocatrix sahen sie irgendwo an ihrem Wege auch. Kommen Sie, Monsieur, trotz allem haben wir heute ein Stück der Wallfahrerwelt entdeckt, Melusine und ihre Geschwister.« Einmal drehte er sich allerdings noch zu mir herum und machte eine überraschende Bemerkung, obgleich ich auf etwas gefaßt war. »Es gibt eine Gravure von Lusignan aus dem 17. Jahrhundert; als Sie von Melusine erzählten, fiel es mir ein. Louis Charpentier hat sie veröffentlicht, derselbe Autor, der in seinem Buch über die Megalith-Kulturen Frankreichs behauptet, die Ligurer, Vorfahren der Gallier, hätten einen Gott namens Lug verehrt und sogar eine Art weiblicher Entsprechung, Lugine oder Lusine gekannt, einen mütterlichen Erd- und Wassergeist, die Mère- oder Me-Lusine eben. Es gibt eine riesige Literatur darüber, die freilich nichts anderes bewirkt, als die Zeitdimension ins Mythische zu verschieben. Womit wir erneut am Anfang wären, in den Unkrautgärten der Vermutung.«

Wenn das gleichzeitig eine Kritik an meiner Fabulierfreude war, traf sie ins Schwarze.

Brombeerwege zwischen Charroux und Melle

Es ging nun schon gegen Ende August, und wir trieben uns immer noch südlich Lusignan herum. Nach wechselndem Wetter waren Tage voll hohen Leuchtens gefolgt; eine klare Farbigkeit durchwebte die Luft, darin sich bereits jenes heimliche Gilben mischte, wie es dem Herbst voraufgeht. Für Troisquarts begann eine große Zeit. Die Brombeeren reiften; es gab sie in üppiger Fülle, wie es nur Frankreich kennt. An jedem Feldweg, jedem Sträßlein glänzten die schwarzen Früchte dicht an dicht, durchsetzt vom Rubinrot nachreifender Beeren. Mochte er sich vor mir anfangs Zurückhaltung auferlegt haben, bald verlor er jegliche Scheu und stopfte sich voll nach Herzenslust. In Pilgerzeiten dürfte der Erntesegen ähnlich gewesen sein; wer sommers wanderte, litt keine Not. Und ob sie durch diesen Landstrich gezogen waren! Er schien ein Dorado der Wallfahrerwege. Frankreichs Grande Route hatte sich bereits hier in so viele Rinnsale aufgefächert, daß wir uns kleinlaut geworden beugten, zwar dem großen Trend nach Süden folgten, sonst nur noch dorthin fuhren, wo ein besonderes Pilgerziel lockte.

Das erste war *Celles-sur-Belle* nordwestlich Melle, wo einst eine vielbesuchte Gnadenmadonna, die ›Septembresche‹, stand, die samt der darüber erbauten Kirche den Hugenottenstürmen zum Opfer gefallen war. Gleichwohl, im wiedererbauten Gotteshaus gab und gibt es ein erhalten gebliebenes Portal aus romanischer Zeit, überfangen von einem neunfachen Lappenbogen, eine elegante, maurische Reminiszenz mitten im Lande, die gut zu einem Serail gepaßt hätte. Unsere Hauptziele befanden sich allerdings anderwärts, nämlich im Osten der Großen Straße. Mit dem Beginn in *Civray,* einem kleinen Ort an der oberen Charente, ehedem Standort vielbesuchter Wallfahrerherbergen, vor allem der mit pompöser Breite hingelagerten Kirche Saint-Nicolas. Leider, auch hier hatten die Bilderstürmer gleich Berserkern gehaust, das 19. Jahrhundert obendrein durch bare Unkenntnis der Zusammenhänge beim Wiederaufbau heillose Verwirrung in der Anordnung der Figuren geschaffen, so daß nur noch eine Ahnung blieb, was einmal gewollt war.

Die größte Tragödie schien allerdings über das nahe *Charroux* hereingebrochen. Von der früher so hochberühmten Abtei Saint-Sauveur, die Konzile und im 11. Jahrhundert sogar den Abschluß des ›Gottesfriedens‹ erlebt hatte, sind nur Trümmer geblieben, und es war doch eine wahrhafte Drehscheibe der Pilgerfahrten gewesen. Zogen hier nicht die Palmaei von Poitiers auf dem Weg nach Jerusalem ebenso durch wie die Jacquaires von Vézelay, die zur Grande Route hinüberquerten? Charroux barg erlesene Heiltümer, einige Splitter vom wahren Kreuz Christi und sogar einen Blutstropfen des Herrn. Weswegen man der Mönchskirche ein besonders feierliches Aussehen gab: einer kreuzförmigen Basilika war an der Stelle der Vierung eine Rotunde nebst Krypta als Erinnerung an die Grabeskirche einbeschrieben. Selbst diese innerste, für festliche Prozessionen um den Altar errichtete Anlage – aufgesprengt, geborsten, ein Torso. Nur eines hatte sich von den mittelalterlichen, schon vor 1050 entstandenen Klosterbauten erhalten, der durchbrochene Oktogonturm über der einstigen Krypta mit seinen machtvollen Arkaden, von den Eckpilastern des Obergeschosses wie Paladi-

III KALENDERBLATT DES MÄRZ

mit der Darstellung
der Frühlingsarbeiten in Feld und Rebgarten,
sowie des Schlosses von Lusignan
im Mittelgrund, an dessen
Außenturm gleich einer Wetterfahne ein Drachenbild,
Anspielung auf die Melusinensage,
zu sehen ist.

Miniatur aus dem Stundenbuch
›Les Très Riches Heures‹ des Jean Duc de Berry
von der Hand der Brüder Paul, Hermann und Jean Limburg
von 1416.

Chantilly, Musée Condé

(Siehe auch Seiten 201 ff.)

nen umstanden. Zwar reckte er sich nackt und anklagend hoch,
doch immer noch majestätisch. Troisquarts befand sich zum
andern Male in seinem Element.

»Ein Oktogon«, sagte er nur, aber er schien ergriffen, »acht,
die heilige Zahl!«

Das packte und regte ihn zu Nachforschungen, oder was es
sein mochte, an, denn er kramte alsbald aus dem Handschuh-
fach ein abgeschabtes Schuletui mit Zirkel und Lineal hervor.
Schon sah ich ihn Distanzen abschreiten, dann hastig auf einem
Papierblatt Dreiecke, nein, ein Kreisrund entwerfen, eine Art
Zodiak, an dem er gewisse Punkte mit griechischen Signaturen
versah, um nun Verbindungslinien zu ziehen, bis ein Sternge-
bilde entstand. Wollte er über seine geheiligte Zahl zu kosmischen Ordnungen vorstoßen, und besaß er gar astrologische
Neigungen? Besser, ihn friedlich gewähren zu lassen, denn auch
mich zog hier einiges an, wenn es auch zur profaneren Bildwelt
gehörte. Denn Charroux bewahrt im Kreuzgang einer späteren
Zeit noch die Rudimente der Plastik vom alten Portal, besonders einen Christus des Jüngsten Gerichtes; er hatte Mérimée
hoch entzückt, und von den einstigen Archivolten gab es wunderschöne Gestalten der Klugen und Törichten Jungfrauen zu
sehn. Allesamt stammten sie von der Hand des nämlichen Meisters, der an Notre-Dame zu Poitiers gearbeitet hatte, in Charroux freilich seine größere Stunde erlebte. Von hier zog es allerdings auch mich, trotz bescheideneren Anspruchs, tiefer in die
Geheimnisse des Klosters hinein.

Im Kapitelsaal nebenan stieß ich auf Reste des alten Schatzes;
man hat sie zum Teil erst 1935 auf dem Grab Girards de Limoges geborgen, des Bischofs, der 1020 am Allerheiligentag auf
dem Weg nach Poitiers in Charroux starb.

Da fand sich ein Elfenbeingriff mit Löwenköpfen, zu einem
Abtsstab gehörig, und vor allem ein offenbar später der
Bischofsgruft anvertrautes Tafelreliquiar mit den Wappen von
Frankreich und Kastilien, in der Mitte mit einem alten ›Encol-
pion‹, einer Büchse byzantinischer Herkunft, versehen. Auf ei-
ner Umschrift konnte man die Worte erkennen: »Hic caro san-
guinis Christi continetur« – »Hier wird das hochheilige Blut
Christi bewahrt.« Dies war nun meine Sternstunde, denn ich

befand mich, fast mit Erschrecken, dem Herzstück von ganz Charroux, einer wahrhaft numinosen Kostbarkeit einer versunkenen Welt gegenüber.

In doppelter Weise hochgestimmt, des Fundes wie des leuchtenden Tages wegen, bin ich zu Troisquarts zurückgekehrt. Er zirkelte noch immer an seinen Gebilden herum und murmelte grade: »Das müßte sich musikalisch umsetzen lassen, wenn man erst die Schlüsselzahl für die Intervalle entdeckt...« Ein wenig sah er in diesem Augenblick aus wie Monsieur Astarac, der alchimistische Geheimniskrämer bei Anatole France. Er zweifelte sichtlich, ob er seine Erkenntnisse einem profanen Geist wie mir mitteilen konnte; unvermittelt indessen packte er seine Utensilien zusammen und lenkte ab. »Wissen Sie auch, Monsieur, daß sich das Oktogon über einem Brunnen erhebt, der Quelle Bon-Sauveur? Wer ihr Wasser am Fronleichnamstag schöpfte, konnte damit die Kranken heilen. Aber das ist keineswegs das wahre Geheimnis. Vielmehr bricht an dieser Stelle ein unterirdischer Wasserstrom, ein Woïvre wie zu Chartres ans Licht. Kaum zweifelhaft, daß die Oktogonform damit zu tun hat...« Er sah mich verwirrt an; war er zu weit gegangen? Doch dann lachte auch er: »Da schwatzen wir nun und sollten den kostbaren Tag genießen. Was halten Sie davon, wenn wir noch einmal den Mûres sauvages zu Leibe rücken?«

Er sollte es anschließend auf dem Wege nach Melle hinreichend besorgen. In der Tat war es ein Tag, sich auf Erden glücklich zu fühlen, doch ging nach den letzten Attacken auf die Brombeerbestände am Weg mit Troisquarts eine spürbare Wandlung vor. Er mäkelte plötzlich an allem und jedem, besonders an Melle. Das sei gar kein Ort der Jacquaires gewesen, vielmehr der Pilgerweg in einem Kilometer Entfernung über Saint-Leger vorübergezogen; er jedenfalls ziehe es vor, zuerst einen Gasthof für die kommende Nacht zu suchen und dann an seinen Notizen herumzubosseln. Sein eiliger Rückzug ließ allerdings vermuten, daß es dafür andere Gründe gab und ihm, kurz gesagt, die Brombeeren zu schaffen machten.

Melle war indessen eine Pilgerstadt par excellence. Bog man in den Béronne-Grund abwärts, galt gleich das erste Haus als einstige Herberge, und wer gar vor Saint-Hilaire stand, hegte keine weiteren Zweifel. Was mich betraf, genoß ich voll unbeschwerter Bilderfreude den festlichen Anblick der Kirche am Hang. Am Seitenportal des Langhauses gab es in hoher Nische gleich einen herrlichen Reitersmann zu bewundern, vor dem sich angstvoll ein armes Figürchen zurückbeugt, während der Ritter, mochte es Christus, Konstantin oder gar Karl der Große sein, in lässiger Pose zu überlegen schien, ob er den Unglücklichen niederreiten sollte, ob nicht. Das Portal darunter zeigte sich reich mit Archivoltenfiguren geschmückt; die Luxuria, Tiere, Krieger, eine Sirene, alles war da, und das Innere offenbarte sich als von wahrer Großartigkeit. Steinerne Stickleisten trennten Gewölbe und Wand, eine Vierungskuppel krönte den Aufbau, und erzählende Kapitelle gaben wie eine Bilderbuchseite Bericht von mancherlei, was die Mellois einst beschäftigt hatte. Eine höchst realistische Saujagd, auf der die Hunde dem Keiler bereits im Nacken saßen, war darunter das schönste Stück, und schließlich entdeckte ich sogar etwas recht Ungewöhnliches. Auf einer Archivolte im Seitenschiff nämlich tat der Glaube unverblümt dar, daß er auch Fäuste besaß. Denn sie stellte Christus samt einigen Heiligen dabei vor, wie sie phantastische Tiere als Symbole des Bösen niederschlugen. »Melusines Geschwister«, ging mir Troisquarts' Bemerkung von Lusignan, nicht ohne geheimes Vergnügen durch den Sinn, denn der Raum war ganz und gar nicht geeignet, eine dramatische Stimmung aufkommen zu lassen. Er hatte das nachmittägliche Leuchten des Tages in sich gespeichert und strahlte nichts aus als Frieden.

Das Geheimnis dieser schwebenden Stimmung entdeckte ich freilich erst draußen. Das Licht war zu einem goldenen Schimmer regelrecht angeschwollen, und es nahm noch zu, als ich im abgelegenen Kirchlein Saint-Pierre den berühmten Pfauenstein, ein Symbol der Ewigkeit, aufsuchte und sodann ein kaum minder bekanntes Kapitell mit der Grablegung Christi, auf dem zwei Engel die aus dem Leib auffahrende Seele des Herrn empfingen. Wie? War er denn nicht am Kreuz gestorben? Doch sogar diese Grübelei schien dem Tage nicht angemessen. Er endete für mich bei Saint-Savinien in der Ortsmitte, wo auf dem Hügel das Krankenhaus liegt. Erstaunlich genug, das kleine Melle nämlich besitzt drei romanische Kirchen, auch wenn die letzte sich arg in Unstand befindet. Aber, wer weiß, daß man einmal in der Umgebung Blei und Silber geschürft hat und das Nest lange Zeit poitevinisch-aquitanische Münze war, verwundert sich über den früheren Reichtum nicht.

Es dämmerte inzwischen ein wenig. Aber mochte jetzt zu Troisquarts heimgehn, wer wollte. Bei den Invaliden des Hospitals fand sich auf einer Parkbank Platz, und man konnte zuhören, was es an Neuigkeiten so gab. In der Apotheke war eingebrochen worden, und Monsieur le Docteur kehrte immer mehr den Tyrannen heraus, der alte Männer schon morgens mit Frühsport sekkierte. Das Essen wurde schlechter und schlechter; Obst gab es schon seit Tagen nicht mehr! – Warum nur gingen sie nicht in die Mûres sauvages? Das gesamte Land hing voll davon, und Zeit besaßen sie auch. Aber die Antwort kam wie ein verbissen und sorgfältig gezielter Pfeil: »Wer hat nun für uns zu sorgen, Monsieur, wir oder die da?«, und man zeigte auf eine Schwester, die grade über den Hof lief.

Vor dieser Unlust des Herzens an solchem Tage habe ich kapituliert. Da schien mir der von Bauchgrimmen geplagte Auvergnate am Ende doch besser, und tatsächlich kam er auf einmal, heiter wie sonst, gegangen. »Alles in Ordnung«, sagte er nur und »morgen haben wir einen großen Tag. Melusinentag. Wir fahren nach Aulnay.« Das war freilich längst beschlossene Sache und erfüllte uns seit geraumer Zeit mit Vorfreude; gleichwohl schien es auch mir nach den bunten Divertimenti des Tages das einzig Angemessene, die kommende Nacht in Erwartung hinzubringen.

Warum freilich sollten wir als ungebundene Geister diese Fahrt nicht unter dem Aspekt der Pilger früherer Jahrhunderte antreten? Das würde unsere Einbildungskraft noch befeuern.

In Aulnay-de-Saintonge blüht der Stein

Ein Spätsommertag irgendwann in den großen Zeiten der Wanderschaft. Sie hatten es von Melle gar nicht weit, sechs oder gar sieben Stunden. Wer wollte, konnte unterwegs eine Rast einlegen, sei es in Brioux oder La Villedieu, kleinen Zwischenstationen am Weg, oder es sich einfach im Waldschatten eines Landrückens, an einem kühlen Quellenhang bequem machen. Diese vermeintliche Saumseligkeit besaß einen Anlaß. Man wollte

erst zum Nachmittagsläuten in *Aulnay-de-Saintonge* zum feierlichen Einzug eintreffen. Es schrieb sich damals übrigens Au-
nay; das Wort war vom lateinischen Audenonacum abgeleitet,
und auch mit dem Beinamen ›de Saintonge‹ stimmte es nicht
ganz. Aulnay lag erst vor ihrer Schwelle.

Ob sie von dem damals noch leuchtend hellen Kalksteinbau
der Kirche Saint-Pierre-de-la-Tour etwas Besonderes erwartet
hatten? Ein Ort befand sich jedenfalls nicht dabei, sondern
mochte sich irgendwo abseits verstecken. Dafür umzog eine
Mauer ihren Enclos oder umfriedeten Raum mit dem Gottesacker, den Zypressen und den eigenartigen Grabsteinen, Sar-
kophagdeckeln gleichsam, die auf zwei Stützen ruhen. Im
15. Jahrhundert war noch das Hosiannakreuz dazugekommen.
Ein melancholisches Ensemble? Eher ein unerwartetes, eine
vom zart-herben Duft später Kräuter durchhauchte Idylle sogar, in der es zudem von geheimer Glut knisterte, auch wenn es
kaum danach aussah. Durchaus nicht hoch, dafür kräftig der
Vierungsturm, der damals noch weniger aufragte als gegenwärtig. Breit, behäbig die Fassade; die zwei auf seitliche Stützen
gesetzten ›Laternen‹ eher eine Andeutung von Tourelles, denn
wirkliche Seitentürmchen. In der Schutzwand ein heute ver-
mauertes Oberfenster mit einer Reiterfigur vor der Öffnung;
man hat sie erst im vorigen Jahrhundert heruntergestürzt.

Trotz dieses fast bescheidenen und höchstens harmonisch-
elegischen Bildes – im Näherkommen ergriff es sie so unvermittelt, wie es noch heute jeden packt. Denn da präsentierten sich
die Wölbungen über Portal und Nischen, gebildet aus dreifach
und eckig übereinander gestuften Archivolten, als ein so phantastisches Gewirr krauser Ranken und stilisierter Blätter, als
seien sie von einer unerschöpflichen, wahrhaft exotischen
Phantasie in breiten Borten von gedrängter Dichte und voll-
endeter Form über den Stein geschrieben. Jede Wölbung, jede
Kurve und Höhlung war ein Kunstwerk für sich, das aller tech-
nischen Schwierigkeiten für den Steinmetz zu spotten schien.
Noch immer geht davon eine überwältigende Wirkung aus. In
den Tympana erkannten sie links ein großes Flachrelief, eine
Kreuzigung Petri; der Kopf des Apostels hing nach unten, während die Henker zu wuchtigen Schlägen ausholten, um die Nägel ins Holz zu treiben. Rechts dagegen, heutigentags recht ver-

wittert, thronte der Herr zwischen zwei kaum noch lesbaren
Figuren, wahrscheinlich Sankt Peter und Paul. Das feierliche
Rundportal der Mitte bildete natürlich den Höhepunkt. Hier
erschien auf der inneren Archivolte das Lamm Gottes, von Engeln getragen; der zweiten Rundung waren, der Aufwärtsbewe-
gung des Bogens folgend, weibliche Tugenddarstellungen vorgelegt, höchst elegant geformte Gestalten mit besiegten Lastern
zu ihren Füßen. Die obligate Wallfahrerliturgie, die Darstellung
der Klugen und Törichten Jungfrauen durfte als mahnender
Hinweis in der Etage darüber nicht fehlen, damit sich jeder
Pilgersmann des Himmelreiches beizeiten versicherte. Im obersten Kreis endlich erblickten sie, jetzt arg zerstört, als Sinnbilder
des unverrückbaren Zeitenablaufes die Schilderung der Monatsarbeiten und Tierkreiszeichen. Nein, es bedurfte keiner besonderen Kennerschaft, um von der Ausdruckskraft und Feinheit dieser Bilderwand betroffen zu sein. Es ging von ihr etwas
Überschwengliches und eine solche Festlichkeit aus, daß sie das
Auge überwältigte, und dies war letzten Endes denn auch die
Absicht.

Man setzt die Bauzeit von Saint-Pierre um 1150 an, und es
scheint, daß an ihm zwei Gruppen von Steinmetzen und Mau-
rern ohne Unterbrechung gearbeitet haben. Gegen 1170 dürfte
die Kirche vollendet gewesen sein. Diese Zeitpunkte besitzen
historisch Gewicht, denn sie fallen in die Regierungszeit Königin Aliénors; ein Atem von Weltläufigkeit wehte damals durch
ganz Aquitanien, auch wenn kaum eine Herrschergestalt den
Bau dieser Kirche beeinflußte. Vielmehr unterstand sie den Be-
nediktinern von Saint-Cyprien zu Poitiers und war ausschließlich für Pilger gedacht. Allein, wer dieses Land, gleichgültig ob
damals oder heute, mit der Seele suchte, hier fand er eine von
tausend Einflüssen genährte Phantasie seiner Menschen am
Werke, eine erstaunliche Prägekraft, verbunden mit der zum
künstlerischen Gesetz erhobenen Neigung, ein äußerstes Maß
an Aussage mit vollkommener Harmonie zu verbinden. Dieser
Stein blühte, wobei seine Plastiken, seine Schmuckformen keineswegs aus der Wand hervortraten, sondern Kristallisationen
schienen. Architektur und Bauschmuck gehörten aufs engste
zusammen. – Dies sozusagen die Empfangsgebärde von Saint-
Pierre und, wahrhaftig, sie blieb keine Attitüde!

Wer Saint-Pierre in romanischer Zeit betrat, mußte zuerst ein paar dem Portal vorgelegte Stufen empor- und dann wieder hinabsteigen. Man hat sie erst im vorigen Jahrhundert entfernt, als der Baumeister Abadie, der in Aquitanien alles besser machen wollte als die Künstler von einst, das Gotteshaus restaurierte. Ursprünglich sollte der Pilger in das Innere abwärts steigen, um den Raumeindruck von einer gewissen Höhe aus in sich aufzunehmen; er sollte sich in halber Kapitellhöhe, sozusagen in einer Dimension des Schwebens, befinden, wenn er zum Chor nach vorne blickte und in die feierlich-ernste Fügung des Schiffes hineinsah – in die leicht angeknickten Tonnengewölbe, die schmalen Seitenschiffe, die sorgfältig zubemessene Größe der Vierungskuppel, den stimmungsvollen Chor. Sie allesamt bekommen unter diesem Blickwinkel etwas Vergeistigtes. Auch dem Licht ist ja in diesem Raum eine schwebende Geistigkeit eigen; es hatte an der inneren Sammlung mitzuwirken. Nach einer Wanderschaft durch unendliche Landschaftsräume wollte der Kirchenraum den Wallfahrer aus der irdischen Leibesmühe zu einer inneren Erhebung führen. Die Pilger blieben ja in Saint-Pierre nicht nur kurze Zeit; sie verrichteten keineswegs nur eine Andacht, sondern weilten hier vielfach zur Nacht, wobei sie in der nördlichen Apsiskapelle unterkamen. Als Zeichen ihrer Lagerstätte ist hier ein Kapitell mit dem Schutzpatron aller Bedefahrer, wohin sie auch zogen, nämlich Sankt Georg, angebracht.

Dies bedeutete also nach dem hochgestimmten Empfang das zweite Anliegen von Aulnay. Folgerichtig erzählten die Kapitelle auch keine erregenden Mären, sondern hielten zur Kontemplation an. Viele sind lediglich ornamental geschmückt, andererseits mußten gewisse Hinweise sein. Sie beschränkten sich auf wenige, exemplarische Bibelerzählungen. Daher sieht man den Brudermord Kains dargestellt oder Delila, die eben dabei ist, Samson das Haar zu scheren, um ihm somit die Kraft zu rauben. Ein ›Hüte dich!‹-Kapitell findet sich auch darunter, Teufel, die einen gleich den Jacquaires von keiner Schere berührten Mann beim Barte zupfen. Die Pilger erblickten ferner, und wir sahen es mit ihnen, mancherlei symbolhaft gemeintes Getier abgebildet, darunter etwas sehr Ungewöhnliches, einige Elefanten am Eingang des rechten Querschiffs, wahrscheinlich als Zeichen des Guten gemeint. Erstaunlicherweise sind die großen, Schabracken tragenden Tiere mit Tatzen und schnabelähnlichen Rüsseln dargestellt; der Steinmetz mochte von ihnen gehört, sie aber wohl nicht gekannt haben.

Es muß für die Wallfahrer eine Überraschung gewesen sein, wenn sie nach solcher Einstimmung durch das Portal des Südquerhauses ins Freie traten und sich zurückwandten. Was sie erblickten, war noch sinnverwirrender und gleichzeitig völlig anders als die Westfassade. Denn sie sahen sich einer zweiten Portalanlage gegenüber, von scharfkantigen Archivolten überfangen, die Bögen aus keilförmigen Steinen gefügt. Ihre Eigenart besteht darin, daß jeder ein kleines Bildwerk trägt. Nur auf der untersten Archivolte läuft die Darstellung, in Ranken verstricktes Greifen- und Löwengetier, über mehrere Blöcke fort. Darüber aber wandern, fast tänzerisch bewegt, vierundzwanzig Figuren, vermutlich Heilige und Propheten, Gefäße und Bücher in Händen über die Archivolte, jede aus einem gesonderten Stein gehauen. Die bodenwärts gerichteten Unterseiten dieses wie der anderen Bögen sind ebenfalls mit Reliefs dekoriert, Atlanten, die ihre Hände gegen die Last des Steines stemmen. Ähnlich gereiht, freilich in Sitzhaltung, auf der dritten Archivolte und nach vorn gerichtet, die Ältesten der Apokalypse. Nur findet man hier statt der vierundzwanzig, von denen die Bibel berichtet, volle einunddreißig dargestellt, so viele, wie man Keilsteine brauchte. Über der obersten oder äußeren Archivolte schließlich zieht eine wahre Parade von Tiergestalten und Fabelwesen über das Bogenrund, Melusines Geschwister, wenn man so will – Zentaur, Eule, Sirene. Oder handelt es sich dabei gar um Melusine selber? Ferner ein auf den Hinterläufen tänzelnder Hirsch mit zurückgelegtem Geweih, ein plärrend aufgerichteter Esel, zwischen den Hufen ein aufgeschlagenes Antiphonar, der sich über den Kirchengesang lustig macht. Ein anderer Esel schlägt gar die Harfe, und auch der Basilisk, ja vielleicht auch der Cocatrix sind da und höchst seltsame Mischwesen dazu. Ein phantastisch-chimärischer Aufzug in herrlich durchgebildeter Arbeit, der deutlich macht, daß man in der romanischen Welt auch das Schmunzeln und die Selbstironie gekannt hat.

Es wäre noch viel zu berichten – von den umgrenzenden

Leisten der Archivolten voll kriechender Lemuren, von den Kapitellen der ziselierten Gewändepfeiler und schließlich vor allem von dem gewaltigen Fenster über diesem Portal mit seinen
schildbewehrten Männergestalten, die ebenfalls Tugenddarstellungen sind. Eines freilich muß denn doch noch hervorgehoben
werden, scheinbar nur eine Kleinigkeit, und doch handelt es
sich um eine der kostbarsten Arbeiten. Wer vom Südquerhaus-
portal hinter den Chor wandert, wird hier etwas entdecken, so
edel und vollendet wie die Canso des Troubadours. Nein, es
geht hier nicht um die Sparrenköpfe, oder die Modillons, der
Dachansätze, sondern um das Mittelfenster der Apsis mit seinen nach Weise alter Buchmalereien verzierten Reliefleisten voll
Ranken und zarten Gestalten, und wer will, darf darin sogar
einen Höhepunkt der Kunst von Aulnay erblicken...

Es gibt manche bedeutsame Kirchen hierzulande, und Ver-
wandtschaften mit Aulnay mochten die Pilger bereits in der
Abbaye-aux-Dames zu Saintes oder anderwärts wiederentdek-
ken. Aber eine so harmonische Verschmelzung von überschwenglicher Phantasie und Architektur wie zu Aulnay fanden
sie an der gesamten Pilgerstraße nicht mehr. Saint-Pierre bedeutet einen Gipfelpunkt dessen, was als aquitanisch empfunden
wurde. Weswegen Troisquarts, sonst eher auf symbolisch-ge-
dankliche Zusammenhänge gerichtet, bewundernd und resigniert zugleich, nur anzumerken wußte: »Wie arm wirkt sie
davor, unsere Welt des 20. Jahrhunderts!«

Totenlaterne zu Fenioux

Pilger, Menschenbrüder von einst, längst seid ihr bis zu den
Himmelspforten gewandert. Verzeiht es dem Nachfahren, der
euer Dasein in den Eitelkeiten der Kunst zu spiegeln versuchte.
Er weiß wohl, eure innerste Erfahrung blieb die Straße, auf der
ihr jetzt von Aulnay nach Saint-Jean-d'Angély hinauszogt. Wenigstens in der mittelalterlichen Epoche. Später, weil euch die
Umstände zwangen, auf einer Nebenroute in den Südwesten.
Gleichgültig, welche Wege ihr nahmt, die Spuren eures Zuges
beschäftigen uns noch immer.

Auch uns, Troisquarts und mir, ging es so, trotz der erneuten Verzweigung, die uns zu Umwegen zwang. Seit den Reli-

gionskriegen mieden viele Wallfahrer die Schauplätze der Wirren, vornehmlich Saint-Jean-d'Y, wie man an Ort und Stelle sagt, und das den Jacquaires seit den Hugenottentagen feindliche Saintes, um ostwärts des alten Römer- und Pilgerweges mitten durchs Land über Varaize und Ecoyeux die Charente zu erreichen. Auch dies war eine häufig begangene Straße, denn von der Via Lemovicensis stieß mancher hinzu, der an die Gironde-Mündung und dort zu Schiff weiter wollte – vorüber an der Augustiner-Abtei Châtre, heute nur noch eine zerfallene Kirche im einsamen Tal, sodann durch die Porte Saint-Jacques, die Fachwerkstraßen von Cognac, bis nach den Traubengärten des Pineau-Weines die Grande Route erreicht war.

Uns freilich, Kinder einer Spätzeit, die wieder das Mittelalter liebt, lockte vor allem der ursprüngliche Weg entlang dem nordwestlichen Ufer des Boutonne-Tales nach *Saint-Jean-d'Angély*. Nicht zuletzt, weil uns etwas daran unredlich schien, dem Anblick einstiger Kriegsgreuel auszuweichen. Waren jene erbitterten Kämpfe um die Frage, wie man Gott am besten verehrte, tatsächlich so brutal und grausam gewesen? Wer Saint-Jean-d'Y besucht, zweifelt nicht länger. Die 1562 von den Hugenotten zerstörte Stadt, in deren Kloster man das Haupt Johannes des Täufers verehrte, die alte Handelsmetropole der Saintonge hat sich von den Verwüstungen nicht mehr erholt… Ach, diese Place de l'Archiprêtre-Paillet, an der einst die Abteikirche lag! Ein paar später aufgeführte Barocktürme versuchen zwar, vergangene Größe vorzutäuschen. Aber daneben? Aufgesprengtes, leeres Gemäuer, vor dem sich einzig die Schwalben tummeln, etliche degradierte Konventsgebäude und der von einem nahen Schloß hergeliehene Brunnen im alten Wohnquartier oder ›Canton du Pilori‹. Sonst indessen Leere und Schweigen. Hat sich der Glaubenszorn nicht selbst über Beiläufigkeiten wie der Aumônerie Saint-Jacques nahe der Porte de Niort entladen? Mochte man auch in späterer Zeit versucht haben, einiges wieder aufzubauen, das den vergangenen Glanz beschwor, die Große Revolution besorgte den Rest. Trotz allen Getriebes der Neuzeit auf kahlen Durchgangsstraßen, die Altstadt bleibt von wahren Erinnerungen leergestorben. Gleich einer Lähmung liegt es über den Hausfassaden. Von den ehrwürdigen Schatten, die ihr, Pilger von einst, geworfen habt, von dem Stein, den ihr

im Vorüberwandern gestreift, einem Fetzchen Kunst, das euch
hochzustimmen, euch anzumahnen versuchte – nichts mehr.
Alles ausgelöscht.

Troisquarts blieb stumm, ich ebenfalls, und eigentlich er-
wachten wir aus dieser Verstörung erst einige Kilometer weiter
im Süden, als uns erneut der heilsame Frieden der Landschaft
umfing und am Gegenhang eines langgestreckten Waldgrundes
unerwartet zwei Türme aufragten. Sie gehörten zu *Fenioux*,
einem winzigen Weiler, der sich einmal näher an der heute
etwas verlagerten Straßenführung befand. Der erste ist jener der
uralten Kirche, in der es Mauerreste sowie einen der Außen-
wand eingefügten Reliefstein mit feinstem Flechtwerk gibt, die
noch aus karolingischen Zeiten stammen. Was tut es schon,
wenn das Schiff mit seinem Holzgewölbe ein wenig verschroben anmutet; der Turm mit seinen hochgeschwungenen Blendarkaden verrät einen so kühnen Geist und die Fassade, wenn
man das Portal und sein Gewände überhaupt so bezeichnen
darf, offenbaren noch mehr, nämlich eine wahrhaft königliche
Gebärde, mit der die abgetreppten Strebepfeiler, gleich sieben
an der Zahl, an den Seiten emporfahren. Kostbar geschmückt
überfangen die Archivolten das weite Eingangstor. Gewiß, die
Zwerchgalerie darüber, auf der man einst Christus nebst sechs
Aposteln erkannte, ist arg verwittert. Aber die steinernen Kle-
matisblüten, die das Oberfenster umranken, haben nichts von
ihrem Zauber verloren. Daß sich neben einer so ungewöhnlichen Dorfkirche auch ein Hosiannakreuz fand, an dem man zu
Palmsonntag die geweihten Zweige niederlegt, hat uns schon
nicht mehr verwundert. Denn es gab in dem winzigen, und wie
es schien, völlig ausgestorbenen Nest noch etwas, dessen eigenwillige Schönheit hinreißend war.

Auf Sichtweite gegenüber der Kirche reckt sich in Fenioux
aus tiefem Buschgrün, Maisblättern und aufgebrochenen Gräbern ein zweiter Turm acht oder zehn Meter hoch ins Blaue, ein
ebenmäßiges, elegantes Bauwerk, sozusagen ein Bündel über-
lang auffahrender Rundpfeiler. Über den Kapitellen tragen sie
ein durchbrochenes Geschoß und wiederum höher ein schlan-
kes Schuppendach, das vier kurze Pylone wie Türmchen umstellen. Man kann im Innern auf schmaler Wendeltreppe emporsteigen bis zur Spitze und durch ein Schrägfenster auf den

alten Friedhof hinabschaun. Ein Aufhängehaken verrät, wozu die kunstvolle Anlage in der Einsamkeit dieses Dorfes gedient hat. Es ist eine von jenen Totenleuchten Aquitaniens, die man seit rund 1100 errichtete, um ihr Licht über den Gräbern der Friedhöfe leuchten zu lassen. Aber natürlich bedeutet die völlig unversehrte architektonische Kostbarkeit sehr viel mehr, als die Zweckbestimmung verrät. Sie verkörpert die Stein gewordene Mystik einer Epoche, welche auch die Seelen der Abgeschiedenen auf Wanderschaft glaubte und ihnen Signale setzte. Eine Idee, mit der sich Erinnerungen aus frühesten Menschheitstagen verknüpfen. Der Ägypter, der ein Lämpchen für den Todesweg brauchte, und der Zisterziensermönch, an dessen nächtlichem Weg zur Mette in Abständen Kerzen leuchteten – die Vorstellungen beider besaßen hier eine Entsprechung von wunderbarer Kraft der Zuversicht.

»Seltsam«, sagte Troisquarts, als wir von oben zurückkehrten und zu Füßen des Bauwerks vor einem aufgebrochenen Grabgewölbe standen, »heute morgen wirkte alles auf unserm Wege wie ausgelöscht, und diese ›Lanterne des morts‹ schien mir anfangs wie ein Ausrufezeichen dahinter. Aber sagt das Fanal in Wirklichkeit nicht etwas anderes?«

»Bei uns nennt man dergleichen Türme Arme-Seelen-Leuchten«, warf ich ein.

»Sie bringen den Toten das Ewige Licht, weil sie es im Gotteshaus nicht mehr sehen können«, erwiderte Troisquarts. »Sie sind das Licht des verschütteten Lebens. Welch ein Gedanke! Ein Ende hat alles, aber verloren geht nichts.«

Er sagte das beiläufig hin, aber mir war, als würfen die längst erloschenen Umrisse der Pilger in diesem Augenblick wieder Schatten. Die Jacquaires hatten diese Leuchten im Vorüberziehen doch gesehen und gewiß auch darüber nachgedacht. Wahrscheinlich mit dem gleichen Ergebnis wie Troisquarts soeben. Das Menschsein noch im Tod eine ewige Wanderschaft auf das Licht zu! Von ›Lebensqualität‹, dieser banalsten Erfindung unserer Epoche, hielten sie wenig. Jeder ihrer mühsamen Schritte widerlegte solche Torheit. Das Geheimnis der Pilgerschaft: Der Körper leistet, wonach es den Geist verlangt, und an seiner Seite wandert die Zuversicht mit. Man lebt mit sich selber in Eintracht. Für Verzweiflungen ist kein Raum…

Wenig später querten wir Taillebourg und fuhren unter den Ruinen des Schlosses entlang, in dem die junge Aliénor von Aquitanien nach ihrer Hochzeit mit Louis VII von Frankreich weilte. Dann rollten wir in das immer breiter werdende Flußtal der Charente hinaus nach *Saintes,* das die Jacquaires seit den Religionskriegen nicht mehr gern aufsuchten, und das doch eine der großen Pilgerstätten am Wege gewesen war. Eine Stadt voll Frische, Leben und Daseinsfreude. Eine Stadt mit einer Vergangenheit, die ungleich älter als jene von Fenioux war. Das Zentrum der Saintonge und die Kapitale der gallischen Santonen, deren Nachfahren in romanischer Zeit die Kapitelle, Gewände und Archivolten mit den Geschöpfen ihrer Phantasie verzauberten. Unser Herz schlug höher.

Das Gänsespiel von Saintes

Aber wie es auf Reisen so geht, kaum angekommen, befiel uns eine gewisse Mutlosigkeit. Oder war es Ermattung? Wir wollten in einem Hotel nahe dem Bahnhof absteigen, das ich von früher kannte, aber alle Betten schienen von den Teilnehmern irgendwelcher Kongresse belegt. Bis wir am Ende durch baren Zufall doch Zimmer bekamen, weil jemand eine Abbestellung durchtelefonierte – ich mein altes, frostiges Loch, Monsieur Robertin eine Art Dunkelkammer, deren Tür nicht schloß.

Aber dies war es gar nicht, vielmehr, daß die Person am Empfang – wir kannten uns doch! – so gleichgültig tat, wurmte mich. Der Verdruß mehrte sich noch. Im kleinen, angeschlossenen Bistro hatten sich Motorradfans eingenistet, die den Musikautomaten nach Herzenslust heulen ließen, und im Speisesaal sollte ein Hochzeitsmahl stattfinden. Wir würden mit einem Tisch im Garten vorliebnehmen müssen, einem wunderschönen Garten mit Brunnenbecken, Pergola, Rasenfleckchen, Bäumen und Blumen, gewiß, einer wahrhaften Friedensoase inmitten der Stadt. Doch wenn der Unmut sich anstaut, wird alles zum Ärger. Schließlich prallte ich obendrein, kofferbepackt, im düsteren Korridor gegen ein weibliches Wesen, das nach kaum unterdrücktem Schmerzensruf hastig Licht machte, um plötzlich, war es nicht voll Entrüstung?, aufzuschrein: »Monsieur!«

Zweifellos, sie wollte mir eine Lektion erteilen. Doch dann fuhr mein Gegenüber, eine sehr anmutige, junge Person, dies muß gesagt sein, nach einer Sekunde des Stutzens fort: »Vous êtes revenus« – »Sie sind wiedergekommen!« Es war der gute Geist des Hauses von einst, eine Schwester oder Kusine der Wirtin, der ich einmal bei einer schwierigen deutschen Korrespondenz helfen konnte, was sie mit rührender Fürsorge vergalt. Schon stob sie mit einem »Das muß ich Jeannine sagen« davon, und alsbald kam auch diese gelaufen, die reservierte Rezeptionsdame von eben, schließlich sogar Madame, die Wirtin. Man war, ob des Betriebes, ganz einfach ermüdet, nun aber freuten sie sich, freuten sich alle, eingeschlossen der Hund Poupon. Es gab viel Fragerei nach dem Ergehen, in die auch Troisquarts einbezogen wurde, der die Entwicklung der Dinge sichtlich mit Wohlwollen verfolgte. Der Kehrreim von allem blieb »Vous êtes revenus!«, eine Art Orden, den ich mir hochgemut ansteckte.

Natürlich darf man solches Stimmengezwitscher nicht allzu wörtlich auffassen, aber es ist etwas Schönes um die französische Höflichkeit; sie wärmt. Bald saßen wir, mit Gott und der Welt zufrieden, unter der Pergola, zwei Pilger bei den guten Feen Melusine, Palatine und Mélior, die unseren gottlob ohne Sirenenallüren, und ich verspeiste diesmal mein ganzes Abendmenu, das heißt den fleischlichen Teil, was Troisquarts gelassen hinnahm. Denn es gab Caille, Wachtel. Cailles sind meine Schwäche, und wir tranken den guten Wein des Landes dazu. Es war ein warmer Abend, der Garten duftete nach frisch geschnittenem Rasen und Wasser, und im Hintergrund schimmerte in einem Annexe oder Gartenhaus eine tröstliche Lampe. Kurz, was ein Mensch braucht, der für einige Stunden Urlaub von der Großen Straße genommen hat, fand sich beisammen. Wen wird es wundern, wenn Saintes in unserer Erinnerung drei Sterne bekam? Dies trotz des fragwürdigen Rufes der Stadt in späteren Pilgerzeiten.

Denn hieß es nicht schon in einem alten Wallfahrerlied: »Und als wir in die Saintonge kamen, fanden wir nicht Kreuz nicht Kirche... in ihrer Bosheit haben die Hugenotten alles zerschlagen.« Es gibt noch ärgere Strophen. Eine davon nennt zwar das Land »das beste der Welt«, was angesichts der Cha-

rente-Ebene, in der Milch und Honig fließen, durchaus verständlich anmutet, aber…

> *Mais il y a de méchantes gens*
> *Ils s'en vont sur les passages*
> *Pour nous voler notre argent.*

»… es gibt dort böse Leute, die sich auf der Straße herumtrei-
ben, um unser Geld zu rauben.« Das, leider, hat einmal gestimmt und traf nicht erst seit den Hugenottentagen zu, wie ein
Vorfall vom September 1431 beweist.

Der Burghauptmann von Thénac, einer zum Schutz der Pilgerroute bestimmten bischöflichen Feste im Süden von Saintes,
hatte sich mit den Briganten einer Räuberbande, die sich ›En-
fants-Dieu‹ nannten, zusammengetan, um die von Saint-Eutrope nach Süden ziehenden Jacquaires auszuplündern und in
Thénac einzusperren, bis Lösegeld eintraf. Der Offizier hieß
Jehan de Civile, war spanischer Herkunft und besaß die Prie-
sterweihen, für die damalige Zeit keineswegs außergewöhnlich.
Das ruchlose Treiben ging gut, bis es dem Sénéchal oder Lan-
deshauptmann zu bunt wurde. Worauf er den Kapitän aufgrei-
fen und trotz bischöflichen Einspruches bei der Abbaye-aux-
Dames an einem Baum aufknüpfen ließ.

Daß in den Religionskriegen die Gefahren für die Pilger
noch wuchsen, versteht sich. Saintes lag im Vorfeld der hugenottischen Operationsbasis La Rochelle; es diente sogar als äußeres Bollwerk. Aber rührte eine Bedrohung wirklich von der
Bevölkerung her? Ein örtlicher Chronist vermerkt mit Nachdruck, daß es sich bei den räuberischen Truppen und ihren
Kommandeuren um ›Étrangers‹, Fremde, handelte. Leider ändert es nichts daran, daß die Spuren dieser fragwürdigen Epoche auch in Saintes sehr schmerzlich sind.

Die Stadt liegt an einer von Sonnenaufgang nach -untergang
quer durch den Charente-Grund gespannten Straße, an deren
Ostende sich unser Hotel befand. Während Troisquarts eigenen
Neigungen folgte und in Antiquariaten die seltsamsten Funde
machte, lockte es mich zur Altstadt auf dem Westufer des Flusses. Frühmorgens bereits schlenderte ich unter den schönen Pla-
tanen der Avenue Gambetta bis zur Charente-Brücke, wo man
einen herrlichen Ausblick auf die pralle Breite des Flusses und
die anmutig geschwungenen Uferfronten der Häuser hat. Sain-

tes ist sehr überschaubar. Zurück auf dem Ostufer ragte der Triumphbogen des Germanicus auf. Im Süden erblickte ich die in den Religionskriegen arg mitgenommene Kathedrale Saint-Pierre, von der einst der Brauch des Angelus-Läutens in die Welt ging. Hinter ihr sah ich den Altstadthügel aufsteigen, an dessen Westseite, unweit Saint-Eutrope, abermals etwas Römisches liegt, die Ruine der antiken Arena, in der zwanzigtausend Menschen, Zweidrittel der Bevölkerung von heute, Platz fanden, während sich das Zentrum der einstigen Römersiedlung, das Oppidum, über die Kuppe des Altstadthügels zog.

Es ist eine helle Freude, über diese Gambetta, die jenseits der Brücke Cours National heißt, zu wandern. Stets liegt eine heitere Aufbruchstimmung über ihrem Passantenstrom, der jenseits des Flusses, wo man in die Rue Alsace-Lorraine abbiegt, noch dichter wird; denn hier beginnt das Geschäftsquartier, vor deren Auslagen die Frauen untergehakt stehen, als bedürften sie des Zuspruchs und der Hilfe bei schwerer Entscheidung. Es ist das Herz der Stadt, aus dem als Aorta oder Halsschlagader die Jakobinerstraße mit der gleichnamigen Kapelle abbiegt und auf einer abkürzenden Treppe zum Haupt von Saintes, der Höhe des einstigen Capitols, hinanführt. Diesen Weg, woran der Jakobinername wohl denken läßt, nahmen die Jacquaires, deren Spuren ich nachging, allerdings nicht, um ihr eigentliches Ziel in der Stadt, Saint-Eutrope, zu erreichen.

Von Nordosten kommend, folgten sie einer schmalen Parallelstraße zur Gambetta direkt auf den Germanicus-Bogen zu. Bei *Saint-Pallais* fanden sie Herberge in unmittelbarer Nähe einer großen Abtei, dem Stolz von Saintes, der Abbaye-aux-Dames, die oft von Äbtissinnen königlichen Geblütes mit dem Titel ›Madame de Saintes‹ geleitet wurde. Sie ist 1047 durch Agnes von Burgund, die konspirative, aber auch tatkräftige Witwe von Herzog Guillaume le Grand gegründet worden. In der Großen Revolution war es damit natürlich vorbei. Immerhin, man vermag Klostertrakte und Kirche noch zu besuchen.

Daß man die Pilger damals hier einließ, ist unwahrscheinlich. Jedenfalls sahen sie über die Dächer hinweg das schwere Turmkarree nebst dem aufgesetzten Rundbau und stumpfen Kegeldach aufragen, eine wahre Glaubensfeste, sozusagen eine Inkarnation romanischen Denkens von etwas schwerblütiger

Harmonie. Es paßte nicht übel ins Bild, als ich dem Turm meine Aufwartung machte, daß im Winkel einer Chorapside eine blutrote Rose blühte, während auf dem obersten Sims ein Dohlenpaar ernsthafte Ehegespräche führte.

Auch die Fassade ist solch ein Musterfall, wenigstens nach Saintonge-Art. Architektur und plastischer Schmuck sind völlig eines geworden, die Skulptur zum Relief, das Relief Ornament. Allein, wer da glaubt, das hieße der Phantasie Zügel anlegen, findet sich nachdrücklich zurechtgewiesen. Was webt in den Archivolten nicht alles durcheinander! Da fliegen hurtige Engel mit Geißelwerkzeugen, verschlingen sich Evangelistenzeichen in Rankengespinst, ein Lieblingsthema der Steinmetzen hierzulande, in dem der Meißel zeigen kann, was er hergibt. Darüber sieht man die blutrünstigen Szenen des Bethlehemitischen Kindermordes, und zuoberst hocken mit langen Spitzbärten die Ältesten der Apokalypse in Zwiegespräche vertieft, diesmal gleich vierundfünfzig an Zahl. Künstlerisch erinnert das durchaus an Volkskunst, technisch ist es meisterlich ausgeführt. Dergleichen gilt auch für die aufschwebenden Sibyllen der linken, die Bilder Adams und Evas, des fauchenden Satanas, die Abendmahlsschilderung der rechten Blendarkade, auf der die Teilnehmer von kleinen Tabletts speisen, und nicht weniger die Kampfszenen der Gewändekapitelle. Es ist steinerne Epik, die Dokumentation der Bibel wird zur Legende und Sage.

Das Innere freilich – es ist schon 1117 mit zwei Kuppeln überfangen worden, die später bei einem Brande zusammenbrachen, man findet ihr Rund durch flache Holzdecken ersetzt und leider auch den Kirchenboden um einen Meter erhöht. Von der alten Raumwirkung ist nur eine Ahnung geblieben; ich sah es mit einiger Wehmut. Unterdessen dunkelte es, als ich ins Freie zurückkehrte und sich etwas sehr Hübsches begab. Aus dem Fenster eines zum Konservatorium umgewandelten Spitzweggemäuers klang Kammermusik, und während die Blätter der weißgrünen Ahornbäume schräg gegenüber leise im Abendwind rauschten, schien es mir, als zögen wieder die kleinen Nonnen aus den großen Familien Frankreichs über den Platz zum Portal, zart, fein der gallische Schnitt der Gesichter, die Augen niedergeschlagen und einige Gedanken durchaus nicht ganz bei der Sache.

Von ihrer Herberge zu Saint-Pallais wanderten die Pilger, vielleicht schon mit ihrer Habe bepackt, auf den Bogen des Germanicus zu. Man kann diesen Weg noch immer nachvollziehn; nur die Brücke, auf der sie den Fluß überschritten, fehlt. Nach alten Quellen folgten sie auf der anderen Charente-Seite der Uferstraße, um in die Rue Saint-François einzubiegen, nach *Saint-Eutrope* empor. Vom Leben des Namenspatrons dieser Kirche weiß man nur wenig; er gilt als Evangelisator des 4. Jahrhunderts, erster Bischof der Stadt und Märtyrer in einer Person. Gregor von Tours hat von ihm berichtet, aber das geschah erst nach 590. Im Mittelalter verehrte man Saint Eutrope wahrhaft schwärmerisch, und noch König Louis XI von Frankreich, dem man Verschlagenheit nachsagt, hing ihm so innig an, daß er einen neuen Turm für die Grabeskirche stiftete, um die inzwischen ein Cluniazenser-Kloster entstanden war.

Heute steht davon nur ein Teil der Oberkirche – das Langhaus ist 1803 abgerissen worden – mit dem für die Saintonge ob seiner reichen Blendarkaden charakteristischen Chor sowie phantastischen Kapitellen im Innern, soweit es ursprünglich blieb – Elefanten, langhalsigen Löwen, Menschen, in Ranken verstrickt, oder Vögeln, die auf Fabeltieren hocken. Unter ihr liegt, völlig erhalten, die Unter-, Grabeskirche oder Krypta, das Ziel der Pilger. Das ist ein Raum von archaischer Wucht, ja Derbheit. Massige Pfeilerbündel mit groben Kapitellen voll Spiralen und stilisiertem Blattwerk stützen ein tief angesetztes Gewölbe, das im Chorbereich, wo die Pfeiler enger zusammenrükken, schmale, hochgeschluchtete Zwickel bildet. Auch dies ein Paradestück, allerdings einer sehr frühen Epoche, die noch mit der Erbschaft schwerer Vergangenheit rang.

Hier ruht der Heilige in einem kurzen, breiten, etwas in den Boden eingelassenen Sarkophag. Trotz einer gewissen Grobschlächtigkeit, es geht etwas unsäglich Feierliches von dieser weitläufigen, 1096 geweihten Höhlung aus, die den Geist sowohl entrückt wie sammelt. Man vermag sich leicht vorzustellen, daß die Pilger voll Hochstimmung davonzogen. Sei es, um sofort weiter nach Süden zu wandern, sei es, um in ihre Herberge bei Saint-Pallais heimzukehren. Auch mich überkam dergleichen in der fast unterirdischen Kirche. Als ich Troisquarts abends berichtete, lächelte er. Er war gleichfalls dort gewesen.

»Eigentlich wollte ich nur den Brunnen der Krypta betrachten, Sie verstehen, den Mund des Woïvre, des Wasserstroms unter der Erde, über dem die Unterkirche erbaut ist. Aber dann wurde ich abgelenkt. Haben Sie auch die Spiralen entdeckt?«

Gewiß, man konnte sie nicht übersehn. – Aber wußte ich auch, was sie besagen sollten?

»Es sind Heilszeichen«, fuhr er fort, »und dies schon seit alters. Als ich zurückkam, machte ich eine Entdeckung, die ich als Fingerzeig empfand. In einem Antiquariat habe ich dieses Blatt aufgetrieben.« Er reichte es mir. Ein ›Jeu d'oie‹, ein Gänsespiel aus dem 17. Jahrhundert, ein Würfelspiel, das schon die Ägypter kannten, mit spiralig angeordneten Feldern, um darauf vorzurücken. Jedes Feld davon mit der Darstellung einer französischen Landschaft graviert.

»Das wird meine Erinnerung an Saint-Eutrope sein – die Heilszeichen, die einen Pfad nach innen, einen Durchgang durchs Dasein oder schlechthin den Lebensweg darstellen. Begreifen Sie? Das Heil in Form einer Wanderschaft, gleichgültig ob im Spiel oder am Heiligengrab.«

Was ebenso zutraf, wie es tiefsinnig gemeint war. Daher nahmen auch wir am kommenden Morgen unsere Pilgerfahrt wieder auf, in Richtung Pons und auf jenem Weg über Thénac, der zwischen Saintes und Pons den sonst nur in allgemeinem Sinne verwendeten Ausdruck des ›Chemin de Saint-Jacques‹ als Sonderbezeichnung trug. Nach gerührtem Abschied von unsern Feen natürlich.

Geist und Geister der Saintonge

Saintes ist von Monumenten der romanischen Zeit umlagert, aber wer seinem Federhalter keine Zügel anlegt, geht im Gesehenen unter. Auch gab es um Pons Bauwerke, in denen sich der Geist der Saintonge noch reiner niedergeschlagen hat. Wir zogen mit schwerem Herzen...

Man bedient sich in diesem Lande einer recht einfachen Architektur. Dem einschiffigen Kirchenleib wird übergangslos ein gerundeter oder schrägeckiger Chor angefügt, den Blendarkaden umziehen. Die Fassade wallt glatt empor und endet in einem flachen Dreiecksgiebel. Damit hat es natürlich nicht sein

Bewenden; der Baumeister gliedert sie in eine untere Zone mit erhöhtem Mittelportal und begrenzt sie nach oben durch ein quergezogenes Sims, über dem eine Galerie von schmalen Arkaden mit einem Mittelfenster folgt. Abermals höher kommt wieder ein Sims und manchmal, sofern es üppig zugeht, eine obere Galerie. Hiermit ist das Feld des Steinmetzen vorbereitet, der die Archivolten des Portales, sein Gewände, seine Kapitelle und natürlich auch die der Blendportale zu Seiten, schließlich sogar die Galerien samt Sparrenköpfen und Metopen der Simse mit reichem plastischen Schmuck überzieht, der zwar kleinen Formates, aber alles andere als Dekoration ist. Denn hier bricht der Geist des Landes und oft so elementar hervor, daß man betroffen innehält.

Kunsthistoriker haben daher die Kirchen in der Saintonge mit arabischen Elfenbeinkästchen verglichen, aber sie bedeuten doch mehr. Die Schauseiten dieser kleineren Gotteshäuser sind eher vom Geist alter illuminierter Handschriften erfüllt, denn sie spiegeln alle innere Bedrückung, Seelenbeschwer und natürlich auch die Glaubenszuversicht, ja selbst die Schalkhaftigkeit eines hintersinnigen, fabulierfreudigen Landes, das seine Vorstellungen dem bäuerlichen Leben entlehnt und mit einer blühenden Phantasie vermengt. Oftmals stellen solche Kirchen wahre Kleinodien dar, weshalb Troisquarts und ich sie besuchten, sooft es sich machen ließ. Einige davon sind mir so charakteristisch für das innere Leben des mittelalterlichen Menschen in diesem Lande erschienen, daß ich von ihnen berichten muß. Die erste solcher Kirchen, die ich ausgewählt habe, ist die von *Biron*, einem durchbuschten Dorf südostwärts Pons inmitten grüner Wiesen und fruchtschwerer Äcker, in dem es, nebenbei gesagt, einige wahrhaft monumentale Pilgerkreuze gibt. Als willkommene Zutat verfügt diese bescheidene Hütte Gottes im Innern über eine wunderschöne Vierungskuppel; sie bedeutet jedoch nicht das Entscheidende. Denn ihr eigentlicher Zauber geht trotz mancher Verwitterung noch heute von der Fassade aus, besser von ihren Archivolten, Kapitellen und Sparrenköpfen. Dort nämlich hat sich die Fabulierlust des Landes in wahrhaft überschwenglicher Weise geäußert. Angefangen mit einer ›Grand'goule‹, einem als Kapitell über einen Pfeiler gestülpten Maul, das die eigene Stütze verschlingt. Sofern man seine steingewordene Gier nicht nur als bare Spielerei, sondern auch als Andeutung einer inneren Gestimmtheit empfindet, ist man bereits auf dem richtigen Weg. Gewiß bleibt es der bäuerlichen Vorstellungswelt zu verdanken, wenn sich auf Archivolten und Kapitellfriesen eine wahrhafte Menagerie von Tieren gleich jenen tummelt, die in den Sagen des Landes eine so bedeutsame Rolle spielen – lauernde Löwen und Bären, anspringende Hunde, aber auch eine stolzierende Hindin mit einem Zweig im Geäse, daneben Vögel wie Pfauen, Elster und Schwan. Doch beginnt es bereits von geheimer Bedrängnis zu knistern, wenn sich Mischwesen und Chimären dazu gesellen, ein Zentaur wilde Tiere jagt, Schlange und Basilisk einander anfauchen, bis sich das Bestiarium vollends zum Pandämonium wandelt, um sich schließlich zu einem Hexensabbat en miniature zu steigern. Kriechen da nicht wahre Ausgeburten der Hölle herum, Vögel mit Teufelsfratzen und katzenköpfige Quadrupeden, die ihre Zähne und Zungen blecken? Schließlich bricht als Kulmination des Ganzen etwas Melusinenhaftes hervor, eine Flügelsirene, gleichgültig ob man darin eine unterdrückte Vorzeitgöttin erblickt, ein Symbol des Bösen und der Verlockung oder ein bares Phantasieprodukt.

Etwas in uns hat sich dagegen gesträubt, solche vorgeblichen Spielereien als Bagatellen abzutun. Zweifellos bedeuteten sie ein Substrat verborgener Seelenregionen. Aber fragten wir uns angesichts dieser Bilder mehr erschreckt als erstaunt, was hier eigentlich ausgedrückt werden sollte, fanden wir einzig Antwort in einer frommen Bischofsgestalt der inneren Archivolte, die eine Satansmaske niedergetreten hat. Das gute Prinzip siegt also über das böse! Hatte es jedoch damit sein Bewenden? Wenn die Vorstellungswelt des romanischen Menschen voll solcher Bedrohungen steckte und wenn es den Steinmetzen jener Epoche offensichtlich Freude bereitete, in schier unerschöpflicher Folge Inkarnationen unholder Geister zu ersinnen, ja, ihrer Darstellung ungebührlich scheinenden Raum zu gewähren – bedeutete das nicht zugleich, daß ihre Phantasie von ihnen gradezu übervölkert war? Zweifellos hatte eine geheime Lust am Satanischen mitgewirkt, gegen das sich das Gute nur schüchtern hervorwagte. Dies als eine Facette dessen, was ich den Geist der Saintonge nenne. Erblicken wir darin keine ungebührliche Herabsetzung; vielmehr kommt da etwas Unterschwelliges ans Licht, das allen Menschen gemeinsam ist, wenn auch hier in gesteigerter Form. Wer nimmt an der Höllenwanderung in Dantes Göttlicher Komödie nicht größeren Anteil als an der Darstellung des Empyreums?

In *Chadenac,* südostwärts davon, ging es offenbar ähnlich zu – die Bildwerke sind ob der fortgeschrittenen Verwitterung nur noch schwer zu entziffern. Indessen vermengt sich mit dem höllischen Katzenkonzert hier doch ein gewisser Anspruch auf einen angemessenen Rang der Mächte des Guten. Großfiguren, von denen man nur noch Rudimente erkennt, haben neben den obligaten Tugenddarstellungen einmal Gegengewichte geschaffen. Hüben des Portales sahen wir den Torso eines Sankt Georg, der die Prinzessin von Trébizonde vor dem menschenverschlingenden Ungeheuer errettet, drüben Sankt Michael, der seinen Kampf mit dem Drachen ausficht. Eine Überhöhung der seelischen Erregung, aus der die höllischen Darstellungen entstanden? Schließlich entdeckten wir eine Fassade, auf der das Pandämonium gleichsam über sich selbst hinauswuchs und eine fast klassische Ausgewogenheit und Reife erlangte. Oder war statt Reife nicht besser das Wort ›diu mâze‹ der Troubadour-Dichtung am Platz?

›Im Maße‹ befand sich das Gotteshaus wirklich, auf das ich anspiele, genauer die Schauwand von *Echebrune* am Hügelrand einer endlos nach Cognac hinauswallenden Ebene von Weingärten. Gleichzeitig tauchte hier wieder eines der Hauptmotive des Santiago-Weges auf; das Mittelfenster der Galeriezone zeigte sich von einem wunderschönen Vierpaß maurisch-spanischer Prägung überfangen. Eine Pilgerkirche also? Zumindest eine Erinnerung an den endlosen Weg.

Auch in Echebrune spielt sich alles, was die Kirche durch die Sprache der Bilder ausdrücken will, an den üblichen Stellen ab. Ein ›Grand'goule‹ ist da, desgleichen Teufelsfratzen und Löwenhäupter. Die Bedrohung des Daseins durch Satanas bleibt für das Mittelalter stets eine Realität. Aber wieviel anders waren die Akzente gesetzt! In Echebrune liegt das Schwergewicht auf Darstellungen aus dem täglichen Leben. Da sieht man den Widder, den Ochsen mit seinen Hörnern, das Schwein, das den gestohlenen Käse quer im Maul hält – Erzählfreude und Liebe

zum Dasein haben die Schwaden des Unterbewußten zurückgedrängt. Auf den Metopen prangen sogar die stilisierten Blüten
der Bauerngärten, Margerite, Sonnenblume und Winde. Ach,
das gesamte Bauwerk in seinem edlen Grau des Steines zwischen gilbendem Kastanienlaub und Bauernwiesen, auf denen
der buntschillernde Hahn seine Hennen spazierenführte, es war
eine einzige Augenfreude, an der man sich gesund sehen
konnte...

Doch das gilt eigentlich für die meisten der Kirchen und
Kirchlein des Saintonge-Geistes, die man landauf, landab bis in
die Guyenne findet, und in solchem Sinn mag der Schmuckka-
stenvergleich sein Recht besitzen. Ihre plastische Aussage, so
elementar sie oft wirkt, bleibt schon ob der kleinen Formate
eingebunden in die Architektur und zeigt sich fast immer von
kostbaren Schmuckformen umspielt. Selbst zu Biron ordnet
sich, dank eines innewohnenden Formengesetzes, das höllische
Pandämonium einem dem Lande eigenen Ideal von Schönheit
unter, das abermals auf erstaunliche Weise an jenes der Trou-
badour-Strophen erinnert.

Pilgerhospital in Pons

Erst nach solchen Exkursionen, die uns den Geist der Pilgerstraße in der Saintonge, die Bedrohtheit und innere Erregung
der Menschen begreifen lehrten, sind wir nach *Pons* gefahren,
einem bescheidenen Städtchen auf einem steil abfallenden Hügel über der Seugne, die zu seinen Füßen durch Erlen und Pappeln träumt. Auf seiner Felsenstirn trägt es als letzte Erinnerung
an die Sires de Pons, die einmal über sechzig Dörfer und Städte
und zehnmal soviel Kirchspiele geboten, einen schweren, elfenbeinfarbenen Turm, den Donjon des ehemaligen Schlosses.
Über das restliche Burgplateau zieht sich heute ein entzücken-
der Park mit Lindenalleen, beschnittenen Lebensbäumen und
Blumenrabatten. Drunten, jenseits der Seugne endlich liegt das
Kirchlein Saint-Vivien.

Dergleichen war natürlich nicht unser Ziel. Vielmehr blieb
in Pons die Erinnerung an die Jacquaires steinerne Gegenwart.
Im Süden des Ortes hebt sich, wohlerhalten und sorglich über-
dacht, der Rest eines 1191 gegründeten Pilgerhospitals oder

›Mandats‹, wie eine spätere Zeit das nannte, in Gestalt einer über die alte Straße nach Bordeaux, die ehemalige Pilgerroute, gewölbten Passage nebst den Resten zweier angebauter Flügel. Sie erstreckten sich früher mehrgeschossig nach Osten und Westen und waren an den Enden von zwei Ecktürmen begrenzt. Auch über dem Durchlaß erhob sich ein Turm, ein mächtig auffahrender Bau, den man erst 1830 abgerissen hat. Der westliche Teil dieser Anlage beherbergte einmal das Spital für die kranken Santiago-Fahrer und offenbar auch die Unterkünfte ihrer Betreuer. Sie gehörten, wenigstens zeitweilig, dem Hospitaliter-Orden an. Der Ostteil diente als eine dem heiligen Martin geweihte Kapelle oder wohl besser Kirche, in der man die Messe gleichzeitig an drei Stellen zelebrieren konnte – im Kellergeschoß, Parterre und der oberen Etage. Läßt schon dies auf bedeutende Dimensionen schließen, macht der erhaltene Torbau augenfällig, wie großmächtig die Anlage gewesen ist. Ein- und Ausgang sind von angeknickten Tonnen-, die Mitte von Kreuzrippengewölben überfangen, unter denen die Straße nach Süden führt. An den Seiten dieser Passage finden sich noch die wohlerhaltenen Portale mit ihren ornamental oder geometrisch verzierten Archivolten. Kleine, skulptierte Schlängelwesen an einem der Kapitelle deutet man als Nachbildung von Aalen aus der Seugne, die offenbar zur Ernährung der Kranken beitrugen. Möglich indessen auch, daß sie eine symbolische Nebenbedeutung besaßen, sozusagen als Melusines letzte Geschwister.

Das Interessanteste an diesem Bauwerk, das sich einst ›Hôpital neuf‹ – ›Neues Hospital‹ nannte und also in Pons nicht das einzige war, ist allerdings keineswegs diese gleichsam kunsthistorische Hinterlassenschaft, sondern der Durchlaß als solcher. Entlang seiner Wände ziehen sich Sockel, die den ermüdeten Pilgern zum Ausruhen oder Abwarten schlechten Wetters dienten; während solcher Stunden kürzten sie ihre Zeit, indem sie Erinnerungszeichen in die Seitenwände ritzten. Man kann sie noch sehen. Aber das eigentlich Erregende bleibt etwas anderes. Den Oberseiten der Sockel sind, unter Rundbogennischen, Mulden eingemeißelt, in denen man später ›Bâtards‹, unehelichen Nachwuchs, aussetzte, um ihn der öffentlichen Fürsorge zu überlassen. Ursprünglich haben sie anderen Zwecken gedient. Hier legte man bis zur nachfolgenden Beisetzung die ge-

storbenen Kranken ab. Da es eine ganze Reihe solcher einge-
meißelten Sarkophage gibt, muß der Tod ein häufiger Begleiter
der Santiago-Fahrt gewesen sein.

Da befindet man sich also Auge in Auge mit der seelischen
Fracht, welche die Pilger mit sich schleppten, dem Tod auf der
Wanderschaft, der immer irgendwo lauerte, und lernt nun die
Anmahnungen, Drohungen und Hinweise auf das Lebensende
der Kirchenfassaden besser deuten. – Konnte uns niemand Aus-
kunft geben, wo die Gestorbenen ihre letzte Ruhestätte gefun-
den hatten? Während Monsieur Robertin noch die Grafitti von
Pilgerhand, die Aale und die geometrischen Zeichen der Archi-
volten, studierte, habe ich an einer Brettertür des notdürftig
verschalten, linken Portales geklopft. Sie zeigte sich angelehnt.
Hinter ihr stand ein Mann, nein, ein zierlicher, grauhaariger
Herr von noblem Gesichtsschnitt in blauem Overall und häm-
merte inmitten eines aufgeborstenen Raumes Nägel aus alten
Dielen, um sie aufstapeln zu können.

Er musterte mich kühlen Blicks, bevor er mich aufforderte
einzutreten. »Wenn Sie das interessiert, ich habe diese Ruine
gekauft und richte sie her. Alles soll werden wie früher.« Irgendwie mußte er mir meine Nationalität angesehen haben.
»Übrigens spreche ich Deutsch!«

Man wird begreifen, wenn ich seinen Namen verschweige;
er war Stabsoffizier der französischen Luftwaffe gewesen und
im Krieg, nach Ende der Kämpfe, in den Untergrund, die Rési-
stance gegangen. Aufgegriffen von der Besatzung, hatte man
ihn nach Deutschland deportiert. Aber er hegte keinen Groll.
»Irgendwie habe ich es überstanden«, sagte er lächelnd, »und
sogar Deutsch gelernt. KZ-Deutsch«, fügte er dann hinzu. »Sie
müssen mir also meinen Argot nachsehen.«

Sooft ihm seine Geschäfte in Saintes Zeit ließen, fuhr er nach
Pons. »Hier hat die Treppe gelegen, auf der die Jacquaires,
sofern sie bleiben durften oder gehfähig waren, aus der Kapelle
zu den Schlafräumen stiegen, und drüben hat irgendwann ein
Herdfeuer gebrannt.«

»Wo aber«, warf ich ein, »begrub man die Toten, die man
draußen niedergelegt hatte?«

Statt einer Antwort öffnete er die Tür zum Garten. Ein
Friedhof hatte sich dort befunden; man erkannte es nur noch

undeutlich, denn die einstigen Grabhügel waren fast eingeebnet. »Der alte Totenacker des Ortes«, kommentierte er kenner-
haft, »aber ursprünglich setzte man hier die gestorbenen Pilger
bei. Ich habe sogar ein uraltes Gemeinschaftsgrab ausmachen
können.«

– Eine ganze Zeitlang sind später noch Briefe zwischen uns
hin und her geflattert. Pons! Für mich gehörte es seit der Begegnung zu den Höhepunkten an der Grande Route; es bedeutete
Zeugenschaft der Pilgerfahrt und war offenbar auch für die
Wallfahrer ein Schwerpunkt des Weges, wie man Archivberich-
ten entnehmen kann. Es ist etwas Seltsames um solche Entdek-
kungen. Lange Zeit eilt man einer fast imaginären Vorstellung
nach, die sich hartnäckig im Kopf festgekrallt hat, um nur noch
Hohlformen und halbverwischte Spuren zu finden, bis man,
kaum mehr erwartet, plötzlich dem Ziel gegenüber steht: Der
Pilgerweg, hier ist er verlaufen, und in den Mulden der Passage
haben seine Opfer gelegen.

Wir waren unterdessen aus dem einstigen Kapellentrakt unter den Torbau zurückgekehrt und sahen Troisquarts, der sich,
rücksichtsvoll wie immer, abseits hielt; er stieg eben aus einer
der Höhlungen.

»Was machen Sie da, Monsieur Robertin?« rief ich verblüfft.

»Maß nehmen, wie es sich darin lag«, warf er hin, während
er sich den Staub abklopfte. »Das tut man nicht«, wäre es mir
fast herausgefahren. Doch warum eigentlich nicht? Nach mancher seiner Äußerungen schien für Troisquarts die Trennungs-
linie zwischen hüben und drüben ohnehin nicht sonderlich scharf
gezogen. Aber mir war doch, als sei ein Schatten über meine
Entdeckerfreude geflogen. Anscheinend besaß die Begegnung
für ihn andere Dimensionen. »Wie es sich darin lag«, welch ein
Gedanke!

– Beim Weiterfahren nach Blaye haben wir dann noch eine
Entdeckung gemacht. In einer kleinen, ganz in der Saintonge-
Art gehaltenen Kirche, der von *Avy* abseits der eigentlichen
Route. Da man dabei war, einige Schäden am Schiff auszubes-
sern oder genauer, eben zu Hause Brotzeit machte, konnten wir
überall nach Herzenslust stöbern und entdeckten in einer Kapelle hinter dem Altar eine Malerei, arg beschädigt freilich.

Darauf kniete ein Stifterehepaar im Jacquaire-Gewande, begleitet von seinen Patronen, um die heilige Jungfrau zu verehren,
die ein, wie es schien, bärtiges Kind auf dem Schoß trug. Oder
handelte es sich gar um einen verkleinerten Pilgersmann? Bewirkte am Ende Farbenzersetzung eine Augentäuschung? Wir
debattierten lange und kamen zu keinem Schluß. Das Bildwerk
nahm eine große Fläche ein, besaß also Bedeutung, aber wie
sehr wir auch rätselten, das einzige Resultat blieb, auch hier
verlief eine Nebenroute, auf der unsere Jacquaires vorübergezogen waren. Was sich bei späterem Nachstudium als richtig
erwies.

Ausblick von Blaye:
Das eine und das andere Jahrhundert

Eine Stunde später rollten wir der Gironde entgegen, durch
Belluire nach Saint-Genis, beides alte Pilgerstationen. Hier
zweigen erneut einige Nebenwege, quer durch den Wald der
›Lande‹ zur nahen Küste des Stromes ab. Wir freilich blieben
der Route auf Blaye zu treu und unternahmen lediglich einen
Abstecher nach *Agudelle,* um in der Jakobuskirche eines der
schönsten maurisch-spanisch inspirierten Vielpaßfenster zu sehen. Dann aber ging es ohne Aufenthalt fort durchs ›Pays de
Fenêtres‹ bis zur Garde de Roland, drei Kilometer vor unserm
Ziel, wo Roland, der Sage nach, seinen Speer bis in die Gironde
geschleudert hatte. Plötzlich lag es vor uns, *Blaye,* so unvermittelt, als sei die endlose Fahrt von Poitiers nur ein Spaziergang
gewesen.

Man langt im Rücken der Zitadelle an, der riesigen Fe-
stungsanlage Vaubans aus dem 17. Jahrhundert, die samt den
Forts Pâté auf einem Inselchen der Gironde und Médoc auf dem
anderen Ufer des an dieser Stelle rund drei Kilometer breiten
Stromes einen wahren Sperrgürtel für jeden landeinwärts fahrenden Feind gebildet hat. Leider ist dem Bau der Zitadelle
manches Unersetzliche zum Opfer gefallen, vor allem die alte
Abteikirche Saint-Romain des schon 315 gegründeten Augusti-
ner-Klosters, das seinerseits im 15. Jahrhundert von den Engländern zerstört worden ist. Die Kirche, in der nach der Tradition die toten Recken von Roncesvalles, Olivier, Bischof Turpin
und Roland, der Paladin Kaiser Karls, ruhten, hatte jedoch alle

Stürme überdauert, bis ihr die Spaten der Genietruppen ein Ende machten. Das war nicht nur Rolands Grab willen schmerzlich, an dem noch König François Ier 1526 gekniet hatte, sondern auch wegen des Namenspatrons dieses Gotteshauses, der als Helfer in Schiffsnöten auf der Fahrt nach Bordeaux galt.

Die Gironde, wenig südlich aus dem Zusammenfluß von Dordogne und Garonne entstanden, ist nicht nur ein gewaltiger Strom, sondern war auch für die schmalen, Anguilles oder ›Aale‹ genannten Flußnachen des Mittelalters, welche die Pilger benutzten, gefährlich. Noch heute sieht man oft genug, besonders bei Hochwasser, riesenhafte entwurzelte Baumstämme samt Kronen und Ballenwerk auf ihm der See entgegentreiben. Zudem dauerte die Fahrt gegen die drängenden Fluten stromauf lange Zeit. Sie führte, wie das Rolandslied sagt, über sieben Flußmeilen bis nach Bordeaux, volle und ganze dreißig Kilometer also.

Schon die Römer hatten die Gunst der Uferberge von Blavia genützt und auf ihrer Höhe ein Castrum angelegt. Daraus war die Burganlage der Herren von Blaye geworden und endlich Vaubans Meisterwerk der Militärarchitektur mit seinen nahezu unbezwinglichen Gräben, Wällen und Bastionen. Der Ort darunter blieb freilich stets ein unbedeutendes Nest, und einzig die Landestelle am Gironde-Ufer, wo die Trajekte von Lamarque im Médoc festmachen, besitzt einige Anziehungskraft. Denn von hier hat man einen schönen Blick auf die Gironde mit den Inseln Bouchaud und Pâté, zwischen denen die ›Naviplane‹, das Trajekt, hindurchmanövrieren muß. Allerdings ist er dem von der Höhe der Zitadelle nicht zu vergleichen, weswegen wir uns bald zu Fuß auf den Weg machten, hinter dem kleinen Hafen über Eisenbahnschienen hinweg und dann durch die Porte Dauphine, einen veritablen Tunnel, hinan, bis wir im Frieden eines alten Wehrstädtchens, der Unterkunft für die einstige Garnison, innerhalb der Bastionen landeten. Nur ein paar Schritte nach links zur ehemaligen Place d'Armes, dem Alarm- und Sammelplatz für die Besatzung, und man steht einem diesmal berauschenden Ausblick gegenüber. Freilich, was bedeutet selbst er gegen jenem andern von der Höhe aus... doch der Reihe nach! Um diese Kuppe der Bastion zu erreichen, muß man durch eine

einfache Gasse mit Blümchen und huschenden Katzen zur
Hauptstraße zurück. Vorüber an der ›Maison de la Duchesse‹,
zwar in Wirklichkeit einst das Kommandantenlogis, aber ›Haus
der Herzogin‹ genannt, weil hier am 15. November 1832 eine
abenteuerliche Figur der jüngeren französischen Geschichte in-
haftiert wurde, die derzeit vierunddreißigjährige Herzogin von
Berry, Marie Caroline von Bourbon-Sizilien. Sie hatte in der
Vendée gegen den Bürgerkönig Louis Philippe konspiriert, bis
man sie in Nantes in ihrem Versteck, einem Kamin, verhaftete.
Eine ›jolie laide‹, eine hübsche Häßliche, was beweist, daß sie
Charme besessen haben muß; mit andern Worten, sie stellte die
Vedette in einer der politischen Intrigen dar, an denen Frank-
reich nicht arm ist…

Wenige Schritte weiter und wir hatten die Höhe der Zitadelle erreicht, das heißt, wir standen vor einem eingemuldeten
Tälchen der Kuppe mit einem grauen Ruinengemäuer im Ra-
sengrund, dem Rest der mittelalterlichen Burg samt einem hübschen Brunnen. Allein, davon wird nicht ob der anmutigen Details berichtet, vielmehr galt es noch einmal anzuhalten. Einer
der frühen Troubadours hat in diesem Schlosse gehaust, Jaufré
Rudel, Fürst von Blaye, dessen Leben für den Zeitraum von
1125 bis 1148 bezeugt ist. Jener seltsame Poet und Sänger,
welcher der Dichtung des ›Fin’ amor‹ einen ganz neuen Akzent
verlieh. Denn aus der höfischen Liebe wurde in seinen Strophen
der ›Amor de lonh‹, die unerreichbare ›Liebe in die Ferne‹. Groß
ist die Zahl seiner überlieferten Verse nicht, und Kritiker sagen
ihnen obendrein nach, ihr Verfasser habe zwar hübsche Melo-
dien, aber recht dürftige Worte ersonnen. Einerlei, für mich
besaßen sie einen eigenen Zauber, vielleicht, weil ich sie stets
vor dem Hintergrund des romanzenhaften Lebens ihres Urhebers betrachtete. Denn im ›Lanqand li jorn son lonc en mai‹ –
›Wenn die Tage im Mai sich längen‹, liest man zu Anfang der
sechsten Strophe:

> *Dieus, qe fetz tot qant ve ni vai*
> *e fermet cest’amor de loing…*
>
> *Gott, der da alles macht und machen wird,*
> *und der da meine Liebe in die Ferne schuf,*
> *gibt mir die Kraft…*

Kraft? Ja, wozu! Seine Liebe verzehrte sich nach einer Gräfin
von Tripolis im Vorderen Orient, die er niemals gesehen hatte.
Als er sich endlich entschloß, seiner Angebeteten ein einziges
Mal zu begegnen, bestieg er ein Schiff und langte zu Tode krank
am Ort seiner Sehnsucht an. Man hat ihn eilends in eine Herberge gebracht und auf seine dringenden Bitten sein Idol davon
in Kenntnis gesetzt. Die Gräfin kam eben zur rechten Zeit,
damit er in ihren Armen sterben konnte. Das Leben ein Lied. Im
Templerhause von Tripolis hat man Jaufré Rudel, Fürst von
Blaye, beigesetzt, während die Gräfin noch selbigen Tages aus
Trauer den Schleier nahm... Hier oben hat er also gehaust,
seine Verse geschrieben und vorgetragen, kauzig, rührend und
heldisch zugleich, jedenfalls eine der seltsamsten Gestalten aus
Pilgertagen, als die Ideale hoch und die Wege zu ihrer Verwirk-
lichung so weit wie die Sterne waren.

  – Zwei Bilder habe ich hier oben wahrgenommen, als ich
erst an den unvergleichlichen Aussichtsplätzen stand, das eine
banal, nein erschreckend, um nicht das Wort desillusionierend
zu brauchen, und das andere von so viel Großartigkeit erfüllt,
daß ich es nie vergessen werde. Als ich vom Schloß zur Nord-
ostbastion emporgestiegen war, sah ich unter mir in quellendes
Grün gebettet einen Sportplatz. Eine Abteilung von kleinen
Knirpsen und Mädchen marschierte hinter einer roten Fahne
über die Laufpiste und probte die Weltrevolution. Man konnte
ihr munteres Krähen bis hier oben vernehmen. »Völker, hört
die Signale« sangen sie, natürlich französisch. An der Nord-
westbastion, am Ende einer Lindenreihe, aber fiel der Blick
weit, fast unendlich weit hinaus dorthin, wo sich der vom Sand
der Dordogne gelb gefärbte Strom, der eher einem Meere
gleicht, weil er dort zehn Kilometer breit ist, mit dem Atlantik
und der Unendlichkeit vermählt. Es war Abend, die Sonne be-
glänzte das Wasser, und es schien mir, als habe Jaufré Rudel
sich von diesem Ausblick zu seiner Fernensehnsucht beflügeln
lassen, die für ihn die Gestalt einer Frau besaß.

  Da offenbarte sich der ganze Unterschied der Zeitalter! Drüben die politisierten Hosenmätze mit ihrem Singsang, dessen
Sinn sie unmöglich begreifen konnten, und hier der Platz, wo
sich achthundertfünfzig Jahre zuvor der Dichter des ›Amor de
lonh‹ hinausgesehnt hatte. Die Stelle hat sich durch Vaubans

Festungsbau nicht verändert, denn diese ›Tour de l'Aiguillette‹ besteht aus gewachsenem Fels, der von hier steil zum ungeheuren Strom, der Aorta des aquitanischen Kernlandes, hinabfällt.

Wir blieben noch etliche Tage in dieser von grandiosem Atem erfüllten Landschaft. Vornehmlich, um das nördliche Gironde-Ufer abzugrasen, nachdem wir allerdings weiter im Südosten, nahe dem Zusammenfluß der Dordogne mit der Garonne, in Bourg Quartier genommen hatten. Es gab hier einiges, das uns mit Neugier erfüllte. Von Bourg aus zieht sich eine überwältigende Region endloser Rebengefilde nach Süden, über denen jetzt, im Reifeherbst, ein goldener Hauch lag; jeder der zahllosen Stöcke von riesigen Trauben behangen. Inmitten dieser Quartiere liegen köstliche, kleine Kirchen wie *Tauriac* unter seinen Lindenbäumen, auf dessen Tympanon rechts vom Portal das Lamm Gottes in einer von Vögeln getragenen Glorie erscheint. Aber, was uns noch mehr berührte, man hatte alte Steine im romanischen Gotteshaus wiederverwendet, und ich schwöre, es waren Reste jener römischen Villen dabei, die einst hier gelegen hatten und sich zu ihrer Zeit neu, schön und jung dünkten. Denn es ist ja eine Region wahrhafter Zeitlosigkeit; nur einige hundert Meter von hier findet sich etwas, das noch unsagbar älter anmutet als die Römerepoche, die prähistorische Höhle *Pair-non-Pair* am Uferrand eines eiszeitlichen Baches mit wunderbaren Felszeichnungen des Périgordien, an dessen Schwelle der Mensch seine ersten künstlerischen Gestaltungen schuf; aber es soll von dieser Kunst in einem andern Zusammenhang erzählt werden.

Schließlich machten wir uns, etwas schweren Herzens, zu unserm letzten, gemeinsamen Ziel auf, *Lalande-Fronsac,* einem Kirchlein hinter dunklen Zypressenfackeln, unweit Saint-André-de-Cubzac am unteren Lauf der Dordogne. Um des Tympanons über dem Seitenportal willen, das künstlerisch von so rührender Einfalt ist wie die Backwerkfiguren aus hölzernen Modeln, und doch soviel an Aussage bedeutet. Es stellt mit den Mitteln naiver Volkskunst die Vision des Johannes auf Patmos dar und ist wahrscheinlich im 12. Jahrhundert entstanden. Noch einmal war Troisquarts in seinem Element, denn das Relief steckt voll hintergründiger Rätsel; Emile Mâle, der Ähnliches auch an einem Kapitell in Saint-Hilaire zu Poitiers beobachtete, hat darin Einflüsse der Apokalypsen-Kommentare des Beatus de Liébana erkennen wollen, eines asturischen Mönches aus dem 8. Jahrhundert, dessen Werk weit nach Frankreich hineingewirkt hat. Über die Archivolten eilen Propheten mit Büchern gleichsam im Laufschritt, Rankenwerk erinnert noch einmal an die Saintonge, und in den inneren Bögen finden sich neben Figuren unklarer Bedeutung, welch aufregendes Ereignis, auch Spielleute wie zu Beaulieu, die der Vision gleichsam assistieren. Auf dem Tympanon selbst aber steht der großmächtige Weltenheiland, dem das Schwert des Gerichtes vom Munde fährt. Links sind seinem Haupt sieben zu einer Rosette gebündelte Sterne beigefügt; Sonne und Mond zeigen sich nur symbolisch angedeutet, während die Bögen in der linken unteren Ecke samt den byzantinischen Kuppeln auf die sieben Kirchen Asiens hinweisen. Der ganze Aussagewillen, die gesamte Gestaltungsfreude der Saintonge, hier war sie noch einmal in der enigmatischen Darstellung der Apokalypse zusammengeronnen.

– Troisquarts hockte auf einem Grabstein, beobachtete und notierte fleißig. Es war das letzte Mal, daß ich den Freund, denn das war er nun, in seiner versunkenen Pose beobachten konnte. Kurz darauf fuhr er mich zum Bahnhof von Libourne, um dann nach Périgueux seines Weges zu rollen. Ich habe ihn nie mehr gesehen. Viele Monate später langte daheim ein Paket bei mir an, lediglich begleitet von einem Vermerk, die Sendung erfolge auf Wunsch Monsieur Robertins. Es befand sich seltsames Schriftwerk darin, Notizen, Zodiak-Zeichnungen, Berechnungen mit Alpha- und Omega-Zeichen. Was sollte das? Doch bald begriff ich, es war sein Vermächtnis; er schien insgeheim das betrieben zu haben, was man bei uns Symbolforschung nennt.

Warum ich davon in der Vergangenheitsform berichte? Wiederum wenig später erhielt ich auf Umwegen eine bestürzende Nachricht. Troisquarts war tot, in den Bergen seiner heimatlichen Auvergne einem Herzversagen erlegen. Tage habe ich gebraucht, um darüber hinwegzukommen, und mir schien, er sei als eine Art letzten Opfers der Pilgerschaft von der Erde gegangen. Denn wieder und wieder sah ich ihn vor mir, wie er in Pons in einer der Steinmulden Probe lag und Maß nahm oder wie er es nannte.

Stürmische Tage südlich Noirmoutier

Nun wandern wir wieder! Abermals aus der Region der Loire-Mündung nach Süden und wieder auf einer der Nebenstraßen der Grande Route. Der letzten, der westlichsten, auf der die Jacquaires aus der Bretagne gezogen kamen, entlang dem Küstensaum des Ozeans, gegen dessen Dünen die Brandung tobt. Die Schöpfe der Kiefern auf ihrem Kamm ducken sich vergeblich vor den Pranken des Sturmes; er packt sie doch. Uns aber schützt dieser endlose aufgetürmte Wall, über dessen Deichkrone dichte Sandschleier stieben, und wir lachen einander zu, sooft uns ein vereinzelt niederklatschender Regentropfen wie der allzu hastige Hieb einer Kosakenpeitsche trifft. Er tut nicht weh, und es ist schön, unterwegs zu sein, wenn die Wolken schwerbäuchig von See heranjagen, der Wind durch die wenigen Bauerngärten landein marodiert und losgerissene Blätter umherwirbelt.

Wir, das sind diesmal meine Frau Anne und ich. *Noirmoutier*, von dem wir aufbrachen, liegt bereits so weit zurück, daß wir uns kaum mehr an etwas anderes erinnern als ein Gemenge von Wasser, Land und sumpfigem Marais, hinter dem kleine, weiße Häuschen mit roten Dächern faulenzen. Nicht zu vergessen natürlich die Mimosenhaine des Nordens, durch die wir ziellos gebummelt sind, immer auf Suche nach einem Auslug, bis wir endlich von der Höhe der Tourelle de la Vigie am Gouverneursschloß zu unserm Überblick über die derzeit noch in eitel Sonne gebadete Insel kamen. Aber die Wetter ändern sich hier, an der See, im Handumdrehn. Bereits kommenden Tages packte der Sturm uns buchstäblich beim Schopfe. In Saint-Philibert, genauer der Krypta, haben wir Schutz gesucht. Wir schuldeten ihm ohnehin eine Visite, weil hier einmal der uns von

Tournus her bekannte Heilige geruht hat, bis seine treuen
Wächter, die Mönche des ehemaligen Klosters vor tausend oder
mehr Jahren mit ihrer kostbaren Reliquie vor den Piraten des
Nordens geflohen sind. Vierzig Jahre waren sie unterwegs,
dann endlich bot Burgund ihnen Zuflucht.

Gewähre auch uns deinen Schutz, Patron der irrenden Mönche, die wir uns gleichfalls aufgemacht haben! Freilich, wir sind
in dem plötzlich hereingebrochenen Sturm nicht die einzigen.
Überall an den Vendée-Stränden bauen Urlauber ihre Zelte ab
und rollen davon, so daß von dem sandigen Sommerglück
nichts mehr übrig ist als Berge von Abfall und Papierfetzen, die
der Wind vor sich hertreibt. Ja, es schien Herbst geworden. Das
Uhrendatum zeigt den 23. September. Aber er hat unsere Wanderschaft eher beflügelt, denn manchmal, wenn der einfallende
Luftschwall uns zu fassen bekam, schob er uns regelrecht vor
sich her, bis er es allzu grob trieb und sich in Regenfluten
entlud. Es war kein Bleiben mehr. Wir bekamen es auch auf
andere Weise zu spüren, denn noch erinnere ich mich, daß wir
nach gut zwei Tagen Marsch im Wald von Olonne zwischen
dem donnernden Meer und dem Marais de Vertonne Schutz
unter dem Vordach einer Jagdhütte suchten. Unvermutet
tauchte ein alter, ledergesichtiger Wilddieb auf, oder was er
denn war, die Flinte umgehängt, ein gemeucheltes Kaninchen
an der Hand und neben sich ein braunes Weibsbild mit unsteten
Augen. Zigeuner? Hatten wir vergessen, daß wir uns im ›Corri-
dor des Sarrazins‹ befanden?

»Was suchen Sie hier?« Es klang befremdlich grob. Der
Hautfarbe nach war es tatsächlich ein Nachkomme jener vor
undenklich langen Zeiten von der spanischen Halbinsel vertriebenen Mauren, die man hier ansiedelte. Ich hätte sogar beschwören mögen, das Frauenzimmer mit den Teufelsaugen neben ihm habe ein Fatima-Händchen am Halskettchen getragen.
Was meine Frau mir allerdings als Phantasterei ausredete.

»Was suchen Sie hier?« – Diesmal schien es bereits drohend.

Ein Fingerzeig nach oben, wo die Wolken fast durch die
Pinienkronen rauchten, zeigte ihm, was uns aufhielt.

Darauf sagte er etwas, was mir in Frankreich noch nicht
widerfahren war. »Ich dulde niemanden hier. Das Wetter ist
Ihre Sache.« So haben wir erneut in den Regen gemußt. Wer

weiß, was er in seiner Bleibe verbarg! Aber zum ersten Mal auf
der Wanderschaft empfand ich, daß auch die Ausstoßung zur
Pilgerschaft gehört haben mochte.

– Gottlob, der Remblais von Les Sables-d'Olonne mit seinen
Glaspalästen zum Meer, in denen sich etliche verbliebene Optimisten bei Kartenspiel und Fernseher ihre Zeit vertreiben, liegt
hinter uns. Ebenso Schloß Talmond oder Talmond-Ort, wo das
letzte Bett von flüchtenden Urlaubern belegt war. In ganzen
Kolonnen rollten sie im sinkenden Abend neben uns her. Zum
Glück nahm uns ein Bus bis Saint-Cyr-en-Talmondais mit und
erlöste uns von der Straße der dröhnenden Tanker und Ur-
laubsvehikel. Wir fanden sogar eine Unterkunft, einen veritablen Stall, den ein pfiffiger Wirt zivilisatorisch mit Bett und
Tröpfelbrause verschönt hatte. Gewiß, draußen heulte der Ket-
tenhund, und drinnen summten verdächtig viel Mücken, die der
Sturm in die Enge trieb. Nach Auskunft meiner Frau stachen sie
jetzt nicht mehr, was sich als Fehleinschätzung erwies. Immerhin, man konnte vom nahen Gasthaus telefonieren; kommenden Tages würde uns eine Freundin mit ihrem Wagen holen.

Draußen heulte der Hund! Heute verzeichne ich es in lä-
chelnder Erinnerung an eine unselige Nacht. Gegen zwölf Uhr
bin ich zu ihm gegangen; es war ein blutjunger, unglücklicher
Schäferhund, der sich allein fühlte und mir dankbar die Hände
leckte. Sobald ich jedoch den Rücken kehrte, erscholl seine
herzzerreißende Klage von neuem. Endlich gab ich es auf und
bin zurück in mein Bett gekehrt. Dort indessen begannen die
Mücken grade mit einer Großoffensive. Als endlich der Morgen
graute, sahen wir uns verblüfft in die rotgesprenkelten Gesichter. Daß es dergleichen auch in Pilgertagen gegeben hat, läßt
sich vermuten. Die Vendée ist ein klassisches Mückenland.

Nun wanderten wir wieder. Das heißt, diesmal rollten wir
und hatten es somit bequemer. Die Freundin war pünktlich
erschienen, und stellte sich bei mir auch ein kleines Bedauern
ein, der Pilgerschaft für eine kurze Strecke nicht auf gebührliche
Weise treu zu bleiben, es bot sich dafür Gelegenheit zu einer
Landpartie. Nicht nach Luçon, das dem Santiago-Weg einst als
Zwischenstation diente, sind wir weitergefahren, sondern dorthin, wo die Mönche Aquitaniens jahrhundertelang einen erbitterten Kampf um jeden Fußbreit Boden führten, die Benedikti-

ner von Saint-Michel-en-l'Herm oder Maillezais so gut wie die
Augustiner von Nieul-sur-l'Autise. Zum guten Ende waren hier
sogar Jacquaires gewandert.

Mit anderen Worten, wir wollten ins Marais Poitevin hinaus, früher eine offene Meeresbucht, umgangen von wenigen
Küstenpfaden, auf denen die Pilgerschaft ein Vorwärtstasten
über schwanke Landbrücken und Moräste gewesen war. Etwas
zog mich hier an, als Vor- oder Beispiel sozusagen, wie La
Rochelle anfangs ausgesehen hatte, das wir nachmittags noch
erreichen wollten. *Esnandes* kam, ein winziges Dorf auf einer
Warft nahe dem Meer, von Marschen umzogen, soweit das
Auge reichte. Noch näher aber dem Ozean zu das, was von dem
ursprünglichen Esnandes übriggeblieben war – wie hätte es anders sein können, das romanische Gotteshaus, im 14. Jahrhundert mit fünf Meter dicken Mauern ummantelt, dazu mit Wehrgang und einem Donjon versehen, damit die Menschen hier bei
Plünderungen von See eine Zuflucht fanden. Hart, dinglich,
einsam ragt der Bau über die brettflachen Marschen. Als wir
anlangten, erbarmte sich allerdings der Himmel und gönnte uns
einen Gnadenstrahl. Die Wolkenarmada riß auf; ein Bündel
Sonnenlicht fiel genau auf die Kirche und ließ sie vor dem tief-
dunklen Grün wie herausgemeißelt erscheinen.

Nein, es hätte nicht besser kommen können, denn so sah
man, sie war die steingewordene Beständigkeit, Ausdruck eines
unbeugsamen Beharrungswillens, der selbst vor den wildesten
Stürmen der Geschichte nicht nachgab. Esnandes oder die
Stärke der Seele, die mehr ist als alle Gewalt, und dies war es
gewesen, was ich erträumt hatte, der ich La Rochelle bereits
kannte. Auch die Stadt überstand alle Stürme der Zeiten. Jedoch anders. Sie ist längst von einer verklärenden Patina überzogen. Hier draußen in Esnandes aber erkannte man noch einmal ganz elementar, was es hieß, auf sich allein gestellt gegen
eine feindliche Umwelt auszuharren.

Was allerdings unserm Besuch in La Rochelle keineswegs
seine Bedeutung nahm.

Die schweren Stunden von La Rochelle

Sooft ich hierher kam, erblickte ich die Stadt in ein anderes Licht getaucht. Kein aquitanischer Hafen bleibt dem Atlantik so ausgeliefert wie dieser. Aber es ist nicht die Laune der See, die *La Rochelle* bedrängt, sondern der Himmel. Niemals zeigt er das tiefe Blau wie jener des Mittelmeeres, aber auch nicht das Grau des Nordens. Seine Luft wirkt farbig, und sie wechselt ihre Nuancen mit jedem Wolkenschatten. Die großen Maler der Neuzeit haben das samt und sonders empfunden, von Camille Corot bis Albert Marquet.

Da liegt es also im Schutz vorgelagerter Inseln und einer gewaltig nach Westen ausholenden, nördlich des Außenhafens vorspringenden Landzunge unter dem endlosen Einzug der Wolken, der Wetter, dem Glanz des Sommers. Eine Stadt mit einer abwechslungsreichen, gleichwohl geschlossenen Häuserfront, die den Binnenhafen mit der zurückhaltenden Zärtlichkeit des Alters umschmiegt und ihn zugleich durch ihre Türme *Saint-Nicolas* und *La Chaîne* bis auf einen schmalen Durchlaß sperrt. Eine letzte Bastion des Landes und gleichzeitig die Gefangene eines Meeres, das erst in entfernten Breiten der Weltkugel wieder auf ein Gestade trifft. Trotz solcher Ausgesetztheit bleibt La Rochelle ein in sich beschlossener Lebensraum von erlesener Architektur, behaust von einer eigenwilligen Rasse, deren Charakter vom Kampf mit der See und der feindlichen Umwelt geprägt ist. Die Atmosphäre spielt dabei die Rolle eines alles verbindenden Substrates sehr verschiedenartiger Regionen, des eigentlichen Stadtbildes und zweier Anlandeplätze, des blinkenden Binnen- und eines großen Außenhafens, der in die offene Reede übergeht. Heutigen Tages hat sich zu diesen weitläufigen Ankergründen noch der Ozeanhafen von La Pallice draußen an der vorspringenden Landzunge mit seiner Seemole gesellt.

Das Wort ›La Rochelle‹ bedeutet ›Kleiner Felsen‹; gemeint ist jene Kalkscholle am Meer, aus deren Stein sich die ersten Ansiedler ihre Häuser bauten, von der Donau eingedrungene Alanen, von denen sich der Gebietsname Aunis herleitet. Dieser helle Stein bildet das zweite Element von La Rochelle. Es ist mehr als seine Schwestern im Binnenland eine steinerne Stadt,

auch wenn man im südlichen Altstadtquartier der *Rue des Mer-
ciers* und des *Vieux Marché* im 16. und 17. Jahrhundert in
einem Fachwerk gebaut hat, dessen Holzkonstruktionen sorgfältig mit Schiefer verkleidet sind. Das augenfälligste Stadtviertel bleibt das nördliche hinter dem alten Hafentor, der *Grosse
Horloge;* es ist während einer Epoche wachsenden Wohlstan-
des, im 18. Jahrhundert, dem Kanon klassischen Bauens folgend, in Haustein aufgeführt worden. Mit anderen Worten, die
Region um die *Rue du Palais* mit dem kleinen Platz der Petits-
Bancs, der *Rues Albert Ier* und *Chaudrier,* vor allem aber der
Rue Réaumur und *Rue de l'Escale.*

Gewisse Wesenszüge von La Rochelle lassen sich nur durch
eine Stadtgeschichte erklären, die seinen Namen einmal zu einem Fanal für ganz Europa gemacht hat. Aber um das zu verstehn, muß man noch weiter zurücktauchen bis in die aquitanische Vergangenheit. Gegen 1137 haben sich neben der alani-
schen Ureinwohnerschaft vom Meer zugewanderte, geflohene
Sklaven, sogenannte Colliberts, in der Gegend des Alten Hafens
festgesetzt und das kleinbürgerliche Viertel der Cougnes gebildet. Entscheidender ist allerdings das Jahr 1199 geworden, von
dem in La Rochelle alles ausgeht, seine Größe, seine Tragik,
sein Selbstbewußtsein. Damals gestand Königin Aliénor der
Stadt die Selbstverwaltung und eigene Gerichtsbarkeit zu, eine
scheinbar ebenso zwangsläufige wie normale Entwicklung vieler Kommunen. Aber in La Rochelle hat sich aus dem dadurch
ins Leben gerufenen Stadtrat und der Schöffenschaft bald eine
Bürgeraristokratie herausgebildet, in deren Händen der Reichtum zusammenfloß und die politische Macht lag. Die Masse der
Cougnes hielt man eisern im Griff, was um so leichter war, als
der Bürgermeister gleichzeitig als Richter über Leben und Tod
wie oberster Kriegsherr fungierte.

Was mich angeht, erblicke ich in der aquitanischen Erbschaft ein entscheidendes Motiv der blutigen Glaubensausein-
andersetzungen, die sich vierhundert Jahre später abspielen
sollten. Sie hat ein Selbstbewußtsein geweckt, das mit der französischen Krone in Konflikte geriet, als König François Ier die
hergebrachte Bürgermeisterwahl aus den Reihen der Stadtari-
stokratie aufhob und sein Nachfolger Henri II ihr sogar die
Jurisdiktion entriß, was einer Entmachtung gleichkam. Kein

Zweifel, der Mißbrauch kirchlicher Pfründen hat viele Bürger von La Rochelle zum Protestantismus getrieben. Daß daraus ein so hartnäckiges Aufbäumen, ja die offene Revolte wurde, dürfte bei allen religiösen Motiven im Bewußtsein verletzter Eigenständigkeit dieser freien Seefahrer wurzeln. Anfangs kamen Kalvinisten und Katholiken immerhin miteinander aus; man teilte sich sogar die Gotteshäuser. Als sich der schreckliche Zwischenfall von 1568 ereignete, als der reformierte Maire Pontard die Bevölkerung gegen den katholischen Klerus aufwiegelte, Kirchen plündern und zweiundzwanzig Geistliche in der Tour du Garrot erdrosseln ließ, war es eigentlich nur eine Entladung allzulang angestauter Erregungen. Kein Wunder, wenn die französische Krone darin sofort die politische Seite des Vorfalls, die Auflehnung gegen die Staatsreligion, erkannte. Vergeblich allerdings berannte der Herzog von Anjou, der spätere König Henri III, mit einem riesigen Kontingent die Stadt; nach einer Belagerung von fünf Monaten, die ihn zwanzigtausend Mann kostete, sollte er am erbitterten Widerstand der Eingeschlossenen scheitern.

Soweit ein von La Rochelle triumphierend ausgekostetes Vorspiel jenes Dramas, das sich erst sechzig Jahre später vollzog, während derer die Bürgerschaft, nicht zuletzt durch kühne Seesiege verführt, allzu selbstsicher versäumte, mit Paris einen Ausgleich zu suchen. Diesmal war es der unerbittlichste aller Verfechter des Absolutismus gegenüber Hochadel und Hugenotten, Richelieu persönlich, der zur Belagerung von La Rochelle heranzog. Als erstes hat er der Stadt jede Zufuhr vom Lande gesperrt. Am 1. November 1627 begann er ein Werk von verhängnisvoller Großartigkeit, er riegelte den Außenhafen durch einen gewaltigen Deichbau ab. Man findet die oft dargestellte Begebenheit am besten auf dem Stich von Jacques Callot im Musée d'Orbigny-Bernon wiedergegeben. Im Grunde war damit bereits das Schicksal von La Rochelle besiegelt. Aber Tapferkeit und Einsicht schließen selten eine Ehe, und unter Führung des Reeders und Bürgermeisters Jean Guiton haben die Rochelais noch dreizehn Monate einer unsäglich aufopferungsvollen Verteidigung ausgehalten. Erst als die Posten auf den Wällen und Wehrgängen vor Hunger tot umfielen, kapitulierte man. Ganz Europa hat damals wie gebannt auf das maka-

bere Schauspiel geblickt, die eine Glaubenspartei den Fall beju-
belt, die andere in düsterer Hochstimmung die Standhaftigkeit
La Rochelles gepriesen. Aber es ging hier längst nicht mehr um
eine religiöse Frage, sondern um die Durchsetzung der Staats-
räson.

Es kam dennoch anders, als eigentlich anzunehmen blieb.
Gewiß verließ ein großer Teil der überlebenden Hugenotten die
Stadt, und 1685 ist nach der Aufhebung des Ediktes von Nantes
ein weiterer abgewandert nach Amerika, England oder Holland. Die Zähesten sind indessen geblieben und hielten ihrer
Konfession im verborgenen Treue. Sie sollten bald erneut am
Überseehandel profitieren und weiterhin jene bedeutenden Reeder und Handelsherren stellen, die später ihre Häuser im Viertel
der Privilegierten, an der *Rue Réaumur* und *Rue de l'Escale,*
errichteten. Diese Bauten spiegeln sehr genau die Mentalität
ihrer Bewohner, denn es handelt sich um jene zurückgezogen
angelegten Stadthôtels zwischen Hof und Garten, gegen die
Straße durch hohe Mauern mit einer Balustrade abgeschirmt,
die noch heute dem nördlichen Stadtviertel seine Akzente verleihen. Trotz aller Rückschläge blieb man übrigens rührig, wie
es einem Wesenszug kalvinistischen Prädestinationsdenkens
entsprach. Bereits 1640 hatten die Schiffe der Stadt die Antillen
angelaufen, und am Ende dieses Jahrhunderts blutiger Tragö-
dien gingen auch die Sklavensegler nach Guinea in See. Dies
ungeachtet aller Glaubensbindungen, oder besser, grade infolge
einer Erwähltheitslehre, die darin erstaunliche Blüten trieb. Ein
Las Casas hat sich nicht unter den Hugenotten gefunden.

Was allerdings die Pilgerschaft angeht … für sie war die
Bedeutung von La Rochelle mit den ersten Glaubenskämpfen
erloschen. Im hohen Mittelalter dagegen erschienen die Jacquaires regelmäßig im Stadtbild, um vom Hafen aus die große
Fahrt über den Atlantik und die Biskaya nach Galicia anzutreten. Templer und Hospitaliter betreuten sie. Von ihren
Kommanderien sind heute kaum mehr als Straßennamen und
Mauerspuren übrig. Am Ende einer Passage gegenüber der
Börse kann man sie in einem Hofe noch finden. Als Durch-
gangsstation des Landweges konnte die Stadt niemals dienen;
ihre ausgesetzte Lage im schwanken Vorland schloß dies aus …

Heute ist alles ganz anders. Man geht durch die Stadt, in der

Historie und Gegenwart doch ein und das nämliche scheinen, und ist glücklich gestimmt. Warum beschwingt uns das Gestern trotz seiner Härten hier mehr als das Künftige? Weil man sich selber darin erkennt? Weil es vorüber ist und so hübsche Dinge zurückließ? Mich allerdings hat hier trotzdem etwas verwirrt, und damit komme ich auf das Elementare von La Rochelle zurück. Jedesmal nahm ich mir, angeregt von den wechselnden Bildern, vor, etwas möglichst Präzises, Faktisches, sei es aus der Geschichte oder dem Alltag dieser Stadt, zu berichten. Einfach, um ihrer eigentümlichen Wirkung auf die Fährte zu kommen. Es gelang mir nie. Überall mischte sich die Atmosphäre hinein. Ich lebte buchstäblich mit dem Angesicht zur See und zum Himmel. Selbst, wenn ich im Hotelzimmer an der Place de Verdun hockte, wo einmal die Burg der aquitanischen Zeit lag, einen Stapel bedruckten Papieres mit Daten und Angaben vor mir, vermochte ich es nicht. Öffnete ich nur das Fenster, um hinauszuschaun, wenn die Leute der Außenbezirke aus den Bussen quollen, sofort war es wieder der Salzatem, der mich bedrängte, die Gardinen hochwehte und bis in den letzten Winkel des Zimmers blies.

Er hat in La Rochelle selten die Heftigkeit eines ungezügelten Sturmes, aber er ist eine durchdringende, allgegenwärtige Macht, die noch mit den heftigsten Regengüssen ihr Spiel treibt. Selbst die tief herabgelassenen Markisen der Cafés entlang des Alten Hafens am *Quai Duperré,* vor denen man so herrlich sitzt, können nicht vor dem Regen schützen. Der Wind macht ihn botmäßig und treibt seine Tropfen waagerecht durch die Türen ins Innere. Stand ich draußen in den Parkanlagen des Mail, der am Nordufer des Außenhafens nach La Pallice hinausschwingt, den Blick auf die Weite der See gerichtet, oder zurückschauend draußen an der Pointe du Chef de Baie, sah ich die Mannigfalt dieser Gewalt. An der einen Stelle schraffierten Regen und Wind ganze Kontinente von Wasserflächen, an anderer lag die See gleichsam blank poliert. Fern, fern im Westen aber, am Südkap der Ile de Ré oder der Nordwestspitze von Oléron schimmerten die sonnenbeschienenen Strände wie mattglänzende Seide auf.

Kehrte ich sodann dem Licht meinen Rücken zu, um durch die *Petite Rue du Port* stadteinwärts zu wandern, sah ich Auslagen, die mir blinkender als sonst erschienen, genoß ich vor allem die bunte Fülle der *Markthalle,* in der das Meer so gut wie das ferne Hinterland ihre Tribute zur Schau stellen, Turbot und Sole, Thun- und Tintenfisch, Hummer, Languste, Auster, ganze Berge kleiner Muschelarten, wie man sie draußen am Alten Hafen bei ›André‹ als ›Melli-Mello‹ so meeresfrisch ißt, neben Pfirsichen, Chasselas-Trauben, den herrlichen Melonen des Poitou und Artischocken. Es war kein gewöhnlicher Alltagsmarkt, sondern auch er blieb auf seine Weise von der See bestimmt und strahlte die Bildkraft eines Stillebens aus, das man sich in seine gute Stube hängt. Kurz, die Verhältnisse schienen umgekehrt, das Wirkliche, Reale, Dinglich-Feste zeigte sich in bunte Erscheinung verwandelt, der wahrhafte Lebensraum von La Rochelle blieb der Himmel.

Oder ich wanderte durch die Straßen und grüßte alles Gemauerte, einen Runderker hier, den festlichen Portikus der Börse dort mit jener freundlichen Zuneigung, die man der gepflegten Ausstattung einer Vitrine entgegenbringt. Niemals vergaß ich, daß draußen das andere, die See, war. In La Rochelle wirkt kein Bau großartig, und gottlob hat man gar nicht erst versucht, in der Innenstadt Hochhäuser ins Bild zu pfuschen. Die Architektur beweist Sinn fürs Schickliche und bleibt unter dem Wind. Massig wirkt eigentlich nur die *Kathedrale Saint-Louis* an der Place de Verdun im Stil des Zeitalters Ludwigs XVI. Aber selbst ihre weiten Umgänge, Wandelhallen gleichsam, hatten sich mit Bildern geschmückt, die daraus einen Gemäldesaal machten; in einer Kapelle dieses klassisch-kühlen Baues hing sogar eine bunte Fülle von Votivtafeln als Dank für Rettung aus Seenot wie bei einem Antiquar.

Natürlich sind die Straßen von La Rochelle mit all der Neigung der Seefahrer fürs Heimelige angelegt, aber sie besitzen gleichzeitig Rasse. Sogar im Südteil, dem alten Händlerviertel mit seinen kleinen Passagen, alten, gravierten Steinplatten, schützenden Vorhallen – wieviel Lust am schönen Schmuck! Im *Rathaus,* in seinem gotischen Mauergeviert mit dem schlanken Belfried wie ein flandrischer Steen gelegen, ist am eleganten Innenbau des Henri IV und der Katharina Medici aus lauter Freude am Interieur sogar der Geist Bramantes beschworen; große Fensterdurchbrüche werden von kannelierten Säulen

flankiert, zwischen denen als Bildwerke die Kardinaltugenden
stehn. Worauf es ankommt – sie bleiben reine Dekoration. Übrigens mußten es Tugenden sein. Das wollte die hanseatische
Seele der Stadt. Aber noch mehr ging es darum, die Erinnerungsstücke der Seefahrer zur Schau zu stellen. Das gilt selbst
für die aristokratischen Stadthôtels mit ihren Dekors und Zier-
leisten. Es drückt sich darin etwas wie der irrationale Zug in der
Seele der Rochelais aus. Die Gesinnung ist Zierat geworden.

Vor allem bleibt eines besonderen Wesenszuges dieser Stadt
zu gedenken. Da es ob der unmittelbaren Nähe des Meeres, wie
beschrieben, oft regnet, sind die meisten Geh- oder Fahrtrakte
von Laubengängen gesäumt. Man wandert trockenen Fußes
durch die Hauptstraße, die *Rue du Palais,* vorbei am Denkmal
des Eugène Fromentin, dessen ›Maîtres d'Autrefois‹ ich noch
mehr schätze als sein Hauptwerk ›Dominique‹, in dem er mit
aller Genauigkeit des 19. Jahrhunderts das Leben der damaligen Gesellschaft beschreibt. Vorbei also am Standbild dieses
Schriftsteller-Malers schreitet man auch hier durch ein wahres
Interieur, um immer wieder dasselbe zu tun und unter der
Grosse Horloge hinweg zum Hafen hinauszutreten wie aus einer
Haustür. Die leicht schwankenden Maste der Boote, die grau-
grüne Woge der Steineichen am Quai du Carrelage zur Linken,
die Zange der vorgeschobenen Molen mit der hoch auffahrenden Tour Saint-Nicolas hüben, dem verstümmelten Kettenturm
drüben – dieser tausendmal abgebildete Anblick ist in La Rochelle aller Dinge Anfang und Ende: Hafen, Meer, Himmel.

Eine Stelle allerdings gibt es, da steht man der schweren
Vergangenheit dieser Stadt noch einmal Auge in Auge gegenüber. Der Weg zu ihr führt von der Tour de la Chaîne hinaus
über die einzige Straße, die Richelieus Angriffe nicht zerstörten,
die mittelalterliche Rue ›Sur-les-Murs‹ zum Laternenturm mit
den sechs Meter dicken Basismauern und der mächtigen, spätgotischen Spitze, in der früher ein ›Fanal‹, ein Leuchtfeuer, gebrannt hat. Es handelt sich um die ehemalige *Tour du Garrot,*
von der man die Leichen der erdrosselten Priester ins Meer
stürzte. Unten im Turm findet man eine Darstellung von La
Rochelle, wie es vor den Hugenottenstürmen und vor 1628
aussah, und oben in den Geschossen der Spitze Ritzzeichnun-
gen der Gefangenen, die einmal dort schmachteten.

Hier freilich sieht man wie zu Esnandes ein, daß jenes alles
überglänzende Licht draußen, die Architektur und Schönheit
der Stadt im Innern mehr als eine verklärende Patina sind, unter
der noch immer die Blutströme rauschen – Schicksalsbemächti-
gung im Angesicht der Unendlichkeit.

Herbstliche Inselwelt

Wer allerdings in einer Land- oder auch Stadtschaft mehr erblickt, als nur Dasein, Geschichte und gelebtes Schicksal, nämlich ein Wechselspiel von alledem mit tellurischen Mächten und
lebendiger Natur, der muß sich frei machen vom Bann des
Urbanen und hinaus in den Raum von Küsten, Meer und Inseln
rings um La Rochelle. Er findet hier Antwort in einer Welt, die
sich zum Teil noch immer im Zustand des Werdens und Verge-
hens befindet. Zwar an den Ufern nicht mehr so zerlappt und
zerfasert wie früher, sondern von kartographisch fixierten Gestaden gesäumt, bietet diese Region aus Wasser und Erde auch
heute ein erstaunlich amphibisches Bild. Hier zu Land gefestigt,
dort mit verschliffenen Konturen fortbestehend, an dritter
Stelle durch menschlichen Eingriff zu neuer Verwandlung gezwungen, hat dieses Gebiet seit Pilgertagen sein Aussehen stark
verändert. Aus flachen Meeresbuchten sind Marschen geworden, und wo sich einst Moräste dehnten, überzieht seit Jahrhunderten ein dichtgesponnenes Netz von Kanälen, Entwässe-
rungsgräben und Deichen den Küstensaum und sein Hinterland. Meerwärts hingegen dauert der Schöpfungsprozeß an, wo
menschlicher Eiweißhunger in Watten und den Mündungs-
schläuchen der Flüsse unaufhörlich neue Systeme von Teichen
entstehen läßt, in denen Schalentiere gezüchtet werden.

Frankreich ist ein gesegnetes Land. Es besitzt Wein, Vieh-
herden, Erdfrüchte im Überfluß und als weitere Nahrungs-
quelle die Muschel, die man alljährlich in Zehntausenden von
Tonnen erntet, von der ›Moule‹ oder Miesmuschel bis zur Auster. Dies neben schwimmendem Meeresgetier vieler Arten, das
die unersättlichen Bäuche der großen Menschenballungen im
Binnenland füllen hilft. Die Küstenzonen des Aunis, einst ob
ihrer seichten Gewässer für die Schiffahrt gefährlich, ob ihrer
schwanken Böden an Land kaum begehbar und fast unbesie-

delt, stellt heute grade deswegen ein ideales Aufzuchtgebiet für
›Ostréicultures‹ und ›Mytilicultures‹ dar.

Ein neues Zeitalter menschlicher Ernährung hat hier begonnen, denn überall wachsen, wie in La Tremblade im weit landein führenden Mündungstrichter der Seudre, die Austernparks
der widerstandsfähigen ›Claires‹ und ›Portugaises‹ – diese erst
1868 durch einen Zufall heimisch geworden, als man bei einem
Schiffbruch die Muschelladung eines von Portugal kommenden
Frachters über Bord werfen mußte. Einige, wenige überlebende
Exemplare erwiesen sich als aufzuchtfähig und wuchsen bald
zu einem Millionenheer an, wenn auch die Nachbrut von heute
meist aus Japan und Kanada stammt. Dagegen scheint die Rolle
der schon zu gallo-römischen Zeiten bekannten und von Ausonius gepriesenen ›Plate‹ ausgespielt, die noch auf der Tafel des
Sonnenkönigs einen Ehrenplatz einnahm. Feiner an Geschmack, hermaphroditisch und lebend gebärend, ist sie im Gegensatz zu ihren zweigeschlechtlichen Artgenossen anfällig und
1920 durch eine Seuche fast gänzlich dahingerafft worden.
Heute werden die Plates nur noch in der Gegend von Marennes
und im Bassin von Arcachon gezüchtet.

Die Auster stellt allerdings nur eine, wenn auch die oberste
Klasse der mit Schlamm und Schlick zufriedenen, jedoch bei
steigender Wasserqualität an Wohlgeschmack zunehmenden
Muschelwesen dar. Neben ihr hat man längst zahllose Moules
oder Miesmuscheln angesiedelt, die man vor der Küste des Aunis an Pfahlzäunen, sogenannten Bouchots, züchtet. So vor
Fouras, an den Gestaden von Brouage, in der Bucht von Aiguil-
lon, den Teichen von Boyardville auf Oléron und anderwärts.

Gewiß dürfte sich mancher wackere Landsmann schütteln
in dem Gedanken, sein derbkräftiges Eisbein und die grundehr-
liche Kartoffel gegen solche schlinzigen Urwesen aus dem
Meere vertauschen zu sollen, aber das bleibt genau betrachtet
ein Vorurteil körnerschrotender Rassen, nicht aber Einwand
gegen die Nährkraft. Außerdem – muß man für den Genuß des
Schweinernen mit Schwerleibigkeit bezahlen, bedeutet eine
Muschelmahlzeit, vollends wenn sie von einem Schluck Musca-
det oder Entre-Deux-Mers begleitet wird, ein fast spirituelles
Vergnügen. Zum guten Ende läßt sich sogar über die ästhetische Seite des Genossenen streiten. Schalentiere ernähren sich

durchaus nicht von Abfällen oder Schlempe, sondern von schwebendem Plankton. Einerlei jedoch, die Muschelkulturen jeder Art haben das Aussehen der Amphibienküste gründlich verändert. Für meine Person gestehe ich dieser Region mit den blinkenden Bassins, schmalen Dämmen, kleinen Arbeitshütten oder Pfahlreihen, die im Aunis die stattliche Gesamtlänge von mehr als sechshundertfünfzig Kilometern erreichen, sogar ästhetische Qualitäten zu, wenigstens die des Exotischen.

Schon möglich, daß es manchen Leser trivial anmutet, wenn ich die Anlage solcher Gärten mit einer höchst geistigen, schicksalsgebundenen Stadtkultur konfrontiere und darin ihr aus den elementaren Bedingungen der Schlammzonen geborenes Gegenbild erblicke, was immerhin Gegensatz und Entsprechung zugleich besagt. Doch besitzt dieser Küstenraum des Aunis auch weniger strittige Wesenszüge aus dem Bereich des Tellurischen oder Elementaren. Die Inseln. Gleich La Rochelle haben sie aquitanisch-französisches Schicksal bedeutet, manchmal sogar in recht drastischer Form, und nicht nur als Schutz oder Wellenbrecher der Küste. Ihretwillen, die heute sehr oft durch kilometerlange Brücken oder bequeme Trajekte mit dem Festland verbunden sind, sei mir gestattet, den Urlaub von der Pilgerstraße um ein weniges zu verlängern.

Bereits von Fromentine, der Festlandsstation von Noirmoutier aus, hatten wir die *Ile d'Yeu,* die Isola Oia der Römer, einst von der Bretagne aus besiedelt und dem Vernehmen nach ein Kultplatz keltischer Druidinnen, besucht, sowohl ihres felsigsteilen Südsaumes, der Côte Sauvage, als auch einer schmerzlichen Erinnerung Frankreichs willen. Auf dem Friedhof von Port-Joinville liegt das Grab einer tragischen Gestalt jüngerer Geschichte, des Marschalls Pétain, den die Niederlage von 1940 bewog, die Staatsführung unter der deutschen Besatzung zu übernehmen. Sein Vaterland hat es ihm nie verziehen und den Neunzigjährigen 1945 in der Zitadelle der Insel eingesperrt, wo er sechs Jahre später starb. Auch ein zweites Eiland betraten wir einer schweren, wenn auch andersgearteten Reminiszenz wegen, die *Ile d'Aix* in der Bucht vor Châtelaillon, auf der Napoleon die letzten Tage seines Lebens auf französischem Boden verbrachte. Von hier setzte man ihn am 15. Juli 1815 auf die Brigg ›Bellerophon‹ über, die ihn nach Sankt Helena brachte.

Manchmal schien es mir gradezu, als habe Frankreich jene
Schicksale, die es nicht mehr zu tragen oder ertragen vermochte, auf seinen Atlantik-Inseln ausgesetzt. Begrub man
nicht im Zypressenhain der winzigen *Ile de Madame* jene zwei-
hundertfünfundsiebzig unglücklichen Priester, die während der
Großen Revolution an Bord zweier Lastkähne im Hafen von
Rochefort elend umkamen? Warteten nicht auf der mächtigen,
nur vier Kilometer vor La Pallice gelegenen *Ile de Ré* in einem
der Forts von Saint-Martin die zur Deportation nach Cayenne
verurteilten Sträflinge auf ein Schiff, das sie einem mörderi-
schen Klima überantworten sollte? Noch gedenke ich eines
längst verschollenen Buches aus Kindertagen, das die Festungs-
gemäuer von Ré als Stätte unbekannten Grauens, erfüllt mit
dem Klirren der Ketten, schilderte ...

Jetzt allerdings sah es anders aus. Ganz unerwartet war es
noch einmal Sommer geworden, und die Insel, die man so bequem mit der Fähre erreicht, präsentierte sich als Paradies hal-
kyonischer Tage. Mochte mir aus einem vorjährigen Novem-
beraufenthalt auch das Nebelhorn vom mächtigen Leuchtturm
der Walfischbucht hoch im Nordwesten noch im Ohre dröhnen
wie das Läuten der ›Amers‹, der Glocken von Sainte-Marie, mit
dem man Schiffe und Besatzungen vor drohenden Gefahren
warnt – in diesem Jahr breitete der Altweibersommer einen
unvergleichlichen Schimmer über die sanfte Dünung der See.
Noch einmal überglänzte Sonne den Strand der Conche nahe
Saint-Clément und die Austerngärten von Rivedoux, während
wahre Duftschwaden von den Pinien des Bois Henri IV übers
Gestade wehten. War es wirklich bereits Oktober oder schon
wieder Frühling? Nichts schien zur Stunde, wo doch die Äquinoktien hinter uns lagen, unwahrscheinlicher, als daß in Kürze
erneute Stürme über den kahlen Norden brausten.

Es war ein Jahr ganz aus der Zeit! Noch als wir auf der
mehrere Kilometer langen Brücke von Marennes zur größten
der Inseln, nach *Oléron,* fuhren, gegen Mitte des Monats, hielt
die Gnadenfrist an. Oléron fesselte mich von allen Atlantik-
Inseln am meisten. Im ›Château‹ an der Südostecke hatte Königin Aliénor noch 1199 geweilt, ehe sie endgültig nach Fontevrault aufbrach, und in Saint-Pierre mit seiner zwanzig Meter
hohen Totenlaterne lag im Garten der ›Maison des Aïeules‹

unter »Efeu und Lorbeer« ein Dichter begraben, den ich sehr
liebe, Pierre Loti, der Verfasser der ›Islandfischer‹ und Schilde-
rer faszinierender Naturbeobachtungen. Vor den Stränden von
Vert-Bois aber stieg und fiel die Flut noch immer so friedlich
wie die Brust einer schlafenden Frau, und einzig die ›Criée‹, der
›Schrei‹ von La Cotinière, der Versteigerungsruf der Hummerfi-
scher, unterbrach den Frieden der Abende, der jetzt, wo längst
alle Urlauber davon waren, so unermeßlich schien, als könne er
niemals enden; dennoch hieß es für uns adieu zu sagen.

Schmerzlicher Abschied von leuchtenden Tagen! Wollten
wir vor Novemberbeginn am Ende unserer westlichen Route
Talmont und die Gironde erreichen, wurde es hohe Zeit.

Kirchenfassaden im Lande:
Menagerien in Stein

Die Benediktiner von Saint-Jean-d'Angély, von deren Abtei so
wenig übrig blieb, pflegten, wie ein Gewährsmann berichtet,
durchwandernden Pilgern einen Umweg über Saujon ans Herz
zu legen. Wer diesem Rat folgte, stieß dort auf Jacquaires, die
von Vannes in der Bretagne kamen, und gelangte zwangsläufig
weiter nach Talmont, worauf es die Mönche abgesehen hatten.
Dort befand sich eine Priorei ihres Klosters; jeder durchpassie-
rende Jakobsbruder zahlte sein Scherflein für Wegzehr und
Trank in ihre Kassen. Daß sie damit den Pilgern eines der großen Erlebnisse ihrer Fahrt bescherten, haben sie kaum bedacht.
In romanischer Zeit schwärmte man nicht für heroische Im-
pressionen.

Die Nachricht gestattet immerhin einen Rückschluß. Die
Wanderer aus der Armorica müssen, ostwärts an La Rochelle
vorbei, gradewegs nach Süden gezogen sein. Zwischenstationen
lassen sich nur noch schwer ausmachen, höchstens, daß sie
Saint-Lienne, später Sanglenne geheißen, einen längst verschwundenen Ort in der Pfarrei Le Thou, dann Saint-Jean-
d'Angle querten, bis sie Saujon erreichten, die letzte Station vor
der Gironde.

Wer von Saint-Jean-d'Angély auf diese bretonische Route
wollte, mußte in westlicher Richtung marschieren. Andere
Wallfahrer zogen bereits von Niort darauf zu. Auch das Aunis

und die Saintonge querte also eine Reihe von Nebenwegen, die einander stets näher kamen und sich heute kaum unterscheiden lassen. Weswegen es uns sinnvoller schien, nur die Hauptpunkte dieses Netzes aufzusuchen.

Auf diese Weise sind wir nach *Surgères* an der Gères gelangt, runde dreiunddreißig Kilometer ostwärts La Rochelle, wo die Maingot residierten, deren Burg eine Aumônerie als Armenhaus, Altersheim und Herberge angeschlossen war. Zwar ist von dem Hospital nichts geblieben, aber Reste der Burg sind immer noch da und ranken sich als Mauer- und Turmruinen über ehedem gegen die Überschwemmungen des Flusses aufgeworfene Deiche. Ein kaum eingemuldetes Tälchen ist so entstanden, heute ein kleiner Park mit Kastanienbäumen, Blumen und Rasen. Auch die spätere Geschichte von Surgères ließ hier einige Reminiszenzen zurück, einen etwas großsprecherischen Triumphbogen der Renaissance, einen Treppenturm und den Wohnflügel eines Schlößchens. Die Nachfolger der Maingot, die Fonsèques, hausten darin, denen eine interessante Frauengestalt von der Wende des 16. zum 17. Jahrhundert entstammte, Hélène de Surgères, eine ausnehmende, kluge Schönheit. Während ihrer Blütejahre hat sie zur ›Escadron volant‹ der Katharina Medici gehört, der eher berüchtigten Gruppe entgegenkommender Ehrendamen, die hochgestellten Besuchern des Hofes diplomatische Absichten zu entlocken hatten. Wie sie es trotzdem fertig brachte, ihre Unbescholtenheit zu bewahren? War sie eine kalte Natur? Sie sollte niemals heiraten. Selbst Pierre de Ronsard, der sie liebte, nein, für sie glühte und einen unsterblichen Gedichtzyklus an sie gerichtet hat, die ›Sonnets à Hélène‹, fand keine Erhörung. Es ist eine schmerzlich-süße Geschichte, nicht ohne Bitternis.

Aber von Surgères strahlt noch etwas anderes aus, das ungewöhnlich anmutet, besser von seiner romanischen *Kirche Notre-Dame* inmitten des Tälchens. Das ist ein breitgelagerter Bau mit einer wahren Prozession von Blendarkaden im Unter- und Nischen im Obergeschoß der Fassade, in denen einmal Reiterfiguren standen. Ein prachtvoll hinstampfendes Roß, einen wehenden Rittermantel erkennt man noch. Das Innere ist gar ein Raum zum Aufatmen, so hoch wird man durch die Vierungskuppel gestimmt, dazu versehen mit einer weitläufigen Krypta,

ECHILLAIS   255

in der die Maingot begraben liegen. Über dem Ganzen fährt
schließlich in Oktogon-Form zwischen dem Kastanienlaub einer der prächtigsten Vierungstürme auf, die ich kenne. Schöne
Hélène de Surgères, hier hast du also bei der Messe, nahe dem
Altartisch, gekniet, erst im Kinderkleidchen, später als weißhaarige Dame, und vielleicht nachgedacht, was dich so einsam
machte. Daß ein Geheimnis im Spiel war, scheint mir sicher.

Auch die Fassade besitzt ihr Geheimnis. Ein wahrer Phanta-
siesturm ist über sie hingebraust. Das will sagen, über die vor-
bestimmten Stellen wie Simse, Sparrenköpfe, Metopen und
schließlich auch Archivolten. Überall Schmuck und Zierat in
Fülle, aber noch mehr an Bildwerk, und darin beruht der fast
heitere Zauber, der von Notre-Dame zu Surgères ausgeht. Denn
etwas hat sich darin gewandelt. Das Dämonische tritt noch
stärker als in Echebrune zurück, doch der wahrhaft barocke
Überschwang blieb. Löwen, die andere Tiere verschlingen, Cocatrix, Schuppenschlange, Sirene mögen noch als Symbole des
Bösen und der Verderbnis hingehn, aber der Leu mit dem Alt-
männergesicht, Krabbe und Hahn schon nicht mehr, von Dro-
medar, Affe und Bärenführer gar nicht zu reden. Die hatte der
Steinmetz doch keineswegs im Abgrund der Seele gefunden,
sondern auf dem Jahrmarkt gesehen. Oder die Darstellung des
sitzenden Fuchses, dem ein Mann eine Standpauke hält! Lafon-
taine hätte seine Freude daran gehabt. Dies also ist sie, die
Botschaft von Surgères. Die Welt sieht hier anders aus, und der
Bildhauer hat ihre Geschöpfe in Stein verewigt, als Nachricht
für den lieben Gott, daß er mit seiner Schöpfung einverstanden
war. Die ganze Region bis weit nach Süden trägt solche Züge.

In *Echillais,* einem Dorfkirchlein abseits der Straße und bereits südostwärts von Rochefort, mit seinem gerundeten Chor
und der kostbar gemeißelten Fassade ein Musterfall der Saintonge, kommt noch etwas anderes dazu, die Freude am Exotischen. Denn hier tritt das seine Säule verschlingende Kapitell,
die ›Grand' goule‹, gleich zweimal auf; es ist die Nachbildung
einer fernöstlichen Drachendarstellung, des chinesischen Tao-
Tié. Die Augen quellen den Monstern vor Freßgier gradezu aus
dem Kopf, und dennoch bleiben sie wie alles Bildhafte hierzulande, im Maß und der erlesenen Ausführung so strophenhaft
streng und so sorgfältig ausgeführt wie ein Troubadour-Lied.

Wir waren unterdessen aus dem Marais der Küste ins Bauernland gekommen, hatten das hochtürmige *Pont-l'Abbé-d'Arnoult* und das kauzig-idyllische Portal von *Saint-Sulpice-d'Arnoult* gesehen, das fast unter der Kastanie vor dem Portälchen verschwand, und weitere Nuancierungen erlebt. Klang an einer Stelle im Korbgeflecht der Kapitelle ein fernes Echo aus maurischen Landen auf, so an anderen im Rebengerank der Hinweis auf die Weinregion, in der wir uns jetzt befanden. *Saint-Gemme* schließlich erinnerte unübersehbar daran, daß hier einmal große Forste gelegen hatten, und zwar in Gestalt von Bär, Uhu und Waldkauz. Wie welthaltig war dies alles! Was sollte man endlich von den Geschichten sagen, die auf den Sparrenköpfen erzählt wurden wie Seemannsgarn? Da trug die Katze einen Hut auf dem Kopf, ein Menschengesicht hatte drei Nasen, das Schwein hielt sich die Pfote vors Maul, und während diesmal der Fuchs mit dem Käselaib fortlief, erblickte man nebenan Ziegenbock, Teufel und Nonne gereiht. Was die Herzen anderwärts schwer machte, war ausgeronnen. Gewiß fehlte der aufgehobene Finger nur selten, die Darstellung der Klugen und Törichten Jungfrauen oder die Aufzählung von Tugenden und Lastern. Aber von einem Schwelgen in eschatologischen Vorstellungen konnte keine Rede mehr sein.

Diese Schauwände stellten wahre Lese- und Lebensbücher dar. Man teilte Seemanns- und Bauernerfahrungen mit, und wo man sagte, geh in dich, meinte man gleichzeitig, sieh um dich. Es lag etwas Zutrauliches darin, daß man unbeschwert hinplauderte, was die aquitanische Seele bewegte.

Bis auf einmal *Sablonceaux* hoch über endlosen Weinquartieren erschien und grade dort, wo die Trauben am üppigsten, die Beeren so prall waren wie selten. Zisterziensischer Ernst durchwehte die arg zerfallenen Klostergemäuer. Eine Augustinerpropstei hat hier gelegen, deren Mönche die Sände der Seudre kultivierten. War es ein Vorzeichen, daß nunmehr eine andere Welt begann? Außerdem, hatten die Pilger hier Zuflucht gefunden? Keine Nachricht läßt darauf schließen. Bis Saujon war es ohnehin nur noch eine gute Stunde zu Fuß.

Auch wir zogen dort unter, da es ohnehin Abend war. Leider, der Himmel hatte sich eingetrübt, grau in grau; bleierne Lähmung lag über dem Land. Bereits in der Nacht brach der

Herbststurm von neuem los, und tatsächlich zeigte sich alles
verwandelt. Die große Symphonie des poitevinischen Pilgerweges schloß nach ihrem Pastorale mit einem leidenschaftlichen
Schlußakkord.

Ferne Segel in der Gironde

Das Kirchlein *Talmont* muß für die Pilger ein großes Erlebnis
gewesen sein. Ein anderes als für uns, die wir eher dunkel fühlen, was sich in dem Bauwerk samt seiner Lage darbietet und
Hilfsworte aus dem Gefühls- oder Bildungsbereich brauchen, es
also heroisch, symbolisch oder gar schön nennen. Sie dachten in
anderen Kategorien. Für sie war es ohne Zweifel ein Wahrbild
romanischen Daseins, und als Hütte Gottes bot es ihnen gleichzeitig die Lösung aller Verstrickungen, von denen uns die Kunst
an der Pilgerstraße so oft berichtet.

Es ist hoch auf dem Steilufer der Gironde gelegen, von Stütz-
mauern gehalten, gegründet auf eine Klippe, an der unaufhörlich die Elemente nagen. Unter ihm brodelt der meergleiche
Strom. Über sich hat es die schweren Atlantikwolken und den
Luftschwall eines unermeßlich scheinenden Raumes, der sich
an manchen Tagen, wie jenem, an dem ich hier ankam, zum
Sturm steigert und erbarmungslos zupackt.

Das meiste, das einmal zu ihm gehörte, hat inzwischen das
wütende Wasser verschlungen, die Burg, von der nur noch ein
umtoster Fels steht, Le Castillet geheißen, die Wirtschaftsbauten, in denen auch die Pilger Obdach fanden, und sogar den
einstigen Hafen. Von ihm liefen die Schiffe nach Galicia aus
oder die Nachen und Segler, mit denen die Jacquaires auf dem
zehn Kilometer langen Kurs ins Médoc übersetzten. Dennoch
dürfte es zu Wallfahrerzeiten kaum minder verloren ausgesehen
haben als heute, wo neben ihm nur noch der kleine Ort da ist,
wahrscheinlich noch eindrucksvoller.

Ich war zu Fuß angelangt, eine Stunde durch eine kahl gewordene Landschaft. Es schien mir angemessen, die letzte
Etappe des Weges bis zur Gironde gleich den Wanderern vor
mehr als achthundert Jahren zu vollziehen. Im Takt der
Schritte. Ein böiger Wind blies während der ganzen Zeit. Hinter dem letzten Sandbuckel aber griff er mich mit der Wut eines
vor Hunger außer sich geratenen Wegelagerers an. Ein paar

durch die Luft torkelnde Krähen trieben wie Herbstblätter nach Osten. Der Weg senkte sich, und nun lag es vor mir, das winzige Dörfchen im grün-braunen Land, wie eine zusammengedrängte, niedergekauerte Schafherde im Pferch. Darum graue Mäuerchen, von etwas Grün überschäumt, gleichsam auf eine emporgebuckelte Schulter des Steilufers gehoben das Kirchlein. Vom Lethe-Strom der Gironde sah man nichts. Jeder Schritt gegen den Sturm wurde mir schwer, und ich war froh, als ich endlich ins graue Gemäuer und dann in die Straße der weißen Häuschen einbog. In einem Innenhof schüttelte sich ein Baum wie im Fieber, in stillen Winkeln wiegten sich Stockrosen. Dann bog der Weg, von Tamarisken begleitet, schon wieder aus dem Windschatten ins Freie, und jetzt widerfuhr mir, was eine Wanderung kostbar macht, das Unerwartete im erwarteten Anblick.

Man gelangt in Talmont tatsächlich unvermittelt auf dem erhöhten Rand des Ufersaums an, der sich nordwestwärts in den Felsen und Grotten von Meschers auf Royan zu fortsetzt; schon die Menschen der Vorzeit haben darin gehaust. Während mir also der Sturm an den Kleidern zerrte und Tamariskenzweige wie Geißelhiebe um beide Ohren schlug, lag unter mir plötzlich eine endlose Fläche gleichsam kochenden Wassers.

Ungeheuer, indessen ein völlig nüchterner Anblick und bar jeden Pathos – die ringenden Elemente! Hatte mich der Blick von der Zitadelle zu Blaye berauscht, dieser machte mich fassungslos. Man fühlt sich in Talmont so preisgegeben wie selten, und am meisten ausgesetzt ist das Kirchlein Sainte-Radegonde auf seiner ummauerten Plattform über der senkrechten Wand, zu dem ich nun, leicht ansteigend und bedroht von den grünen Peitschen der Tamarisken, gewandert bin. Dahin zwischen den Mauern des armen, kleinen Friedhofs, der Paul Valéry so entzückte, des ›Cimetière marin‹ mit seiner Handvoll Gräber und schief gedrückten Kreuze. Es ist etwas Einzigartiges um diese hinausgehaltene, dreiseitig von Wasser berannte Bastion über dem Steilabfall. Vom Gegenufer der Gironde im Westen erkannte man nichts, und in nördlicher Richtung tobte ohnehin die offene See.

Sainte-Radegonde nimmt sich unter dem weiten Himmelsraum wie eine Schatulle aus, ohne doch wirklich klein zu sein. Es ist das Kleinodienhafte, das zu diesem Eindruck verführt. Bei

Ebbe kann man zur winzigen Bucht an der Südseite hinabsteigen, über die, gar nicht fern, einige hochgestelzte, bretterne Fischerhäuschen wie Schwalbennester hängen. Von hier unten, vom Kliff aus erblickt man die Kirche hoch vor sich, dazu von der schönsten Seite – dem Chor mit den vorgeschobenen Apsiden. Noch einmal durchtränkt ihn aller Zauber der Saintonge; er ist ebenmäßig gerundet und voller Adel. Das Querschiff stößt an den Seiten eckig vor, und aus der Vierung drängt sich der kurze, harte, schwere Karreeturm.

Auch das Innere der im großen Jahrhundert der Pilgerschaft entstandenen Kirche ist rasch erzählt. Die überkuppelte Vierung, das angeknickte Tonnengewölbe des Chores, die ausgebuchteten Apsis-Kapellen beherrschen den Eindruck. An der außen ungeschmückten Fassadenseite – im 15. Jahrhundert wurde das erste Joch abgebrochen – findet sich eine kleine Krypta. Der Pilgerzugang lag indessen niemals an dieser Stelle, sondern führte vom Friedhof durch das Nordquerschiffsportal. Es gilt als Schauseite und ist deshalb reich mit Friesen, Archivolten und Kapitellen, einer siebenfachen Galerie darüber und zuoberst einem Okulus geschmückt; am eigentlichen Portal vor allem mit chimärischem Getier und Personal.

Denn in Talmont findet man nichts mehr von der heiteren Menagerie des Weinlandes. Hier geht erneut das Dämonische um und hat von seinen angestammten Plätzen Besitz ergriffen; auch im Innern an den Kapitellen der Pfeilerbündel, welche die Pendentif-Kuppel tragen. Löwenartige Wesen kauern sich aggressiv auf den Architrav, zupackendes, beißendes Getier hockt übereinander, Männer – stellen sie Pilger oder gar Gaukler dar? – stehen einer auf der Schulter des andern. Weitere Männer schleppen an einem Seil ein löwenartiges Untier über die Archivolten, und Heilszeichen finden sich ebenfalls: draußen das Gotteslamm, drinnen, wo sich nebenbei, leider arg verwittert, auch Erzählendes präsentiert, Spiralformen. Daneben sieht man karoförmig gepunzte Kämpferplatten und merkwürdig runenhafte Kapitelle, kleine Rundbögen, zwei-, drei-, fünffach ausgemuldet. Was sie besagen wollen, ist mir nicht klargeworden.

Daß Talmont trotz solcher Fülle von Motiven sehr ökonomisch dekoriert blieb, hat seine Gründe. Es will nicht überwältigen, sondern nur Zeichen setzen; es sieht seine Aufgabe darin, zu Versenkung und Meditation aufzufordern, der geistigen Grundhaltung des Pilgeralltags. Über die innere Korrespondenz mit der jenseitigen Welt will es zum Ergriffensein führen. Nur in einer gesteigerten Einordnung läßt sich die Welt bestehen, sogar das Äußerste. Talmont ist einer der Orte, wo man das einsieht und nacherlebt. Im Angesicht des durchstürmten Himmelsraumes, dessen Licht durch die Fenster andringt, wird eine Brücke geschlagen, die über jeden Abgrund trägt. Hier wird anders gedacht als in der Antike. Abendländisch. Dem Körper mag jegliches Unheil widerfahren, aber sein höheres Ich, das der Mensch, stets bedroht zwar, aber durch mystische Meditation abgeschirmt, in sich trägt, bleibt unversehrbar. Um solche Läuterung zu erreichen, muß man sich grade am letzten Fels des Ausgesetztseins festklammern. Jedes von den Lippen gemurmelte Wort eine Jakobsleiter. Darin liegt eine seelische Biologie, die dem Menschen von heute verlorenging. Talmont, Finis terrae, Ende der Welt. Es gibt am Santiago-Weg einige solcher Punkte. Der gewaltigste: Cabo Finisterre in Galicia, hoch über der Todesküste, das einst durch die Pilger von Compostela aus besucht werden konnte. Hier in Talmont befand sich ein Gegenpol.

Überm Betrachten war ich auf den Umgang der Kirche hinausgetreten in einen Winkel, der Schutz bot. Es war trotz der Veränderung gegen früher nicht schwer, sich vorzustellen, wie es hier einmal zuging, und mir schien, als sähe ich die Vagabunden Gottes von einst müden Schrittes hinabsteigen zu den untergegangenen Molen mit den vertäuten Booten, wo die Schiffsleute warteten. Für viele Menschen aus Talmont oder auch dem Médoc bedeutete der Pilgertransport einen wichtigen Broterwerb, und es heißt, daß es zwischen ihnen zu blutigen Schlägereien um Passagiere kam. War ihr Gefährt genügend besetzt – wir können sicher sein, oft beängstigend voll –, machten sie los, das Segel am kleinen Mast ging hoch, und sie kreuzten mit ihrer schweren Fracht von Schicksal hinaus unter den Wind, bis die Wellen sie faßten.

Weiter, immer weiter fort von dem Platz, an dem ich jetzt stand, stetig nach Westen, bis sie der Salzatem samt ihrem Segel verschluckte.

ZWEITES BUCH

KUPPELN, HÖHLEN UND PORTALE

»... *e ultreya, e sus eya*
Deus aia nos«

VIA LEMOVICENSIS ODER
DIE ZWEITE ROUTE

Vézelay, Absturz nach innen

Daß die Pilgerschaft mehr als ein frommes Gelübde, nämlich Suche nach einem Sinn des Daseins war, ist bereits eingangs des Buches dargetan worden. Als Losung sozusagen. Undurchdringlich das Dunkel der Welt. Erst am Ende der Straße, am Apostelgrab, leuchtet die große Helle. Das Wandern ein Gleichnis. Das Problem persönlichen Glücks stellt sich erst gar nicht. Auch wollte, wer auf Pilgerfahrt zog, keineswegs ausbrechen und dem täglichen Tag entfliehen, sondern Erfüllung und nahm dafür jedes Sturmtief an Leiden in Kauf.

Natürlich bleibt es die Frage, was uns Menschen von heute eine solche Epoche noch sein kann. Zielen nicht unsere Heilsbotschaften samt und sonders auf Daseinsverbesserung und Lebensgenuß, die das Fortschrittsdenken zum Glaubensartikel werden lassen? Aber der Ausschlag der Tachometernadel bietet keinen Ersatz für den verschwundenen Sinn, und selbst die soziale Frage wird zweitrangig, wenn die Ärgernisse beseitigt sind. Nie war der Mensch so allein wie heute, wo man einander näher gerückt ist als jemals zuvor. Bleiben nur der Exzeß und die Betäubung, um die bohrende Frage nach dem Sinn des Existierens loszuwerden, der Sturm einer inneren Wüste. Er besitzt furchtbare Macht und fällt den Menschen an, sobald er hilflos ist.

Die Mönche, wenigstens die von früher, haben darum gewußt, auch die Jacquaires. Wenn alljährlich eine halbe Million Wallfahrer sich auf die Wanderschaft nach Galicia machte, gestattet das einen Rückschluß auf den inneren Zustand der Pilger. Ihre so vielfältig aufgefächerten Straßen gleichen Urstromtälern. Die Seele hat sie gefurcht, und die Kunst an diesen Wegen ist ein Spiegel davon. Aber täuschen wir uns nicht. Niemand vermochte sie ungebrannt zu bestehn, und er war ein

anderer, wenn er heimkam. Wenn! Es wurde alles aufs Spiel
gesetzt.

Im burgundischen *Vézelay* hat eine zweite unter den großen
Routen begonnen. Da sie über Limoges führte, trägt sie den
latinisierten Namen einer ›Via Lemovicensis‹. Vézelay war kein
aus Bequemlichkeitsgründen gewählter Ablaufpunkt. Es lag für
den Pilger aus dem Rheinland, aus Lothringen, der Champagne
samt dem angrenzenden Hinterland nicht einmal günstig. Man
mußte Umwege auf sich nehmen, um dorthin zu gelangen, wo
man die Reliquien der heiligen Maria Magdalena verehrte, der
›erleuchteten‹ Bekennerin, wie die Legenda Aurea ihren Namen
erklärt, der bußfertigen Königstochter und Sünderin aus ›Mag-
dalum‹ nahe Bethanien am See Genezareth, welche die Füße des
Herrn mit ihren Haaren getrocknet und damit die Vergebung
ihrer Sünden erlangt hatte. Historisch und kritisch betrachtet,
weist diese Beschreibung einige Fehler auf. Es gab mehrere
Magdalenen. Aber seit Augustin und Gregor dem Großen galten die in der Heiligen Schrift unter diesem Namen aufgeführ-
ten Frauengestalten für das Mittelalter als ein und dieselbe Person. Ihre Eigenschaften machten sie zum Ideal für die Pilgerschaft.

Die Wallfahrer zogen in Vézelay in der Vorhalle von *Sainte-
Madeleine* zum Übernachten unter, das am Vorabend des
22. Juli 1120, als sich zahllose Gläubige zum Patronatsfest versammelt hatten, Schauplatz eines furchtbaren Unglücks gewesen war. Ein Brand äscherte das karolingische Gotteshaus ein,
wobei mehr als tausend Menschen umkamen. Mit dem unverzüglich begonnenen Neubau, der einzigartigen Kirche von
heute, wurde man 1150 fertig. In den Jahren zwischen 1120
und 1140 entstand das berühmte Tympanon des Narthex, dessen Zentralfigur Christus ist. Dieser allerdings soll, einer neueren Untersuchung zufolge, erst im Zusammenhang mit dem
Kreuzzug entstanden sein, zu dem Bernhard von Clairvaux
1146 in Vézelay aufrief.

Einerlei. Im Angesicht des Bildwerkes, auf dem das Pfingstgeschehen, die Ausgießung des Heiligen Geistes unter Assistenz
der Völker des Erdkreises dargestellt ist, verbrachten sie ihre
Rast. Der innere Sturm, der dieses Tympanon durchweht, die

hochgekräuselten Faltenwürfe, die Aufbruchsgebärde der Apostel, die überirdische Hoheit des Gottkönigs mit den ausgebreiteten Armen, dessen Geistesmacht über alles Erlebte hinaus-
ging, dürften sie noch mehr als die Menschen von heute betroffen haben. Der Herr trägt auf Knie und Hüfte rätselhafte Spiral-
zeichen, und zwar in gegenläufiger Form, die keineswegs Zufall
oder nur ein ornamentaler Tropos sein können. Wenn es zu-
trifft, wie nach zahllosen anderen Spiralformen bis zu den La-
byrinthdarstellungen vermutbar, daß hier auf den Heilsweg
verwiesen wurde – als Symbol dürften sie den Menschen des
12. Jahrhunderts noch geläufig gewesen sein – sahen die Wallfahrer im linksläufigen Todesweg das ›Entwerden‹ und in der
rechtsläufigen Drehung auf dem Knie das Wiedererstehen in
Christus angedeutet.

Offenbar ging es hier, worauf auch das Kapitell der mystischen Mühle im Innern des Schiffes verweist, um die verborgen-
sten Wege des Heils, das Eintauchen in sein geheimes Zentrum,
die Preisgabe des eigenen Ichs und die Wiedergeburt aus der
Nacht des Nichtmehr. Um Auslöschung und Erweckung durch
Läuterung, als Gleichnis und Vorwegnahme jenseitiger Auferstehung. Es war ohnehin der tiefere Sinn einer Santiago-Fahrt.
Vézelay oder der Weckruf. Sei nicht mehr Du, sondern ein
Anderer, Neuer. In Saint-Lazare im nahen Autun, das in späterer Zeit mit soviel Muschelzeichen dekoriert wurde, weil es
ebenfalls Pilgerkirche am Wege war, traten die Jacquaires unter
den Wallfahrern auf dem Türsturz des Weltgerichtes als Mittel-
figuren auf. Sie sind dem Heil am nächsten. Vézelay gab ihnen
das eigentliche Stichwort mit, und es besteht keinerlei Zweifel
daran, daß sie es auch verstanden. Es ging um einen Absturz ins
Innere, um der Wiedergeburt willen.

– Es war Frühling. Die Knospen der Kastanien schwollen;
die von der Sonne am meisten getroffenen Zweige öffneten
schon ihre grünen Blätterfäustchen. Unter ihnen zogen sie aus,
durch die Stadt abwärts und auf *Clamecy* zu, ins Bazois. Einmal
lag ein Pilgerkreuz, später das große Johanneskreuz von *Corbi-
gny* am Weg, worauf sie eine Region versumpfter Teiche querten und nach anderthalb Tagen *Nevers* an der Loire erreichten.
Bei den Cluniazensern von Saint-Etienne vor den Toren erwartete sie eine erquickende Stärkung. Dann ging es über den

Strom, der jetzt, nach den Zeiten der Schmelze im fernen Gebirge, wirbelnd dahinrauschte. Bis *Challuy* marschierten sie
westlich, dann etwas südlicher auf *Saint-Amand-Montrond* am
Cher zu. Um sie dehnte sich das Wiesen- und Feldergebiet des
Berry, weswegen fast alle Spuren verloren sind. Wo es um Äk-
ker und Weiden, Stall und Höfe geht, machen die Bauern mit
Erinnerungen kein Federlesen...

Wege der Wandlung über Nevers

Wer sich dem Pilgern anheimgab, wurde also einer kaum erwarteten Erfahrung teilhaftig. Er mußte durch eine Zone der
Leere. Was er gewesen war, rann aus, was er sein würde, stellte
sich noch nicht ein. Die Lebensempfindung des Fahrenden, ein
Dasein, dem Werden ausgeliefert, gleichbedeutend mit neuer
Kindheit. Das Wort Aufbruch läßt den Zustand erkennen, dem
sich der Wanderer überantwortet hatte. Bildwerke am Wege
erlangten eine Gewalt, die weit über unsere ästhetische Einschätzung hinausgeht; sie bekamen Prägekraft. Ohne Zweifel
hat man im Mittelalter darum mehr gewußt, als wir Heutigen
noch erkennen. Aber nicht nur Darstellungen gleich jener von
Vézelay besaßen solche magische Wirkung. Andere Widerfahr-
nisse konnten das ebenfalls leisten, äußerliche wie innerliche,
eine Architektur, ein Wort, Traum, Erlebnis stiegen zum Rang
einer Offenbarung auf. Von allen Begegnungen die kostbarsten
waren derzeit Reliquien.

Vier Tage, je zu acht Stunden Marsch gerechnet, waren sie
von Nevers unterwegs, bis man erneut auf ein, wenigstens der
Pilgermentalität nach, Vézelay vergleichbares Heiltum stieß.
Neuvy-Saint-Sépulcre. Wenn ich auch nicht herausfinden
konnte, um was es sich eigentlich gehandelt hat, man besaß hier
›Insignes‹, längst verlorengegangene Zeugnisse von Christi Passion. Der Kardinal Eudes de Châteauroux hatte sie 1257 der
Kirche des Nestes an der Bouzanne geschenkt. Allein, auch der
Bau, der sie barg, mußte den Jacquaires als zeugnishaft gelten,
eine Grabeskirche, als Erinnerung an eine 1027 unternommene
Jerusalemfahrt des Eude de Déols entstanden. Es handelt sich
um eine geräumige Rotunde direkt an der heutigen Straße, deren Umgang im Erdgeschoß durch elf mächtige Rundpfeiler

gegen das Herzstück, den Altarbezirk, abgegrenzt wird. Über dem Opfertisch erhob sich bis 1806 eine Art Hütte wie über der Lazarusgruft zu Autun als eigentliches Symbol des Felsengrabes. Ihrem Aufbau nach verkörpert diese Kirche ein zu Form verfestigtes Aufwallen der Empfindung. Die Anlage im Parterre wiederholt sich zweimal nach oben, ist also dreifach da. Drei, die geheiligte Ziffer, ein in den Himmel gehöhlter, emporgezählter Raum mit einer Kuppel darüber, die heutigentages ersetzt ist. Beschirmt von enigmatischen Bildern an den Kapitellen der Umgangssäulen.

Schon in gotischer Zeit wurde dieser Rotunde ein Kirchenschiff für die Kanoniker angefügt, die als geistliche Grabwächter dienten. Hier und dort in der Nähe findet man noch Reste ihrer Hausungen in alten Wänden vermauert; der Gesamtbereich nannte sich einmal ›Château‹, dessen Zentrum, ein Donjon oder Bergfried gleichsam, die Sankt Jakob geweihte Kirche blieb. Für die Jacquaires besaß sie somit den Rang des Außerordentlichen: die Leidenszeugnisse des Herrn verbanden sich zu Neuvy mit dem Namen des Pilgerapostels. Um dahin zu gelangen, nahm man den Umweg eines Tagesmarsches in Kauf. Man muß sich klarmachen, was sie hinter sich hatten. Zurück lag die erschöpfende, brettflache Ebene der Champagne berrichonne westlich von Loire und Allier. In *Saint-Amand-Montrond* hatte man den Korridor zwischen dem Cher und dem Hügelland des Südens gequert, zu dem allabendlich als Augurenzeichen schweren Fluges die Krähenschwärme der Ebene treiben, um wahre Luftschlachten über den Schlafbäumen südwestlich der heutigen Rue Tortale nahe dem Stadtrand zu führen. Im Hintergrund dieser Szenerie ein runder Berg, der Mont-Rond, bei dem im 7. Jahrhundert ein heiliggesprochener Schüler des großen Bußpredigers Sankt Kolumban aus Irland ein Kloster gegründet hatte, Amandus eben. Er war von der Ile d'Yeu gekommen und ist 680 auf flandrischem Boden, wo er ebenfalls missionierte, in Elnone am Schelde-Ufer gestorben. Saint-Amand-Montrond war Pilgerstation. Die maurisch-arabischen Fünfpaßbögen über dem zwiefachen Portal des derbschweren Kirchleins betonen es. Die Umgebung besitzt einiges Sehenswerte, aber die hart nördlich gelegene Zisterzienser-Abtei *Noirlac* am Cher dürften nur wenige aufgesucht, das urtümliche Gotteshaus von *Celle,* auf dessen Fassadenreliefs skurrile Geschichten von Männerkampf und Königskrönung erzählt werden, kaum jemand zur Kenntnis genommen haben. Schon gar nicht natürlich das von Steinfiligran übersponnene Märchenschloß *Meillant,* durch dessen Parkgründe die Pfauen schreiten, denn das gab es zu Pilgerzeiten noch nicht. Es blieb also bei Saint-Amand-Montrond, gegenwärtig, seinem Fünf-Uhr-Verkehr nach eine lebenshungrige, aber auch behagliche Mittelstadt, derzeit eher als Wirkensstätte eines örtlichen Heiligen bedeutsam.

Nunmehr waren sie nach *Le Châtelet* mit dem Pilgerkirchlein Puy-Ferrand und weiter auf *Châteaumeillant* zu gewandert, wo schon die Gallo-Römer jenen ›grauen‹ Wein kultivierten, den man heute noch trinkt. Der Tradition nach erlitt dort im 3. Jahrhundert der heilige Genesius, ebenfalls örtlicher Missionar, den Märtyrertod. Daher entstand in romanischer Zeit, direkt an der Pilgerstraße gelegen, eine besonders feierlich ausgestaltete Kirche, in der sich beidseits der Chorapsis je drei gestaffelte Kapellen vorschieben, untereinander mittels Arkadendurchbrüchen verbunden. An Gurtbögen, Stützsäulen, Blendarkaden, überall sind Kapitelle angebracht, und ob ihrer verschiedenen Höhe nimmt es sich aus, als sei der Säulenwald dieses Chorraumes von schwebenden Bildern erfüllt. Endlich erreichten sie das Gebiet von *La Châtre,* das später durch Aurore Dupin de Francueil, mit dem nom de plume George Sand geheißen, bekanntwerden sollte, die Freundin Chopins und Verfasserin von Unterhaltungsromanen von der ›Petite Fadette‹ bis zum ›Müller von Angibault‹, die allesamt vor der Kulisse dieser Landschaft »tiefer, tintiger Farben und schwingender Horizonte« spielen. Im nahen *Nohant* wuchs sie bei der Großmutter auf und ist dort 1876 gestorben.

Bis La Châtre war die Route sozusagen der Auftakt eines Weges der Heiligen gewesen, in denen wir die Väter des Abendlandes zu sehen haben. Die Jacquaires durchmaßen ihn eingedenk jenes Auftrags, den Vézelay ihnen vermittelt hatte, im bemessenen Takt der Dauer, wie es eine Santiago-Fahrt verlangte. Das hieß ob der stetig wiederholten Körperbewegung sich selber vergessen, um sich im hoheitsvoll-dunklen Bau der Grabkirche von Neuvy, unmerklich anders geworden, wieder-

zufinden. Zeugenschaft, Dagewesensein hat im Mittelalter eine
viel größere Rolle gespielt als heute, wo der Tourismus nur
noch die säkularisierte, oft zu bloßer Neugier abgesunkene
Form eines seelischen Urtriebes darstellt. Sie blieben zur Nacht,
nicht zuletzt, um sich auszuruhn. Vor ihnen lagen, bis zum
limousinischen Aquitanien, zwei weitere Tagesmärsche, die,
anfangs direkt südlich, dann in südwestlicher Richtung schwen-
kend, durch die einsamen Forste und Höhen von *Dun-le-Pales-
tel* nach *La Souterraine* im Herzen der Provinz Marche führen
sollten.

Eine ›Marche‹, eine Stufe zwischen der Loire-Ebene und
dem Massif Central, stellt diese alte Grafschaft wirklich dar, in
der sich vorgeschichtliche Tumuli, Dolmen, aber auch gallo-
römische Friedhöfe in Menge finden. Bei *Bridiers* vor La Souterraine, nahe der mittelalterlichen Burg, von der heute nur
noch ein Turm steht, hat man mehr als fünfhundert Gräber
gezählt, und Notre-Dame-de-l'Assomption von La Souterraine,
so genannt wegen der unterirdischen Krypta des Gotteshauses,
erhebt sich über antikem Gemäuer. Daß dieses Bauwerk mit
dem leider veränderten Limousin-Turm, den Kuppeln über dem
ersten Joch und der Vierung Pilgerkirche war, erkannten die
Jacquaires bereits am Portal. Es wird gleich dreimal von Viel-
fachpässen maurisch-arabischer Prägung umzogen. Auch *Bénévent-l'Abbaye,* wo sie bereits am kommenden Nachmittag eintrafen, diente als Station ihres Weges. Man verehrte hier eine
aus Italien stammende Reliquie, einen Arm des heiligen Bartholomäus; zu seinen Ehren war eine großmächtige überkuppelte
Abteikirche der Augustiner hoch im Hang entstanden, und seit
1105 trug das ringsum angesiedelte Dorf den Namen der italienischen Stadt. Wer über Zeit verfügte, konnte übrigens einen
Aufstieg zum nahen Puy de Goth machen und von hier ins
Frühlingsland der silbernen Bäche und blauen Berge von Ambazac hinaussehn, wo er fern, ganz fern das ersehnte Zwischenziel
ihres Weges ins Limousin ahnte, *Saint-Léonard-de-Noblat,* das
man abermals einen Tag später erreichen würde.

– Uns hatte hier noch etwas anderes, und zwar unwiderstehl-
lich, angelockt, der Ort *Ambazac* am Fuß des nach ihm benannten Höhenmassivs. Dort werden einige der Klosterschätze von
Grandmont bewahrt, jener nahebei in den Bergen gelegenen

16 SAINT-LÉONARD-
DE-NOBLAT:
Glockenturm

17 CHARROUX
Turm der vor
1050 errichteter
einstiger
Abteikirche von
Saint-Sauveur

18 ANGOULÊME,
Kathedrale Saint-Pierre
(begonnen 1110,
geweiht 1128):
Ausschnitt der 1136
vollendeten Fassade

19 BÉNÉVENT-L'ABBAYE: →
Gewölbe des Turmuntergeschosses
(Mitte des 12. Jahrhunderts)

20 PÉRIGUEUX, →
Kathedrale Saint-Front
(etwa 1125-1150):
Inneres gegen Osten

21 ANGOULÊME, →
Kathedrale Saint-Pierre
(begonnen 1110,
geweiht 1128):
Petrus von der 1136
vollendeten Fassade

Abtei, die der Großen Revolution zum Opfer fiel. Sie besaß enge Bindungen an die Pilgerstraße; von hier zogen die Mönche bis weit in die Vendée hinein als Herbergsväter der Aumônerien. Den Curé von Ambazac aufzutreiben, der die Kirche aufschließen sollte, erwies sich freilich unvermutet als schwierig. Schließlich fand ich Hochwürden beim Mauern in einem Nebensträßchen; er gehört zu Frankreichs Arbeiterpriestern, die alltags einem Broterwerb nachgehn. Anfangs zögerte er, den Overall abzustreifen; Touristen, oder was wir sein mochten, mußten ihm als Tagediebe erscheinen. Aber dann erhellte sich sein Gesicht. Ja, in seiner Kirche wurde ein wertvolles, nein höchst kostbares Stück limousinischer Goldschmiedekunst des 12. Jahrhunderts bewahrt. Außerdem, woher kamen wir? Aus Deutschland? Da konnte er uns noch etwas Besonderes zeigen!

Was dann im Gotteshaus hinter einer Tresortür zum Vorschein kam, war tatsächlich sehr viel mehr als erwartet. Die Chasse des heiligen Etienne de Thiers, der 1076 in Muret jene Mönchsgemeinschaft strengster Observanz gründete, die 1124, im Todesjahr ihres Stifters, nach Grandmont übergesiedelt war. Ein wundervoll gebildeter Schrein, dreiviertel Meter lang, gut sechzig Zentimeter hoch, ein Werk in Form einer dreischiffigen Kirche, das Dach mit kupfervergoldeten, der Kirchenleib mit blaugrundig emaillierten Platten beschlagen, diese wiederum mit Goldfiligran und kleinen Emailmustern überzogen. Wo es anging, hatte man rundgeschliffene Cabochons und Edelsteine angebracht, Kristalle, Türkise, Aquamarine, Granate, aber auch Smaragde und Rubine. Eine goldene, durchbrochene Firstleiste mit einer Taube krönte die Kostbarkeit, die für das schönste Werk ihres Zeitalters gilt.

Wir hatten ungefähr eine Viertelstunde herumbetrachtet, als mir einfiel, daß der Curé vielleicht zurück an die Arbeit mußte. Er aber lächelte abwinkend und führte uns in die Sakristei. Dort hing ein etwas verblichenes Meßgewand, eine Dalmatika des 1189 heiliggesprochenen Klostergründers. Der Stoff zeigte Adlerdarstellungen und Borten mit stilisierter kufischer Schrift. Verblüfft warf ich ein, daß ich ähnliches bereits in Las Huelgas bei Burgos gesehen hatte. Der Curé nickte zum Einverständnis; ja der halb seidene, halb linnene Stoff entstammte muselmanischen Werkstätten des spanischen Nordens. Aber, was uns vielleicht mehr bedeutete, beide Stücke, den Schrein wie das liturgische Gewand, hatte Kaiserin Mathilde von Deutschland, die Gattin Heinrichs v. und Tochter König Heinrichs i. von England dem Kloster Grandmont gestiftet. Da blitzte also im kleinen Ambazac plötzlich ein Stück der großen Geschichte auf! Das Ansehen der Abtei war damals unermeßlich. Übrigens, was den Schrein betraf, ursprünglich hatte er nicht die Reste des Ordensgründers, sondern andere Reliquien aufnehmen sollen, längst verlorene freilich, die ein Abt von Siegburg, gleichzeitig Kölner Erzbischof, dem Kloster in den Bergen von Ambazac überbringen ließ.

Daß wir uns sofort auf den kurzen Weg nach *Saint-Sylvestre* in den Bergen machten, sieben Kilometer durch waldige Täler, wo Grandmont einst stand, versteht sich. Ein Schild wies den Ortsnamen und dort, hinter der Straßenkurve und einer Kneipe, wo heute am Rand einer geräumigen Bergterrasse etliche Häuser gebaut sind, mußte es doch gelegen haben. Aber da gab es nur eine kahle, von Fundamenten durchfurchte Fläche und eine zusammengeflickte Hütte darauf. Vor einem nahen Anwesen saß ein alter Bergler hinter gestapelten Blöcken, die eine kunstfertige Steinmetzenhand verrieten. Grandmont, wo war es denn? »Là!« Eine Handbewegung, sehr summarisch. Nein, vom Kloster selber war nichts, aber auch gar nichts übriggeblieben als ein Spielplatz für winzige, huschende Lazerten, die irgendwo in verschütteten Kellern verschwanden, und den herumstrolchenden Bergwind.

Der Heilige von Pauvain:
Sankt Leonhard und seine Stadt

Wenn sich der Kalender daheim in Bayern dem Datum des 6. Novembers, dem Leonharditag, nähert, hebt in Bauernhöfen und Reitställen ein großes Putzen an. Die Rosse werden sorgfältiger als gewöhnlich gestriegelt, ihre Mähnen und Schweifhaare gestrählt, mit Bändern durchflochten, und die Leiterwagen aus der Remise geholt. Am großen Tag setzt sich ein langer Troß von Fahrzeugen und Berittenen in Bewegung. Auf den Wagen die Schalkfrauen, Blumen am Mieder, auf den Pferderücken die Männer, und wenn es seine Reitkünste oder die Jahre gestatten,

auch der Pfarrherr im Chorgewand. Man umzieht bei Musik-
klängen die Flur und die örtliche Leonhardikirche, wobei jedes
seinen Segen mit dem Weihwasserwedel bekommt, das Land,
die Beteiligten und besonders die Rösser. Sankt Leonhard, der
Patron, wird allen und allem im kommenden Jahr seinen Schutz
angedeihen lassen.

Ob sich jemand dabei des kleinen Städtchens nahe der
Vienne viereinhalb Wegstunden vor Limoges erinnert, das seinen Namen trägt? Dort in *Saint-Léonard-de-Noblat* nämlich
hat der Heilige als Einsiedel gelebt, dort liegt er begraben. Ob
jemand weiterhin daran denkt, daß er ein Mann ungleich größerer Bedeutung war, als seine Patronanz vermuten läßt, mit
gradezu modernen Wesenszügen? Geboren ist er übrigens nicht
im Limousin, sondern Ende des 5. Jahrhunderts als Sproß einer
Adelsfamilie im Orléanais zur Welt gekommen. Nach einhelli-
ger Tradition hielt König Chlodwig I. ihn persönlich über die
Taufe. Da er geistige Neigungen verriet, schickte man den Knaben auf die Kathedralschule nach Reims. Seine Talente ließen
den Nachfolger Chlodwigs, König Thierry, aufmerken: Wuchs
da ein künftiger Staatsmann heran? Léonard aber, frühzeitig
seiner Berufung gewiß, bat so inständig, ein Leben der Einkehr
und Sorge für die Ärmsten der Armen, die Gefangenen in den
Kerkern, führen zu dürfen, daß Thierry ihm großmütig will-
fahrte und sogar das Vorrecht gewährte, Verurteilte freizu-
bitten.

Léonard begab sich darauf in eine mönchisch lebende Gemeinschaft an der Loire. Bald aber verlangte es ihn nach einem
unbedingteren Dasein am Rande des Möglichen, und er zog
sich ins einsame Limousin zurück. Er hatte dort eine Gegend
nach seinem Herzen gefunden, den Wald von Pauvain im Hügelland südlich der oberen Vienne, durch den höchstens einige
Jäger und Pilger auf dem Weg nach Saint-Martial in Limoges
streiften. Hier begann er ein Leben jener inneren Betrachtung
und Buße, das den Menschen nicht nur sich selber aussetzt,
sondern ihn auch geduldig und gütig macht. Sein Ruf sprach
sich bald herum. Räuber ließen ihn ungeschoren, Arme, Kranke
baten um Rat oder Heilung, entflohene Sträflinge um Schutz
vor dem Henker. Damals haben sich bereits erste Wundertaten
ereignet, die freilich weniger im Mirakulösen als in der über-

springenden Kraft seiner Selbstversenkung und der Gabe des erleuchteten Wortes wurzeln.

Eines Tages erscheint ein Königsbote bei dem Eremiten. Auf einem Fels des anderen Vienne-Ufers liegt ein Schloß, dessen Reste man heute noch sehen kann. Die merowingischen Könige aus dem fernen Norden nehmen darin Quartier, wenn sie im Limousin nach dem Rechten sehn. Zur Stunde ist ein weiterer Nachfolger Chlodwigs, König Théodebert, untergezogen; Königin Wisigarde, hoch in Umständen, befindet sich bei ihm. Plötzlich wird sie von ungewöhnlich heftigen Wehen befallen, und bald müssen die Ärzte das Schlimmste fürchten. Ratlos wendet sich Théodebert an den Einsiedler in den nahen Wäldern, von dessen Heilkünsten er gehört hat. Léonard stellt sich unverzüglich ein, aber ein Arzt, nein, das ist er nicht. Nur durch Zwiesprache mit Christus vermag er zu helfen. Wirklich entschwinden während seines inständigen Gebetes zuerst die Schmerzen, dann bringt die Königin ein gesundes Kind zur Welt. Théodebert ist vor Freude außer sich und schenkt Léonard den gesamten Wald von Pauvain.

Diese bekannteste seiner Heilungen trägt dem Eremiten einen Ruf als Nothelfer ein, der noch heute andauert. Seit dem Bau einer kleinen Kapelle, Notre-Dame-sous-les-arbres, die bis zur Großen Revolution bestand, weilen zwei Diakone bei ihm; sie haben für die regelmäßige Einhaltung der Offizien zu sorgen. Mit ihrem Beistand begibt er sich an das große Werk seines Lebens, eine für das Zeitalter des Faustrechtes und der Schuldhaft unerhörte Tat. Während immer mehr Menschen aus den Verliesen des Elends zu ihm strömen, gründet er eine Ansiedlung für Gestrauchelte oder Verfolgte, baut ihnen Häuser und überläßt ihnen Ackerland für den Unterhalt. Der wachsende Ort nennt sich Noblat, latinisiert Nobiliacum. Das Wort kann ›adelige Schenkung‹ bedeuten, dürfte sich aber von Novalia, Neuland, herleiten. Die im Okzitanischen häufige Nachsilbe ac oder acos bezeichnet nach gallischem Sprachgebrauch einen Platz beträchtlicher Größe.

In der Gestalt des Saint Léonard vereinen sich also eine Reihe von Eigenschaften, die seine gradezu magische Anziehungskraft auf die kleinen Leute erklären. Er ist Zuflucht und Beistand ihres versklavten Daseins; nach seinem Tod und der

Kanonisation wird deshalb eine zerbrochene Sträflingskette zu den Attributen gehören. Als Retter in schweren Krankheiten wirkt ›le bon Saint Léonard‹ nach Meinung der Gläubigen sogar weit über sein Lebensende hinaus. Das Abklingen des 1094 epidemisch auftretenden ›Mal des ardents‹, der Blatterrose, schreibt man seiner himmlischen Fürbitte zu. Da man übrigens später, als sein ursprünglicher Sinn zeitweilig vergessen war, das Sträflingsattribut als Viehkette deutete, erhob man den Eremiten von Pauvain auch zum Patron der Nutztiere, besonders der Pferde.

Als er am 6. November 559 starb, fand er in der Kapelle Notre-Dame-sous-les-arbres sein Grab, das während der Regierung Ludwigs des Frommen wegen des Zustroms von Wallfahrern an einen günstigeren Platz, nämlich dorthin verlegt worden ist, wo sich heute die Leonhardskirche des Ortes befindet. Das Datum der Übertragung, der 17. Oktober, wird noch immer gefeiert. Es gibt weitere Erinnerungsfeste des heiligen Eremiten, und eines davon ist besonders im Herzen des Volkes verankert. Zur Oktav seines Todesdatums, inzwischen einheitlich auf den dritten Novembersonntag festgelegt, veranstaltet man in Noblat das ›Tincano‹, in wörtlicher Übertragung ›Rennen nach dem Wurfpfahl‹ genannt, sozusagen die französische Version des Leonhardi-Umrittes, die wahrscheinlich das ursprüngliche Anliegen der Sitte verkörpert. Nach feierlicher Messe und üppigem Bankett tragen Angehörige der Confrérie de Saint Léonard die Nachbildung eines Kerkerturmes auf die Straße und befestigen sie an einem Stützpfosten, dem Wurfpfahl eben. Worauf berittene Mitglieder der Bruderschaft herangaloppieren und den Turm mit einer Keule, dem ›Quillon‹, zu zertrümmern versuchen, um spielerisch die Tat ihres Heiligen nachzuvollziehn.

Gewiß dürfte unter der zusammengeströmten Menge viel bare Schaulust beteiligt sein; jedesmal brandet Gelächter auf, wenn ein Schlag ins Leere trifft, und es den Reiter beinahe vom Pferde reißt. Ist das Zerstörungswerk gelungen, zieht man bei einbrechender Nacht, im Schein altertümlicher Strohfackeln, vor das gotische Portal der Kirche, um das Salve Regina anzustimmen. Zum guten Ende werden Freudenfeuer entzündet, letzte Rufe ›Vivo lo Sain Lionard‹ erschallen, dann sinkt das Städtchen in seinen Frieden zurück.

Mir jedoch scheint, daß erst in solcher Abgeschiedenheit, in der nur noch die Steine sprechen, das wunderschöne Nest der flachen Dächer und edlen Fassaden wahrhaft zu sich selber gelangt. Morgens vor allem, bei den ersten Sonnenstrahlen des Frühlings. Alles schläft noch. Einzig Monsieur Lecaze, der Totengräber, ist draußen auf dem Friedhof, von dem man so herrlich ins Land schaut, bereits an die Arbeit gegangen. Seine alte Stadt bereitet ihm manche Plage. Unter den Krüppellinden auf dem Rasenplatz zwischen den ersten Häusern und dem Gottesacker rührt sich in den Wohnwagen der Korbmacher durchaus nichts, und auch in der Stadt, an der Place de la Révolution, nicht. Erst, wenn der Duft der frischen Croissants aus der Bäckerei dringt, erscheinen die Marktleute vom Lande, um ihre Verkaufsbuden aufzubauen. Ringsum bleiben die Fensterläden gleichwohl noch lange geschlossen, mag auch Minou Grandpère von der Librairie an der Ecke lockend die Zeitungsständer vor die Türe schieben. Ihre grellen Schlagzeilen und Skandalberichte passen ohnehin wenig nach Saint-Léonard. Es ist ein Inbegriff jener Gelassenheit, die gleichbedeutend mit Unveränderlichkeit bleibt. Ihr Heiliger genügt für das Dasein der Stadt, so lange die Erde sich dreht.

Jemand, der es beurteilen konnte, der Kanonikus Biossac, hat einmal geschrieben, stünde ein Toter des 13. Jahrhunderts aus seinem Grabe auf, er fände alles genauso wie einst vor sechs- oder siebenhundert Jahren vor. Gewiß trägt eine Reihe von Straßen und Plätzen andere Namen, und manche Häuser sind erst im 17. und 18. Jahrhundert entstanden. Aber wie viele alte Schönheiten blieben bewahrt! Da schiebt ein herrlicher Wohnbau seinen fast turmhohen Runderker über die Straße vor, ein anderer, die ›Maison de la Tour Carrée‹, eine eckige Aussichtsbastion. Drüben lassen sich gotische Fensterstürze sehn, und durch die Rue Perrin, ehedem Straße der ›Aumônière‹, sind früher einmal die Pilger geschritten, einschließlich der Jacquaires. Die Leonhardstraße, die Rue des Etages aber haben nicht einmal den Namen gewechselt, und schließlich verwundert es kaum, daß sich an der gegenwärtigen Place Gay-Lussac das mittelalterliche Leben abgespielt hat. Dahinter hebt sich die mächtige Kirche Saint-Léonard, deren Turm man bereits draußen im Lande aufragen sieht.

Es ist einer der berühmten Clochers limousinischer Bauart und von allen der schönste. Über offenen Bodengeschossen mit schweren Granitkapitellen, nach oben nebst den Spitzgiebeln der Schallöcher in Oktogone verwandelt, fährt er rank und schlank neben der Kirche empor. Ein gigantischer Pfeil von gesammelter Kraft mit kantigen Formen und dennoch voll Anmut. Es heißt, daß bei seinem Entwurf König Richard Löwenherz, eben aus deutschen Kerkern entlassen, zum Dank für die Befreiung mitgewirkt habe. Zugegeben, der Leib der Kirche mutet ein wenig seltsam an. Fast gleicht er einem gestrandeten Schiff, das mit dem Heck, dem im 16. Jahrhundert hochgezogenen Chor, auf einem Felsen sitzt. Schon scheint der Mittelteil weggebrochen. Aber gegen diesen Turm, zu dem man immer wieder hinaufblickt, brandet die Dünung der Zeitalter vergeblich. Drinnen geht es kaum minder verwunderlich zu. Dort führt das schwere, etwas angeknickte Tonnengewölbe des Langhauses einem von Kuppeln überfangenen Querschiff entgegen, in dessen nördlichem Abschnitt sich ein Nischengrab in die Wand muldet. Die Ruhestätte des Heiligen? Nur eine Scheingruft mit darüber gehängter Sträflingskette. Die irdischen Reste des Eremiten bewahrt man natürlich in goldenen Schreinen. Schon zu Beginn des 11. Jahrhunderts waren erste Teile dieser kaum harmonischen und doch von einem erstaunlichen Drang ins Große erfüllten Anlage fertig, vornehmlich der heute als Taufkapelle dienende Rundbau des Heilig-Grab-Kirchleins neben dem Turm.

Früher gaben sich in Saint-Léonard Könige und Würdenträger ein Stelldichein. Von Pipin dem Kurzen über Bischof Galerand von Naumburg bis zu Charles VII von Frankreich. Heute, leider, kommen nur noch gelegentlich Pilgergruppen, und das sind einfache Leute. Aber bei genauem Zusehen scheint das angemessen. Denn als Volksheiliger gilt Saint Léonard vor allem, bis weit ins Ausland hinein. Es hat sein ›De profundis‹ genauso deutlich vernommen. Die größte Zahl von Kultstätten besitzt keineswegs Frankreich, sondern Deutschland, nach ihm Österreich und an dritter Stelle Italien.

Was nichts dagegen besagt, daß der Eremit von Pauvain ein Franke reinsten Stammes war, der in einer blutigen Epoche die Menschenbruderschaft predigte, wie nur ein einziger vor ihm.

Limoges, auf den Spuren Saint Martials

Auf der Sekunda trat mir ein bestimmtes Bild vor Augen, sooft ich den Namen *Limoges* las, ohne daß ich je dort gewesen war. Neben einer bunten Reihe von Früchten ragte ein klassischer Torso aus rissigem Marmor auf. Assoziationen des Klanges? Vermutlich. Zudem lasen wir im Französischen grade ›Siegfried et le Limousin‹ von Jean Giraudoux, der unweit der Stadt in Bellac geboren ist. Seit Kriegsende besitzt das Wort für mich einen weniger poetischen Beiklang. Oradour, wo am 10. Juli 1944 sechshundertfünfzig Frauen, Kinder und Alte verbrannt oder erschossen wurden, noch näher bei Limoges gelegen, wirft seine Schatten weit über das Land. Das drückte mich sogar jetzt, auf der Pilgerfahrt über die Via Lemovicensis, mit Zentnerlasten von Kollektivschuld. »Et dimitte nobis debita nostra.«

Was aber die Stadt selber betrifft, auch ihr hat die Geschichte schmerzvolle Opfer abverlangt. Hier einige Zeilen aus den ›Chroniques de France‹ des 1411 gestorbenen Jean Froissart über den September 1370, als sich während des Hundertjährigen Krieges der Schwarze Prinz, Sohn König Edwards III. von England auf Limoges warf, dessen Rat sich der französischen Partei angeschlossen hatte. »Daraufhin drangen der Prinz von Wales ... und alle anderen und ihre Leute in die Stadt ... Alles wurde mit dem Schwert durchbohrt, alles, worauf man stieß. Keiner von ihnen war schuldig. Über dreitausend Menschen, Männer, Frauen und Kinder wurden an jenem Tage getötet und geköpft ... Sie waren wirklich Märtyrer.« Aber die Opfer der Stadt bestanden während ihrer bewegten Historie nicht nur im Blutzoll, sondern auch in kulturellen Aderlässen. Manches Verlorene hat zu den bedeutsamsten Zeugnissen aus der Frühzeit des Abendlandes gehört.

Wer von Saint-Léonard kommend über Parazol und Soudanas ins Tal der Vienne hinabsteigt und Limoges auf der andern Uferseite vor sich hat, ahnt das kaum. Vor ihm liegt eine heitere Stadt, deren Bürger allem Anschein nach wohlhabend sind, wie man das früher nannte. Wenigstens die der besseren Viertel. Die übrigen Bewohner hat man in den Betonkäfigen und -hochhäusern der Peripherie einquartiert, um im Marschrhythmus des Fortschritts zu bleiben. Selbst Mittelalterliches gibt es noch hier und dort. Da wäre das beinahe unversehrte Brückenpaar *Pont Saint-Etienne* und *Pont Saint-Martial* aus dem 13. Jahrhundert und natürlich, als Paradebeispiel, die gotische *Kathedrale* auf ihrer Bastion, der Aussichtsterrasse hoch über der Vienne. Hatten wir nicht, was wir suchten? Ringsum die uralten krummen Gassen der sogenannten Cité; gewiß kaum noch behaust – einzig eine weißhaarige, zerzauste Frau schlurfte herum, Hunde- und Katzengerüche hingen in dunklen Winkeln. Auch das gehört ja dazu. Der Gottesdienst fand abseits im Pfarrsaal statt. Warum freilich läßt man die alten Kirchen heutzutage allein? Ist ihr Zuschnitt zu groß für unser Profitdenken geworden? Auch wenn die Gotik von Saint-Etienne äußerlich eher beflissen und auswendig gelernt anmutet, wie übrigens meistens im Süden. An der Stirnseite, wo einen doch etwas beim Ohrläppchen nehmen müßte, entstand noch in romanischer Zeit der mächtige Sockel eines richtigen Limousin-Turmes. Als man jedoch bei der zweiten Etage war, fing man plötzlich ästhetisch, dünnblütig sozusagen, zu denken an und hat das Oktogon mit mageren Tourelles ummantelt. Schade.

Gleichviel, der Bettler von Saint-Etienne, der sich für gewöhnlich am Südportal Saint-Jean aufhält, das mit seinen Spitzen und Spitzchen wirklich recht elegant aussieht, war überaus stolz auf seine Brotgeberin. Er wartete mit gezogener Kappe und niedergeschlagenen Augen, aber seine Blicke huschten hurtig umher, ob man der Kathedrale auch die gebührende Ehre erwies. Meinen Tribut sah er für Zustimmung an. »Merveilleux, n'est-ce pas!« flüsterte er mit hochgezogenen Brauen. Ein Schöngeist unter den Schnorrern. Aber der innere Raum bereitet ehrliche Freude. Er besitzt nicht die hochgezüchtete Rasse der Ile de France, aber wer vom Chor auf die konzentrischen Steinrippen und gegenläufigen Kurven der leider halb verborgenen Westrose blickt, spürt, was in Saint-Etienne gewollt war. Sphärenspiel, Weltenharmonie. Credo in unum. Befriedigt wendet man sich und kann, zur Belohnung, etwas ausnehmend Hübsches entdecken. Wenigstens ist es mir so ergangen.

Ein kleines Seitenportal, die Brauttür an der Südflanke, stand offen, um Wärme einzulassen. Neugierig spaziert man hinaus und gelangt in ein wahres Paradies, den Botanischen Garten. Der Frühling hielt Cercle. Seitab am Hang blühte ein hinreißendes Mosaik bunter Primeln; nebenan schoß eine Magnolie lautlos Salut und ließ ihre Knospen aufspringen. Zu Hause im Alpbachtal lag, wie ich eben telefonisch erfahren hatte, alles unter einem halben Meter Neuschnee begraben.

Spätestens hier draußen erkennt man es, die Kathedrale auf ihren Terrassen über der Vienne bedeutet den Limougeauds mehr als ein Postkartenereignis; sie ist menschenfreundlich und schenkt ihnen ein Stückchen Kleinbürgerhimmel auf Erden. Die alten Leute können sich darin wärmen und die jüngeren promenieren. Die Mütter mit den stolpernden Bébés an der Hand, denen die frechen Spatzen durch die Beinchen huschen, und die Liebespaare des Frühlings. Bei einem, das fingerhakend einherschlenderte, flüsterte der männliche Teil seiner Begleiterin grade einige Worte zu, und ich möchte schwören, daß ich verstand, was er sagte. »Du kannst ganz getrost sein; man sieht wirklich noch nichts.« Sie aber, die Kleine mit dem hübschen Renoir-Gesichtlein – richtig, der Maler stammt ja von hier! – sie lächelte nur. Es zog sich ein ganz kleiner Schnörkel, ein Hauch Animalisches um ihren Mund, aber das machte bei ihren siebzehn Jahren noch nichts. Sie lächelte nicht über ihn und seine Männerbesorgnisse, daß es mit der Hochzeit noch seine Schwierigkeit hatte. Sie lächelte auch nicht über sich, sie lächelte nach innen. Das Lächeln der Frauen. Ein Morgen im Jardin de l'Evêché ...

Wer Limoges auch von einer andern Seite erleben möchte, der historischen beispielsweise, nehme einen Stadtplan zur Hand. Häuser legen sich nach Belieben Masken vor – biedermeierliche, neugotische, sachlich-moderne. Straßentrakte aber können nicht lügen. Zweimal sieht man darauf die geschwungen geführten Ringe von Boulevards wiederholt. Der südliche an der Vienne schloß einmal die alte Cité um die Kathedrale ein. Zu mittelalterlicher Zeit war sie mit Kapellen und Kirchen regelrecht vollgestopft, die inzwischen untergegangen sind. Bei manchen ist es kaum schade, bei anderen aber ... Gleich unterhalb von Saint-Etienne hat die 814 gegründete Abtei La Règle gelegen, und da wird einem schwer ums Herz, wenn man die paar übriggebliebenen Steinfragmente im Städtischen Museum sieht. Warum wird meist das Schönste zerschlagen? Von der römischen Hinterlassenschaft ganz zu schweigen ...

Der andere Straßenkreis, nordwestlich von der Cité, umzieht den Mauer- und Grabenbereich der einstigen Altstadt, das
sogenannte Château. Wer ein Mittelalter im Sinne Victor Hugos sucht, hier kann er's noch finden, lichtlos, in enge Straßen
verdammt. Ich meine die *Boucherie,* das alte Schlachterviertel
nahe dem Vieux Marché, einen schluchttiefen Straßentrakt, in
dem sich Auslage neben Auslage ins Dunkel schmalbrüstiger
Häuser höhlt. In stockfinsteren Treppenhäusern hängt die verbrauchte Atemluft eines halben Jahrtausends. Hier rauchte das
Blut der Schlachttiere, hier wurde gelebt, geliebt und fleißig
gestorben, wenn der Pestwächter mit der Schwelpfanne und der
Schnabelmaske, den Schinderkarren hinter sich, durch die Stra
ßen zog und einsammelte.

Immerhin bleibt auch dieses Stück Limoges sehr urban, behütet sogar. In halber Höhe der Straße liegt das Zunftkirchlein
Saint-Aurélien, ein gehauenes Steinkreuz vor sich, lauter frommen Tand in sich, eine Art Schilderhaus für die Schutzengel der
Fleischer. Fürs ernsthafte Leben und Sterben der Leute zu sorgen, überließ man zwei alten Kirchen. Die erste, *Saint-Pierre-
du-Queyroix,* ist ein hallenartig geweiteter Bau am Ostrand der
Altstadt. Nicht nur darum rangiert die andere, *Saint-Michel-
des-Lions,* nördlich des Marktes mit zwei uralten Steinlöwen
vor der Schwelle, in der Beliebtheit der Bürger ein wenig höher.
Sie bedeutet hier ungefähr das gleiche wie Notre-Dame für Poitiers. Dämmerdunkel, durchschwelt von Weihrauch, dazu mit
einer wahren Museumssammlung von Andachtsbildern, Figuren, Altären ausstaffiert. Außerdem macht ihre Lage etwas für
Limoges Typisches deutlich, das man sonst vor lauter Autostra
ßen nicht mehr erkennt. Die Altstadt ist hügelig. Daher trödeln
die kleinen Gäßchen draußen ein wenig ächzend hinab und
hinauf, und ein hübscher Platz hinter dem Chorhaupt von
Saint-Michel wird zu einem wahren Theaterchen mit schrägem
Zuschauerraum, auf dem manchmal große Tragödie gespielt
worden ist. Freilich nicht, als das Massaker von 1370 geschah;
die Kirche war damals grade im Bau. Das hat nur die Cité
betroffen; die Altstadt blieb davon ausgenommen.

Was jedoch das Innere von Saint-Michel angeht ... der eilige
Besucher ahnt es nicht einmal, und doch ist es greifbare Wirklichkeit. Sein Anblick kommt, wie in Aquitanien so oft, einem

Sturz in den Abgrund der Zeitalter gleich. Hinter dem Hauptaltar ein skulptiertes Steingebilde des letzten Jahrhunderts, dazu ein goldener Schrein. Darin werden die Reliquien Saint Martials bewahrt, des Apostels des Limousin und der Auvergne, dessentwillen Generationen von Wallfahrern nach Limoges gezogen sind und auch die Jacquaires durchpassierten. Wie? Hat man dem großen Glaubensmann keine eigene Kirche errichtet? Und grade darin liegt's! Sie ist gleich so vielen untergegangen, die Wesensmitte von Limoges einfach weggebrochen.

Im Herzen der Stadt, nahe dem Boulevard Carnot, liegt, mit Steinplatten bedeckt, die *Place de la République*. An der Südwestecke sind der Pflasterung dunkle Steinbänder inkrustiert. Sie zeigen an, wo die Fundamente der Kirche Saint-Sauveur verliefen, die dem Mönchskloster Saint-Martial als Gotteshaus diente. König Karl der Kahle hatte die Abtei 843 an Stelle eines Kanonikerstiftes gegründet, und König Lothar gestattete ihr einhundertvierzig Jahre später, sich samt der inzwischen entstandenen Bürgersiedlung durch Mauer und Graben gegen die Cité abzugrenzen. Das ›Château‹, das Altstadtviertel von Limoges, war damit entstanden.

Am Rande des Platzes führt eine umgitterte Treppe ins Tiefe, wo man 1960 bei den Ausschachtungsarbeiten für eine unterirdische Garage die *Krypta von Saint-Sauveur* mit der Gruft Saint Martials wiederentdeckte. Man findet dort unten einige große Sarkophage. Der mächtigste, aus einem einzigen Steinblock gehauen, trägt die Bezeichnung ›Tève-le-Duc‹. Die Tradition will, daß darin ein heidnischer römischer Gouverneur namens Stephanus beigesetzt war. In einem zweiten Steinsarg lag der Leichnam seiner jungen Verlobten Valeria, die sich als Christin bekannte, weswegen ihr aufgebrachter Bräutigam sie umbringen ließ. Einen Teil des Kryptengrundes überzieht ein Mosaikboden des 9. Jahrhunderts, in dem sich eine Grube, die eigentliche Grablege des Heiligen, öffnet. Er ruhte hier neben seinen Schülern Alpinian und Austriclinian. Wiewohl sich die Kathedrale Saint-Etienne auf nachweislich ältere Fundamente gründet, die Krypta der Kirche Saint-Sauveur stellt die Keimzelle von Limoges dar.

Vom Leben des Heiligen wissen wir wenig. Nach Gregor von Tours kam er gegen 250 von Rom, um das Limousin zu evangelisieren. Seine spektakulärste Tat: Er hat bei der Aufführung eines »schamlosen« Theaterstückes die frivolen Dialoge der Schauspieler kurzerhand unterbrochen und die Heilsbotschaft verkündet. Ein Schwärmer? Der Zwischenfall schien eine böse Wendung zu nehmen. Die Zuschauer antworteten mit einem Wutausbruch, droschen mit Ruten auf den Glaubensmann ein und schleppten ihn schließlich zum Kerker. Dort ereignete sich alsbald ein Mirakel; überirdischer Schein erfüllte plötzlich das Dunkel. Das eben noch tobende Volk wich voll Bestürzung zurück, dann erkannte es das Eingreifen des Himmels und ließ Martial frei. Der aber beschied sich keineswegs aufatmend mit seiner Rettung, sondern ging unverzüglich zu einer Gegenattacke über, zog in den heidnischen Tempel, um die Götzenbilder vom Sockel zu stoßen, und weihte das Bauwerk, eine erste Vorgängerin der heutigen Kathedrale, dem heiligen Stephan.

Ein Missionar von jener Unbedingtheit und Härte also, welche die frühen Glaubenszeugen auszeichnet. Sein Ruf als Bekenner stieg nach seinem Tode so sehr, daß die Verehrung oft stürmische Formen annahm. Die Eingangspforten der Kirchen, die man nacheinander in wachsender Größe über seinem Grabe errichtete, erwiesen sich immer wieder als zu eng für den Zustrom der Pilger; manche von ihnen sollen im Gedränge erdrückt worden sein. 1025 ging man daher an einen Neubau, der jedem Ansturm gewachsen schien, den der 1791 zerstörten Kirche. Man gab sich indessen keineswegs mit der Errichtung einer Andachtsstätte zufrieden. Abt Ulric erstrebte auch eine Rangerhöhung des Klosterpatrons und erklärte feierlich, was doch nicht sein konnte, Saint Martial habe zu den zweiundsiebzig Schülern Christi gehört, beanspruchte für ihn also die ›Apostolicité‹. Das schloß nicht nur die Jüngerschaft des Heiligen ein, sondern bedeutete gleichzeitig, der Herr habe ihm persönlich einen Missionsauftrag verliehen. Ein durchsichtiger Schachzug! Als Gefolgsmann Christi, wenn auch der zweiten Linie, besaß der Heilige höhere Autorität als der erste Blutzeuge des jungen Glaubens, Sankt Stephan, der Namenspatron der Kathedrale, aber auch als Saint Hilaire von Poitiers. Es kam dem Abt sichtbarlich darauf an, sowohl den benachbarten Kathedralbischof als auch den Evangelisator der Residenzstadt des Poitou auszustechen. Man hatte sich in Limoges nie damit abgefunden, daß die poitevinischen Grafen seit 928 als aquitanische Herzöge auch Oberherren des Limousin waren ...

Da stand ich nun auf der leeren Place de la République und betrachtete, was einmal Abtei war! Eine Trümmerstätte? Nicht einmal das, sondern eine Tabula rasa, welche die Planierraupe hinterlassen hatte. Wie die hochberühmte Martialsabtei einmal aussah, habe ich erst nach langwierigem Suchen in Gestalt einer Rekonstruktionszeichnung entdeckt. Danach schlossen sich der Kirche im Norden die Konventsbauten mit den Kreuzgängen an. Der ostwärtige dieser Trakte diente als Infirmerie oder Krankenstation; im westlichen befanden sich das Dormitorium, der Kapitelsaal und die ›Outrigancia‹, der Aufenthalts- und Arbeitsraum für die Mönche. Er mußte ungefähr fünfzig Meter nordwärts von meinem gegenwärtigen Standpunkt gelegen haben, und ich bildete mir ein, hier habe das begonnen, was Limoges berühmt machen sollte, das ›Opus Lemovicum‹. Doch gleich davon.

Was endlich die Kirche Saint-Sauveur über der Heiligengruft betrifft, die man im Haß der Revolutionsjahre zerstörte – voll Anklage und Trauer sei es verzeichnet: mit ihr ging eines der erlauchtesten Bauwerke der Pilgerstraße unter, erfüllt vom großen Atem ihres Vorbildes Saint-Martin zu Tours, eine machtvolle Basilika, bei der auch das Querhaus Nebenschiffe besaß. Um den Chor zog sich ein Umgang mit fünf Radialkapellen; zwei weitere schoben sich aus dem Querschiff nach Osten vor. Das Innere ein weitläufiger Raum, dessen hinwallende Arkaden wie ein Echo auf die Hymnen der durchziehenden Jacquaires wirkten; es gibt noch eine alte, lavierte Zeichnung, die es nachzuempfinden gestattet. Der Mitte des Langhauses war eine Unterkirche, Saint-Pierre-du-Sépulcre, mit der noch heute unter den Steinplatten des Revolutionsplatzes erhaltenen Krypta eingemuldet, und über der Vierung erhob sich, wieder im Höchstmaß der Feierlichkeit, ein Oktogonturm. Der eigentliche Glokkenturm stand vor der Fassade, schlank, hoch, auch er ein himmelwärts gerichteter Pfeil, das Urbild jener Limousin-Türme, deren einen man noch in Saint-Léonard sehen kann. Von alledem ist nichts mehr da als ein steinerner Platz mit der nachgezogenen Spur der Fundamente, so, als habe man Limoges das Herz aus der Brust gerissen.

Die Abtei Saint-Martial war nicht nur ob dieses Bauwerkes oder ihres Patrons willen berühmt. Sie wirkte überaus befruchtend auf die Entwicklung der romanischen Kunst. Bereits vor 950 tauchten in der Mönchsliturgie jene ›lyrischen‹ Einschübe oder Tropoi auf, die in der Dichtung der Troubadours eine große Rolle spielen, und aus ihrer Schreibschule gingen Werke hervor, deren Buchmalereien sie als Quelle der romanischen Fauna und Flora erkennen lassen, wie man sie landauf und landab an Kapitellen und anderen Bildwerken findet. Das geht von der Darstellung aufeinander hockender Tiere über Musikanten- und Spielmannsmotive bis zum verschlungenen Laubwerk der Entrelacs. Mögen die ersten Vorbilder auch zum Teil aus karolingischer Zeit stammen und von Tours nach Limoges gelangt sein – erst durch Vermittlung von Saint-Martial strömte jene wahre Vorstellungs- und Gestaltenflut in die romanische Kunst Aquitaniens ein, die ihr den Charakter genialen Überschwanges verleiht. Das Hauptwerk dieser Schreibschule, die wir genausogut ein Buchmaler-Atelier nennen dürfen, ist die heute in Paris bewahrte Bibelhandschrift vom Anfang des 10. Jahrhunderts.

Wir verdanken den Mönchen von Saint-Martial freilich noch mehr, auch wenn sich ihr Einfluß in diesem Punkt nicht so genau abgrenzen läßt. Zum mindesten haben sie als Inspiratoren der Goldschmiede- und Emailarbeiten des Limousin eine bedeutsame Rolle gespielt. Später gab es dafür offenbar eigene Werkstätten. Von den monumentalen Arbeiten wie dem Sakramentarium der Kathedrale Saint-Etienne, dem Schrein von Grandmont in Ambazac oder ganzen Altar-Antependien abgesehen, ging von Limoges eine schier unermeßliche Fülle kleiner Werkstücke wie Reliquiare, Salbbüchsen, Weihrauchgefäße, Kruzifixe, Figuren, Abtsstäbe bis zu profanen Gegenständen in alle Welt hinaus. Bediente man sich anfangs gelegentlich der Cloisonné-Methode, des Auflötens goldener Filigranfäden auf eine Metallunterlage, um den Glasschmelz in die so gewonnenen Felder einzubringen, ging man bald zur Champlevé-Technik über. Dabei benutzte man als Grund gehärtete, ausgehöhlte Kupferplatten und füllte ihre Vertiefungen schichtweise mit Emailpulver, das man je nach den Erfordernissen der Farbe in verschiedenen Arbeitsvorgängen brannte. Die sichtbar bleiben-

den Metallteile aber überzog man mit einem Gold, das am Ufer
der Aurence im Westen der Stadt geschürft wurde. Es hat, nebenbei gesagt, auch der Erzeugung von Purpurtönen gedient,
während man Uransalze, vermutlich aus den Bergen von Ambazac, zur Herstellung von Gelb benutzte. Die Region von Limoges ist reich an Metallen und Mineralien verschiedenster Art.
Lediglich Kobalt und Saphire mußte man aus Persien oder Spanien einführen. Mit anderen Worten gehen auf die Mönche von
Limoges auch jene ›Arts de feu‹ zurück, über die Paul Valéry in
den ›Stücken über die Kunst‹ berichtet hat. Sie stellen das ›Opus
Lemovicum‹ im eigentlichen Sinne dar, und man kann sie in den
Museen der halben Welt bewundern. Diese Verbreitung verdanken sie zumeist Missionaren, die neben liturgischem Gerät
auch Reliquiare und Vortragekreuze bis Skandinavien mit sich
führten.

Auch in andern Teilen des Abendlandes sind zu romanischer
Zeit Emailkunstwerke hergestellt worden – von der Maas bis
Sizilien und von Santo Domingo de Silos bis Conques. Doch
besitzen die limousinischen Arbeiten charakteristische Eigenarten, von ihrer Vielfalt gar nicht zu reden. Die Köpfe der Halte-
nägel für die Emailplatten wurden gern mittels Metallstempeln
zu Gesichtern umgeprägt; die Häupter bedeutsamer Gestalten
ließ man vollplastisch hervortreten und bediente sich, je nach
dem Zeitgeschmack oder der liturgischen Entwicklung, oft be-
stimmter Motive wie der Margeritenblüte, Sterne oder Rosetten
als Dekoration. Im Museum des ehemaligen Bischofspalastes
von Limoges nahe der Kathedrale findet sich eine ganze Reihe
solcher Kleinkunstwerke von erlesenem Rang.

Die große Zeit der Emailarbeiten ging im 14. Jahrhundert
mit der ›Malerei auf Email‹ zu Ende. Aber die Kunstfertigkeit
der Limougeauds sollte noch eine späte Nachblüte erleben,
wenn auch auf andere Weise. Als man 1771 bei Saint-Yrieix-la-
Perche im Süden von Limoges große Kaolinlager entdeckte, war
erneut ihre Stunde gekommen. Die Stadt ist zum Zentrum der
französischen Porzellanmanufakturen geworden. Im *Musée
National Adrien-Dubouché,* benannt nach einem Fabrikanten
und Sammler der Stadt, ist draußen, nahe den Arenen, eine
Überschau dieser Arbeiten zu sehen, rund zehntausend Stücke
an Zahl – keineswegs alle aus Limoges allerdings, vielmehr aus

der ganzen Welt. Darunter eine Fülle wahrer Kostbarkeiten wie die chinesischen Porzellane der Ming-Periode ...

Richard Löwenherz stirbt vor Châlus

Châlus ist ein kleines Nest in den Tälern südlich Limoges, einst Pilgerstation. Der Ortsname leitet sich von Castellucium ab und bezeichnete eine kleine Burg. Die Wallfahrer konnten sie bequem zwischen Morgen und Abend erreichen, sofern sie nicht den kleinen Umweg über *Solignac* scheuten, ein ob der Harmonie seiner Bauten für die Kunstgeschichte bedeutsames Kloster im grünen Tal der Briance. Der heilige Eligius hat es in merowingischer Zeit, genaugenommen 632, angelegt. Der Besuch galt für die Jacquaires nicht als verbindlich. Vermutlich, weil der vom einfachen Goldschmied zum Vertrauten König Dagoberts aufgestiegene Gründer, Wundertäter und Patron der Schmiede wie Roßärzte zwar ein Mensch von überwältigender Mildtätigkeit, aber kein Glaubensmann apostolischen Charakters gewesen war. Zudem lag das Kloster abseits der Route; die Pilgerstraße bog bereits in Limoges direkt südwestlich nach Aixe-sur-Vienne ab.

Auch Châlus mit dem Beinamen Chabrol stellte kein eigentliches Wallfahrtsziel dar, allein, es bot den Jacquaires Unterkunft. Wenigstens steht es unter dem Herbergszeichen in der Pilgerkarte von 1648 vermerkt. Für den historisch interessierten Menschen unserer Tage besitzt es jedoch eigene Anziehungskraft. Es war Schauplatz eines tragischen Zwischenfalls, dem eine der großen Herrschergestalten des Pilgerjahrhunderts zum Opfer fiel. Das wiederum sollte das eben zu höchster Machtfülle aufgestiegene aquitanisch-englische Plantagenet-Reich ins Wanken bringen; es ist letzten Endes daran zusammengebrochen. Vor Châlus-Chabrol erlag Richard I. Plantagenet, Königin Aliénors Sohn, den man zehn Jahre nach seinem Tod nur noch Löwenherz nannte, bei der Belagerung der Feste einem banalen Zufallstreffer. Übrigens mochten grade des Weges ziehende Wallfahrer Augenzeugen des Vorfalls geworden sein, sofern es überhaupt etwas zu sehen gab ...

Folgendes ereignete sich. Man schrieb den 26. März 1199, abends. Ein milder Frühlingstag ging zu Ende. Auch im Innern des dem abtrünnigen Vizegrafen des Limousin gehörenden Bollwerkes, das Richard Plantagenet mit seinem Festungsspezialisten Merchadier und einem Truppenkontingent seit drei Tagen berannte und zum größten Teil bereits in der Hand hielt, schien Ruhe eingekehrt. Die Mannschaft des Königs hatte die heute völlig zerstörten Ringmauern sowie die hornförmig über die Höhe gelagerten Burghäuser genommen. Von ihnen sind noch einige Trümmer und Spuren vorhanden. Einzig im mächtigen Donjon inmitten des Burghofes, der bis heute lediglich seinen Zinnenkranz eingebüßt hat, hielten die Belagerten stand. Um ihn breitete sich zur Stunde die Lautlosigkeit der Gefahr. Wieviel Menschen dort in der Falle saßen? Man hatte sich nicht nur darin zurückgezogen und die Leiter, die zu dem sieben Meter hoch über dem Boden gelegenen Zugang führte, emporgehievt – hinter den Zinnen des Turmes lauerte jemand auf jede Bewegung des Angreifers, um Steinbrocken hinabzustürzen oder genau gezielte Bolzenschüsse abzugeben. Dies trotz eines wahren Hagels von Projektilen, der den ganzen Tag über zur Plattform emporgestoben war. Beide Parteien bedienten sich der treffsicheren Armbrust, wie seit den Kreuzzügen allgemein. Unterdessen hatten Merchadiers Sappeure bereits stundenlang an einem Stollen gegraben, den man gegen die Fundamente vortrieb, um das anders unbezwingbare Gemäuer zu sprengen.

Versah sich König Richard keiner Gefahr oder mißachtete er sie? Jedenfalls trat er in diesem Augenblick aus dem südlichen Burghaus, eine hohe Gestalt ohne Rüstung, zum Schutz lediglich einen Helm auf dem Kopf. Er schritt in der gewohnten Lässigkeit auf den belagerten Turm zu, um nachzuschaun, wie weit die Arbeit der Pioniere gediehen war. Plötzlich richtete sich droben, innerhalb der Zinnen eine Gestalt auf, legte die Waffe an und schoß. Der König nahm noch die Bewegung wahr, stieß überrascht einen Schrei aus und wandte sich hastig ab. Verhängnisvolle Bewegung! Der Bolzen traf ihn genau in den Nakkenwirbel. Während er zu seinem Quartier zurücktaumelte, griff er immer wieder nach dem Geschoß, um es herauszureißen. Der Schaft brach. Vergeblich versuchte der Feldscher kurze Zeit später, der Pfeilspitze mit dem Operationsmesser beizukommen. Es machte die Sache nur schlimmer; die Wunde entzündete sich rasch, und die Schmerzen wuchsen ins Unerträgliche. Ob sich, wie häufig bei solchen Blessuren, auch eine Lähmung einstellte, bleibt unbekannt.

Aber was wissen wir überhaupt? Nur, daß keine Latwergen, keine Kompressen halfen und man schließlich Königin Aliénor in Fontevrault durch einen Boten benachrichtigen mußte. Sie ließ Richard angeblich nach Chinon bringen. Warum, wenn es so war, die Tortur eines Transportes für einen Sterbenden? Vielleicht sollte der Lieblingssohn die letzte Stunde in der Umgebung des Familiensitzes verbringen. Die Heimkehr ins Nest. Fest steht nur, daß der Schwerverwundete nach elf Tagen der Qual gestorben ist. Er wurde am 11. April des Jahres in Fontevrault beigesetzt. Das westeuropäische Reich zwischen Schottland und den Pyrenäen hatte seine tragende Säule verloren, Aquitanien einen der genialsten Tatmenschen seiner Geschichte, renaissancehaft und mittelalterlich zugleich, von eherner Härte und sensibel im nämlichen Atemzug. Hochtalentiert, ein Dichter, der in österreichischer Gefangenschaft klangvoll-melancholische Verse geschrieben hatte, antiker Sprache ebenso mächtig war wie der damals kursierenden, und selbst architektonisch begabt. Obendrein ein Liebhaber von beinahe kindhafter Zärtlichkeit, der seiner Braut Berengaria empfindsame Briefe schrieb, während man ihm andererseits Jähzorn, wüstes Ausleben, ja Sodomiterei nachsagte.

Wieviel daran wahr ist? Unbestreitbar besaß er außergewöhnliche Qualitäten, vor allem militärische. Das kaltblütige Ungestüm, mit dem er sich, kaum aus habsburgischer Haft zurückgekehrt, auf seine Feinde warf, machte ihn zum bewunderten Ideal der abendländischen Ritterschaft. Die Vergeltung gehörte zum Ehrenkodex. Auch jetzt befand er sich auf einem Rachefeldzug gegen seinen limousinischen Vasallen und stand im Begriff, dessen gesamtes Befestigungssystem aufzurollen. Man bewunderte sein taktisches Geschick und staunte die Mischung von kühler Einschätzung der Lage und unerhörter Bravour an, die ihn auszeichnete. Hatte er nicht am 7. September 1191 zu Arsouf in hoffnungsloser Situation und angesichts eines von allen Seiten heranstürmenden Feindes, als selbst die Tapfersten verzagten, unbewegt den Gegenangriff formiert, um sodann wie ein Rasender seiner Truppe voran zu kämpfen und das scheinbar unabwendbare Debakel in einen vollkommenen

Sieg zu verwandeln? Er konnte auch grausam sein. Unter den sarazenischen Müttern des Landes war ein geflügeltes Wort im Schwange, mit dem sie ungezogene Kinder zur Ruhe brachten: »Sei still, sonst rufe ich König Richard, der bringt dich um.«

Gleichgültig aber, was zur Fama gehört, etwas sowohl Kühnes wie Numinoses umgab ihn, das die Mitmenschen hinriß, eingeschlossen die zurückhaltenden Engländer, um die er sich als Prinz wie König niemals besonders gekümmert hatte, weil er sich trotz seiner Geburt in Oxford als Aquitanier fühlte. Er verkörperte sein Zeitalter im Guten wie Bösen und setzte die Maßstäbe der Ideale, wenn ihrer Größenordnung auch nur ein Ausnahmemensch gerecht werden konnte. Allein bereits das, was als Widerschein auf uns gekommen ist, läßt hinreichend die Spannweite seiner Epoche erkennen, wobei auch das Negative dazu gehört. Kurz, wenn wir König Richard als Leitbild ansehn: der Mensch jener Tage lebte nicht nach dem Tugendkatalog, aber er nahm ihn stets als Orientierungshilfe zur Hand, um wieder zurückzufinden aus der Getriebenheit, die ihn erfüllte – einer ob ihres Wurzelns im Irrationalen für uns fragwürdigen Geisteshaltung, hätte ihr nicht die Einbindung in eine unverrückbare Weltordnung gegenüber gestanden und ihr damit sogar kreative Züge verliehen.

In beinahe allen Berichten über den Tod des Königs steht die Version zu lesen, Richard sei vor Châlus gezogen, um sich eines ihm vorenthaltenen Schatzfundes zu bemächtigen. Die Belagerung, wie wir heute wissen, besaß hingegen politische, wenn auch emotionale Gründe. Daß der König den Turm nicht im ersten Ansturm einnehmen konnte, mag um so mehr erstaunen, als er nur von einer Handvoll Leute verteidigt wurde. Allein, wer diesen Donjon des 11. Jahrhunderts besteigt – eine eiserne Außentreppe führt heute zur Einlaßluke – und sodann die Granitstufen der Wendeltreppe neben den steinernen Etagen erklimmt, wird begreifen, daß man den über zwei Meter dicken Mauern selbst mit schweren ›Ballistern‹, Wurfgeschützen, kaum beigekommen wäre, es sei denn nach langen Zurüstungen, und schon gar nicht mit dem Anlegen von Feuer.

Die winzige Besatzung hat gleichwohl nach Richards Tod kapituliert, vielleicht aus Nahrungs- oder Wassermangel. Man sperrte sie im untersten Turmgeschoß ein und ließ sie später

anscheinend laufen. Es mag sein, weil der König auf seinem
Schmerzenslager geboten hatte den tapferen Feind zu schonen.
Es handelte sich neben einigen Burgbedienten mit ihren Angehörigen lediglich um zwei Ritter, die nach limousinischer Gepflogenheit keineswegs adeligen Standes sein mußten. Paul Patier hat sie in einer Studie als Pierre Brun vom nahen Schloß
Montbrun und den bei Firbeix begüterten Pierre Basil identifiziert, der, wie uns Bernard Ithier, ein zeitgenössischer Bibliothe-
kar von Saint-Martial in Limoges berichtet, den tödlichen
Schuß auf Löwenherz abgab. Daß er auf Weisung von Merchadier lebendig geschunden und dann gehängt worden sei, trifft
kaum zu. Nach einer vor einigen Jahrzehnten aufgefundenen
Akte der Abtei Saint-Augustin zu Limoges starb ein Mann seines Namens, bei dem es sich mutmaßlich um den Schützen
handelt, erst vierzig Jahre nach seinem verhängnisvollen Mei-
stertreffer. Da sich Monsieur Patier in seinen Analysen auf zu-
verlässige Quellen stützt, scheinen die Ergebnisse seiner Arbeit
gesichert.

Heute steht der schwere Turm von Châlus einsam zwischen
etlichen Trümmern auf grünem Rasen, zum Teil mit Efeu be-
wachsen und an der Spitze vom Wetter angenagt. Seitab liegt
ein behagliches Gutshaus späterer Zeit, und an der Gegenseite
des ›Ziegenhornes‹, was der Beiname Chabrol besagt, das einstige Quartier König Richards. Sonst ist man auf dem Hügel
allein mit sich und dem Wind. Unten im Tal aber dehnt sich das
zugehörige Dorf, und auch hier gibt es noch einen Burgturm,
das sogenannte Château Maulmont aus dem 13. Jahrhundert.
Wo die Pilger Herberge fanden ist ungewiß, bekannt nur die
Straße, auf der sie unverdrossen und wahrscheinlich wenig von
den Geschehnissen des Jahres 1199 berührt, weiterzogen nach
Süden ins Périgord, von dem in größerem Zusammenhange berichtet wird. Über *Firbeix* also, dann nach *La Coquille,* dessen
Name noch an die Jacquaires erinnert, schließlich über *Thi-
viers, Sorges* und *Les Filles,* wo sich keine Erinnerungen erhalten haben. Der Weg war einsam. Nur einmal stieß eine Nebenroute auf diese Straße der weiten Landschaftsräume zu, die von
Brantôme kam, das denn doch einer Visite wert ist.

Wer heute *Brantôme* im Dronne-Tal aufsucht, findet einen
der anmutigsten Orte in der Übergangsregion vom Limousin

zum Périgord. In einer Flußschleife liegt ein mächtiges Kloster dicht an den steilen Uferfelsen gedrängt. Es ist schon zu Zeiten Karls des Großen, nämlich 769, gegründet worden; man verehrte hier den heiligen Sicaire. Ursprünglich war seine Kirche ein Kuppelbau gewesen, wie an den rechteckigen Chorabschlüssen noch zu erkennen. Erst im 14. Jahrhundert wurden dem Schiff angevinische Gewölbe eingezogen. Es gibt einige hübsche Dinge zu sehn, vor allem ein romanisches Weihwasserbecken und ein freilich etwas blutrünstiges, aber höchst lebhaft dargestelltes Relief mit dem Bethlehemitischen Kindermord.

Draußen hingegen werden das Landschafts- und Stadtbild beherrscht von der Harmonie, aber auch Großartigkeit der im 18. Jahrhundert neu errichteten Abteitrakte nebst dem strengen Außenbau der Kirche und einem Clocher direkt vor der Felsenwand, der mit seinen spitz hochgezogenen Giebeln der Schallöcher der älteste limousinischer Prägung ist. Er stammt aus dem 11. Jahrhundert und besitzt im Bodengeschoß noch ein archaisch schweres Kuppelgewölbe. Nahebei findet man die ehemalige Bäckerei und die Scheuer der einstigen Benediktiner in den Fels geschlagen, und in einer dieser ›Grottes‹, die als Kapelle gedient hat, sind zwei monumentale Reliefs in die Wand gehauen, ein Jüngstes Gericht und die Kreuzigung. Trotz ihres altertümlichen Aussehens entstammen sie erst dem 16. Jahrhundert. Seitlich von dieser Klosteranlage aber rinnt Quellwasser in ein sehr großes Brunnenbecken, in dem ein kapitaler Fisch seine Kreise zieht. Er sieht so uralt und weise aus, als habe er bereits die karolingische Zeit erlebt.

Eine Idylle? Gewiß, aber eine von höfischem Zuschnitt, durchweht von anmutvoller Verzauberung, die von der kristallklaren Dronne und einem weitläufigen Park mit seinem Renaissance-Pavillon, dem ehemaligen Klostergarten auf dem anderen Ufer ausgeht und im Widerspiel von steinerner Dauer und strömendem Wasser beruht, das nahebei über ein kleines Wehr hinabgleitet wie ein gläserner, von Pflanzenmustern durchwirkter Vorhang. Damit endlich auch die Pilger ins Spiel kommen: drüben am Beginn des dichtgedrängten Städtchens auf seiner Dronne-Insel liegt direkt an der Brücke die Kirche Saint-Jacques, die gleich den Wallfahrern von einst eine Muschel vor ihrer Stirn trägt.

In der Tat, in Brantôme hat man alles zusammen – nach der dramatischen Episode von Châlus, die ein Weltreich ins Wanken brachte, die einsame, stille Schönheit des auslaufenden Limousin, durch das man so lange gezogen ist, und die Anmut der Flußtäler im Périgord, denen man entgegenwandert.

Helle Tage in alter Stadt

Gleich vielen Städten hierzulande beschränkte sich das mittelalterliche *Angoulême* bis zum Anbruch der Neuzeit auf ein Berg-
plateau von bescheidenem Raum. In der Längsachse maß es gut
einen Kilometer, in der Breite rund die Hälfte davon. Auf diesem schon in der gallo-römischen Epoche besiedelten Platz war
alles untergebracht, was ein Gemeinwesen der Pilgerjahrhun-
derte außer den Bürgerquartieren brauchte: ostwärts eine
schützende Burg, in der die aquitanischen Vizegrafen Taillefer
residierten, ein Benediktinerkloster im Westen und, außer einigen anderen Kirchen, die Kathedrale im Süden. Wo die Mauern
mit ihren Bastionen den nach allen Seiten – zur Charente, dem
Anguienne-Bach und einigen andern Wasserläufen – steil abfallenden Bergstock umzogen, kann man heute spazierengehn und
einen weiten Blick auf Vorstädte, Fabriken und lärmende
Rundstraßen tun. Früher und noch zu der Zeit, als Honoré de
Balzac hier seine Freundin Zulma Carraud besuchte, lagen neben anderen, bescheidenen Außenposten einzig die berühmten
Papiermühlen im Land, und mochte ihre Zahl im 17. Jahrhundert auch auf einige Dutzend ansteigen, sie verbargen sich samt
der Geschäftigkeit des Alltagsbetriebes und dem Geknarre der
Mühlräder im Grün weiter Auenwälder ...

In der Ville haute, der Oberstadt, spürt man noch immer
etwas von der Gelassenheit und Ruhe des einstigen Lebens. Seit
Tagen wohnte ich hier in einem stillen Hotel an der Place Lou-
vel. Besser, ich nächtigte dort. Um zudringliche Blicke aus einem
nahen Mädcheninstitut abzuwehren, besaß es statt eines Fens-
ters eine Wand von Glasstein nach Süden, und vermochte man
darin auch eine Luke zu öffnen, sie entwickelte eine Heizkraft
von beträchtlichen Graden. Es war September, hierzulande

noch Sommer. Wer Kühlung wollte, mußte die Tür zum Flur öffnen, was wiederum ungebetene Gäste zum Eintreten lockte.

Daher verbrachte ich meine Tage meist in einem Café der Place Bouillaud nahe dem Rathaus, wo es an sich lauter herging. Aber es gab eine friedliche Ecke, sozusagen im toten Winkel, wenn auch direkt hinter den Glasscheiben zur Straße. Dort saß ich an meinem Tischchen und schrieb. Es gab manches aufzuarbeiten. Vor allem galt es, aus den Notizen und Erinnerungssplittern einer neuerlichen Erkundungsreise auf der Parallelroute zur Via Lemovicensis ein Übersichtsbild zu entwerfen. Manche Zwischenstationen der Pilger, ohnehin nach den Angaben des örtlichen Zodiaque-Bandes nur an den orientalisch-maurischen Reminiszenzen einiger Bauten kenntlich, hatten sich nicht mehr finden lassen. Andere, die als historisch gesichert galten, lagen verwirrend abseits. Diese Strecke trug keinen besonderen Namen, war gleichwohl viel begangen und hat von Bourges oder auch Poitiers über Charroux nach Süden geführt. Angoulême diente als einer der Schwerpunkte, wenn ich auch die ehemalige Aumônerie im einstigen Viertel Saint-Jacques nicht mehr entdeckte.

Daher machte ich Inventur dessen, was hinter mir lag, und wo ich keine Spuren mehr fand, versuchte ich doch, den Widerschein dessen einzufangen, was der Pilger gesehn, was ihn bewegt haben mochte. Unterdessen flanierten die Leute draußen vorüber, und gelegentlich traf mich ein neugieriger Blick durch die Scheibe, was ich da trieb. Einem etwas abgerissenen Menschen hatte ich es offenbar ganz besonders angetan; er prägte sich mir bald als Bettler vom Dienst ein. Immer von neuem schlich er vorüber, und einmal preßte er – warum nur? – sogar sein Gesicht gegen die Scheibe, wobei er brennenden Auges mein Tischchen anstarrte, auf dem neben Kaffeetasse und Schreibheft nach alter Gewohnheit ein Francstück als Pourboire deponiert lag. Er störte mich keineswegs. In meinen Gedanken spazierte ich längst wieder im Tälchen von Saint-Groux nördlich Angoulême herum, in das mich der Zufall verschlagen hatte. Dort, im Paradies der jungen Charente, war ich glücklich gewesen. Der parkartige Garten des Hotelchens, ursprünglich ein großer Bauernhof, endete direkt im Erlen- und Haselgesträuch des Flusses, nein, genaugenommen im strömenden

Wasser. Man konnte unbeobachtet, tout à fait nu, in Melusi-
nengründe tauchen, mit Kühen ernsthafte Gespräche führen
und frühmorgens, wenn noch der Nebel rauchte, den Hähnen
des Dorfes beim Krähen und Flügelschlagen zuschaun. Ach,
Saint-Groux, friedliche Bleibe des umgetriebenen Wanderers –
mein Schreibstift nahm einen poetischen Aufschwung. Wiesen-
und Talglück war es gewesen; den ganzen Tag weilte ich draußen und trieb mich herum, während der Charente-Fluß unter
verliebtem Strudeln und Schäumen mit heranströmenden Bä-
chinnen Hochzeit machte. Erst zur Abendstunde kehrte ich
heim, wenn die junge Wirtin unter der Tür des Speisesaales im
Vorderhaus stand und den Gästen zuflötete: »Es ist angerichtet,
M'sieursdames.«

Es waren unbeschwert-heitere Tage, angefüllt mit überraschenden Entdeckungen. Denn natürlich trieb ich auch ernsthafte Dinge, während die Hochstimmung blieb. Unweit lag
Saint-Amant-de-Boixe mit der feierlich überkuppelten Vierung
seiner Abteikirche und einem Scheintympanon an der Außen-
wand des südlichen Querschiffs, auf dem zwei Engel Petrus aus
seinem Kerker befreiten. Oder handelte es sich um den Eremiten Amant, den Ortspatron? Einerlei, er nahm es in steinerner
Gelassenheit hin, wenn ich, statt dem Symbolsinn der Andreas-
kreuze am Außengrabe der Langhauswand nachzugrübeln,
meine Nase lieber in die Stollenmünder verschütteter Kloster-
keller steckte oder mir vor den grimassierenden Masken des
zerfallenen Kreuzgangs Rechenschaft abzulegen versuchte:
Hatte man das aus Übermut oder innerer Bedrängnis geschaffen? Auch gab es nahebei, behütet von uralten Zedern, einen
verkommenen Gutspark voll wilder Zyklamen. Dort stellten
sich wiederum andere Fragen: Wer hatte sie ausgepflanzt? Der
Besitz hat zu ihrer Zeit der Familie Delacroix gehört, und Eugène, der Maler, ist 1818 als junger Mann, allein mit seinen
ehrgeizigen Plänen, hier gewesen. Worauf ich mir einredete,
daß sich manches Blatt dieses Baumgartens, das vor endlosen
Jahren der Herbst gepflückt hatte, gewiß in seinen Studien wie-
derfand.

Träumereien? Das nördliche Angoumois ist eine virgilische
Landschaft. Wer dieses Attribut den immerhin septentrionalen
Gefilden nicht zubilligen mag, wandere von Saint-Groux süd-

ostwärts in den nächsten Charente-Bogen nach Lichères. Gut, ein Bauerndorf mit Gänsegeschnatter, aber umzogen von schwer behangenen Rebenquartieren blauer Trauben und Standort eines ins Feldergrün vorgeschobenen Kirchleins hinter rauschenden Linden, einem kostbaren Meisterwerk ob seiner Proportionen. Hatte da nicht ein Baumeister die künstlerische Ernte eines ganzen Jahrhunderts eingebracht? Oder er gehe nach *Cellefrouin*, einst Pilgerstation im schluchttiefen Tälchen nahebei, mit wiederum einer Abteikirche. Wer hatte so exotische Baugedanken nach hier verpflanzt, indem er zwischen die Hocharkaden einer nüchtern-strengen Fassade vier halbrund emporfahrende Strebepfeiler fügte und nichts als dies, eine Architektursprache, die doch nicht hier, sondern im armenischen Ani und Marmachen zu Hause ist? Wer schuf die gut zwölf Meter auffahrende Totenlaterne auf dem hohen Bergfriedhof, verwandt zwar der zu Fenioux, doch gleich einer Lanze himmelwärts stoßend, was die friedliche Arme-Seelen-Leuchte in ein Fanal verwandelte. Da waren ferner *Cherves*, wo der heilige Bernhard weilte, *Montbron* mit den beiden Vielpaßbögen des Kirchenportales und einer Krankenstation für die Pilger, *Vouthon*, Sitz einer Commanderie und schließlich *Pranzac* zu nennen. Sie alle eigentlich ostwärts der Route gelegen, die von Ruffec kommt, warfen ihre eigenen Fragen auf.

In der Tat, dieser Norden von Angoulême ist ebenso bunter wie verwirrender Botschaften voll, zu denen auch solche von herrscherlicher Strenge gehören. Wiederum unfern Cellefrouin ragt im Gegenhange des Tardoire-Tales das Schloß der *La Rochefoucauld* auf, denen der große Skeptiker gleichen Namens, der Verfasser der ›Maximes‹ entstammt. Loire-Anmut liegt keineswegs über den Wohnflügeln um den Cour d'honneur, eher hochfahrender Ernst, und ich glaube nicht, daß man in den Sälen oder Salons zu lachen wagte. Andererseits verbrachte ich einen verzauberten Spätsommermorgen westlich von Angoulême in *Flaville*, einem Weingut der schwingenden Talhänge, wo alles pralle Gegenwart war von Rebstöcken und reifenden Trauben, während das Leben im Gutshaus abseits der Straße unter vergilbendem Kastanienlaub in einen Wachtraum der Zeitlosigkeit versenkt schien. Was trennte das Heute vom Gestern, galten sie beide nicht gleich? Von dort zog ich ins nahe

Châteauneuf und stand abermals vor einem Zeugnis der aufgehobenen Zeit, einer Kirchenfassade voll krauser Arabesken,
Metopen und Friese. Was mich freilich wirklich fesselte, war
der Torso eines vorwärts stampfenden Pferdes, Rest einer Kon-
stantins-Darstellung, das schönste Roß, das Frankreichs Steinmetzen jemals schufen, sagen manche. Mochte von seinem Reiter auch nur ein Stück des Leibes geblieben sein, selbst im Abbruch des rechten Armes läßt sich noch die triumphale Gebärde
erkennen. War solch erlesener Rang ein Vorzeichen dessen, was
meiner in Angoulême wartete?, und während ich so in den
Schubladen der Erinnerung kramte, fiel mir ein Bild wieder ein,
das auch dazu gehörte und vielleicht des Erlebten Krönung
war: der Granatapfelbaum im Garten des Siechenhauses von
Châteauneuf voll flammender Früchte, ein Symbol irdischer
Fülle und ewiger Dauer …

Den dritten Tag saß ich nun schon am Café-Fenster der
Place Bouillaud und schrieb trotz des Preßluftgehämmers der
nahen Baustelle und Passantenblicken, nach meiner Gewohnheit den Franc für das Trinkgeld auf den Tischrand geschoben.
Wieder erschien mein unvermeidlicher Bettler, um mit brennen-
dem Blick auf den Tisch zu starren, bis er mir eine verachtungs-
volle Grimasse schnitt und davonzog. Was will er nur?, fragte
ich mich erneut, als mein Auge auf die bereitliegende Münze
fiel. Das also… er hatte sie als Köder betrachtet und knurrend
seine Zähne gebleckt, weil er annahm, daß ich ihn foppte.

Kurz, meine Tage an der Place Bouillaud von Angoulême
besaßen zugleich ihre skurrile Seite. Um jedoch schließlich auch
das ins Auge zu fassen, worauf mich der Norden des Angoumois so sichtbarlich hinwies, packte ich mein Schreibzeug zusammen und ging. Es war nicht sehr weit. Alles ist nahe in der
Ville haute, und da lag sie schon, die Quintessenz dieses Landes, die Fassade von Saint-Pierre, eine beschwörend-monu-
mentale Steinikone im gleißenden Sonnenlicht. Plötzlich jedoch
schob sich mir eine Hand entgegen. »Monsieur!« sagte dazu
eine heisere Stimme im bitteren Ton gekränkter Würde. Der
Bettler vom Dienst! Da war wohl nichts mehr zu machen; er
hatte mir aufgelauert und bekam seinen Franc, worauf er die
Hand an die Mütze legte und salutierte. Mit triumphierendem
Grimm, versteht sich. Seine Welt war wieder in Ordnung.

Bischof Girard und seine Kathedrale

Der Granatapfelbaum, dessen Früchte so verschwenderisch Samenkörner verstreuen, ein Gleichnis des Angoumois? Das klingt nach Schönfärberei. Doch da gibt es so manches – seine landschaftliche Anmut, die sprudelnden Wasser der Touvre-Quellen, aber auch seine Geschichte und vor allem die Architektur. Lange Menschenalter hindurch, noch während des ganzen 11. Jahrhunderts, als anderwärts bereits großartige Kirchen entstehen, wagen sich die Baumeister hierzulande höchstens an schüchterne Nachahmungen. Ihre Hände scheinen mit Blei behangen. Mit Anbruch des Pilgerzeitalters aber durchfährt ihren Geist plötzlich der Sturmwind der Inspiration, und jetzt können sie nicht mehr genug tun an kühner Eleganz und plastischem Schmuck. Dieser Wandel geht auf einen einzigen Mann zurück, einen Prälaten, von dem schon bei der Exkommunikation von Herzog Guillaume x die Rede ging. Es war Bischof Girard ii von Angoulême. Er hat die alte Kathedrale abreißen und eine neue nach seinen Plänen erbauen lassen, die alles Bisherige übertraf. Was zu einem Teil seinem Selbstbewußtsein entsprungen sein mag, wie man lesen kann, zum besseren aber einem Wesenszug, von dem er vielleicht selber nur wenig ahnte.

In einer alten Grafen- und Bischofschronik von Angoulême steht das Leben des Kirchenfürsten verzeichnet. So, wie man es damals sah – als ein schrittweise erfolgendes Emporklimmen auf den Leitersprossen einer klerikalen Karriere. Dennoch lassen sich menschliche Rückschlüsse ziehn: In jungen Jahren macht er sich einen Namen als theologisch-philosophischer Lehrer. 1101 wird er zum Bischof von Angoulême gewählt. Was jedoch mehr bedeutet als jedes Amt, in ihm glüht die apostolische Flamme. Papst Paschalis ii. ernennt ihn daher zum Legaten, anfangs für zwei Kirchenprovinzen, später, als er sich während des Investiturstreites diplomatisch geschickt erweist, ganz Aquitaniens. Auch unter den Nachfolgern von Paschalis bleibt er der Mann des Vertrauens, vornehmlich für den ›Cluniazenser-Papst‹ Kalixtus ii., den Verfasser oder Inspirator des Codex Calixtinus. Girard hat sich mehrfach als Anhänger der cluniazensischen Reform hervorgetan. Drei Konzile finden unter seiner Leitung allein in Angoulême statt. Dann kommt es zu

einem tragischen Bruch. Bei der umstrittenen Papstwahl von
1130 nimmt er Partei für den Cluniazenser Anaklet II. und gerät in Konflikt mit dem Sieger Innozenz. Unter zisterziensi-
schem Druck muß er vom Primat über Aquitanien zurücktre-
ten. Daß es für ihn eine tragische Stunde war, läßt sich vermuten. Die ›Histoire du Poitou‹ nennt Girard »tempêtueux«, stür-
misch, was ihm das Verzichten bestimmt nicht leichter machte.

Damals lag das Lebenswerk dieses auch künstlerisch hoch-
begabten Menschen bereits hinter ihm, die 1110 begonnene,
1128 geweihte *Kathedrale Saint-Pierre* von Angoulême eben.
Das neue Gotteshaus erhob sich auf geweihtem Boden. Schon
in spätrömischer Zeit stand hier eine erste Bischofskirche, der
um 516 eine zweite mit einer im 19. Jahrhundert zerstörten
Krypta gefolgt war. 921 ist dieser Bau abgebrannt, worauf man
bald einen neuen errichtete, der seinerseits Girards Kathedrale
weichen mußte...   .

Da steht man ihr nun im heißen Frühnachmittag gegenüber,
geblendet vom goldenen Stein dieser dreißig Meter hohen
Skulpturenfassade und folgt vorerst der Lockung der Schattenkühle im Innern. Aber welch eine andere Welt! Von drei
schmucklosen Pendentif-Kuppeln überwölbt, wallt das Schiff
der Vierung entgegen. Dort, leider, wo das Licht dämmerig-
schwebend sein müßte, fällt scharfe Helligkeit ein, seit Paul
Abadie über ihr bei der Restauration des 19. Jahrhunderts ein
von viel zu viel Fenstern durchbrochenes, viel zu hohes Kuppel-
gebilde byzantinischer Prägung errichtet hat, das, zugegeben,
auch von außen betrachtet stört. Wer den romanischen Eindruck wiedererleben möchte, denke es also fort. Er schreite bis
zu eben der Vierung vor, weil er hier den Blick nach oben
vermeiden und in die ursprünglich erhaltenen Raumteile
schauen kann, zurück ins Langhaus mit der Prozession seiner
Arkadenwände, zugleich in den wundervoll harmonischen
Chor und endlich in die Substruktionen des gewaltigen Turmes
über dem Nordquerschiffsflügel. Nichts als abstrakte Form,
nüchtern fast, aber welche Erhabenheit! Der von den Kalvinisten zerstörte Südturm konnte bei der 1868 begonnenen Wie-
derherstellung nicht mehr gerettet werden.

Raum. Vom Platz unter der Vierung aus merkt man, was

dieses Wort in einem plastischen Sinn bedeuten kann. Nicht mehr Gebautes, Gefügtes, nicht Behütung allein. Wenn auch alles zu exakt restauriert ist und die kleinen, belebenden Ungenauigkeiten romanischer Steinmetzen fehlen – das Kreisen der Gewölberundungen, ihr Widerspiel in den Seitenarkaden, akzentuiert von den leicht angeknickten Tragebögen der Kuppeln, demonstrieren, was hier gemeint war: ein Abbild himmlischer Vollkommenheit. Gott durchwirkt zwar die anschauliche Welt, aber er wohnt in der reinen Form. Nebensächliches wird nicht geduldet. Die fein gesponnenen Schmuckleisten an Kapitellen und Simsen dienen ja nur als Taktstriche und Aufkräuselungen des Steines, um das gewaltige Spiel der Raumgeometrie noch spürbarer zu machen. Jede Säulenstufung der Tragestützen, jeder Rundbogen bedeutet eine Anrufung des Gesetzes. Der Bischof hatte den Kuppelbau von Saint-Etienne de la Cité in Périgueux gründlich studiert, ehe er mit der Errichtung seiner Kathedrale begann.

Wer, solcherart eingestimmt, wieder hinaustritt vor die Fassade, in deren wachsenden Schatten zur späten Nachmittagsstunde ein fliederfarbener Hauch erblüht, wird sie von vornherein unter einem bestimmten Aspekt betrachten: das hochfahrende Rechteck der Schauwand als einfachste Formel der Größe. Allerdings, auch hier gilt es einiges fortzudenken. Der Giebelaufbau oder Fronton ist ebenso wie die dicken Pinienzapfen-Tourelles an den Seiten Zutat von Abadie, der nicht begriff, daß Bischof Girard einer vom Architektonischen her schlichten Fassade bedurfte. Tatsächlich ist sie trotz der Figurenfülle einfach und streng organisiert. Über den Tympana der Portalzone steigen entsprechend viele Hocharkaden aus halbrund vorgelegten Säulen empor, querlaufende Simse gliedern die so entstandenen Flächen in Felder. Das ist beinahe alles.

Bischof Girard hat sich dieses Aufbaus bedient, um sein persönlichstes Anliegen vorzutragen, ein aus lauter Einzelfiguren bestehendes Theatrum fidei. Als man um 1136 die letzten Plastiken einfügte, war die größte Skulpturenfassade der romanischen Zeit vollendet, ein Werk von entscheidender Bedeutung für die Weiterentwicklung der Kunst. Allein, ihr wahres Gewicht lotet viel tiefer.

Folgendes wird dargestellt: Jesus fährt, wie im ersten Buch

AMPHITHEATRE ANT
DE BORDEAUX AU...
LE PALAIS GA...

IV DIE RUINEN DES ›PALAIS GALLIEN‹ ZU BORDEAUX,
bei denen es sich in Wirklichkeit
um die Reste des römischen Amphitheaters handelt,
das im 3. Jahrhundert nach Chr. entstand.
Der heutzutage gebräuchliche Name
geht auf eine Pilgertradition zurück.
Die Santiago-Fahrer betrachteten das Bauwerk
als Palast einer legendären Gemahlin,
Galiena, Kaiser Karls des Großen.

Aquarell von J. Basire, 1796,
Bordeaux, Musée des Arts décoratifs

(Siehe auch Seite 457)

der Apostelgeschichte des Lukas geschildert, zum Himmel, nachdem er seinen Jüngern den apostolischen Auftrag erteilt hat. »Eine Wolke nahm ihn auf«, heißt es. Von einem Sturm der Bewegung erfaßte Engel begleiten den Herrn. Zwei von ihnen, offenbar als die »weißgewandeten Männer« der Schrift gedacht, rufen den von der Erde nachschauenden Aposteln zu, Christus werde wiederkehren, um den Anbruch der Ewigkeit zu verkünden, der mit dem Gericht der Gerichte beginnt. Der Lebensbaum unter den Füßen des Heilands deutet es an.

Dies das Leitthema der Fassade. Liest man die Szene abwärts, findet man zuoberst den Herrn in einer Mandorla und umstellt von den Evangelistensymbolen. Darunter in den Zwickeln des großen Mittelfensters die eskortierenden Engel und abermals tiefer in drei Rängen die Jungfrau und elf emporschauende Apostel. Der Zahl kommt Bedeutung zu. Judas hat sich erhängt, Matthias ist noch nicht berufen. Daß jede Figur für sich in einem besonderen Kompartiment steht, besitzt seinen Grund. Die Erfüller von Christi Missionsauftrag konnten nicht als Statistengruppe dargestellt werden. Angoulême ist die Kirche der großen Einzelgestalten. Da sie gleichwohl am überirdischen Geschehen zuinnerst beteiligt sind, werden sämtliche Figuren durch Körperhaltung, Blickrichtung oder Gebärdenspiel der Hände zum Herrn in Beziehung gesetzt, ohne ihren monumentalen Charakter aufzugeben; sie bewahren den Rang, den ihnen die hierarchische Weltordnung zuweist. Vielleicht spricht sich darin die cluniazensische Grundhaltung Bischof Girards am deutlichsten aus.

Wie aber wird Christus wiederkehren? Im Weltgericht. Es ist das zweite Motiv der Fassade von Angoulême und verleiht ihr den eigentümlichen Reiz des Kontrapunktischen, ja, es gestattet abermals einen Rückschluß auf den Urheber der Ikonographie. Himmelfahrt und Weltgericht zeigen sich miteinander verflochten. Schon sitzen in den Medaillons der obersten Quergalerie die Heiligen für die Stunde des Jugement dernier bereit, das seinerseits lediglich durch einige Figuren in den Randfeldern angedeutet wird: zwei Sünder, zwei Quälteufel. Fragt man sich endlich nach dem inneren Sinnzusammenhang dieser Doppelthematik, geben die Figuren in den Tympana der vier seitlichen Hocharkaden die Antwort. Sie tanzen. Christi Triumph

wird gefeiert. Er ist das Generalthema des grandiosen Schau-
theaters.

– Es gibt freilich noch einen weiteren Kontrapunkt, unlösbar mit dem überirdisch-endzeitlichen Geschehen des oberen
Fassadenteiles verbunden – die Bilderzählungen der Portalzone.
Auf den Tympana der unteren Blendarkaden wird der irdische
Vollzug von Christi Auftrag, der Abschied der Apostel, dargestellt, dazu auf einem über die gesamte Breite in Höhe des
Türsturzes fortlaufenden Fries eine Folge von kämpfenden Rittern. Die Bildwerke gehören zu den ältesten Plastiken und sind
schon 1115 entstanden. Emile Mâle hat hier Anspielungen auf
das Rolandslied finden wollen, Charles Daras dagegen eine
Erinnerung an die Kavallerieattacke von Daroca, zu der die
aquitanischen Ritter unter Herzog Guillaume IX einst ausgezo-
gen waren, um Spanien von den Mauren zu befreien. Eine Tat,
die dem cluniazensisch gesonnenen Bischof gewiß besonders
am Herzen lag; die Mönche von Cluny waren die ersten Herbergsväter am Pilgerweg nach Santiago, welcher der Reconquista seinen stärksten Zulauf verdankte.

Der Restaurator Paul Abadie hat auch hier nicht verstanden.
Es bedurfte doch einer sorglichen Scheidung von überirdischem
Glaubensgeschehen und dem ›Struggle of life‹ der Portalregion.
In die Leerzone über den unteren Blendtympana hat er große
Reliefs eingefügt, Sankt Georg, der die Jungfrau befreit, und
einen heiligen Martin. Allein, was ihm alles nicht aufging, bewies er bereits beim Bau des Rathauses in der Oberstadt, den er
mit einem erhaltenen Turm des alten Schlosses, Geburtsstätte
der Marguerite d'Angoulême, verband – in »bester Bahnhofs-
gotik mit einem Zusatz von Renaissance«, wie ein englischer
Gewährsmann sagt. Kompositstil hat man das damals genannt.
Ikonographischen Kompositstil praktizierte er, leider, allzu bedenkenlos auch an der Kathedralenfassade…

Wer darum weiß, wird die Entstellungen, eingeschlossen die
Pinienzapfentürme und den Giebelaufbau, stillschweigend
übergehn und sich den Kostbarkeiten dieser Schauwand widmen. Der sowohl esoterischen wie luziden Thematik ihres Aufbaus, aber auch der unsäglich scheuen Gebärde der Maria, Petri
Emporschauen, dem Engelssturm oder der Schreckensbewe-
gung des gepeinigten Sünders. Als Bilderlebnis einer Epoche,

welche die Plastik noch als Halbrelief verstand, und eines ihrer
bedeutenden Menschen offenbart sie eine Geisteshaltung, die
man vielleicht mit dem Wort ›aquitanisch‹ am besten umschreibt.

Saint-Michel-d'Entraygues:
Totenkirchlein zur guten Herberge

In jenem Zeitalter, von dem ich berichte, schweifte der Blick
vom Fuß der Kathedrale weit über waldige Talgründe nach
Südwesten, wo sich heute der Schornstein einer riesigen Ze-
mentfabrik vor den Horizont schiebt; er zeigt ungefähr die
Richtung an, in der die Pilger weiterwanderten. Genau betrachtet zogen sie freilich vorerst nach Westen, bis sie am Zusammenfluß der Bäche Eaux-Claires und Charraud mit der Charente den Weiler *Saint-Michel-d'Entraygues* erreichten, der damals noch nicht zwischen einer Papiermanufaktur, Pulver-
mühle und den Häuserzeilen gebettet, sondern als Pilgerstation
allein lag.

Abt Lambert von der nahen Augustinerpropstei La Couronne hatte sie 1137 eingerichtet, als man in Angoulême eben
mit dem Kathedralbau fertig war und als erstes ein dem Erzengel Michael geweihtes Kirchlein bauen lassen, ein Kleinod
des Angoumois in Oktogonform und vollkommenem Ebenmaß
des Planes, dem wiederum acht ausgebuchtete Apsiden angefügt sind. Eine ebenfalls oktogonförmige Kuppel bekrönt den
Bau, die einen Laternenaufsatz trägt. Er besaß eine zwiefache
Aufgabe, denn er sollte Tageslicht in das Innere lassen und
nachts den Toten des nahen Friedhofs leuchten. Dieser Gottesacker war für Santiago-Pilger bestimmt; er ist längst verschwunden. Der Achteckbau besteht dank einer Restauration,
die Abadie um 1850 durchführte, hier zum Glück originalge-
treu, noch immer unversehrt.

Beim ersten Anblick ist man geneigt, in diesem Monument,
wie zu Neuvy-Saint-Sépulcre, eine Grabeskirche nach dem Vorbild von Jerusalem zu erkennen. Dergleichen war jedoch nicht
Augustiner-Art. Eine zeitgenössische Chronik umreißt seinen
Zweck recht genau. »Ad recipiendum in ibi Christi pauperes«,
heißt es. Eine Zuflucht für die Heimatlosen, Armen, vornehmlich aber die Pilger. Welch eine Erkenntnis für den auf seine

sozialen Errungenschaften so stolzen Menschen von heute: kein
armseliger Unterschlupf, durch dessen Bretter der Wind pfiff,
sondern für die Vagabunden Gottes war in jenem Jahrhundert
vermeintlicher Willkür das Beste grade noch gut genug. Wer
den Jakobsweg wanderte, befand sich im Zustand der Gnade.
Dieser Gedanke muß mitgespielt haben. Um keinerlei Zweifel
aufkommen zu lassen, für wen dies Bauwerk bestimmt war,
sind Schmuckformen eingebracht, die man einzig an Pilgeranla-
gen findet – näpfchenförmige, von Palmetten und Rosetten umzogene Ausmuschelungen, allein auch exotische Pflanzendar-
stellungen der Kapitelle im hispanisch-maurischen Stil des Santiago-Weges. Wer schließlich aufschaut in das Kuppelgewölbe,
kann in der Verwendung der tragenden Rippen Ähnlichkeiten
mit den nordspanischen Totenkirchlein von Eunate und Torres
del Rio entdecken.

Gewiß mutet die Patronanz des Erzengels Michael, des Seelenwägers beim Jüngsten Gericht erstaunlich an, aber hieran
bestehen erst recht keine Zweifel. Auf dem flachen Tympanon
über dem Eingangstor kann man ihn sehen; in wundervoller
Bewegung des Schreitens erlegt er den apokalyptischen Drachen. Ein durchwandernder Pilgersteinmetz dürfte das Werk
geschaffen haben. Rechnet man endlich hinzu, daß dieses Oktogon ausgemalt war, das Rast-, Unterschlupf- und Totenkirchlein somit einen höchst feierlichen Eindruck machte, wächst das
Erstaunen. Wer hier beigesetzt war, schlief in Ehren, und wer
nur ausruhte, mochte, in seinem Pilgergelübde bestärkt, hochgestimmt ins ferne Galicia weiterziehn.

Selbst uns, die wir seit Angoulême erneut auf dem Santiago-
Wege einherwanderten, ergriff diese erhebende Stimmung; sie
sollte sogar zum Omen des Morgens werden. Seither schien mir
das Gleichnis vom Granatapfelbaum nicht mehr zu über-
schwenglich. Ein leuchtender Himmel stand beim Weitermarsch nach Süden über unseren Köpfen; wenig später kam
schon die anmutige ›Oisellerie‹, einst der Falknerhof des Klosters La Couronne, heran mit Zinnenturm, hübschen Alleen
und einem von Wassergräben umzogenen Garten, übrigens von
Erinnerung schwer. König François Ier hat hier seine erste Zeit
auf französischem Boden verbracht, als er aus der Gefangenschaft zu Madrid in die Heimat zurückgekehrt war. Dann

folgte die grandiose Ruine der 1201 geweihten Klosterkirche selbst, Rest der alten Propstei, nun das Gotteshaus Saint-Jean-de-la-Palud, die Keimzelle des Klosters, heute ein Pfarrkirchlein mit einem Fassadenschmuck, bei dem Saint-Pierre in Angoulême Pate stand. Nach wiederum anderthalb Stunden zeigte sich endlich eine letzte Filiation, Saint-Hilaire in Mouthiers.

Freilich lockte uns an diesem leuchtenden Vormittag das Wandern mehr als die alten Steine; wir stiegen bereits die letzten Höhen vor dem Dörflein *Plassac* hinan. Man sah weit, weit ins Land. Fern im Südwesten türmte sich eine drohende Wolkenwand, der plötzlich vom Boden schwere Rauchballen entgegenquollen, bis daraus helle Lohe schlug. Hatte dort ein Herbstgewitter mit Donner und Blitz eine Erntescheuer gezündet, und warum strömten jetzt im Dorf Plassac drüben die Leute über den Kirchplatz? Das nämliche Gefühl der Unsicherheit allen menschlichen Daseins befiel mich, das ich vom Krieg her kannte, wenn seitab der Vormarschstraße die Dörfer brannten. Vielleicht hatte Bischof Girard ähnlich empfunden und darum in Angoulême das Weltgericht mit der Himmelfahrt Christi verknüpft...

Törichte Wanderängste! Mochte es in der Ferne zwar brennen, die Leute im Dorf drüben trieb durchaus kein Unglück zusammen. Man feierte Hochzeit; der Zug mit dem Brautpaar näherte sich bereits der Kirche, einem Monument der Pilgerzeit nebenbei gesagt, das als würdige, emeritierte Matrone weiterhin Dienst tat. Wir kamen zur rechten Stunde.

Die zwiefache Hochzeit von Plassac

Da waren wir nun. Zugegeben, das Gotteshaus *Saint-Cybard* wirkt ein wenig angenagt von der Zeit, aber seine drei Arkadengalerien trägt es immer noch quick vor der Brust, und was den schweren Oktogonturm angeht, er reckt sich so wuchtig aus schrägem Gartengelände wie eh und je. Gelegentlich kann man lesen, Plassac liege in einem halb entvölkerten Landstrich, aber an den Teilnehmern der Hochzeit gemessen, schien auch das Leben auszuhalten. Eben bog der Zug zum Portal, kleine Kinder mit Blumen voraus; eines mußte noch schnell ein kleines Bedürfnis verrichten. Dahinter die Braut im Hochzeitskleid von

allerletztem Pariser Chic, ein Sonnenschirmchen kokett über
der Schulter, neben ihr der stämmige Brautvater, erst dann der
Bräutigam mit blutroter Schleife und grauem Straßenanzug.
Schon klang das Harmonium auf, worauf man zwischen zwei
auf den Boden gestreuten Blumenborten einzog und sich die
uralte Zeremonie wiederholte, die zwei Menschenschicksale
aneinander bindet – die Fragen des Priesters, ein dünnstimmi-
ges, nun ein rauhes Ja und das gegenseitige Aufstecken der
Ringe. Die Männer blickten mit feierlichem Ernst, die Frauen
gerührt, und ein verhutzeltes, altes Ehepaar hatte Tränen in
seinen Augen.

Eine Landkirche offen zu finden, ist heutigentages ein
Glücksfall. Meine Augen, sei es denn eingestanden, hingen daher weniger am Paar vorm Altar, sondern spähten vorbei in die
Apsis, wo sich ebenfalls eine Hochzeit vollzog. Eine geistige,
gut, aber eine, die ganze Erdteile verband, eine chiliastische
außerdem und meinetwegen auch von hermetisch-esoterischer
Art. Kurz, ich trat unbewußt von einem Fuß auf den andern, ob
mir nachher auch Zeit zum Betrachten blieb. Der Sakristan
neben mir machte bereits schmale Augen, worauf ich es aufgab,
den Hals zu recken und mir Besserung anbefahl. Endlich er-
tönte das Harmonium wieder, und man zog nach draußen zu
Gratulation und Umarmung.

Plassac, das Dorf, war früher ein Schnittpunkt der Straßen,
des Römerweges von Périgueux nach Saintes mit der Pilgerroute von Angoulême nach Süden, auf der man ins Heilige
Land wanderte, vornehmlich aber nach Santiago de Compostela. Das Kirchlein verfügt daher nicht nur über elegante
Fassadengalerien und seinen stolzen Turm, sondern auch eine
Vierung mit schöner Kuppel, obgleich es ein Querschiff gar
nicht gibt. Allein, darauf kam es nicht an. Vielmehr, die kleine
Altarapsis umzieht eine Galerie von Blendarkaden, ein breites,
festliches Band sozusagen, das oben ein horizontales Gesimse
gegen den Ansatz der Wölbung abschließt. Seine Konsolen,
Metopen und Masken stellen das wahre Ereignis der Kirche
dar. Noch genauer die flach gedrückten, S-förmigen Arabesken,
gebildet aus Pflanzenstengeln und Ranken von gradezu hellenis-
tischer Anmut und Fülle. Sie verschlingen, verknoten, öffnen
sich schließlich zu vollen Blättern, und zwar in so klassischer

Form, daß man sofort geneigt ist, darin mehr als ein Schmuck-
ornament zu erblicken. Mag sein, daß sie Sinnbilder verworre-
ner, am Ende jedoch ans Ziel gelangender Lebenspfade darstellen sollten. Jedenfalls verblüfft ihre Eleganz in einer romanischen Kirche. Dazwischen sind auf den Tragekonsolen des Sim-
ses Menschengesichter von gleichfalls antikischem Zuschnitt
angebracht, unter ihnen ein Frauenkopf mit einer Haube, wie
man sie früher hierzulande getragen hat.

Des Rätsels Lösung wirkt vollends erstaunlich. Das Ranken-
werk geht zurück auf ein sassanidisch-persisches Motiv und hat
in der Moschee von Córdoba ein genaues Vorbild. Wie beim
Michael zu Entraygues dürfte der Schöpfer ein Compostela-
Pilger gewesen sein, der, vielleicht in Zeiten der Koexistenz von
Christentum und Islam, weit nach Süden ins andalusische Spanien vorgedrungen war, um, heimgekehrt, im fernen Lande Er-
schautes mit örtlichen Eindrücken zu vermengen. Welch ein
Blick auf die geheimnisvollen Verbindungen der damaligen
Welt: Orient und Okzident feiern im halbverlassenen Dorf des
Angoumois westöstliche Begegnung, und dies war oder ist die
andere Hochzeit von Plassac. Über solchen Gedanken schreckte
ein Räuspern mich auf. Der Sakristan wartete, den Kirchen-
schlüssel in der Hand, um das Hochzeitsmahl im nahen Dorf-
gasthaus nicht zu versäumen; auch wir trollten uns dahin, um,
freilich für uns, Mittag zu halten.

Im Nebensaal, wo man feierte, ging es bereits hoch her.
Nein, von dieser das Festmahl mit derben Späßen würzenden
Dörflerkorona besaß keiner Sinn für meine sassanidische Hochzeit. Dies trotz des Pariser Kleides. Höchstens, daß, wer noch
ernsthaft blieb, über realistische Fragen debattierte: Wieviel der
Mais dieses Jahr einbrachte oder wann man, wegen der Phyllo-
xera, mit neuem Weinanbau rechnen konnte. Mit anderen
Worten: Man genoß das Leben auf Bauernart und nicht
schlecht.

»Nehmen Sie von dem Ochsenfilet, Monsieur le Curé«, erscholl dazwischen die Stimme des lebensmächtigen Vaters der
Braut, der die Gespräche meist an sich riß.

»Danke, danke«, hörte man höflich erwidern.

»Es ist in meinem eigenen Stall gewachsen. Ich habe dem
Prachtburschen vorgeschüttet, bis er rund wie ein Apfel war,

und als es ans Sterben ging, seine Stirn mit den Worten gekrault, halte dich wacker, mein Alter. Jetzt kannst du zeigen, was in dir steckt.« Der Stämmige lachte.

»Danke, ich danke wirklich«, wiederholte die leise Stimme, »aber ob es für Ihren Ochsen auch so vergnüglich war?«

Wieder ein Lachen. »Keine Sentimentalitäten, Curé! Wofür ist das liebe Vieh geschaffen? Es hat die Ehre, dem Menschen ein gutes Filet zu liefern. Habe ich recht?«, und jetzt lachten sie alle.

Nein, hier stieß mein Córdoba-Wunder kaum auf Verständnis. Warum auch. Es kann nicht jeder am Bazillus des kunsthistorischen Höhenflugs kranken. Die Bedienungen hatten reichlich zu tun, und es dauerte lange, bis wir davonkamen nach *Puypéroux*, knappe drei Stunden nach Süden, dem Endziel des Tages. Erst im Abend war das uralte Kirchengemäuer auf dem Vorsprung eines Hügelrückens erreicht, den winters die Stürme umtoben. Weswegen sich die mittelalterlichen Mönche von hier, wo heute Nonnen arme Kinder erziehen, recht bald davongemacht hatten in freundliche Regionen.

Auch zur Wallfahrerzeit sah Puypéroux kaum einladender aus als heute, und doch besaß und besitzt seine Herbheit einen eigenen Zauber. Hoch, graudunkel das Kirchengemäuer, die Fassade vom Hundertjährigen Krieg zerschlagen. Die Hoheit des 11. Jahrhunderts im Innern aber hat nichts zu mindern vermocht und somit auch nicht die Spuren der Pilgerstraße. Die ursprünglich niederen Schiffswände nämlich sind mittels maurischer Dreipaßbögen über Pilastern erhöht. Mächtige Pfeilerbündel nebst schwerblütigen, drohenden Lemurenkapitellen stützen die Trompenkuppel über der Vierung und beengen den Raum. Damit die Andächtigen gleichwohl ungehindert den Chor mit dem Grab des Kirchenpatrons, des heiligen Gilles, aufsuchen konnten, sind Durchbrüche geschaffen, und weil man für die Mönche Altäre brauchte, hat man dem Chorraum Kapellen angefügt, sieben an Zahl, die von außen zylindrischen Treppentürmen gleichsehn. Was den Eindruck des Herben auf seine Weise noch einmal verstärkt.

Puypéroux war nicht die geringste Ausbeute des Tages; es lenkte den Blick in die Frühzeit des Angoumois zurück, und auch dabei war Größe im Spiel. Erstaunlich nur, daß hier viel

weiter im Süden alles herbstlicher als im Norden von Angoulême wirkte. Ein zorniger Wind durchrauschte die Thujen am
Chor, während das Tal im Westen düster zur nächsten Höhe
wogte und Wolken, Reste des fernen Morgengewitters, über
den Himmel trieben. So, als habe es den lachenden Mittag von
Plassac mit der Botschaft des cordovesischen Frieses gar nicht
gegeben.

Rückblick auf den Jüngsten Tag:
Die Höhlenkirche Saint-Jean von Aubeterre

Später, längst wieder daheim und beim mühevollen Geschäft
des Schreibens, dachte ich mit einer Mischung von Dankbarkeit
und Sehnsucht an die Tage im südlichen Angoumois. Selbst,
wenn ich lufthungrig zum täglichen Spaziergang vom Arbeits-
tisch aufstand, stieg die Zeit wieder empor, als ich mit meiner
Frau unterwegs gewesen war, um diesen Teil des von der Mythe
längst in die Sterne der Milchstraße gespiegelten Jakobsweges
wieder auf Erden nachzuvollziehn. Allemal, wenn ich so saß,
ging oder nachdachte, stellte sich gleichzeitig ein Vers aus dem
alten Pilgerlied des »Dum Pater familias« ein, das »e ultreya, e
sus eya, Deus aia nos« – »und drüber hinaus und weiter, Gott
helfe uns!«, in dem sich für mich die Getriebenheit des Menschen jener Tage am deutlichsten offenbart. Getrieben, wohin?
Einem Ziel entgegen, das ihn über sich selbst hinaustrug.

Der Weg durch das Angoumois hatte ja sein Besonderes. Er
führte nicht durch erregende Landschaften; gewiß gab es Großes, aber nichts Außergewöhnliches zu sehn. Allein, er besaß
ein Stigma. Keine der andern Routen war von soviel westöstlichen Erinnerungen durchtränkt, die sich als Umsetzung dessen,
was die Jacquaires im fernen Spanien erlebt hatten, an den
Kirchen des Weges wiederfanden. Ihre Steine stellten oft wahre
Buchseiten, gleichsam Wanderschaftsmemoiren dar, wie uns
die Route bis Puypéroux belehrte. Es blieb auch ferner ein
Kennzeichen des Angoumois.

Wir hatten inzwischen den Südrand der Region erreicht.
Schon *Montmoreau* über dem Tude-Tal lag an der Grenze zum
Périgord, und wieder gab es hier einiges, das uns den Abschied
schmerzlich machte. Weniger das von Menschengetriebe umto-
ste Saint-Denis aus der Mitte des 12. Jahrhunderts, trotz groß-

mächtiger Vierungskuppel und eleganter Fassade nebst einem Portal mit sechsfachem Lappenbogen – der Unglücksmann Abadie hat es um 1850 restauriert, abermals des Guten zuviel getan und dem Bau mit dem harten Duktus des allzu exakt wiederhergestellten Außengewändes das Numinose romanischer Kirchen genommen. Aber wer gleich nebenan die Gasse zum Schloßberg emporstieg, konnte, so rudimentär sich der Anblick auch darbot, noch einmal zurück in die Pilgerzeit tauchen.

Dort nämlich liegt, im ehemaligen Burggraben versteckt, ein Torbau des 12. Jahrhunderts mit einer winzigen Vorhalle hüben und einer Kapelle drüben in Kleeblattform. Im Innern bildet sie dagegen eine wahre Rotunde, überfangen von einer kleinen Kuppel, umstellt von Stützsäulen mit Kapitellen und Blendarkaden darüber. Die äußeren Ausbuchtungen treten hier nur noch als Nischen auf; sie verraten dennoch, samt einigen Mauerlöchern, was dieses Bauwerk bedeutet hat. In ihnen waren einst Reliquiare aufgestellt, die ganze Anlage obendrein ausgemalt, und man kann sich recht gut imaginieren, wie der winzige Kuppelraum aussah, eine festliche, kleine Kammer, durchfunkelt vom Gold der Schreine. Auch wenn heute davon nur noch ein nacktes, robustes Gemäuer mit schwerzüngigen Kapitellen übrig ist, verbraucht vom Hingang der Zeit und zudem erst seit kurzen Jahrzehnten von einer drei Meter hohen Erdaufschüttung befreit. Daß die Pilger hier auch Unterkunft fanden, wie man gelegentlich liest, wirkt unwahrscheinlich.

Die Landschaft war unterdessen weiträumig geworden. Schon folgte *Chalais,* ein Marktort, ehedem Sitz der Herren von Talleyrand-Périgord mit einem alten Klosterkirchlein Saint-Martial am südlichen Ortsrand, dessen Portal wieder der Lappenbogen, dazu maurisch-spanisches Dekor verzieren, wiewohl hier nur ein Nebenzweig des Santiago-Weges vorübergeführt hat. Die Hauptroute nämlich zog elf Kilometer ostwärts über Aubeterre in den Hängen des Dronne-Tales nach Süden, einem verzauberten Ort an der Grenze zum Périgord. Wir haben ihn leider erst spät erreicht. Hotels und Gasthöfe waren besetzt, und weil man es anriet, sind wir, etwas betrübt, zur Nacht ins gut zwei Stunden entfernte *Ribérac* ausgewichen, ohne zu ahnen, daß dies ein Fingerzeig war. Mochte das Nest auch sonst kaum Rühmenswertes besitzen, hier kam ein vergessenes Genie zur Welt, dem Dante im 26. Gesang des ›Purgatorio‹ seiner Göttlichen Komödie ein Denkmal gesetzt hat, Arnaut Daniel, der Troubadour, dessen Schaffen in die Jahre zwischen 1180 und 1200 fällt. Der Florentiner sah in Arnaut wegen seiner kunstreichen Verse in okzitanischer Volkssprache ein Vorbild und schätzte ihn obendrein seines »Trobar clus e ric« und des »plor e vau cantan« willen. Dieses »Singen unter Tränen« stellt einen der bezeichnendsten Tropoi mittelalterlicher Liebeslyrik dar, und Arnaut Daniel war seinetwillen überaus populär, wiewohl die angebetete Dame am fernen Lago de Sanabria nahe der portugiesisch-spanischen Grenze genauso ein unerreichbares Traumbild wie Beatrice blieb. Aber die Region ist noch mit einer anderen, schmerzlicheren Reminiszenz befrachtet. Im nahen Wald de la Double, einem endlosen Forst mit hundert Teichen, ehedem eine berüchtigte Malaria-Gegend, in der auch heute nur wenige Menschen leben, hat Herzog Waïfre im 8. Jahrhundert Zuflucht gesucht; hier ist er von seinem Diener umgebracht worden ...

Natürlich sind wir beim ersten Morgenlicht nach *Aubeterre,* dem Herzpunkt des Dronne-Tales, zurückgekehrt. Man sieht es bereits von weitem mit dem Zinnenturm seiner Burgruine als leuchtend hellen, amphitheatralisch gestaffelten Ort in den kalkigen Uferfelsen des Flusses liegen. Der Name leitet sich ab von Alba terra, weiße Erde. Wer die Douce France liebt, hier kann er sie finden. Gäßchen kurven und steigen hangauf, hangab. An der über die Höhe führenden Hauptstraße fallen die ebenerdigen Häuschen talwärts drei Stockwerke hinab und halten ihre Altane oder Terrassengärtchen nebst Palme und Agave der Sonne hin, während man allenthalben aus dem noch heute mittelalterlichen Interieur weit, weit ins schimmernde Land der Wälder, Auen und strömenden Wasser blickt.

Aber Aubeterre stellt nicht nur eine Idylle dar. An seinem Südrand gibt es eine bis auf die Fassade dem Protestantensturm von 1562 zum Opfer gefallene *Jakobskirche,* und ihre, wenngleich stark beschädigte Schauwand verrät bereits jene Bedeutung, die das entzückende Nest, und nicht nur für die Jacquaires, besaß. Nach Saintonge-Art von festlichen Blendgalerien übersponnen, steigt sie voll breiter Würde auf, im Giebelfeld

vom Rest eines Reiterbildes bekrönt, während ein mächtiges
Lappenbogenportal und die maurisch-geometrischen Orna-
mente bekunden, daß dies eine Pilgerkirche hohen, wichtigen
Ranges und Aussagewillens war – ein Querfries zieht sich über
die ebenerdige Zone, und zur Linken kann man darauf trotz
aller Verwitterung noch Zodiakzeichen und Darstellungen der
Monatsarbeiten erkennen: Der Bogenschütze, der Schreiber,
berittene Jäger, Handwerker bei der Arbeit – welch herrliche
Kleinskulptur! Da war ein bedeutender Meister am Werk gewesen. Doch auch damit noch nicht genug.

Aubeterre besitzt einen zweiten Aspekt. Einen eschatologischen, und ich bin von hier sehr nachdenklich weitergezogen.
Nahe dem Talsträßchen, am Fuß der Felsen, steigt unterhalb
der Burgruine der Berg in glatten, kubischen Blöcken empor,
überhangen vom Grün kleinen Buschwerks und am Fuß von
Kastanienlaub überschattet. In den Fels ist ein Tor gehauen, das
ins Innere einer Höhlenkirche führt, in Bausch und Bogen
Saint-Jean genannt. Man muß schon abgestumpft sein, wird
man nicht bereits beim Eintritt von Staunen überfallen, in das
sich alsbald Erschauern mischt. Ein riesiger Raum des 12. Jahrhunderts öffnet sich, von Mönchshand in den Felsen gemeißelt.
Stehengebliebene Felspfeiler machen daraus eine dreischiffige,
völlig schmucklose Kathedrale mit einer Apsis. Rund zwanzig
Meter hoch, am Fuß von Algen graugrün überhaucht, oben
hell, ragt die Steilwand hoch. In der Ausbuchtung des Chores
ist, ebenfalls aus dem Stein geschlagen, ein sechseckiges, pyra-
midenförmiges Tempelchen gegen die Wand gelegt, halb Grabstätte, halb Altaraufbau, und es heißt, daß man in früheren
Zeiten im oberen, offenen Teil Reliquien zur Verehrung aussetzte, von denen man in Aubeterre besonders kostbare Stücke
besaß. Einer der Herren des Ortes, die droben auf der Burg mit
dem erhalten gebliebenen Zinnenturm hausten, genauer gesagt
Pierre II von Castillon, soll sie vom Heiligen Grab in Jerusalem
mitgebracht haben, das er auf einem der Kreuzzüge besuchte.
Sie lockten viele Pilger nach hier. Daher ist der Rückschluß
gestattet, daß auch die durchwandernden Jacquaires in Saint-
Jean einkehrten, wenn es auch keine Wallfahrerkirche im
eigentlichen Sinne war. Doch gleich davon...

An der Innenseite des Raumes ist der Wand eine Treppe

eingehauen, auf der man zur Empore, einer regelrechten Felsga-
lerie gelangt. Wer von der obersten Stufe der Chorseite zu wandert, gewahrt im dämmernden Raum tief unter sich an der
gegenüberliegenden Seite einen Durchbruch. Er führt zum
eigentlichen Saint-Jean, scheinbar ein Nebenraum und doch der
älteste Teil der Anlage, der schon im 6. Jahrhundert entstand.
Es ist jener Bereich der Höhlenkirche, den man seit dem
12. Jahrhundert als Begräbnisstätte für die Angehörigen der
Herrenhäuser benützte, der Chatillon von Guyenne, Bouchard
und d'Esparbès de Lussan. Bis zweihundert kam ich mit dem
Auszählen der Totengehäuse, dann gab ich es auf. Durch den
Raum hin lagen sie dicht an dicht, allesamt aufgesprengt; der
Jüngste Tag hatte hier, wie es schien, bereits stattgefunden, die
Tiefe der Erde sich aufgetan, und die Toten waren davongeflogen zum Letzten Gericht. Alles Gegenwärtige, der leuchtende
Tag draußen, die eigene Existenz, die Pläne, Absichten, Hoffnungen, die jeden Daseinsalltag begleiten, erloschen vor diesem
Anblick. Der Mensch, was ist er? Die Frage ergriff mich so tief
wie selten zuvor. Da treibt man durch seine Lebenszeit wie ein
hin und her geworfenes Schiff, was aber verheißt Bestand? Das
»e ultreya e sus eya« der Santiago-Fahrer erschien mir in einem
neuen Licht. Es bedeutete für sie sichtbar nicht allein das »weiter, nur weiter«, sondern auch Selbstüberwindung und Vorbe-
reitung auf das große Endzeiterwachen, in dem alle Grabdeckel
sich beim Tone der Tuba öffnen würden.

Unter solchen Gedanken sind wir davongewandert, immer
durchs Dronne-Tal nach Süden bis *Guitres* am Isle-Fluß, der
nicht weit von hier, am Rand von Libourne in die Dordogne
mündet. Es war gleichfalls Pilgerstation, wie der romanische
Lappenbogen am Seitenportal der gotischen Festungskirche erkennen läßt, durch das die Wallfahrer ins Innere zogen. In Guitres, ohnehin längst außerhalb des Angoumois gelegen, nahm
für uns die Nebenroute ein Ende; sie führte weiter ins dichter
werdende Netz der Straßen des Périgord- und Gironde-Gebie-
tes, von dem unter anderem Aspekt zu berichten ist. Es war
wiederum spät im Jahr. Im kommenden Frühling würde ich
vorerst auf dem dritten der Hauptwege ins aquitanische Herzland vorstoßen, dem von Le Puy.

– Jahrelang trieben wir uns schon auf den Santiago-Routen

Frankreichs umher, und es bedrängte mich, ob eine künftige
Niederschrift, die bei der Weite des Raumes zu einer Auswahl
der Pilgerstätten zwang, genügend Beschwörungskraft haben
würde, um die Mannigfalt der mittelalterlichen Pilgerwege
deutlich hervortreten zu lassen. Mehr und mehr verwandelten
sie sich zu einem einzigen, ungeheuren Strom, in dem sich alle
Rinnsale verloren. Ich hoffte also aufs neue Jahr, wenn vor uns
ein besonders einprägsamer Abschnitt der Pilgerstraße lag, den
ich, nach allem, was mir davon bekannt war, schon jetzt den
heroischen nannte.

DER HEROISCHE ODER DRITTE WEG:
VIA PODIENSIS

Palast der schwarzen Jungfrau von Le Puy

Ein Morgen des Mysteriums. Im Chorraum der Kathedrale von *Le Puy* leuchten rot die Ampeln des Ewigen Lichtes, östlich, dämmernd, geheimnisvoll. Gleich einem Echo des Okzidentes geben die weißen Kerzen auf dem Altar zuversichtliche Antwort. Soeben hat der Priester die Hostie vor der Gemeinde erhoben. Die Wandlung, die Kommunion bereiten sich vor, bis endlich erneut Gesang aufbrandet, voraus gegen die weißgekleidete Madonnenfigur auf dem Opfertisch und empor zur graurötlich schimmernden Kuppel des Vierungsgewölbes.

Vorn, unter dem Ansatz des rechten Querschiffs, abseits der Gemeinde, kniet unberührt vom Gnadengeschehen ein junger Mann. Die Arme in breiter Orantengebärde, das Antlitz gespannt, an ferne Gedanken verloren. Plötzlich erhebt er sich, eilt nach draußen, um alsbald wiederzukehren und erneut in seine Gebetshaltung zurückzusinken. Jemand, der schwere Schuld sühnen muß? Wie hätte er die Inschrift auf den Stufen der schier endlosen Treppe zu übersteigen gewagt, die durch die Unterkirche emporwallt: Bist du mit Verbrechen beladen, hüte dich einzutreten! Also ein Ablaßbeter von jener altertümlichen Strenge der Form, wie man sie heute nur selten noch findet. Das Velay ist ein Land der einfachen Menschen, die tief in den Traditionen wurzeln.

Die Szene hätte sich genauso vor siebenhundert Jahren abspielen können, als hier jene Jacquaires erschienen, welche die dritte der großen Santiago-Straßen benutzten, die Via Podiensis. Wallfahrer aus Burgund und Deutschland zumeist, die durch das Rhône-Tal und über Lyon gezogen kamen. Der letzte Abschnitt nach Le Puy besaß seine Schwierigkeit. Über Saint-Etienne schnürte der Weg durch immer engere Schluchten zur

← 22 LE PUY, *Saint-Michel-d'Aiguilhe (10.-12. Jahrhundert):*
Die Felsenkirche auf dem Rocher de Saint-Michel

24 CONQUES, *Sainte-Foy:* Verkündigung an der Innenwand →
des nördlichen Querschiffes

ELI. GAVDIA V:CTIS EL

23 CONQUES, *Sainte-Foy (1035-1060):* Karl der Große als
legendärer Wohltäter der Abtei, von Sankt Benedikt geführt;
Ausschnitt aus dem Tympanon des Portals

25 MOISSAC, *Saint-Pierre:* Kapitell mit der Szene der
›Verkündigung an die Hirten‹ im Kreuzgang

27 MOISSAC, *Saint-Pierre:* Ausschnitt aus dem Tympanon →
des Südportals mit Darstellung der Ältesten aus der Apokalypse

26 MOISSAC, *Saint-Pierre:* Kapitell mit der Darstellung
›Daniels in der Löwengrube‹ aus dem Kreuzgang (11. Jahrhundert)

28 BEAULIEU-SUR-DORDOGNE: Tympanon des Südportals vom
Ende des 11. Jahrhunderts

← 29 SOUILLAC, *Sainte-Marie:* Pfeilertorso mit Löwen und Widder

← 30 SOUILLAC, *Sainte-Marie:* Der Prophet Jesaias,
      wohl Seitenfigur einer Verkündigungsgruppe
      vom einstigen Außenportal (um 1130)

33 MOISSAC, *Saint-Pierre:* Gewölbe im Turmuntergeschoß

schwingenden Weite des oberen Loire-Tals hinan, um sodann über Monistrol-sur-Loire erneut niederzusteigen zwischen die Felswände im Lignon-Grund, welche die Luft sommertags anheizten wie ein Ofen. Das erschöpfende Auf und Ab blieb ein Stigma der Route. Bergan über verlorene Nester wie Yssingeaux oder gar Pässe, darauf wieder talwärts nach Brives, hinter dem man endlich, endlich die Kathedrale von Le Puy erblickte. Die Podiensis forderte mehr Kraft als die übrigen Straßen. Dennoch waren ganze Ströme von Pilgern auf ihr gewandert, darunter Könige, Fürsten, Päpste und, nach einem alten Bericht, sogar Karl der Große. Ihre Zahl nahm noch zu, seit der heilige Ludwig von seinem in Ägypten gescheiterten Kreuzzug eine schwarze Muttergottesfigur für die Kathedrale von Le Puy mitgebracht hatte, die man seither als Gnadenbild verehrte.

Die Landschaft rings um die Stadt, das Velay, ist eine Region alter Vulkane, deren ausgewitterte Basaltreste sich spitz oder plateauförmig über die Täler erheben und ihnen ein bizarres Aussehen verleihen. Manchmal sieht man Glaubensmonumente darauf errichtet. Während sich die Kathedrale Notre-Dame auf dem kleinen Plateau einer gerundeten Kuppe, dem Rocher d'Anis, erhebt, stellt der nahe Rocher de Corneille mit der 1860 errichteten, riesigen Jungfrauenstatue einen schroffen Basaltabbruch dar. Der zweiundachtzig Meter steil aus dem Talgrund ragende Rocher de Saint-Michel ist gar das Überbleibsel eines Kraterkamines, der mitten in der Bewegung erstarrte und als Felsnadel stehen blieb. Die Erosionen Hunderttausender von Jahren haben seinen Erdmantel verwittern lassen und die Winde Sandkorn um Sandkorn davongetragen, bis nur der gewaltige Lavakeil übrig blieb. Schon die gallo-römische Zeit empfand die Herkunft dieser Landschaft aus tellurischen Höllentiegeln als einen Hinweis auf die Gegenwart höherer Mächte, weswegen die Menschen jener Epoche auf den Höhen gern Opferstätten errichteten.

Ob auch der Rocher d'Anis einen Tempel trug, ist ungewiß. Doch lassen Funde vermuten, daß man hier zeitweilig seine Toten begrub. Da ist der ›Fieberstein‹ in Notre-Dame, auf den man früher die Kranken bettete, eine zurecht geschlagene, von Schrift umzogene Platte, die von einem druidischen Dolmen stammt. In ahnungsvoller Verquickung von Todesvorstellung und Wiedergeburt schrieb man ihr schon in heidnischer Zeit besondere Heilkräfte zu. Zudem findet man im Bodengeschoß des Kathedralturms, nahe einem uralten Brunnen, magische Tierdarstellungen mit römischen Beischriften, die Quelle vermöge Siechen zu helfen, bei denen jedes andere Mittel versagte. Der Rocher d'Anis zeigt sich daher seit alters mit einem Segensmythos verbunden. Wunderheilungen durch Einwirkung eines ersten christlichen Gnadenbildes veranlaßten schließlich den Bischof Vosy der spätantiken Zeit, eine Kirche über Fieberstein, Brunnen und einer ersten Madonnenfigur zu errichten, die ebenso verloren ging wie ihre Nachfolgerin, die Ebenholzplastik des heiligen Ludwig, die ›Vierge noire‹ mit den Edelsteinaugen. Sie fiel der Revolutionswut zum Opfer und ist durch ein Bildwerk des 17. Jahrhunderts ersetzt.

Der um den Süd-, West- und Osthang des Anis-Felsens gelagerte Kern von Le Puy unterscheidet sich selbst heutzutage nur wenig von der mittelalterlichen Stadt, es sei denn durch seine Stille und die neue Art von Bewohnern: Gastarbeiter, Araber, Türken, Südeuropäer zumeist. Früher erfüllte das Treiben einheimischer Händler, das Hämmern der Handwerker die steilen Gassen, und es dürfte darin so lebhaft zugegangen sein, wie gegenwärtig an den Ringstraßen der Maréchal Fayolle und La Fayette. Schade darum; Le Puy hat einmal zu den Zentren der mittelalterlichen Welt gehört und sich besonders eindrucksvoll um seinen Schwerpunkt gelagert, das hoch in seiner Mitte aufragende Gotteshaus. Von einigen Verbindungssträßchen abgesehen, steigen alle Gassen dahin empor. Mag diese oder jene sich gelegentlich zu einem Ausweichen verleiten lassen, um auf einen kleinen Platz wie den der Karmeliterinnen oder der Schwestern der heiligen Monika zu biegen, am Ende erliegen sie der gleichen Lockung wie eine das Licht umkreisende Motte und wenden sich der Schattentiefe des Bogens vor der Place du For oder der Porte Saint-Jean an der Kathedrale zu. Oder aber sie münden in die Rue des Tables, die eigentliche Lebensader der Altstadt. Auf ihr zogen die Pilger ein.

Es gibt im flachen, neuzeitlichen Südteil der Stadt hinter den Blumen und Bäumen des Jardin Vinay eine historische Sammlung, das Musée Crozatier, mit einer Reihe von Graphiken vergangener Zeit. Darauf erkennt man, wie es zuging, wenn die

Jacquaires eintrafen, und was sie vor sich erblickten. Durch die immer noch mittelalterliche Häuserzeile der Rue des Tables, der ›Straße der Tische‹, ein hinweisender Name, stiegen sie zur *Kathedrale* empor. Vor, nein halb über sich die palastartige Fassade mit den schmalen Bogendurchlässen, deren Fuß freilich von heute längst abgebrochenen Häusern der Rue des Grâzes verstellt war. Was jedoch höher aufragte, sahen sie genauso wie der Besucher von heute – die Galerie von Blendarkaden, darüber die drei machtvollen Lichtspender der Kathedrale, die Fenster des Schiffes, das sich erst in dieser Höhe nach Osten zieht. Eine weitere Etage nach oben erblickten sie die romanischen Durchbrüche oder Blendarkaden; zuoberst bekrönte, damals wie gegenwärtig, ein dreifacher Giebelaufbau die erhabene Schauwand.

Dieser Fassadenteil mit dem gleichsam über dem Hang schwebenden Kirchenschiff ist jener vier Joche umfassende Abschnitt des Gotteshauses, der im 12. Jahrhundert als Erweiterung der ursprünglichen Kirche des 11. Jahrhunderts entstand. Sie umfaßt nur zwei Travéen, dazu Vierung und Querhaus und zeigte sich bald zu klein. Der Vorbau bereitete Schwierigkeiten; zuerst mußten gewaltige Substruktionen errichtet werden, natürlich gleichfalls im dunkelgrauen, oliv durchhauchten Material der Region. Man wußte jedoch der Schwere des Lavasteins abzuhelfen und lichtete das Mauerwerk nach oben durch helle Querbänder auf, wozu sich in der Giebelzone farbige, rautenförmige Inkrustierungen gesellen. Sie wandeln den dunklen Grundton ins Rosenfarbene um und verleihen dem Lasten des Steines mit Hilfe maurischer Dreipaßarkaden sogar eine gewisse Anmut.

Allerdings, ganz so wie heute, wo die große Treppe direkt aus der Rue des Tables zur Unterkirche und durch sie empor ins Schiff steigt, sah es hier früher nicht aus. Erst nach 1844 errichtete man ihren außerhalb des Bauwerks gelegenen Teil. Innerhalb der Unterkirche bestand sie jedoch bereits seit Beginn und dürfte manchen Pilger zu verblüfftem Kopfschütteln genötigt haben über das, was er hier erblickte. In Höhe des dritten Treppenpodestes ging es an mächtigen Türflügeln vorüber, welche zwei beidseits der Treppe gelegene Kapellen verschließen. Es sind Zedernholztore des 12. Jahrhunderts, die zu den großen

Schaustücken der Kathedrale zählen. Über ihre Holzplatten geistern Flachreliefs mit Szenen der Geburt und Passion Christi
wie Scherenschnitte. Das freilich macht es nicht. Das Erstaunliche bleiben vielmehr kufische Schriftzeichen auf ihren Rändern,
die überall die Worte ›Al mulk lilah‹ wiederholen, ›Alle Macht
Allah‹. Wie, mitten im harten Überlebenskampf mit dem Islam
ein Bekenntnis zur Ökumene? – In Wahrheit bediente man sich
dieses von Andalusien übernommenen Schriftbildes wegen seiner ornamentalen Wirkung. Verwunderlich wirkt es indessen
wie übrigens manches in Notre-Dame. Denn wenig weiter gelangt man in eine Vorhalle mit der Porte Dorée nebst dem
uralten Fieberstein. Ursprünglich hat sich sogar das Gnadenbild
hier unten befunden, und an ihm stiegen die Wallfahrer vorbei,
mitten ins Kirchenschiff. Leider, man hat diesen Zuweg seit
1781 zweimal verlegt und heute ins südliche Nebenschiff verlagert.

Gleich geblieben aber ist jene aus Wundern und Staunen
gemischte Betroffenheit, die jeden Besucher im Schiff überfällt,
einem dämmerdunklen, riesenhaften Palastraum. Sechs Achteckkuppeln nach byzantinischer Art überfangen ihn, getragen
von kleinen, gleichwohl feierlich-schönen Viertelkuppeln nebst
zarten Schmucksäulen an ihren Ecken. Wie es heißt, vermittelte
Bischof Adhémar von Le Puy, der geistliche Betreuer des ersten
Kreuzzugs, die Bauidee von Konstantinopel her, und mag es
auch sein, daß andere Formen an Bögen, Kapitellen und Friesen
auf rege Beziehungen zum nordspanischen Kathedralkapitel
von Gerona oder gar spanische Pilger zurückgehen, die oft im
Velay erschienen – ihr fremdartig-exotischer Klang fasziniert.
Es traf wirklich zu, was ein Wandergefährte mir bereits unterwegs erzählte, man fühlt sich in ein Land der Träume versetzt,
schreitet vorüber am Gnadenbild unter der Vierung, gerät
dann, längst mit dem Ungewohnten versöhnt, in Hochstimmung über den Rückblick ins Langhaus, entdeckt am Südende
des Querschiffs den auf andere Weise fremdartigen Porche du
For mit der Papsttür oder die Sakristei nebst dem Kirchenschatz
– oh, diese Bibel des Theodulf aus dem 8. Jahrhundert! Aber
auch die Gegenseite, das nördliche Querschiff mit dem Porche
Saint-Jean, aus dem es zum Kreuzgang geht, hat ihr Besonderes,
die Fresken der drei Frauen am Grab aus dem 12. Jahrhundert,

das Katharinen-Martyrium, und so gesteht man sich ein: In diesem Marienheiligtum ist tatsächlich alles so erlesen wie möglich gedacht. Gewiß sind seine Botschaften viel zu bedeutungsschwer, als daß sie bequem sein könnten; man gelangt kaum in ein kindhaftes, unbeschwertes Verhältnis zu Notre-Dame. Aber wie universal muß die Epoche, in der es entstand, empfunden haben, daß man die erlauchtesten Schöpfungen des byzantinischen Geistes beschwor, um sie samt den Motiven orientalischer Phantasie in ein Geschenk an die abendländische Welt zu verwandeln.

– Wie groß und ergriffen zugleich die Erbauer dachten, ist nirgend so spürbar wie draußen im *Kreuzgang*. Der Gardien kannte mich schon und ließ mich allein. Die Wandelgänge werden von schweren Pfeilerarkaden samt Säulen und Kapitellen gebildet, einige noch mit karolingischem Blattwerk. Wer im nördlichen Quertrakt steht, empfindet die strenge Schönheit des abgeschlossenen Winkels, in dem die nach rigoroser Augustinerregel lebenden Kanoniker ihre Breviere lasen, in besonders eindringlicher Weise. Der gegenüberliegenden Galerie und der hinter ihr aufsteigenden Schiffswand sind abermals schwarze, hell und rot gemusterte Inkrustierungen, diesmal in Form von Schmuckreifen und Blumensternen eingelassen, während sich gleichzeitig droben am Schiff die Lichtdurchlässe, flankiert von Rechteckfeldern nebst Vorlagesäulen vermindern. Es ist der symbolträchtigste Anblick – am Ende aller Dinge, dort, wo das Irdische schwindet und nur noch das Eine, das Letzte übrig ist, erblüht dieser Hortus animae einer mystischen Schau am reichsten …

Aber dann gab es etwas, das diesen Anblick auf seine Weise noch überstieg und eine neue, ganz andere Dimension von Le Puy eröffnete.

Einmal, ich hatte im Kreuzgang dem Sinn eines Kapitells mit dem ›Charlemagne barbu‹ nachgegrübelt – war's Drôlerie oder Absage an die Macht dieser Welt – hielt mich der Gardien auf. »Monsieur«, sagte er, leichten Vorwurf in seiner Stimme, »Sie haben noch nicht die Empore besucht.«

Auf meinen erstaunten Blick winkte er mich heran, schloß im Porche Saint-Jean eine Treppentür auf und legte den Finger an seine Lippen. »Wir müssen sehr still sein. Der Gottesdienst ist grade im Gang; man hört jeden Laut von unten.« Eine Bemerkung nicht ohne Nebenbedeutung.

Wir stiegen zur Michaelskapelle empor, in der sich eine uralte Wandmalerei befindet. Ich meine nicht die von Nabuchodonosor, der in ein Tier verwandelt wird – nahebei bedeckt ein Bildwerk von ungewöhnlicher Größe die Wand, das den heiligen Michael darstellt. Der Erzengel und Fürst der Höhe an dieser Stelle? Wo hatte ich nur meine Gedanken gelassen. Gehörte er nicht grade hierhin, unmittelbar neben den Altarraum der Gottesmutter?

Saint-Michel-d'Aiguilhe: Höhle im Licht

Sankt Michael, Seelenwäger, Friedensfürst, Oberster der himmlischen Heerscharen in einer Person, wird seit dem Siege Kaiser Konstantins über seinen Rivalen Maxentius als Inkarnation des Glaubenstriumphes verehrt. Anfangs nur in der Ostkirche, seit seiner Erscheinung auf dem apulischen Monte Gargano im Jahre 492 auch durch den Westen. Die römische Kirche stellt sich unter seinen besonderen Schutz, die päpstliche Zuflucht, die Engelsburg, trägt sein Bildnis auf ihrem Dach. Allein, in seiner Gestalt spiegeln sich gleichzeitig merkwürdig antikische Züge. Sie weisen auf den römischen Götterboten Merkur hin, der nicht nur in der lateinischen, sondern auch der germanischen und der keltischen Welt viel verehrt worden ist. Wie Merkur durchstreift Michael das Weltall oder geleitet die Toten ins Jenseits, und wie Merkur schließlich ruft man ihn auf den Kuppen der Berge an – den Gott der Alten, weil er dort beim Gesang der Vögel die aufgehende Sonne begrüßte, den christlichen Standartenträger oder Signifer, weil er in luftiger Höhe mit Luzifer in Gestalt des Drachen den apokalyptischen Kampf um den Sieg des Guten ausficht. Eine Verwandtschaft und Wesensparallelität übrigens, deren Quellen aus gnostischem Gedankengut stammen.

Analog Michaels ewiger Auseinandersetzung in Wolkengefilden sind ihm oft die hochgelegenen Kapellen der Gotteshäuser geweiht, besonders in den Marienkirchen. Neben dem Herrn steht er der Jungfrau am nächsten. Nicht nur, weil wir in seiner Gestalt ein Symbol für Christi Sieg über den Tod und das

Böse zu sehen haben, sondern auch, weil Michaels Überwindung des Drachen und sein Kampf für das mit der Sonne bekleidete Weib der Apokalypse die Grundlage für die Ikonographie der Unbefleckten Empfängnis Mariä abgibt. Die bildliche Darstellung hat sich Michaels daher früh bemächtigt und ihn mit Attributen aus den Vorstellungsbereichen der Kopten versehen. Seine Waffe ist die Lanze, mit der er den besiegten Drachen durchbohrt; nur gelegentlich treten an ihre Stelle Schwert und Schild. Bekleidet zeigt er sich mit gefältelter Tunika nebst breitem Besatz und mit Sandalen an den Füßen. Frankreich, wie übrigens der christliche Teil ganz Europas, besitzt viele Stätten des Michaelskultes. Die bekannteste ist der Mont Saint-Michel. Aber auch das Velay schien dafür prädestiniert. Hier gab es steile Bergeshöhen, und – sofern eine gewisse Gleichsetzung seiner Eigenschaften mit denen Merkurs berechtigt ist, wofür letzte Beweise ausstehen – Tempel des römischen Götterboten befanden sich gleichfalls im Land. Es leuchtet ein, daß man Michael in der Kathedrale von Le Puy einen angemessenen Platz einräumte, die hochgelegene Empore.

Dort also habe ich ihn erblickt, den Erzengel, mehr als fünf und einen halben Meter hoch auf die Wand gemalt, ein Fresko mit roter, gefältelter Tunika auf grünem Grunde; in der erhobenen Rechten trägt er seine stabdünne Lanze, um dem gekrümmten Drachen unter seinem Fuß den Rest zu geben. Das monumentale Bildwerk, das größte seiner Zeit in ganz Frankreich, stammt vom Ende des 11. Jahrhunderts und verrät eine byzantinische Darstellungsweise. Sollte Bischof Adhémar auch hier Pate gestanden haben? Einerlei, für die wandernden Santiago-Pilger mußte der riesige Himmelsbote und Totenhelfer viel bedeuten, und sie dürften zur Kapelle emporgestiegen sein, um sich Schutz für den Weg zu erbitten und vielleicht auch, um Abschied von einem Idealbild ihrer Gedanken zu nehmen. Auch ihr Wanderstab, der Bordon, war eine Art Lanze, denn er galt weniger äußeren Feinden, als der Abwehr von Dämonen, die sich ihrem unaufhaltsamen Weitermarsch entgegenstellten.

Allein, es gibt eine zweite, noch ältere Michaelsstätte in Le Puy, und sie war für die Verehrung des apokalyptischen Streiters noch viel mehr prädestiniert, geprägt übrigens von den Kennzeichen der Pilgerstraße. Es ist *Saint-Michel-d'Aiguilhe,* ein Kirchlein hoch in den Lüften, genauer auf der Spitze der über achtzig Meter hoch aufragenden Felsnadel abseits der Kathedrale, dem alten Kamin eines Vulkans. Man erkennt seine Steilheit und Ausdrucksgewalt am besten im Blick von Nordwesten, vom Gegenufer des Flüßchens Borne her, in dem sich der Fels mitsamt dem Kirchlein und seinem hohen Turme spiegelt.

Aiguilhe, was Nadelspitze bedeutet, nennt sich ein nördlicher Vorort von Le Puy. Man hat von der Kathedrale nicht weit – einige hundert Schritt durch die Rue du Jardin de l'Evêque. Zuerst gelangt man freilich nach *Saint-Clair*. Das ist ein kostbarer Achteckbau des 12. Jahrhunderts, umstellt von Vorstadthäusern und während der Kirmestage, die in Frankreich so häufig sind, umdröhnt vom musikalischen Radau der Autoskooter und Karussells. Eine Taufkapelle oder die kleine Andachtsstätte eines Hospitals? Man weiß nicht genau. Das Gemäuer jedenfalls ist nach podiensischem Brauch überzogen mit maurischen Rautenmustern. Ungeachtet der Form, machen sie Saint-Clair allein schon zu einem Kleinod. Neben ihm führt ein Sträßchen zum steil aus dem Boden brechenden Fels, der allem den Namen gab. Das Kathedralkapitel von Le Puy beschloß, ihn 962 mit einer Michaelskapelle unter dem Status eines Abtslehens zu krönen. Später haben sich dazu am Felsfuß und an etlichen Stellen der in den Stein geschlagenen Treppe eine Reihe von Nebenbauten gesellt, darunter zwei Bethäuser, die den Erzengeln Raphael und Gabriel geweiht waren. Ungefähr halbhoch der zweihundertachtundsechzig Stufen zählenden Steige gab es einen Unterschlupf für Pilger, aber sie konnten die Nacht auch betend in einer der Grotten verbringen.

Sie ist ein Gradmesser, diese Treppe, sowohl der Mühsal für den Körper des Menschen als auch für seine innere Verfassung. Neben den Brüstungsmäuerchen fällt die Wand senkrecht hinab; auf winzigen Felsvorsprüngen blüht es im Frühjahr bunt über bunt, meist wilde Levkojen und blaue Iris. Drunten sinkt das Land der grünen Wiesen und bunten Dächer tiefer und tiefer, während man steigt. Noch eine Rast, dicht an eine Wandnische gepreßt! Wie häufig entlud eine Wolkenarmada die Regenlast, während tintige Berge die Horizonte umblauten. Die herbe Schönheit dieser Landschaft der Kegel, Kuppen und

schwingenden Wälder besitzt im Überblick von hier oben eine
hinreißende Farbkraft. Ganz plötzlich ist man sodann angekommen, landet auf einer kleinen Plattform und steht mitten im
erneut aufgleißenden Himmelsleuchten einem Wunderwerk gegenüber: dem aus dem 12. Jahrhundert stammenden Portal von
Saint-Michel-d'Aiguilhe mit rautenförmigen Steinmusterungen
zuoberst, einer kleinen Arkadengalerie mit dem segnenden
Christus, der Gottesmutter, Johannes auf der einen, Sankt Michael und Sankt Peter auf der anderen Seite. Darunter öffnet
sich in einem Bänderfeld bunter Steine ein Okulus und abermals tiefer, was den Zauber dieser Fassade ausmacht, ein Drei-
paßbogen, vollgeschrieben mit zartestem Rankenwerk gleich
einer arabischen Buchmalerei, die nach neueren Untersuchun-
gen freilich erst später entstanden. Auch seine drei Lappen runden sich über Bildreliefs – das Gotteslamm, dem von den Seiten
acht Älteste Duftschalen darbieten, die Gebete der Menschen,
die dem Herrn Wohlgeruch sind. Nein, es bedarf kaum mehr
der festlich überrankten Archivolte um das kleine Tympanon,
nicht mehr des Türsturzes mit den beiden Sirenen, nicht der
Rahmensäulen des eigentlichen Tores. Der Lappenbogen bedeutet schon alles; er ist ein Höhepunkt der Kunst am Santiago-
Weg, eine vollkommene Umsetzung arabisch-maurischer Formen in höchst subtil stilisierte Entrelacs mit hinein verwebten
Gestalten, die nur in der abendländischen Gedankenwelt vor-
stellbar sind. Man muß die kleine Fassade am Morgen sehn,
wenn die Strahlen der jungen Sonne das Meisterwerk treffen.
Dann meißelt das Licht seine Schatten deutlich heraus, läßt den
Stein rosig erblühen und verwandelt es in den Eingang zum
Paradies.

Nach rechts führt ein Tor zum ursprünglichen Teil der Anlage, der Eremitage, auch Abbaye de Séguret genannt, was si-
cherer Ort bedeutet. Hier haben die ersten Wächter des Heilig-
tumes gehaust, Menschen des 11. Jahrhunderts. Der Fassaden-
Porche mit seinen maurischen Umsetzungen stellt ja nicht den
ursprünglichen Bauteil, jenen des 10. Jahrhunderts dar. Der ist
seit der Erweiterung vielmehr als kleine, quadratische Kapelle
nebst zwei runden Apsiden mit der Gesamtanlage verschmolzen. Wer das Zusammenspiel der Räume im Innern betrachtet,
hält wiederum in Erstaunen inne. Vor sich hat er, feierlich däm-

mernd, oval und mit seinen Kreuzgratgewölben gleich einem Schneckengehäuse um ein gemuldetes Schiff gekrümmt, eine Vorhalle, in die ein paar Stufen hinanführen. Ein kleines Säulenrund mit Tierkapitellen wie Adler, Hase, Hund und Palmetten sondert sie als Umgang vom Andachtsraum ab, hinter dem man den erhöhten, quadratischen Altarbereich der alten Eremitage erkennt, der im Gewölbe ganz und gar ausgemalt ist – an der Decke Christus in der Herrlichkeit, Seraphim, Heilige und dazu die Gestirne, wahrscheinlich aus dem 10. Jahrhundert. An der Übergangszone zur Wand halten ikonenhaft dargestellte Engel die Wacht, während ein Weltgericht die Senkrechte beherrscht, damit die Pilger den Seelenwäger auch in Aktion erblickten. Hier haben im Himmelsgehäuse die Auserwählten bereits ihren Platz auf den Altanen eingenommen, während Michael neue Seelen in die ewige Heimat geleitet. Die meisten Malereien sind freilich schon sehr verblaßt, ja erloschen – man hat sie erst 1855 von Verputz und Übertünchung befreit. Aber sie werden noch immer durchbebt vom religiösen Erschauern der Ursprungszeit. Wieviel Weltenschicksal und Menschenleben ist darüber hingegangen, wieviel Schönheit in Gestalt von Farb- und Lichtspielen noch geblieben! Über den Porche des Eingangs wölbt sich eine helle Empore im Miniaturformat, und die Trennsäulen und Sockel im dämmernden Vorraum überzieht eine gründunkle Patina, oben und voraus aber schimmert es im Altarraum rötlich-golden auf dunkler Grundierung ...

Saint-Michel-d'Aiguilhe, Höhle im Licht der Himmelshöhen, in denen der Erzengel den ewigen Kampf mit Satanas austrägt – wie ein gigantischer Wegweiser ist es an die Via Podiensis gestellt! Der Regen hatte unterdessen noch einmal begonnen, abermals ausgesetzt, und nun leuchtete draußen der helle Tag, lag das Land frisch gebadet unter mir, während ich vor dem Glockenturm an der westlichen Brüstung stand und hinaussah. Dorthin, wo die Podiensis gegen Sonnenuntergang verlaufen mußte, ein Weg, so ganz anders geartet als die übrigen Hauptrouten, die epische Turonensis, die besinnliche Lemovicensis. Wie freilich beschaffen? Ja, heroisch konnte man sie nennen, das traf es vielleicht, denkt man alles Waffengeklirr, jegliche Attitüde aus dem Worte hinweg. Allein, was bliebe dann? – Es gibt im Innern des Kirchleins, eingelassen in eine

Wandnische, ein romanisches Reliquienkreuz mit einem Christusbild, ein ›Colobion‹. Es drückt alles über die Podiensis aus, das es zu sagen gibt. Man hat es 1955 bei Wiederherstellungsarbeiten unter dem Altar aufgefunden. Die Gelehrten sind über sein Alter nicht einig. Enstammt es dem 10. oder dem 12. Jahrhundert? Das Haar glatt gescheitelt, das schmale Gesicht gebartet, die Augen visionär geöffnet, schaut der Herr über alles Irdische ins Ferne hinaus. Unübersehbar der spanische Einfluß. Ergreifende, schlichte Strenge, bar aller Empfindsamkeit, prägt seine Gestalt, aber die Forderung, die von ihm ausgeht, ist unerbittlich; ja, das war es wohl, was auf die Jacquaires zukam – die Unerbittlichkeit eines Weges, der über Conques nach Moissac führt, wo das romanische Denken seine größte Stunde erlebt.

Anstieg ins Gebirge

Pilgermorgen, ein Morgen wie andere, früh vor Tag. Wir taten es den Jacquaires nach und zogen durch die Rue Saint-Jacques von Le Puy, wo einmal die Herberge lag, mit Karte und Taschenlampe bewaffnet, auf ihrer Route nach Westen. Sie verlief südlich der heutigen Straße, mitten durchs Land. Ich weiß nicht, wie es die Wallfahrer machten, aber sie müssen den Instinkt eines Spürhunds besessen haben. Der Mond ließ sich bitten, die Dinge besaßen ihr Fremdes.

Bis zu einem Punkt nördlich des Dorfes Roche konnte man in der Dunkelheit immerhin noch dem Kompaß vertrauen; dann leistete sich der Saumpfad so verwirrende Kapriolen, daß jedes Hilfsmittel versagte, und schnürte schließlich am Steilhang des Gazelle-Baches in wahren Arabesken dahin, Kurve nach Kurve. Gottlob war es hell geworden, ein Bilderbuchtag stieg herauf. Aber die Landschaft zeigte sich abweisend öde, der Weg steinig und hart. Die Füße wußten das längst.

Die tägliche Widerfahrnis der Podiensis – nichts geht von selbst. Zudem dauerte alles länger als ausgerechnet. Erst gegen Mittag sind wir, nach beschwerlichem Marsch über Montbonnet, in einer Höhe von tausend Metern zur aufgetürmten Burgmasse von *Saint-Privat d'Allier* gekommen. In unsern Anstieg zu den fernen Narzissenbergen der Margeride mischte sich plötzlich eine Vorahnung dessen, was uns an diesem Tage erwartete. Die harte Epik des Wanderns, das Durchhalten! Wir hingegen hatten uns das so einfach gedacht.

Saint-Privat liegt auf dem Felsvorsprung einer vulkanischen Scholle; darunter rauscht in grauer Tiefe der blutjunge Allier. Voraus eine weite Talschlucht. Man hat heutigentags eine Straße in die Hänge gesprengt, die von Le Puy nach Monistrol d'Allier. Sie umgeht das Burghaus samt dem zugehörigen Nest in respektvollem Bogen und schiebt nur ein Steilgäßchen ins Innere vor. Von aufgeschrecktem Hühnergegacker begleitet, steigt es zwischen alten Toren mit Eselrückensturz und der geströmten Lava des Burgsockels hin zur mauer- und zinnenbewehrten Bastion der Kirche. Darauf alte Gräber, Kreuze, ein Beinhaus. Im Eck über der Tiefe die winzige Pilgerherberge von einst; wie sich das für Unbehauste gehört, ins Leere gesiedelt. Wer sich bedrängt fühlte, konnte einen tröstlichen Blick ins Gotteshaus tun, ein knochig-starkes Rippengemäuer, der Stein von Feuer geglüht, rot über rot, grau durchhaucht. Porige Aschenlava. Auch hier drinnen wurde man an die vulkanische Herkunft der Region erinnert. Nur die neuen Häuser am Dorfrand, die man vom Zinnenkranz aus im Talgrund verstreut sieht, wirken durch Blümchen und Weinstock anmutig ländlich. Hoch darüber als Glaubensbekenntnis drei Kreuze auf der Bergeskuppe im Norden. Dort führte der Pilgerweg weiter, der an diesem Tag auch der unsere war ...

Hüte dich vor ihm, wenn du eine beschauliche Promenade erhoffst! Er besitzt eine Vorliebe für Abstürze und verschmäht die Geländer. Steingeröll ist ihm Brot, und die Brombeerranke wirft er als Fußangel aus. Voll Hinterlist lädt er dich auf einen umblühten Steig ein, und plötzlich kannst du nicht mehr zurück. Niemand hat die Gräber an seinen Rändern gezählt. Man spürt es recht bald, zur Pilgerzeit ließ sich die Erde noch nicht als Haustier mißbrauchen. Bis zum Burgtrümmer von Rochegude hoch im Berg ging alles gut, aber hinter der Jakobuskapelle des zugehörigen Weilers, der die Wallfahrer natürlich Reverenz erwiesen, begann das Abenteuer dieser Anabasis. Der Weg lief, mehr Spur als Saumpfad, über den Höhengrat fort, zerfaserte sich, hörte dort, wo der Steilhang ins Tiefe begann, völlig auf. Holzstecken, wie man sie vielleicht auch früher benutzte, zeigten die Richtung.

Da man in den großen Zeiten der Pilgerschaft mit insgesamt einer halben Million von Wallfahrern pro Jahr nach Südwesten rechnet und die Podiensis obendrein zu den beliebten Routen gehörte, läßt sich denken, daß in günstigen Tageszeiten ein endloser Menschenfaden von Rochegude zu Tal stieg. Einander stützend, die Stöcke zum Anhalten reichend, glitten sie zu einem Bergsträßchen abwärts, das heute geteert ist. Es führte am Schulhaus vorbei in den Weiler Pratclaux. Hier gab es Wasser, und war der Tag heiß wie der heutige, dürfte der Andrang zur Tränkstelle groß gewesen sein. Jeder brauchte ein wenig Kühlung und Labe. Schlimmer als die Fußwanderer waren die Reiter dran, die ihre auf der Hinterhand rutschenden Mulis und Pferde am langen Zügel bergab balancieren mußten. Daß entgegenkommende Heimkehrer daran vorbei nach oben klommen, machte den Abstieg nicht besser. Doch damit hatte es keineswegs sein Bewenden. Hinter Pratclaux begann ein weiterer Hang, der nach Monistrol tief im Allier-Grund führt. Noch heute, wo die Route gebahnt ist, gleitet sie steil an der Berglehne hinab bis hinter die ersten Häuser des um den Bergfuß gedrängten Dorfes. Sein Kirchlein läßt verwitterte Wallfahrerembleme erkennen. Hier zogen also die Pilger durch, querten nunmehr den Fluß, dann den Ance-Bach, um an der anderen Seite, kaum minder mühsam, zur Kapelle Sainte-Madeleine und weiter empor zu steigen. Diesmal galt es nicht nur dreihundert, sondern bis Rozier rund siebenhundert Meter Höhenunterschied zu bemeistern.

Der Mittag lastete glühend, die Luft waberte, und es bedurfte kaum großer Phantasie, um sich vorzustellen, wie das einst aussah: Mann um Mann, seltener Frauen, die Mulis, die Rösser, zuweilen auch eine kleine Eskorte, die einen Würdenträger begleitete, ein Geschöpf hinter dem andern, bei Hitze, klatschendem Regen und Schneegestöber. So stiegen sie schwer atmend, mit langsamem Schritt empor, und dies ist das erste Wahrbild des Aufstiegs, der Anabasis in die Margeride, das sich mir aufdrängte: der unablässige Zug durch die Jahrhunderte hin, beladen mit allem Schicksal, Leid und aller Hoffnung der mittelalterlichen Menschheit.

Das zweite besitzt einen andern Charakter. Die Kapelle Sainte-Madeleine im Berg, bereits 1312 als Andachtsstätte erwähnt, gelegen neben einer vielleicht schon in Keltentagen behausten Höhle, weiterhin der Weg nach Escluzel und Rozier auf der Höhe, bieten einen ins Endlose geweiteten Ausblick. Drüben, auf der Gegenseite der Allier-Schlucht, liegt Rochegude, nordwärts furchen sich die ›Gorges‹ des Flusses der klaren Wasser durch das Gefels, im Grunde erblickt man die ›Boules‹, herabgepolterte Granitblöcke des Margeridegesteins, während an den Steilwänden drüben die Säulenbasalte des von Le Puy heranstreichenden Devès-Gebirges aufragen, das aus glühender Lava entstand. Es braucht abermals wenig Phantasie, um die Zerklüftungen und Verformungen wieder in Bewegung zu denken und sich auszumalen, was sich in Urzeiten der Erde begab, als sich die Gesteinsströme des Velay, knisternd und fauchend, als ungeheure Höllenzunge gegen das Urgestein der Margeride schoben. Die Landschaft des Santiago-Weges, der mitten durch diese tellurischen Rudimente muß, besitzt hier eine Großartigkeit und Gewalt der Aussage, welche die Wanderschaft zur Legende macht, und dies ist das zweite Wahrbild.

Das dritte nimmt sich wieder ganz anders aus. Man erlebt es, wenn man im späten Frühjahr zur Margeride emporsteigt, die mehr als fünfzehnhundertfünfzig Meter Höhe erreicht. Es ist ein weitläufiges Hochland mit Flußläufen, springenden Bächen und sumpfigen Senken, aber auch tintig blauenden Höhen und tiefen Wäldern, an deren Baumzweigen graue Flechten wie Bärte hängen. Zwischen den Bäumen bieten mächtige Granitblöcke Schutz vor dem beißenden Wind, der auch an diesem leuchtenden Tage aufkam. Denn jetzt, gegen Abend, schob sich eine bedrohliche Wolkenwand von Südwesten über das bergige Land, und ihre Schatten verliehen ihm eine seltsam melancholisch gestimmte Anmut, der gleichzeitig Überschwang beigemischt war. An den Hügelrändern lohte der gelbe Ginster und Gründe wie Hänge bedeckten Myriaden von weißen Blüten. Sie nahmen sich auf Entfernung wie Schneeflächen aus. Es handelte sich um die Studentenblume, Narcissus poeticus. Jeder Blütenkelch mit einem feinen, roten Innensaum umrandet. Sie wachsen hier oben in unvorstellbaren Mengen und lassen die Margeride der schweren Himmel als trauerschöne Gefilde abgeschiedener Seelen erscheinen, und dies war das dritte Wahrbild unserer Anabasis.

Wirklich, es lag wie ein Rausch über den Tälern, durch die sich der Pilgerweg nach *Saugues* hinwand, einem breit gelagerten Marktort mit behäbiger Kirche nebst Achteckturm, in der es eine schwerblütige, auvergnatische Madonna des 12. Jahrhunderts sowie Vortragekreuze der berühmten Büßerprozession vom Gründonnerstage zu sehen gibt. Übrigens auch einen im Hundertjährigen Krieg errichteten Wehrturm, die Tour des Anglais, von dem die Bewohner freilich nur wenig zu halten scheinen.

»Wie alt ist er denn?«, habe ich ein verhutzeltes Weiblein gefragt.

»Der da?« Eine wegwerfende Handbewegung. »Der stand immer schon.«

In Saugues hat sich die Santiago-Route geteilt. Örtliche Autoren weisen ihr einen Weg über Chanaleilles zu, aber nordwestlich davon, am Südwestrand von Le Malzieu-Ville, einem bezaubernden alten Städtchen an der oberen Truyère habe ich ebenfalls eine große Pilgerkapelle entdeckt. Vielleicht wechselte man die Straßen mit der sich wandelnden Zeit, vielleicht benutzte man beide. Was sich am Ende gleich blieb, denn jede führte nach *Aumont-Aubrac*, wo man sich unversehens in einem neuen Hochland befand, dem von Aubrac eben. Es ist eine einsame, wellige Region der ›Pâturages‹ oder Weiden, in der noch heute auf den Quadratkilometer nur neun Bewohner kommen.

Was sich davon an diesem Tage im Städtchen Aumont befand, feierte mit den andern Aubrac-Menschen inbrünstig Wiedersehen. Es war Viehmarkt. Der große Sandplatz stand voll mit Rindern, Kühen und Kälbern. Rösser fanden sich nur an den Rand gedrängt. In den wenigen Kneipen aber drängte es gleichfalls – Bauersfrau und Bauersmann, vierschrötige, derbe Gestalten lärmten beim Mittagsmahl, wozu die Weinflaschen kreisten ...

Zuflucht vorm Äußersten: Herberge von Aubrac

Das Hochland von Aubrac, das zweite Granitmassiv zwischen Allier- und Lot-Tal, steigt fast bis zur Höhe der Margeride auf, um im Südwesten jäh abzufallen, eine Gebirgsbarriere, welche die Luftströme staut und zum Abregnen der mitgeführten Feuchtigkeit zwingt. Noch häufiger stülpen sie eine Nebelkappe über das Land. Kaum wunder bei soviel Niederschlag, wo sich heute endlose, gerodete Weidegebiete dehnen, erstreckten sich noch im ausgehenden Mittelalter undurchdringliche Wälder. Sie boten ein ideales Versteck für Räuberbanden, denen viele Pilger zum Opfer fielen. Es gab keinen anderen Weg. Aubrac, der Weiler, der dem Gebiet seinen Namen lieh, gelegen fast auf der Höhe des Passes, läßt noch immer erkennen, wie gefahrvoll diese Teilstrecke war.

Auch an jenem Tag, als wir durchmarschierten, überzogen Schwaden Heidegebiete wie ›Pâturages‹, die Weideflächen mithin. Die Granitblöcke, welche die Straße säumen, das regungslos lauschende Vieh sah man nur schemenhaft. Doch daß es auch hier voll Überschwang, und zwar in riesigen Flächen gelber Jonquillen oder Narzissen blühte, erkannte man recht genau. Die Farbe besaß eine Leuchtkraft, die selbst den dichtesten Nebel durchdrang. Darüber kam *Nasbinals,* erneut ein Zentrum des Viehs und der Märkte; man trieb eben die Herden zusammen. Phalanx um Phalanx rückten sie aus dem Dunst heran, von unsichtbaren Hirten mit ›Huau‹ und ›Hue‹ getrieben. Eines mutete freilich verwunderlich an – in solch einem Landnest auf ein Kleinod aus Pilgertagen zu stoßen. Oder übermannte uns das Erstaunen so widerstandslos, weil wir, müde von endloser Straße, ausruhen wollten? Nein, es muß wahr sein, ein kleines Gotteshaus von der Vollkommenheit einer Bachschen Fuge hob sich dort aus dem Schwaden, mit Achteckturm und einer fast zärtlichen Vierungskuppel im Innern, dazu höchst eindringlichen Bildwerken, Masken, Symbolen. Die Baumeister romanischer Zeit haben sehr wohl empfunden, daß der Pilger in der wüsten Baumwildnis des Landes der Zuflucht und des Augentrostes bedurfte. Tritt ein, sagt dieses Kirchlein, du kennst diese Zeichen – umdroht dich auch draußen der Mord, hier kehrst du in den Frieden zurück! Ein Aufatmen hat es auch uns bedeutet, und noch heute, im Alltagsgetriebe, lockt mich manchmal eine gewisse Sehnsucht zurück: wie groß, wie gleichzeitig herzlich war dort alles im kleinen gedacht ...

Anderthalb Stunden später. *Aubrac* zieht sich durch eine winzige Senke. Aus dem wabernden Nebel hieb nunmehr Regen, dann klatschender Schnee hernieder. Bäche rannen über die kotige Straße. Abseits im fallenden Hang, von triefnassem Grün umwuchert, kaum sichtbar ein grobes Kirchengemäuer. Voraus ein umrauchter Turm, zur Rechten die Fensterfront einiger Gasthausfassaden, ein Renaissance-Logis gleich am Anfang. Auch an dieser Stelle wuchs früher der berüchtigte Wald, in dem wiederum … allein, ich muß diese verbürgte Räubergeschichte nach der Reihe erzählen. Damals, anfangs des 12. Jahrhunderts, berichteten manche Jacquaires auf der nächsten Station, daß sie diesen und jenen Wandergenossen nicht wiederfanden, den sie auf der letzten gesehen hatten. Mit ihnen befand sich ein flandrischer Graf, Adalard, auf dem Weg. Im Unwetter verlor er bei einbrechender Nacht die Spur, entdeckte eine Höhle im Wald und kroch unter. Ob am gleichen Abend oder beim Licht des kommenden Morgens – er machte einen grausigen Fund. An den Wänden lagen die abgeschnittenen Köpfe von Pilgern. Nach dem ersten Erschrecken legte er ein Gelöbnis ab. Kam er mit heiler Haut davon, wollte er hier eine Schutzstation für die Jacquaires gründen.

Ob dieses Verspruches entstand 1120 die ›Dômerie‹ von Aubrac, ein Herbergs- und Wehrkloster, einzigartig selbst für die Pilgerstraße. Seine Reste sind Kirche, Turm und das Haus des 16. Jahrhunderts. König François Ier von Frankreich hat 1533 darin gewohnt, als er der Pilgerabtei seinen Dank für den Beitrag zum Lösegeld abstattete, mit dem man ihn aus der habsburgischen Gefangenschaft zu Madrid befreite. Die Dômerie, die sich Notre-Dame des Pauvres d'Aubrac nannte, erhielt 1162 eine augustinische Ordensregel. Die einfache Kirche stand damals bereits; die Konventsbauten ließ der fünfte Superior namens Dorde seit ungefähr 1200 errichten.

In der Rangordnung des Dienstes standen die Offizien natürlich allem voran. Daher nahmen die Patres die oberste Stufe ein. Für ungefähr vierundfünfzig davon bot das Chorgestühl Platz. Eine Sonderstellung besaßen einige Ritter samt Wehrgehilfen, offenbar eine Art Kader. Dahinter folgten dienende Brüder oder Konversen in großer Zahl, neben ihnen etliche Nonnen, denen die Umsorgung durchwandernder Frauen oblag. Endlich, und darin bestand die Besonderheit von Aubrac, unterhielt man entlohnte Waffenknechte, sogenannte Donats,

V ›DIE HEILIGE FIDES IN DER HERRLICHKEIT‹ –
 ›MAJESTÉ DE SAINTE FOY‹,

nennt sich diese in der Schatzkammer der Basilika
Sainte-Foy in Conques bewahrte Goldschmiedearbeit,
die in wesentlichen Teilen um 985 entstand.
Damals wurde der aus der Spätantike stammende Holzrumpf mit Platten von Goldblech überzogen und reich
mit Edelsteinen verziert, wobei man auch römische Gemmen
und Kameen, Weihegaben hochgestellter Pilger, verwendete.
Recht eigentlich aber stellt das hieratisch
anmutende Bildwerk ein wahres Kompendium europäischer
Goldschmiedekunst vom 6. bis 16. Jahrhundert dar.

(Siehe auch Seiten 357ff.)

nebst den Oblaten. Das waren Menschen, die sich der Kloster-
gemeinschaft durch ein widerrufbares Gelübde anschlossen, jedoch außerhalb der Klausur lebten, eine an verschiedenen
Punkten des Hochlands stationierte Klostergendarmerie, wenn
man so will, welche die Route sicherte. Auf alten Stichen erkennt man, wie es damals im Kloster aussah. Eine weitläufige
Mauer umzog Gotteshaus, Wohn- und Wirtschaftsbauten samt
Ställen und Binnenhöfen, durch welche klirrenden Schrittes die
Ritter eilten, wenn es auf Patrouille zu reiten galt. Die Front der
Konventsbauten maß dreiundneunzig Meter, und alles in allem
vermochte man, eingeschlossen die Pilger, fünfhundert Menschen unterzubringen. Für Durchwandernde sorgte der Pfört-
ner, der die ›Miches‹, Brotlaibe, austeilte.

  – Sie haben sehr streng gelebt, die Insassen der Dômerie,
trugen das wollene Mönchsgewand, und ihre Mahlzeiten, bei
denen obendrein Schweigen herrschte, hatten einfach zu sein.
An den Tischen der Pilger Platz zu nehmen, war streng untersagt, was den Rückschluß gestattet, daß man die Jacquaires
reicher versorgte. Allein, ihr gesamtes Leben stand im Dienste
der Wanderschaft nach Santiago. Abends, nach der Komplet,
wenn die berühmte Glocke Maria, die ›Cloche des Perdus‹ läu-
tete, stimmte man regelmäßig den Cantus an: »Jubile pour
Dieu, chante au prêtre, chasse les démons et ramène les égarets«
– »Jauchze zu Gott, erhebe den Priester, vertreibe die Dämonen
und führe die Versprengten zusammen.« Ein wahrhaft be-
schwörender Gesang; mochte es der Glocke gelingen, die durch
gefährliche Waldgründe und Moore heranwandernden Pilger
vor Mördern, Anfechtung und Irrwegen zu bewahren. Wozu
trotz aller Schutzmaßnahmen offenbar immer noch Anlaß bestand. Erst mit dem Niedergang der Santiago-Fahrt sank auch
der Stern der Abtei. Sie war inzwischen reich, ja bedeutend
geworden, und zu ihren Vorstehern gehörten die Mitglieder
großer Adelsfamilien wie der Estaing oder Armagnac; sogar der
Kardinal Mazarin trug den Titel eines Abtes von Aubrac. Als
1700 ein gewaltiger Brand die meisten Bauten zerstörte, ließ
man die Trümmer liegen; das völlige Ende brachte freilich erst
die Revolution.

  Wer sich an Ort und Stelle ein Bild machen will, muß es
halten wie wir, in einem abgelegenen Haus den Schlüssel holen

und durch kniehohes Gras zur Kirche stapfen. Ihr Äußeres mit dem schmucklosen Glockenturm des 15. Jahrhunderts blieb nach Augustinerart völlig nüchtern, ein saalartiger Kastenbau. Auch das Innere ist einfach und die Ausstattung inzwischen geplündert. Draußen im ehemaligen Klostergelände findet sich kaum eine Spur des früheren Lebens. Einige Holunderbüsche, die ihre Tropfenlast auf den Besucher entladen, etliche Bruchsteinmauern nebst Unkraut, wo sich einmal der mit Bildwerken geschmückte Kreuzgang oder die Konventsbauten befanden, sonst nichts. Nichts als wucherndes Grün und, natürlich, der treibende Schwaden. Es sei denn, man träfe es mit dem Wetter besser als wir.

Von der Dômerie Aubrac führte die Route, nur noch teilweise nachzuvollziehn, direkter als die kurvige Fahrstrecke von heute ins Tal nach Saint-Côme-d'Olt am Lot. Wer hier anlangte, hatte einen Abstieg von tausend Metern Höhe hinter sich. In Saint-Côme querte man die Büßerkapelle mit den phantastischen Sparrenköpfen und marschierte kurze Zeit später über *Espalion* nach Westen. Sofern die Pilger dort nicht über die herrliche, rote Sandsteinbrücke der kleinen Stadt zum Prioratskirchlein von Perse wanderten, wo Saint Hilarien, ein Bekenner der Frühzeit, den Märtyrertod erlitten hatte. Das kleine Gotteshaus, ein rosenfarbener Sandsteinbau des 11. Jahrhunderts und in manchem dem von Nasbinals ähnlich, stellt abermals eine Kostbarkeit romanischer Architektur dar. Ohne Achteckturm freilich, aber mit einem Skulpturenportal von ganz eigenartiger Ausdruckssprache. Da sieht man die Trinität in Gestalt einer dreifachen Wolke, aus der Blitze zucken und die Geisttaube zu Maria nebst den Aposteln niederfährt. Links, hoch an der Wand, stellen kleine Figürchen ein Symbol der Santiago-Wanderschaft, die Heiligen Drei Könige, dar.

Manche Jacquaires waren allerdings direkt von Espalion nach Süden über die Uferberge des Lot emporgestiegen, vorbei an der Burg der Herren von Calmont d'Olt, die heute Ruine ist, nach *Bozouls,* um im Grabenbruch des Dourdou-Tales westwärts nach Conques zu biegen. Wer durchs Lot-Tal dorthin wollte, marschierte nach *Estaing,* der Residenz jenes Geschlechtes, dem Dieudonné d'Estaing angehörte. Er hatte 1214 in der

Schlacht von Bouvines das Leben Philippe Augustes von Frankreich gerettet und durfte daher die Königslilien im Wappen führen. Allerdings läßt sich kaum annehmen, daß die Jacquaires sich für die Embleme auf dem Portal des Burghauses interessierten. Sie haben höchstens dem eigenartigen Kreuz vor der Kirche ihre Devotion bezeugt – einem Christus, der am Marterholz über dem leeren Grabe hängt.

Westlich Estaing zeigte die Podiensis noch einmal ihr altes Gesicht. Die Wallfahrer mußten die Schluchten des Lot durchqueren. Aber nicht auf der gebahnten Straße von heute, sondern auf einem Saumpfad zwischen schäumendem Wasser und steilem Fels, dem unter der fast senkrecht einfallenden Mittagssonne Backofenhitze entströmte. Das Wetter hatte sich wieder einmal geändert. Hinter Entraygues am Zusammenfluß von Truyère und Lot bog die Route erneut in den Berg. Von ihrer Beschwerlichkeit weiß auch ich zu berichten. Zuletzt, auf der Höhe freilich, schlenderte sie behaglich beschattet am hohen Rand eines Bachufers unter Eichen dahin, um auf einen felsigen Ginsterhügel zu münden, und hier erlebt, wer sie nachvollzieht, einen überraschenden Anblick. Beinahe am Ende des Weges ein Gnadengeschenk der Zeit: man kann sie noch immer erblicken, die Spur, die Stufen, die zahllose Füße ins gelbe Gestein getreten. Die Quelle, aus der die Santiago-Wanderer tranken, ist ebenfalls da und natürlich auch der Ort Espayghettes, durch den sie weiterzogen, die noch immer behauste, düstere Burg Senergues mit den runden Kegeldachtürmen ...

Zwei Stunden über den Berg, und sie gewahrten das, was sie seit Le Puy mit der Seele suchten – *Conques,* den anderen Eckpfeiler ihrer Anabasis, das Kloster der Sainte Foy oder heiligen Fides. Anfangs vom Gestein kaum unterschieden, lag es rostfarben und dunkel am beinahe kahlen Hang.

Conques oder die Armut und die Herrlichkeit

Wer über die Berge nach *Conques* hinabsteigt, das kein Pilger der Podiensis ausließ, sieht Folgendes vor sich. Ein Dorf, in den Hang gelagert, steinern, geschiefert, Terrasse um Terrasse, Dach über Dach. Nichts Gefälliges, eher vom Stigma heroisch ertragener Armut geprägt. Am Gegenhang zur Linken steigt das

Gebirge beinahe kahl empor. Durch den Talgrund rauscht die Ouche der Schlucht des nahen Dourdou entgegen. Alles ist eng und gestaffelt. Man lernt in Hierarchien denken.

Die Mitte des Bildes beherrscht die ehemalige *Benediktinerkirche Sainte-Foy,* ein machtvoller Bau, vor dessen Chor der einstige Pilgerweg in Dacheshöhe und oberhalb der Kranzkapellen an einer Balustrade mündet, um nach einer Biegung, gehalten von hoher Stützmauer, längs des Kirchenleibes zum Ortskern hinunter zu gleiten. Wer vor der Brüstung anhält, schaut auf schlanke Kapellen auvergnatischer Form hinab. Vor sich hat er in Augenhöhe das Dach des Umgangs sowie das schmal auffahrende Chorhaupt; darüber steigt achteckig der Vierungsturm. Alles in rotgelbem, von Alter ergrautem Sandstein. Sehr wichtig, auf solche Weise Augenmaß zu nehmen. Conques taucht auf aus der Tiefe der Zeit. Die Anfänge des zugehörigen Klosters, das längst verschwunden ist, reichen bis ins 4. Jahrhundert zurück.

Übrigens wissen wir, daß es der Abtei zeitweilig sehr schlecht ging. Bereits waren viele Mönche, des ewigen Darbens müde, ins nahe Figeac abgewandert, als sich ein anfangs beiläufig scheinendes Ereignis zutrug – es machte Conques bald zu einem Wallfahrerzentrum des Mittelalters. Am 14. Januar 866 kam ein Mitbruder der Klostergemeinschaft nach langen Jahren der Abwesenheit zurück und brachte einige Reliquien mit. Wie es heißt, empfingen ihn Abt und Patres voller Triumph. Unklar freilich, wie und durch wen sie um diese Rückkehr, die eigentlich eine Flucht war, und ihre Bedeutung wußten.

Bei den Reliquien, denen eine so erstaunliche Wirkung beschieden war, handelte es sich um die Reste eines dreizehnjährigen Mädchens, der heilig gesprochenen Foy oder Fides aus Agen, die 303 den Märtyrertod starb. Auf einem Kapitell im nördlichen Seitenschiff zu Conques findet man ihre Verurteilung dargestellt. An der Ecke des Bildwerkes thront der römische Prokonsul Datian, der wegen seines Christenhasses verrufen war. Hinter sich hat er den lauernden Teufel; vor sich einen Henker, dem er grade ein Schwert reicht. Eine dritte Person führt die von einem Schutzengel begleitete Fides heran – sie war vom Katecheten der Region, dem heiligen Firmin, bekehrt und getauft worden, worauf der Statthalter sie samt drei Geschwistern hinzurichten befahl. Der Henker versuchte zuerst, die Kleine den Feuertod auf dem Rost sterben zu lassen wie den heiligen Laurentius; weil aber die Flammen zur Seite wichen, schlug er ihr mit dem Schwert den Kopf ab. Die Reste der Halbwüchsigen setzte man später in Saint-Caprais zu Agen bei und bewachte sie eifersüchtig. Eine anmutige Bekennerin, die den Tod nicht fürchtete, sondern für ihren Glauben starb, diese ergreifende Geschichte erregte schon damals die Phantasie der Menschen. Sie kamen in Scharen.

Als es im 9. Jahrhundert mit Conques zu Ende schien, verfiel nach einer alten, immer wieder kolportierten Erzählung ein Mönch auf den Gedanken, die viel verehrten Reste in Agen zu stehlen, um an Stelle von Saint-Caprais seine Heimatabtei zum Wallfahrerziel zu machen. Es gelang ihm, so heißt es, sich unter die Kleriker einzureihen und während elf Jahren das Vertrauen seiner Oberen zu erwerben. Als man ihn endlich zum Reliquien-wächter machte, soll er bei erster Gelegenheit mit der so lange ersehnten Beute in Richtung Conques verschwunden sein. Wie? Ein der täglichen Messe und der Beichte verpflichteter Geistlicher hätte mit einer Todsünde im Herzen mehr als ein Jahrzehnt Sakramentendienste versehen? Die alte Überlieferung nimmt sich sogleich anders aus, bedenkt man, daß die Normannen damals auf der Garonne weit ins Landesinnere vordrangen und die Kirchen am Wege plünderten. Überall vergrub man eilig Altargeräte und Schreine oder verbarg sie an unzugänglichen Plätzen. Hinter dem vermeintlichen Diebstahl stand also wahrscheinlich ein Sicherungsauftrag. Was die Freude der Mönche in den Bergen der Rouergue keineswegs mindern mußte; Agen war weit, und die Normannengefahr dauerte weiterhin an.

Tatsächlich, die Patres hatten ihr Tedeum nicht vergebens gesungen. Alsbald ereigneten sich in Conques am Schrein der kleinen Märtyrerin erstaunliche Wunder. Ein Blinder, dem man die Augen herausgerissen hatte, wurde bei der Anrufung von Sainte Foy sehend, selbst Gefangene in entlegenen Kerkern der Ketten ledig; die Gläubigen strömten auch hier herbei, und Conques wurde so reich, daß es auch im benachbarten Ausland Liegenschaften besaß. Eine Hohenstaufen-Prinzessin schenkte dem Kloster sogar Landbesitz in der Gegend des Rheines. Um die Mirakel der Heiligen sichtbar zu dokumentieren, ließ das Ordenskapitel im 12. Jahrhundert aus den Ketten befreiter Gefangener jene Chorgitter schmieden, die man heute noch sieht.

– Auch die Jacquaires kamen. Man mußte bald, schon um 1050, ein größeres Gotteshaus, das heutige, bauen und tat es dem Vorbild des längst untergegangenen Saint-Martin zu Tours nach. Damit entstand eine der großen Pilgerbasiliken am Wege gleich Saint-Sernin zu Toulouse, wenn auch nicht in den gleichen Dimensionen. Über den Nebenschiffen des Lang- und den Seitentrakten des Querhauses wurden Emporen für Pilgerlager und Andacht eingemuldet. Um den Chor zog man einen Prozessionsgang mit Kapellen, ließ schmale, hohe Seitenarkaden dem Altarraum entgegenwallen und legte den Pfeilern schlanke Dienste vor, die das Auge nach oben lenkten. Man spürt es noch heute, Pilgergeist waltet. Der stets etwas dunkle Raum mit dem in der Höhe verdämmernden Tonnengewölbe trägt den Charakter des Mythischen, und wer im Chor unterschwellig das Licht der Verheißung durch die engen Pfeilerstellungen geistern sieht, wird sogar etwas wie eine geheime Sinngebung empfinden.

Das freilich sind sehr subtile Zusammenhänge, und auf den ersten Blick dürften die Jacquaires denn auch andere Dinge gefesselt haben, die Bildwerke von Conques. Weniger die Monumentalskulpturen des nördlichen Querschiffs, dieser Jesaias und Johannes, die Verkündigungsgruppe mit der trotz aller auvergnatischen Schwerblütigkeit fraulichen, anmutigen Marienfigur. Wir wissen nicht einmal über ihre ursprüngliche Aufstellung Bescheid. Vielmehr, sobald die Pilger auf den kleinen, von alten Häusern umzogenen Vorplatz der Kirche gelangten, sahen sie etwas, das ihnen die Sprache verschlug, die Weltgerichtsdarstellung auf dem Tympanon des Eingangsportales. Ein Bildwerk von der Gewalt des Direkten, dessen Farbspuren erkennen lassen, daß es zudem bunt angelegt war. Noch heute kommt man von seiner naiven Fabulierfreude und dem Bann der Erzählung nicht los. Querlaufende Stege mit anmahnenden oder erläuternden Inschriften teilen das Bogenfeld in drei Zonen oder Register, die nur die Darstellung des in wolkenumhüllter, ausgestirnter Mandorla thronenden Herrn überschreitet. Zuoberst schweben Himmelsboten, die wie zu Beaulieu das

Kreuz als Zeichen der Passion hinter Christus halten. Auf den Registern der linken Seite sieht man im Mittelfeld jene Auserwählten, die, im Rang der Heiligkeit stehend, dem Himmel zuwallen: Maria, Sankt Benedikt, Antonius, der Eremit. Auch ein Herrscher, Karl der Große mit Krone und Zepter, ist als Wohltäter des Klosters darunter. Im unteren Streifen genießen einfache Auserwählte im Hause des Himmels, das durch dachförmige Zwischenstege angedeutet wird, die Wonnen der Seligkeit. Doch da über dem Dach noch ein Zwischenraum frei blieb, hat ihn der Bildhauer benutzt, um Sainte Foy im Gebet vor der Zelle zu zeigen. Selbst die Fesseln der Befreiten an der Decke ihres Gemaches sind nicht vergessen.

Die rechte Seite des Tympanons bleibt hingegen der Darstellung höllischer Strafen vorbehalten. Wahrhaft grausige Bilder werden beschworen. Lemurische ›Diablotins‹, wie es im Französischen heißt, peinigen, hängen, martern und brennen die Sünder, was die Phantasie des Steinmetzen nur hergab. Im Zwischenregister über dem Dach des Hauses der Hölle rösten Teufelsgehilfen einen Mann gleich einer Sau am Spieß. Zuunterst aber schiebt Leviathan sein Maul aus der eisenbeschlagenen Tür des Inferno, in dessen Mitte Satanas thront, neben sich auf der einen Seite den erhängten Judas, auf der andern wird der Ritter Raimon d'Aubin vom Pferde gestürzt, welcher der Abtei einst Schaden zugefügt hat. »Wenn ihr nicht eure Sitten ändert, o Sünder, erwartet euch künftig ein hartes Gericht«, steht auf den Stegen geschrieben.

Was Wunder, wenn ich bei solcher Phantasiefülle höllischer Visionen an Dante und seine selbstherrliche Verdammung persönlicher Feinde erinnert war! Wohl dem Kaiser, der Conques half, Fluch allen, die sich an ihm vergriffen. Aber das Entscheidende bleibt doch dieses naive Gradezu der Mahnung; sie trommelt mit Fäusten auf den Betrachter ein. Nach dem erschöpfenden Weg der Pilger übers Gebirge und der Todesgefahr von Aubrac ein seelischer Angriff von äußerster Härte. Der thronende Christus inmitten des Bildwerkes läßt am Ernst der Drohung keinerlei Zweifel. Das ist kein entrückter, halb vergeistigter Gott wie zu Vézelay, sondern ein Mann einfachen Stammes mit schweren Lidern und Augen von der Gewalt eines Blickes, vor dem sich niemand verbergen kann.

Das Äußerste an Thematik paart sich also mit sehr naiven Darstellungsmitteln. Fast jede Figur ist in stereotyper Weise gesehen, frontal oder quer gegeben. Die halb dem Herrn zugewandte Maria stellt eine der wenigen Ausnahmen dar. Die Wolken um die Mandorla schieben sich in Rosettenform vor, die Gesichter der Erwählten zeigen sämtlich die nämliche Freundlichkeit, und die Schnurrbärte der Männer sehen allesamt aus wie Uhrenzeiger, die auf zwanzig vor oder nach stehn. Der große Carolus aber wandert, das Zepter mit angewinkeltem Arme haltend, so betreten einher, als müsse er ins Examen. Dahinter steht spürbar eine fast tumbe Gläubigkeit, und dennoch vermag sich keiner dem Bildwerke zu verschließen. Es geht jeden an. Ob es frohlockt oder droht, es bleibt voll einer Gewißheit, die nicht den geringsten Zweifel kennt und keine Nuancierungen zuläßt, um in jedem Atemzug exemplarisch zu sein.

Es gibt in Conques noch eine Steigerung dieser Eindringlichkeit. Das ist die berühmte Sitzfigur der Mädchenheiligen von Agen oder ›Majesté de Sainte Foy‹, die man früher in der Kirche verehrte. Heute steht sie samt dem übrigen Kirchenschatz, dem bedeutendsten von ganz Frankreich, in einem eigenen Bauwerk abseits des Gotteshauses; unweit des alten Friedhofes mit seiner Kapelle der Abtsgräber. Genauer, neben dem ehemaligen Kreuzgang, in Fortsetzung einiger ›Presbyterium‹ genannter Klostergelasse. Man hat diesen *Trésor,* der fast wunderbarlich den Plünderungen der Großen Revolution entging, seit 1873 der Obhut von Prämonstratenser-Mönchen der Abtei Frigolet in den provenzalischen Alpilles anvertraut.

Die Innenwände der einzigartigen Schatzkammer überziehen mit Aubusson-Teppichen drapierte Vitrinen, in denen einige uralte Handschriften wie der ›Liber Miraculorum Sanctae Fidis‹ des Bernard d'Angers aus der Zeit um 1000 zur Schau gestellt sind, vor allem aber kirchliche Geräte – Kreuze, Tragaltäre, Statuetten, Plaketten, Schreine, darunter eines der schönsten Reliquiare, die ich kenne, den tumbenförmigen Schrein mit den getriebenen Goldfiguren und den Adlerbildern des 9. Jahrhunderts, den man nach König Pipin von Aquitanien nennt. Doch wo beginnen, wo enden? Da ist auch das große A, das Kaiser Karl der Klosterschule von Conques geschenkt hat, da sind Textilien besonderer Art wie der geheimnisvoller Kräfte mächtige Gürtel der kleinen Heiligen oder ein Purpurstreifen aus einem Webatelier, das nur für das byzantinische Kaiserhaus gearbeitet hat ...

Allein, im Grunde sieht man das alles nicht, wenigstens nicht sofort. Denn das Auge wird magisch von der Figur am Ende, im Blickfang des Raumes, angezogen. Es ist die thronende ›Majesté‹ oder Fides-Statue, fünfundachtzig Zentimeter hoch. Funkelnd von Gold und Geschmeide, sitzt sie starr aufgerichtet, angetan mit einer Dalmatika, auf dem Kopf eine Krone. Schon im 9. Jahrhundert wurde der Holzkern dieses Bildwerks aus Eibenwurzel mit Goldblechplatten bekleidet. Das folgende Säkulum fügte die Hauptattribute hinzu, eingeschlossen Ohrgehänge und Filigranbänder. Spätere Epochen wetteiferten, dem Heiligenbild weitere Weihegaben zu applizieren, sei es als Pilgergeschenk oder Devotionsgabe hoher Herren. Darüber ist die ›Sainte Foy in der Herrlichkeit‹ zu einem Kompendium der Goldschmiedekunst und der Bijouterie eines ganzen Jahrtausends geworden. Wahrscheinlich fertigte man die Bergkristallkugeln auf den vier Ecken des Thrones schon in merowingischer Zeit. Der Kopf der Heiligen aber, der dem Holzrumpf aufgesetzt ist, stammt nach Ansicht der Fachwissenschaft von der Statue eines kaiserlichen Kindes aus dem oströmischen Reich und dürfte ein Werk des 5. Jahrhunderts sein. Im Rücken verdeckt ein Bergkristall mit eingeschnittener Kreuzigungsdarstellung eine Reliquienöffnung, vor dem Leib dient eine Edelsteinplatte in Form einer Monstranz der gleichen Funktion – man hat in der Höhlung Knochensplitter der Sainte Foy entdeckt.

Hieratisch-feierlich, die weit geöffneten Augen ins Ferne gerichtet, hält das goldene Bildwerk auf goldenem Throne Hof, völlig mit Smaragden, Rubinen, Saphiren und einer Fülle anderer Edelsteine bedeckt, unter denen sich erhaben geschnittene Kameen und volle einunddreißig Gemmen mit Tiefreliefs aus der Antike befinden. Eine Kostbarkeit von unvergleichbarem Rang, ein Inbegriff von Hoheit, Entrückung und Geschichte. Was Europa bedeutet, angesichts dieser Statue erkennt man es mit Ergriffenheit. Die Pilger, so meine ich, dürften bei ihrem

Anblick im nämlichen ›Désarroi‹, in der gleichen Verwirrung verstummt sein, wie ich, der Nachfahr in einer entgötterten Zeit.

Buchstäblich überwältigt bin ich davongewandert. Es gab nichts zu sagen. Wie gering sind wir alle geworden! Und doch erfüllte mich eine wärmende Freude – ich hatte das Märchen Aquitanien leibhaft gesehen. Durch die Porte de Barry von Conques, entlang der alten Häuschen der Rue Charlemagne zog ich den Pilgerweg hinab. Kleine Gärtchen zur Linken wiesen schamhaft ihre Erträgnisse vor, ein wenig Küchenkraut, und sogar, was wollte ich nur?, grünen, durchgeschossenen Spargel, wie ich ihn vor Jahren im etwas heruntergekommenen Hotel seitab der Kirche von den spinnenflinken, schwarzen Fingern der Madame Boudon als »Asperges en petits pois« nebst einem undefinierbaren Fleisch serviert bekam. Es schmeckte ein wenig nach Holundermark, doch gar nicht so übel. Wer arm ist, muß sich einzurichten verstehn.

Linkerhand mündete unterdessen der Steig vom Kreuzwegkirchlein Saint-Roche ein, und der Schäferhund, der beim nächsten Haus an der Kette Wache hielt, fletschte seine Zähne wie immer. Unten im Tal des Dourdou begann es zu regnen. Auf der Römer- und Wallfahrerbrücke schritt ich hinüber und klomm steil auf dem Fußpfad der Pilger den Berg hinan, der mehr dem Bachbett eines Wildwassers als einem Wege gleicht. Manchmal mußte ich über spitz aus dem Boden brechende Felsstücke jonglieren, und einmal, kurz vor der Höhe, glitt ich aus und fiel, platsch!, in den Sumpf, der sich unterhalb der Stützmauer gebildet hat. Beschmutzt vom Morast, aber auch glücklich kam ich zwei Stunden später nach Noilhac und langte wiederum drei Stunden hernach in Aubin an, um abzusteigen ins Tal des Lot. Das Gelobte Land der Santiago-Fahrer, die Guyenne, nahm mich auf.

BILDER DER VORZEIT

Der Traum von Figeac

Nicht, als ob ich viel auf das Träumen gäbe. Daß wir die Podiensis indessen für einige Zeit verließen, hat es doch bewirkt – wir, das waren seit Aubin, wo mich der Wagen erwartet hatte, meine Frau, zwei Reisegefährten und ich.

Der Anlaß war nichtig. Beim abendlichen Heimgang durch das wie ausgestorben daliegende Figeac war ich auf ein regungslos am Boden hockendes Vögelchen gestoßen. Nachts überkam mich ein bedrückender Traum, in welchem dem Nestjungen, dem keiner mehr helfen konnte, die auslösende Rolle zufiel. Bald aber hetzte eine ganze Menagerie verfolgter Kreaturen durch meine Gedanken, bis endlich der sattsam bekannte Karren mit den abgeschnittenen Rinderköpfen vor mir erschien, den ich einmal im Verkehrsgewühl von Kairo gesehen hatte. Er suchte mich schon seit Jahren heim. Emporschreckend beschloß ich, mich durch einen Blick auf die Karte mit der Route des kommenden Tages abzulenken. Mein Auge fiel auf Les Éyzies. Da hatte ich's. Der kleine Vogel warf große Schatten. Ich kannte das Zentrum der Höhlenmalereien und Sammlungen der Eiszeit mit Jagdwaffen, Knochenresten und Gräberfunden seit langer Zeit, und es war mir samt seiner Umgebung stets als riesenhafte Opferstätte erschienen.

Schlafbenommen, gestand ich mir dennoch ein, mein Urteil mußte voreilig gewesen sein; etliche in fünf, sechs damals durchwanderten Höhlen wahrgenommene Bilder stiegen sofort wieder auf und bedrängten mich durch ihre stürmische Darstellungskraft. Die Stiere von Lascaux befanden sich auch darunter. War, was ich früher als Golgatha der Kreatur empfand, in Wahrheit nicht zugleich eine Art Heiligtum der Eiszeitfauna? Bestand zwischen beidem, Leidens- und Verklärungsstätte, vielleicht die Beziehung des Doppelbödigen? War das nicht diesem ganzen Landstrich eigen, dem Quercy und Périgord, in das wir nun wollten, und durchzog nicht am Ende den gesamten franko-kantabrischen Raum, in dem sich die Pilgerstraße als Perlenschnur von Kunstwerken bis nach Galicia fortrankte, eine mitwandernde Reihe unterirdischer Galerien, die Höhle von Altamira eingeschlossen? Es schien mir plötzlich sehr dringlich, hier, in Figeac, die Santiago-Route für kurze Zeit zu verlassen, um hinauszufahren nach Les Éyzies. Weit war es ohnehin nicht.

Im nüchternen Morgen habe ich Monsieur Bonpère, dem Wirt vom ›Terminus‹, mein chimärisches Nocturno gestanden. Mit einiger Selbstironie, versteht sich. Er lächelte keineswegs. »Vielleicht ein Fingerzeig«, sagte er ernsthaft, »ich selbst bin ein wenig Freizeit-Speläologe. Das Nebeneinander von Pilgerroute und Höhlenfunden? Menschheitsstraßen, wer löst solche Rätsel? Aber wenn Sie die ›Grottes‹ besuchen wollen, warum studieren Sie nicht zuvor die Entstehung? Man begreift mehr. Die Braunhie« – er sprach es ›Bronje‹ aus – »nebst dem Gouffre de Padirac liegen nur einige Steinwürfe weit.« Eine Bagatellisierung der Entfernung, die offenbar seiner Begeisterung für die Sache entsprach.

So sind wir nach Alvignac gekommen, einem Ort mit passabler Unterkunft, der dem Gouffre am nächsten lag. Ganz zufällig war die plötzliche Reiseänderung, nebenbei gesagt, nicht. In meiner Brusttasche knisterte ein Brief, die ›Permission d'Entrée‹ für das der Öffentlichkeit seit Jahren verschlossene Lascaux. Sie war nur schwierig zu erhalten gewesen und allein, weil ich über Aquitanien schrieb. Außerdem lautete sie auf ein späteres Datum. Aber das mochte sich arrangieren lassen.

Daß sich die Höhlenkunst grade im aquitanischen Herzland entfaltet hatte, wog schwer. Georges Batailles gewichtiges Buch über Lascaux trägt einen Nebentitel – ›Die Geburt der Kunst‹. In der Tat, ich begann das Ganze als Gnadengeschenk der Landschaft anzusehn, die mir am Herzen lag. Kurz, ein wahres Gewebe von Anlässen spann mich ein, deren erster der kleine Vogel gewesen war.

Statt nach Südwesten, sind wir daher in Richtung Périgueux aufgebrochen, obendrein in der Gewißheit, dabei auf Pilgerspu-

ren zu stoßen. Sie rücken im Périgord immer enger zusammen,
wenn auch die letzten Zeugnisse der Lemovicensis zwischen der
Hauptstadt des Landes und der Garonne im Süden der großen
Straße zum Opfer gefallen sind. Dafür sollte es von Périgueux
nach Osten gehn auf eine von Clermont heranwallende Nebenroute, die über Beaulieu auf Rocamadour zuläuft. Dann erst
wollten wir zurückkehren auf die Podiensis nach Moissac. Sei
uns der Umweg verziehn. Wer den geheimen Zusammenhängen
der Dinge nachspürt, kommt mit dem Kompaß nicht weit…

Ein Zaubermorgen war es, an dem wir auf breiter Autostraße davonrollten. Während im Gebirge hinter uns grade die
Kirschbäume blühten, duftete es im Ödland seitab unserer
Strecke bereits sommerlich nach Minze und Thymian. Auch
kam es ganz wie vorausgesagt. Die trockene Causse de Gramat,
insbesondere die von Kavernen und Schlünden durchsiebte
Braunhie mit dem Gouffre de Padirac, diesem Lehrbuch der
Erdgeschichte, und schließlich Alvignac lagen tatsächlich vor
der Tür.

Im Gouffre von Padirac

Alvignac, das sich einer nahen Heilquelle rühmt, ist der Größe
nach ein bescheidenes Dorf. Es gefiel uns. Das Hotel war bequem, sauber, ruhig vor allem. Einzig im Speisesaal ging es
lebhaft zu. Dort residierte während der Mahlzeiten eine Gruppe
junger Hauptstädter an langer Tafel, die gottlob in einem andern Flügel hausten. Sie hatten offenbar kleine Liaisons und
Affären miteinander. Kam eine blonde Helena morgens mit
versonnenem Blick zum Frühstück, saß eine dunkle Kassandra
bereits mit kampfbereit funkelnden Augen da, während der,
den es anging, trotz des weltläufigen Großstadtpalavers der
übrigen, den Kopf stumm auf den Teller steckte, nicht ohne
verstohlen weitere Umschau zu halten. Ein langer Mensch mit
aufgezwirbeltem Schnurrbart und militärisch geschnittener
Jacke samt Stehbördchen führte die Sippschaft an. Wies das
Habit auf militärische Vergangenheit hin, so eher der subalter-
nen Ränge. Oder nein, genaugenommen erinnerte er an Valentin le Désossé, den Quadrillentänzer des Moulin Rouge, den
Toulouse-Lautrec gemalt hat. Auch wenn es in Widerspruch zu
seiner betont martialischen Haltung stand.

Meine Neugier, was sie trieben, war nicht gering. Maler? Sie
führten nicht Block, nicht Bleistift bei sich. Eine Theatertruppe?
Da fehlte das großspurige Mimengehabe. Die animierte Gesellschaft war schwerlich unterzubringen. Aber es zigeunerten
mancherlei Leute durchs Land. Warum nicht auch diese Kinder
eines Olymps, der zwischen Quartier Latin und Montmartre
liegen mochte. Spürten sie am Ende gar dem gleichen Ziel nach
wie wir, wanderten sie also auf Vorgeschichtsspuren? Tatsächlich erschienen Helena und Kassandra nebst Allerweltsfreund
Paris, dem Militärrock und dem andern Gefolge kommenden
Tages in jenem Erdenschlund, zu dem es auch uns zog, dem
Gouffre de Padirac, der eine Art Weltwunder ist...

Sei es eingestanden, ich hatte bereits eine Reihe von Höhlen
besucht. Nicht solche wie Pair-non-pair oder jene von Les Éyzies, sondern unbemalte, und zwar aus dem gleichen Grund,
wie der Terminus-Wirt es anriet, um architektonisch Maß zu
nehmen. Die ausgemalten lassen ob ihrer Bilder keinen Blick
mehr für Raum und Gestalt zu. Es waren sehr charakteristische
darunter gewesen, so Fontirou im Hügelland nördlich Agen
und abseits der Straße von Villeneuve-sur-Lot im Feldertälchen
mit Bauernhaus und Remise, wo ein Kellerzugang in ein spirali-
ges Gangsystem von drei Geschossen hinabführt. Die dritte,
unterste Stufe befand sich derzeit noch ›en exploitation‹; dort
rauschte ein Unterweltbach, aus dem man eben einige Knochenreste barg, Überbleibsel von Tieren, die während der Eiszeit in eine Gletscherspalte gestürzt und verendet waren. Fontirou stellte die eine Form solcher Höhlen, eine Art subterraner
Etagenspindel dar. Oder da gab es den viel angepriesenen
›Grand Roc‹ nahe Les Éyzies hoch in der Felswand, mittels
eines hölzernen Treppenturmes zu ersteigen, hinter dem sich,
kunstvoll ausgeleuchtet, ein ›Märchen aus Tausendundeiner
Nacht‹ öffnete – kreuz und quer durcheinander wuchernde Kristalle nebst einem Gewirr von Tropfsteingebilden. Wer mehrere
dieser Art gesehen hatte, konnte sie als mineralogische Garkü-
che der Natur empfinden. Immerhin verkörperte sie eine andere
Grundform, die Ganghöhle.

Mit dem Gouffre de Padirac verhält es sich anders. Er besitzt
jenes Acherontische, das über alles Formale hinausgeht und
einer Höhle mythischen Doppelcharakter verleiht, sie zum

Traumesraum und zugleich zur Szenerie des Infernos macht.
Schien er nicht hier unten allenthalben zu lauern, der Abgrund-
alte, der Böse, Satanas leibhaft? Was aber das Traumbezogene
angeht – Höhle, das Wort weckt in jedem ein Echo; die Höhle
in uns verlieren wir nie. Die neueste Höhlenentdeckung, die
Weltraumkapsel! Der Gouffre von Padirac bedeutet eine vollkommene Einstimmung ins Höhlenhafte. Man ist sich von nun
an klar, um was es geht und auch für die Menschen der Vorzeit
ging. Um das Elementare, das Abgründige, aber auch die Berge-
kraft der Natur in nuce.

    Der Erdschlund liegt südlich des Dordogne-Bogens von Ca-
rennac – Castelnaud und öffnet sich erst, wenn man ein paar
Schritte davor steht. Ein Bodenloch, rund dreißig Meter im
Durchmesser, volle hundert Meter tief. An den senkrechten
Wänden wuchert Moos und ein Farnpelz von vielerlei Arten;
zahllose Schwirr- und Zwitschervögel nisten darin. Daß es
selbst drunten noch grünt, besitzt Gründe. Die Tiefe dünstet. Je
mehr es hinabgeht, desto später beginnt der Tag. In rund sechzig Metern Tiefe buckelt sich ein Schuttkegel aus der Schwärze,
Überbleibsel der in unbekannter Zeit eingebrochenen Oberfläche. Rings um das Restgetrümmer sinkt das Erdloch, konisch
geweitet, bis dorthin ab, wo ein hastiges Wasser aus dem Fels-
grunde bricht und nach Durchlaufen eines achthundert Meter
langen Unterweltsees wieder verschwindet, um erst nach rund
elf Kilometern im Cirque von Montvalent, dem Dordogne-Bo-
gen eben, ans Licht zu kommen. Der Prozeß der Höhlenbildung
dauert also noch an, und dies macht den Gouffre exemplarisch.
Einsickernde Wasser haben hier das Gestein der Causses, gewaltiger vom Massif Central heranstreichender Kalkschollen,
ausgelaugt, bis sie auf undurchdringliche Schichten gestoßen
sind, auf denen sie als unterirdische Flußläufe fortströmen.
Auch die Höhlen von Les Éyzies sind so entstanden und nach
dem Versiegen eiszeitlicher Schmelzfluten als Hohlräume übriggeblieben.

    Aber es gibt noch andere Aspekte. Der geheimnisvolle
Schauer der Unterweltsregion zwischen Gouffre, See und
›Grand Dôme‹, einem kirchturmhohen Gewölbe am Ende des
zwei Kilometer langen, erschlossenen Teiles, packt viele Menschen; sie kommen in großer Zahl. Ohnehin Frühaufsteher, zog

ich es daher vor, frühzeitig zu erscheinen, als man eben die Abfahrtshalle der Lifte aufsperrte, die in zwei Etappen ins Tiefe führen. War es möglich, ich konnte sogleich hinab? Ans Ende der Fahrstrecke gelangt, fand ich den anschließenden Treppenabstieg noch in Dunkel gehüllt. Doch warum warten? Über endlose Stufen tappte ich abwärts, bis mich absolute Schwärze und Schweigen umfing. Der Fuß, die Hand am Geländer ertasteten nur noch Waagerechtes. Ich mußte längst unten sein. Wo blieben die andern? Einen Augenblick lang bedrängten mich Hiobsgedanken. War oben einer jener bekannten Blitzstreiks durchtelefoniert worden und hatte das elektrische Werk... Zurück konnte ich kaum. Der Leuchtzeiger der Uhr wollte nicht von der Stelle rücken. Es war meine erste Lektion, die mir der Gouffre erteilte! Die Höhle mit sich allein. Raum und Zeit gelten nicht. Kein Oben und Unten, kein Hinten und Vorn, nur Lautlosigkeit.

Als mit Zauberschlag die Lichter angingen, sah ich den randvollen Unterweltsbach neben mir strömen; er arbeitete rastlos fort am Aushöhlungswerk, alle paar Stunden ein Mineral, alle Jahrzehnte ein Bröckchen Stein. Voraus sperrte ein Drahtgitter den Eintritt zu einem winzigen Hafen mit sechs, sieben Booten; dahinter füllte ein kanalartiger, im Unabsehbaren verschwindender See die ganze Breite der Höhle aus. Aufgeatmet habe ich doch, als sich endlich Schritte vernehmen ließen und eine Stimme, die des Führers sagte: »Man pflegt oben zu warten, Monsieur...!« Trotz des Vorwurfs, der lugubere Teil dieser Unterweltswanderung war vorbei, der lyrisch-heroische hob an.

Mit dem Nachen nämlich ging es jetzt weiter, über knietiefen Seegrund zuerst, der bald auf vier Meter absank, unter Tunnelgewölben aus graubraunem Fels, gelegentlich von Quarzit überronnen. Um die elektrischen Leuchten der Wände keimte es grün, bis sich nach einigen hundert Metern der Raum völlig veränderte. Man hörte es tropfen und sah es rinnen. Der Tunnel weitete sich zu Gewölben, eine Bucht, der ›See des Regens‹ öffnete sich, darin ein Felsblock, hinter dem sich die Decke jählings emporschwang, doppelt so hoch wie die höchste Kathedrale. Fast hundert Meter müssen's gewesen sein, bis zur Oberfläche der Causse beinahe, ein gewaltiger Raum, in dem ein durch Sinterung und Tropfsedimente zusammengeleimter Schuttkegel aufwuchs, das Getrümmer des gleich dem Gouffre ausgefallenen Grand Dôme.

Von oben stemmt sich hier ein riesenhafter Tropfsteinpfeiler hernieder. Wessen Phantasie vermag die Zeiträume auszuloten, deren es zu seiner Entstehung bedurfte? Im Gewände aber windet sich ein Saumpfad hoch, auf dem nach dem Anlanden eine unvergeßliche Wanderung begann. Verborgene Lichtquellen zauberten glühendes Orange und leuchtendes Weiß auf vorkragende Klippen. Auf dem Kegelstumpf drunten blänkerte ein aus Tropfen zusammengeronnener Teich. Abermals dreißig oder vierzig Meter tiefer konnte man den Abfluß des Unterweltsees erahnen, dessen Wasser dort über eine Steinkaskade in enger Höhlung davonfließt. Das Verwirrendste aber, es gab keine festen Standpunkte für Besinnung und Überschau mehr. Bei jeder Körperwendung änderte sich die Szenerie vollkommen. Die letzte Erfahrung: Alle Maßstäbe in diesem Raumgebilde waren aufgehoben. Die Sinne griffen nicht mehr.

Als der Weg endlich abfiel, sah man tief unten eine Menschengruppe entlangziehn. Wie Urzeitgestalten sahen sie aus, schweigend im schweigenden Raum. Jetzt erkannte ich sie! Voran der Unterweltsführer, dahinter die Kinder des Olymps aus Alvignac – Valentin, der ›Ausgebeinte‹ mit der Stehbördchenjacke, Paris und Helena, nunmehr Kassandra, mit seherisch erhobenem Kopf ausspähend nach Unheilsbotschaften. Hinter ihnen, diesmal wortlos, die andern. Lauter Brassempuy-Köpfchen von hier oben. In dieser Unterwelt bekam das Menschliche andere Dimensionen. Monsieur Bonpère hatte recht. Man sollte wissen darum, ehe man die Kunstwerke der Höhlen von Les Éyzies betrachtet.

Brassempuy? Ein Bild jener Menschen, welche die Felswände der Höhlen bemalten, gibt es ja auch, ein einziges, winziges nur. Das erste Menschenantlitz der Erde.

Die großen Epochen der Steinzeit

Die Causse von Gramat hatte uns lange Tage in Bann gehalten, ehe wir von Alvignac aus nach Westen zogen. Ein durchleuchteter Morgen stand über der Weite. Südlich blieben der Gouffre

von Blanat, nördlich der von Réveillon zurück. Das Land zeigte
sich wirklich von Erdschlünden durchsiebt. Voraus ein Ort,
l'Hospitalet. Der Name deutete auf eine alte Herberge hin; es
gab sogar Spuren davon, und sie hatte den Jacquaires so gut
wie anderen Wallfahrern offen gestanden. Welcher Art stellte
sich bald heraus. Denn es ereignete sich etwas. Unerwartet öffnete sich vor uns ein Abgrund, eine ungeheure Senke, einhun-
dertfünfzig Meter tief, der ›Val ténébreux‹ des Alzou, das Ende
nicht abzusehn. Drunten furchte sich das Band des Flusses
durchs Tal, und an ihm fädelten sich Häuser entlang, um sich
zu Füßen eines vorspringenden Felsens zu einem Ort zu ballen,
und eben hier war es. Das Gemäuer warf sich bis zu einem
Zinnenschloß am Oberrande der Schlucht empor: *Rocamadour,* eines der großen Pilgerziele des Mittelalters, ursprünglich
Stätte eines Kybele-Kultes, später Heiligtum von ›Notre-Dame-
des-Pauvres‹.

Kein Wunder, daß sein Anblick jedem die Sprache verschlug. Ringsum Steilhang, Tiefe, gewaltige Urnatur. Mitten in
diesen Absturz getürmt die Gottesstadt, wie im Traum zu gewahren. Was Rang und Namen besaß, ist im Mittelalter nach
hier gezogen, Sankt Dominikus, Sankt Bernhard, aber auch Könige wie Louis IX von Frankreich oder die geistige Elite fremder
Länder, darunter der Doctor illuminatus, Ramon Lull, um nur
einen zu nennen, und mit diesen Besuchern Scharen von Andächtigen. Einmal sollen bei einer Ablaßprozession dreißigtausend Menschen durch die enge Straße zum altersgrauen Heiligtum gewallfahrtet sein.

Unten im Ort zeigte sich allerdings, daß die Patina nicht
mehr ganz stimmte. Das Gemäuer ist im letzten Jahrhundert
großenteils nachgebaut worden. Die Mühe des Anstiegs blieb
indessen dieselbe. Zweihundertsechzehn Stufen ging es über die
Via sancta zur Kirchenterrasse, siebzehn weitere zur Chapelle
miraculeuse hinan, einem dunkel gehöhlten Raum mit einem
Lichtherz von Kerzengeflimmer. An die Wand gehängt Ketten
befreiter Gefangener und hoch im Gewölbe eine Eisenglocke
des 6. Jahrhunderts, die man anschlug, sooft die Gottesmutter
der Armen ein Wunder wirkte. Endlich ließ sich auch das Gnadenbild in diesem Dämmer ausmachen, eine schößlingshafte
Nußbaumskulptur des 12. Jahrhunderts, breithüftig auf einen

Klotz gehockt, stabdünn der Oberleib, das Gesicht schaut sorgenschwer über das Kind ins Ungewisse. Draußen in der Helle des Tages Terrassen, Treppen und sakrales Gemäuer, hoch über den Dächern des Ortes an den Steilhang gepreßt – die Lage ist unvergleichlich, wie für Schwalbenseelen erdacht! Die Kapelle Saint-Michel trägt sogar noch die alten Fresken, der hoch aufgeschwungenen Basilika Saint-Sauveur aber sah man das 19. Jahrhundert an; an Hochwänden und Sockeln gab es Votivtafeln zu sehn, Andenkenhaftes, eingemauerte Torsen von früher. Ein Eisenprügel galt für Rolands Schwert Durandal; in einem Felsgrab sollte Sankt Amador, ein Eremit unbekannter Herkunft, beigesetzt sein, den das 15. Jahrhundert mit Zachäus, Christi Gastgeber in Jericho, dem Mann der Veronika gleichgesetzt hat. Phantastisches, Urecht-Altes, Krimskrams der Geschichte bunt durcheinander.

Die Örtlichkeit stimuliert dazu. Wer von der Kirche unter Blütenbäumen auf schattigen Serpentinen den Kreuzweg emporsteigt, versteht das. Der Ausblick, anders von Schritt zu Schritt, entrückt allem Gewohnten, verführt die Gedanken zu abenteuerlichen Spekulationen, bis plötzlich kurz unterm Oberrande der Schlucht erneut etwas Unerwartetes Wirklichkeit ist. Eine mächtige Kaverne öffnet sich dort, die Erklärung für alles, die Brunnenstube des Kultortes, halb Abri, halb Höhle, waagerecht in den Felsen gemuldet. Hier dürften die keltischen Korybanten von einst Kybele, die Magna mater, die man ja auf Bergeshöhen verehrte, gefeiert haben. Aber die Grotte wurde schon vorher, in prähistorischer Zeit, besucht und vielleicht auch behaust. Man hat mehr als tausend gravierte Flußkiesel gefunden, und Felszeichnungen gibt es gleichfalls, ferner in der Umgebung Quelle, Dolmen und Tumulus. Die Höhle des Ursprungs als Keimzelle mittelalterlicher Madonnenverehrung, einer Muttergottes der Armen am Felsen der Liebe, was Rocamadour in Wahrheit besagen soll – das verlieh dem Ort und allen Gedanken, die man sich über den Namen machte, eine neue Dimension. Die Botschaft aus Unterweltstiefe: Sie ist der Schoß. Wir tragen das Wissen tief in uns, wir sagen Raum und denken dabei den Mutterleib mit, der uns als Ungeborene barg.

Es ist an diesem verzauberten Tag des Lichtes dabei nicht geblieben; der Nachmittag spielte uns weitere Botschaften zu.

Über *Gourdon* mit der schönen ›Majou‹, einem mittelalterlichen Sträßchen zur Kirche Saint-Pierre, sind wir nach *Cougnac* in seinem gebuckelten Eichenwäldchen gekommen, einer vor rund dreißig Jahren unter seltsamen Umständen durch Auspendeln auf einer Landkarte entdeckten Doppelkaverne. Zwar, die Tropfsteingebilde, Kristallisationen der ersten Grotte, lockten uns wenig. Aber in der zweiten sind unter Schleiern von Kalksinter Darstellungen einer vorzeitlichen ›Kultstätte‹ zu sehen, alle aus ein und derselben Epoche, dem mittleren Magdalénien. Mammuts, Riesenhirsche, ein Pferdekopf wie zu Rocamadour, Steinböcke, viel unerklärbare Zeichen. Daneben geheimnisvolle Gebilde aus Kontur und Augenpunkten bestehend, sogenannte Gespenster. Vor allem jedoch gesichtslose Männer aus Umrißstrichen; anders sah der Mensch damals den Mitmenschen noch nicht. Einer, von Speeren durchbohrt, im Zusammenbrechen, der andere auf der Flucht dreimal in den Rücken getroffen. Hat man auf diese Weise Feinde dem Untergange geweiht oder brachte man so einer unbekannten Macht Opfer dar, trug die eine von diesen Figuren gar eine Vogelmaske? Das hätte auf Lascaux hingedeutet, wohin unsere Wege zielten. Es rief uns. Mein Notizbuch füllte sich im Laternenschein hastig Blatt nach Blatt, bis die Leuchtziffern der Uhr zum Aufbruch mahnten, damit wir Sarlat noch erreichten. Wer nach Les Éyzies will, sollte es als Besinnungs- und Ausruhpunkt queren: Endlich, nach soviel Erdendunkel und Spekulation wieder im gesicherten Raum Fuß zu fassen und ins Gewohnte zurückzufallen! Die letzten Tage waren ohnehin voll Geistes- und Körpermühe gewesen.

Sarlat nämlich ist eine Stadt der Renaissance; sie besitzt das Selbstgewisse der geometrischen Formen: Mauerkuben, Rundtürme, Rechteckfenster und Steinschmuck, jeder Platz ein Szenarium. Ich kannte und liebte es, auch wenn das gewohnte Hotel Tücken besaß. In den Bidets gurgelte es, wenn sich nebenan jemand wusch, und der untersetzte Tischkellner mit den Goldraupen auf der Servierjacke sah meine Existenz mit dem Mißtrauen des Tatsachenmenschen an; er respektierte an mir einzig, daß ich ihm tributär war. Meine Frau schüttelte zwar den Kopf über die Wahl, aber dann arbeitete der Friseur, den sie ihrerseits mochte, gleich nebenan. Überhaupt lag unsere

Bleibe günstig. Was mich am meisten anlockte – ich konnte, wann es mir paßte, durch die vertrauten Gassen wandern, während der große Mond des Périgord mir zusah, und Zwiesprache halten.

Da lag schon die Place Peyrou am romanischen Fuß des Kathedralturms, da war der Bischofspalast der Salignac, ein Name, vor dem man hierzulande den Hut zieht. Am Haus de la Boëtie gegenüber, in dem Etienne de Boëtie, Montaignes Freund, der Poet, zur Welt kam, meißelte das nächtliche Gestirn alle Details bis zur hübschen Dachlukarne an der Fassade heraus, Blümchen, Kränze, Medaillons, Rauten. Das Hôtel de Maleville zwar brütete wie gewohnt über Nachtgedanken, doch das Rathaus lag in breitem Behagen. Am schönsten hob sich der Treppenturm des Hôtels Magnanat auf seiner Rampe ins Leuchten. Da war nichts spekulativ wie in Höhlentiefen, sondern alles greifbare Zuversicht. Selbst die schwungvolle Schattenfront des Hôtels Plamon bekam ihren Widerschein ab. Oder fiel er von der Laterne herüber, die an der anderen Straßenseite die Felsöffnung des alten Stadtbrunnens bewacht? Einerlei!

Sarlat, liebes Nest, ich konnte nach soviel Erdenrätseln gar nicht genug bekommen, sondern stieg sogar neben der Kathedrale die Rue Montaigne empor ins Bürgerquartier. Nicht freilich in die Mauerschluchten der Rue d'Albusse hinein, sondern trat gleich auf den Rasenhang hinter der Kathedrale hinaus, um, den Rücken zur mächtigen ›Lanterne des Morts‹, hinabzuschaun auf das Steinplattendach der Blauen-Büßer-Kapelle, verwinkelte Firste und Schattenschächte, und wie stets genoß ich das Schauspiel der ›Temps perdus‹, das in Sarlat en suite gegeben wird. Dargestellt von Juristen, die einst im Présidial, Konsuln, die im Hause Plamon amtierten, Troubadours, die gestelzte Dialektverse drechselten, und natürlich auch Sankt Bernhard mit den predigend aufgehobenen Händen. Selbstverständlich fehlte das weibliche Personal nicht, die Frauen und Mägde, die am Stadtbrunnen Sainte-Marie ihren Plausch hielten, wer der Vater der kleinen Lişon in Wirklichkeit war. Es hat soviel Menschliches, soviel Lebensnähe, dieses Sarlat. Aber das Schönste an ihm, dies mußte ich eingestehn, blieb doch, daß es das Tor war nach Les Éyzies-de-Tayac. Da hatte es mich wieder beim Schopfe: die Lockung der Unterwelt! Ich kam nicht los,

niemand, den die Höhlenkrankheit einmal gepackt hat, macht
sich mehr frei.

Kaum Wunder daher, wenn wir kommenden Tages, sobald
der Coiffeur seine Pflicht getan hatte, nach Nordwesten hinaus-
fuhren in die Landschaft der schwingenden Hügel und Wälder.
Schon brachen Felsen aus sanften Wiesengründen, stiegen zu
Wänden auf, und schließlich eskortierten sie das Sträßchen
durchs Beune-Tal wieder so argwöhnisch wie einen Gefangenen.

Heimkehr nach Les Éyzies

Les Éyzies! Es schien nicht faßbar und war doch Wirklichkeit.
Voraus klebte das alte Schloß im Fels, das eigentlich nur aus
einer durchlöcherten Hauswand, einem karreeförmigen Belfried und den Burgterrassen besteht. Heute ist hier das
berühmte Vorgeschichtsmuseum untergebracht. Der Ort
schwingt sich dort, wo sich das eben noch enge Tal zu einem
riesigen Kessel weitet, um eine Kalksteinbastion in den Grund
der Vézère hinein. Gleich hinter dem Kriegerdenkmal lag schon
die Kneipe, in der die ›Bisons‹, der Sportverein, tagte, daneben
der Laden mit dem Andenkenkitsch und dem scheußlich skulptierten Affenmenschen im Fenster, dann der Economat, und
schon senkte sich linkerhand der Seitenweg zu unserm Hotel
am Fluß, der mehr Platz als Straße ist. Ich erinnerte mich, daß
hier einmal ein Wanderzirkus sein Zelt aufschlug, dem der an-
gepflockte Affe entsprang, um, seine Kette in wildem Triumph
schwingend, über die Dächer zu turnen. Ich erinnerte mich an
alles. Vorm Hotel saßen die Leute wie stets an weißen Tischchen unter den Schopflinden; gegenüber lag, verlassen wie eh
und je neben dem lärmenden Schulhof, das graue Sommerdo-
mizil, in dem wie immer niemand zu sehen war, und wie eh und
je knirschte der Kies unter den Schuhen, als ich klopfenden
Herzens zur Réception ging. Ob es überhaupt Zimmer gab?

»Sie haben Glück, Monsieur«, antwortete eine vertraute
Stimme, »eine kleine Reisegruppe hat abgesagt.«

»Auch unsere alten Zimmer mit dem Blick auf den Mu-
seumsfelsen?«

Ein überraschtes Gesicht forschte mich aus, strahlte auf:
»Mais Monsieur... vous êtes revenus!« – Die übliche französi-

sche Höflichkeit. Aber in diesem Augenblick trug sie Schmetterlingsflügel.

Ja, wir waren wiedergekommen! Konnte man telefonieren? Es schien Zeit zum Anruf in Périgueux, ob sich die Permission für Lascaux vorverlegen ließ. Man durfte, und verschieben ließ sich der Zeitpunkt auch, in einer Woche, am 15., wenn es gefällig war! Was wäre uns lieber gewesen, als ein paar Tage zu warten!

Am Abend habe ich dann den andern Spaziergang gemacht – den von Les Éyzies, und auch er, wie kaum anders denkbar, trug mir Tiefenbotschaften zu. Wie eh und je wanderte ich direkt vom Hotel an der gründunklen Vézère dem Locken der Nachtigall nach. Es ist ein verzauberter, stiller Weg hinter den Ufergebüschen. Schon dämmerte es. Die Nachtigallen waren längst über das Üben hinaus und führten ihr gesamtes Repertoire vor. Erst eine von jenseits des Flusses, dann antwortete die von hüben. Das ging den lieben, langen Tag; immer fing eine von neuem an. Vor allem aber sangen sie abends, wie jetzt, wenn der Blütenteppich der Wasserpflanzen im Fluß das letzte Licht des Tages auffing.

Das Wasser strömte unterdessen dunkel fort, und auf ihm, gleich einem Acheron, schienen noch immer die abgeschiedenen Seelen der Steinzeitmenschen stromab zu treiben. Manchmal sah man rätselvolle Kielspuren über die Fläche gleiten, ein Wassertier, das auf die andere Seite wollte. Trotz ihrer Unablässigkeit besaß diese Flut das Friedvolle der Dauer. Es ging mir jedesmal so. Ich war nicht mehr ›in der Zeit‹, brauchte Fernsehapparat und Tageszeitung nicht. Es interessierte mich länger nicht, was die Politiker aus aller Welt über künftige Katastrophen orakelten. Der alltägliche Tag fiel von mir ab. Die eigene Existenz schien mir sehr gering im Angesicht der Zeitlosigkeit, welche die dunklen Felsen verkörperten. Was bedeutete neben ihrer Dauer die treibende Eisscholle Zeit? Eingebettet, eingeordnet in den Ablauf der großen Erdenepochen zu sein, erschien mir wie Glück. Es war Glück.

Drüben auf der Straße glitten unterdessen die schnellen Wagen der Gäste eines nahen Nobelhotels vorüber. Was gingen sie mich noch an, der ich gleich manchen Glaubensgenossen nach hierher kam, um einen Blick hinter die Kulissen der Ewigkeit zu

werfen? Das Getriebe der Eitelkeit, in Les Éyzies erlischt es wie
nasses Holz. Der Ort, die Szenerie, aber auch der Fluß machen
es unwesentlich. Nur eines schien hier am Platze, der Gesang
der Nachtigallen. Es war ihr Tal. Der Abendzug von Paris über
Périgueux und Agen zur Côte jagte als dröhnender Lichtwurm
über die Eisenbahnbrücke, welche sich über den Fluß schwingt.
Doch selbst er störte die Nachtigallen nicht. Sie sangen fort,
und auch in mir sang etwas fort, sostenuto meistens und
manchmal con brio, denn ich fühlte mich nach einer schier
endlosen Reise daheim. Auch das war eine Botschaft aus Höhlentiefen. Die Fenster des Ortes glommen auf und malten leuchtende Flecken in die dunkelnde Landschaft. Vor mir lag das
kleine Haus am Ufer, das schon im letzten Herbst zum Verkauf
stand. Das ›à vendre‹ hing nicht mehr daran, ein alter Mann
werkelte friedlich im Garten. Einem Geldsack war es zum
Glück nicht in die Hände gefallen! Wenig weiter nahm ich die
übliche Geisterparade ab, denn hier hingen die Bettlaken des
Hotels beidseits des Weges zum Trocknen. Schon leuchtete mir
das Licht meines Zimmers tröstlich entgegen. Kein Gedanke,
der mich ferner mit der Vorstellung eines Golgathas der Kreaturen behelligte.

Ja, wir waren daheim, angekommen auch hier, und ringsum
stand schweigend die Nacht der Jahrtausende.

Erstes Menschenantlitz:
Das Köpfchen von Brassempuy

Auf der Brüstung der Schloß- oder Museumsterrasse von Les
Éyzies steht eine doppelmannshohe Figur, das Steinbild eines
vorzeitlichen Mannes, recht vage als ›l'homme primitif‹ oder
Urmensch bezeichnet. Es handelt sich um den Neandertaler. In
leicht vornüber geneigter Haltung späht er mit herabhängenden
Armen ins Ferne. Der Hals ist kurz, der Kopf in den Nacken
gedrängt, die Stirn niedrig. Der Gesichtsausdruck wird von den
breiten Backenknochen und einem schnauzenartig vorgeschobenen, fast kinnlosen Kiefer beherrscht. Alles an diesem Antlitz,
diesem Körper scheint elementar, und doch geht eine unbehol-
fene, schmerzliche Sehnsucht von ihm aus, als blickte er nach
einem Tor, das sich für ihn nicht geöffnet hat.

Der Bildhauer Dardé hat die Skulptur nach den Maßverhält-
nissen des 1908 gefundenen Skelettes von Chapelle-aux-Saintes
in der Corrèze geschaffen. Sie führt ungewollt irre. Zwar ist es
in dem Museum um die Vorgeschichte im allgemeinen zu tun,
mithin auch um die des ›Homo faber mousteriensis‹, wie er in
der Fachsprache genannt wird, aber die bedeutsamsten Funde
gehören dem mit dem jüngeren Paläolithikum anhebenden
Zeitraum des Aurignacien an, in dem die ersten Kunstwerke
von Menschenhand in Gestalt von Gravierungen und Höhlenmalereien entstanden. Der sie schuf, war der ›Homo sapiens
diluvialis‹. Er besaß den gleichen Schädelindex wie wir, ging
aufrecht, war der Sprache mächtig und hatte ungefähr eine
Größe von einmeterundachtzig. Es heißt, daß er zu lachen vermochte und sogar Spielzeug anfertigte, runde Kugeln und
Schwirrhölzer, mit denen er sich gelegentlich die Langeweile
vertrieb.

Zuweilen überkam ihn ein nicht ganz geklärter Impuls, die
Finsternis der Höhlen aufzusuchen, um dort beim Schein einer
blakenden Fettfunzel aus Stein – man hat deren siebzehn gefunden – seine erstaunlichen Bilder auf die Felswände zu bannen.
Dies in verblüffend wirklichkeitsgetreuen Gravierungen und
wahren Monumentalgemälden, sei es nach einer geritzten
Handskizze auf einer Schieferplatte oder rein aus der Imagination. Seinesgleichen bildete er selten nach, und wenn, dann
nicht in naturhafter Weise wie das Getier, sondern in abstrahie-
render Darstellung, bei der sich der Körper zum Strich ver-
schmächtigte oder kurvig-chimärische Formen annahm, während der Gesichtsausdruck weitgehend fehlte. Er hat auch plastische Menschenbilder geschaffen. Diese in Gestalt kleiner Statuetten oder Reliefs wie der Venus von Laussel mit dem Horn,
die man im Gebiet von Les Éyzies entdeckte; sie befindet sich
heute im Aquitanischen Museum von Bordeaux.

Dabei vermied er wiederum jede Andeutung von etwas Per-
sönlichem. Statt dessen prägte er bei Frauendarstellungen jene
Körperregionen, die der Fortpflanzung dienten, besonders aus;
männliche Wesen gab er nur in Umrissen, meist als Zauberer
mit Tiermasken wieder, manchmal in Trance und mit ityphalli-
schem Geschlechtsteil, vielleicht um einen Zustand der Erregung auszudrücken. Soweit es sich überschauen läßt, ging er

nur einmal bei einem winzigen Frauenköpfchen andere Wege. Es mißt insgesamt 3,7 cm Höhe, wobei das eigentliche Antlitz nur 2 cm hoch ist; geschnitten oder geschliffen wurde es aus einem Mammutzahn. Die kleine Skulptur kam übrigens nicht in Les Éyzies, sondern 1898 in einem anderen Teil Aquitaniens, Brassempuy in den Landes, zutage. Zwar kann sie nicht als Prototyp des Homo sapiens diluvialis jener Tage angesehen werden. Was wissen wir schon von den verschiedenen Rassen, die er im Lauf der Jahrtausende ausbildete! Man denke nur an den grade ein Meter sechzig großen Menschen von Grimaldi bei Mentone oder gar den von Chancelade vor den Toren von Périgueux aus dem Magdalénien, der noch kleiner war. Aber ein Abbild seines Aussehens ist sie doch. Da die Entstehung des in Brassempuy gefundenen Köpfchens vor dem Solutréen angesetzt wird, mag es in Bausch und Bogen gerechnet runde zwanzigtausend Jahre alt sein. Für die Wissenschaft scheint die kleine Büste nur sekundäre Bedeutung zu besitzen, mich hingegen schlägt ihr Anblick immer wieder in Bann – das Köpfchen, der Torso einer Frau, deren Körper zwar fehlt, immerhin das erste, dem unsern vergleichbare Menschenantlitz!

Die Vorgeschichte ist eine faszinierende Wissenschaft. Sie hat Tore aufgestoßen in ein Äon, in dem man noch vor einigen Generationen allenfalls Primaten, hochentwickelte Affenarten als Vorläufer des Menschen angesiedelt glaubte. Nunmehr aber liegt es am Tag: Unser Zeitalter erlebt nicht nur eine Revolution nach vorn, in die Zukunft hinein, vielmehr auch eine in die Vergangenheit zurück bis zu jener Schallmauer, aus deren Dämmer uns ein naher Verwandter des Jägers von Cro-Magnon anblickt! Jenes Menschen also, dem wir die vorgeschichtlichen Höhlenmalereien verdanken. Wo bleibt da die vermeintliche Bibelweisheit, das Erdenwallen der Nachkommen Adams währe erst fünftausend Jahre? Es schien alles so schön geordnet, und vor jener Schwelle brauchte man nicht mehr zu kehren. Hatte nicht Gott selber durch das Buch der Bücher gesprochen? Allein, Gott war nur mißverstanden worden.

Denn da ist er nun, dieser weibliche Sproß des jüngeren Paläolithikums, die Frau von Brassempuy und steckt ihren Kopf in unsere Träume. Ein vernunftbegabtes Wesen und in dieser Hinsicht ein Mensch unseresgleichen. Welche Wege ist er

gegangen, bis er auf dem kleinen Felsvorsprung des Heute und
Hier anlangte, den wir Gegenwart nennen? Die Gretchenfrage
angesichts der Katastrophen unserer Zeit und derer, die folgen
werden: Sind wir eigentlich viel weitergekommen? Technisch
gewiß, aber was das Menschliche anlangt? Es wird davon gleich
zu reden sein.

– Ich hatte den kleinen Torso zweimal gesehn. Zuerst im
Museum von Saint-Germain-en-Laye bei Paris, wo das Original
aufbewahrt wird, und sodann in einer sehr genauen Moulage
am Bücherstand des Museums von Les Éyzies, wo ich das Bild
wie einen kostbaren Fund hastig erwarb, weil es das letzte vor-
rätige war. Das Köpfchen ist mit so spürbarer Zärtlichkeit
durchgebildet! Ah, diese kaum merkliche, blütenhafte Neigung
des Kopfes. Meinetwegen, ein prähistorisches Nippes. Aber
man braucht es nur abzulichten und das Diapositiv vergrößert
an die Wand zu werfen, da erscheint es auf einmal in seiner
urtümlichen Großmächtigkeit und von der Magie der Vorzeit
umwittert. Alles Zufällige ist fortgelassen. Auffällig und aus-
drucksvoll die Augenpartie, wenn auch blicklos, ichlos, an-
onym, die Nase schwach hervortretend, der Mund nur zu ahnen. Aber der schmale Hals schlank, in ganz leichter Drehung
und von lang niederhängendem Haar umspielt, das man kunst-
fertig frisierte oder durch ein Haarnetz überfing. Das beweist
doch, es gab bereits gewisse Schönheitsvorstellungen. Auch
hielt sich die junge Frau zweifellos stolz. Die Gefährtin des
Bruderwesens aus unsagbar vergangener Zeit, die ihren Alltag
lebte gleich uns und ihrer Arbeit nachging, während ihr Mann
auf Jagd zog oder Steine zurechtschlug, ein Urbild der ewigen
Eva? Offenbar folgte der Mensch gewissen Verhaltensweisen,
seit er aus der Nacht des Unbewußten auftauchte, auch wenn
sein Lebensraum und seine Denkart, wie zu vermuten, völlig
verschieden von der unseren waren. Der sorgfältige Schnitt, die
Coiffure dieses Köpfchens beweisen, daß Gemeinsamkeiten
zwischen damals und heute bestehen.

Was freilich die Unterschiede, die geheimnisumwitterten
Empfindungen und Gedanken angeht, welche in den Höhlenmalereien zutage treten, auch wenn ihre Motive längst in my-
thisches Dunkel zurückgetaucht sind – vielleicht gibt darauf die
Frage nach der Umwelt von einst, soweit rekonstruierbar, eine

Antwort. Sie ist in der Tat das eigentlich erregende Thema von Les Éyzies: wie sah sie aus?

Bereits der Homo faber der Moustier-Zeit, ein Nachfahre zumindest des Neandertalers, vermochte Werkzeuge aus Feuerstein oder Silexknollen zu fertigen. Silex ist ein im Dordogne-Gebiet häufig vorkommender, kristalliner Quarz, den man zur Bearbeitung anfeuchtete oder erhitzte und passend zuhieb. Auf diese Weise gewann der Mensch der Frühzeit scharfkantige oder spitze Werkzeuge und Waffen. Der Homo sapiens diluvialis, der Jäger von Cro-Magnon also, übernahm diese Techniken und entwickelte sie zu einer hohen Kunst mit charakteristischen Merkmalen fort.

Unsere mühsam aus Fundschichten zusammengetragene Kenntnis ihrer Abfolge, mit der die Vorgeschichte buchstäblich auf Steinstufen zum Rang einer Wissenschaft aufstieg, wird seit geraumer Zeit durch verfeinerte Datierungsarten gesichert, unter denen die Radiokarbon-Methode die bekannteste ist. Durch Messung des Zerfalls kosmischer Strahlungen, die jedes Lebewesen von der Geburt bis zum Tode aufnimmt, lassen sich aus Aschenresten des Körpers, beispielsweise Knochen, recht genaue Aufschlüsse über das Alter der Funde gewinnen. Dies neben weiteren exakten Forschungsmethoden, die im großen und ganzen bestätigt haben, was die Vorgeschichte mit den ihr eigenen Mitteln, der sogenannten Stratigraphie, bereits ausgemacht hatte. Es tat bei den gewaltigen Zeiträumen von immerhin vielen Jahrtausenden wenig, wenn einige Daten zu korrigieren waren. Am Gefüge der Epochen hat sich nichts mehr geändert.

Als älteste Fundschicht von Werkzeugen des Homo sapiens gilt nach der 1912 durch einen der bedeutendsten Vorgeschichtsforscher, Abbé Breuil, festgelegten Ordnung das nach einer Grabungsstätte benannte Aurignacien. In seinem Beginn treten gebogene Steinklingen mit behauener Seite, weiterhin Schaber zur Bearbeitung von Fellen sowie Stichel auf. Man verfeinerte sie, bis gegen Ende des Zeitalters die lange und schmale Spitze von La Gravette erschien. Prähistoriker wie Leroi-Gourhan haben daraus eine besondere Kulturstufe, das Gravéttien, hergeleitet. Nach anderen wird die Gesamtepoche vom sogenannten Périgordien überlagert, dem Elfenbeinpfriemen und Speerspitzen aus Geweihenden angehören. Die Dauer des Aurignacien samt den Nebenkulturen beziffert man auf rund zehntausend Jahre. Um 20000 vor Chr. muß es geendet haben.

Die nächste Epoche nennt sich nach dem Fels von Solutré bei Macôn Solutréen. Sein charakteristisches Merkmal sind Pfeile und Speerspitzen aus Silex in Lorbeerblattform, sorgfältig auf beiden Seiten retuschierte Steinwerkzeuge von dünnem und gradem Profil, an denen man gegen Ende der Periode noch Kerben anbrachte. Seine höchste Ausprägung erreichte es um 18000 vor Chr. Die dritte Kulturstufe endlich leitet ihren Namen von einem Felsüberhang bei La Madeleine nahe Tursac im Vézère-Tal ab, wo man seit 1863 grub. Sie heißt daher Magdalénien. Gleich den anderen Zeitaltern sollten die Prähistoriker auch dieses, je nach Ausbildungsgrad, in verschiedene Stufen unterteilen, und zwar sechsfach. Das Grundmaterial seiner Werkzeugindustrie – es gab derzeit regelrechte Herstellungsbetriebe – hatte sich während der gesamten Jahrtausende nicht verändert. Jetzt aber kamen zahlreiche Knochengeräte hinzu, anfangs noch in Gestalt geschliffener Speerspitzen. Gegen Ende des Magdaléniens fertigte man reguläre Harpunen oder mit Einkerbungen und dornenförmigen Widerhaken versehene Waffen an, ferner Speerschleudern und die freilich schon seit der Zeit um 28000 auftretenden Loch- oder ›Kommandostäbe‹ zum Gradebiegen krummer Geweihenden, nunmehr jedoch reich verziert. Diese Abfolge von ›Kulturstufen‹ gilt vornehmlich für Südwestfrankreich. Anderwärts überlagern die Epochen einander.

Der Cro-Magnon-Jäger oder eiszeitliche Mensch lebte in einer klimatisch wenig angenehmen Welt. Die Sommertemperaturen lagen, nachträglichen Berechnungen zufolge, bei fünf bis zwölf Grad über Null, die des Winters durchschnittlich um zehn Grad Kälte, entsprachen also denen arktischer Gebiete. Analog wuchsen auf Steppen und Tundren meist Flechten und Moose, zu denen sich in Zeiten gewisser Erwärmung strauchartige Birken, Kiefern und andere Gewächse gesellten. Wald im heutigen Sinn fehlte nördlich der Pyrenäen völlig; nur ein schmaler Streifen sogenannter Strauchtundra hat sich nachweisen lassen. Wofür aber das liebe Gras samt dem ganzen bunten

Blumenflor eines kurzen Frühlings in den Tälern üppig
wucherte.

Die Tierwelt paßte sich solchen Lebensbedingungen an. Bis
ins Magdalénien hinein trat das dichtbehaarte Mammut auf; es
ist in der Höhle von Rouffignac nicht weniger als hundertzehn-
mal abgebildet worden, ein gewaltiger Koloß, dessen Fetthök-
ker seinen Träger während magerer Zeiten vor dem Verhun-
gern schützte. In wärmeren Zwischenepochen trat an seine
Stelle der Altelefant. Häufig begegnet man verschiedenen Arten
des Pferdes, im Gebiet südwestfranzösischer Fundorte vornehmlich dem grauen Tarpan, neben dem es einen Halbesel,
den Kulan oder Hemion, gab.

Die bedeutsamsten Jagdtiere blieben indessen Ren und Bison, der allerdings gegen Ende des Magdalénien kaum noch
vorkam. Seine Stelle nahm das Urrind mit seinen scharf vortre-
tenden, aufwärts gewinkelten Hörnern ein. Reh-, Hirsch- und
Antilopenarten, in Berggegenden auch Gemse und Steinbock
haben die Tafel des Cro-Magnon-Jägers noch mehr bereichert.
Auch die Raubtiere lebten von ihnen, die gleicherweise für den
Menschen gefährlich waren, vor allem der Höhlenbär, dessen
Schädel man oft als Weihegabe in unterirdischen Kultstätten
niedergelegt hat. Kaum nötig zu sagen, daß sich obendrein eine
Menge von Kleintieren fand, von der Schnee-Eule und Alpen-
lerche bis zu Ente, Schwan und Gans oder Fuchs und Hase.
Alles in allem bot die Fauna jener Epochen ein buntes Bild, über
das uns die Knochenfunde im Museum von Les Éyzies anschau-
lich unterrichten. Wahrscheinlich hat Herbert Kühn recht,
wenn er folgert, der Jäger der Eiszeit, ohnehin als Weidmann
fröhlichen Naturells, habe ein glücklicheres Dasein als der Städ-
ter von heute in seinen Betonverliesen geführt. Noch gab es
keine geistigen Existenzprobleme; den Tod dürfte man als Ein-
schlafen empfunden haben. Allerdings wissen wir von Krankheiten, Gebrechen oder gar Feindseligkeiten wenig. Gleichwohl
erhebt sich zu Recht die Frage: Stellen solche Lebensbedingungen, eingeschlossen die Gestalt des Jägers jener Tage, vielleicht
den Hintergrund mythischer Paradiesesberichte dar?

Bereichern wir diesen Prospekt der vorgeschichtlichen Welt
um einen wichtigen Zug. Der Mensch hauste keineswegs in den
reichlich vorhandenen Höhlen, sondern in Felsüberhängen oder

VI ›DER GROSSE STIER‹ UND ›WEIBLICHES ZEICHEN‹

Teilstück der Höhlenmalerei aus dem sogenannten ›Axialen Divertikel‹, linke Wand, zu Lascaux. Vermutlich aus dem mittleren Magdalénien stammend, also einer impressionistisch empfindenden Stilepoche zugehörig. Das Bildwerk ist über eine an der rötlichen Farbspur erkennbare Darstellung einer Kuh gemalt.

Grotte de Lascaux bei Montignac, Périgord.

(Siehe auch die Seiten 392 ff.)

›Abris‹, und zwar an der Sonnenseite. Dazu kamen fellüberdachte Wohngruben. Die Mitte der Ansiedlung nahm eine Kochstelle ein, im Umkreis lagen die Arbeitsstätten von Handwerkern – der Steinhauer und Knochenschleifer beispielsweise. Natürlich im Windschutz vor eisigen Stürmen und an den erhöhten Plätzen der Flußtäler, damit man vor Überschwemmung gefeit war. Manche solcher ›Laugeries‹ sind unerhört lange behaust worden – die Laugerie-Haute im Vézère-Tal nahe Les Éyzies, mit Zwischenepochen freilich, Jahrzehntausende. Wir kennen keine Stadt, die nur annähernd so alt ist. Sollte diese Dauer nicht gewisse Empfindungen von Zugehörigkeit, Rangordnungen und Sicherheit geweckt haben? Es gibt Funde, und nicht nur das Köpfchen von Brassempuy, die über die Befriedigung barer Lebensbedürfnisse hinaus auf Verschönerung des Daseinsalltags und Lebensfreude hindeuten. Oft weit landein transportierte, als Hals- oder Armschmuck getragene Meeresmuscheln kannte bereits der Neandertaler. Ein überraschendes Bild des vorgeschichtlichen Menschen? Eine Richtigstellung und Demütigung unseres Hochmuts, das wahre Leben habe erst mit historisch nachweisbaren Epochen begonnen.

Denn was bedeuten zivilisatorische Errungenschaften gegen die ›unterirdischen Kathedralen‹ der Höhlen, in denen der Mensch der Steinzeit auf Felswänden abkonterfeite, was ihn am meisten beschäftigte. Einerlei warum, als Jagdmagie, ›Initiationsritus‹, metaphysisch gerichtete Kultform oder gar mit anderm Hintersinn. Völlig werden wir kaum jemals wissen, was ihn einst dazu trieb. Die Ansichten der Forscher weichen hier weit auseinander. Zu welcher endgültigen Deutung man eines Tages gelangen mag – in dem, was der Jäger, Zauberer oder Maler von Cro-Magnon auf Knochen- oder Steinplättchen gravierte, in tonigen Lehm prägte oder als wahre Monumentalzyklen der ›Parietalkunst‹ schuf – in den Bildwerken von seiner Hand liegt das eigentliche Wunder der Vorzeit. Hat Georges Bataille vielleicht recht mit dem Untertitel seines Buches über Lascaux, ›Die Geburt der Kunst‹? Man wird sehen.

Höhlenbilder, Höhlenfunde

Nirgendwo liegen die Fundstätten der Vorzeit so dicht beieinander wie um Les Éyzies, in dessen Tälern die gurgelnden Glet-
scherwasser zwischeneiszeitlicher Erwärmungsperioden Kavernen und Felsüberhänge aus dem Kalkstein spülten, um sie dem
Menschen als willkommene Siedlungs- oder Kultplätze zu hinterlassen. Von den rund zweihundert des Périgord findet man
mehr als die Hälfte hier. Abgesehen von wenigen Höhlen südlich des Dorfes wie Bara-Bahau und La Mouthe ziehen sich fast
alle von Les Éyzies nach Nordosten bis Montignac entlang der
Hänge der vielfach gewundenen Vézère oder ostwärts durch
den Grund der Beune, die heute nur noch ein winziger Bach ist.
Einige wiesen so charakteristische Merkmale auf, daß ihre Namen auf die Bezeichnung ganzer Vorzeitepochen überging. Von
den übrigen seien die bedeutendsten kurz umrissen.

Wer dem Vézère-Lauf in nordostwärtiger Richtung folgt,
stößt nur einige hundert Meter vom Dorf entfernt auf den *Abri
von Cro-Magnon,* in dem man 1868 beim Bau der Eisenbahn-
trasse neben Tierknochen, Steinwerkzeugen und Meeresmuscheln Reste des Homo sapiens diluvialis entdeckt hat, der seither ›Mensch von Cro-Magnon‹ heißt. Bereits schräg gegenüber
zieht sich auf der anderen Flußseite ein Waldtälchen in den
Berghang, die ›Gorge d'Enfer‹, heute ein Wildpark mit nachge-
züchteten Tieren der Vorzeit, in dem man den *Abri du Poisson*
mit dem Steinrelief eines Salmes aus dem Périgordien fand.
Nach diesem zwiefachen Vorspiel geht es Schlag um Schlag.

Hoch überragt vom felsigen Steilufer des Flusses folgt die
berühmte Siedlungsstätte der *Laugerie-Basse,* in der seit 1863
überaus reichhaltige ›Straten‹, Kulturschichten, schließlich sogar ein Skelett des Magdalénien samt schmückendem Muschel-
werk freigelegt wurde. Manches davon ist an Ort und Stelle in
einem kleinen Sondermuseum zu sehen. Fast neigt man beim
Anblick der Örtlichkeit zu der Annahme, der prähistorische
Mensch hätte sich vom Zauber der verträumten Felsenland-
schaft mit ihren Baumschleiern und den Ufergebüschen der
nahe herandrängenden Flußschleife anlocken lassen. Das freilich täuscht. Sie nahm sich anders, kahler, heroischer aus. Noch
imposanter wirkte das Tal nur zweihundert Meter weiter. Dies

ob einer gewaltigen, nach Süden offenen Felswölbung, die als Wohnstätte diente. Von ihr sind heute nur noch zusammengebrochene Trümmer übrig. Es handelt sich um die Fundstelle der *Laugerie-Haute*. Schicht um Schicht vom Périgordien III bis in die Mitte des Magdalénien kam hier ans Licht, gespickt mit Kleinkunstwerken, Gravierungen und Steinwerkzeugen, und noch 1938 grub man Skelettreste aus.

Aber nicht nur in dieser Uferregion, auch landeinwärts lagen Ansiedlungen. Rund einen Kilometer nordostwärts konnten 1895 am Talhang des Manaurie-Baches ausgedehnte Straten entdeckt werden, der *Gisement de la Micoque*. Er verhalf einer Zwischenepoche der Eiszeitkultur, dem Micoquien, zu seinem Namen. Damit steht man bereits an der Schwelle eines der bedeutendsten Zeitalter diluvialer Kulturepochen. Denn wiederum wenig weiter folgt, nahe dem alten Schloß von Marzac und am Fuß eines Felsens, die Lagerstätte von *La Madeleine*, in der ganze Serien von Waffen, Werkzeugen, kunstvoll verzierten Elfenbein-, Knochen-, Geweihstücken, endlich auch Statuetten zutage kamen, deren prägnante Stilform die Wissenschaftler bewog, die Jahrtausende ihrer Entstehung als Magdalénien zu bezeichnen. Auch das Dorf *Le Moustier* liegt nicht fern, in Urzeittagen ein Schwerpunkt sehr viel früherer Kulturen, des Moustériens eben, das die Forschung noch vor dem Aurignacien datiert. Der Schweizer Kunsthändler und Forscher Otto Hauser konnte an dieser Stelle übrigens ein vollständiges Männerskelett bergen, den ›Homo mousteriensis‹, eine Spezies des Neandertalers. Tatsächlich, die versponnene Landschaft der Nußbaumalleen und quellgrünen Wiesen zeigt allenthalben Spuren des prähistorischen Menschen!

Das gilt sogar für die nahen Höhen im Westen, in deren Hängen die reich gravierte *Höhle von Rouffignac* liegt, mit der es eine besondere Bewandtnis hat. Man kannte das flache Riesentor ihres Eingangs, ebenso ihre endlosen Unterweltskorridore bereits seit Jahrhunderten, ehe man 1956 daran ging, sie genauer zu untersuchen. Acht Kilometer lang ziehen sich Gänge und Divertikel mit dicken Bänken von Silexknollen, ausgewaschenen Kuppeln und düsteren Abgründen durch die Tiefe, und ganze Prozessionen von Nashörnern, Bisons, vornehmlich aber Mammuts, darunter der mächtige ›Patriarch‹, durchsetzt mit anderen Tieren und dachförmigen Zeichen, bedecken Plafond und Seitenwände – Bildwerke des späteren Magdalénien, teilweise in Umrißzeichnung, teils locker mit den Fingern gestrichen. Wer Rouffignac heute besucht und mit der installierten Elektrobahn durchfährt, sieht im versteinerten Boden sogar noch die Lagerstätten, die sich der Höhlenbär vor vierzigtausend oder mehr Jahren für den Winterschlaf ausgescharrt hat.

Den Abschluß dieser ersten Galerie von Kultstätten, nein den Höhepunkt der gesamten ›Parietalkunst‹, eingeschlossen jene anderer Regionen, bildet die nahe Montignac gelegene *Höhle von Lascaux*. Von ihr freilich soll, stellvertretend für alle Felsmalereien der Vorzeit, erst später die Rede sein.

Der andere Trakt von Lager- und Fundstätten zieht sich, kaum merklich an Bedeutung gewinnend, von Les Éyzies direkt nach Osten ins Beune-Tal. Schon wird in Richtung Sarlat in halber Höhe des Berghangs die *Grotte von Font-de-Gaume* sichtbar, ein ›Korridorheiligtum‹ mit riesigem Deckenspalt. Gleich hinter dem ›Rubikon‹, einem engen Durchlaß, erscheinen die farbigen Hauptdarstellungen der Wände, deren Entstehungszeit vom Solutréen bis ins späte Magdalénien reicht. Font-de-Gaume ist eine der wenigen Kavernen, deren Kolorit sich erhalten hat. Weil aber der Steinzeitmensch die Höhle häufig aus kultischen Gründen besuchte, findet man einige der Tierfiguren übermalt oder -zeichnet, auch binden verschiedene Symbole die Einzelbilder, wie es scheint, zu Zyklen zusammen. Neben der eiszeitlichen Fauna treten hier das Abbild einer Menschenhand, rechteckige Zeichen ungeklärter Bedeutung und schematische Menschenbilder auf. Selbst ein Gespenst, ähnlich dem von Cougnac, fehlt nicht. Freilich macht das den Zauber der Höhle keineswegs aus. Er besteht vielmehr darin, daß man die Malereien ob einer gewissen Breite des Ganges leicht überschauen kann, und nie werde ich den von elegischer Trauer überschatteten Zug der Bisons vergessen, die durch die Zeitalter wallen, als habe das Auge des Steinzeitkünstlers sie erst gestern erblickt.

Wie unübersichtlich dagegen das gleichfalls 1901 entdeckte, ganz nahe *Combarelles*, eine gekrümmte Ganghöhle von zweieinhalbhundert Metern Länge, in der eine Flut gravierter Bilder auf den Betrachter einstürmt! Nach Meinung von Leroi-Gourhan sind sie noch deutlicher nach Gruppen, männlichen oder weiblichen Prinzipien geordnet, deren Sinnzusammenhang allerdings dunkel bleibt. Bison und Pferd treten nach dieser Hypothese als eine der klassischen Gruppen weiblichen Charakters auf; doch findet sich auch die Komposition von Rind und Pferd, untermischt mit Wiedergaben des Rentiers. Der Bär ist da, Hirsche gar in Menge mit der Sonderspezies des Megaceros sowie der herrlichen Darstellung einer Hindin. Zeichen und zum guten Ende Menschenfiguren fehlen auch hier nicht. Abbé Breuil hat die schwer zu entschlüsselnden Bilder in mühevoller Arbeit meisterhaft konterfeit, wodurch sie erst verständlich geworden sind.

Was sich nunmehr einstellt, mutet auf den ersten Blick einfach an, indessen nur auf den ersten. Mit Combarelles haben Maler und Zeichner ausgespielt; den Bildhauern gehört das Feld. Bereits die kleine Höhle zu Füßen des Schlosses *Commarque,* früher den Herren von Beynac gehörig, zeigt es in ihren großen Pferdereliefs, deren tiefer Skulptierschnitt mit dem geglätteten Innenrand die Technik des mittleren Magdalénien verrät. Leider, die Bildwerke sind sehr verwittert. Um so deutlicher legt der 1912 entdeckte *Abri von Cap Blanc* an der Gegenseite des Beune-Tales Zeugnis von der künstlerischen Höhe der Steinzeitskulpturen ab, gelegen am Rand einer kleinen Terrasse unterhalb einer Felsplatte des abschüssigen Waldes. Ein Vorbau schützt das verletzliche Werk heutzutage. Wiederum finden sich vornehmlich Pferde, dazu Hemions, Wildesel, aus der festen Tonwand geschnitten. An einigen Stellen sind ihnen Hirschköpfe und Torsen von Bisons eingeritzt, doch stört es die Wirkung wenig. Es heißt, daß die gleichfalls dem Magdalénien entstammenden Bildwerke bei ihrer Entdeckung noch Farbspuren trugen. Ein ›Fries der roten Pferde‹ also? Er muß weithin sichtbar gewesen sein. Dazu fand sich im Boden das Skelett einer jungen Frau, neuerdings durch ein anderes ersetzt. Schließlich legte man obendrein noch Straten, Aschenschichten bis zum Azilien frei, der ersten nacheiszeitlichen Epoche.

Zugegeben, es fehlt den Tieren an jeder dramatischen Ausdruckspose, allein die Gruppe nebst der Gesamtsituation nahmen mich immer wieder gefangen. Das geduldige Stehen der Pferde, die Grab- und Wohnstätte vor ihnen – wer wird darin

nicht eine besondere Botschaft der Vorzeit erblicken? Wie friedvoll in ihr Dasein ergeben diese Erdengeschöpfe waren! Jedesmal, wenn ich Monsieur le Guide oder Madame, die sich erst
ihre Feiertagsschuhe anziehen mußte, zum Aufschließen aus ihrem Bergdörfchen holte, wurde der Abstieg zum Abri zu einer
kleinen Wallfahrt in eine verlorene Zeit; und eines Tages stellte
sich darüber bei mir ein fast bestürzender Einfall ein – wie,
wenn jene so endlosen Zeiträume, fragte ich mich, bereits die
großen Epochen der Menschheit gewesen wären, und das, was
wir Neuzeit oder gar Gegenwart nennen, nur noch ein Abgesang sei?

– Es gibt eine letzte bedeutsame Fundstätte im Beune-Tal.
Gar nicht weit von Cap Blanc liegt *Laussel* unterhalb eines
hübschen Schlosses. Man hat es 1909 entdeckt und schichtweise freigelegt. Vornehmlich Werkzeuge aus dem Moustérien
und dem Solutréen kamen ans Licht, aber auch sehr verwunder-
liche Skulpturen. Neben einem Männerbild und einem Stein-
phallus tauchten Reliefplastiken mit weiblichen Figuren aus
dem Schlaf der Vergangenheit, ›Venus‹-Darstellungen allesamt,
darunter jene berühmte mit dem Horn. An Individuen erinnert
wenig daran; es sind Demonstrationen der Fruchtbarkeit, die
Kindersegen und die Erhaltung der Art beschwören. Man darf
sie nicht ästhetisch, sondern muß sie kultisch verstehn. Fünf,
sechs an der Zahl, wenn wir den Mann einrechnen, an ein und
derselben Stelle – weist das nicht auf ein entsprechendes Heiligtum hin?...

– Wir hatten die Tage des Wartens nicht müßig, nicht nutzlos verbracht! Nach dem Besuch der Fundstätten galt es immer
wieder zurückzukehren ins Museum von Les Éyzies, um das
Gesehene zu kontrollieren, einzuordnen und mittels der zugehörigen Werkzeuge, Geräte und Knochenreste Überschau zu
gewinnen. Nein, wir maßten uns nicht an, in der schwierigen
Vorgeschichtswissenschaft Fuß zu fassen. Dilettanten, die wir
zu bleiben gedachten, versuchten wir jenes Staunen, das des
Liebhabers bestes Teil ist, noch zu erhöhen, und wirklich wuchs
es von Tag zu Tag.

Fragte ich mich, was solche Höhlenexkursionen in einem
Buch über die Santiago-Wege zu suchen hatten, fand ich eine
oberflächliche Begründung darin, daß auch die Menschen der

Frühe als Pilger über die Erde wanderten, ihre Sanktuarien aufsuchten und Fragen stellten gleich uns. Aber es gab auch eine tiefere Legitimation. Trat nicht bereits in der Vorzeit eine menschliche Genialität zutage, die in enger Korrespondenz mit dem aquitanischen Raum stand, der doch mein Thema auch war?

Dann freilich wies der Kalender den Tag der Tage, und wir rollten nach dreizehn Jahren der Abwesenheit erneut nach Lascaux, aller Höhlenkunst Inbegriff, hinaus.

Lascaux: Das Heiligtum der Stiere

Lascaux, im Boden einer Waldhöhe nahe Montignac verborgen, ist am 12. September 1940, mitten im Kriege, von blutjungen Menschen entdeckt worden. Nach Entstehung und Plan mutet die Höhle keineswegs ungewöhnlich an. Einsickerndes Wasser einer Wärmeperiode der Eiszeit hat in Gegend des heutigen Zugangs einen Hohlraum ausgespült und sodann, nordwärts vordringend, den großen ›Saal‹ geschaffen, einen birnenförmigen, von einer natürlichen Kuppel überfangenen Raum, dreißig Meter lang und zehn Meter breit. Es stieß anschließend in grader Richtung vor, wodurch der ›Axiale Divertikel‹ entstand, in dem es sich durch tonige Ablagerungen selber den Weg versperrte. Nunmehr versuchte die nachdrängende Schmelzflut an einer weichen Gesteinsstelle, nahe dem Durchgang vom Saal zum Divertikel, ostwärts den Einbruch; auf diese Weise entstanden der ›Gang der Gravierungen‹ und seine Fortsetzung, das ›Schiff‹. Erneuter Widerstand härteren Felsens ließ endlich eine südliche Abzweigung, den ›Chor‹, auch ›Apsis‹ genannt, mit der abschließenden ›Grube‹ oder dem ›Schacht‹ entstehen. Dort findet man schmale Austritts- oder Strudellöcher, die in unbekannte Erdtiefen führen.

Wo später, als die Höhle längst ausgetrocknet war, die Menschen der Steinzeit Zugang gefunden haben, ist nicht mehr bekannt. Nach der Datierung von Abbé Breuil begannen sie, Lascaux im zehntausend Jahre währenden Aurignacien auszumalen. Nur scheinbar ist diese Angabe vage. Die Kunstwerke sind keineswegs gleichzeitig, sondern in unendlich langen Epochen entstanden, wobei etliche der Malereien ältesten, archaischen

Stilformen angehören, andere, darunter die Hauptwerke, bestimmende Eigenarten einer späteren Entwicklungsstufe zeigen. So die oft zitierte ›Falsche Perspektive‹. Sie besteht darin, das tierische Motiv zwar im Profil darzustellen, indessen besondere Merkmale wie Hörner oder Beinstellungen in halb dem Beschauer zugewandter Form. Es gab noch subtilere Gestaltungsprobleme für die Künstler von Lascaux. Beispielsweise eine Neigung zu Abstrahierungen, die man auch anderwärts in der Aurignacien-Periode feststellt. Indessen, andere Fragen wiegen heutigen Tages schwerer. Welchem besonderen Zweck dienten diese Kunstwerke, was war ihr Sinn? Jagdmagie, mithin die Beschwörung eines begehrten Wildes, die Verehrung einer umworbenen Beute, stellte die Höhle am Ende gar einen Kultraum unbekannter Zielsetzung dar?

Dies zu klären gehört zu den Aufgaben der prähistorischen Wissenschaften. Angesichts der künstlerischen Qualität der Malereien jedoch – was bedeutet es schon für den Laien, ob sich Stilverwandtschaften mit den Darstellungen anderer Kavernen nachweisen lassen? Es ist ohnehin ein Kennzeichen der Höhlenkunst, daß jede Grotte unverwechselbaren Charakter besitzt. Für Lascaux trifft das besonders zu. Georges Bataille hat mit seinem Wort von der ›Geburt der Kunst‹ in dieser Höhle durchaus recht. Ihre Tierdarstellungen haben sich dem Rang einer ›Ewigen Kunst‹, einem ›Universalwert‹, wie Henri Focillon das nannte, in erstaunlicher Weise angenähert. Das elementare Ergriffensein des Betrachters, die sofort empfundene Übereinstimmung zwischen ihm und den Bildwerken der Wände hat außerdem noch seelische Triebfedern; ihre Gestaltungen werden als prägend empfunden: so stampft ein Stier, so springt eine Kuh. Man vermag nicht mehr anders zu denken. Darin liegt die künstlerische Magie der Höhle. Jedes Tier ist für immer gesehen, jedes auf die Wände gebannte Bild trägt den Stempel des Endgültigen.

Leider, man mußte dieses Monument frühester Genialität des Menschen im Jahre 1963 für den Besucher schließen, weil die Bildwerke, ungeachtet aller erdenklichen Vorkehrungen, plötzlich Schädigungen zeigten. Vielleicht ob der Atemluft zahlloser Beschauer, vielleicht waren trotz hermetisch absperrender Schleusen andere Einflüsse der Außenwelt hinab gedrungen.

Gleichgültig jedoch die Ursachen, was einer künftigen Menschheit ebenso gehört wie der Gegenwart setzt man nicht aufs
Spiel...

Wer den Bildwerken von Lascaux gegenüber tritt, ist von
der Gewalt, mit der ihn die Darstellungen bedrängen, betroffen.
Als erstes zeigt sich unmittelbar hinter dem Eingang zum ›Saal
der Stiere‹ ein mächtiges Phantasiegeschöpf mit stangenarti-
gem, gradem Gehörn auf einer Art Katzenkopf, umrandeten
Flecken am Leib und dicken Hinterschenkeln. Es treibt eine
kleine Herde von Pferden vor sich her. War es dazu bestimmt,
den eiszeitlichen Betrachter in die halb mythischen, halb magischen Zusammenhänge der Höhle einzustimmen? Jedenfalls
muß es eine wesentliche Rolle für den Sinnzusammenhang des
gewaltigen Tierreigens gespielt haben, der die Wände des Raumes überzieht. Schon erscheint auf einer Ausbuchtung der linken Wand das vorderste jener monumentalen Geschöpfe, welche dem Saal seinen heutigen Namen verleihen, ein riesiger
weißer Stier in schattierter Umrißzeichnung mit charaktervoll-
em Kopf in jener falschen Perspektive, die das wuchtige Gehörn als Angriffswaffe hervorhebt. Auf Kopf und Hals eingebrachte Tuschierungen zeigen, daß dem Maler ein am Vorder-
leib schwarzweiß gesprenkeltes Tier vorschwebte. Die Sicherheit der Kontur von Maul, Vorderbeinen und Brustansatz mutet
unvergleichlich an. Trotz einer Übermalung erkennt man, daß
der Stier die Beine in Kampfstellung gegen den Boden stemmt,
als wollte er im nächsten Augenblick vorbrechen. Ihm steht,
bereits die Horndolche senkend, ein zweiter Stier gegenüber,
dreieinhalb Meter lang, bei dem die Beinansätze und die
Wamme besonders eindrucksvoll durchgestaltet sind, während
die Maulpartie formelhafter erscheint. Noch stärker markiert
sind Beine und Bauch bei einem dritten, leider teilweise zerstörten Tier. Es ist übrigens bereits jenseits des Durchgangs zum
sogenannten ›Axialen Divertikel‹ auf die rechte Hinterwand gemalt, desgleichen ein vierter Stier mit wundervollem Kopf und
enormem Gehörn. Überrascht erkennt man, daß er um volle
zwei Meter länger ist als der zweite Artgenosse. Wollte der
Maler durch die kühne Vergrößerung die räumliche Distanz
aufheben, um die Szene noch monumentaler wiederzugeben?

Eine Frage läßt sich an dieser Stelle nicht unterdrücken:

Welcher Rasse gehören die Riesengeschöpfe an – den Auerochsen? Diese jedoch besitzen eine braundunkle Farbe. Sollten die weißen, am Hals bewußt angesprenkelten Leiber der Stiere von Lascaux auf einen bestimmten Sinngehalt hindeuten, sofern es derzeit nicht eine besondere Spielart gab? Jedenfalls dominiert die Tauromachie und verleiht diesem Höhlenteil eine stumme Gewalt, die später eingebrachte Zwischen- und Übermalungen möglicherweise noch steigern sollten. Einhersprengende Pferde, im Verenden zusammenbrechende Bisons, verhoffende Hirsche, jeweils in charakteristischen Bewegungen, dazu in lebhaften Farben wie Rot, Braun oder Ocker, wozu sich gelegentlich Zeichen gesellen, verwandeln den Saal in ein Pandämonium der Kreatur. Das Wunderbarste dabei, der Betrachter inmitten der kreisenden Leiber fühlt sich von der Wucht der Erscheinung nicht geängstet; sie erfüllt ihn vielmehr mit einem leidenschaftlichen, bedenkenlosen Ja zum Dasein sowohl dieser Geschöpfe wie zum Leben schlechthin. Sollte dergleichen auch beim eiszeitlichen Betrachter erweckt werden, der, die kleine, magischen Schein werfende Fettlampe in seiner Hand in den Saal hinabstieg? Warum andererseits versuchten Maler von solcher Darstellungskraft ihre Kunst nicht am Mitmenschen, sondern nur an Geschöpfen, die freilich alles besaßen, was er bewunderte und ihm seine Existenz sicherten? Vielleicht weist es darauf hin, daß er sein »tat twam asi«, das bist du, seinen Akt des Erkennens noch nicht auf humane Bereiche ausgedehnt hatte, sondern einzig auf Kreaturen, denen sein brennendes Begehren, seine Bewunderung und womöglich auch seine Verehrung galt. Den Schnitzer des Köpfchens von Brassempuy ausgenommen!

– Der uns beigegebene Führer hielt es wie die früheren: Vom Saal der Stiere bog er in den ostwärts abzweigenden Tunnel, einen niederen Gang von rund zwanzig Metern Länge, wo der Erhaltungszustand halb erloschener Graphik nur schlecht ist. Wie im anschließenden ›Schiff‹ bedeckt hier keine helle Kalzitschicht den Fels. Strich oder Farbe mußten auf körnigem, dunklerem Grund eingebracht werden. Dennoch, trotz des abschüssigen Bodens im ›Schiff‹, wirkt die Komposition bereits von der Schwelle aus sehr erstaunlich. Vier Tiergruppen beherrschen den Raum. In der ersten dominieren Steinböcke, in der zweiten eine trächtige Kuh, wie von der Hand Marinis, mit spitz zulau-

fendem Dreieckskopf und einem barock zurück- und vorspringenden Gehörn; sie gehört einer späteren Bovidenrasse an. Das
Merkwürdigste ist unter den gespaltenen Hufen zu sehn, denn
sie tritt auf rot, ocker und schwarz gemusterte Platten, Wap-
penschilde genannt, deren Sinn rätselhaft bleibt. Weitere Tiere,
meist trächtige Pferde, ziehen über den Hintergrund. Die dritte
Gruppe endlich, welche dramatische Steigerung, wird von zwei
berühmt gewordenen Bisons gebildet, der eine mit gerecktem
Schwanz attackierend, beide wahre Teufel geballter Ausdruckskraft.

Allein, den eigentlichen Höhepunkt dieses Höhlenteils stellt
ein schwimmendes Hirschrudel auf der Gegenseite, der rechten
›Schiffs‹-Wand dar, eine Strichzeichnung. Nur die lang vorge-
streckten Köpfe mit den verästelten Geweihstangen sind zu sehen, doch ihre Haltung genügt, erkennen zu lassen, daß die
Tiere ein Gewässer passieren. Das erste hat eben – welch deli-
kate Nuance! – Grund unter die Füße bekommen; es hebt bereits sichernd den Kopf. Zweifellos gehört dieses ganz impressionistisch empfundene Bildwerk zu den schönsten von Lascaux überhaupt. Daß man das gleiche Motiv auch anders, nämlich monumental darstellen konnte, zeigt der gravierte Cervi-
denkopf in der nahe dem Hirschfries nach Süden abzweigenden
Nebenhöhle des ›Schiffes‹, der ›Apsis‹, welche der ›Schacht‹ mit
einer rätselhaften Darstellung fortsetzt: Vor einem tödlich getroffenen Bison mit gesenktem Gehörn liegt ein Mann mit einem Vogelgesicht, die Arme ausgebreitet, auf dem Rücken. Neben ihm steckt eine Stange mit einem weiteren Vogelzeichen auf
der Spitze. Ein Jagdunfall, wie man lange Zeit glaubte? Ein
neuerer Forscher will darin eine ähnliche Zeremonie sehn, wie
sie noch heute bei den Jakuten anläßlich der Opferung von
Kühen üblich ist. Dabei fällt der Schamane in Trance, womit
angedeutet wird, daß er sein Opfertier entrückt ins Jenseits
geleitet; die Vogelsymbole dienen als Zeichen dafür. Ohne
Frage brächte das eine metaphysisch-magische Vorstellung ins
Spiel.

Durch soviel wechselvolle Bilder noch mehr erregt als bewegt, kehrt man in den ›Saal der Stiere‹ zurück, um in den
›Axialen Divertikel‹ hinabzutasten. Die Führer nämlich bedie-
nen sich eines kleinen Tricks, schalten das Licht ab und gebie-

ten an einer bestimmten Stelle kehrt. Sobald die Beleuchtung von neuem aufflammt, entringt sich, ob man will oder nicht, dem Munde ein Aufschrei. Ein unerhörter Anblick bietet sich dar. Von überall stürmt, drängt Getier heran. Decke und Seiten des schmalen Raumes sind mit einherwallenden, springenden, heranjagenden Geschöpfen von um so leuchtenderer Farbigkeit bedeckt, als hier wieder Kalzit den Fels überfängt. Inmitten der wirbelnden Leiber wird der Mensch zum Dreh- und Angelpunkt einer Szenerie von wilder Dramatik: Dort wandert der ›Fries der kleinen Pferde‹ über die Wand, auf der Gegenseite tobt angreifend der schwarze Stier heran; eine gewaltige Kuh, die Hinterbeine unter den Leib geschlagen, setzt in jachem Sprung über ein Gatter unbekannter Bedeutung. Eine andere Kuh, rot und mit schwarzem Spitzkopf, schaut verhoffend hinaus. Pfeilschauer prasseln auf die davontrabenden ›chinesischen‹ Pferde mit ockerbuntem Leib, merkwürdig kurvigen Schenkeln und strichdünnen Fesseln nieder. – Diese Details, um die Fülle der Darstellung wiederzuspiegeln! Den Abschluß des Divertikels endlich bildet ein stürzendes Pferd, das über eine Klippe gejagt worden ist.

Vermutlich war mir vor langen Jahren ob solcher Jagdszenen, im Verein mit den Waffen des Museums von Les Éyzies das Höhlengebiet als Opferstätte erschienen. Jetzt hatte ich umgelernt und spürte die Überhöhung einer zu Jagd und Tötung gezwungenen Eiszeitwelt durch die Herrlichkeit der Tierdarstellung heraus, in der ohne Zweifel hohe Verehrung der Kreaturen mitschwang. Gewiß blieben Fragen in Fülle. Sie mehrten sich sogar. Zuerst erhob sich abermals jene nach der Bedeutung der Zyklen. Dann die, was die eingebrachten Zeichen besagen wollten, ob sie Vulva und Phallus als weibliches oder männliches Prinzip zu symbolisieren hatten, wie Leroi-Gourhan meint. Auf mich jedenfalls haben sie wie Grenzpfähle einer nicht mehr zugänglichen Vorstellungswelt gewirkt. Mein überwältigtes, ja erschauerndes Staunen vermochten sie allerdings nicht einzuschränken.

Ohnehin fiel mir nur die bescheidene Aufgabe zu, die unterirdischen Wunder in Worte zu fassen. Zu einem Gedanken aber bekenne ich mich ohne Vorbehalt: Die Höhle bedeutet wirklich die ›Geburt der Kunst‹ und sogar mehr. Sie löst Urbild-Erinnern aus, führt zu Daseinsquellen zurück, und, was die Kunst betrifft, so war in Lascaux, am zeitlichen Anfang gestalthaften Erkennens, eine ihrer Sternstunden heraufgedämmert.

Der Weg zurück nach Périgueux

Von Lascaux in die Gegenwart heimzukehren, hat Schwierigkeiten bereitet. Nicht körperlich. Was wir das Seelische nennen, wollte nicht. Das Risiko einer großen Widerfahrnis: Dein Inneres macht nicht mehr weiter. Was soll das Viele, Auseinandergefaltete, Ausgetüftelte noch, wenn ein Umriß, eine Linie jeden künftigen Ausdruck vorweggenommen haben? Dreißig, zwanzig Jahrtausende sind fortgewischt. Die Telefone des Täglichen mit ihrem geschäftigen »Hallo, ich bin es«, man hört nicht mehr hin.

Vor *Périgueux* ging es uns so. Ich weiß, es ist ungerecht. Es lag so morgenfrisch da, Saint-Front, die Kathedrale über dem Isle-Ufer. Ein riesiger Turm, der aufpaßte, daß nichts von dem Anblick gestohlen wurde, davor lauter Kuppeln, auf ihnen Laternentürmchen wie Pickelhauben, die ihnen Monsieur Abadie, der auch hier restaurierte, aufgesetzt hat. Seine Dreiecksgiebel, ein nachträglich vorgeschobener Chor mit Zedern zur Dekoration, die gleichwohl ihr Spirituelles besaßen und das Etagengeäst als ausgebreitete Arme hinhielten: komm, sagte alles. Am Flußsaum liebe, rotbedachte Uferhäuschen, im Wasser gespiegelt. Sogar Fachwerk dazwischen – das uralte Kathedralmühlchen. Windschief gehängte Läden, Häuser im Abriß, halb romantisch, halb orientalisch das Ganze. Aber etwas in uns sagte nein. Ein Loch klaffte.

Es hat erst musealer Rückschleusung bedurft, um die Treppe ins Heute wiederzufinden. Gottlob, auch darüber verfügte Périgueux. In der Cité, der Ville basse findet man Vergangenheit, soviel man als Leitersprossen braucht. Römisches und das, was davor war. Ein gigantisches Gemäuer vor allem, den *Vesona-Turm,* einen riesigen, aufgesprengten Rundbau, mit dem hier alles begann. Vesona war eine keltische Göttin; die lokale Führerschicht brachte Rom stets um, Gottheiten hielt es in Ehren. Große Villenfundamente liegen nahebei, das Übliche; nördlich davon eine auseinandergenommene Arena. Auch ein Schloßge-

mäuer steht noch herum; die Herren des Mittelalters haben
darin gehaust. Ferner Mammutmauern, fünf, sechs Meter dick
und ursprünglich zehn Meter hoch, ein verwirrendes Puzzle-
spiel, halb überwuchert, halb überwohnt. Im dritten Jahrhundert sind die Alemannen, dann die Westgoten, später die sonsti-
gen Wandervölker Europas über die Stadt hergefallen. Die
Leute von Vesona, wie man die Ville basse oder Cité damals
benannte, schleppten in ihrer flatternden Angst alles, was sich
an Steinen fand, zusammen und türmten es zur Stadtmauer auf.
Römisches wie Keltisches, Kapitelle, Säulentrommeln, Statuen,
Torsen, Stelen, selbst Sakrales. Der taurobolische Altar mit
Stierkopf und Schwert aus dem Museum stammt gleichfalls aus
den Gräben und Bastionen. Die Archäologen brauchen in Périgueux nicht weit.

Der taurobolische Altar, ja, das war sie, die Treppe! Die
Beziehungen zum tauromantischen Heiligtum von Lascaux
leuchteten ein. Über den gallisch-römischen Stieropfertisch sind
wir zurückgelangt, den die Petrucorer errichteten – so hießen
die Ureinwohner, seit man überhaupt etwas weiß. Was kaum
zu erwarten stand, die Lücke schloß sich bei uns; gleichwohl
kam wieder der alte Argwohn auf, Les Éyzies sei im Grunde
doch eine einzige Schlachtbank gewesen, nur die Schwerpunkte
schienen verlagert, die Distanz durch den Zustrom von Men-
schenblut wettgemacht. Die Geschichte von Périgueux ist eine
Folge von Schrecken, noch in der Neuzeit. Da gab es den Hundertjährigen Krieg, als Duguesclin im romanischen Haus der
›Damen vom Glauben‹ in der Rue des Farges logierte. Da hielt
der sinistre Graf Archambaud v fürchterlich Regiment. Da waren die Hugenottenstürme von 1577, denen Saint-Etienne zum
Opfer fiel, es erschien der Frondeur Condé…

Manche architektonischen Wunden, so die riesige Bresche
im Vesona-Turm, dieser Cella eines untergegangenen Tempels,
erklärt die Legende allerdings nach ihrer Art, indem sie die
Goldfolie der Ikone hinter das Martyrium schiebt; Saint Front
war der Evangelisator des Périgord und bedeutet eine Schlüsselfigur seiner Metropole. Eines Tages hob er, des hartnäckigen
Widerstandes müde, sein Kreuz gegen den Turm, um die heidnischen Götzen aus ihrer letzten Bastion zu vertreiben. Worauf
das ein Meter siebzig dicke Gemäuer barst und die Bekehrten

ihr Tedeum anstimmten, während der Missionar seither im Geruch der Heiligkeit stand. Als er starb, hat man ihn auf einer Höhe im Nordwesten der Cité begraben, wo er dem Himmel näher war. Um seine Gruft siedelten fromme Leute, Wallfahrer kamen, später auch die Jacquaires, und sie mehrten sich so, daß man nacheinander immer größere Kirchen brauchte. Erst baute man jene, die als Ruine vor der heutigen liegt, dann die großmächtige Kathedrale der Gegenwart als Mittelpunkt des oberen Périgueux, des ›Puy Saint-Front‹, das mit der Schwestergemeinde gar nicht zurecht kam. Weswegen man gleichzeitig Mauern und Wehrtürme errichtete, so die Tour Mataguerre, die heute inmitten des Weichbildes aufragt.

Perigueux ist also aus zwei Städten zusammengewachsen, die sich erst 1240 vereinigten – der Cité, in der alle Straßen nach Römerart grade verlaufen, und dem Quartier um Saint-Front mit den mittelalterlich engen und etwas krummen Gäßchen, wovon nur seine Hauptader, die Limogeanne, eine Ausnahme macht. Daß es auch zwei Hauptkirchen besitzt, zwei ganz außerordentliche Bauwerke sogar, beide wert eines Sternes im Michelin? Indessen, Périgueux steckt allenthalben von Überraschungen voll, die man in der etwas zersiedelten Stadt von heute durchaus nicht erwartet.

Das erste dieser Gotteshäuser ist *Saint-Etienne de la Cité,* in der anfänglich der Bischof zelebrierte; die Hugenotten haben es auf dem Gewissen. Von seinen vier hintereinander gereihten Kuppeln nebst Turm und Fassade verschonten sie bei ihrem fanatischen Amoklauf von 1577 nur eine. Doch hat man den Chorteil im Anfang des 17. Jahrhunderts wieder aufbauen können, und zwar auf erstaunlich getreue Weise. Es gilt, wie man weiß, als früheste aller französischen Kuppelkirchen und verrät einen so hohen Geistesflug der Umsetzung östlichen Gedankengutes, daß sie fast einer neuen Formfindung gleichkommt. Aber, was sagt solch ein Wort? Saint-Etienne ist maß- und hoheitsvoll wie wenige Bauwerke seinesgleichen; außer dem gotischen Wandgrab des Jean d'Assise wird es durch keinerlei Zierat gefällig gemacht. Keine Steinstickereien, wie später üblich, kaum Kapitele. Die Baumeister begriffen sehr wohl, daß man in diesem Raumgebilde nicht mit Geschichten, selbst solchen biblischer Herkunft, aufwarten konnte. Hingegen wird es von schweren, angeknickten Bögen für die Kuppeln unterfangen. Die Strenge der Frühe! Aber an den Wänden erweist sich, daß auch Genie beteiligt war; in zwei Etagen laufen schmale und hohe Blendarkaden darüber hin. Auf die runden Kuppeln konnte nur Rundes antworten, die Arkaden sind wiederum abgestuft, die Tragepilaster halbrund. Alles ist Form und nur das. Das Steinrund der Kuppeln wollte eine musikalische Entsprechung. Alles entzündet, steigert sich aneinander und bleibt doch in der einmal angeschlagenen Tonart. Auch in Saint-Etienne ist man angelangt und findet ob seiner Musikalität zu sich selber zurück, fühlt sich angenommen. Alles haben sie kleingekriegt, die Glaubensstürmer von einst, selbst das massive Mauerwerk, aber den Geist von Saint-Etienne bezwangen sie nicht...

Habe ich behauptet, Périgueux sei zersiedelt? Was die Vorstädte und Zwischenregionen betrifft, wohlverstanden! Denn zu seinem zweiten großen Ereignis, *Saint-Front* ist es gar nicht weit, ganze sechs-, siebenhundert Meter, und durch die enge Rue des Farges noch näher. Wer aber wird sich das Vergnügen versagen, im Fünf-Uhr-Gedränge der Rue Taillefer den Périgourdins ins Antlitz zu schauen? An ihrem Ende schiebt sich die heutige Kathedrale wie ein Gebirge mit einem Vorkap ins Menschengewimmel. Das Promunturium besteht in der erhaltenen Fassade der 1120 zerstörten Vorgängerin von Saint-Front samt dem ausgebrannten Schiffsleib und einem seitlichen Kreuzgang. Dahinter ragt der über dem erhaltenen Chorteil von einst aufgeführte Turm der spätromanischen Zeit empor, emphatisch, ja pompös mit einem Rundtempelchen bekrönt, als gelte es ein Ausrufezeichen vor das Innere zu setzen. Dort nämlich überfangen fünf Kuppeln mit Umgängen wahrhaft magische Raumfluchten, angeordnet in Form eines griechischen Kreuzes. Vervielfacht übergestülptes Himmelsgewölbe gleichsam, insgesamt von ungeheuer massigen Pfeilern getragen, die von hohen, wie mit der Schere ins Gemäuer geschnittenen Passagen gequert sind.

Bedeutet Saint-Etienne Harmonie, so Saint-Front ob der Nacktheit kreisender Kuppelrundungen, geschwungener Pendentifs und völlig glatter Wände eine Verfremdung des Räumlichen ins Enigmatische. San Marco zu Venedig oder die Apostelkirche in Konstantinopel haben zu dieser 1173 vollendeten Kathedrale Pate gestanden, gut! Aber es bleibt zu bedenken, daß Saint-Front als Konventskirche ersonnen war. Mir scheint, sie sollte den Geist einer Mönchsregel spiegeln, die alles Persönliche aus dem Dasein strich und vollkommene Anschauung in reiner Form anstrebte. Denn das Eigentümliche dieses im Detail nüchternen, rationalen Raumes besteht darin, daß er ob seiner Dimensionen ins Irrationale umschlägt. Das diffuse Licht der Kuppelfenster tut das Seine. Saint-Front ist eine sehr östliche Kirche.

– Zwei unübersehbare Züge von Périgueux, und doch loten sie sein Wesen nicht aus. Es gibt einen Bereich, unweit der Kathedrale, wo sich die Entpersönlichung von Saint-Front in das genaue Gegenteil wandelt, auch wenn seine nächste Umgebung fast prosaisch anmutet: alte Fronten, verwohntes Milieu, zum Fluß hinabströmende Fahrzeuge, die den Fußgänger zu hastigen Fluchten zwingen. Ein paar Schritt in die Gassen der nördlich anschließenden Altstadt hinein, ändert sich das. Dieses Herzstück des alten Puy strahlt greifbares Selbstgefühl aus. Zwar, für Kauziges und Romantisches ist kein Platz. Aber wer sich der Noblesse streng hochgezogener Fassaden aus der Renaissance in den engen Gassen gegenüber sieht, kommt nicht aus dem Staunen. Eine Respektsperson nach der andern, Palast um Palast, versehen mit Lukarnen, edler Fensterrahmung; Portale mit Steingerank, Figürchen, Arabesken, geprägt vom Willen zu privater Behauptung. Die *Maison Espignard* verfügt sogar über einen ›Weg der Ronde‹ auf ihrer Straßenmauer. Die herrliche *Maison du Pâtissier* schirmt sich ähnlich, und das um einen Binnenhof gelagerte *Hôtel Gamanson* wehrt sogar jeglichen Einblick ab. Wer hingegen das Innere eines dieser Hôtels betritt, erkennt an den fürstlichen Aufgängen im *Haus der Soulminihac-Hautefort,* der *Maison Ribette,* daß solche Reserviertheit nur äußerlich gilt. Die privaten Auftritte des einstigen Stadtadels besaßen den Rang des Elitären.

In der Tat, Périgueux ist eine erstaunliche Stadt. Wer aus Harmonie, Selbstaufgabe und Rückzug ins Private eine Reservatio mentalis seiner Menschen folgert, geht abermals irre. Die Schmerzen von einst haben die Périgourdins eher zu augenzwinkernder Ironie als zu Melancholie und Grübeleien verführt. Beim wunderschönen Park der Arena, wo die Alten ihre

Stammbänke besitzen, war es. Unter Gingko-Bäumen und Zedern hatte ich vor mich hingeträumt; jetzt, beim Hinabschreiten zum Schloß, ließ ich meine Augen durchs Viertel der Ärzte spazieren. »Docteur A. Weber... Rectoskopie, mittwochs drei bis fünf« stand auf einem Schild. Es war Mittwoch, soeben halb vier. Plötzlich erscholl eine Stimme neben mir, ein Alter aus dem Park nebenan. Niemand hätte aus seiner Miene auf den hanebüchenen Hintersinn schließen können: »Nicht wahr, Monsieur, jetzt wissen Sie, was er grad treibt...«

Von greifbaren Spuren der Pilgerstraße, deren Station Périgueux auf der Via Lemovicensis doch war, fand sich allerdings nichts mehr. Auch auf dem weiteren Weg nach Südwesten nicht. Höchstens einige Orte, die auf alten Pilgerkarten verzeichnet stehn, Saint-Astier, Sainte-Foy-la-Grande. Außer den Namen jedoch nichts, bis zur Garonne gar nichts.

Beaulieu oder die Macht des Opfers

»Nun wanderten wir wieder!« Auf jener Nebenroute der San-
tiago-Straße, die von Brioude durch die Berge von Cantal zur
alten Goldgräberstadt Aurillac verläuft. Dorthin, wo im Kloster
Saint-Geraud der kleine Hirte Gerbert aus der Umgebung der
›Pâturages‹ aufwuchs, den man später als Sylvester II. »den
Papst des Jahres 1000« nannte. Von hier stets nach Westen auf
Souillac zu, wie es die Pilgerkarte von 1648 anzeigt. Eine wich-
tige Station fehlt auf ihr allerdings, *Beaulieu,* in dessen Nähe die
Dordogne das Gebirge verläßt, um, erlöst vom Zwang der
Schluchten, nach Süden in die Freiheit der Ebene zu strömen.
Beaulieu ist damals protestantisch gewesen; damit wird sein
Schicksal schon fast umrissen.

Wir sind der heroischen Selbstbefreiung des Wassers gefolgt
– entlang einem kurvig absteigenden Sträßchen mit dem Blick
auf die drangvolle Tiefe, die sich gleichsam durch Zauberschlag
in reine Anmut verwandelte: geschwungene Baumschleier,
gründunkle Undinenträume, lauter Augenlabsal nach den rauhen Felderhöhen. Solcherart eingesponnen liegt er am anderen
Ufer, der ›Bellus locus‹ des Raoul de Turenne, Erzbischofs von
Bourges, der ihn um 840 zum Sitz eines Klosters erkor. Hier
ließ sich gut meditieren. Ahnte er freilich, daß seine Mönchssiedlung auf doppelbödige Erde zu stehen kam? Es nimmt sich
ja heute so aus, als habe sich die unterschwellige Glut des Höh-
lenlandes gleich einem griechischen Feuer durch den Boden ge-
fressen und mit dem Stein amalgamiert. Beaulieu stellt, räum-
lich genommen, den Anbeginn einer Reihe von Kirchenportalen
des Dordogne- und Lot-Tales dar, von denen versengende Geistesmacht ausgeht. Die Pilger dürften es mit jenem Erschauern
betrachtet haben, das sie bereits aus den Anfangstagen der

Wanderschaft kannten, als ihr Entschluß auf Leben und Tod sie noch brannte. Sicherlich bewirkte der Anblick jetzt gleicherzeit etwas anderes – wie müde einer sein mochte, er hob wieder den Kopf, um erneut die Sterne ins Auge zu fassen. Sehr seltsam, im gesamten Landstrich bis Moissac hin stellt sich das ein. Bildhauerwerk, ausgedachter, geformter Stein, der die Kraft des Scheidewassers besitzt.

Ein wenig muß ausgeholt werden. Es ist schnell geschehen, so wenig blieb von dem Kloster übrig. Das französische Schicksal: der Hundertjährige Krieg, die Religionswirren. Nur die Große Revolution blieb diesmal unbeteiligt. Von der ganzen Cluniazenser-Abtei haben sich nur zwei Pfortenreste an der Rue Sainte-Cathérine und Rue de la République erhalten, dazu der Kapitelsaal und, natürlich, die Kirche, ein Bauwerk limousinischer Art vom Ende des 11. Jahrhunderts mit dem üblichen Achteck-Küppelchen über der Vierung, dazu merkwürdigen Kapitellen, wie man sie einzig im Quercy antrifft – ein Kegel- und ein Pyramidenstumpf durchdringen einander – ferner einem enigmatischen Türsturz, den man neuerdings fand, und etlichen Reliquien. Ihretwillen sind früher die Jacquaires erschienen: Saint Prime und Saint Félicien, die Brüder der Sainte Foy, wenn ich den Angaben von Monsieur Andrieu in der ›Histoire de l'Agenais‹ trauen darf.

Auch im Städtchen steht nicht viel Altes mehr – eine herrlich am Fluß gelegene Büßerkapelle, behagliches Fachwerk ganz nahebei, damit hat es sich fast. Das Renaissance-Haus an der Place Bridolle nebst einer koketten Eva und dem üblichen Zierat wirkt eher kauzig. Ja, und dann kurvt die ›Nationale‹ durch das Nest und überschüttet die müden Kleinbürgerhäuser mit Lärm. Als ich das erste Mal hier erschien und etwas betroffen auf der Place du Marché an der Südseite der Kirche stand, weil aus verstaubten Scheiben ein blasses Mädchengesicht so verzweifelt traurig ins Leere, nein, auf mich starrte, durchfuhr es mich beim Abwenden wie Erschrecken. Gegenüber, wo mein Blick Anhalt suchte, sah gleichzeitig etwas herab, ließ mich nicht los, die Christusfigur mit den ausgebreiteten Armen auf dem Tympanon des Südportales. Es lag unsägliches Leid auf ihren Augen und Lippen.

Es ist eines jener Bildwerke des Quercy, die man genausowenig vergessen kann wie den Jesaias von Souillac oder die Gottkönigsgestalt von Moissac. Jedes der Werke strömt auf eigene Weise unbegreifliche Seelenmacht aus. Anfangs erkennt man nicht, was so bestürzt, sondern beginnt, fast verlegen, nebensächliche Fragen zu stellen: Nein, die Vorhalle, die das Tympanon überfängt, stammt nicht aus romanischer Zeit; die tragenden Flankenmauern allerdings zeigen tief eingegrabene Spuren von jahrhundertelangem Regen, rechts in den hohen Doppelarkaden wird Daniel in der Löwengrube eben sichtbar. Auf der Ostseite macht man die dreifache Versuchung Christi kaum noch aus. Dagegen lassen sich Petrus und Paulus beidseits der geschützteren Türdurchgänge leicht identifizieren. Neben der Überwindung durch Demut und dem »Apage Satanas!« werden Kirche und Lehre als Heilswege ins Spiel gebracht. Sollte nicht auch dem tragenden Mittelpfeiler eine besondere Rolle zukommen? Zwischen fünffach einwärts geschwungenen, stabdünnen Pfeilern stützen ein junger Mann, ein erschöpfter Greis, ein übereinander stehendes Paar das Gnadengeschehen. Wurden diese subtilen Geistgespinste des Unterbaus nicht in einem Konvent ersonnen, handelt es sich bei den Atlanten also um Mönche? Die wahren Rätsel des Tympanons, das vorgeblich ein Weltgericht darstellt, bei dem alle Beteiligten des Endzeitgeschehens versammelt scheinen, sind es nicht. Wo wägt, um nur eines zu nennen, Sankt Michael die Seelen der Abgeschiedenen? Es bedarf des Nachgrübelns, ehe man Antwort findet. Dann freilich eröffnet sich ein Gedankenraum, der Einblicke ins Abgründige mittelalterlicher Bibelmeditation gewährt.

Die zweite Erscheinung Christi, die Parusie, wird auf dem Tympanon Ereignis, die Endzeitminute zwischen dem Herniederschweben und dem Beginn des Gerichtes. Daher der leidvollwissende, bannende Blick, die entblößten Füße eines ins Grab Gesenkten, die ausgebreiteten Arme, der nackte Oberkörper des Herrn, um die Wundmale zu zeigen, und endlich das von zwei Engeln getragene, durch einen Nimbus verklärte Kreuz als eigentliches Passionszeichen. »Mußte nicht Christus solches leiden und zu seiner Herrlichkeit eingehn?« heißt es bei Lukas. Aber dem Bildhauer genügten selbst diese Hinweise noch nicht. Das Marterholz war qualvolle, bis zum Todesschrei ausgelittene Wirklichkeit, und so hat er die beiden Trägerengel nur mit kurzen Hemdchen, die ihre bloßen Gliedmaßen erkennen lassen, bekleidet. Welch genialer Einfall – die sichtbare Körperlichkeit der Himmelsboten als Zeugnis der Glaubensrealität! Auch die übrigen Passionsinstrumente, Dornenkrone und Nägel, werden vorgewiesen, während bereits ein weiterer Engel heraneilt, um Christus die Krone des Basileus zu überbringen, damit der Satz des Lukas erfüllt wird.

Aber noch sind nicht alle Fäden dieser Meditation ausgesponnen. In erregtem Gespräch über das, was sich vorbereitet, stehen die Apostel hinter dem Wiedererschienenen. Nur einer ist ausgenommen, verharrt mit verblüffter Miene im Anblick des Kreuzes, Petrus, der nicht hat hinnehmen wollen, daß der Herr den schändlichsten aller Tode, den am Kreuze erlitt. Aber grade auf das »Periissem nisi periissem« kam es doch an, das seither hinter jedem Martyrium stand: Würde ich nicht zugrunde gegangen sein, ich und mein Auftrag wären verloren. Darin liegt das wahre Drama dieses Szenariums. Erst die völlige Erniedrigung und Selbstaufgabe führen zum Heil. Ein Gedanke, durch den die Ströme jenes Leidens rauschen, das für den realistischen Sinn der romanischen Zeit Lebenswirklichkeit und Menschheitsmysterium zugleich war. In Höhe der Apostel findet sich eine kleine, dreizehnte Gestalt unter die Schräge des Bogens gehockt, die das zu unterstreichen scheint. Sie wurde deutlich einer Königsfigur in Moissac nachempfunden, die ob der Gewalt der Erscheinung Christi ekstatisch aufspringt. Man glaubt darin Jesaias oder Daniel zu erkennen, die nach dem Alten Gesetz prophezeiten, um das Wort zu erfüllen, werde der Messias erscheinen. Es war das Gebot der Schmerzen.

Wer dieses Bildwerk gesehen hat, dem genügt das Antike nicht mehr. Der Stein des Mittelalters zeigt sich fähig, selbst mystische Gedankenzusammenhänge transparent zu machen. Das Tympanon besitzt ja noch weitere Dimensionen, die einer ›Liturgie des Kreuzes‹. Unter und neben dem Auferstandenen gewahrt man sieben bärtige Männer mit gehörnten Mützen, die in wundervoll barockem Schwung der Körper auseinanderstreben und gleichzeitig voll Erregung nach oben weisen. Man will darin Denker und Dichter des Altertums sehn. Warum sollten es nicht einfach Angehörige heidnischer Völker sein, weil das erscheinende Kreuz, nach dem Korintherbrief, »den Juden ein

Ärgernis, den Griechen eine Torheit« bedeutet? Allein, gehören
sie wirklich noch länger zu seinen Verächtern? Einer faltet bereits die Hände, die übrigen treibt die Verwirrung um.

Das Tympanon wirft eine letzte Frage auf. In zwei Registern
ziehen sich drastische Höllendarstellungen über den Türsturz,
den das Wasser des griechischen Unterweltflusses Styx über-
wellt, verschlingende Ungeheuer, darunter das siebenköpfige
Tier der Apokalypse und der menschenköpfige Drache, allesamt unter die Schwelle des Bildwerks verbannt. Ihre Anwesen-
heit verleiht dem Gedankenzusammenhang erst seine Evidenz,
macht Christi Wiederkehr zum Sieg über die unterweltlichen
Mächte.

Freilich, wie ist das alles gemacht! Welche Bewegung im
statischen Raum. Die kleinen Gestalten der Exoten, welche Be-
herrschung der Form, die Tubenengel, welch grazile Anmut, die
frontale Sitzhaltung des Herrn andererseits, welch polare Span-
nung erzeugt sie! Man liest zuweilen, das Tympanon von Beaulieu trete hinter der visionären ›Offenbarung der Majestät Gottes‹ in Moissac zurück. Aber liegt das nicht vornehmlich an der
geistigen Rangstellung jenes Themas, das als Krönung romanischen Denkens galt?

Daß die Tiefendimension von Beaulieu von den durchmar-
schierenden Pilgern, einfachen Menschen zumeist, wenigstens
geahnt wurde, scheint mir nicht zweifelhaft. Das ist auch eine
Erkenntnis, die man mitnimmt: Wie groß sie dachten! – Während ich so da stand und überlegte, rollten draußen, am Ende
des kurzen Kirchgäßchens, lärmend und dröhnend die Tankwa-
gen vorüber. Ja, das haben wir ihnen voraus. Sonst aber ...?

Prophetenbild: Jesaias von Souillac

Drei Tage später, gegen Abend, hielten wir Einzug in Souillac.
Es war eine große Stunde. Der kommende Tag verhieß eine
neue Begegnung – die mit dem tanzenden Jesaias von Souillac.
Die Wanderung durchs Dordogne-Tal hatte uns ohnehin hochgestimmt.

Noch immer sah ich uns in *Carennac* auf der Klosterterrasse
stehn, hinter uns die beinerne Fassade, vor uns der gründunkle
Fluß mit dem langgestreckten Eiland Barrade, der ›Insel der

Kalypso‹ Fénelons. Hier, wo er seit 1681 als Titular-Prior
weilte, hat er im Schatten von »Erlen und Pappeln« sein be-
rühmtestes Buch, ›Die Abenteuer des Telemach‹ geschrieben,
einen Lobgesang auf das einfache Leben, ehe er zum Erzbischof
von Cambrai aufstieg. Es hätte sich kein besserer Ort finden
lassen als dieser zwischen Ufergebüsch und Dorfhang, im
Schatten einer Kirche zudem, deren Tympanon den thronenden
Christus, Apostel und studierende Mönche zeigt – keines der
ganz großen Werke des Quercy, gewiß, und doch wie ein Kleinod aus Goldschmiedehänden durch einen Torbogen im Winkel
des Dorfsträßchens zu gewahren.

Es hatte anderes in diesen Tagen gegeben – große Stätten der
Geschichte auf dem rechten Ufer des Flusses: *Puy-d'Issolud,* wo
Cäsar eigenhändig die letzten Gallier niedermachte, die ihm zu
widerstehen wagten. Oder das durch den Sieger von Poitiers
gegründete Städtchen *Martel* wenig weiter im Westen, in dem
König Henris II Thronerbe, ›der junge König‹, 1183 im Hause
Fabri nahe der fürstlichen Raymondie den bitteren Tod eines
Renegaten starb. Anders auf dem Südufer der Dordogne. Dort
stellten sich Landschaftsbilder voll Zauber ein, so der Cirque de
Montvalent, umzogen von Klippenmauern der Causse de Gra-
mat, wo die Pilger nach Rocamadour übersetzten. Endlich, im
Wechsel vom Romantischen zum Anmutig-Kauzigen, das dop-
pelchörige Kirchlein von *Creysse* auf seinem Felspodest über
Hofwinkel und Bauerngärten ...

Nunmehr aber lag *Souillac* vor uns, eingebettet in waldige
Höhen und Nußbaumhaine. Nach der einsamen Weite gab es
plötzlich alles, was man auf einer Wanderschaft braucht und
auch nicht braucht, Läden, Hotels, Cafés und sogar ein Fetzchen Geschichte abseits der Straße: den schwerverwundeten
Belfried, der eigentlich gar keiner war, denn er hat ursprünglich
als Glockenturm für Saint-Martin gedient. Die Hugenotten von
1562, man weiß schon! Sie hatten sich übrigens damit keineswegs zufriedengegeben, sondern waren auch über das Kloster
Sainte-Marie hergefallen, das doch aus grauer Vorzeit stammte,
als es weder einen protestantischen noch einen katholischen
Gott, sondern nur einen einzigen gab. Die Kuppelkirche zwar
steht wieder hergerichtet, schmucklos, sehr byzantinisch auf
verödetem Platz, leider beim Glaubenssturm unheilbar an der

empfindlichsten Stelle zu Schaden gekommen. Was davon
blieb, Teile des Portales von einst, hat man daher als Torsen an
der Innenwand des Kirchenzugangs vors Gemäuer gelegt – eine
Hoseas-Figur, das große Theophilus-Relief mit der Geschichte
eines kilikischen Klosterschatzmeisters, der seine Seele aus
Zorn über die Amtsenthebung dem Teufel verkaufte, worauf
ihn die Jungfrau ob seiner Reue vor der ewigen Verdammnis
rettete. Einen Pfeilertorso ferner mit Löwe und Widder und
schließlich auch einen Riesen-Trumeau voll wild verschlungenen Lebens nebst Abrahams Opferung, drei Meter fünfzig
hoch. Ja, hier war immerhin figuratives Können am Werk, das
die wahre Sturzflut von Leibern meisterte. Aber jenes Numinose, das sich mit dem Namen Souillac verbindet, wo blieb es?

Doch dann zeigte es sich gleich nebenan, und mit einem
Schlag war alles Körpergetümmel vergessen, eine einzige Relief-
gestalt nur in einfacher Menschengröße – der Jesaias von Souillac. Es spricht alles dafür, daß er um 1130 über dem zerstörten
Portal, wahrscheinlich als Seitenfigur einer Verkündigungsgruppe, angebracht wurde. Noch immer durchwaltet ihn eine
so stürmische Seelenerhebung, daß man fassungslos innehält.
Ja, ein Wunder der Quercy-Kunst. Einige Lobredner sagen sogar, es sei die schönste Skulptur aus romanischer Zeit. Etwas in
mir sträubt sich gegen Superlative. Diesmal aber …

Es gibt Wandlungen der Kunst, die gewaltlosen Revolutio-
nen gleichen. Von Stund an wird anders gedacht, weil ein Bildwerk die Leitrolle allen Sehens und Fühlens übernommen hat.
Die Zeit um 1100 brachte eine solche Veränderung des Empfin-
dens. Zwar entwickelte sich noch keine neue Rundskulptur wie
in antiker Zeit, vielmehr bewahrte die Bildhauerei den Charakter des Reliefs, hielt gewissermaßen auf halbem Weg zwischen
Graphik und Plastik inne. Ein entscheidender Wandel vollzog
sich indessen doch: Erneut trat das Bildwerk halb aus der Wand
hervor – zwölf bis achtzehn Zentimeter im allgemeinen – was
für eine skulptierte Durchformung der Oberfläche genügte. Der
Bildhauer von Souillac allerdings ging einen kleinen Schritt weiter. Er meißelte seine Figur nicht nur als Halbvolumen aus der
Fläche des Steines, sondern unterlegte ihr gleichzeitig einen
Hintergrund, indem er die Unterseite des Gewandes, in das er
seinen Jesaias kleidete, um die Gestalt herumzog. Damit ent-

stand ein gewisser Bildraum, schmal, von geringer Tiefe nur, doch er bediente sich seiner mit genialer Kraft.

Was er vorführt, ist anspruchsvoll. In verzückter Bewegung scheint der Prophet der Verkündigung vorzustürmen, eine Ausdrucksgebärde, die einzig durch ein tänzerisches Posieren erzeugt wird. Die Rechte hält das Schriftband mit dem nicht mehr lesbaren »Ecce virgo concipiet« nach vorn, die linke Hand weist auf die Prophezeiung hin. Der gesamte Körper wird von dieser Bewegung durchwaltet – die vorgeschobene rechte Schulter, der voller Ausdruck leicht vornüber wie seitwärts geneigte Kopf, die auswärts gebogene Hüftpartie, der kühn und raumgreifend ausschreitende linke Fuß, und das leicht angewinkelte rechte Bein balanciert den Körper mehr, als daß es ihn stützt. Ein dreifacher Bewegungsstrom durchflutet den Propheten mithin – er drängt auf die Verheißung zu, zieht den Leib nach und wendet sich gleichzeitig dem Betrachter entgegen. Ein schwieriger Ablauf von Körperaktionen, die der Künstler zudem – grade dies beweist seine Meisterhand – weniger durch das Volumen der Glieder als durch das Gewand ausdrückt: Ein togenähnlicher Überwurf umhüllt das Unterkleid wie ein vom Sturm geschwelltes Segel und fällt gleichzeitig, nach aquitanischer Art reich bestickt, durch die Schwere der Borten herab. Die gesamte Bekleidung, Ober- wie Untergewand modelliert den Körper und verstärkt, ohne von ihrer ersten Aufgabe abzulassen, die Bewegungsimpulse. Das geschieht sowohl durch die fast dreiecksförmige Straffung des Togenzipfels, der mit dem linken Arm nach vorn gerissen wird, als auch durch den Schwung, mit der die Tunika vom vorschnellenden linken Bein in hoher Kurve zurückfliegt. Tatsächlich nimmt es sich daher so aus, als schreite dieser Jesaias durch seine Gewänder wie Meeresbrandung.

Es war dem Bildhauer offenbar unwichtig, daß sich gewisse Unmöglichkeiten der Gewandführung ergaben, die man leicht feststellen kann. Auch in der Anatomie stimmt etliches nicht. Schiebt der Prophet nicht seine rechte Schulter viel zu weit heraus? Das indessen besitzt besondere Gründe. Man steht dem Jesaias gegenwärtig Auge in Auge gegenüber. Wenn auch die frühere Anbringung unbekannt ist, er dürfte sich hoch an der Wand befunden haben. Wer eine Abbildung schräg über sich

hält und halb von unten emporblickt, erkennt das. Etwas sehr
Eigenartiges stellt sich ein – die Schulterpartie stimmt nunmehr,
noch merkwürdiger freilich, die Gewandführung erscheint jetzt
ebenfalls richtig. Auch der Kopf beweist, daß der Prophet für
einen anderen Blickwinkel geschlagen war. Das Haupt auf den
breiten Schultern mutet ja merkwürdig klein an. Im Emporblick
ändert sich das. Sind die Augen des Jesaias nicht auf einen
Betrachter fixiert, der unter ihm steht? Wer endlich niederkniet,
um in den Schwung des Untergewandes hineinzublicken, erkennt dort einen sorgfältig durchmodellierten, durchgezeichne-
ten Hohlraum. Die gleichsam im Vorwärtsstürmen auseinander
fliegenden Strähnen des Bart- und Kopfhaars bekommen plötzlich den Charakter von Strahlen eines Gestirns. Erst dieser Emporblick des Betrachters macht deutlich, daß die sowohl ex-
pressive wie illusionäre Technik des Überzeichnens bewußt an-
gewandt wurde. Wenn es noch eines Beweises bedürfte – auch
die einzig im Hochschauen zu gewahrende, so sprechende
Mundpartie der weichen, lebensvollen Lippen, die gegenwärtig
viel zu hoch angesetzt scheinenden Ohren bekunden, wie der
Glaubensmann betrachtet sein wollte.

Weiß man darum, bekommt diese Gestalt eine innere
Größe, die grade ob scheinbarer Übertreibungen ein seelisches
Hingerissensein demonstriert – Ergriffenheit durch die Botschaft, das war es wohl, was der Jesaias ausdrücken sollte. Ich
kenne kein Bildnis, das darin vergleichbar wäre. Der Prophet
wird durch seine Bewegung über sich selbst hinausgetragen
und, in des Wortes wahrer Bedeutung, ins Überirdische trans-
zendiert.

– »Ecce virgo concipiet«, eine Heilsverheißung, welche die
Pilger, die vor dem Portal von Souillac standen, vor und über
sich sahen. Wenn es ihnen erging wie uns, müssen sie voll ver-
wirrten Staunens weitergezogen sein. Ja, welch eine Zeit, die so
zu denken, so zu gestalten vermochte!

Durch die Wälder des Südens

Der Abschied von der Dordogne fiel uns nicht leicht. Wir lieb-
ten das Land; es war grün wie Bayern. Zum letzten Mal standen wir hoch auf der ›Barre‹, der Aussichtsbastion von *Domme,*

die Wiesengründe des Flusses tief unter uns. Dem Osten des Tales hatten wir schon vor Tagen adieu gesagt. Ja, Fénelon auf Bergeshöhe, wo der Dichter des Telemach zur Welt kam – der Ausblick vom obersten Schloßaltan war voller Überwältigungen gewesen: hinwallende Täler und Höhen, spielzeughafte Orte und Klippen hineingetupft, Augenraum, in dem die Seele ein Urbild wiedererkannte. Ein leichter Schmerz hatte sich bereits eingemischt. Kehrt man denn wieder? Im Westen bewegte uns manches kaum minder. *Beynac,* hundertfünfzig Meter hoch auf senkrechten Uferfelsen getürmt, ein riesiges Burggemäuer, durch das der unbedenkliche Mercadier geschritten war, *Castelnaud,* die von Holunderduft überwehte Ruine am Gegenufer, wo der französische Widerpart saß – man spürte noch immer, welche tragischen Schatten durch das Waffengetümmel des Hundertjährigen Krieges geisterten.

Die Frontlinie verlief damals seltsam. Nördlich Engländer, südlich des Flusses Parteigänger Frankreichs, beide eingeigelt, wie wir das im russischen Winter nannten. Sie hatten sich auf Dauer eingerichtet und ringsum in den Bergen Wehrstädte mit Lagergrundriß und hoher Ummauerung angelegt, ›Bastides‹, die man noch heute kaum verändert findet. Domme, 1281 besiedelt, war die nördlichste in französischer, Monpazier die südlichste in englischer Hand. Manchmal ziehen sich Laubengänge um die alten Alarmplätze, mächtige ›Cornières‹, die Kühlung spenden.

Domme, hoch auf dem Saum der Causse über der Dordogne, ist die großzügig heitere unter den Garnisonen von einst; nichts von den sonst so engen ›Carreyrous‹, den Gäßchen, die solche Nester rechteckförmig durchfurchen, vielmehr hier und dort sogar Anmut, blutrote Rosen vor elfenbeinfarbenen Mauern, eine herrliche Balkenhalle. Das Schönste aber blieb seine Bastion über dem weiten Dordogne-Grund, durch den in Schmelzperioden der Eiszeit die Wasser gegurgelt waren. Alles ging hierzulande ja von den Tälern aus, auch die Magie der Höhlenbilder und am Ende sogar die Verzückung des Jesaias von Souillac. Vorbei, vorbei! Wir mußten eilig durch die endlosen Forste nach Süden. Zuerst auf Besse zu, dann nach Agen.

Wir, meine Frau und ich, wollten das, ausgesetzt wie die Jacquaires, nachvollziehn und waren daher in einer Routiers-

Kneipe eingekehrt, wo man Tag und Nacht fort konnte. Ohne solche Entr'actes erlebt man das Wichtigste der Pilgerfahrt, die Dimensionen, nicht. Das Wiedertreffen mit Wagen und Reisegefährten war für Villefranche abgesprochen. Acht Stunden Marsch bedeuteten nicht sehr viel, ließen Zeit zur Umschau, wenn wir bei Sternenschein aufbrachen. Ein Bedenken blieb allerdings. Befanden wir uns überhaupt auf dem Santiago-Weg? Aber eigentlich gehörte auch das dazu: Verlorensein an die Straße, nicht genau wissen, wohin. Endlos die Maronenhaine, durch die wir dann pilgerten, Stangenholz überall, uns zu Häupten nur durchschienenes Grün. Aber grade, als uns die Waldtollheit packte, warf sich das Sträßchen unter einem verwunschenen Schloß herum. Talwärts tauchte das altersgraue Geschiefer eines winzigen Kirchleins zwischen der Laubwoge auf, darunter, von Holzfeuerrauch überhängt, eine Handvoll Häuser, *Besse*. Weil es steinalt war, 11. Jahrhundert, nahm das Gotteshaus den Ehrenplatz ein. Spitzgiebelig stand es auf seinem Podest überm Ort, das Portal kurios und naiv dekoriert. Affen, Gaukler und Tierbändiger. Es muß für die Waldmenschen des Mittelalters ein aufregendes Erlebnis gewesen sein, daß es etwas anderes als Schafstall, Krautgarten und Bäume gab. Das Schönste blieben Adam und Eva, beim Verlassen des Paradieses dargestellt. Gott drückt dem Ursünder noch einmal die Hand: Mach's gut in der rauhen Welt, alter Junge! Der aber konnte nicht antworten, griff an die Gurgel, in der ihm der Apfel stockte. Wir bemühten uns sehr, das Lachen zu unterdrücken. Der uns nämlich, auf Pourboire erpicht, das ikonographische Programm aus einem zerfetzten Papierlappen vorlas, der Dorfsüffel mit blauroter Nase, gleichfalls steinalt, faßte sich auch an die Kehle. Seine Stimme war in Ozeanen von Rotwein ertrunken, so krächzte er kaum mehr vernehmlich. Ich zog die Börse und winkte ab.

»Nur eins noch, Monsieur, lief der Pilgerweg hier vorüber?«

Er schloß wortlos die Kirchentür auf, zeigte aufwärts – eine Leiter, eine Bretterempore. Dort lag noch ein Büschel Heu. Ja, die Jacquaires hatten da oben geschlafen. Aber das Heu stimmte mich doch bedenklich. Es war kurz vor Mittag, ins Dorfsträßchen unten bog eben der Brotwagen ein, das Ereignis des Tages. Aus den Türen traten die Frauen mit Umschlagtü-

chern; die Zeit zum ersten Schwatz war gekommen. Das Land
ist so einsam. Wir begegneten auf dem Weitermarsch keinem
Menschen mehr.

In *Villefranche-du-Périgord*, gleichfalls einer alten Bastide,
sah es dann freilich anders aus. Die Hauptstraße quoll jetzt bei
Arbeitsschluß über. Wir feierten im ›Commerce‹ etwas ermüdet
Wiedersehen mit den Freunden. Das Zimmerchen war passa-
bel, die Abendmahlzeit sogar atemberaubend; man begann mit
einer Trüffelomelette. Richtig, wir weilten im Land des aroma-
tischen Pilzes! Meine Frage allerdings, ob wir uns überhaupt
auf der Pilgerroute befanden, begegnete Ratlosigkeit. Daß es
mit dem Weg aber stimmte, hat der kommende Tag offenbart.

Wir rollten bereits über Saint-Front-sur-Lémance nach
Montsempron am Lot. Wundervoll aufgetürmt, hoch über dem
Ort eine Wallfahrerkirche, kein Zweifel. Eine vorgeschobene
Kapelle am Chor wies in Fußhöhe Arkadendurchbrüche. Dahinter hatte man früher für durchwandernde Pilger Reliquien
ausgesetzt. Dann allerdings ging es nicht auf Agen zu, vielmehr
bogen wir, dem Ratschlag des Curés folgend, ostwärts ab nach
Duravel, einem Heiligtum des 11. Jahrhunderts über uralter
Krypta, in dessen Apsis die Reste von drei Eremiten der ägypti-
schen Thebais ruhen, Hilarion, Poémon und Agathon. Worauf,
da es wiederum nahe lag, *Bonaguil* folgte, eine mächtige Feu-
dalburg. Soeben war ein Roman darüber erschienen, der in den
Schaufenstern auslag. Nun nach *Frespech,* einer Burg in den
südlichen Höhen, ja, auch nach *Saint-Maurin,* schon in der
Nähe von Moissac, einem aufgesprengten Klostergemäuer, in
das der halbe Ort eingebaut ist.

Zum guten Ende sind wir sogar noch westwärts gefahren.
Das nördliche Agenais stellt eine Schatzkammer des Romanischen dar. Was bei solchem Hin und Her nebenbei abfällt – wir
kamen nicht aus dem Staunen! Im Tal unter Montpezat ein
überwucherter Friedhof, den ich nach alter Gewohnheit, unterwegs Namensbekanntschaft zu schließen, nicht ausließ. Da lagen drei Landsleute begraben; nein, keine in Frankreich verbliebenen Kriegsgefangenen. Der älteste, Heinrich Baumann, war
1947 mit dreiundachtzig Jahren gestorben. Ob die Fruchtbarkeit dieser Region sie nach hier gelockt? Ringsum liegt üppiges
Bauernland, vollends im Tal des Lot. Was wächst da nicht alles!

Primeurs, Frischgemüse jeglicher Art; eine Tomatensorte gab
es, so groß oder klein wie dicke Kindermurmeln, hierzulande
als Beilage sehr geschätzt. Vor allem jedoch Melonen und Obst.
Das Agenais präsentiert sich als wahrer Garten Eden. Da mußte
Agen selber eine Landstadt mit großen Märkten sein. Von den
Pilgern und Pilgerkirchen sagten die Handbücher hier nichts.

Mit dem Markt zwar hatte es seine Richtigkeit, aber sonst
zeigte sich alles anders, als ausgedacht.

Agen oder Verwandlungen einer Stadt

Zu meiner Überraschung nämlich besaß *Agen* an der Garonne
alles, was zur Pilgerepoche gehört, jedes an seinem Platz, dicht
beieinander im Norden der Altstadt, leider von Bahn und Bahnhof fast angeschnitten: die Reste der Kirche *Sainte-Foy,* heute
Kapellchen, oder *Les Martyrs,* ein Märtyrerkirchlein über einem römischen Grab, das einst dem Hospital Saint-Jacques als
Andachtsstätte diente. Die Herberge selber ist allerdings verschwunden. Immerhin, es bedeutete Zeugenschaft; hier waren
die Jacquaires, von Souillac über Eysses kommend, eingekehrt
und nach Südwesten durch die engen Gassen der Altstadt,
wahrscheinlich die ›Cornières‹, davongewallt, um jenseits der
Garonne nach Condom zu wandern. Allein, irgend etwas an
dieser Stätte, wo die heilige Fides, der heilige Caprasius den
Märtyrertod starben, stimmte nicht mehr.

Am nahen *Saint-Caprais* aus dem 12. Jahrhundert, seit 1802
zur Kathedrale erhoben, merkte ich dann, woran es lag. Der
Geist war ausgeronnen. Kuppeln sollten ursprünglich das Innere überfangen, daher zog man die schweren Pfeiler ein. Aber
die Bauzeiten dauerten ungebührlich, so spannte man schließlich Rippengewölbe über den Raum. Anderwärts machte man
es sich zu leicht. Es gibt etliche alte Kapitelle im Chor, Querhaus und dem Kapitelsaal. Eines erzählt, ganz ähnlich wie das
zu Conques, was einst in Agen geschah: Der thronende Dacius
befiehlt, Caprasius umzubringen, der Soldat hebt das Schwert,
schlägt zu, und schon neigt sich zur Rechten, wie ergreifend, ein
Engel über ein nacktes Kind, die Seele des Hingemordeten. Nur,
daß es nicht die Sprache des Agenais ist, sondern hergeliehene
Form nach dem Muster von Moissac. Es gab mehr dergleichen.

Daß schließlich noch das bombastische 19. Jahrhundert über die Kirche geraten war, restauriert, Fresken eingemalt, Glasfenster sattsam bekannten Stils zugefügt hatte, durfte man allerdings weder den romanischen noch folgenden Zeiten anlasten.

Auch das gehörte also zum Pilgerweg: es stand noch genügend herum und blieb doch stumm. Vielleicht hatte bereits der Mönch von Conques, der Sainte Foy davontrug, einerlei ob er sie rettete oder stahl, die Seele Agens mit fortgenommen. Die Gefäße stehen noch, aber jede Spur Heilswasser ist von der Sonne neuer Zeitalter ausgetrocknet. Denn dies kam auch hinzu, eine neue Ära, die Agen völlig verwandelte, die Renaissance. Eingestanden, ich habe kein rechtes Verhältnis zu ihr. Weniger, weil sie eine ausgegrabene Gedankenwelt ist, mehr machen mir schon die Schulstubengerüche ihrer humanistischen Präzeptoren und ganz sicher das Libertinertum zu schaffen, das sich einst alle, sogar die Kleriker, schuldig glaubten. Allerdings empfiehlt es sich in Agen, mit Vorurteilen sparsam zu sein. Es war auch Größe im Spiel. Die Renaissance dieser Stadt, besser die drei, die an ihrem Anfang stehn, verfügten darüber.

Der erste, Matteo Bandello, Dominikaner aus Castelnuovo und Parteigänger von König François 1er, mußte 1526 nach dem Desaster von Pavia aus Italien fliehn und fand in der Garonne-Stadt Asyl; er ist hier später Bischof geworden, aber das mehr im Nebenbei, denn im Grunde blieb er ein Literat. Er hat zweihundertvierzehn Novellen geschrieben, manches genialische Stück darunter, jedes ein Ausschnitt der Welt für sich. Shakespeare lieh bei ihm den Stoff für ›Romeo und Julia‹ aus, aber auch Lope de Vega und noch d'Annunzio griffen auf ihn zurück. Der zweite und dritte trugen von Haus aus einen berühmten Namen, Scaliger. Giulio Cesare, der Ältere, ein streitbarer Mann, Philologe, Dichter und Naturforscher zugleich, wurde durch eine literarische Kunsttheorie bekannt, deren Nachwirkung noch bei Opitz und Klopstock zu spüren ist. Sein Sohn, Joseph Juste, kam bereits in Agen zur Welt, ein Sprachgelehrter von hohen Graden, der das archaische Latein wiederentdeckte und der Antike eine genaue Zeitfolge unterlegte; auch in der Astronomie war er zu Haus. Seines ›Julianischen Datums‹ bedient sich noch heute die Wissenschaft.

Sie also haben jenen ›italienischen Geist‹ nach Agen verpflanzt, der das Bild der Stadt verwandelte und sich sogar architektonisch niederschlug: in den Hôtels der de Vaurs, de Vergès, d'Estrades und de Monluc, dicht beieinander gelegen und eine Art Herzkammer der Stadt. Man hat heute darin die Kostbarkeiten des *Museums* untergebracht, die 1877 entdeckte ›Venus‹ vom Mas d'Agenais, eigentlich eine griechische Aphrodite, eine ganze Sammlung von Bildern Goyas wie den ›Aufstieg der Montgolfière‹. Sehr charakteristisch, dieser hohe Rang des Musealen in Agen! Ein Bildungserlebnis bedeutet Renaissance ja auch, das Wärmen an fremden Feuern, vornehmlich hierzulande; es galt sogar für unser Hotel.

Wir wohnten nahe der Jakobinerkirche. Das Haus lag bequem, der Ausblick auf das alte Ziegelgemäuer war hübsch, das Innere etwas verschroben. Die Franzosen haben eine Schwäche für Bric-à-brac der Geschichte. Madame, die das Haus leitete, schien darin weit gediehen. In der Halle, dem Salon, die Treppe hinan, überall Bilder und Bildchen, dazu Hausrat entlegenster Art. Das Kurioseste blieben Vogelbauer als Lampen und ein Puppenwagen aus Großmutterzeiten auf dem Treppenpodest. Abends wagte ich kaum ohne Taschenlaterne auszugehn vor Besorgnis, beim Heimkehren gegen irgend etwas zu stoßen, und grade dann lockte es mich hinaus! Zehn Uhr, wenn nur noch am Theater oder auf den Boulevards Leben zu finden war und tiefe Dunkelheit um Saint-Caprais, Les Martyrs, Sainte-Foy hing, durfte ich hoffen, daß sich die Abgründe der Zeitalter öffneten und meine Phantasie die Jacquaires wieder heranziehen sah von den Höhen des Nordens oder davonwandern durch die Schattenschlünde der alten Gassen. Aber es ging nicht. Das schlotternde Eisen der nahen Bahn machte alles zunichte.

Es hat mich geschmerzt. Agen ist auf seine Weise schön. Da saß ich also am Morgen auf meiner Bank am Ufer in der Platanen-Esplanade und versuchte zu schreiben. Es hing soviel Leuchten über der Garonne, die Bäume standen so weise und wissend herum, der Blick ging so frei unter den Stämmen hin. Agen war voller Leben, voller Betriebsamkeit. Am Peristyle du Gravier, auf dem Markt vor dem Rathaus, schlug man die Stände auf. Dicke Sträuße von Blumen quollen aus Blechbehältern; auf den Auslagetischen türmten sich bunte Gemüse. Pilze aus den Wäldern gab es um diese Zeit in Bergen. Bald würden die ersten Maronen kommen. Ja, es ist ein gesegnetes Land, das der Muskattrauben, Chasselas, Pfirsiche und Pruneaux. Aber grade daran lag es wohl. Wo der Pflug seine Furche zieht, wirft man die alten Steine im Acker fort. Sie stören.

Neben mir gaukelte ein Blatt aus dem Platanengezweig hernieder, frischgrün zwar noch, aber ein Vorbote doch. War es wirklich bereits so spät im Jahr? Es war so weit. Auf der Erde lag schon ein ganzer Teppich von Blättern. Da schien es auch für uns Zeit, weiter zu rollen ...

Wenig später war *Moirax* mit der gewaltigen Kirche der ehemaligen Cluniazenser-Abtei hoch auf dem Südufer der Garonne-Hügel erreicht. Gleich einem Vogel blickt man von hier übers Stromtal. Hinter den Bergen kam *Estillac* auf der nächsten Höhe. Drunten im Tal drängte sich ein Bauerndorf, *Aubiac*, zusammen, inmitten, von kegelförmigen Apsidendächern umlagert, ein Glockenturm wie ein Belfried, im Innern hoch auf Pfeiler gestelzt, das Küppelchen von Gurtbögen unterfangen; in den vier Zwickeln Evangelisten oder Heiligenbilder. Eigentlich hatten dort Diagonalrippen ansetzen sollen; man sah die Konsolen noch. Omaijadischer Geist aus Toledo war am Werke gewesen. Da vernahm man ihn wieder, den Ruf aus den verschütteten Brunnen der Zeit, das Echo der Pilgerstraße.

Das Land wirkt nach der schwingenden Weite des Quercy und Périgord ungewohnt eng, schmale Talgründe von Wasser durchronnen, Wiesengefilde mit Binsen durchsetzt. An weiten Hängen aber reifte das Obst in endlosen Hainen. Es färbte sich schon. Nach Condom war es nicht weit, als uns plötzlich der Einfall zu einem Abstecher ins nahe *Nérac* überfiel, die Residenz der d'Albret mit dem Schloß des ›Vert Galant‹, Henri IV von Navarra. Das Städtchen über dem umgrünten Baïse-Flüßchen hielt uns den erhalten gebliebenen Schloßflügel entgegen, eine Augenfreude – eine Galerie aus gedrehten Säulchen, flachen Bögen und dem seltsam nach innen weggebogenen Unterbau vorgelegt. Auch die Renaissance, dies mußte ich eingestehn, hatte große Träume gehegt, und das ganze Städtchen nahm an der Verzauberung teil. Pilger schienen allerdings nicht durchgezogen.

Beim Gedanken an die Jacquaires sind wir reumütig auf die Route zurückgebogen. Es ging über lauter fromme Dörfer. Eines nannte sich Nazareth, ein anderes Nomdieu, ein drittes Lamontjoie – eine Bezeichnung voll Hinweis. ›Montjoies‹ hießen die Quartier- oder Wegezeichen für Wallfahrer. Namen bleiben, wenn auch die Steine vergehn. Wenige Kilometer nur, und Condom erschien, wo unser Nebenweg über Souillac wieder in die Hauptstrecke der Podiensis, die von Moissac kommt, einmündete.

Aufforderung genug, sich erneut einer Pflicht zu erinnern und endgültig heimzukehren auf diesen dritten der großen Wege, dorthin, wo wir ihn vor Wochen verlassen. Nach Figeac und sodann ins Tal des Lot. Es wartete dort einiges, und wir warteten seiner.

In den Tälern des Lot

»Schauen Sie diese alte Stadt an! Bald wird kein Stein Ihrer Pilgerstraße mehr auf dem andern stehn. Warum schreiben Sie also darüber?« Der Wirt vom ›Terminus‹ in *Figeac,* Herr Bonpère, sprach's, der sich beim Servieren diskret erkundigt hatte, was uns zurückrief.

Leider, er befand sich im Recht. Die Stadt, Sitz einer alten Abtei und Pilgerstation, blieb eine herbe Enttäuschung. Zwei riesenhafte ›Aiguilles‹, gewiß, fünfzehn Meter hohe Grenzsteine der ehemaligen Klosterfreiheit, angestaubte Gassen mit Fachwerk, das ›Oustal de lo mounédo‹, wo man früher die Münze schlug; das übrige höchstens 17. Jahrhundert. Ein paar Steinrudimente im einst so bedeutsamen, den Religionskriegen erlegenen Saint-Sauveur zählten doch nicht.

»Sollte man nicht«, dozierte Monsieur Bonpère, der den ›Progrès‹ las, erhobenen Kopfes, »– müßte man nicht die Zukunft ins Auge fassen? Geschichte, was bedeutet das hierzulande? Blutige Glaubensmassaker mit Bergen schuldloser Opfer. Marcilhac, das Sie besuchen werden, ein Trümmerhaufen. Wollen Sie für solche Erinnerungen den Chiffonier abgeben?« – Lumpensammler, ein schöner Name!

Eingeschüchtert murmelte ich, der Santiago-Weg sei schließlich etwas anderes, eine Route des Friedens gewesen, doch dann rutschte es mir heraus.

»Monsieur, da Sie ein Speläologe sind – warum nicht zuge-
ben, daß in jedem von uns dreißigtausend Jahre Menschheits-
vergangenheit über die Erde wandern? Was also haben Sie gegen die Pilgerstraße, die doch auch zum Gepäck gehört?« –
Meine Frau sah mich kritisch an; es klang mir selber gestelzt.

Aber Monsieur stutzte. »Passé de l'humanité« war offenbar
gar nicht so schlecht. Jetzt mußte er Farbe bekennen.

»Wenn man es auf solche Weise ansieht, und natürlich, der
Marché commun! – Ach was«, fuhr er fort, »Sie wollen mich
einwickeln« und ging. Nach kurzer Zeit kam er zurück, eine
Flasche Wein in der Hand. »Damit Sie mich nicht für einen
Banausen halten! Oh gewiß, die Beaux arts, la Culture, le Gé-
nie, das hat auch für mich seinen Wert ... Marcilhac sollten Sie
übrigens tatsächlich besuchen. Etwas für Träumer wie Sie, ›très
romantique‹ ...«

›Romantique‹, das Losungswort für den Tag, mit allem, was
sich für uns auf der Podiensis damit verband: Höhlen, Kuppeln,
Portalen, ja auch Natur. Wenig später erwies es bereits seine
Kraft. Die Route umstrahlt auf dem Weg nach Cahors ein Zauber wie nie zuvor. Wir empfanden ihn mit vorweggenommener
Abschiedsstimmung doppelt, wanderten auf ihr ja zum letzten
Mal. Da lag ein Dörfchen tief im Célé-Grund, das zum Santiago-Wege gehörte. *Marcilhac* eben. Wie geträumt. Dahinter
eine hohe, ins Silbrige spielende Felsenwand. Enggeschachtelte
Mauerkuben, Türme und Trakte, denen man die Klosterver-
gangenheit ansah, am Fuß von Grün umwuchert. Eine uralte
Abtei, der das Jahr 1568, eines der schlimmsten in Frankreich,
den Fangstoß gab; so steht sie noch heute. Pfeiler und Bögen,
hoch aufgeschwungene Architekturgerüste, alles Füllende dazwischen weggesunken. Wucherndes Gerank hängt aus Gewöl-
behöhen hernieder. Selbst der Wendeltreppe im Turm sind die
massiven Steinstufen ausgebrochen. Seitab am hergerichteten
Kapitelsaal sieht man, wie es ursprünglich aussah: ekstatisch
bewegte Kapitelle, der ewige Kampf zwischen Mensch und Dämon, Christus schwer hingehockt. Am Südportal der zerstörten
Kirche wird noch deutlicher, wie man fühlte. Mehr eingemau-
erter Reliefstein als Tympanon, wie einem Kinderbuch entnommen, ganz einfach der Herr zwischen Sonne und Mond mit

aufgehobener Hand, darunter zwei Engel, halb runenhaft, halb lehmgebacken, Sankt Peter und Paul, kaum verständlicher Urlaut, und doch vom Echo alter Choräle durchweht. Es packte uns tief, wir schieden nicht leicht, gleichwohl in Erwartung; schon spielte uns das Parolewort ja seine zweite Verheißung zu.

Unweit Cabrerets, gleich hinter den nächsten Flußschleifen, blau umblüht ein Bergtal. Dort ging es hinan, ein Eichenwäldchen auf der Bergkuppe kam, darin eine Senke mit lagernden Leuten. Der Zugang von *Pech-Merle*. Da war es noch einmal, das Doppelbödige dieser Landschaft, die Höhle, das Abgründige mitten am hellen Tag. Aber auch der Zauber hielt an; ein unterirdisches Laurinsreich öffnete sich, rosenfarbig aufschimmernd, endlose Kavernen, rundgestrudelt der große Mitteltrakt, zwiegeschossig, die Zwischendecke irgendwann eingebrochen. Auf fünfhundert Metern Getier der Urwelt an Wände und Decken gemalt. Auch ein Ossuarium gab es, ein Heiligtum, wo der Urmensch die Schädel von Bären niedergelegt hatte. Die schönsten der Tiefenbilder waren mit schwarzen und roten Punkten gemusterte Pferde nebst Negativdarstellungen – auf die Wand gelegten Händen, über die man Farbe geblasen hatte. Menschliches zeigte sich auch sonst: Ein verwundeter, von Speeren durchbohrter Mann, rätselvolle Mischwesen, ›Bisonfrauen‹, und, über alles Dargestellte hinausgehend, körperfaßliche Spuren des Menschen von einst, versteinerte Fußabdrücke, wie gestern getreten, zwei nur an Zahl, aber sie steigerten die Ergriffenheit, waren fernste Grüße aus Eiszeittagen über die Jahrzehntausende hin ...

Wenig südlich Cabrerets mündet der Célé in den Lot. Die Wasser müssen die Kräfte sammeln, um durchs Kalkgebirge zu brechen und mäandern gemeinsam weiter. Mal hoch, mal im Grund läuft die Straße hin, über, neben, unter sich Wald, Absturz und Klippe; darunter traumesgrün, gleichzeitig klar der Fluß. Im Sturz Terrassen und Baumschleier. Zuoberst die überwaldeten Kuppen, hellgrüne Tupfen darin. Eichengebüsch blühte noch. Manchmal fand sich eine Aussichtsbastion. Da konnte man auf überkragende Felsen klimmen und sah tief hinab in eine liedhafte, wie hingesungene Landschaft, in der sich plötzlich ein aufgeworfener Bergort zeigte, *Saint-Cirq-Lapopie*. Der Vorname stellt die Verballhornung des Namens

Saint Cyr dar, eines kleinasiatischen Märtyrers, den einer der
Herren der alten Burg, vom Kreuzzug heimkehrend, als fromme
Erinnerung seinem Stammsitz beigefügt hat.

Man fühlt sich dem Mittelalter wieder ganz nahe. Um Burg
Lapopie, die den Lot-Grund sperrte, schlug sich schon Herzog
Waïfre mit König Pipin. Es ist ein von Dohlen und Schwalben
umschwärmtes Adlernest, die Kirche zuoberst, nur von einem
Fels überragt. Darunter die Burghäuser mit Rundbogen, Zypressen in halber Höhe; ein gelber Turm lugt über verstreute
Dächer. Das Leben staut sich hier höher als sonst; sonntags
kommen die Menschen in Scharen. Wirklich, es ist gar nicht
weit bis ins Herz des Cadurcengebietes, Cahors ...

Wenn man ungebunden durchs Land streift und nicht ankommen will, macht man Funde besonderer Art. Diesmal war
es eine unerwartete Einsicht: *Cahors* will nicht vom Pilgerweg
durchs Tal, sondern von den Höhen des Nordens gesehen sein.
Da liegt es auf einmal tief unten und gewährt einen überwälti-
genden Anblick; alles hat man mit einem Male, die weit nach
Süden vorstoßende Schleife des Lot, die aus der Landzunge
darin eine Bastion macht, schwer befestigt zudem. Man erkennt
im Osten den 1308 begonnenen, zinnenbewehrten Pont Va-
lentré, an drei Stellen von Karreetürmen überragt. Auch nach
Norden ließ sich der Isthmus sperren; von der Riegelmauer sind
noch die Tour Saint-Jean auf einem Fels über dem Fluß, und die
›Barbacane‹ oder Brustwehr erhalten. Man mußte sich hier gegen mancherlei Zugriffe wehren. Das mittelalterliche Cahors
war seit dem Zuzug lombardischer Bankiers und Kaufleute
reich, betrieb Geschäfte mit aller Welt, ein wenig auch ›Prêt à
usure‹, auf Wucherzins. Das lockte die Schnapphähne, gekrönt
oder nicht.

Daher auch die vielen Türme im Stadtbild, die Tour Pelegri
der uralten Universität, die Tour du Roi, die Tour de Jean XXII,
zu deren Füßen im 13. Jahrhundert Jacques Duèze als Kind
gespielt hat – der »französischste aller Päpste« stammte von
hier – allesamt im ostwärtigen Viertel der gewundenen Steige
und Gäßchen gelegen. Inmitten aber erhebt sich als wahre Festung, auch sie abseits der Hauptader, des Boulevard Gambetta, die Kathedrale Saint-Etienne, unser Ziel, wie einst das
der Pilger. Wo sich heute die Menschen vor den Ständen des

Gemüse- und Blumenmarktes drängen, waren sie feierlich eingezogen, um die ›Sainte Coiffe‹, Christi Kopfbedeckung, die
Karl der Große gestiftet hat, und Reliquien des ersten Märtyrers der Kirche, des heiligen Stephan, zu verehren.

Uns freilich lockte mehr. Die nach dem Vorbild der Hagia
Sophia Ende des 11. Jahrhunderts erbaute *Kathedrale Saint-
Etienne* ist die letzte Kuppelkirche am Weg. Voll Wucht, zylin-
derförmig durchbrechen die Aufbauten hinter den Fassadentür-
men den First, vom spätgotischen Kreuzgang herrlich zu sehen.
Jacques Duèze, der Papst, hat Kuppeln und Chor im Innern
ausmalen lassen. Aber noch anderes zog uns an: Durch das
südliche Dreipaßportal im Fuße des Westwerks sind die Jacquaires geschritten; das nördliche Gegenstück dazu bedeutet
sogar einen großen Augenblick der Portalkunst. Streng, herb
auffahrend, wie für eine Festung gebührlich, steigt das Gewände empor. Schließlich war noch Henri IV von Navarra, derzeit Parteigänger der hugenottischen Sache, über die Kirche hergefallen und hatte Saint-Etienne geplündert. Trotz solcher Zurüstungen Gaukler, phantastisches Getier auf Sparrenköpfen;
schmale Blendarkaden mit Rosetten wie Perlenschnüre überziehen die Seiten. Doch kommt es natürlich auf das Tympanon mit
der Himmelfahrt Christi an, das im Gegensatz zu dem wuchtigen Baublock unerwartet subtil ist. Dem Kunstvoll-Harmoni-
schen fällt eine hohe Aufgabe zu; bei aller rauschhaft-verzück-
ten Bewegung der assistierenden Engel stehen die Figuren spürbar isoliert. Auch die Art zu bilden muß überraschen, sanft,
rund, voll wölben sich die Gliedmaßen vor. Es ist eine der
Antike entlehnte Darstellungsart, die im Martyriumsrelief noch
gesteigert wirkt: Stephanus zieht aus, predigt den Juden. Einer
von ihnen muß sich die Ohren zuhalten, so umgarnen ihn seine
Worte. Da gehen sie hin und steinigen den Verführer. Man
erkennt die Wut an den ausholenden Armen – der Anlaß zu
einer Ballung der Szene wäre gegeben. Aber es tobt sich jeder
allein aus. Der kniende Märtyrer erträgt seinen Tod gradezu
einsam, die Augen, die Hände gläubig zu Gottvater und Christus erhoben. Abermals ein Exempel: Nimm dein Schicksal auf
dich. Etwas Urbanes, aber auch Innerliches mischen sich ein; in
der Bewältigung des Themas mittels der Kunst offenbart sich
zugleich der Sinn des Leidens.

Mögen es die Jacquaires nun empfunden haben oder auch nicht, für ihren Weitermarsch gab es kein Aufhalten mehr. Sie wanderten jetzt in Mittagsrichtung und wir gleich ihnen. Auf ›Serres‹ oder auch ›Plaines‹ genannten, einsamen Wegen durch trockene Höhen, die im Laufe der Zeit gewechselt haben – entlang der Barguelonne auf Lauzerte zu, über Borderouge und Saint-Jean-le-Froid, Namen, die man heute nur mit Mühe aufspürt. Oder über Lascabanes, über l'Hospitalet, wo die Herrin einer nahen Burg, Hélène de Castelnau, einen Pilgerstützpunkt gegründet hatte, in den Südwesten. Überhaupt war diese Strecke gut mit Herbergs- und Wachstationen versorgt, wenn auch einfachster Art. Da liegt der Stumpf eines Turmes bei La Garde südlich Lauzerte, ist ein Stück Weg, eine Brücke bei Calvère identifizierbar, eine Waldstrecke bei Saint-Martin. Anonymer Stein, erloschene Spur, nur daß man heute noch weiß, dies war Zeuge. Nach zwei kurzen Tagemärschen sollten sie Moissac erreichen. Hunderttausend, fünfhunderttausend, ich weiß nicht wie viele Schritte sie von zu Haus nach dorthin brauchten. Warum sie zählen? Die eigentlichen Ereignisse dieser Wanderschaft offenbaren sich doch nur dem, der sich ihr unterwirft: Eine Ankunft im Abend, hundertmal Anlangen, man ist plötzlich da! Und manchmal fand sich eine Station, in der schien man endgültig angekommen. Moissac gehörte dazu.

Die schwarze Sonne von Moissac

Um keinen Irrtum aufkommen zu lassen, *Moissac,* an der Grenze des Quercy zur Gascogne, ist keineswegs schön. Das Kleinstädtische, dem es obendrein an jeder Idylle fehlt, wiegt vor. Besonders im Nordviertel um Saint-Pierre, Rest einer uralten Abtei und Station des Santiago-Weges, wo sich sogar die Backsteinfassaden alter Fabriken und Lagerhäuser ins Straßenbild mischen. Aber ich meine, es sei gut so. Nichts lenkt ab.

Nur wer sich dem Gotteshaus über die Place des Recollets nähert, kann es bereits beim Heranschreiten ins Auge fassen. Voraus, zwischen Etagenhäusern, weitet sich der Zuweg für kurze Schritte. Dahinter, im Blickfang, liegt es. Genauer sein Turm mit der Eingangshalle und dem berühmten Portal. Ein seltsames Bauwerk. Über einem schweren, von Zinnen gesäum-

ten Untergeschoß in grauem Haustein erhebt sich, zurückge-
stuft, ein im 19. Jahrhundert veränderter Oberteil aus roten
Ziegeln mit der Glockenstube und einem Pyramidendach. Alles
weniger hoch als gedrungen. Abermals eine Bastion.

Das Festungsartige hat seinen Grund. Wer die Chronik von
Moissac liest, weiß warum. Hier nämlich brach das Unheil des
Südwestens noch elementarer als gewöhnlich herein – die Sarazenen, die Normannen, man kennt es. Später brausten die Albi-
genserstürme über das Kloster. Die ostwärts anschließende Kirche mußte nachgebaut werden und besitzt nur noch wenig Besonderes. Was sonst wiedererstand, fiel zumeist der Eisenbahn-
trasse zum Opfer. Einzig der Porche mit dem Portal, dazu der in
seinem Schatten gelegene Kreuzgang blieben als Relikte der romanischen Zeit erhalten. Dennoch, welch ein Gnadengeschenk!
Von ihnen geht eine solche Wirkung aus, daß man betroffen
innehält und, willentlich oder auch nicht, eine Wandlung in
sich verspürt: Von Stund an wird alles in ein anderes Licht
gerückt. Der Focus, der eigentliche Brennspiegel dieses erstaunlichen Vorgangs ist das Portal, genauer sein Tympanon.

– Ich bin oft, zu allen Zeiten des Tages hier gewesen. Häufig
genug, um verständlich zu machen, daß sich zwischen uns eine
besondere Beziehung anspann, die des »Ich lasse dich nicht«.
Anfangs wanderte ich nach einer gewissen Zeit beunruhigt davon – durch den ganzen Ort nach Süden bis zum Flußufer des
Tarn mit dem Grün seiner Baumkulissen, weniger um auszuru-
hen, als der Besinnung wegen. Ich war verwirrt. Lange ertrug
ich die Abwesenheit nicht und empfand, wiederkehrend, mit
törichter Erleichterung etwas, das doch nicht anders zu sein
vermochte: Da stand es noch, das Portal, eingehüllt in sein
Schweigen, und Er sah mich an, der Gottkönig von Moissac.
Vielmehr, er sah mich nicht an. Er blickte über jeden Beschauer
hinweg, und doch vermag sich niemand von diesem Antlitz
abzuwenden. Man glaubt, des Gesichtes innegeworden zu sein,
aber weiß nach drei Schritten der Abkehr nichts mehr. Jung,
alt, schön, nicht-schön, streng oder gütig? Am Ende mußte ich
mir eingestehn, Er sah nach nichts Vergleichbarem aus, sondern
verkörperte jenes Enigmatische, das dem Auge unfaßbar bleibt.

Offenbar waren die Bildhauer von Moissac in einem höheren Sinn inspiriert. Man kennt sie nicht. Allein, man vermag

zwei andere Gestalten ihrer Zeit zu beschwören, die Großes an
der Abtei bewirkten und Einfluß nahmen. Den Abt Durand de
Bredon zuerst, dessen Bild auf einem Pfeiler des Kreuzgangs
dargestellt ist. Keineswegs porträthaft natürlich. Er hat Moissac, das schon 628 aus dem Dunkel der Zeiten taucht, im August 1047 der cluniazensischen Reform unterstellt, ein Vetter
des heiligen Odilo, Erzabtes von Cluny, und neben seinem Amt
als Klostervorsteher Erzbischof von Toulouse. Dieser Personalunion bleiben die Beziehungen zur tolosanischen Schule zu verdanken. Ihr nämlich entstammten die Bildhauer von Moissac,
die ein Menschenalter später ans Werk gegangen sind. Auch
dem andern hat man ein Denkmal gesetzt, wenigstens scheint es
so. Auf einem der Rundpfeiler neben dem Portal steht die Figur
eines Benediktinermönches. Sie stellt vielleicht den Abt Ansqui-
til dar, der seit 1085 die Geschicke der Abtei lenkte und das
Programm des 1100 vollendeten Kreuzgangs ersann ...

Es wurde späterhin meine Gewohnheit, diesen Ort des Friedens zuerst aufzusuchen, um mich von der Kammermusik seiner vier Flügel um den Binnenhof mit der riesigen Zeder verzaubern zu lassen, ehe ich mich dem Portal überließ – man muß
sich ja wieder und wieder hineinversenken. Aber auch, um der
Zuströme innezuwerden, die im Kreuzgang zusammenrannen
und den Geist jenes Zeitalters befruchtet haben: Sechsundsieb-
zig Kapitelle aus Kalkstein bekrönen einfache oder gekoppelte
Säulen, unterbrochen von acht Pfeilern an den Ecken und in der
Mitte der Gänge. Darauf Apostelbildnisse und die Durandus-
Darstellung, die auf ein Miniaturbild einer nahen Abtei zurück-
geht. Buchmalereien haben den Bildhauer-Steinmetzen häufig
als Vorbild gedient. Als Material für die Pfeiler benutzten sie
alte Sarkophagdeckel; bei den Rundsäulen griffen sie auf antike
Monumente zurück. Insgesamt Marmorgestein aus den Pyrenäen von sorgsam gewählter Färbung – grauweiß geädert, einem ins Weinfarbene spielenden Malventon, einem Rosa oder
gefleckten Grün, Nuancen, die erst wahrhaft aufblühen, wenn
ein leichter Nebelhauch durch die Luft weht.

Die Kapitelle zeigen den Einfluß der tolosanischen Schule
am deutlichsten. Ihre Bildzone überfängt ein nach den Seiten
hochschwingender, an den Ecken umbiegender ›Galon‹, dem in
der tiefer gelegenen Mitte ein kleiner Knauf aufgesetzt ist, was

ihnen, im Verein mit der reich dekorierten Kämpferplatte, die
anmutige Eleganz verleiht. Ihre Darstellungen lassen drei The-
mengruppen erkennen. Einmal eine ornamentale mit Akanthus-
blättern, Palmetten, Rosetten und Ranken; bei einer zweiten
sind halb zoologische, halb fabulöse Motive verwandt und oft
genug zu chimärischen Wesen verschmolzen – Phantasiege-
schöpfen voll prallen Lebens und feinster Durchbildung der
Einzelheit bis zur Maserung von Fell und Gefieder. Welch eine
herrliche Darstellung, das Greifenkapitell im östlichen Trakt!
Die Hauptrolle fällt natürlich den erzählenden Kapitellen zu.
Darauf werden Geschichten des Alten, des Neuen Testamentes
und Legenden von Heiligen wiedergegeben, vornehmlich solcher, die man in Moissac besonders verehrte wie Saint-Sernin
oder Saturninus, den Märtyrer von Toulouse.

Ein buntgemischtes, aber auch gedankenschweres Bilder-
buch breitet sich mit anderen Worten auf, wenn man vom Tanz
der Salome, vorüber am phantastischen Geschlinge von Vögeln
zur Geschichte Nebukadnezars voranschreitet, David im Tempel musizierend gewahrt oder die rastende Samariterin am Ja-
kobsbrunnen. Vielfach ist selbst das kleinste Detail zu einer
Erzählung ausgesponnen. So die Episode der leeren Krüge bei
der ›Hochzeit von Kana‹. Mehr insgeheim, manchmal auch of-
fenkundig wird direkter Einfluß der Pilgerstraße vernehmlich,
besonders bei jener kufischen Inschrift, die einem ornamentalen
Kapitell eingewoben wurde. Weit über solche engsten Beziehungen hinaus – was diesen Kreuzgang allenthalben so köstlich
macht: Hier wird der gesamte Reichtum an Phantasie, mit dem
die romanische Zeit und nicht zuletzt der Santiago-Weg die
Vorstellung des Menschen jener Epoche überschüttete, aufge-
breitet und sein eigenes Denken oder Empfinden obendrein.
Der Cloître bedeutet nicht nur Anmahnung und Aufforderung
zur Meditation, er gewährt Einblick in Seelenbereiche, deren
Verödung man heute voll Schmerz gewahrt.

Suchte ich hier nur die Einstimmung, ehe ich mich an die
große Endzeitdarstellung des Portals wagte? Es war mehr. Was
dort als gewaltige Offenbarung zusammengedrängt ist, der
Kreuzgang schenkte die Fülle der Innenwelt wieder; er ließ eine
versunkene Zeit als jenes Wunderland auferstehn, in dem die
Quellen unseres eigenen Fühlens entsprungen, die Ur- und Leit-

bilder unserer Seele zu Hause sind. Es ist ja wenig hinzuge-
kommen.

Das *Portal*. Da war es nun, von kostbarem Schmuckwerk, mal
aus Marmor, mal aus Kalkstein, immer von erlesener Form
umzogen, tief in das Mauerwerk des Porche gehöhlt. Das Ikonographische läßt sich schnell berichten; es spielt in Moissac
nicht die Rolle von Beaulieu und ist leichter faßlich. Auf den
Reliefs der Seitenwände werden hüben die Kardinalsünden der
Menschen samt ihrer Bestrafung vorgeführt: Ehebruch, Stolz,
der Geiz, in dramatischen Bildern, versteht sich, wobei auch die
Erzählung vom sterbenden Armen unter dem Tisch des Prassers
nicht fehlt, dessen Seele der Engel in Abrahams Schoß trägt –
eine ergreifende Szene. Auf der Gegenwand findet man exemplarische Bilder der Heilsgeschichte: Verkündigung, Heimsu-
chung, Anbetung der Könige und Flucht nach Ägypten. Voll
Meisterschaft, gewiß. Allein, erst auf der eigentlichen Portal-
wand beginnt dieses Gesamtkunstwerk spürbar von innen zu
glühen, und mir scheint, daß hier künstlerische Absicht mit-
wirkte, um das Szenarium auch innerlich bis zur Höhe des
Tympanons zu steigern.

Links unten zeigt sich Sankt Petrus als Patron der Abtei,
rechts der Prophet Jesaias, beide auf den Seitenkompartimen-
ten, deren Außenränder, vierfach spitz vorschwingend, ausge-
lappt sind und eine exotische Note ins Bildwerk fügen. Die
Vorderseite des Mittelpfeilers bedecken über Kreuz stehende
Fabeltiere von starker Ausdruckskraft – sind es die Löwen des
Kirchengebetes? – vor einem Hintergrund blütenhaft anmuten-
der Feuerräder. Auf den Schmalseiten dieses Trumeaus aber
treten bereits zwei der bedeutsamsten Einzelkunstwerke dieses
Portales auf, tief verinnerlicht, beinahe tänzelnd: Jeremias und
Paulus, fast entkörperlicht beide, von der Spiritualität ihres
Auftrags geprägt. Nein, trotz dieses Sordino ist der mächtige
Türsturz mit der Höllendarstellung nicht zu entbehren. Das
Thema des Tympanons, die Offenbarung des Johannes, bedarf
des abgründigen Widerspiels, und doch empfanden sich die
Meister an dieser Stelle zu einer Stilisierung genötigt: Zwei
Höllentiere an den Ecken blasen mit fauchendem Atem schmale
Streifen aus ihren Mäulern, die abermals Feuerräder, Symbole

des Infernos umschlingen. Insgesamt eine subtile Dramatik, die auf das Endzeitgeschehen des Tympanons vorbereitet.

Es antwortet darauf mit dem Unerhörten, und dies ist der Augenblick, auf den die gesamte romanische Kunst, wo man ihr auch begegnet, hingearbeitet zu haben scheint, mit einer Darstellung der Herrlichkeit Gottes. »Und siehe, ein Stuhl war gesetzt im Himmel, und auf dem Stuhl saß einer ...«, steht im vierten Kapitel der Offenbarung geschrieben, »und um den Stuhl waren vierundzwanzig Stühle und auf den Stühlen saßen vierundzwanzig Älteste ... vor dem Stuhl war ein gläsernes Meer, gleich dem Kristall, und mitten am Stuhl und um den Stuhl vier Tiere voll Augen vorn und hinten« – die Gestalten des ›Tetramorph‹ oder die Evangelistensymbole. Das ganze Tympanon verkörpert ja die genaue Umsetzung des erhabenen Visionstextes; selbst die wellige Borte des gläsernen Meeres fehlt nicht.

Mit ihren Kronen und Musikinstrumenten haben sich die vierundzwanzig Ältesten, dazu das ›Viergetier‹ und assistierende Cherubim um den übergroß in der Mitte thronenden Herrn versammelt. Die Könige in drei Etagen übereinander gestaffelt. Jeder in einer anderen Haltung, jeder ›Person‹, ein jeder durch Körpergebaren und Wendung des Kopfes eine Novelle für sich. Magisch angezogen sind alle Blicke auf Christus gerichtet. Auch jene der Engel in einer Haltung von ergriffener Zartheit, die einem letzten Ritardando vor dem großen Schlußakkord gleicht, den die vier ›Evangelistensymbole‹, der Matthäus-Engel, der Markus-Löwe, Johannes-Adler und der geflügelte Ochse des Lukas intonieren. Sie umgeben nicht einfach den Herrn, sie umstürmen ihn auch nicht. »Blitze, Donner und Stimme« begleiten nach der Schrift Christi Erscheinung im Offenbarungsgeschehen, bildhauerisch kaum darstellbar, aber hier in Gestalt verwandelt. Eine Ergriffenheit von elementarer Gewalt hat sie gepackt, läßt sie die Köpfe in unerhört kühner Körperbewegung über das Rückgrat hinweg dem Gottkönig zuwenden. Wenigstens die Tiergestalten. Der Matthäus-Engel aber, menschlicher Gebärde mächtig, entlädt seine Erregung in einem Tanz der Verzückung: Die schönste Ausdrucksform Aquitaniens, hier erscheint sie noch einmal als Inbegriff seelischer Hochstimmung. Auch einer der Könige scheint zu tanzen;

es ist der im Zwickel der zweiten Reihe von links. Der Sturm des Innern reißt ihn vom Stuhl empor.

Der Herr aber? Ihn durchwaltet die erhabene Stille der Mitte. Im schwer bordierten, feierlich gefältelten Königsgewand, die Linke auf das Buch der Bücher gelegt, sitzt er da. Die Fracht des Wissens, die Unausweichlichkeit des Geschehens bestimmen die Haltung. Auf dem Kopf trägt er die Krone des Herrschers; seine Augen sind fernhin gerichtet: ein Blick der Endgültigkeit. Es ist der Gott, wie ihn das Auge des Sterbenden sieht – man verstehe mich recht: alles Künftige ist vorüber, die Endzeit Gegenwart, die Stunde für ein anderes Dasein gekommen, und dieser Durchgang bedeutet Äußerstes, ein Ausgelöschtwerden, um zu sein ...

Für mich unterliegt es keinerlei Zweifel, daß sich das Bildwerk vornehmlich an die Pilger richtete. Der Santiago-Fahrer befand sich in einem ähnlichen Zustand wie der Verscheidende, der, gleich einem vom Hitzschlag Getroffenen in der Wüste, noch einmal die Augen öffnet und eine schwarze Sonne, nein, Ihn über sich gebeugt sieht. –

Es lebte mir in Carsac, einem Dörfchen des Périgord Noir, ein alter Freund, den ich jahrlang wiedersah. Ein heimgekehrter Weißer Vater, der das helle Habit und den roten Fez der afrikanischen Missionare trug. Er hat mir davon berichtet. Es war ihm selbst widerfahren: Die Wüste, die schwarze Sonne, in der ihn der Herr im Augenblick der letzten Stunde ansah, die er gekommen glaubte. Die Erzählung ließ meine Vorstellung nicht los, und seither erschien mir der Gottkönig von Moissac so. Mag sein, daß ein zweiter Umstand mitgewirkt hat. Das Tympanon war einst übermalt, und Farbspuren lassen das herrliche Haupt, trotz des grauen Grundtones von heute, unter gewisser Beleuchtung dunkel erscheinen. Oder überwältigte mich, der ich den Spuren der Pilger folgte, die Ausdrucksmacht dieses Bildwerkes so? Die Wanderschaft bleibt doch gleichzusetzen mit einem Entwerden, einer Entrückung von allem Gewohnten und gleichzeitiger Ankunft. Das Mysterium von Moissac spiegelt sich darin – Anfang durch Enden, ein Zusammenhang, den wir folgerichtig als Hintergrund des Tympanons mitdenken müssen.

In der Gascogne: Eine Palme am Weg

Welchen Übergang der Wanderer in romanischer Zeit auch wählen mochte, um Tarn und Garonne zu queren, er betrat am jenseitigen Ufer ein anderes Land. Es nannte sich anders, Gascogne, und die Menschen verständigten sich in ungewohnten Lauten von tönendem Klang. Es war längst nicht mehr die ›Sprache der Väter‹, das lateinische Patois einstiger Legionäre. Vielmehr hatte sich südlich einer Linie von der Gironde-Mündung zur Schweiz eine Form der Langue d'Oc durchgesetzt, die nach heutiger Ansicht der Linguisten im Katalanischen wurzelt. Auch das Landschaftsbild war verwandelt. Nur gelegentlich buckelten sich, wie um Lectoure und Condom, Kalkschollen aus dem Boden. Sonst aber zogen sich hügelige ›Molasses lacustres‹ hin, fruchtbare Sedimentböden, durchsetzt von Zypressen, auch klimatisch ähnlich der Toskana, allein wechselhafter, zwar milde und temperiert, manchmal allerdings brachen an den Wendemarken des Jahres von See aus heftige Stürme herein. Aber es konnte in Sommertagen auch, wie zur Stunde, Perioden der Trockenheit geben, die Zeit unvergleichlich schöner Sonnenuntergänge, denen der Pilger, diese Gestalt der Sage, mit langen Schatten entgegenlief.

Die Gascogne wird von der Pilgerkarte des Jahres 1648 nicht mehr zur historischen Guyenne des Hundertjährigen Krieges gerechnet, gehörte bis dahin jedoch zum politischen Raum unserer Erzählung. Vor Beginn dieser Epoche hatte sie Schweres mitgemacht. 853 waren die Normannen über fast alle größeren Ansiedlungen hergefallen, um zu plündern, zu verwüsten und die Bewohner, selbst Kinder zu morden. Lange Menschenalter dynastischer Aufsplitterung in kraftlose Kleinherrschaften waren gefolgt, bis das Gebiet, wie berichtet, durch Erbschaft an Aquitanien fiel. Seither schien das Elend gebannt. Allenthalben entstanden Klöster, in deren Umkreis sich von der Scholle geflohene Bauern ansiedelten. Die Landwirtschaft erholte sich rasch, seit die schwarzen Mönche das endlose Waldgebiet rodeten und Moore in Äcker, Artigas geheißen, verwandelten. Sie legten Weinberge an, die für den Armagnac genannten Teil der Landschaft Gers – nicht mit der historischen Grafschaft Armagnac zu verwechseln – große Bedeutung bekamen, während Herden von Hornvieh und Schafen über die Weideflächen wanderten. Neugegründete ›Sauvetés‹ boten den Menschen weitere Sicherheit, nicht zuletzt burgartige Militärstützpunkte einfachsten Zuschnitts auf rechteckigem Grundriß und engstem Raum, meist nur mit einem winzigen Wohngemach. Kleinfortifikationen, deren feste Türme nahe der Pilgerstraße in Tauzia, Sainte-Mère und anderwärts über den Horizont ragten. Es gibt sie nur in der Gascogne, ausgenommen das Grenzgebiet zwischen England und Schottland mit seinen Pele-Towers, wo sie offenbar Nachahmung fanden. Die ›Paix de Dieu‹ half, diesen Frieden zu festigen.

Dem Schutz der Pilgerschaft insbesondere widmete sich in der Gascogne ein neugegründeter, freilich kurzlebiger Orden, die ›Milice de l'ordre de Saint Jacques‹. Später, nach dem Zusammenbruch des aquitanisch-englischen Festlandreiches legte man, sei es unter französischer Hoheit im Armagnac, sei es unter englischer im Condomois, neue Wehrsiedlungen an, die aus dem Périgord bekannten ›Bastides‹, selbst in dörflicher Kleinform, wie Laressingle nahe Lectoure. Ihr eigentlicher Vorläufer, Montauban, ist bereits 1144 entstanden. Hier, in der Geburtsstadt des großen Jean-Auguste-Dominique Ingres sieht man übrigens heute noch nahe dem Vieux Pont über den Tarn das Fundament eines befestigten Turmes, der Tour Saint-Jacques, ein Zeichen, daß die Jacquaires selbst in veränderter Zeit Hilfe und Zuflucht fanden und sogar abseits der großen Routen.

Sie wanderten ja allenthalben, auch wenn die Karte nur ihre Hauptwege verzeichnet. Auf diesen natürlich am häufigsten. Von Moissac also über Saint-Antoine und Miradoux ins Gebiet der vier Bischofsstädte, von denen *Lectoure* die erste war, ein eng um die Hauptstraße zusammengedrängter Ort mit schildförmig gegen den Himmel gehaltenen Dächern, hoch überragt vom mächtigen Turm der Kathedrale Saint-Gervais-et-Saint-Protais, bei deren Umbau man 1540 auf merkwürdige Funde gestoßen war. ›Taurobolia‹, Denksteine und andere Erinnerungsmonumente an blutige Stieropfer des Kybele-Kultes. Sie bleiben als Besonderheit der Gascogne nachträglich anzumerken. Aus welchen Abgründen der Seele kam das, wer hatte solche Riten ins keltiberische Land verpflanzt? Unzweifelhaft gehen die Funde, die man nicht nur um Lectoure machte, auf zuwandernde Griechen oder Phönizier zurück. Seit dem 7. Jahrhundert vor Christus drangen sie, wahrscheinlich als Händler, über die Pyrenäen ins Land, die, anders als die unwegsameren Alpen, für den Mittelmeerraum keine Barriere bedeuteten.

Ein Zustrom mehr also, der bis heute seine Spur hinterließ! Etwas fehlt indessen im Bild des von mancherlei Einflüssen geprägten Landes, wenigstens in angemessener Zahl: die Hinterlassenschaft des Pilgerweges und seiner großen Epoche. Bis auf wenige Zeugnisse ist alles Romanische untergegangen. Die weithin sichtbaren Monumente dieser und einer nachfolgenden Zeit, einerlei ob Abteien, Kirchen oder Herbergen, entfachten den Glaubenszorn der Religionskriege ja besonders. Condom am trägen Gers, eine Handelsstadt für den Rotwein der Region und das berühmte Eau de vie des Armagnac, konnte zwar durch erhebliches Lösegeld seine Kathedrale bewahren, allein die Benediktiner des benachbarten Klosters brachten die geforderte Summe nicht auf. Der Brandschatzung von 1569 durch Montgomery entging nur ihr Kreuzgang, und an die Jacquaires erinnert einzig der Name der Ausfallstraße nach Gondrin, dem nächsten Pilgerstützpunkt, wo sich ebenfalls nichts von Belang erhielt. Sie wanderten von dort nach *Eauze*, ehedem als Elusa Hauptstadt einer römischen Provinz, die bis zu den Pyrenäen reichte. Die gotische Kathedrale einer Kleinstadt sowie etliche antike Mauerscherben sind alles, was übrig blieb. Es wird von diesen Bauten einer späteren Zeit nicht in diesem, der Romanik gewidmeten, Buch, sondern im Zusammenhang mit der Via Tolosana berichtet.

Als folgende Station sei des Städtchens *Nogaro* gedacht und diesmal mit Grund. Dort hat sich einiges aus aquitanischen Tagen bewahrt, der Rest einer Abtei, die romanische Kirche mit anderen Worten: schwere Lemurenkapitelle an gewaltigen Pfeilern, ein hochgeschwungenes Mittelschiff, sogar maurische Reminiszenzen am Seitenportal. Obendrein fünf üppig geschmückte, wenn auch eingemauerte Rundbögen, Überbleibsel vom alten Kreuzgang draußen. Wenigstens fanden die Zweifel ein Ende, ob man sich überhaupt auf der Pilgerstraße befand! Das Überraschendste: Wenig weiter, da blühte sogar die Legende wieder am Weg.

Kurz hinter Barcellonne-de-Gers mit dem Pilgerkreuz am
Kirchplatz war's. Nach den endlosen Wein-, Felder- und Hügel-
gebreiten voraus ein schattiger Wald, dazu ein umbuschter
Fluß, der Adour, der nach Bayonne an der Biskaya hinausfließt.
Befanden wir uns bereits so weit im Süden? Jenseits des Wassers stieg hinter quellendem Grün die Silhouette eines mächtigen Backsteinturms tolosanischer Art empor – die letzte der
vier Kathedralen, auch sie Relikt einer Abtei und gleichzeitig
Keimzelle von *Aire*, einem quicken Städtchen, vom Fluß selbst
auf der Höhe des Sommers kühl gehalten. Die Hotels leider
geschlossen, Ruhetag, nur am lauten Platz vor der Brücke
konnte man unterkommen. Doch dann lagen die Zimmer nach
hinten heraus; wir blieben, badeten und sangen voll Übermut
Arien von Fenster zu Fenster.

Die Jacquaires trafen es nicht so gut. Sie mußten, im Rastort
angelangt, sogleich nach *Mas d'Aire* hinauf, einem kleinen Vorort. Dort liegt die Legendenkirche. Doch diesmal ging es nicht
um das Gotteshaus, sondern die tief unter den Chor gehöhlte
Krypta: dreimal auf Treppen hinab, vorbei an bemalten Seiten-
kapellen. Natürlich taten wir es den Jacquaires noch vor Dunkelheit nach. Im Kirchenschoß liegt eine Heilige begraben, deren Namen ich zuvor nie vernahm. Man hat sie bis Portugal hin
um Beistand in Geisteskrankheiten angerufen, eine tolosanische
Prinzessin westgotischer Herkunft, Sainte Quitterie. Da sie
standhaft ablehnte, zur arianischen Lehre überzutreten, wurde
sie 476 hingerichtet. Worauf die Märtyrerin – eine der siebzig
französischen ›Kephalophoren‹ – den abgeschlagenen Kopf in
die Hände nahm und zu ihrer Grabstelle trug, Mas d'Aire eben,
wo eine Quelle entsprang, die man seither als Taufbrunnen
benutzte.

Später hat man Born und Grablege mit jenen schweren Gewölben überfangen, unter denen wir jetzt, ob der Großartigkeit
verwundert, den Sarkophag in der Nische anstarrten. König
Chlodwig hat ihn gestiftet. Ein überaus reiches Werk des
5. Jahrhunderts voll spätantiker Reliefs mit Heilserzählungen
auf der Vorderwand, den Schmalseiten, dem Deckel: der To-
bias-Geschichte, einem Schiff unter vollen Segeln, von dem Jo-
nas ins Meer gestürzt wird, vor allem, nach einigem Rätseln
auszumachen, Christus, der einen Knaben durch Handauflegen

zu neuem Leben beruft. Alle Figuren dicht an dicht, Bilder als
Anmahnung aus dem Umbruch der Zeiten, in dem das Bekennen noch das Wagnis des Lebens forderte. Es muß ein Ort nach
dem Herzen der Pilger gewesen sein. – Nebenan sieht man noch
das düstere Verlies, in dem die Kranken angekettet warteten,
solange die Gemeinde fürbittend auf den Knien lag.

Der ganze Weg sollte jetzt bildhafter werden. Fünf Wander-
stunden entfernt liegt *Pimbo,* mehr Dorf als Städtchen auf einer
Höhe, uralt. Karl der Große hat es 786 bei seiner Rückkehr von
Spanien gegründet. Offenbar auch als vorweggenommene Bastide: Eine geschlossene Häuserfront umzieht einen weiten
Platz. Auch die Kirche zuoberst läßt keinen Zweifel an der
Abwehrbereitschaft. Die Fassade trägt seltsam gemusterte Zier-
scheiben, dazu höchst naive Reliefplatten ringender Krieger
und Männer mit Geldsäcken oder Flaschen. Es war ja eine
Landschaft des Handels und Weines gleich an der Schwelle zum
armen Béarn. Man mußte sich offenbar vorsehen. Das alte
Morlanne, die nächste Etappe, stellte sogar eine richtige Burg
mit Türmen als Kirche zur Schau. Schwere Zeiten, wo heute
Frieden und Einsamkeit herrschen. Kaum ein Mensch ist uns
auf endlosen Straßen begegnet.

  Es wurde noch stiller; die Ebene wellte sich auf, der Weg
kurvte durch enge Täler, querte Arthez-de-Béarn. Dann erreichten Stille und Einsamkeit ihren Höhepunkt, verdichteten sich zu
einem wahren Symbol des Friedens. Abseits der heutigen
Straße, durch Zufall entdeckt, lag *Caubin,* eine Hangkapelle
mit Mariensäule und Pilgerzeichen am Weg. Gaston IV von Béarn hat sie nach seiner Rückkehr vom Kreuzzug für die Jacquaires gestiftet, konnte man lesen. Drinnen, von Steingerank übersponnen, das Grab eines im Kampf gefallenen Ritters. Kriegeri-
sche Erinnerungen auch hier? Man mußte umdenken, begriff
ich jetzt, mußte es anders sehn, und eigentlich galt es für die
gesamte Podiensis: Eine Straße der Überwindung, um Frieden
zu finden. Draußen an der Kapelle auf hellem Sande stand etwas, das dieser Erkenntnis Flügel verlieh – eine wundervolle
Palme ragte unbewegt hoch ins Blau. Voraus forderte endlos
hinwallendes Land gebieterisch zum Weitermarsch auf – so
nahm ich das Bild der schlanken, makellos gewachsenen Palme

in der vollkommenen Stille des Landes als Zeichen des Friedens in meinen Gedanken mit, während wir weiter den Horizonten entgegenzogen, noch tiefer hinein ins Béarn, dem wir auf der Pyrenäenroute genauere Aufmerksamkeit widmen werden, bis dort, wo die Podiensis ausläuft.

– Welche Stationen noch folgten? Über Sauvelade und Navarrenx ging es der Karte von 1648 nach. Blieb sie weiterhin zuverlässig? Über Sauveterre im Nordwesten sind die Jacquaires kaum gewandert; sie hätten eines der sumpfigen Täler queren müssen, das der Gave von Oloron-Sainte-Marie, die sie überall mieden. Außerdem, wo wäre der Weg verlaufen? Auf dem einzig in Frage kommenden Sträßchen am Osthang verirrten wir uns so gründlich wie nie. Zogen sie über das entzükkende Hôpital-Saint-Blaise? Eine Wallfahrerstation, gewiß, nebst einer Kapelle mit rechteckig maurischen Rippen von jener Achteckform wie zu Toledo – allein, es hätte Umweg bedeutet. Wahrscheinlich wählten sie nach ihrer Gewohnheit die Route über die Berge auf Mauléon-Licharre zu, dann die über den Col d'Osquich hoch im grünen Pyrenäenvorland. Fern im Norden ließen sich blaue Landrücken entdecken. Im Ausblick muß die Höhe für sie zu einem Montjoie, einem Berg der Verheißung und Freude geworden sein: Er hielt ihnen das Ziel vor Augen. Dort nämlich lag der Punkt, wo sich die Podiensis mit den beiden anderen großen Routen, der Turonensis und Lemovicensis vereinigt, um von hier als eine und einzige Pilgerstraße zum Pyrenäenpaß von Roncesvalles zu führen.

Von dieser Strecke jedoch soll erst berichtet werden, wenn ich meine Jacquaires, die am Ufer der Garonne warten, abgeholt und nach Süden geleitet habe.

DER GROSSE ABGESANG

>» ... *Ihr, endlose Dünen,*
>*goldfarbene Kämme des Meerwinds!*«

Sommer. Voraus das Branden des Meeres, das, getrieben vom
Auf und Ab der Gezeiten, seinen unablässigen Kampf gegen die
gelbbraune Flut des Gebirges ausficht und seine besten Ge-
schwader ins Treffen wirft, glasklare Wasser aus dem Schoß
seines Abgrunds. Eine Phalanx nach der andern rollen sie gegen
die Gironde-Mündung, hoch aufwallend, sich überschlagend,
um sich auf die heranhechelnden Schmutzströme entlegenster
Täler zu werfen und sie gnadenlos, kaum beschreiblicher Vorgang, hinabzureißen in den Läuterungstiegel der Tiefe. Jede
Minute, jede Sekunde.

Der Ort: die *Pointe de Grave,* die Landspitze des Médoc,
eine vorgestreckte Steinlanze im Wassergetümmel aus beton-
armierten, graubraun verfärbten Quadern. Fernhin, nordwärts
im Salzatem verdämmernd, die Gegenküste. Im Westen offene
See, darin auf runder Plattform ein heller Turm, der acht Kilometer entfernte Phare de Corduan, vom Schwarzen Prinzen zu
bauen befohlen, später sechsundsechzig Meter hoch aufgemau-
ert, wo ursprünglich, trotz aller Normannengefahr, ein Eiland
eine Eremitenbehausung trug. Die ersten Bewohner, Etienne,
Ermenaud und der Cluniazenser-Mönch Guillaume, wollten,
die Gnade Gottes herausfordernd, ein Leben im Sturmtief des
Äußersten wagen. Auf höhere Weisung faßten sie auch hier, in
Grave, Fuß und haben ein Kirchlein Saint-Nicolas gebaut, das
heute nahe dem Semaphor unter fünfzehn Meter hoher Sand-
düne begraben liegt, wie das meiste in diesem amphibischen
Land.

Es ist ja fast alles verschüttet, was in aquitanischen Zeiten
groß war. Vornehmlich wenige Kilometer südwärts, an der Gi-
ronde-Seite, der Hafen *Soulac* mit Kanälen, Stapelhäusern und

Kais, von denen die herzoglichen Schiffe nach England auslie-
fen – dort, schräg gegenüber Talmont, bei Jeune Soulac, heute
Marsch- und Geestgebiet, wo die Barken der Pilger anlandeten.
Die Küstenregion hat doppelter Fluch getroffen. Zum einen, sie
senkt sich kaum merklich. Vor der Westküste des heutigen Soulac im Meer ein hellgrüner Streifen. Dort versank mit der ›Ban-
que des Olives‹ im 6. Jahrhundert das antike Novio Magus.
Zum andern, von See schwemmt die Flut unaufhörlich Sände
heran, deren Dünen, in der Wut des Herbststurms, was nur im
Wege liegt, begraben. Neben der mittelalterlichen Siedlung
Soulac auf der Mitte der Landzunge widerfuhr es der seewärti-
gen Kirche ›Notre-Dame-de-la-Fin-des-Terres‹ gleich zweimal,
im 14. und 17. Jahrhundert; mit ihr der Pilgerherberge ›La
Ronde‹. Da träumt sie nun, ausgegraben und sogar wiederher-
gestellt in ihrem Sandtälchen alten Erinnerungen nach, hoch
auf den Rändern von Koniferen umzogen wie eine Gruft. Das
ist mehr als Omen. Drinnen, um den Chor sind noch alte Kapitelle mit Hinweisen auf eine Grablege zu sehen, der früher die
Großen ihre Aufwartung machten: Talbot, Louis XI von Frankreich und immer wieder Königin Aliénor. Sie zog diese Ecke
ihres Landes magisch an.

In Soulac nämlich ist nach der Volkstradition die legendäre
Veronika, die dem Herrn auf seinem Leidensweg mit ihrem
Linnentüchlein den Schweiß abtrocknete, samt ihrem Ehemann
angelandet – dem Priester Zachäus sagen die einen, die andern
ereifern sich, es habe sich um Amador, den Eremiten von Rocamadour, gehandelt. Inmitten der Wildnis von Wassern und Dünen wollte sie bleiben; hier starb sie vorgeblich und wurde sie
beigesetzt. Um 950 errichtete man daher eine Andachtsstätte,
aus der später eine von Sainte-Croix zu Bordeaux betreute, der
›Jungfrau vom Weltende‹ geweihte Konventskirche hervorging,
wenngleich die Reste der Heiligen längst nach Saint-Seurin in
Bordeaux überführt waren. Der Ort bewahrte dennoch seinen
Ruf, besonders bei den Jacquaires. Für sie kam in Soulac ein
zweiter, gleichsam eschatologischer Aspekt hinzu, der sich mit
der Glaubensbegeisterung für die Frau, die dem Herrn im Haß
der Menge den letzten Liebesdienst erwies, verschmolz. Gleich
Cabo Finisterre in Galicia galt die Nordspitze des Médoc als
einer der Endpunkte der Erde. Man konnte es jeden Abend

gewahren, wenn vor dem Kirchlein westwärts die Sonne im Meer versank: man stand dem Jenseits sichtbar gegenüber.

Die Pilger, die von Talmont mit der Barke eintrafen und nach dem Besuch der Basilika südwärts zogen, ahnten nicht, was sie auf ihrem Wege erwartete. Was den leicht von Ort zu Ort forteilenden Menschen von heute in völlig veränderter Landschaft als ein vom Leuchten des Himmels verklärter Freiheitsraum der Seele anmutet, bedeutete für sie ein körperliches Inferno, und fast erscheint es mir so, als berichtete ich von einem andern Stern. Der Saumpfad führte durch Heidekraut, Strandhafer, Moräste, eine Welt im Urzustand, preisgegeben der Laune des Ozeans. Das gilt für die gesamte Route durch das Médoc und die Landes. Buckel von Dünen, wandernd, kaum gebändigt auf Hunderte von Kilometern. Wohl zeigte sich dieser Weg mit Stützpunkten versorgt. Nach *Grayan-et-l'Hôpital* brauchte man nur zwei Stunden. Dort gab es nach einem uralten Plan in den Archiven sogar einen Aliénor zugeschriebenen ›Stein der Königin‹, ein Zeichen, daß sie persönlich am Wege teilnahm. Wenig weiter schon wieder eine Station, die erneut als ›l'Hôpital‹ auf der Karte verzeichnet steht. Allein, grade die Häufigkeit spricht für sich, war offensichtlich vonnöten. Weiterhin folgt nach kurzem Marsch Vendays, sodann nach einer Tagestour Hourtin, ganz nahe einem gewaltigen Binnensee, über dem riesige Schwärme von Mücken hingen. Das Land zeigte sich nicht nur anders, sondern auch feindlich, abweisend, kaum begehbar, und nur eines blieb sich gleich bis heute – der Wall von Dünen im Westen, gegen den das gewaltige Weltmeer brandet.

Das Médoc stellt immer noch eine eigenwillige Landschaft dar. Arme Kiesböden bedecken sein nach Süden verbreitertes Dreieck, das sich leicht ostwärts zur Gironde hin neigt. Dort dehnen sich seit den Tagen Louis XIV die Lagen des Médoc-Weines aus, eines beschwingenden Rotspons für den verwöhnten Gaumen, der seine Besitzer längst zu Schloßherren gemacht hat, üppiger Châteaux im ›Angesicht der Gironde‹ mit Namen wie Latour, Margaux, Lafite, Mouton, Kreszenzen, die man mit Gold aufwiegt. Die Reben, mit dem kargen Mineralboden nicht nur zufrieden, speichern durch das Laub der niedrig gehaltenen Stöcke während der Nacht die Tageswärme und be-

decken riesenhafte Quartiere. Anders die dem Meer zugewandte Seite! Gebordet vom endlosen Naturdeich, von Sand
überstiebt, bedeckt ein dichter Pinienwald das Land, hier und
dort durchsetzt von Binnenseen oder -teichen. Jenseits der
Düne aber findet ein gleichfalls veränderter Mensch, was er zur
inneren Befreiung von der Umklammerung seiner Städte
braucht, ein elementar anbrandendes, klares Meer hinter ma-
kellosen und breiten Stränden.

Nein, ich habe es nicht grundlos gesungen, das Lied der
Düne! Es finden sich Badeorte in dieser Einsamkeit von Meer,
Wäldern und Sand, deren Bedeutung der Pilger des Mittelalters
nicht einmal zu ahnen vermochte – Lacanau-Océan! Hymnen
wären hier anzustimmen, und jedesmal, wenn draußen der
Abend verglomm oder erstes Morgenleuchten über den Himmel glitt, war ich an Saint-John Perse erinnert:

> *Auftritt des Sommers, der vom Meer kommt. Dem Meer*
> *allein gestehen wir,*
> *Wie fremd wir waren bei den Festen der Stadt, und welcher*
> *Stern, aufsteigend von Festen unter dem Meer,*
> *Eines Abends über unserem Lager sich hob, nach dem Lager*
> *des Gottes zu wittern.*

Gleich den Fischern, Arbeitern und Geschäftsleuten des Nestes,
kurz allem, was seine Gewohnheiten hatte, eilte auch ich morgens hinaus, um beim erwachenden Licht den Blick auf die
anrollende Flut zu werfen und beruhigt wieder davonzuziehn:
er war wirklich noch da, dieser kaum vermutbare Ozean, zu
gewaltig, als daß eine kleine Menschenseele sich seiner sicher
fühlte. Er bietet kein Operettengestade, ist keine Idylle, kein
kurzatmiges Mittelmeer, sondern verkörpert jenes ganz Andere
des Dichters, dem die Aufbruchsstimmung jedes beginnenden
Menschendaseins beigemischt bleibt – »diese unermeßliche
Frühe, Meer geheißen«.

Die Jacquaires, Kinder eines früheren Zeitalters, hatten die
Flut hingegen zu fürchten; ein instinktives Schutzbedürfnis befahl es. Ihre Wanderschaft glich auch weiterhin einer Flucht
von Stützpunkt zu Stützpunkt. Von Lacanau-Ort nach Car-
cans, ostwärts am gleichnamigen See vorüber, bis sie endlich
zur größten der ehemaligen Meeresbuchten gelangten, die mit

dem Schwesterelement draußen noch heute durch breiten Ein-
strom verbunden ist, der Bucht von Arcachon mit Andernos am
Nordrand, wo sie unterzuziehen vermochten. Von den Stationen ihres vermutlich eher bedrückten Rastens haben sich meist
nur die Namen erhalten.

Es ist ja auch hier, wo die ›Landes‹ beginnen, alles anders
geworden! *Arcachon* selber, das Ferienparadies, halb an der
Bucht, halb am offenen Meer gelegen, entstand erst 1841 nach
Anlage der Eisenbahn. Erst damals haben sich zu den alten
Fischerhütten der Austernzüchter zum offenen Meer hinaus-
schwingende Strandpromenaden mit ihren Villen bis zur höchsten Düne Europas gesellt, der von Pilat, die, unaufhörlich von
Sand überstiebt, ins Binnenland fortwandert und hundertvier-
zehn Meter über das Meeresufer ragt. Die Santiago-Fahrer gelangten gar nicht nach dort. Sie bogen bereits in Le Teich, wo
sich noch eine Jakobusstatue findet, nach Süden in eine fast
klassische Region der Moore und Tümpel ab. Man begegnete
dort früher Hirten ungewöhnlichen Aussehens. Um ihrer Herde
durch die Moräste folgen zu können, gingen und hockten sie
auf hohen, an Knöchel und Oberwade festgebundenen Stelzen
wie untergeschnallten Sitzen, wobei in den Händen, während
des Ausspähens, die Stricknadeln klapperten. Vom Meer blies
es hier selbst an friedlichen Sommertagen, und darin bestand
das Schicksal der Landes: Der stetige Wind warf Sandbarrieren
vor Flüssen und Bachmündungen auf, die das Wasser zwischen
den Dünen festhielten und die Sümpfe entstehen ließen. Der
Weg wurde mühsamer als je zuvor.

– Stapfe doch diese Sandbuckel hinan, acht Stunden am
Tag, wenn du am Ende der Kraft bist, im Magen nur den Löffel
Hirsebrei von gestern! Trinkwasser, wo bleibt es? Der letzte
Vorrat wurde in der Frühe verbraucht. Die Zunge schmeckt
Salz, wenn sie anfeuchtend über die Lippe gleitet; das ganze
Gesicht klebt davon, selbst das Haar, das ohnehin schon von
Sand durchstäubt ist. Um die Ohren summen die Mücken, die
Wegelagerer dieser Region. Was nützt es, Sacktücher hinter den
Hut zu stecken, um den Nacken zu schützen? Sie sind überall! –
Trotz vieler Stationen wie l'Hôpital, Biscarosse und Sainte-Eu-
lalie-en-Borne, es blieb eine Route der Plagen!

Es wäre noch heute so in den Landes, hätte sich um 1788

nicht etwas entscheidend geändert. Damals griff der Brücken-
und Straßenbauer Brémontier auf einen uralten Plan zurück: Es
galt die ewige Wanderung der Dünen aufzuhalten. Daher baute
er Deiche, dahinter Palisaden und ließ diese Barrieren von zehn
bis zwölf Metern Höhe entlang der gesamten Küste mit Sand-
rohrsämlingen bepflanzen, wozu sich Pinien und Ginsterbüsche
gesellten, bis man schließlich, als das gigantische Experiment
gelang, die Landes und das Médoc mit Nadelholz aufforstete.
Erst 1863 war die Arbeit vollendet. Sie hat eine ganze Region
verwandelt. Aus einer Wüste war eine Wäldersteppe geworden,
monoton zwar, doch gefestigt und zudem ertragreich. Neben
dem Holz der Bäume gewann man aus ihrem Blut, dem Harz,
Terpentin, während die Sumpfwässer von gestern in Gräben
und Kanälen abzurinnen vermochten.

Kein Wunder, daß sich bei solcher Veränderung aus der
Pilgerzeit nur allzu wenig erhielt. Einzig in *Mimizan* lassen sich
wahrhafte Spuren finden. Hier, wo 506 der Bischof von Lescar
im Kampf den arianischen Westgoten erlag, stand seit dem
13. Jahrhundert ein Benediktinerkloster samt einer Freistatt
oder Sauveté; es nannte sich Segosa. 1690 wurde es aufgehoben
und zehn Jahre später ein Opfer des Sturmes. Nur der in ver-
putzten Ziegeln aufgeführte Eingangsturm der Abteikirche
blieb erhalten. Der Pilgerweg hat dicht vorübergeführt. In der
Vorhalle erblickt man noch das gleiche Bild wie einst die Jacquaires – einen warm getönten, feierlichen Raum mit dem alten
Kirchenzugang, über dem Christus in der Mandorla zwischen
zehn Aposteln thront – dargestellt in Form eines Frieses. Alle
unterschiedlich von Größe, farbig gefaßt und von reichen Fal-
tenwürfen umspielt, während darunter Sankt Thomas und
Sankt Bartholomäus neben einem zart gegliederten Portal aus
Haustein die Wache halten. Auf dem Tympanon, etwas bäuer-
lich und naiv, die Anbetung der Könige, eines der an der Pilgerstraße beliebten Motive. Was hätte die Wanderschaft nach
Compostela in der Verlorenheit dieser Wüste besser symbolisieren können, als die Suche der Magier nach dem göttlichen
Kind?

Es bleibt fast das einzige Zeugnis der Pilgerfahrt in den gesamten Landes. In Saint-Julien, Saint-Girons, Léon, Azur und
Souston, einer von Kanälen und Teichen durchzogenen Land-

schaft – nichts mehr. Abermals brauchte es einen Tagesmarsch, bis sie das Marancin und die Baronie de Labenne in Gegend des heutigen Hossegor durchquerten und der Adour vor ihnen lag, dahinter *Bayonne,* die einzige Hafenstadt des aquitanischen Südens an preisgegebener Küste, die sich beidseits der von den Pyrenäen zuströmenden Nive in die sanften Uferhänge zog. Heute wallen die Häuser längst über alle Höhen davon, damals aber erkannte man noch, wie die Stadt angelegt war: Im Osten beschützt vom Neuen, im Westen vom Alten Schloß, der ehemaligen Residenz der Vizegrafen von Labourde, in deren Nähe, derzeit noch turmlos, der mächtige Bau der gotischen Kathedrale Sainte-Marie emporfuhr. So wenigstens sahen es die Pilger einer späteren Epoche. Wer aus der Ile de France kam, konnte sich im Angesicht ihres reich gegliederten, hoch von einer Engelgalerie umzogenen Außenchors gar an Reims erinnert fühlen. Gewiß, aquitanisch mutet das wenig an, allein, Bayonne hat immer ein Eigenleben als reicher Hafen- und Handelsplatz geführt und hing Modeströmungen nach. Am Adour drunten stapelten sich Warenballen aus England, und aus den Bäuchen der Kutter ergossen sich Fische in ganzen Strömen über die Kais. Die Versandung der Flußmündung, die Verlagerung des Handels zur Küste, aber auch die Festungsanlagen Vaubans zur Zeit Louis XIV haben das Bild der seit 1451 französischen Stadt sehr verändert.

Dennoch, dieser baskische Vorposten ist auf seine Weise immer noch faszinierend, und ich genoß es, durch die hohen Häuserzeilen entlang der Rue Argenterie oder Marengo hinab zur Brücke über die Nive zu schlendern: Menschengetriebe, Lebensfülle, Geschäftigkeit überall. Am schönsten blieb es, am Flußufer entlang des Port de Castets zwischen blinkenden Fassadenreihen zu wandern und dem fremdartig-sonoren Tonfall der Leute zu lauschen, halb euskarisch, halb gaskonisch. Bis ins hohe 17. Jahrhundert hinein, als man allenthalben nur noch französisch parlierte, bedienten sich in Bayonne selbst Angehörige höherer Schichten des Okzitanischen, worunter sich auch mancherlei englische Brocken befanden. Das Selbstbewußtsein der Seestädte, verbunden mit der baskischen Herkunft seiner Bevölkerung besitzt in Bayonne noch immer gewichtigen Rang. Im Baskischen Museum um den köstlichen, alten Binnenhof an der Rue de Marengo mit den herrlichen Volkstumssammlungen kann man es sehn …

Allein, zurück in die Pilgerzeit! Durch die Rue d'Espagne wanderten die Jacquaires nach Südwesten hinaus in eine heute von Häusern und Fahrzeugen überquellende Region, die damals noch völlig einsam war. Biarritz, derzeit ein winziges Fischerdorf an umbrandeter Felsenküste, ist erst im Zweiten Kaiserreich groß geworden. Über Guéthary erreichten die Wallfahrer *Saint-Jean-de-Luz* nahe der Grenze, eine Stadt meiner Liebe, zu der ich jahrelang wiederkehrte. Schon im Mittelalter besaß das um den Nivelle-Hafen zwischen Meer und Pyrenäen gelagerte Städtchen seinen Zauber, wenn die Schaluppen der einstigen Walfischjäger gleich den Booten der Thunfischfänger von heute am Kai des Port Marin mit der wachsenden Flut über den Ankerplatz vor der gegenwärtigen Mairie hinausstiegen, um sich mit fallender See wieder zu senken, bis die Stunde der Ausfahrt kam und die Segel an den Masten emporsurrten. Ob die Pilger auch die nahe baskische Kirche Saint-Jean-Baptiste besuchten, in der 1660 Louis XIV mit Maria Teresa von Spanien getraut worden ist? Sofern sie einem späteren Zeitalter angehörten, konnten sie von ihrem Platz auf der Empore im Chor gleich zweierlei gewahren, das sie besonders anging – die Jakobusfigur des riesigen Retabels und das Bild ihres Patrons in den Glasgemälden der Fenster.

Über Béhovie (Béhobie) zogen sie hinaus nach Irún, und ich lasse sie wandern mit der Wehmut des Abschieds. Von der Nebenroute, der sie weiterhin folgten, ist in dem Buche ›Spaniens Norden‹ berichtet worden. Mich aber zwang es zurück. Nach Bordeaux, das ein Knotenpunkt einer Reihe aus dem Norden kommender Routen war.

Bordeaux oder die Suche nach der verlorenen Zeit

Es gibt Städte von hoher Anziehungskraft, die den wahren Grund ihrer verzaubernden Wirkung nur schwer erkennen lassen. *Bordeaux* gehört dazu. Beruht sie in seiner Lage, seiner Geschichte, den Menschen oder gar jener elitären Architektur, die das Stadtbild adelt?

Was war es mit anderen Worten, das mich mit unerklärba-

rer Unruhe durch seine Straßen trieb, entzückt von der Urbani-
tät, manchmal hingerissen und noch öfter ratlos, wo zu beginnen war? Wenn man Bordeaux hierzulande so oft als aquitanische Hauptstadt apostrophiert, mußte sich das Aquitanische
oder wenigstens ein Widerschein dessen aufspüren lassen, was
man fühlte und dachte, als die junge Aliénor mit Louis VII von
Frankreich in der Kathedrale Saint-André die Ehe schloß. Es
war ja ein Bündnis, das ihre Mitwelt bewegte. Kurz, ich suchte
nach sichtbaren Zeichen der Herzogs- und Pilgerzeit und habe
erst spät begriffen, daß man dergleichen nicht zufällig im
Staube findet, sondern nur in beharrlicher Nachsuche, manchmal auch archivalischen Mühen. Bordeaux ist eine vielschich-
tige Metropole und eine lebensvolle dazu.

Kein Wunder, wenn ich mich anfangs meist dort herum-
trieb, wo man es in der Überschau wahrnimmt, am Garonne-
Hafen also und hier auf dem Terrassendach eines Lagerhauses,
während mir der scharfe Nordwestwind den Mantel beutelte.
Seit Tagen kam von See rauhes Wetter. Vor meinen Augen der
keineswegs sonderlich breite, vom Ufer zum Gegenufer vielleicht vierhundert Meter messende Strom, ein westwärts vor-
schwingender Wasserlauf vom Pont de Pierre im Süden bis zum
fernen Gespinst der Hochbrücke, dem Pont d'Aquitaine im
Norden. Die Bordelais nennen den Hafen ob dieser Form Port
de la Lune, worin, wie ich meine, etwas Poetisches mitschwingt.
Er macht ihr Lebenselement und gleichzeitig den Grund ihres
Wohlstands sichtbar. Denn schon in Römertagen transportierte
man britannisches Zinn, um nach Anlage der Rebenkulturen
Wein auszuführen, darunter den berühmten ›Claret‹.

Aber was war das? Man erblickte von der einstigen Regsam-
keit nicht mehr viel. Vom Winde schraffiert, von den Schiffen
im Stich gelassen, trieb das Wasser vorüber. Allein, Stapelhal-
len, Magazine und zugehörige Industriewerke sind heute längst
flußabwärts verlagert, teils nach Bassens-Ambarès am Gegenufer, teils fern an den Bec d'Ambès, die Spitze des ›Entre-deux-
mers‹ geheißenen Zwischenstromlandes, wo Dordogne und Garonne zusammenströmen. Nichts mehr vom dichten Gedränge
der Segler Bord an Bord, die früher, nach alten Gravüren, im
Port de la Lune ankerten. Nichts mehr von Warenballen am Kai
oder dem bunten Anblick fremdländischer Matrosen, und auch

das gaffende Publikum früherer Zeiten fehlt. Der Kai ist längst abgegittert. Was sonst zum Hafenbetrieb gehört, Händler, Karren und Wagen, rollt draußen auf der Autostraße im Mahlstrom der Fahrzeuge mit. Wer eine romantische Vedute erwartet, erlebt eine Enttäuschung.

War es so? Ich brauchte mich doch nur umzuwenden, um wenigstens einen Teil der alten Szenerie vor mir zu haben, die unvergleichliche Kurve der Stadt! Eine Fassade neben der andern, eine wahre Fassadenmauer schwang sich vom Quai des Chartrons im Norden über die riesige Esplanade des Quinconces, deren Bäume hübsche Grüntupfer ins Bild bringen, bis zur nadelfeinen Turmspitze von Saint-Michel nach Süden. Damit diese Kulisse ihre Akzente bekam, ragten ferne Türme, die von Saint-André über die Firste, dazu gleich nebenan, mit dem Fernglas erkennbar, die goldene Jungfrauenstatue der Tour Pey-Berland. Hinter mir aber, nein nunmehr unmittelbar vor mir, wich die Front der Häuser zurück, um den Blick auf die Trakte des Marine-Museums, vor allem die Börse von 1742 in der Mitte freizugeben, ein trotz imponierenden Auftritts höchst graziöses Bauwerk. Ein erster Fingerzeig und keineswegs ein geringer!

Das 18. Jahrhundert hat diese Stadt geprägt. Allenthalben durchsetzen Architekturen von höfischer Noblesse das Weichbild, vom klassizistischen Palais Rohan, dem heutigen Rathaus, Saint-André gegenüber, bis zum herrlichen Grand Théâtre an der Ostecke des ›Triangels‹. Daneben eine Fülle privater ›Hôtels‹, eingeschlossen parkartige Anlagen wie die Allées de Tourny, die Basis des berühmten Promenadendreiecks, samt dem anschließenden Jardin Public. Das Zeitalter beschränkte sich ja keineswegs auf das Bauen, sondern teilte seine Botschaft von der Erlauchtheit absolutistischen Königtums jedem Ding, sogar Haushaltgeräten mit; selbst die blutige Revolution nahm daran keinen Anstoß. Auf der Place Gambetta hat das Schafott im Schatten von Häuserfronten der Epoche Louis xv gestanden. Spätere Baumeister sollten den Vorbildern der großen Periode unbeschwert folgen.

Der Ausblick vom Hafen gab also mancherlei preis, und was er nicht leistete, machte der Stadtplan wett. Endlose Straßenschluchten durchschnitten die Häusertrakte wie mit dem Lineal gezogen, darunter als bekannteste der Cours de l'Intendance oder die quergefurchte Rue Sainte-Catherine mit den eleganten Geschäften. Nur wenige, dem Verlauf mittelalterlicher Gräben oder Mauern folgend, machen davon eine Ausnahme und lassen, wie der Cours Victor Hugo oder die Rue Margaux, erkennen, wie weit sich Bordeaux früher ausgedehnt hat. Es war die zweite Entdeckung: Ja, dort im Südwesten hinter der Porte Cailhau, mußte jene Keimzelle, die ich suchte, gelegen haben. Gleich morgen sollte es dorthin gehen!

Doch dann dämmerte nach dem Grau der vergangenen Zeit ein so makelloser Himmel vorm Dachzimmerfensterchen meiner Bleibe, daß ich zuerst der Bastion über dem Hafen zueilte und das Erwartete fand, jenes einzigartige Schauspiel, das man an gewissen Schönwettertagen erleben kann. Die Sonne stieg eben über den Horizont und faßte in tausend Scheiben Fuß; nun glomm sie auf und brandete drüber hin, als seien allenthalben Feuer entzündet. Bordeaux brannte, es brannte wie von Barbarenhorden in Flammen gesetzt. Die hinreißende Vorstellung dauerte nur sehr kurz und krallte sich doch in mir fest, nein, löste eine weitere aus – es hatte ja wirklich einmal gebrannt, und damals schien der Jüngste Tag über Bordeaux hereingebrochen. Aber als ich bei solchen Erwägungen ankam, stand ich bereits vor jenem ehemaligen Stadttor, zu dem es mich schon am Vortage lockte.

Da lag sie also, die Porte de Cailhau, schwer, massig, hoch, mit gedrücktem Durchgang, spitze Kegeldächer als Helme darauf. Unter dem Dachansatz ein Wehrgang mit Luken zum Abgießen von Pech. Hinter dem Tor ein trister Platz mit gebuckeltem Pflaster, zu meinem Erstaunen Place du Palais geheißen, von dem nur schmale, verwohnte Straßen ausgingen. Ihre Fluchten lassen noch heute die Geometrie römischer Städtebauer erkennen.

Man weiß um die Geschichte des alten Bordeaux, weil man die des Garonne-Tals kennt: Die friedlichen Tage einer Pax Romana im Schutz eines weitläufigen ›Castrums‹, die der Eroberung folgten. Der Aufstieg des drinnen wie draußen wachsenden Ortes, nun Burdigala geheißen, zu einem reichen Markt oder Emporium. Ein spätantiker Schriftsteller, Ausone, den wir

34 LA SAUVE-MAJEURE, *Saint-Pierre:* Kapitell mit Darstellung des Kampfes
zwischen Basilisken und geflügelten Schlangen im Chor

35 PETIT-PALAIS: Fassade der Kirche

36 SAINT-ÉMILION, *Felsenkirche:* Vorraum der Katakomben

37 BORDEAUX, *Saint-Seurin:* Krypta vom Anfang des 11. Jahrhunderts

38 BORDEAUX, *Sainte-Croix:* Ausschnitt aus den Archivolten des Portals →

39 BLASIMON, *Saint-Maurice:* Ritterlicher Krieger als Tugendkämpfer →
im Portal der Kirche

40, 41 *Das Mädchen von Brassempuy*: Kopf einer vor etwa
20000 Jahren entstandenen Elfenbeinstatuette
(Saint-Germain-en-Laye, Musée des Antiquités Nationales)

42 *Rentierkopf*: Fragment einer Speerschleuder
aus Rentiergeweih aus dem mittleren Magdalénien (etwa 12000 v. Chr.;
Laugerie-Basse, Musée de l'Homme)

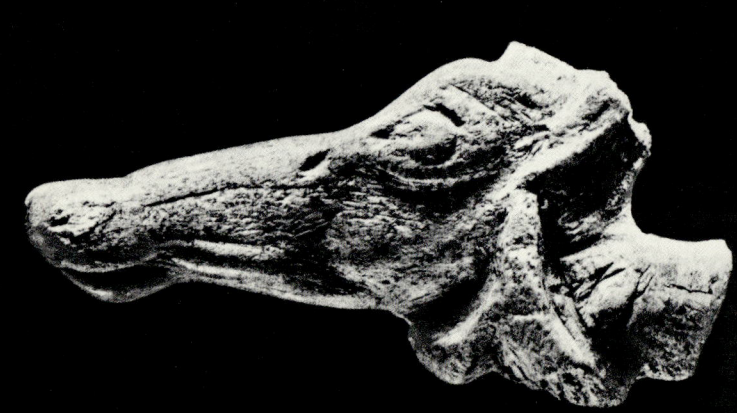

Ausonius nennen, 310 in Bordeaux zur Welt gekommen, hat uns die Stadt jener Tage beschrieben. Ein Mauerkarree so hoch, daß »seine Türme an die Wolken ragten«, darin rechtwinklig gekreuzte Straßen, sorglich ausgerichtete Häuser an weiten Plätzen und Mauertore, die, was Handel und Wandel erleichterte und sich offenbar nicht von selbst verstand, direkt auf die Hauptstraßen führten. Mitten durch dieses Stadtgebilde floß ein von klaren Quellen gespeister Bach zur Versorgung mit Trinkwasser, und wenn Vater Okeanos die Flut der Garonne durch den Rückstau anschwellen ließ, sah man draußen das Meer mit seinen Schiffen herandrängen. Die Südmauer des Castrums, noch im Mittelalter Kern der Stadt, zog sich hinter der Porte de Cailhau bis Saint-André nach Westen, besaß also beträchtliche Maße und genügte doch bald nicht mehr für die schnell wachsende Zahl von Menschen, die sich nunmehr im Umland ansiedelten.

Die Ruinen des im 3. Jahrhundert entstandenen ›Palais Gallien‹, der römischen Arenen, liegen weit im Nordwesten des alten Zentrums, und die 1677 der Vergrößerung des Glacis um das später erbaute Château Trompette zum Opfer gefallenen Piliers Tutelles, Reste des antiken Forums, standen dort, wo heute der Grand Théâtre liegt. Lebens- und Freiheitsraum genug, wie denn die römische Stunde von Bordeaux überhaupt eine glückliche Zeit und ihr Inbegriff Ausonius gewesen zu sein scheint. Er stellt eine der großen Gestalten bordelaisischer Literatur dar, die noch einige Sternstunden erleben sollte – Sproß eines von Bazas zugezogenen Arztes, Rhetorik-Professor, Poet und 367 von Valentinian I. als Erzieher des nachmaligen, 383 ermordeten Kaisers Gratian nach Trier berufen, wo er zum Konsul Galliens aufstieg. Ein Mann des Goldenen Zeitalters, der sich noch mit sechzig Jahren unsterblich in eine blutjunge, suebische Sklavin verliebte – für sie hat er seine Bissula-Lieder gedichtet – und, neben einem Epos über die Mosel, Verfasser einer Fülle essayistischer Schriften und eine unerschöpfliche Quelle des Lebens seiner Epoche.

In Burdigala besaß er ein Stadthaus; lieber noch hielt er sich auf seinen Domänen auf, von denen ihm eine ganze Reihe bis Poitiers und weit ins Garonne-Tal hinein gehörte. Dort empfing er, Angehöriger eines ›Kaiserreiches von Professoren‹, vertraute

Kollegen und Nachbarn und feilte an seinen Werken. Nur eines warf einen Schatten über seine wachsenden Jahre, das Ende einer langen Freundschaft mit dem viel jüngeren Paulin aus bordelaisischem Senatorenadel, Dichter wie er, der nach dem Tod seines lang ersehnten Kindes unter dem Eindruck priscillianischer Askese dem weltlichen Dasein abschwor und Priester wurde. »Komme wieder«, schrieb Ausone in einem ergreifenden Brief, »der du mein Ruhm, meine erste Sorge bist ... während du noch im blühenden Alter stehst und ich rüstig genug bin, dir das Leben zum Fest zu machen.« Aber der spätere Bischof und Heilige von Nola kehrte auf seinem Weg nicht mehr um. 395 ist Ausonius, dem Namen nach Christ, in Wahrheit die letzte Inkarnation spätantiker Geisteskultur, an der Wende der Zeiten gestorben.

Paulins Abkehr erscheint uns heute als Vorzeichen, daß es mit dieser Welt zu Ende ging. Bald darauf trat der Tod von Bordeaux seine Herrschaft an. Man kennt auch dies: die Völkerwanderung, die Westgoten, die Sarazenen! Als die Normannen auftauchten und in die Mauern einbrachen, sank die Stadt unter Strömen von Blut in Trümmer. Das Leben sollte nur zaghaft wiedererwachen und scharte sich eng um jenes Zentrum zusammen, das einmal die Legionäre als Castrum abgesteckt hatten, und dabei blieb es, bis die aquitanisch-englische Epoche anhob und Bordeaux im Hinauf und Hinab seiner Geschichte erneut zu Reichtum kam. Doch dies nebenbei.

Sehr viel erstaunlicher mutet es ja an, daß nach weiteren Niedergängen ein dritter Wiederaufstieg unter französischer Herrschaft abermals im Zeichen der Literatur stand. 1581 bis 1585 leitete Michel de Montaigne, von einem Schloß des Libournais bei Castillon stammend, als Bürgermeister die Geschicke Bordeaux'. In der Rue de la Rousselle hinter der Porte de Cailhau, ganz nahe der Rue Ausone, hat er gewohnt; sein Grabmal ist heute in der Faculté des Lettres, der ehemaligen Feuillantiner-Abtei bei Sainte-Eulalie, zu sehn. Ein begnadeter Literat auch er, der Verfasser der berühmten ›Essais‹, dessen selbstkritisches »Que sais-je?« bei mir schon in Studienzeiten ebenso eine Saite zum Schwingen brachte wie der Kern seines Denkens, der Mensch stelle keineswegs eine Krönung des Universums dar, sondern sei unvollkommen und widersprüchlich.

Aber noch ein dritter Geist erlauchten Ranges hat sich dazu gesellt – ein Literat, der eine erlesene Prosa schrieb und als Staatsdenker den starren Rechtsnormen seines Zeitalters im ›Esprit des Lois‹ die Vielfalt der Menschennatur entgegenhielt, ein Mann von ungeheurer Auswirkung; er nahm sogar auf die amerikanische Verfassung Einfluß: Charles de Montesquieu. In der Rue Margaux hat er von 1517 bis 1519 als Parlamentsrat, darauf Senatspräsident gewohnt, ehe er sich, von langen Reisen heimgekehrt, nach Schloß La Brède, seiner Geburtsstätte, zurückzog. Drei Große der Weltliteratur, zwar durch lange Zeitalter getrennt, doch im gleichen städtischen Raum auftretend, dazu trotz aller Verschiedenheit der Temperamente geistesverwandt. Hochgestimmte Realisten, könnte man sagen, denen Wissen, Erfahrung und der eher bruchstückhafte Versuch einer Daseinsbemächtigung mehr galt als hinrauschendes Fabulieren. Darin Prädestination zu erblicken, wäre töricht, aber das intellektuelle Klima von Bordeaux mag dergleichen begünstigt haben. Wo freilich fanden sich auf diesem Boden die Spuren meiner Jacquaires und einer aquitanischen Epoche, die zu erkunden ich aufgebrochen war?

Nein, meine zubemessene Zeit verstrich keineswegs nutzlos. Längst hatte ich in zwei der ältesten Kirchen, Brunnenstuben des Mittelalters, nachgesucht. Zuerst in *Sainte-Croix* seitab des Zentrums im Süden, Gotteshaus eines Konventes aus merowingischen Tagen, der sich der Kranken annahm. Imposant und dunkel, die Fassade üppig nach Art der Saintonge geschmückt, von reich gegliederten Türmen flankiert, lag es hinter dem Vorplatz. Leider, der edle Chor und der Kirchenleib versteckten sich zwischen Nebenbauten. Dreimal waren zudem im Lauf der Zeit die Restauratoren darüber geraten und hatten die Füllhörner ihrer Phantasie ausrinnen lassen. Was war noch echt, was Zutat? Von den Jacquaires obendrein keine Botschaft. Auch nach dem uralten *Saint-Seurin* weit im Nordwesten des Zentrums war ich gewandert, dessen Besuch schon ein frühester Pilgerführer empfahl. Allein, hier schien noch weniger von dem romanischen Bau erhalten. Die feierliche Krypta mit den merowingischen Sarkophagen, die archaischen Kapitelle der Vorhalle, gewiß – oh, die urtümliche Opferung Isaaks! Alles übrige aber zeigte sich gotisch überfremdet. Dabei war zwar manches tüchtige Bildwerk am Seitenportal entstanden, aber suchte ich das? Von den Jacquaires wiederum nichts. Reumütig kehrte ich dorthin zurück, wo in Bordeaux aller Dinge Anfang und Ende liegt, zum Castrum, diesmal zur *Kathedrale Saint-André,* wo ich gleich hätte beginnen sollen.

Es gab einiges Widerstreben in mir. Etwas wehrte sich, diesen Stolz der Stadt trotz königlicher Lage auf weitem Platz als jenes Wunderwerk anzusehn, für das man es ausgibt. Allzu Gegensätzliches mischt sich darin: Dem noch halb romanischen, schmucklosen Schiff ist nachträglich ein emphatisch auffahrendes Chorgezelt vorgelegt. Isoliert daneben, in der Mode einer noch späteren Zeit zum gigantischen Zierat geworden, der Glockenturm, nach einem Bischof Tour Pey-Berland geheißen. Daß schließlich der Querschifftrakt einer selbständigen, von vier Karreetürmen flankierten Kirche glich, diente der Einheitlichkeit kaum – der französische Süden tut sich mit der Gotik ja schwer, und wie so oft, schien zu viel gewollt. Und doch fand das Auge grade hier, am Nordportal, unerwartete Einzelzüge – es war edel im Maß, kostbar geformt, wie einfallsreich obendrein das Tympanon mit der Himmelfahrt Christi, auf dem der Herr mit dem Oberkörper bereits in der Wolke verschwindet! Gleich nebenan gab es sogar eine wahrhafte Überraschung: ein zweites Portal, das Portail Royal ist dort in das Langhausgemäuer gebrochen, und hier fiel es wie Schuppen von meinen Augen. Da war es doch, das so lang Gesuchte … Aber der Reihe nach!

Es trägt eine Darstellung des Jüngsten Gerichtes; freilich, auf das Thematische kam es weniger an. Vielmehr, die Apostel in den Gewänden, je fünf auf den Seiten, schauten mit einem Lächeln hernieder, das mir bekannt schien – es ähnelte dem, das der Josephsmeister von Reims in den Stein gezaubert hat. Ein Gruß der Ile de France, eine Nachahmung, ein erstes Durchbrechen französischer Mentalität? Die Werke sind um 1260 entstanden; der Meister, der sie schuf, mochte vieles gesehen haben. Noch schwerer wog, er war inspiriert. Die Figuren atmeten höfischen Geist, sie zeigten sich von der Hochgestimmtheit der Troubadours durchwaltet. In Bordeaux läßt sich manches finden, das ausnehmenden Rang besitzt – etliche alte

Kapitelle im Aquitanischen Museum, Delacroix' ›Griechenland auf den Trümmern von Missolunghi‹ im Musée des Beaux-Arts, ein Bild, bei dem sich noch immer das Herz zusammenkrampft, die Annenfigur im Kathedralchor. Aber kein Zweifel, die Apostel des Portail Royal verrieten einsame Größe. Ihr ruhiges Stehen mutete als Getragenheit an, die Neigung der Köpfe zeigte, wie sehr sie über alle Zweifel hinaus waren, ihr Lächeln bedeutete jenes Erfülltsein, das einer Verzauberung gleichkommt. Und unvermutet machte ich auch eine Entdeckung: Die Pilgerstraße hatte vorübergeführt! Der Jakobus im rechten Gewände trug auf der umgehängten Wandertasche, erhaben und deutlich, die Coquille de Saint-Jacques, die man früher überall angebracht hat, wo Wallfahrer einkehrten.

Palais de l'Ombrière zu Bordeaux im 15. Jahrhundert, vorne Stadtmauer mit *Porte du Cailhau*. Rekonstruktion von L. Drouyn, Radierung 1894; Bordeaux, Archives municipales

Es war eine glückliche Stunde; hellsichtig geworden, lief ich erneut durch die Straßen der Altstadt. Kamen sie an Saint-André vorbei, mußte auch anderwärts etwas vorhanden sein, und nunmehr machte ich, Zug um Zug, neue Funde. Auf einem Straßenschild stand die Rue Saint-James verzeichnet – auf ihr waren, unter dem Grosse-Cloche-Tor hinweg, die Wallfahrer quer über den heutigen Cours Mirabeau in die südliche Vorstadt gewandert, wie archivalische Quellen bestätigten. Dort lag an der schon damals Rue du Mirail geheißenen Straße, mächtig und langgestreckt, die längst verschwundene Kirche Saint-James, der sich eine geräumige Herberge anschloß. Sie müssen in Scharen gekommen sein. Welchen Weges? Von der Porte de Cailhau führte eine alte Straße nach Saint-Pierre an der ehemaligen Porte Romaine, die den Namen Rue de la Coquille trug. Hier mochten die Pilger, von Blaye anlandend, eingezogen sein. Darüber hinaus gab es in der Kirche Saint-Michel eine alte Jakobusfigur in einer Jakobuskapelle, ›Sitz‹ einer Bruderschaft, die sich der Santiagesen annahm. Noch etwas kam ans Licht; das Palais de l'Ombrière, das ehemalige Herzogsschloß, hatte nahe dem Garonne-Ufer, abermals bei der Porte de Cailhau, gelegen, an der Place du Palais eben. Ein gewaltiger Bau mit Karreeturm, großem Saal und Wohnräumen zur Stadtseite war es, wie eine Rekonstruktionszeichnung (siehe Seite 461) erkennen ließ. Erst 1800 hat man ihn, die Herzkammer Aquitaniens, abgerissen.

Selbst, wo die Jacquaires weiterwanderten, verrieten die alten Blätter schließlich. Über das einstige Saint-Julien in Gegend der Place de la Victoire gelangten sie auf dem heutigen Cours de l'Argonne bei Saint-Nicolas zu einem zweiten Hospital, dem von Gabets. Nunmehr führte die Route, längst außerhalb der Mauern und Wälle, auf Gradignan weit im Süden zu. Die Rundbögen der alten Herberge haben sich dort, angeschmaucht von Autoabgasen, an der Straße erhalten. Hier allerdings verliert sich die Spur in der Weite der Forste, auch wenn die Orte bekannt sind, welche die Pilger durchschritten – Belin, das ein Hospital nahe dem Eyre-Übergang besaß, Mons und Le Muret als weitere Stationen, auf die ein Gebiet von Tümpeln und Morästen folgte, wegen seiner Mücken- und Bremsenschwärme berüchtigt. Seitab Guillaume vermochte man sich, gleich den

Hirten, nur noch mit Stelzen durchs Land zu bewegen. In Moustey gab es immerhin eine Pilgerkirche, und in Labouheyre gar einen Karmeliterkonvent, bis die Straße sich in Lesperon verzweigte und mit einem der Wege Bayonne entgegenlief.

Die Wanderer der Grande Route jedoch folgten dem anderen, dem nach Dax, und hier endlich läßt sich, was sie erlebten und sahen, wieder genauer nachvollziehn. Vor dem Adour nämlich stießen sie in *Saint-Paul-lès-Dax* auf ein breit hingelagertes Kirchlein im Grün der Talaue, das ihnen überraschend ausdruckskräftige Reliefplatten am Außenchor entgegenhielt, einen wahrhaft beschwörenden Fries, halb archaisch, halb chimärisch, acht Einzelreliefs an Zahl: Apostel, Passionsszenen, Samson, dämonische Wesen. Schwer bewegt die Frauen am Grabe, daneben höllische Ausgeburten der Unterwelt mit Katzen- oder Vogelköpfen, und wer davon nicht durchschauert war, den mußte, trotz der fast bäuerlichen Darstellung, der feierliche Ernst der Abendmahlsszene ergreifen, durch die eine stumme Klage zu wehen scheint, wie eine Litanei nebeneinander gereiht. Man bleibt noch heute nicht gleichgültig davor.

Weiterhin führte der Weg gradeaus über die Adour-Brücke mitten in *Dax* hinein, wo heute die alten ›Moyens‹ im Kurpark promenieren, vorüber an den warmen Thermen, in denen schon des Augustus Tochter Heilung suchte. Die gotische Kathedrale, längst untergegangen, hat damals noch nicht existiert. Grüne, anmutige Hügel und schwingende Täler wechselten seitdem bis Peyrehorade mit der uralten Burg von Orthe, während sie am Ufer der Gave d'Oloron weiterzogen. Es war nicht mehr weit bis zur nächsten Herberge; man sieht heute noch das über den Uferweg gegen den Fels gebaute Hospital von Sorde, hinter dem sich ein mächtiges Kloster auf den Fundamenten römischer Villen erhob. Einer der Mosaikböden dient der vom Feuer späterer Verwüstungen durchflammten Kirche als Estrich des Chores, und seitab, in einem Refektoriumsbau, hatten durchwandernde Westgoten ihre Toten auf römische Arabesken und spielende Delphine gebettet. *Sorde-l'Abbaye* war ein auf uralte Vergangenheiten gegründeter Konvent, betörend schön über dem strömenden Fluß nebst alten Wassergängen der rauschenden Gave gelegen, die zu queren war, wobei manche Klage über die Geldgier der Fährleute aufkam. Einen Tag später gelangten die Jac-

quaires bei Saint-Palais an den großen Treffpunkt der Pilgerrouten. Davon jedoch gleich.

Sie befanden sich inzwischen schon weit, weit von Bordeaux
im Süden. Dennoch sei mir ein letzter Rückblick auf Aquitaniens Hauptstadt gestattet – es ist ja neben der Pilgerschaft
noch ein Wort über die untergegangenen Herren des Landes
nachzutragen, die einst im Palais de l'Ombrière residierten – als
Epilog gleichsam, den man in Bordeaux auch ihnen gewidmet
hat, einen der schönsten, die man je einem Toten nachrief.

Kehren wir daher noch einmal um in die Stadt! Sie haben sich in
den Faszikeln der Archivare versteckt, die letzten Zeugnisse
eines Geschlechtes, dessen Echo noch immer durch das Abendland hallt. Genauso wie jenes der Pilgerschaft. Was tot ist, verliert sein Recht. Allein, es gibt in Bordeaux ein Denkmal, das
einiges gutmacht. Wer von der Place Gambetta die Vital-Carles
hinabbiegt zum Nordportal von Saint-André, kann es linkerhand, wo die Straße sich platzartig erweitert, sehen. Ein geflü-
gelter, weiblicher Genius trägt einen Gefallenen davon. In welches imaginäre Walhall, bleibt gleich. Aber es stehen zwei
Worte darunter, derentwillen ich, selbst einer nutzlos geopfer-
ten Generation angehörig, Bordeaux zugetan bleibe. Selten hat
mich eine Inschrift berührt wie diese. »Gloria victis«, steht dort
zu lesen, Ruhm den Besiegten.

Im Bannkreis der Ströme

Aquitanien, ursprünglich aus diesem Raum um Bordeaux und
der Gascogne bestehend, empfing seinen volltönenden Namen
in Römertagen nicht zuletzt der blinkenden Ströme willen, die
es durchqueren, der Unterläufe von Garonne und Dordogne.
Das von ihnen eingeschlossene Zwischenland nennt sich, bezeichnend genug, Entre-deux-Mers.

Anders, als man erwartet, hat dieses Gebiet, zuzüglich des
Libournais, die Architektur seiner Kirchen weniger aus eigener
Kraft als durch Amalgamierung örtlicher Baugesinnung mit
Zuströmen aus dem Norden geschaffen. Das will sagen, Ein-
flüssen aus dem Poitou, Périgord und der Auvergne. Das offen-
bart sich im ganzen Gebiet von Bordeaux bis Fumel im Osten

und Castillon in den Landes. Am deutlichsten jedoch zwischen Libourne und jenem anderen Castillon an der Dordogne, dem man den Beinamen ›la Bataille‹ gab, weil hier 1453 die englische Armee unter Sir John Talbot in der letzten Schlacht des Hundertjährigen Krieges den französischen Truppen erlag.

Allein, es gibt aquitanische Wesenszüge, die weit über die Baukunst hinausgehen und sich genauso greifbar in den Wehrbauten, der Landschaftsform und letzten Endes sogar in dem Umstand äußern, daß sich die Pilgerrouten in diesem Gebiet zu einer wahren Wegespinne auffächern, einer Verzweigung, derentwillen ich meine Jacquaires aus dem Norden an den Gestaden der Ströme anhielt. Es sieht manchmal so aus, als hätten sie nicht mehr gewußt, wohin sich wenden. Aber es kommt mehr hinzu, eine gewisse Mentalität, die man noch in französischen Zeiten beobachten kann: Montaigne, Montesquieu lassen sich, wie vor ihnen Ausonius, spezifisch aquitanischen Geistes nennen. Einen wahren Brennspiegel solcher Vielfalt stellt Saint-Émilion in den Weingebieten des Libournais dar.

Gewiß, wer sich bei der Architektur bescheidet, darf schon höher im Norden beginnen. Dort liegt, eine knappe Wegstunde vom Zentrum der berühmten ›Grands crus‹ entfernt, *Saint-Georges-de-Montagne* des 11. Jahrhunderts mit einem schlank wie eine Totenlaterne auffahrenden Karreeturm und durchbohrten Metopen, die auf Vorbilder der Vendée und des Périgord verweisen. Und schon hebt ein ganzer ›Circuit‹ erstaunlicher Bauten an: *Petit-Palais* mit seiner Saintonge-Fassade und gleich fünf Lappenbögen, darauf *Cornemps,* 1587 zur Hälfte zerstört, abermals zum strengen Typus gehörig. So geht es fort über *Puynormand, Francs* und *Tayac.* Sogar das Aquitanische aus anderem Bereich läßt sich finden, eine Wiege erlauchter Geistigkeit: nahe bei Castillon-la-Bataille, in den Zauber von Narzissenwiesen, wogenden Wäldern und Hügeln versponnen, liegt hinter einer Allee machtvoller Zedern *Schloß Montaigne,* in dessen Gartenturm der große, skeptische Essayist, wenn er zu Haus weilte, arbeitete und schließlich auch starb.

Dennoch, in *Saint-Émilion* erlebt man, was Aquitanien ausmacht, am dichtesten: die Weinlandschaft, die mittelalterliche, die englische, die französische Vergangenheit, dazu Architektur und obendrein jenes Numinose, das wie Opferrauch aus den

Abgründen der Zeitalter schwelt. Schon die Südlage am Hügel in der Umarmung zweier Hochsträßchen mutet einzigartig an. Zwischen golden getönte Häuser schieben sich Kellereien, die efeuberankten Reste eines Kreuzgangs nebst zerfallener Kapelle, durch deren offene Chormuschel Amselgesang perlt, eine Turmruine. Dazu im Norden der mächtige ›Mur des Dominicains‹ und der ›Palais Cardinal‹ aus dem 12. Jahrhundert, in dem Gaillard de Lamothe, Neffe von Papst Klemens v., gewohnt hat, ein Verfechter der französischen Sache. An der Gegenseite folgen die ›Collégiale‹, eine halb romanische, halb gotische Oberkirche, und endlich, als englischer Beitrag, der nüchterne Kubus eines Befestigungsturmes einander, der Château du Roi, den Henri iii Plantagenet seit 1237 errichten ließ. Es ist alles da, und alles scheint alt und besitzt gleichwohl nicht den Rang des Aberuralten, das doch auch dem Aquitanischen eigen ist.

Das eröffnet sich erst drunten im Talschoß in der sogenannten *Église Monolithe*. Überragt von einem machtvollen, durch den Plateaurand des Städtchens himmelwärts stoßenden Glockenturm, höhlen sich, vom kleinen Marktplatz zu betreten, drei Kavernen, die Schiffe einer ›Église rupestre‹, tief in den Fels. Die seit dem 9. Jahrhundert sorgfältig ausgemeißelten Gewölbe nackt, von schweren, stehengelassenen Pfeilern in Karreeform getragen. Von der Seite dringt Helligkeit aus hochgelegenen Schächten ein. Zwei aus der Decke gehauene Cherubim mit Segensgebärde sind der einzige Schmuck des zyklopischen Raumes. Und hier kündigt sich bereits das Tiefengeheimnis von Saint-Émilion an – seitab führt ein niedrig gewölbter Korridor zu einer Rotunde mit einem Bodenloch, durch das man früher die Gebeine aufgelassener Ruhestätten des oberen Friedhofs hinabwarf in uralte Katakomben mit Grabstätten entlang der Wände.

Aber auch darin erschöpft sich das Abgründige dieses Ortes nicht. Nebenan, jenseits eines kleinen Hofes, ein harmonisches Kapellchen der Gotik. Vor ihm geht es auf steiler Treppe hinab in eine noch tiefere Höhlung mit ausgehauenen Bögen. Sie teilen den Unterweltsraum in zwei Kompartimente. In einem eine steinerne Liege und eine Felsenquelle mit klarem Wasser. Im andern kniete der Anachoret, der hier hauste, in sein Gebet versunken. Es war jener aus der Bretagne stammende Eremit,

der dem Ort seinen Namen gab und in der Einsamkeit der
›Ascumbas‹ genannten Wälder die vollkommene Lösung von
allem Irdischen suchte.

So war das früher also, wenn jemand es ernst meinte: Er
begrub sich selber, versagte sich sogar den Anblick des Lichtes,
wollte blind zwischen kalten Steinwänden leben. Das Äußerste,
das Grab als Lebensgehäuse im absoluten Schweigen der Tiefe.
Ein Pilgersmann, der in maßloser Ergriffenheit der Seele nach
innen wanderte. In einer Zeit, als Herzog Waïfre vor der Verfolgung der Franken floh und das Leben ohnehin ein Martyrium war.

– Die Jacquaires ließen den Ort nicht aus. Übrigens brauchten sie nicht nach Libourne zurück. Gradewegs über die Dordogne führte ein Nebenweg weiter nach Süden auf *Blasimon*
zu, verloren in eine Landschaft von Weingärten, in der man die
Welt vergißt. In feuchter Wiesenmulde der Rest eines Klöster-
chens. Neben einigem Getrümmer blieb nur die Kirche, eine
letzte Erinnerung an die Saintonge. Ein von Eibenrüstern ge-
säumter Weg führt direkt zum Portal zu, die Archivolten mit
dickem Blattgerank wie zu Aulnay vollgeschrieben, dazwischen
Figurenbögen: Engelsgestalten, die Darstellung einer Hirsch-
jagd und endlich auch das, was den Höhepunkt des kostbaren
Werkes ausmacht, vier plastisch vortretende Kriegerbilder als
Tugendkämpfer. In wenigen, sparsamen Gebärden tritt abermals das Aquitanische, diesmal in Menschengestalt, auf. Oh,
der fast tänzelnde Ritter mit der Lanze und dem schwungvoll
aufgekräuselten Gewand! Der Kopf abgeschlagen, leider. Die
Sektierer des Hasses drangen auch hierhin vor, aber den Stein
brachten sie nicht zum Verstummen. Die lässig vor die Brust
gehobene Hand, der sich überschlank wendende Leib – noch
einmal ist der Geist der Troubadours Gegenwart.

Allein, erstaunliche kleine Kirchen auch hier allenthalben –
Sainte-Ferme, burgartig, schwer, mit Kapitellen von Meisterhand, *Rinons, Castelviel* ... Die Jacquaires wanderten unterdessen längst *La Réole* mit seinen krummen Gäßchen entgegen,
das von Lärm bedrängt, aber noch immer königlich in den
Hängen des Garonne-Tales liegt. Es gab hier eine reiche Bene-
diktinerabtei und sogar ein großes, ihrem Patron geweihtes
Hospital, das auf die weite, grüne Ebene jenseits der Garonne

hinaussah, durch die es kommenden Tages Bazas entgegenging. Dort sollte sich die Via Lemovicensis mit jener anderen Route, die von Angoulême über Guîtres und Libourne nach Süden vorstößt, wieder verbinden.

Pilgerstation La Sauve-Majeure

Noch auf zwei weiteren Wegen fühlte ich mich vom Hauch Aquitaniens umfangen, wie in keinem andern Landstrich. Pilgerrouten auch sie.

Der erste führte von Bordeaux am Strom entlang ins Garonne-Tal. Am Anfang, soviel ist richtig, arg vom Verkehr belästigt, aber das ging vorüber. Dann nichts als Grün und Weite. Verstreute Häuser, Landsitze, ein Mühlchen mit rauschendem Wassergang. Schon lag *La Brède* da. Auch dort waren Jacquaires gewandert. Es gab im Ort eine Jakobusherberge. Doch lockte mich anderes übermächtig – das Schloß Montesquieus im feuchten Parkgrund. Brède heißt ja Morast.

Ähnlich Montaignes Wohnsitz, statt auf der Höhe jedoch inmitten schützenden Teiches gelegen, spannen es Märchenträume ein. Alles wie früher, als der Fuß des Weisen, Alten über die Wege hinknirschte. Vor seinen Augen das Ringgemäuer der Burg, im Teich gespiegelt. Der Turm mit geschiefertem Kegeldach, hoch über bleichroten Firsten. Dazu ins Wasser vorgeschobene Bastionen. Ob es nicht lästig war, vom Park aus den Umweg über Fallbrücklein und ein als Zwinger dienendes Eiland zu machen, wenn es ihn nach seinem Arbeitszimmer verlangte? Es läßt sich vorstellen, daß er später, fast blind, nur mit dem Stock ins Freie ging; da konnte er das schützende Mäuerchen ertasten, das ihn vorm Abgleiten ins Algengrüne, Tiefe bewahrte. Oder daß immer ein Augenpaar hinter den Fenstern seine Schritte bewachte. Drinnen konnte er sich an den Requisiten seines Daseins vorwärts fühlen, den aufgereihten Reisekoffern der Halle, Tisch und Kommode. In seinem Zimmer war ihm ohnehin alles vertraut. Nur die siebentausend Bände der Bibliothek, dazu die Reibspuren seiner Füße am Kamin sah er nicht mehr. Er pflegte ja, solange das Auge es leistete, hingehockt auf den Knien zu schreiben.

Es war ein Frühlingstag, als ich durchs Schloßtal über Wald-

höhen fern nach Süden in die Weinberge mit den berühmten
Namen zog: Sauternes, Yquem. Urplötzlich wich der Forst, vor
mir die aquitanische Weite, ein einziger Aufmarschplatz für
endlose Reihen von Reben. Fernhin ein Haus, Buschwerk, eine
Zypresse, Laubbäume darum, eine Arche Noah auf der Dünung des Landes, und unvermittelt ein überwältigender Anblick: Zwischen den Rebstöcken strömten Purpurbäche hin,
breiteten sich zu Archipelen aus, Blümchen einer mir unbekannten Art, jeder Stern talergroß, am Stiel Anemonenlaub.
Dazwischen gelbe Wildtulpen und Narzissen, die weißen Sie-
bensterne ...

Oder da war dieser andere, spätsommerlich begangene Weg
von Libourne über die Dordogne ins Entre-deux-Mers. Das
Datum zeigte den 20. September. Die Winzer hatten sich mit
Absicht verspätet, nach einem trockenen Sommer Nieder-
schläge erhofft, welche die Trauben anschwellen ließen. Das
Wetter tat ihnen den Gefallen. Seit Tagen jedoch stand wieder
das vom Schimmer der fernen See getränkte Leuchten über dem
Land. Was sich anheuern ließ, zog, bunt gewandet, durch Trau-
benquartiere. Überall überquellende Bottichwagen: Zeit der
Lese, Bilder wie aus dem Hesiod. Und auch diesmal begab sich
etwas. Voraus graues Gemäuer, ein Turm hoch darüber. Eine
Burg? Im Näherkommen sah ich's genau. Eine Gotteszitadelle
über dem Land, heute in Trümmern, *La Sauve-Majeure,* eine
der Hauptstationen des Santiago-Weges. Das Schiff aufgebor-
sten, aber der herrliche Rundleib des Chores, die Sparrenköpfe
noch unversehrt. Davor ein Steineichenbaum, seitab ein Dorf.
Die Pilger zogen scharenweise hier durch, von Poitiers, aber
auch Limoges oder Angoulême. Sie fanden drei Kirchen vor.
Saint-Pierre mit alten Wandmalereien und einer Jakobusstatue
ist noch erhalten, die romanische, gotisch überbaute Abteikirche hingegen seit 1804 verfallen. Im mächtigen Chorraum mit
den gestaffelten Apsiden ahnt man noch die Gewalt des Steines.
Die Kapitelle mit den Geschichten von Daniel, Samson und
Gilgamesch großmächtig, volksnah geschlagen, und endlich
fand ich auch das, was ich so lange suchte, den Cocatrix der
Saintonge-Sage: kraftvolle Gockel mit gewundenen Basilisken-
schwänzen im Kampf mit geflügelten Schlangen.

Im ›Monasticon gallicanum‹ erblickt man die Baugruppe

mit den hohen Dächern von Dormitorium und Kirche in der
Kavalierssicht. Vorm Gotteshaus eine Fassade mit herausge-
schobenem Portalblock, an den Seiten der Archivolten doppelte
Blendarkaden wie bei Sainte-Croix in Bordeaux. Darüber zwei
Quergalerien voller Figuren, noch höher ein Fronton. Angou-
lême stand wohl Pate.

Um 1000 hatte sich hier ein Anachoret von Maillezais in den
endlosen Wäldern der ›Silva major‹ eine Einsiedelei gebaut.
Dreiviertel Jahrhundert später erschien eine Gruppe von sieben
Mönchen, angeführt vom nachmals kanonisierten Gérard aus
picardischem Stamm; es lockte ihn von den Büchern ins tätige
Dasein. Guillaume IX von Aquitanien schenkte ihm den Wald
des Entre-deux-Mers. Dort konnte er in harter Leibesmühe den
Boden für Aquitaniens Weingärten roden. – Ich lag lange Zeit
unterm Steineichenbaum und träumte mich zurück. Der Wei-
berheld und erste der Troubadours erschien in einem neuen
Licht. Wessen sein Herzogtum bedurfte, wußte er immerhin. Im
Anfang des Abendlandes die Mönche.

Ein altes Weiblein mit einer Ziege am Strick gesellte sich zu
mir, wußte viele Geschichten. Die Jacquaires? Schlechtes Gesin-
del. Sie hatte von den berüchtigten Jakobsbrüdern der Verfallszeit gehört, und auch das Bauernmißtrauen gegen Fremde
sprach mit. Sie liefen von hier nach *Haux;* gleich hinterm Berge
lag es. Dort mußte ich die Fassade sehn, wenn ich das mochte,
steinalt. Ihr wäre natürlich eine neue Kirche mit einer Lourdes-
Madonna lieber. Die Hände manipulierten dabei spinnenflink
ein Stricknadelgestachel, und jedesmal, wenn sie eines ihrer
Worte mit schwungvoller Gebärde unterstrich, zog der abge-
spreizte Finger den Faden schulterhoch. Ja, dieses Mundwerk.

Eile vorgebend bin ich davongelaufen in den leuchtenden,
frühen Mittag, um die Freunde bei Grand-Chemin zu treffen,
und wirklich wurde es Zeit. Anderthalb Stunden in hinab-
schwingendes Land, ein wenig später im Wagen stromauf, und
noch einmal stellten sich große Anblicke ein. Cadillac zeigte
sich, einst Hospital, dann Loupiac. Die Nester trotz der Straße
wie romantischen Stichen entnommen. Schon die Menschen der
gallo-römischen Zeit haben den Zauber der Flußaue unter den
waldigen Höhen empfunden, bauten sich Landhäuser zu ganzen Ortschaften zusammen. Man konnte unter einem Schutz-

dach Reste von Bädern, ausgegrabene Mosaikböden sehen. Auch des Ausonius Fuß ist hier gegangen.

Im Abend haben wir dann noch Sainte-Croix-du-Mont mit der Aussicht über das Tal besucht, rot überglänzt die Hänge, darunter der blinkende Fluß. Hinter uns Verdelais. Toulouse-Lautrec ist hier begraben, und ganz nahe, auf Malagar, hat François Mauriac gelebt. Es dämmerte fast, als der Wagen ins alte Saint-Macaire mit der flammend ausgemalten Kirche, den Mauertürmen, verzauberten Gäßchen einbog, und dann kam jenseits der Garonne Langon, unser Quartier. Es liegt hier ja alles dicht beieinander.

Auch die Jacquaires zogen an dieser Stelle über den Fluß, im Ort drüben von einer Jakobusherberge erwartet, um beim ersten Licht nach Bazas weiterzuziehn.

Der Papst des Schismas

Es gibt im kleinen, schon römisch besiedelten *Bazas* in den grünen Hügeln – des Ausonius Vater war hier begütert – eine alte Legende. Kaum vernahm man in Aquitanien durch Legionärserzählungen vom Kreuzestod Christi, machte sich eine ältere Dame, die ›Matrone von Bazas‹, nach Jerusalem auf den Weg. Nach Jahren trieb es sie heim. In einer Ampulle brachte sie einige Blutestropfen Johannes des Täufers mit. Die Reliquie lockte Fromme aus allen Himmelsrichtungen an – der Weg der Palmaei oder Jerusalemswanderer aus Bordeaux führte ebenso über Bazas wie die ›Strata publica Sancti Jacobi‹. Spuren davon gibt es nicht mehr. Oder doch – die gotische Kathedrale Saint-Jean. Bazas war seit dem 5. Jahrhundert Sitz eines Bischofs. Im Blickfang hinter dem weitläufigen, trapezförmigen Marktplatz mit den alten Bürgerhäusern liegt sie, etwas verwunderlich anzuschaun.

Man hatte sich 1233 bei dem Kathedralbau mit hochfliegenden Plänen ans Werk gemacht und zurückstecken müssen. Bis ein neuer Oberhirte die Arbeit 1306 wieder aufnehmen ließ – Gaillard de Lamothe, schon von Saint-Émilion bekannt, der Neffe von Papst Klemens V. Sein Ehrgeiz übertraf den seiner Vorgänger: Das große Werk sollte den Ruhm von Bazas der Welt noch lauter verkünden, daher verlieh er ihm das Gepräge der Ile de France-Gotik. Die Religionswirren kommender Zeitalter haben die Absicht zunichte gemacht. Einiges Figurenwerk von 1286 konnte zwar der Zerstörung entgehen, aber das meiste mußte neu aufgebaut werden, so gut es ging. Das Schicksal des Südens. Zwar, die Stelle der Triforien nahmen, wie zu Auch, schon immer logenförmige Blendnischen mit flachen Bögen ein, aber die stolzen Gewölbe von einst haben damals ihr gedrücktes Aussehen erhalten, und schließlich bekam die Fassade im 18. Jahrhundert noch einen klassizistischen Fronton aufgesetzt. Nur die Skulpturen von Tympanon und Archivolten sind also ursprünglich. Freilich, auch hier: Sie zeigen die Attitüde von Paris und Amiens, nicht allerdings den Geist, bleiben akademisch und etwas trocken. – Da steht es nun, das so großartig gedachte Pilgerziel, ein Rittersmann mit Pudelmütze gleichsam, und geniert sich wegen einer Historie, die ihm draußen, trotz des schönen Turmes, ein kauziges, drinnen ein allzu behäbiges Aussehen verlieh ...

Aber es paßt zu dem Bazas von heute, das sich mit der hastigen Gegenwart gleichfalls nicht besonders versteht. Die Rue de Fondespan mit den Häusern des Mittelalters zur Porte de Gisquet, dem letzten der alten Stadttore, tagein, tagaus mit Fahrzeugen verstopft, und in den Nebengassen, engen Saumpfaden durch Häuserschluchten, riecht es nach verbrauchter Atemluft und armen Leuten. Es ist alles so lange vorbei.

Da bleibt nur die Flucht in den ehemaligen Bischofsgarten neben Saint-Jean auf der Höhe, eine stille Aussichtsterrasse über dem Beuve-Tälchen, von der man hinabschaut auf den Promenadenweg, der heute die Stelle der Festungsmauern einnimmt, auf seine Linden, Ulmen und Maronenbäume. Es tut sich nicht viel. Zwar, die unermüdlichen Tauben gurren, im Grund schleicht ein lauernder Tartarin von Deckung zu Deckung, um gelegentlich ins Grüne zu ballern, worauf ein Federbällchen aus den Zweigen fällt, und das ist eigentlich alles. Dennoch, wir blieben gleich ein paar Tage im kleinen Hotel. Allerdings, der Stadt wegen nicht.

Es lockte uns ein Dorf im Westen hinter den Wäldern, *Villandraut*. Am Ortsrand des Nestes eine mächtige Burg im treibenden Nebelschwaden, ein nacktes, längst in Trümmer gefallenes Mauerkarree mit amputierten Turmstümpfen hinter brei-

MONS MAGN IGNE ARDINS MISSUS EST IN MARE ET TERCIA PARS NAUIUM INTERIIT.

aus dem 8. Kapitel, Vers 8, der Geheimen Offenbarung
des Johannes. Illumination des im 11. Jahrhundert in
der Abtei von Saint-Sever entstandenen ›Beatus-
Kommentars‹. Die Endzeiterwartung der Menschen jener
Epoche, welche die Kunst an der Pilgerstraße während
des 11. und 12. Jahrhunderts allenthalben geprägt hat, ließ
insbesondere die Mönche immer auf die Apokalypse, meist
in der damals viel gelesenen Form der Erläuterungen
des asturischen Mönches Beatus von Liébana aus dem
8. Jahrhundert zurückgreifen. Das aus Saint-Sever stammende
Werk gilt als das schönste im Kreis der spanischen,
italienischen und französischen Beatus-Abschriften.

Paris, Bibliothèque Nationale

(Siehe auch Seiten 475 ff.)

ten Gräben, ein phantastischer Anblick. Bertrand de Goth hat es sich bauen lassen, als Pontifex Maximus Klemens v. geheißen, der erste französische Papst des Schismas, aus aquitanischem Haus gebürtig, »unzuverlässig bis zur Haltlosigkeit«, ewig kränkelnd. Das Schlimmste: Er wußte im eiskalten Schachspiel König Philippes IV von Frankreich gegen die Templer nur mit Winkelzügen zu antworten und trägt Mitschuld an ihrem schmählichen Untergang von 1312.

Eine Schattenseite Aquitaniens gab es also auch, seitdem man, im Krieg zwischen Engländern und Franzosen zerrieben, immer mehr unter Pariser Einfluß geriet. Diesmal galt das ›Gloria victis‹ nicht. Im schwadendurchrauchten Wald hinterm Schloß erging sich der Völkerhirte wohl in trüben Gedanken. Es sieht ja so aus, als habe er die Verhöre, absurden Anschuldigungen und Folterungen der eingekerkerten Ritter, um deren Ordensvermögen es dem König ging, samt dem blutigen Ausgang des Dramas nicht gewollt. Villandraut und sein Wald im Nebel, Hohlform einer Tragödie von weltgeschichtlichem Zuschnitt. Die Zeit der vom heiligen Salböl zu unantastbarer Erwähltheit entrückten Königswürde war unwiederbringlich zu Ende; an ihre Stelle trat politisches Machtkalkül.

Wald ist hier überall. Er dehnt sich noch über das fünf Kilometer entfernte *Uzeste* hinaus, wo Bertrand de Goth in der Kirche unter weißem Marmordenkmal den Schlaf des Vergessens tut. Die Hugenotten haben ihre Wut auch an ihm ausgelassen und das Gesicht der liegenden Grabfigur zerschlagen. Etwas faszinierte mich an dem unseligen Weg des Papstes. Auch in ihm hat sich Aquitanien verkörpert, so gehörte er wohl dazu. Die Pilgerschaft nahm ja gleichfalls ein unwürdiges Ende, als sich unter die ernsten Jacquaires nach und nach marodierende Schnapphähne mischten. Für alles Große kommt in der Geschichte die Stunde des Niedergangs ...

Dann ging es fort über Beaulac, wo eine Komturei mit dem Namen ›Conques‹ gelegen hatte, in eine schier unermeßliche Ebene hinaus. Zuerst nach Capdieu oder – wie es heute geschrieben wird – *Captieux*. Dort liegt das Land so niedrig, daß es sich bei Regen in einen See verwandelt. Weswegen es, ausgangs des früheren Hospitals von Bassaut, einen uralten, von den Bauern ›Chemin de Saint-Jacques‹ genannten Wegedamm von drei Metern Breite gibt, einen Meter hoch über dem Boden. Es finden sich noch andere Erinnerungen an die Pilger, zugegeben, meist in Archiven. Abermals war die Grenze der Gascogne erreicht, wo es schlecht um die Zeugnisse aus früherer Zeit bestellt ist, bis auf ... Doch davon gleich!

Der Beatus-Kommentar von Saint-Sever

... Ein Tag wie jeder andere, seit sie durch die brettflachen ›Petites Landes‹ wandern. Wälder, Moore, Sände, tausendfach wechselnde Nuancen in Grün, je nach der Wolken Flug, der Sonne Zugriff. Manchmal peitschende Regengüsse. Der Weg vor ihnen ein endloses Band, das ihr Fuß aufspulen muß. Das Gestern? Sie denken nicht mehr daran. Fast haben sie den eigenen Namen vergessen; niemand unter den Gefährten kennt oder braucht ihn. Das Namentliche, Ichhafte bedeutet nichts mehr, schon gar nicht, was einer tat oder trieb. Einzig die Wanderschaft gilt, in der jeder das Gleiche leistet, die gleichen Wünsche, das nämliche Schicksal hat. Alles ist allen gemeinsam. Krankheit oder gar Tod? Wer liegen bleibt, sank in Gottes Schoß. Gelegentlich überfällt sie eine plötzliche Niedergeschlagenheit, ein Gelächter brandet, alles ansteckend, wie ein Vogelschwarm über sie hin. Sie stehen unter einem Bann, leben in der Dauer des Unabänderlichen, sind abgesondert von jenen Mitmenschen, die manchmal zuschauend am Wegrand stehn. Nur eines geleitet, erfüllt sie, wandert stets mit, das Wissen um die Entscheidung, der sie sich überantwortet haben – dem Ausgesetztsein. Wem? »Für den Christen liegt jegliche Erfüllung im apokalyptischen Aspekt«, hat Reinhold Schneider geschrieben; ein wahrhaft aquitanischer Gedanke.

Die Strecke, von den Brandfackeln der Geschichte versengt, bietet dem suchenden Auge nur noch wenig. Sakrale Bauten, Kapellen, Spitäler mögen früher häufiger die Route gesäumt haben, manche gar abseits der Straße; Namen wie Lencouacq, Maillères, aber auch Sarbazan nahe Roquefort verzeichnet Huidobro y Serna in den ›Peregrinaciones Jacobeas‹ als Pilgerorte; ich habe dort nichts mehr gefunden. Roquefort selbst wird auch damals ein Holzfällerort gewesen sein. Eine Bruderschaft der ›Pèlerins‹ nahm sich hier der Durchwandernden an. In Locbardez stießen sie auf eine Priorei von La Sauve, die Wegzehrung ausgab, damit niemand im bauernarmen Land bis zur nächsten Station, dem Santiago-Hospital von Mont-de-Marsan, darben mußte. Dort galt es wegen der Signatur der Compostelana anzustehn, aber sie fanden auch Unterkunft. Unklar jedoch, wo die Herberge lag; die Neuzeit hat alles als Kehricht der Geschichte hinweggefegt. Da sie von Nordosten einmarschierten, müssen sie am Zusammenfluß von Midou und Douze nach Südwesten gebogen sein, um jenen Weg zu erreichen, der schon in Dokumenten des 13. Jahrhunderts als ›Camino arroumenau de Sant-Jacme‹ verzeichnet steht. Er führte sie gradewegs einem kaum mehr erwarteten Schwerpunkt dieser Teilstrecke zu, der Abtei *Saint-Sever* auf einer Höhe jenseits des Adour, die man Cap de Gascogne nennt. Das Marsan war zu Ende, die Hügel der fruchtbaren Chalosse begannen.

Wer im südlichen Aquitanien mehr als einen historischen Begriff, nämlich eine Idee ozeanisch-monastischer Gesittung erblickt, atmet beim Anblick des Klosters auf. Nach einer Region der Öde endlich ein Zentrum mönchischen Lebens. Eine uralte Abtei, damals noch völlig erhalten, um die ein Städtchen mit hübschen Häusern und arkadenumzogenen Plätzen gesiedelt ist. Die Mitte bildet auch heute noch die Kirche mit ihrem hohen Karreeturm. Zu verschiedenen Malen von Plünderung und Zerstörung heimgesucht, ist sie im 17. Jahrhundert, getreu dem romanischen Urbild, nachgebaut worden. Eine Hohlform gewissermaßen, aber noch immer mit ihrem fast kuppelförmigen Chorhaupt majestätisch über die Place de Verdun ragend, früher das Herz eines Benediktinerklosters und im 11. Jahrhundert von Abt Grégoire de Montaner aufgeführt.

Wenn die Pilger einzogen, umhüllte sie die Feierlichkeit des dunkelnden Raumes noch eindringlicher als den Besucher der Gegenwart. Nicht nur der vielen im Goldglanz erstrahlenden Reliquien wegen, auch nicht, weil es hier eine Santiago-Kapelle gab. Vielmehr eines derzeit noch ausgedehnteren Staffelchores mit sieben Kapellen willen, die, ähnlich Châteaumeillant, durch Arkaden miteinander verbunden sind und Durchblicke unter Bögen und Zwischenpfeilern hinweg gestatten. Eine Vielzahl unterschwellig von geisterndem Licht beleuchteter Kapitelle lockt von Bild zu Bild: der Tanz der Salome, Christi Abendmahl, des Herrn Auffahren zwischen den Engeln. Und geben auch die meisten nur ornamentale Motive wieder, so immerhin des muselmanischen Raumes, deren fremdartige Eleganz sie empfinden, ja den Steinmetzen unter ihnen hohes Entzücken bereiten mußten. Trotz Todfeindschaft zwischen den Glaubenslagern bedeuten die Kapitelle von Saint-Sever eine Verschmelzung westöstlichen Gedankengutes, das in Aquitanien immer wieder seine Zaubergebilde entfaltete. Wer sie freilich heute betrachtet, wird gleichzeitig voll Schmerz ermessen, was beim Untergang der alten Abtei im 15. und 16. Jahrhundert verlorenging – dennoch, wieviel blieb erhalten!

Es muß an dieser Stelle von einem besonderen Kleinod von Saint-Sever die Rede sein, dem berühmten Beatus-Kommentar, welcher dem Kloster und seiner großen Zeit, dem 11. Jahrhundert, einen besonderen Rang zuweist; er wird in der Pariser Nationalbibliothek bewahrt. Der gleiche Abt, der die romanische Kirche aufführen ließ, Grégoire de Montaner, hat ihn von Schreibermönchen kalligraphieren und malen lassen. Er verkörpert einen einzigartigen Beitrag des aquitanischen Südens zur Kunst der romanischen Epoche …

Beatus de Liébana war ein nordspanischer Mönch, der vermutlich um die Mitte des 8. Jahrhunderts in der Einsamkeit eines asturischen Talklosters zur Erbauung, Meditation und mystischen Kontemplation seiner Mitbrüder Erläuterungen zur Offenbarung des Johannes schrieb. Die Endzeitvision des Evangelisten und Einsiedlers von Patmos, des Bruders Jakobus des Älteren, haben, samt ihren Kommentaren in einer Zeit der Untergangsstimmung diesseits und jenseits der spanischen Grenze, in der Epoche um 1000 ein immer stärkeres Echo gefunden und sind oft kopiert worden. Noch heute kennt man zweiunddreißig verschiedene Fassungen, zweiundzwanzig davon kostbar mit Buchmalereien versehen. Der mystisch denkende Mönch hatte dazu selber den Anlaß gegeben, als er immer wieder auf die Bedeutung von Bild und Farbe für die geistige Versenkung verwies. Eine einzige dieser Kopien entstand auf nachmals französischem Boden; es wurde der schönsten eine, wenn nicht schlechthin die großartigste, die von Saint-Sever. Allesamt werden sie durchtränkt von arabischen, persischen und koptischen

Zuströmen; die arabische Komponente: jeder Hintergrund wird von vier, fünf verschiedenfarbigen Querstreifen überzogen. In Saint-Sever gesellte sich noch etwas hinzu, die Bildelemente verschmolzen innig mit Strukturen des europäischen Geistes und Christentums.

Zwar belegt die wissenschaftliche Forschung deutlich, daß Beeinflussungen der bildenden Kunst jener Zeit durch die Kommentare, wie noch Emile Mâle und andere annahmen, nicht nachweisbar sind. Allein, um diese Frage ist es hier auch nicht zu tun. Wer jedoch ein so gewaltiges Blatt wie die auf vier Registern erzählte ›Anbetung des Lammes‹ betrachtet – die Gebärdensprache, das Stehen der Figuren, die Kopfwendung der Heiligen – kommt nicht von dem Eindruck los, hier walte der nämliche Geist, der die steinernen Bildwerke der Pilgerstraße geprägt hat.

Es scheint dies ein Gemeingut der Zeit: Beide tragen emphatisch Bildgedanken der Apokalypse vor – des Weltgerichtes, der Parusien und Endzeitszenen, aber es gibt Unterschiede des Ranges, wie eine Darstellung der ›Zweiten Posaune‹ noch deutlicher macht. »Der andere Engel posaunte, und es fuhr wie ein großer Berg mit Feuerbränden ins Meer; und der dritte Teil des Meeres war Blut. Und der dritte Teil der lebendigen Kreaturen im Meer starben, und der dritte Teil der Schiffe wurden verderbt«, steht im achten Kapitel der Offenbarung nach dem Text Luthers geschrieben.

Das im Sever-Kommentar so bildfreudig erzählte Herabschweben des Engels aus dem gestirnten Himmel auf das blaugrüne Meer, in das, von Flammen umzüngelt, der grüne Berg hinabstürzt, das Kentern des einen Schiffes, die dramatischen Fluchtversuche der beiden andern, schließlich die Abwärtsstufung der Bildzonen von der feierlichen Majestät der Himmelshöhen zum Getümmel menschlicher Not, offenbaren eine ungewöhnliche Inspiration des Künstlers, und darin liegt die Bedeutung des Kommentars: Die hohe Getragenheit der Darstellung, durchpulst von der Freude am Visionären, erhebt dieses erlauchte Zeugnis der leergeplünderten Gascogne zum großen Refraktor aquitanischen Geistes.

Saint-Sever war die letzte große Abtei auf aquitanischem Boden. Weiterhin fand sich wenig. Das Land ihrer Umgebung, die Chalosse ist fruchtbar, friedliches Hügelbebiet, an dessen Hängen sich im Schatten von Eichengehägen gut rasten ließ. Die Jacquaires zogen, wie es den Anschein hat, westlich der heutigen Straße über Horsarrieu mit seinem Malteser-Hospital, das vorgeblich Karl der Große gegründet hat, auf *Hagetmau* zu. Vielleicht warfen sie, gleich uns, von der hohen Landschwelle vor dem Städtchen, der heutigen Promenade de Morlanne, noch einen Blick zurück auf die Endlosigkeit der von Baumhekken durchschnittenen Region, um zu ermessen, was hinter den Füßen lag. Dann aber dürften sie Saint-Girons entgegengedrängt haben, der Grabstätte eines weiteren Missionars der Gegend, die am Weg nach Mugrom, im Winkel eines Krankenhauses, liegt. Ein Steinmetz hat die Gruft um 1150 mit vier Mittelsäulen aus Pyrenäenmarmor umstellt und der Wand Halbrundpfeiler samt Kapitellen vorgelegt. Noch einmal die Mahnung, sich um der Auferstehung willen vor Versuchung zu hüten: Satanas versucht Christus, Steine in Brot zu verwandeln, oder der jugendschön auferstandene Herr begegnet dem ungläubigen Thomas. Dann aber? Weiter im Süden scheint alles ausgelöscht oder stumm geworden, das ihren Weg einmal beschwörend begleitete.

Über Sault-de-Navailles wanderten sie nach Orthez, seit 1194 Hauptstadt des Béarn. Es ist später von ihm zu berichten – ja, man sieht sie noch heute, die Tour Moncade, welche die glänzenden Feste des Gaston Phoebus erlebte, erblickt noch das Haus der Jeanne d'Albret, der Mutter Königs Henri IV. Sofern die Jacquaires späteren Generationen angehörten, zogen sie auf dem turmbewehrten Vieux Pont des 13. Jahrhunderts über die Gave du Pau in die Hügel, nunmehr auf Sainte-Suzanne und Lanneplaà zu, darauf nach l'Hôpital-d'Orion und Burgaronne in der allmählich ansteigenden Berglandschaft, bis *Sauveterre-de-Béarn* in Sicht kam. Das war damals noch eine wahre Festung, hoch über dem Ufer der Gave d'Oloron mit der Kirche Saint-André samt den hübschen Kapitellen oder dem gewaltigen Schloßgemäuer in der Steilwand des Ufers gelegen. Unter sich erblickten sie eine halb zusammengebrochene Wehrbrücke im Flußgrün, Schauplatz eines makaberen Gottesurteils. Von ihr hatte der eigene Bruder 1170 die Vicomtesse Sancia, Witwe von Gaston V von Béarn, die im Verdacht stand, ihr kleines

Kind gemordet zu haben, gebunden hinabgestürzt. Die Wasser freilich trugen das schuldlose Opfer sicher ans andere Ufer …

Nach gut zweieinhalb Stunden, erneut durch Bergland, und sie gelangten nach *Saint-Palais,* wo der Herr de Caumont 1417 auf seiner Santiago-Fahrt, seinem Reisebericht zufolge, eine Pilgerherberge vorfand. Es ließ sich davon nichts entdecken. Aber wer hätte noch anhalten mögen? Einige Kilometer nach Süden stellt sich ja etwas Besonderes ein – der Wegestein von Gibraltar, seit 1964 erneuert und hinter den Häusern eines Weilers zu finden. Ob sein Anblick die Jacquaires so überwältigt hat wie uns, die wir seit Jahren über die Straßen Aquitaniens zogen? Dort nämlich, von Nordosten, Norden, Nordwesten, halb als Hohl-, halb als Feldwege heranwandernd, vereinigen sich die drei großen Pilgerrouten, die Turonensis, Lemovicensis und Podiensis, um als eine einzige Straße weiter in die Pyrenäen zu führen.

Drüben, gleich gegenüber, stieg sie, breit, weithin sichtbar, den Berg hinan …

Auf der grünen Himmelsleiter

Ankommen – ein Wort, das seit langem wie ein Stern der Erwartung vor uns schwebte, und dennoch hatte ich es mir ganz anders gedacht.

Tausendfach umworbenes Ziel, der *Stein von Gibraltar,* an dem sich zahllose Schicksalswellen brachen, um einzumünden in den gewaltigen Pilgerstrom: Da stand er, sehr dinglich, ähnlich einem baskischen Grabstein, eine Jakobsmuschel auf den stämmigen Schaft gemeißelt, als sei es die selbstverständlichste Sache der Welt. Ringsum, eher nüchtern, Bauern- und Brachland mit gilbenden Wiesen, Gattern, hineingetupften Bäumen, und wieder einmal hingen schwarz glänzende Brombeeren in Fülle an den Hecken. Ach, Troisquarts, auch du warst in Gottes Schoß gefallen! Südwärtig, fern, neben dem grünen Elefantenbuckel der Höhe hervorlugend, das große Gebirge. Ein Hauch Holzfeuerduft schwebte vom Weiler heran.

Es schien alles vertraut, und doch waren meine Gedanken noch nicht bereit, den Ort als Wirklichkeit hinzunehmen. Es schien ganz unmöglich und war doch so: Zwar, die Schrittspuren von einst verweht, gewechselte Wortfetzen davongeflogen, der verbrauchte Atem dem Himmel zurückgegeben, aber dennoch, der Brennpunkt der Wege, diese überwältigende Beweislast des Tatsächlichen existierte. Hier waren sie zu Millionen zusammengeronnen und durchpassiert. Ein halbes Jahrtausend, nein länger. Erblickst du den Schattenzug nicht, der den Berg hinaufwandert? Schon verschwindet die Spitze hinter der Höhe, aber noch lange zeigt sich das Ende nicht; es gibt ja keines, in unserer Vorstellung ziehen sie unablässig fort. Die Gesichter hart, schmal, einander merkwürdig ähnlich, jedes stumm in sich gekehrt. Auch der Marsch in die Ewigkeit wird sich einst so vollziehn. Lärm macht nur, wer bemerkt sein möchte oder des Mutes bedarf.

Ich kauerte unterdessen auf dem Kieselsockel des Steines, den Rücken dagegen gelehnt, der noch die Wärme des Tages in sich staute. Hinter mir der Weg, den wir gekommen, die Lemovicensis; links zurück, an der Hecke entlang, mündete die Podiensis ein, die von Navarrenx über Undurein und Oyhercq heranschnürt; rechts zurück bog die Grande Route von Dax heran. Alle, die einst aus England und Irland, Frankreich, Holland, Flandern und Deutschland, Skandinavien heranwanderten, zahllose verlorene Söhne, die der Gebirgskette entgegen wollten, fanden sich hier zusammen. Niemals schien mir das Unerhörte dieses Zuges so eindringlich faßbar: Seit die Erde sich drehte, zum ersten Mal ein unabreißbarer Menschenstrom auf dem Weg ins Heil, eine Völkerwanderung, aufgerufen von der Bedrängnis der Seele, um die Frage nach dem Daseinssinn zu beschwichtigen, aber auch, um uralte Schuld abzugelten; eingeschlossen die fühllose Selbstzufriedenheit und Lebensgier fernster Epochen oder ruchlos vergossenes Blut. Das Böse schlechthin sollte getilgt sein, um den Auftrag des Menschseins zu erfüllen.

Brach hier nicht ein Urtrieb ans Licht, macht sich nicht heute noch die Jugend zu ähnlicher Erneuerung auf, mögen auch die Ziele manchmal verworren sein? Begehrt nicht jede Generation darum gegen die Verödung der Seele auf? Die da wanderten, wußten um ihr Ziel, gleichgültig, ob man es noch anerkennt oder nicht. Die große Leit- und Vatergestalt ihrer Epoche, Jakobus, der wortgewaltige Prediger der Schrift, hatte

sie aufgeboten. Nicht grundlos bezeichnete ihn die Ultreya als
›Pater familias‹.

Wir blieben bis Einbruch der Dunkelheit, vermochten uns
nicht zu trennen. In der kommenden Frühe wollte ich das letzte
Wegestück über die Berge unter die Füße nehmen. Ja, allein.

Schon beim ersten Licht drohte der Tag schwül zu werden. Der
anfangs behagliche Weg verwandelte sich bald in ein trockenes
Wildwasserbett. Die Füße klommen von Klippe zu Klippe.
Nach einer Viertelstunde lag Gibraltar tief unter mir; noch
regte sich nichts. Voraus grüne Buckel, in denen der Stechgin-
ster zum zweiten Mal blühte, Archipele von Distelschöpfen dazwischen. Nun die erste der kahlen Kuppen; beim Auftritt der
Sonne faßte mich, allzu kurz, der Aufwind der Täler. Ringsum
alles in rötlich übergossenes Grün getaucht, violette Schatten
tief in den Gründen, näher und näher rückend die blaue Ge-
birgsmauer der Pyrenäen. Bergan ein Höhenkapellchen unter
Ahornbäumen. Die Luft war um diese Stunde schon bleiern.
Vorfrüh hochgetriebene Insekten prallten bereits in blindem
Flug gegen meine Brust, eine segelfliegende Heuschreckenart
darunter, die Tragflächen zwischen den Hinterbeinchen aus-
spannte, mal blau, mal rot.

Bis *Harambels,* einem Weiler im Berg, alte Pilgerstation,
brauchte ich bei der Hitze ungewöhnlich viel Zeit: Eine Handvoll alter, weitläufiger Häuser, dazu eine Nikolauskapelle, bei
der eben ein munterer Greis mit steifem, ausgebogenem Bein
unter spaßhaftem Zetern die Schafe vertrieb, die in der Vorhalle
Schatten suchten. »Es muß ein Nönnchen darunter sein«,
meinte er pfiffig, »man kann sie fortjagen, sooft man will, stets
kommen sie wieder.« Aber was sollte mein steifer Arm und der
Handschuh? »Mutilé de guerre? Paralysé?« – Tiens, tiens, jeder
bekam seinen Treff. Ihn hatte der Rheumatismus am Bein er-
wischt. Das Wetter? Ihm behagte es, er klopfte das Knie: »Ça
chauffe, ça chauffe!« Die Stufen ins kühl-dunkle Kirchlein
nahm er im Grätschschritt. Wollte ich keinen Blick ins Innere
tun?

11. Jahrhundert! Eine blaugestrichene, vermorschte Reta-
belwand, ein paar blasse Bilder, neben dem Patron auch Sankt
Rochus, die Schwären weisend. Die Malereien natürlich jünge-

ren Datums. In den Häusern ringsum hatten ursprünglich Hospitaliter, Donaten gehaust, die sich der Pilger annahmen, während die Seinen die Wirtschaft besorgten. – Die Seinen? Er hörte
nicht hin; es war ihm wohl selbstverständlich. Seit der Revolution freilich gehörte alles, was man seit dem 12. Jahrhundert
mit Hacke und Pflugschar beackerte, ihnen. – Seit wann?
»Doch, doch!« wehrte er meine verblüffte Frage ab. »Vier Familien nur, immer dieselben. Schauen Sie auf dem Friedhof
nach!« Die meisten Namen auf den Löffelgrabsteinen lauteten
Etcheguy; so hieß auch er. Da hatte ich wohl mit dem ältesten
Knechtsadel der Welt Bekanntschaft gemacht.

Durch einen Waldgrund mit Eichen und Maronen ging es
hinab, gottlob durch Schatten. Auf dem letzten Vorhügel lag
Ostabat-Asme, noch älter als Harambels, ein legendärer Name;
alle Pilgerführer haben es als Sammlungs- und Rastort verzeichnet. Wo sich früher die Herberge befand, wußte niemand. Es
mochte ein heruntergekommenes, baskisches Galeriehaus
seitab gewesen sein, wo sich Federvieh an einem steinigen Weg
pluderte, den seifiges Abwasser überrann. In Ostabat traf ich
die Freunde im Wagen wieder und hatte es seither leichter. Der
Pilgerweg folgte von hier an dem Tal.

Die Berge rückten nun enger zusammen. Der Himmel bezog
sich drohend. Das Kreuz von Galzetaburu mit einem Schmer-
zensmann, Dornenkrone und baskischer Inschrift ragte wie ein
Mahnmal vor das Geschiebe der Wolken, weiße Kallas, blutrote Nelken davor glommen beschwörend auf. Links in der
Wiese altes Gemäuer des 12. Jahrhunderts, Aphat-Ospital, einst
Herberge. Dann Saint-Jean-le-Vieux und schließlich, nach einer
kleinen, letzten Quere, rollten wir unter der mächtigen Zitadelle und den roten Stadtmauern von *Saint-Jean-Pied-de-Port*
dahin, zogen natürlich, als das Gefährt abgestellt war, grade
rechtzeitig vor dem Berggewitter, durch die Porte Saint-Jacques
ein. Nicht also unter Glockenklang und beim frommen Gesang
der Kleriker, wie einst die Santiago-Fahrer, sondern bei Don-
nergrollen auf der uralten Rue de la Citadelle, halbhoch im
Steilhang des Städtchens, wo das Kloster von Roncesvalles er-
krankte Pilger aufnahm. Leider, man sieht von dem ganzen
Lourdes des Mittelalters kaum eine Spur mehr. Es gab hier ja
eine große Zahl Ordensniederlassungen und Herbergen, sogar

ein ›Prison des Évêques‹, in das man seit Beginn der Verfallszeit des Pilgerweges die Schnorrer steckte, die sich unter die Jacquaires mischten ...

Kommenden Morgens, als die Katzen naß und müde nach Hause kamen, zogen wir in den frisch gebadeten Tag. Das Finale, der Schlußakkord sollte erneut mit den Füßen geleistet werden. Über ein römisches Brücklein ging es, vorbei an antiken Resten, und sodann im Tal der Petite Nive bis Arnéguy, dem spanischen Grenzort, dahinter in steiler Kehre empor. Grün, bizarr, von Schwaden durchraucht stiegen über uns die Höhen empor, an denen sich die Straße aufwärts rankt. Vor einem Dutzend von Jahren war ich zum ersten Mal hier gelaufen. Ein geringer Sachwalter der Jacquaires, Jacquets oder Jacquots, wie man sie nennen will, zog ich jetzt durch die enormen Steilhänge mit dem dichten Waldpelz erneut nach oben. Nur selten ein Ausblick, noch seltener fern eine winzige Ortschaft. Was freilich schwerer als die Ausdrucksgewalt der Bergschlucht wog – die ganze Geschichte Europas wanderte in der halb mythisch verhüllten Szenerie mit. Angefangen bei Kaiser Karl an der Spitze eines endlosen Heeres. War es nicht der gleiche Weg, auf dem man den toten Roland, den gefallenen Bischof Turpin ins Tal gebracht hatte, die Straße der Heere, Völker und Pilger durch die Jahrhunderte hin? Gelegentlich stürzten an ihr hochgeschwellte Bäche in silbernen Kaskaden vorüber, und aus der Schlucht brauste es dumpf, während über uns im Steilhang der Kuppen grasende Schafe wie weiße Flöckchen hafteten, und noch höher, zwischen treibenden Nebelfetzen zu sehen, die Raubvögel kreisten. Kein Wunder, wenn wir in dem von Sagen verklärten, von Wettern umstürmten Pyrenäenpaß an einer Kehre innehielten, um uns ein Schauspiel der Phantasie zu bereiten, das hier geboten schien – es war ja wirklich unschwer, sich die imaginären Pilger, die unsere Gedanken unablässig umkreisten, vorzustellen, wie sie vorüberzogen, höher und höher, bis sie, kleiner und kleiner geworden, endlich hinter den Wolkenschleiern verschwanden.

REGISTER

ABADIE, Paul 306, 307, 311, 312, 319, 398

Abd-al-Rahman, Kalif von Córdoba 120, 121

Aënor von Châtellerault, Mutter Aliénors von Aquitanien 88

Agen 124, 358, 359, 416-418
– Saint-Caprais 359

Agnes von Burgund, Gemahlin von Herzog Guillaume le Grand 185, 221

Agudelle 232

Aimery Picaud de Parthenay 102 f.

Airvault 96, 98

Albertus Magnus 39

Albigenser 426

Alcuin 60

Alexander III., Papst 164

Alfonso II., König von Kastilien 156

Alfonso VIII., König v. Kastilien 170

Aliénor (Eleonore) von Aquitanien (1137-1204), Gemahlin Ludwigs VII. von Frankreich und Heinrichs II. von England 10, 31, 46, 78 f., 85, 139-156, 164, 167, 170-172, 252, 295, 439, 446; Abb. 1

Aliénor, die Jüngere, Gemahlin König Alfonsos VIII. von Kastilien 170, 171

Almansur (Mohammed ibn Abi Amir), maurischer Feldherr, später als Mohammed II. Kalif von Cordoba 24

Alvignac 367

Ambazac 268, 277, 291

Amboise 40

Anaklet II., Gegenpapst 101, 140, 306

Angers 46

Angoulême 124, 300-311
– Kathedrale Saint-Pierre 306 f.; Abb. 18, 21

Anjou [Fulconen], Herrscherhaus 44

Antiochia 147, 148

Arbrissel, Robert d' 81, 135

Arcachon 442

Arnaut Daniel, Troubadour 320

Arthur de Bretagne 171

Athanasius, Gefolgsmann des Apostels Jakobus 22

Aubeterre 320, 321

Aubiac 419

Aubrac, Dômerie 352, 354-355

Aulnay-de-Saintonge 209-214; Abb. 7

Aumont-Aubrac 351

Ausonius, röm. Dichter 457, 458, 465, 471

Avy 231 f.

BALZAC, Honoré de 42, 47 f., 300

Bandello, Matteo, Bischof und Dichter 417

Barbastro 133, 134, 138

Bataille, Georges 366, 393

Bataille, Nicolas, Teppichweber 46

Bayonne 444

Bazas 471, 472

Beatus de Liébana 237, 477, Farbtafel VII, Seite 373

Beaulieu 153, 404-408; Abb. 28

Becket, Thomas, Erzbischof 152, 164

Bénévent-l'Abbaye 268; Abb. 19

Bérengère, Königin von England 43

Bergson, Henri, franz. Philosoph 48

Bernhard Plantevelue, Graf der Auvergne, Herzog von Aquitanien 125

Bernart de Ventadorn, Troubadour 160, 161, 162-163

Bernhard von Clairvaux 102, 140, 146, 263

Besse 414

Beynac 413

Biron 225 f., 228

Blanca von Kastilien, Gemahlin Ludwigs VIII. 171

Blasimon 467; Abb. 39

Blaye 120, 232-235

Bonaguil 415

Bordeaux 31, 120, 124 171, 445-462

- Kathedrale Saint-André 446, 460, 461

- Sainte-Croix 459; Abb. 38

- ›Palais Gallien‹, römisches Amphitheater 457, Farbtafel IV, Seiten 308-309

- Palais de l'Ombrière 461 (Abb.), 462

- Saint-Seurin 459; Abb. 37

Bourges 31

Brantôme 297-299

Brassempuy, Köpfchen von 31, 371, 378 ff., 381 f.; Abb. 40, 41

Braunhie 366

Brède, La 468

Brémontier, Nicolas, franz. Ingenieur 443

Bressuire 87

Breuil, Henri, Abbé 382, 390, 392

Bridiers 268

CAHORS 423, 424

- Kathedrale Saint-Etienne 424

Callot, Jacques 244

Candes-Saint-Martin 59, 64, 80

Captieux 474, 475

Castelnau, Hélène de 425

Castelnaud 413

Castelviel 467

Castillon la Bataille 465

Castro, Amerigo, Schriftsteller 28

Caubin 436

Cellefrouin, Abteikirche 303

Celles-sur-Belle 204

Chadenac 227

Chalais 319

Châlus 31, 170, 293-297

Charles II le Chauve, (Karl der Kahle, röm. Kaiser), König des Westfränkischen Reiches (843-877) 42, 288

Charles VII, König von Frankreich (1422-1461) 49, 77

Charroux 204, 206, 207; Abb. 17

Chartres 41, 42

Châteaumeillant 267

Châteauneuf 304

Châtelet, Le 267

Châtellerault 117-119

Chauvigny 114-117; Abb. 9

Cherves 303

Chinon 64, 77-79, 295

- Château du Coudray 77, 78

- Kapelle Sainte-Radegonde 78, 79; Abb. 1

Civray 204

Clothar I., Frankenkönig 78

Cluny, Abtei 23, 126, 127, 311, 427

Colle, Robert 196, 199, 200

Coligny, Gaspard de, Hugenottenführer 178, 179

Conques 16, 36, 357-364
– Benediktinerkirche Sainte-Foy
   358; Abb. 23, 24
– Trésor 362, Farbtafel v, Seite 353
Coorland, Gautier, Architekt 129,
   185
Cornaro, Caterina, Königin von
   Zypern 202
Cornemps 465
Creysse 409
Cro-Magnon, Jäger von 380, 383-
   386

DAX 463
Delacroix, Eugène, Maler 302
Descartes, René 49
Domme 412, 413
Duguesclin, Bertrand, Connétable
   von Frankreich 399
Durand de Bredon, Abt von Mois-
   sac, Erzbischof von Toulouse 427
Duravel 415

EAUZE 434
Eble-Manzer, Graf des Poitou, Her-
   zog von Aquitanien (927-935)
   126, 127, 128
Echebrune 227f.
Echillais 255; Abb. 12
Eleonore von Aquitanien, s. Aliénor
Emma, Königin von England 185
Emma von Blois, Herzogin von
   Aquitanien 128
Esnandes 241
Espalion 356
Estaing 356
Étampes 40
Eudes, Graf von Paris 125
Eudes, Herzog von Aquitanien
   (1038-1040) 120, 121, 130, 133
Éyzies, Les 365, 366, 368, 369,
   376-387, 399

FÉNELON, François de Salignac de la
Mothe-Fénelon, franz. Schriftstel-
   ler 409, 413
Fenioux 216; Abb. 6
Fides, Heilige, s. Sainte Foy
Figeac 365, 420
Flaville 303
Folquet de Marseille, Troubadour
   170
Fontenay-le-Comte 88
Fontevrault 45, 81-85, 135, 137,
   171; Abb. 2
Foulques Nera 42, 45
France, Anatole 48
Francs 465
François Ier, König von Frankreich
   (1515-1547) 243
Frespech 415
Fromentin, Eugène, Schriftsteller
   und Maler 248
Fulbert, Bischof von Chartres 185
Fulconen, siehe Anjou

GEOFFROY MARTEL, Fulcone 42, 45
Gerbert von Aurillac, später Papst
   Silvester II. 128, 129, 130, 404
Gibraltar (bei Saint-Palais im Bas-
   kenland) 30, 35, 480, 482
Girard II, Bischof von Angoulême
   140, 305, 307, 310
Goth, Bertrand de, später Papst
   Klemens V. 474
Gottfried, Meister von Chauvigny
   116
Grande Route, siehe Via Turonensis
Grandmont, Abtei 268 ff.
Grave, Pointe de 438
Grayan-et-l'Hôpital 440
Grégoire de Montaner, Abt von
   Saint-Sever 477
Gregor von Tours 60
Guillaume Ier, der Fromme, Herzog
   von Aquitanien (886-918) 125,
   126
Guillaume II, Herzog von Aquita-
   nien (918-926) 126, 127

Guillaume III, Herzog von Aquitanien (935-963) 128

Guillaume IV, Fier-à-brace, Herzog von Aquitanien (963-990) 128

Guillaume V, der Große, Herzog von Aquitanien (990-1030) 17, 128, 129, 130, 131, 185, 221

Guillaume VI, der Dicke, Herzog von Aquitanien (1030-1038) 132

Guillaume VII, Herzog von Aquitanien (1040-1058) 132

Guillaume VIII, Herzog von Aquitanien (1058-1086) 133

Guillaume IX, Herzog von Aquitanien (1086-1127) 134-138, 154, 156, 470

Guillaume X, Herzog von Aquitanien (1127-1137) 101, 102, 139-141

Guillaume VII Larchevêque 101

Guiton, Jean, Reeder und Bürgermeister von La Rochelle 244

Guitres 322

Guy von Ussel, Troubadour 156

HARAMBELS 482, 483

Haux 470

Heinrich V., römisch-deutscher Kaiser 278

Heinrich VI., römisch-deutscher Kaiser 169

Heinrich der Löwe, Herzog von Sachsen und Bayern 150

Henri Ier, König von Franzien (1031-1060) 45

Henri II von Anjou-Plantagenet, König von England (1154-1189) 31, 46, 49, 78, 85, 142, 148, 150-152, 164, 165, 166, 170, 171, 243

Henri III, König von England (1216-1272) 244

Henri IV von Navarra, König von Frankreich (1589-1610) 49, 419

Henri le Jeune, König von England 164, 165, 409

Hermogenes, legendenhafter Magier 25-26

Herodes Agrippa I., König von Judäa 21, 26

Hieronymus, Kirchenlehrer 20

Hilarius von Poitiers, Heiliger 184, 185

Höhlen 236, 366, 368-370, 386-397, 422
– Cap Blanc 390, 391
– Combarelles 389, 390
– Cro-Magnon 387
– Font-de-Gaume 389
– La Madeleine 383, 388
– Lascaux 366, 392-398, Farbtafel VI, Seite 385
– Laugerie-Basse 387; Abb. 42
– Laugerie-Haute 386, 388
– Laussel 391
– Le Moustier 388
– Padirac 366, 368-370
– Pair-non-Pair 236, 368
– Pech-Merle 422
– Rouffignac 388

Hugenotten 215, 244f., 248, 399, 409, 474

Hugo von Semur, Heiliger, fünfter Abt von Cluny 23

ILE D'AIX 251

Ile de Madame 252

Ile de Ré 252

Ile d'Yeu 251, 266

Ingres, Jean-Auguste-Dominique, Maler 433

Innozenz II., Papst 140, 306

Isabella von Angoulême, Königin von England 79, 85

JACQUES II., König von Zypern 202

Jakobus de Voragine 22, 25, 27

Jakobus d. Ä., Apostel 13, 20-28, Farbtafel I, Seite 33

Jaufré Rudel, Fürst von Blaye, Troubadour 156, 160, 234f.

Jeanne d'Albret, Mutter Königs
  Henri IV 479
Jeanne d'Arc 49, 77 f.
Jean sans Terre, Johann Ohneland
  79, 85, 103, 151, 164, 167, 168,
  169, 170, 171

KALIXTUS II., eig. Guido, Graf von
  Burgund, Papst 23, 103, 305
Karl der Große 60, 107, 123, 337,
  361, 362, 424, 436, 479
Karl der Kahle, (Charles II.) König
  des westfränkischen Reiches
  (843-877) und röm. Kaiser 42,
  288
Karl Martell, fränkisch-merowingi-
  scher Hausmeier 120, 121
Katharina von Medici, Königin von
  Frankreich 254
Klemens V., eig. Bertrand de Goth,
  Papst 466, 471, 474

LABOUHEYRE 463
Lalande-Fronsac 236
Lamothe, Gaillard de 466, 471 f.
Landes, Les 34, 442 f.
Lascaux, Höhle 366, 392-398, 399,
  Farbtafel VI, Seite 385
Lectoure 433
Leonhard, Heiliger 278-281
Leroi-Gourhan, André, Schrift-
  steller 389
Lichères 303
Ligugé, Kloster 58, 59, 192
Limoges 16, 35, 124, 284-292
- Boucherie 287
- Kathedrale Saint-Etienne 285, 291
- Musée National Adrien-Dubou-
  ché 292
- Saint-Aurélien 287
- Saint-Michel-des-Lions 287
- Saint-Sauveur 288-290
Loti, Pierre, Dichter 253
Louis VI, der Dicke, König von
  Frankreich (1108-1137) 144, 145

Louis VII, König von Frankreich
  (1137-1180) 46, 142, 146-149,
  150, 151, 152, 165, 166, 446
Louis XI, König von Frankreich
  (1461-1483) 48, 54
Louis XII, König von Frankreich
  (1498-1515) 78
Louis XV, König von Frankreich
  (1715-1774) 81
Ludwig I. der Fromme, römisch-
  deutscher Kaiser 123, 281
Lusignan 196, 201-203, Farbtafel
  III, Seite 205

MAILLEZAIS 88, 131, 198
Malagar 471
Mâle, Emile, Schriftsteller 191
Marcabru, Troubadour 156, 161 f.
Marcilhac 421
Marie Caroline von Bourbon-Sizi-
  lien, Herzogin von Berry 234
Marmoutier, Abtei 48, 59
Martel 408
Martin von Tours, Apostel Galliens,
  Heiliger 47, 54-59
Mas d'Aire 435
Mathilde, Tochter Heinrichs I. von
  England, Gemahlin Kaiser Hein-
  richs V. 278
Mathilde, Gattin Heinrichs des Lö-
  wen, Tochter Aliénors von Aqui-
  tanien 150
Mauren 22, 24, 25, 133
Mauriac, François, franz. Schrift-
  steller 471
Melle 207, 208
Melusine, Fee 196-200, 213
Mérimée, Prosper, Dichter 107
Mimizan 443
Moirax 419
Moissac 15, 154, 425-431;
  Abb. 25-27, 31-33
Montauban 433
Montaigne, Michel de, Dichter 458,
  465

Montbron 303
Montesquieu, Charles de, Dichter
    459, 465, 468
Montmoreau 318 f.
Montsempron 415
Morlanne 436
Moussais-la-Bataille 119, 121, 123
Moustey 463
Moustier, Le 388

NASBINALS 352
Nérac 419
Neuvy-Saint-Sépulcre 265, 266;
    Abb. 15
Nieul-sur-l'Autise 88
Niort 88, 89
Nogaro 434
Noirmoutier 238
Normannen 123, 124, 126, 129,
    359, 426, 432, 458

ODILO, Heiliger, Erzabt von Cluny
    427
Oléron 252, 253
Orthez 479
Ostabat-Asme 483
Otto I. der Große, römisch-deut-
    scher Kaiser 128
Otto III., römisch-deutscher Kaiser
    128, 130
Otto IV., römisch-deutscher Kaiser
    150

›PALAIS GALLIEN‹, römisches Am-
    phitheater in Bordeaux 457,
    Farbtafel IV, Seiten 308-309
Parthenay 101-106
– Notre-Dame-de-la-Couldre 101
– Sainte-Croix 101
Paschalis II., Papst 305
Paulin, Dichter, Bischof und Heili-
    ger von Nola 458
Pauvain 278, 279, 280, 281
Perch-Merle, Höhle 422
Peire II. von Aragon 156

Peire Vidal, Troubadour 170
Périgueux 124, 398-403
– Kathedrale Saint-Front 398, 401,
    402; Abb. 20
– Saint-Etienne de la Cité 400, 401
– Maison Espignard 402
– Maison du Pâtissier 402
– Maison Ribette 402
Petit-Palais 465; Abb. 35
Pierre de Sainte-Fontaine, Abt von
    Airvault 96
Philetus, Adept des Hermogenes 25,
    26
Philippe Auguste, König von Frank-
    reich (1180-1223) 166, 167, 168,
    169, 170, 171, 357
Philippe IV, König von Frankreich
    (1285-1314) 473
Picard, Max, Schriftsteller 19
Pilgerstraßen , siehe Via
    Lemovicensis
    Podiensis
    Tolosana
    Turonensis (Grande Route)
Pimbo 436
Pipin der Jüngere, [fälschlich: der
    Kurze], fränkischer König (751-
    768) 121, 122, 423
Plantagenet, franz. Grafenge-
    schlecht und engl. Königshaus 10,
    32, 46, 85, 170, 172
Plantin, Christoph, Drucker 49
Plassac 314 ff.
Poitiers 58, 78, 92, 123, 142, 173-
    192
– Hypogäum Martyrium 178
– Notre-Dame-la-Grande 187-192;
    Abb. 10
– Saint-Hilaire-le-Grand 185-187;
    Abb. 5, 8
– Pierre Levée 178
Pons 228-231; Abb. 14
Pouzauges 86
Pranzac 303
Puy, Le 324-346

Domkes Trilogie der Santiago-Pilgerstraßen

Bücher mit denen »...man sich bereits zu Hause staubfrei auf den ›Weg nach Santiago‹ begeben kann.«

Die Zeit

»Reisen, in übertragenem Sinn, als Pilgerfahrt: diese Verschmelzung ist gelungen. Ein ideales Vademecum.«

Saarländ. Rundfunk

Spaniens Norden
Der Weg nach Santiago
512 Seiten mit 6 Farbtafeln,
40 Seiten einfarbige Abb.
und einer Ausfaltkarte
ISBN 3-7913-0280-9.

Aquitanien
Südwestfrankreich zwischen
Loire, Atlantik und Pyrenäen
496 Seiten mit 7 Farbtafeln,
40 Seiten einfarbige Abb.
2 Übersichtskarten
und einer Ausfaltkarte
ISBN 3-7913-0444-5.

Verdankung

Die Reproduktionsvorlagen werden folgenden Archiven, Bibliotheken, Fotografen, Museen und Verlagen verdankt: Auguste Allemand, Orsay: Abb. 33; Éditions Arthaud, Grenoble: 5, 17 (M. Audrain), 2, 16, 19 (H. Paillasson), 15 (A. Trincano); – Archives municipales de Bordeaux, Abb. Seite 461 – Bibliothèque Nationale, Paris: Farbtafeln I, VII und Schutzumschlag; Bernard Biraben, Bordeaux: 14, 37; Emmanuel Boudot-Lamotte, Paris: 13; Photogr. Giraudon, Paris: Farbtafeln II und V; Hirmer-Archiv, München: 3, 7, 9, 18, 23-30, 32, 38, 39; Musée des Arts décoratifs, Bordeaux: Farbtafel IV; Prestel-Archiv 31, 40, 41, Farbtafel III; Privatbesitz: 1, 42, Farbtafel VI; Jean Roubier, Paris: 6, 11, 12, 20, 22; Gerhard Uhlig, Wuppertal-Elberfeld: 4; Photo-Zodiaque: 8, 21 (Belzeaux), 10, 34-36. – Die Karten auf den Seiten 8, 9 und 496 sowie auf der Ausfalttafel zeichnete Alfred Beron, München.

Der Autor dankt allen, die am Entstehen des Buches tätigen Anteil nahmen. Zuerst Gustav Stresow, seinem Verleger, der eine alte Anregung des Verfassers zur Gesamtdarstellung der Pilgerstraße wieder aufgriff, dafür grünes Licht gab und ihm hilfreich zur Seite stand. Unter den übrigen besonders den Damen Georgette Capellmann, München, Ina und Eri Osterloh, Bremen, Senta Spriesterbach, Tegernsee, sowie Eugen Sporer, München, die ihm das wiederholte Bereisen der Pilgerrouten ermöglichten. Ferner Mlle. Jeannine Warcollier, Boulogne s. M., Fräulein Claudia Hrych, Benediktbeuren, weiterhin Marquis René de la Coste-Messelière, Conservateur aux Archives nationales, Humbert Jacomet, beide Paris, und Abel Dufaud, Saintes, für Ratschläge sowie die Beschaffung archivalischen Materials. Endlich auch den ›Amis de St. Jacques‹, Paris, die er auf Exkursionen begleiten durfte. Vor allem aber gilt sein Dank seiner Frau Anne, ohne deren rastlose Mitarbeit auf Reisen und am Schreibtisch ›Aquitanien‹ ebensowenig entstanden wäre wie seine übrigen Bücher.

Saint-Privat d'Allier 347, 348
Saint-Savin-sur-Gartempe 106-114,
    Farbtafel II, Seiten 108-109
Saint-Sever, Abtei 476-478, Farbta-
    fel VII, Seite 473
Saladin, Sultan von Ägypten 169
Saint-Sulpice-d'Arnoult 256
Sand, George, franz. Schriftstellerin
    267
Sankt Leonhard 278-281
Santiago de Compostela 10, 14, 15,
    17, 27, 30
Sarazenen 426, 458
Sarlat 374-376
Saugues 351
Sauve-Majeure, La 469; Abb. 34
Sauveterre-de-Béarn 479
Scaliger, Giulio Cesare, Philologe,
    Dichter, Naturforscher 417
Scaliger, Joseph Juste, Sprachge-
    lehrter 417
Silvester II., eig. Gerbert von Auril-
    lac, Papst 128, 129, 130, 404
Solignac 293
Somport, Paß von 14, 36
Sorde-l'Abbaye 463
Souillac 408-412; Abb. 29, 30
Soulac 438, 439
Souterraine, La 268
Suffrin, Michel Schriftsteller 142,
    143
Surgères 254, 255
Surgères, Hélène de 254, 255

Talmont 253, 257-260
– Sainte-Radegonde 258 f.; Abb. 13
Tassilo, Herzog von Bayern 122
Tauriac 236

Tayac 465
Theodorus, Gefolgsmann des Apo-
    stels Jakobus 22
Thomas von Aquin 39
Toulouse 31, 124
Toulouse-Lautrec, Henri de 471
Tours 16, 34, 47-54, 120
– Erzbischofspalast 53
– Kathedrale Saint-Gatien 51
– Martinopolis 59, 60, 61-64
– Saint-Julien 53
Troubadours 155-163, 170, 291,
    320

Uzeste 474

Vendôme 42
Verdelais 471
Veronika, Heilige 439
Vézelay 16, 35, 263 f.
Via Lemovicensis, Pilgerstraße 30,
    35, 262, 263, 403, 437, 480, 481
Via Podiensis, Pilgerstraße 30, 36,
    346, 421, 437, 480, 481
Via Tolosana, Pilgerstraße 12, 30,
    36, 434
Via Turonensis, Grande Route, Pil-
    gerstraße 30, 34, 35, 117, 183,
    203, 231, 437, 463, 480 f.
Villandraut 472, 473
Vouthon 303

Waïfre, Herzog von Aquitanien
    122, 320, 423, 467
Wikinger 127, 131
Wilhelm I., der Eroberer, König von
    England 133, 150

Puy, Le *Fortsetzung*
– Kathedrale Notre-Dame 339-343
– Rocher d'Anis 337, 338
– Rocher de Corneille 337
– Rocher de Saint-Michel 337
– Saint-Clair 344
– Saint-Michel-d'Aiguilhe 343 f.,
  345 f.; Abb. 22
Puy-d'Issolud 409
Puynormand 465
Puypéroux 317

QUITTERIE, Sainte, Märtyrerin 435

RADEGONDE, merowingische König-
  gin 78, 79
Ramiro I., König von Asturien 24
Ramon Vidal de Bezalú, Trouba-
  dour 170
René von Anjou, der Gute, König
  von Neapel, Herzog der Provence
  46
Renoir, Auguste 286
Réole, La 467
Rabelais, François 80, 178
Ribérac 319 f.
Richard Löwenherz, Richard Cœur
  de Lion, König von England,
  Herzog von Aquitanien 31 f.,
  150 f., 165, 166, 167 ff., 283,
  293-297
Richelieu, Armand-Jean du Plessis,
  Herzog von, Kardinal und Staats-
  mann 244
Rinons 467
Rocamadour 372, 373, 439
Rochechouart-Martemort, Gabriel-
  le de 82
Rochefoucauld, La, Schloß 303
Rochelle, La 139, 242-248
– Grosse Horloge 243, 248
– Kathedrale Saint-Louis 247
– Markthalle 247
– La Pallice, Ozeanhafen 242, 246
– Quai Duperré 246

– Rathaus 247
– Rue du Palais 248
– Tour du Garrot 244, 248
Roncesvalles, Paß von 14, 30, 34,
  120, 437
Ronsard, Pierre de, franz. Dichter
  48, 254
Rosemonde de Clifford 152, 153,
  166

SABLONCEAUX 256
Saint-Amand-Montrond 266
Saint-Amant-de-Boixe 302
Saint-Cirq-Lapopie 422, 423
Sainte-Ferme 467
Sainte Foy, heilige Fides, Märtyrerin
  358 f., 362, 363; Farbtafel v, Seite
  353
Saint-Émilion 465, 466; Abb. 36
Saintes 120, 124, 132, 218, 219-
  224
– Saint-Eutrope 223; Abb. 4
– Saint-Pallais 221-223
Saint Front, Apostel des Périgord
  399, 400
Saint-Gemme 256
Saint-Généroux 95
Saint-Georges-de-Montagne 465
Saint-Girons 479
Saint-Jacques-de-Guéret 42
Saint-Jean, Höhlenkirche 321
Saint-Jean-d'Angély 215
Saint-Jean-de-Luz 445
Saint-Jean-Pied-de-Port 483
Saint-John Perse, franz. Dichter 441
Saint-Jouin-de-Marnes 97-101;
  Abb. 3
Saint-Léonard-de-Noblat 279-283;
  Abb. 16
Saint Martial, Apostel des Limousin
  und der Auvergne 288, 289
Saint-Maurin 415
Saint-Michel-d'Entraygues 312, 313
Saint-Palais 480
Saint-Paul-lès-Dax 463